**SERVIÇO SOCIAL DO COMÉRCIO**
Administração Regional no Estado de São Paulo

**Presidente do Conselho Regional**
Abram Szajman
**Diretor Regional**
Danilo Santos de Miranda

**Conselho Editorial**
Ivan Giannini
Joel Naimayer Padula
Luiz Deoclécio Massaro Galina
Sérgio José Battistelli

**Edições Sesc São Paulo**
*Gerente* Iã Paulo Ribeiro
*Gerente adjunta* Isabel M. M. Alexandre
*Coordenação editorial* Francis Manzoni, Clívia Ramiro, Cristianne Lameirinha
*Produção editorial* Thiago Lins
*Coordenação gráfica* Katia Verissimo
*Produção gráfica* Ricardo H. Kawazu
*Coordenação de comunicação* Bruna Zarnoviec Daniel

*Coordenação editorial* Peter Pál Pelbart
e Ricardo Muniz Fernandes
*Direção de arte* Ricardo Muniz Fernandes
*Assistente editorial* Inês Mendonça
*Design gráfico* Érico Peretta

n-1edicoes.org

OUTONO
2020

(...)
pandemia crítica

Título original: **Pandemia Crítica – outono 2020**

© n-1edições, 2021
© Edições Sesc São Paulo, 2021
*Todos os direitos reservados*

*Preparação* Flavio Taam, Pedro Taam
*Revisão* Fernanda Mello
*Projeto gráfico e diagramação* Érico Peretta

---

*Dados Internacionais de Catalogação na Publicação (CIP) de acordo com ISBD*

| | |
|---|---|
| P189 | Pandemia Crítica outono 2020 / vários autores ; coordenado por Peter Pál Pelbart, Ricardo Muniz Fernandes. - São Paulo : edições SESC ; n-1 edições, 2021. |
| | 480 p. ; 16cm x 23cm. |
| | Inclui índice. |
| | ISBN: 978-65-86111-48-4 (Edições Sesc São Paulo) |
| | ISBN: 978-65-86941-29-6 (n-1 edições) |
| | 1. Literatura. 2. Coletânea. 3. Textos. 4. Pandemia. 5. COVID-19. I. Pelbart, Peter Pál. II. Fernandes, Ricardo Muniz. III. Título. |
| 2021-1089 | CDD 800 |
| | CDU 8 |

---

*Elaborado por Vagner Rodolfo da Silva - CRB-8/9410*

       Índice para catálogo sistemático:
       1. Literatura 800
       2. Literatura 8

**Edições Sesc São Paulo**
Rua Serra da Bocaina, 570 - 11º andar
03174-000 - São Paulo  SP  Brasil
Tel. 55 11 2607-9400
edicoes@sescsp.org.br
sescsp.org.br/edicoes
❚❚❚❚/edicoessescsp

(...) pandemia crítica

13 PRÓLOGO
Fragmentos para um arquivo do inacontecível
Peter Pál Pelbart

22 O medo (...)
José Gil

25 Crônicas da psicodeflação (...)
Franco "Bifo" Berardi

45 Bem-vindo ao estado suicidário (...)
Vladimir Safatle

50 Monólogo do vírus (...)

54 Lavar as mãos, descolonizar o futuro (...)
Denise Bernuzzi de Sant'Anna

65 Comunovírus (...)
Jean-Luc Nancy

68 Breve diário pandêmico (...)
Maria Cristina Franco Ferraz

71 O vírus americano (...)
Brian Massumi

75 um tiro em mim: quando ficar em casa é também estar em perigo (...)
Isabella Guimarães Rezende

79 O Haiti é aqui. O Haiti não é aqui (...)
Stella Senra

82 Epidemiologia política (...)
Danichi Hausen Mizoguchi e Eduardo Passos

92   É o capitalismo, estúpido (...)
     **Maurizio Lazzarato**

105  COVID-19: o século XXI começa agora (...)
     **Jérôme Baschet**

108  Guerra e pandemia - Produção de um inimigo invisível contra a vida livre
     **Acácio Augusto**

114  O devir *otaku* do mundo (...)
     **Christine Greiner**

121  O direito universal à respiração (...)
     **Achille Mbembe**

128  O vírus é uma força anárquica de metamorfose (...)
     **Emanuele Coccia**

133  Contágio social, Coronavírus, China, e capitalismo tardio e o "mundo natural" (...)
     **Coletivo Chuang**

155  O inimigo não é o vírus (...)
     **Clara Barzaghi**

159  Políticas de desaparecimento e política de Estado (...)
     **Jonnefer Barbosa**

164  para além da calamidade (...)
     **Camila Jourdan**

168  Yanomami: os mortos "desaparecidos" da pandemia (...)
     **Bruce Albert**

173  A pandemia e o capitalismo numérico (...)
     **José Gil**

179   Contingência, solidão, interrupção / Ideias isoladas sobre um tempo com o qual não contávamos
**Eduardo Pellejero**

182   a clausura ante o vírus versus o desejo colonial por expansão, domínio, devassidão: silêncio, quietude, recolhimento (...)
**tatiana nascimento**

183   Dissecando o autoritarismo relutante e capacitista perante o coronavírus no Brasil (...)
**Francisco Ortega e Michael Orsini**

189   Atravessar como Medusas contra as coordenadas dos heróis (...)
**Alana Moraes**

197   Notas sobre o coronavírus e a sobrevivência das espécies (...)
**Evando Nascimento**

205   A peste e o fim dos tempos (...)
**Fabián Ludueña Romandini**

215   Coronavírus, a fase atual e o futuro (...)
**Antonio Negri**

220   A palavra como luto e como luta (...)
**Durval Muniz de Albuquerque**

233   Palavras sapienciais (...)
**Lelê Teles**

240   Do tempo (...)
**Ailton Krenak**

246   Uma boa oportunidade? (...)
**Jacques Rancière**

249 Contra quem se vingam os animais? (...)
**Juliana Fausto**

255 Saco plástico na cabeça: a gambiarra na pandemia (...)
**Sabrina Sedlmayer**

260 Traços humanos na superfície do mundo (...)
**Judith Butler**

266 Agora somos todos índios (...)
**Bruce Albert**

268 Documento final do Acampamento Terra Livre 2020

274 Corpo isolado, revolta e poesia (...)
**Salvador Schavelzon**

280 O que importa agora é a cultura da vida, não a cultura da morte (...)
**José Celso Martinez Corrêa**

283 Sete verbos para se conjugar o morar (...)
**Carmen Silva**

288 Foucault: os últimos dias (...)
**Daniel Defert**

295 Os morcegos e os pangolins se rebelam (...)
**Frédéric Keck**

303 me curo y me armo, estudando: a dimensão terapêutica y bélica do saber prete e trans (...)
**abigail Campos Leal**

309 de pé na mão (...)
**Nina DeLudemann**

314    Pandemia, paranoia e política: dos riscos paranoicos do coronavírus: o inimigo ansiosamente esperado (...)
       **Roberto Calazans e Christiane Matozinho**

338    2020 e outros poemas (...)
       **Alberto Martins**

346    Cem anos de crise (...)
       **Yuk Hui**

360    Pandemia de desigualdades
       **Pâmela Carvalho**

363    Quarentena solidária (...)
       **Manuela Samir Maciel Salman e Amirah Adnan Salman**

371    Partilhas sensíveis essenciais em tempos pandêmicos [Ou, quando podemos novamente ir ao teatro sem medo?] (...)
       **Marina Guzzo**

377    Protocolo de descarte do lixo, contracolonialidade(s) e o dia seguinte (...)
       **Fátima Lima**

383    I'm alive ou I'm a live (...)
       **Renan Marcondes**

387    Exceção viral (...)
       **Jean-Luc Nancy**

388    Curados até o fim (...)
       **Roberto Esposito**

390    Corpo-vetor e corpo-utópico (...)
       **Daniela Lima**

397   "O que está acontecendo no Brasil é um genocídio" (...)
**Eduardo Viveiros de Castro**

402   Moquecar (n)a pandemia (...)
**Rafael Guimarães**

409   Um país esgotado (...)
**Moacir dos Anjos**

412   Questões acerca da pandemia atual sob o ponto de vista de Ivan Illich (...)
**David Cayley**

430   Chez Baldwin, coronavírus e o DNA brasileiro
**Jânderson Albino Coswosk**

443   Nós nos tornamos um vírus para o planeta (...)
**Philippe Descola**

447   Entre a asfixia e o transe: a conspiração do vivo (...)
**Murilo Duarte Costa Corrêa**

455   Fechar portas, abrir janelas (estratagemas políticos para sair de si) (...)
**Tania Rivera**

475   A revolução consiste no ato pelo qual a humanidade puxa o freio de urgência para parar o trem suicida da civilização capitalista industrial moderna (...)
**Michael Löwy**

(...)

# PRÓLOGO
# Fragmentos para um arquivo do inacontecível

Peter Pál Pelbart

## I

O conjunto de textos reunidos sob o título de *pandemia crítica* reflete parte das ideias e afetos que a pandemia da COVID-19 despertou pelo mundo e no Brasil, desde sua irrupção. Nossa intenção foi captar, em meio à perplexidade geral, o que se pensou e sentiu no calor dos acontecimentos. Tratava-se de explorar, ainda que intuitivamente, como esse evento mundial nos chegava, perturbava, atordoava e, talvez, também abria brechas. Alguns diziam que depois disso nada seria como antes. Numa era que parecia ter esgotado sua imaginação política, quiçá só uma pancada virótica fosse capaz de nos despertar.

## II

Mais difícil que prever o futuro é ler o presente a partir dele mesmo. Demasiado colados nele, atravessados pelas emoções, cativos das opiniões correntes, do jargão midiático, o presente não parece oferecer o mínimo indispensável para qualquer avaliação isenta — a distância.

Mas não seria o caso de valorizar justamente isto, a proximidade aos acontecimentos, a imersão no torvelinho do que se passa "agora"? Colher uma percepção situada, uma atmosfera reinante, a intensidade de um momento, a subjetividade dos atores, não tem isso o valor único de um testemunho vivo?

É óbvio que o presente é indissociável de tudo aquilo que ele carrega, de recente ou remoto, de maneira consciente ou inconsciente. Inclusive as pandemias passadas, os genocídios passados, as estruturas escravagistas, a colonização e suas marcas... Mas também os sonhos passados, as utopias não realizadas, os futuros soterrados. Não à toa, tantos textos reiteram esses dois aspectos.

Mas há uma diferença nos testemunhos aqui coletados. Eles não provêm de um acontecimento traumático recente, e sim de uma catástrofe *em curso*. No baque causado pela pandemia, pelo confinamento, pela paralisação planetária, parecíamos e ainda parecemos viver o impensável, o inimaginável – o "inacontecível". É a partir daí que jorram as memórias e as expectativas, as associações e as análises, os desabafos e os pesadelos.

# III

Ao disponibilizar esse material em forma de livro "acabado", gostaríamos de retomar alguns tópicos que imprimiram nele a sua marca.

A partir de meados de março de 2020, com o anúncio oficial da pandemia pela OMS e a descoberta do primeiro caso no Brasil, bem como a paralisação de muitas atividades e o início do confinamento, a n-1 edições abriu uma plataforma on-line destinada exclusivamente à circulação de textos vinculados à pandemia.[1]

Análises, relatos, registros, informações relacionados ao assunto – tudo cabia. Por quase cinco meses publicamos um texto por dia. O primeiro foi de José Gil, copiado de um jornal português; em seguida, o diário de Bifo, replicado de um site argentino; depois o de Denise Sant'Anna, especialmente encomendado, e assim por diante. O que foi se revelando não era apenas o retrato de uma crise sanitária, mas de um mundo em colapso. A pandemia funcionou como um revelador fotográfico: o que estava debaixo de nosso nariz, mas não enxergávamos, apareceu à luz do dia – uma catástrofe não só sanitária, social, política e ambiental, mas civilizacional. Em meio a isso, o assassinato de George Floyd virou o emblema do sufoco generalizado.

Às análises percucientes somaram-se as vozes de desespero ou indignação. Mais que fundadas reivindicações de toda ordem no plano racial, sexual, social, psíquico e político, aparecia a constatação do fim de um mundo. E, com isso, o chamamento por uma guinada nos modos de vida hegemônicos. Vários profetizaram que nunca mais voltaríamos à normalidade – o próprio capitalismo parecia capitular. Outros manifestaram sua suspeita em relação a prognósticos tão assertivos.

A dimensão crítica que a pandemia despertou fez de nossa plataforma uma espécie de metralhadora giratória. Desde o governo fascista até as desigualdades sociais, raciais, de gênero, das modalidades de predação do agronegócio até o Antropoceno, tudo foi objeto de um olhar corrosivo.

Mas também não faltaram belas associações capazes de expressar o inexprimível. Imagens literárias (Baldwin, Castañeda, Carroll, Ursula Le Guin, Tolstói, Camus, Virginia Woolf, Clarice Lispector, Elias Canetti), poéticas (Manuel Bandeira, Edouard Glissant, Paul Valéry, Wisława Szymborska), artísticas (Duchamp, Deligny, Laura Lima), musicais (Villa-Lobos, Gismonti, Caetano), coreográficas (Steve Paxton),

---

1 <https://www.n-1edicoes.org/textos>.

cinematográficas (Kubrick, Sganzerla, Straub, Glauber, Pasolini), estéticas (Warburg), históricas (Tucídides, Abdias do Nascimento, Lélia Gonzalez, Gilberto Freyre, Alain Corbin, Peter Gay), psicanalíticas (Freud, Lacan, Fanon), orientais (Krishna, Bhagavad Gītā), filosóficas (além de Foucault, certamente o mais citado, Benjamin, Bergson, Merleau-Ponty, Günther Anders, Deleuze, Guattari, Lyotard, Derrida, Sloterdijk, Certeau, Schmitt, Taubes, Ferreira da Silva, assim como vári@s autor@s aqui publicad@s), antropológicas (Elizabeth Povinelli, Tim Ingold, Anna Tsing), artísticas/ativistas (Jota Mombaça), além dos exus, xapiris e tantas entidades mais. Dessa nebulosa estonteante, brotaram belíssimas reflexões sobre praticamente todas as esferas da existência: humana, animal, virótica, cósmica, mental, corporal, linguageira, comunitária, imunitária – a lista é inesgotável.

O material aqui disponível, portanto, não pretende ser um registro objetivo, no modo de um afresco monumental de uma das maiores crises enfrentadas pela humanidade, mas, por assim dizer, um mergulho na mente coletiva, quase no inconsciente nosso e do planeta naquele momento e em seu prolongamento.

# IV

Poderíamos dividir os textos aqui reunidos em quatro tipos principais.

Análises rigorosas das causas imediatas ou remotas da pandemia, desde a lógica predatória do capitalismo, a monocultura industrial, a invasão pela agroindústria dos habitats animais e a consequente zoonose, que já prometia e promete ainda uma série de pandemias.

Análises sobre o que a pandemia revelou, através de seus efeitos e da mortandade que suscitou: a vulnerabilidade muito maior das classes subalternas, das populações negras, indígenas, quilombolas etc. – simplesmente o retrato escancarado da desigualdade de condições de vida, de saúde e de alimentação da população brasileira.

Análises sobre as relações de poder entre governantes e governados nas várias regiões do mundo nesse momento de crise, com acento no descaso de alguns (Brasil, Estados Unidos de Trump), totalitarismo de outros (China, Hungria) e técnicas de controle e monitoramento que estão sendo aprimoradas para finalidades nada sanitárias.

Depoimentos pessoais de artistas, escritores, poetas e feministas, captando com grande sensibilidade a atmosfera do momento, retratando os paradoxos do isolamento, a angústia, o medo, a solidão, a sobrecarga das mulheres durante o confinamento, mas também as iniciativas de solidariedade nas favelas, nas instituições hospitalares, nos bairros.

No espírito democrático e inclusivo que caracterizou essa plataforma on-line, vozes desconhecidas de várias procedências foram acolhidas, lado a lado com pesquisadores de renome em áreas diversas. Essa polifonia assegurou uma variação muito grande no tom, no estilo, nos pontos de vista, nos afetos expressados, e um contingente não negligenciável de novas autorias se experimentando e se revelando.

O interesse despertado pela plataforma nos surpreendeu. Novas propostas de publicação chegavam a cada dia. Não demorou para que pessoas com deficiência visual cobrassem acesso diferenciado — uma equipe se prontificou a gravar diariamente e disponibilizar todos os textos em áudio. Pelo visto, respondíamos a uma urgência que superava em muito o alcance habitual de nossa editora.

Sabemos que uma crise é também uma oportunidade. Ela abre uma rachadura numa situação congelada e desperta sonhos e monstros, individuais e coletivos. Portanto, serve não apenas para diagnosticar nossos males, mas também para dar a ver nossas possibilidades de transformação. É nessa dupla chave que correm os textos desta coletânea.

# V

Há alguns anos, a n-1 edições batizou uma série de "cordéis" com o nome de PANDEMIA. A ideia era disseminar perspectivas críticas em uma publicação ligeira, de fácil circulação e por um preço irrisório. O primeiro cordel foi a aula pública proferida por Eduardo Viveiros de Castro durante o ato Abril Indígena, na Cinelândia, em 2016 – e levou o título *Os involuntários da pátria*. Desde então, foram publicados mais de cinquenta cordéis sobre os mais diversos temas da atualidade — muitos deles, já esgotados, estão disponíveis no site da n-1.[2] Ora, quem podia prever que, cinco anos depois, o termo *pandemia* designaria o acontecimento mais assustador dos últimos tempos? A História infletia o sentido positivo que quisemos dar à coleção de cordéis. *Pandemia* passou a indicar algo muito concreto: risco iminente e pilhas de cadáveres por toda parte, valas comuns. Assim, ao inaugurar a série *pandemia crítica*, na contramão da enfermidade calamitosa, pudemos devolver-lhe o sentido de "pandemia de ideias".

A verdade, porém, é que no início da pandemia concreta começava não apenas uma contaminação viral, mas também uma "pandemia" de leitura e de escrita. A sede por ler interpretações frescas era imensa, um site replicava o texto de outro (e respondemos afirmativamente a muitos pedidos de autorização vindos dos quatro cantos do mundo), cada nova interpretação percorria a rede numa espécie de frenesi transversal. A tal ponto todos se afetavam que ninguém mais parecia dono de seu próprio texto. Mas também textos colidiam, divergiam, se criticavam ou se fagocitavam.

Em paralelo, parecia haver uma febre para escrever, expressar-se, montar sua hipótese própria sobre o sentido do acontecimento, manifestar com as próprias palavras a indignação com as mortes evitáveis, dizer a dor alheia ou da Terra, a solidão ou a

---

2 <https://www.n-1edicoes.org/cordeis>.

impotência. Foi assim que nos chegaram quase dois terços dos textos, isto é, a maioria: espontaneamente, propostos por autor@s muito ou nada conhecidos, celebridades e anônimos. Dificilmente recusamos algum texto, a tal ponto nos pareceu importante abrir espaço para o que parecia ser uma modalidade de elaboração pessoal e coletiva, em todo caso pública, de um acontecimento inaudito que nos atingia a tod@s, no corpo e na alma, além de afetar a própria substância da vida social.

# VI

Vários textos presentes nos dois volumes foram fruto de um convite endereçado por nós a pessoas específicas, que pronta e generosamente aceitaram escrever especialmente para esse espaço. Foi o caso de Jacques Rancière, Durval Muniz de Albuquerque, André Lepecki, Vladimir Safatle, Denise Sant'Anna, Maurizio Lazzarato, Alana Moraes, Eduardo Pellejero, Fabián Ludueña, Juliana Fausto, Carmen Silva, abigail Campos Leal, Hospital Premier, Moacir dos Anjos, Tania Rivera, Evando Nascimento, Giselle Beiguelman, Alberto Martins, João Perci Schiavon, Ernani Chaves, Isabella Guimarães Rezende, John Rajchman.

Boa parte, no entanto, foi vampirizada na rede, em sites diversos e por vezes desconhecidos. Foi o caso com Jean-Luc Nancy, Achille Mbembe, Emanuele Coccia, Zé Celso, Coletivo Chuang, Roberto Esposito, Philippe Descola, Stéphane Hervé, Luca Salza e muitos outros. Por fim, estão aqueles cujos textos conhecíamos e para os quais bastou pedir-lhes autorização, como Brian Massumi, Eduardo Viveiros de Castro, Déborah Danowski, Bruno Latour, Bruce Albert, Francisco Ortega, Jérôme Baschet, Sam Mickey e outros.

Algumas pessoas a quem pedimos textos vinculados à pandemia nos ofereceram outra coisa: um conto (João Adolfo Hansen), poemas (Maria Rita Kehl), que acabamos publicando na série *A céu aberto*.[3]

# VII

Uma operação de tal magnitude, envolvendo tantos protagonistas, só foi possível graças a uma antenagem febril e ininterrupta durante meses, capaz de detectar o que pipocasse pelo globo e agregasse algum ponto de vista original. Houve momentos em que, tendo vários textos excelentes em mãos, minha ansiedade me impelia a publicar dois por dia – felizmente fui freado pelos meus colegas da editora, evitando os males de uma overdose.

---

3 <https://www.n-1edicoes.org/contos>.

Em todo caso, ao localizarmos @s autor@s para pedir-lhes autorização – e nem sempre isso ocorreu na edição on-line, o que não deixou de provocar reclamações –, ampliou-se nossa rede de conexões improváveis. Um exemplo curioso foi o de Divya Dwivedi e Shaj Mohan, pesquisadores indianos especialistas na filosofia de Gandhi, que relacionaram a distância social requerida na pandemia à distância vigente entre as castas na Índia.

Para dar conta de tal ritmo frenético e manter a publicação diária, contamos com uma força tarefa voluntária de tradutor@s, revisor@s e olheir@s. Sem el@s, cujos nomes constam nos textos de que cuidaram, nada disso teria sido possível. Muit@s que fizeram intermediações importantes junto a autor@s ou detentor@s de direitos não estão mencionad@s. Fica aqui nosso efusivo agradecimento a tod@s, bem como à equipe da editora, que se empenhou de corpo e alma o tempo todo, e cujos créditos se encontram no final deste prólogo. E também aos que, mesmo detendo os direitos autorais dos textos para uma publicação futura, os liberaram para esta coletânea, como a Ubu (São Paulo), Bayard (Paris) e Scalpendi (Milão), ou para textos já publicados, como Chão da Feira ou Agência Pública, bem como os sites lundimatin ou Lobo Suelto.. E, naturalmente, o agradecimento maior vai a tod@s @s autor@s que tão generosamente propuseram ou concordaram em socializar seus pensamentos e com frequência reconheceram a relevância dessa iniciativa e até mostraram gratidão por terem podido dela participar.

Ao anunciar que encerrávamos o esquema de publicação cotidiana on-line no início de agosto de 2020, enviamos uma mensagem pública manifestando essa gratidão e deixando no ar a possibilidade de uma futura publicação impressa. Tudo conspirava contra. O tamanho do conjunto resultaria num custo inviável e daria um trabalho hercúleo. Tivemos a sorte de contar com o apoio do SESC para custear a impressão, o que removia o principal obstáculo para a transformação em livro. Mas a condição para viabilizar essa finalização era não remunerar ninguém, a não ser com um exemplar e o consolo de que nada disso se perderia. E, de fato, confiamos que ficará disponível para todos os tipos de leitor@s e servirá de material de estudo em associações, ocupações, movimentos sociais, redes artísticas ou atividades diversas, escolas e universidades, e para responsáveis pela formulação de políticas públicas, bem como de incentivo a pesquisador@s futuros.

# VIII

Uma palavra sobre a organização dos livros. Os textos, que seguem estritamente a ordem cronológica em que apareceram em nossa plataforma virtual, foram distribuídos em dois volumes. Para facilitar, indicamos o primeiro tomo como *outono de 2020* (os publicados entre março a junho) e o segundo como *inverno de 2020* (publicados posteriormente). A sequência em que aparecem aqui não corresponde necessariamente à ordem em que foram escritos. Um ou outro tivemos que deixar de lado nas edições impressas, já que não obtivemos a devida autorização[4] – os publicados foram todos autorizados. Vale lembrar que não atualizamos as cifras de contaminação ou mortes mencionadas pelos textos, o que permite dimensioná-las no tempo. Tomamos o cuidado de preservar ao máximo o estilo de cada texto – a interferência editorial foi a mínima possível. Não padronizamos o conjunto para não ferir os modos singulares de expressão – inclusive no sistema de referências bibliográficas ou mesmo nas notas biográficas.

Estão, a partir de agora, sujeitos ao caleidoscópio do acaso e dos encontros, bem como aos destinos que o tempo lhes reserva. Afinal, sabe-se lá quando terminará esta pandemia, ou quando virá a próxima pandemia...

## IX

Pode surpreender o desequilíbrio de gênero na autoria dos textos enviados. Mereceria uma reflexão mais aguda o fato de que a pandemia sobrecarregou enormemente as mulheres, deixando a seu encargo ainda mais do que injustamente já carregam: o cuidado com as crianças, com a alimentação, com a limpeza da casa, com a sustentação afetiva, além do trabalho intelectual, artístico ou outro, remoto ou não. É de se perguntar que tempo e energia lhes restam na pandemia para cuidar de si, refletir sobre o contexto, que dirá escrever um texto. Sem falar no aumento brutal do número de abusos, violências e feminicídios nesse período.

Não seríamos honestos se não mencionássemos outra lacuna. Trata-se de um artigo de Giorgio Agamben, publicado em 26 de fevereiro de 2020 e intitulado "A invenção de uma epidemia". Ao ler as medidas restritivas do governo italiano diante da (então ainda) epidemia como sinais de um estado de exceção crescente, Agamben dava margem a uma interpretação ambivalente, como se criticasse em bloco qualquer medida sanitária.

Em um país como o Brasil, que desde o início negou a existência e os riscos da COVID-19, combatendo qualquer iniciativa de cuidado e se desresponsabilizando abertamente de qualquer obrigação, tal observação soava no mínimo deslocada. Quisemos evitar tanto a capitalização do pensamento agambeniano pelo negacionismo reinante quanto a demonização de Agamben por críticos de Bolsonaro que não necessariamente conhecem a acuidade de seu pensamento.

Como se sabe, as posições filosóficas de Agamben estão no extremo oposto do neofascismo brasileiro. É provável que o "linchamento" de um autor tão radical, por

---

[4] Estes podem ser consultados em https://www.n-1edicoes.org/textos.

conta dessa observação localizada, prossiga enquanto dure a pandemia. Talvez só com o tempo, e à luz de desdobramentos biopolíticos futuros, o sentido político-filosófico desse texto receba sua justa avaliação. Daí nossa opção de publicar em breve o conjunto dos textos de Agamben sobre a pandemia, em livro intitulado *Em que ponto estamos? A epidemia como política*.

## X

*Pandemia crítica* nasceu numa noite de breu de nossa História. O negacionismo sanitário e ambiental do governo Bolsonaro, a cruzada contra indígenas, mulheres, negr@s, minorias vulneráveis, para não falar da ciência ou da cultura, resultou numa atmosfera irrespirável. A sensação de toxicidade era total e letal. Como atravessá-la? Em associação com Ricardo Muniz Fernandes, coeditor e meu sócio na n-1 edições, *pandemia crítica* foi a maneira que encontramos para resistir ao estrangulamento crescente.

Afinal, além de todo o fascismo galopante, teríamos que assistir a tudo passivamente, desde o camarote virtual, confinados em nossos lares (para quem esse luxo era permitido)? Tivemos que inventar uma trincheira. Descobrimos que uma editora, mesmo confinada, pode quebrar o cerco à sua maneira.

Respiro. Fenda. Conexão. Circulação. Reversão.

Que estes livros possam ser lidos à luz dessa aposta.

Peter Pál Pelbart

# Agradecimentos

traduções (...) revisões (...) proposições (...) articulações (na desordem)

Ana Luiza Braga (...) Beatriz Sayad (...) Bernardo RB (...) Damian Kraus (...) André Arias (...) Clara Barzaghi (...) Francisco Freitas (...) Ana Claudia Holanda (...) Fernando Scheibe (...) Tadeu Breda (...) Maurício Pitta (...) Sonia Sobral (...) Mariana Lacerda (...) Cafira Zoé (...) Pedro Taam (...) Flavio Taam (...) Davi Conti (...) Haroldo Saboia (...) Humberto Torres (...) Mariana Silva da Silva (...) Ana Catharina Santos Silva (...) Luiza Proença (...) Isabel Lopes (...) Pedro Rogério de Carvalho (...) Alexandre Zarias (...) Rodrigo C. Bulamah (...) Paula Lousada (...) Camila Vargas Boldrini (...) Daniel Lühmann (...) Paula Chieffi (...) Wanderley M. dos Santos (...) Márcia Bechara (...) Anderson dos Santos (...) João Pedro Garcez (...) Oiara Bonilla (...) Andrea Santurbano (...) Déborah Danowski (...) Eduardo Viveiros de Castro (...) Jeanne Marie Gagnebin (...) Marcela Coelho de Souza (...) Marcio Goldman (...) Eduardo Socha (...) Tadeu Capistrano (...) Alyne Costa (...) Tatiana Roque (...) Julien Pallotta (...) Vinícius Nicastro Honesko (...) Elton Corbanezi (...) José Miguel Rasia (...) Neto Leão (...) Nilo de Freitas (...) Caroline Betemps (...) Cristina Ribas (...) Damián Cabrera (...) Guilherme Altmayer (...) Davi Pessoa (...) Giovanna Carlotta Intra (...) ...

## equipe da *n-1edições*

Érico Peretta (...) Inês Mendonça [assistente editorial] (...) Leticia Kamada [Instagram] (...) Clara Barzaghi [Facebook/e-mail geral] (...) Paula Chieffi e Giselle Asanuma [gravação para pessoas com deficiência visual]. Também Leticia Gomes Fernandes (...) Veridiana Fernandes (...) Vania Pascual Martins Ruza (...) ...

## *Edições Sesc São Paulo*

Danilo Santos de Miranda (...) Francis Manzoni (...) Isabel M. M. Alexandre (...) Iã Paulo Ribeiro (...) ...

(...) 24/03

# O medo
## José Gil

O que vem aí ninguém sabe. Adivinha-se, teme-se que seja devastador. Em número de mortes, em sofrimento, em destruição. Mas, como não temos uma ideia clara do que poderá ser uma tal catástrofe, a ignorância e a confusão amplificam o nosso medo. Será um desastre planetário e regional, coletivo e individual, já presente e ainda futuro, conhecido e familiar, mas sempre longínquo e estrangeiro, destinado aos outros, mas cada vez mais perto. Não é o simples medo da morte, é a angústia da morte absurda, imprevista, brutal e sem razão, violenta e injusta. Rebenta com o sentido e quebra o nexo do mundo.

As forças que provocam a pandemia pertencem a uma ordem de causas estranha à ordem humana. E, no entanto, põem-na radicalmente em questão. Constatamos agora que a sociedade, as instituições e as leis que criamos para nos protegerem, e nos assegurarem uma vida justa, falharam redondamente. Não construímos uma vida viável para a espécie humana. Os extraordinários disfuncionamentos dos serviços de saúde de tantos países, a falta de coordenação e solidariedade dos estados-membros da União Europeia quando se tratou de ajudar a Itália, a criminosa e leviana arrogância de Trump no caso dos testes, a incapacidade de todos os governos de executar uma política sanitária eficaz sem utilizar meios mais ou menos autoritários, todo esse desnorte que deixou proliferar o vírus mostra de sobremaneira que qualquer coisa de profundamente errado infectou, desde o início, a história dos homens. Emmanuel Macron acaba de descobrir que "a saúde não é uma mercadoria" que tenha um preço. O coronavírus, pondo em perigo qualquer um, independentemente da sua riqueza ou estatuto, torna todos iguais – não perante a morte, mas perante o direito à vida, à saúde e à justiça.

Não se trata, como já ouvimos dizer, de pôr em causa a nossa civilização, mas as suas formações de poder e, com elas, o desenvolvimento de laços sociais cada vez menos aceitáveis. Esta terrível experiência que estamos a viver constitui apenas uma antecipação, e um aviso, do que nos espera com as alterações climáticas.

O que fazer? Dos órgãos políticos responsáveis vêm-nos ordens e injunções contraditórias. Por um lado, dizem-nos que a luta contra a epidemia só terá êxito se juntarmos todos os nossos esforços individuais, se agirmos solidariamente na consciência da pertença comum à comunidade. Por outro lado, somos incitados a isolarmo-nos, a ficar em casa, a manter o distanciamento social requerido, a não beijar, abraçar, tocar. Cancelam-se os eventos e espaços de lazer, fecham-se as fronteiras. Reduzir-se-á então o nosso contributo a obedecer passivamente ao autoisolamento antisocial?

Está a surgir, espontaneamente, uma solução "tradicional" de compromisso: a comunidade reencontrar-se-ia na ação de governação de um líder firme. Giuseppe Conte, primeiro-ministro italiano, até aqui sem grande popularidade, tem hoje o apoio da grande maioria do povo. Tomou medidas drásticas, mostrou certezas, acalmou a ansiedade e o pânico da população. Sem dúvida que idêntica adesão popular recebeu António Costa, pelas mesmas razões e com a mesma empatia. A energia do medo é absorvida pelo líder e transformada em adesão. Qualquer que seja a sua eficácia, esta não pode ser a única e exclusiva "solução". Que podemos e devemos fazer, nós que nos fechamos em casa, e que não queremos que o autoisolamento se torne apenas uma defesa egoísta da família, numa atitude que reforça, afinal, o corte com a comunidade?

É preciso, primeiro, combater o medo da morte. Para tanto, dois requisitos essenciais, a recusa da passividade e o conhecimento do "inimigo". Quanto mais ativos, mais aptos, mais fortes para afastar o medo. Se bem que o medo acorde a lucidez, e neste sentido possa ser benéfico, sabemos que ele encolhe o espaço, suspende o tempo, paralisa o corpo, limitando o universo a uma bolha minúscula que nos aprisiona e nos confunde. Comunicar com os outros e com a comunidade é furar a bolha, alargar os limites do espaço e do tempo, tomar consciência de que o nosso mundo se estende muito para além dos quartos a que estamos confinados. Foi certamente o que sentiram e fizeram os napolitanos que se puseram a cantar à noite, de varanda para varanda, exorcizando o medo e criando um novo espaço público comum.

Trata-se de combater *este* medo da morte. Que não é o medo, digamos, habitual, de morrer, mas uma espécie de terror miudinho, subterrâneo e permanente, que toma conta da vida. Não na apreensão do mal final, mas como se a morte, enquanto avesso da vida, enquanto letargia absoluta, rigidez definitiva, paralisia e abismo, viesse ocupar o terreno do nosso tempo cotidiano. É contra a tendência a sermos capturados por um tal sentimento de medo que é preciso lutar – precisamente, mantendo-nos ativos e preocupados com os outros e a vida social de que fazemos parte.

Este medo é, sobretudo, o medo dos outros. O contágio vem inopinadamente, violentamente e ao acaso. Qualquer um, estrangeiro ou familiar, pode infectar-nos. O acaso e o contato passam a ser perigo e ocasião de morte possível, e todo encontro, um mau encontro. Neste sentido, o outro é o mal radical. A relação com os outros e a comunidade sofre um abalo profundo. O laço social, que, mais do que na inveja e no amor-de-si, se enraíza no "amor" ao outro (como afeto gregário da espécie), encontra-se comprometido, ameaçando romper-se. O outro é o inimigo, que quer a minha morte: do medo do ataque mortal ao pânico paranoico vai apenas um passo. A epidemia do novo coronavírus faz também emergir, à tona da consciência social, o pior das nossas pulsões mais sedimentadas. Mas também o melhor: aquele afeto, presente desde sempre em certas profissões, como a dos médicos e enfermeiros, torna-se agora plenamente visível aos olhos do cidadão planetário.

Um fenômeno inédito está a surgir: a pandemia transforma a percepção que se tinha da globalização. Sabíamos que ela existia, conhecíamos os seus efeitos (financeiros, climáticos, turísticos), mas só raros tinham dela uma experiência vivida. Graças ao coronavírus, e pelas piores razões, o homem comum tem agora, ao longo do seu tempo cotidiano, a experiência da globalização. Deixou de ser abstrata, tornou-se uma globalização existencial. Vivemos todos, simultaneamente, o mesmo tempo do mundo.

Qual o futuro desta transformação? Podem-se adivinhar já certos efeitos. A consciência planetária do perigo de morte traz consigo uma certa percepção, imediata e concreta da humanidade, como comunidade viva e nua. Para além do que separa os homens, há o que os faz simplesmente humanos, a vida, a morte, o poderoso direito a existir, sem condições nem prerrogativas. O que implica um igualitarismo primário e primeiro, entre os indivíduos e entre os povos. As peripécias dos protecionismos xenófobos e racistas de Bolsonaro e de Trump, em tempo de crise pandêmica, parecem patéticas quando confrontadas com este espírito mundial que se está a formar.

Por outro lado, a informação veiculada pela comunicação social, a dependência de cada cidadão de um país relativamente aos cidadãos de outros países, a exigência premente de coordenação das políticas de saúde (e não só) de diferentes nações, o trabalho em rede de cientistas por todo o mundo está a levar à criação progressiva de poderes transnacionais. São tudo bons sinais que se desenham no horizonte. Acreditamos que tal evolução das consciências só poderá beneficiar a luta decisiva, que virá em breve, contra as alterações climáticas.

Mas os bons sinais não chegam para nos sossegar. Tanto mais que o medo que nos invade não para de se avolumar. No momento em que escrevo, chovem de todos os lados, da Europa, da América, do Oriente Médio e da Ásia, as notícias mais alarmantes. A pandemia cresce como um tsunami mundial, derruba e mata numa avalanche incontrolável. O medo não é uma atmosfera, é uma inundação. Como resistir, como desfazer ou pelo menos atenuar o medo que nos tolhe? Com mais conhecimento, sim, e mais informação, e mais entreajuda e racionalidade. Resta-nos sobrepor ao medo que nos desapropria de nós, o medo desse medo, o de sermos menos do que nós. Resta-nos, se é possível, escolher, contra o que nos faz tremer de apreensão e nos instala na instabilidade e no pânico, as forças de vida que nos ligam (poderosamente, mesmo sem o sabermos) aos outros e ao mundo.

*Publicado no jornal O Público em 15 de março de 2020.*

**José Gil** é filósofo e autor, entre outros, de *Fernando Pessoa ou a metafísica das sensações* (n-1 edições).

(...) 24/03

# Crônicas da psicodeflação
## Franco "Bifo" Berardi

TRADUÇÃO Regina Silva

### 21 de fevereiro

Retornando de Lisboa, uma cena inesperada no aeroporto de Bolonha. Na entrada há dois seres humanos completamente cobertos por um macacão branco, com um capacete fluorescente e uma ferramenta estranha nas mãos. A ferramenta é uma pistola-termômetro de alta precisão, que emite luzes violetas por toda a parte.

Aproximam-se de cada passageiro, detêm-no, apontam a luz violeta para a testa dele, verificam a temperatura e depois o deixam seguir.

Um palpite: estamos atravessando um novo limiar no processo de mutação tecnopsicótica?

### 28 de fevereiro

Desde que voltei de Lisboa, não consegui fazer mais nada. Comprei umas vinte telas pequenas e pintei com tinta esmalte, fragmentos de fotografias, lápis, grafite. Não sou pintor, mas, quando estou nervoso, quando sinto que está acontecendo alguma coisa que lança vibrações dolorosas pelo meu corpo, começo a rabiscar para relaxar.

A cidade está em silêncio como se fosse Ferragosto.[1] As escolas estão fechadas, os cinemas fechados. Não há estudantes circulando, não há turistas. As agências de viagens excluem regiões inteiras do mapa. As recentes convulsões do corpo planetário talvez estejam causando um colapso que obriga o organismo a parar, a desacelerar seus movimentos, a abandonar os lugares lotados e as agitadas negociações diárias. E se esse fosse o caminho que não podíamos encontrar e agora ele nos viesse na forma de uma epidemia psíquica, um vírus linguístico gerado por um biovírus?

A Terra atingiu um grau de extrema irritação, e o corpo coletivo da sociedade está num estado de estresse intolerável. A doença se manifesta neste momento, discretamente letal, mas social e psiquicamente devastadora, como uma reação de autodefesa da Terra e do corpo planetário. Para os mais jovens, é apenas uma gripe incômoda.

---

1 Celebrado em 15 de agosto, data em que a Igreja Católica comemora a Assunção de Maria, o feriado de Ferragosto marca o ápice das férias de verão na Itália, com grande parte do comércio fechado e cidades vazias. [N. E.]

O que causa pânico é que o vírus foge à nossa compreensão. A medicina não o conhece, tampouco o sistema imunológico o conhece. E o desconhecido de repente faz a máquina parar. Um vírus semiótico na psicosfera bloqueia o funcionamento abstrato da economia, porque lhe rouba os corpos. Quer ver?

**2 de março**
Um vírus semiótico na psicosfera bloqueia o funcionamento abstrato da máquina, porque os corpos desaceleram seus movimentos, finalmente desistem da ação, interrompem a intenção de governar o mundo e deixam o tempo retomar seu fluxo no qual nadamos passivamente, seguindo a técnica de natação chamada "fingir-se de morto". O nada, então, engole uma coisa após a outra; ao mesmo tempo, no entanto, dissolve-se a ansiedade de manter unido aquele mundo que mantinha o mundo unido.

Não há pânico, não há medo, só silêncio. A rebelião se mostrou inútil, então vamos parar.

Quanto tempo vai durar o efeito dessa fixação psicótica que foi chamada de coronavírus? Dizem que a primavera matará o vírus, mas pode, ao contrário, potencializá-lo. Não sabemos nada sobre ele, como podemos saber qual temperatura ele prefere? Não importa quão letal seja a doença, ela parece discreta, e esperamos que desapareça em breve.

O efeito do vírus, porém, não é tanto o número de pessoas que ele debilita ou o número de pessoas que mata. O efeito do vírus está na paralisia de relações que espalha. A economia mundial há muito tempo encerrou sua curva de expansão, mas não conseguíamos aceitar a ideia da estagnação como um novo regime de longo prazo. Agora, o vírus semiótico está nos ajudando a fazer a transição para a imobilidade.

Quer ver?

**3 de março**
Como reagem o organismo coletivo, o corpo planetário, a mente hiperconectada, sujeita por três décadas à tensão ininterrupta da competição e à hiperestimulação nervosa, à guerra pela sobrevivência, à solidão metropolitana e à tristeza, incapaz de se libertar da ressaca que rouba a vida e a transforma em estresse permanente, como um viciado que nunca consegue alcançar a heroína que, no entanto, dança diante de seus olhos, sujeitando-o à humilhação da desigualdade e da impotência?

Na segunda metade de 2019, o corpo planetário entrou em convulsão. De Santiago a Barcelona, de Paris a Hong Kong, de Quito a Beirute, multidões, milhões de jovens muito jovens foram para as ruas com muita raiva. A revolta não tinha objetivos específicos, ou melhor, tinha objetivos contraditórios. O corpo planetário foi tomado por espasmos que a mente era incapaz de guiar. A febre cresceu até o final do ano 2019.

Em seguida, Donald Trump mata Qasem Soleimani, tripudiando sobre seu povo. Milhões de iranianos desesperados saem às ruas, choram, prometem uma vingança inesquecível. Nada acontece, os iranianos bombardeiam uma base norte-americana. Em pânico, acabam derrubando um avião civil. E assim Trump vence tudo, seu prestígio aumenta. Os norte-americanos ficam empolgados quando veem sangue, os assassinos sempre foram seus favoritos. Enquanto isso, os democratas começam as primárias num estado de divisão tão grande que apenas um milagre poderia levar à indicação do bom velhinho Bernie Sanders, a única esperança de uma vitória improvável.

Então, nazismo trumpista e miséria para todos, superestimulação crescente do sistema nervoso planetário. Essa é a moral da história?

Mas eis então a surpresa, a inversão, o inesperado que frustra qualquer discurso sobre o inevitável. O imprevisto que estávamos esperando: a implosão. O organismo superexcitado da humanidade, após décadas de aceleração e frenesi, após alguns meses de convulsões gritantes sem perspectiva, fechado num túnel cheio de raiva, gritos e fumaça, é enfim atingido pelo colapso. Espalha-se uma gerontomaquia que mata sobretudo os que têm mais de oitenta anos, mas bloqueia, peça por peça, a máquina global de excitação, frenesi, crescimento, economia...

O capitalismo é axiomático, ou seja, atua com base em uma premissa não comprovada (necessidade de crescimento ilimitado que possibilite acumulação de capital). Todas as concatenações lógicas e econômicas são coerentes com esse axioma, e não se pode conceber ou tentar nada fora dele. Não há saída política no axioma do Capital, não há linguagem capaz de falar fora da língua, não há possibilidade de destruir o sistema, porque todo processo linguístico ocorre no interior desse axioma que não possibilita declarações extrassistêmicas efetivas. A única saída é a morte, como aprendemos com Jean Baudrillard.

Somente após a morte é possível começar a viver. Após a morte do sistema, organismos extrassistêmicos poderão começar a viver. Desde que sobrevivam, é claro, e não há como ter certeza disso.

A recessão econômica que está em preparação poderá nos matar, poderá provocar conflitos violentos, poderá desencadear epidemias de racismo e guerra. É bom saber disso. Não estamos culturalmente preparados para pensar na estagnação como condição de longo prazo, não estamos preparados para pensar a frugalidade, a partilha. Não estamos preparados para dissociar prazer de consumo.

**4 de março**
Este é o momento certo? Não sabíamos como nos livrar do polvo, não sabíamos como sair do cadáver do Capital. Viver naquele cadáver infectava a existência de todos, porém agora o choque é um prelúdio da deflação psíquica definitiva. No cadáver do Capital, fomos submetidos à superestimulação, ao aceleramento constante, à competição generalizada e à exploração excessiva com salários em queda. Agora o vírus esvazia a bolha da aceleração.

Fazia muito tempo que o capitalismo estava num estado de estagnação irremediável. Mas continuou a incitar os animais de carga que somos, para nos forçar a continuar correndo, mesmo que àquela altura o crescimento tivesse se tornado uma miragem triste e impossível.

A revolução não era mais concebível, porque a subjetividade é confusa, deprimida, convulsiva, e o cérebro político não tem mais nenhum poder sobre a realidade. E então aqui está uma revolução sem subjetividade, puramente implosiva, uma revolta de passividade, de resignação. Resignemo-nos. De repente, esse parece ser um slogan ultrassubversivo. Chega da agitação desnecessária que deveria melhorar a qualidade de vida, mas que na verdade produz apenas sua deterioração. Literalmente, não há mais o que fazer. Então, não façamos nada.

Dificilmente o organismo coletivo se recuperará desse choque psicótico-viral; dificilmente a economia capitalista, agora reduzida à estagnação irremediável, retomará sua gloriosa jornada. Podemos afundar no inferno de uma prisão tecnomilitar cuja chave está só nas mãos da Amazon e do Pentágono. Ou podemos esquecer a dívida, o crédito, o dinheiro e a acumulação.

O que a vontade política não conseguiu fazer, poderia ser feito pelo poder mutagênico do vírus. No entanto, essa saída precisa ser preparada imaginando o possível, agora que o inesperado rompeu a tela do inevitável.

**5 de março**
Aparecem os primeiros sinais de falência do sistema de bolsas de valores e da economia. Analistas econômicos observam que desta vez, diferentemente de 2008, as intervenções de bancos centrais ou outras instituições financeiras não serão de muita utilidade.

Pela primeira vez, a crise não provém de fatores financeiros, nem mesmo de fatores estritamente econômicos, do jogo de oferta e demanda. A crise vem do corpo.

Foi o corpo que decidiu diminuir o ritmo. A desmobilização geral provocada pelo coronavírus é um sintoma de estagnação, antes mesmo de ser causa.

Quando falo do corpo, refiro-me à função biológica como um todo, refiro-me ao corpo físico que adoece – mas também, e acima de tudo, refiro-me à mente, que por razões que nada têm a ver com o raciocínio, com a crítica, com a vontade, com a decisão política, entrou numa fase de profunda passivação. Cansada de processar sinais muito complexos, deprimida depois da excitação excessiva, humilhada pela impotência de suas decisões diante da onipotência do autômato tecnofinanceiro, a mente baixa a tensão. Não que tenha tomado alguma decisão. É a repentina queda da tensão que decide por todos. Psicodeflação.

**6 de março**
Naturalmente, podem-se apresentar argumentos exatamente opostos ao que acabei de dizer. O neoliberalismo, em seu casamento com o etnonacionalismo, deve

dar um impulso ao processo de abstração total da vida. Eis o vírus que força todos a ficar em casa, mas não bloqueia a circulação de mercadorias. Aqui estamos, no limiar de uma forma tecnototalitária na qual os corpos serão para sempre entregues, controlados, teleguiados.

Sai um artigo de Srećko Horvat na *Internazionale* (tradução da *New Statesman*). Segundo Horvat,

> [...] o coronavírus não é uma ameaça para a economia neoliberal; ao contrário, ele cria o ambiente perfeito para essa ideologia. Entretanto, do ponto de vista político, o vírus é um perigo porque uma crise de saúde pode favorecer o objetivo etnonacionalista de fortalecer as fronteiras e a exclusividade racial e interromper a livre circulação de pessoas (especialmente aquelas vindas de países em desenvolvimento), mas garantindo um movimento descontrolado de bens e capitais.
>
> O medo de uma pandemia é mais perigoso que o próprio vírus. As imagens apocalípticas da mídia escondem um vínculo profundo entre a extrema direita e a economia capitalista. Assim como um vírus precisa de uma célula viva para se reproduzir, o capitalismo também se adaptará à nova biopolítica do século XXI. O novo coronavírus já afetou a economia global, mas não impedirá o movimento e a acumulação de capital. De qualquer forma, em breve surgirá uma forma mais perigosa de capitalismo, que dependerá de maior controle e purificação das populações.

Obviamente, a hipótese formulada por Horvat é realista.

Mas acredito que essa hipótese mais realista não seja realista, porque subestima a dimensão subjetiva do colapso e os efeitos no longo prazo da deflação psíquica sobre a estagnação econômica.

O capitalismo foi capaz de sobreviver ao colapso financeiro de 2008 porque as condições do colapso eram todas internas à dimensão abstrata da relação entre linguagem, finanças e economia. Pode ser que não sobreviva ao colapso da epidemia porque agora entra em jogo um fator extrassistêmico.

**7 de março**

Meu amigo matemático Alex me escreve: "Todos os recursos de supercomputação estão engajados em encontrar o antídoto para o corona. Esta noite, sonhei com a batalha final entre os biovírus e os vírus simulados. De qualquer forma, o humano já está fora, me parece."

A rede global de computação está buscando a fórmula capaz de contrapor o infovírus ao biovírus. É necessário decodificar, simular matematicamente, construir tecnicamente o corona-*killer* para depois espalhá-lo.

Enquanto isso, a energia se retira do corpo social e a política mostra sua impotência constitutiva. A política é cada vez mais o lugar do não poder, porque a vontade não atinge o infovírus.

O biovírus prolifera no corpo estressado da humanidade global.

Os pulmões são o ponto mais vulnerável, ao que parece. As doenças respiratórias vêm se espalhando há anos na mesma proporção da disseminação de substâncias irrespiráveis na atmosfera. Mas o colapso ocorre quando, encontrando o sistema midiático, entrelaçando-se com a rede semiótica, o biovírus direciona seu poder debilitante ao sistema nervoso, ao cérebro coletivo, forçado a desacelerar seus ritmos.

**8 de março**
Durante a noite, o primeiro-ministro Giuseppe Conte comunicou a decisão de pôr em quarentena um quarto da população italiana. Piacenza, Parma, Reggio e Modena estão em quarentena. Bolonha não. Por enquanto.

Nos últimos dias, falei com Fabio e Lucia e decidimos nos encontrar para jantar hoje à noite. De vez em quando, fazemos isso em algum restaurante ou na casa de Fabio. Esses jantares são um pouco melancólicos, mesmo que não o admitamos, porque nós três sabemos que é o resíduo artificial do que acontecia de uma maneira natural várias vezes por semana, quando nos encontrávamos na casa da *mamma*.

Esse hábito de nos vermos no almoço (ou mais raramente no jantar) na casa da *mamma*, apesar de todos os eventos, deslocamentos e mudanças, permaneceu após a morte do *babbo*. A gente se encontrava no almoço na casa da *mamma* sempre que possível.

Quando minha mãe se viu impossibilitada de preparar o almoço, esse hábito acabou. E pouco a pouco a relação entre nós três mudou. Até então, embora já tivéssemos sessenta anos, continuávamos a nos encontrar quase todos os dias de uma forma completamente natural, continuávamos a ocupar o mesmo lugar à mesa que ocupávamos quando tínhamos dez anos. Mantínhamos à mesa os mesmos rituais. Minha *mamma* ficava sentada perto do fogão, porque isso lhe permitia continuar cuidando da comida enquanto comia. Lucia e eu conversávamos sobre política, isso faz já uns cinquenta anos, desde quando ela era maoista e eu da causa operária.

Esse hábito terminou quando minha mãe entrou em sua longa agonia.

Desde então, temos que nos organizar para jantar, às vezes vamos a um restaurante asiático no pé das colinas, perto do teleférico que fica na estrada que leva a Casalecchio. Outras vezes, vamos ao apartamento de Fabio, no sétimo andar de um edifício popular depois da ponte comprida, entre Casteldebole e Borgo Panigale.

Da janela, veem-se os campos às margens do rio. Mais longe, a colina de San Luca, e, à esquerda, a cidade. Bem, há alguns dias, marcamos de nos encontrar hoje à noite para jantar. Eu tinha que levar queijo e sorvete, e Cristina, esposa de Fabio, havia preparado a lasanha.

Tudo mudou nesta manhã, quando pela primeira vez — agora percebo — o coronavírus entrou em nossa vida, não mais como um objeto de reflexão filosófica, política, médica ou psicanalítica, mas como um perigo pessoal.

Primeiro veio um telefonema de Tania, filha de Lucia, que mora com Rita há algum tempo em Sasso Marconi.

Tania ligou para me dizer: "Ouvi dizer que você, mamãe e Fabio querem jantar juntos, não façam isso. Estou em quarentena porque uma das minhas alunas (Tania ensina ioga) é médica no Sant'Orsola e, há alguns dias, fez o teste e deu positivo. Estou com um pouco de bronquite e decidiram me testar também; enquanto aguardo o resultado, não posso sair de casa." Respondi com ceticismo, mas ela foi implacável e disse algo bastante impressionante, sobre o qual eu ainda não tinha pensado.

Ela me disse que a taxa de contágio de uma gripe comum é de 0,21, enquanto a do coronavírus é de 0,80. Para ser claro: no caso de uma gripe normal, você precisa entrar em contato com 500 pessoas para encontrar o vírus; no caso do corona, basta encontrar 120. *Interesting*.

Tania, que parece estar muito bem informada, por ter ido fazer o teste e ter falado com aquelas pessoas que estão na linha de frente do contágio, disse-me que aqui na Itália a idade média dos mortos é de 81 anos.

Eu suspeitava disso, mas agora eu sei. O coronavírus mata idosos e, em particular, mata velhos asmáticos (como eu).

Em seu último pronunciamento, Giuseppe Conte, que me parece um primeiro--ministro meio que por acaso, que nunca deixou de parecer alguém pouco ligado à política, disse: "Vamos pensar na saúde de nossos avós." Comovente, dado que me encontro no papel constrangedor do avô a ser protegido.

Deixando o papel do cético, disse a Tania que lhe agradecia e que seguiria suas recomendações. Telefonei para Lucia, conversamos um pouco e decidimos adiar o jantar. Percebo que entrei em uma clássica relação de duplo vínculo batesoniana. Se eu não telefonar para cancelar o jantar, me ponho na posição de um infectante físico, potencial portador de um vírus que poderia matar meu irmão. Se, no entanto, telefono, como estou fazendo, para cancelar o jantar, fico na posição de um infectante psíquico, isto é, de espalhar o vírus do medo, o vírus do isolamento. E se essa história durar muito tempo?

**9 de março**

O problema mais sério é a sobrecarga à qual o sistema de saúde está sujeito. As unidades de terapia intensiva estão à beira do colapso. Existe o risco de não se conseguir cuidar de todas as pessoas que precisam de tratamento urgente. Fala-se da possibilidade de ter que escolher entre pacientes que podem ou não podem ser tratados.

Nos últimos dez anos, 37 bilhões de euros foram cortados do sistema público de saúde, as unidades de terapia intensiva foram reduzidas e o número de clínicos gerais diminuiu drasticamente.

Segundo o jornal *Quotidiano Sanità*,

em 2007 o SSN (Serviço Sanitário Nacional) público contava com 334 unidades de urgência e 530 de primeiros socorros. Bem, dez anos depois, a redução foi drástica: 49 unidades de urgência foram cortadas (-14%) e 116 prontos-socorros não existem mais (-22%). Mas o corte mais evidente é o das ambulâncias, tanto do Tipo A (emergência) como do Tipo B (transporte médico). Em 2017, as do Tipo A foram reduzidas em 4% em comparação com dez anos antes, enquanto as do Tipo B caíram pela metade (-52%). Cabe destacar também que as ambulâncias com médico a bordo diminuíram drasticamente. Em 2007, havia um médico em 22% dos veículos, ao passo que, em 2017, apenas em 14,7%. As unidades móveis de reanimação também foram cortadas em 37% (eram 329 em 2007, 205 em 2017). A redução afetou igualmente as casas de saúde credenciadas, que em todos os casos têm muito menos instalações e ambulâncias que os hospitais públicos. Com base nesses dados, pode-se notar que houve retração progressiva do número de leitos em escala nacional, muito mais evidente e relevante em relação ao número de leitos da rede pública do que da rede privada. O corte de 32 717 leitos em sete anos atingiu principalmente o sistema público, que tem 28 832 leitos a menos que em 2010 (-16,2%), em comparação com os 4 335 leitos a menos da rede particular (-6,3%).

## 10 de março
"Somos ondas do mesmo mar, folhas da mesma árvore, flores do mesmo jardim."
Isso está escrito em dezenas de caixas contendo máscaras vindas da China. Aquelas mesmas máscaras que a Europa nos negou.

## 11 de março
Não fui a Mascarella, como geralmente faço todo ano no dia 11 de março. A gente se encontra diante da placa que lembra a morte de Francesco Lorusso, alguém faz um pequeno discurso, deposita uma coroa de flores ou uma bandeira da Lotta Continua que alguém guardou no porão, a gente se beija e se abraça apertado.
Desta vez, não estava com vontade de ir, porque não gostaria de dizer a nenhum dos meus antigos camaradas que a gente não pode se abraçar.
Fotos de pessoas comemorando chegam de Wuhan, todos rigorosamente de máscara verde. O último paciente com coronavírus recebeu alta de um dos hospitais construídos às pressas para conter o afluxo.
No hospital Huoshenshan, a primeira parada de sua visita, Xi Jinping elogiou os médicos e enfermeiros, chamando-os de "os mais belos anjos" e "mensageiros da luz e da esperança". Os profissionais de saúde da linha de frente assumiram as missões mais difíceis, disse Xi, por isso eram "as pessoas mais admiráveis da nova era, que merecem os maiores elogios".
Entramos oficialmente na era biopolítica, na qual presidentes não podem fazer nada e só médicos podem fazer alguma coisa — mas nem tudo.

(...)

**12 de março**
Itália. O país inteiro está em quarentena. O vírus se difunde mais rápido que as medidas de contenção.
    Billi e eu pusemos a máscara, pegamos a bicicleta e vamos às compras. Apenas farmácias e mercados de alimentos podem permanecer abertos. E as bancas também – compramos jornais. E tabacarias. Compro seda para bolar meu baseado, mas o haxixe já rareia na caixinha de madeira. Logo vou ficar sem, e os meninos africanos que vendem para estudantes não estão mais na Piazza Verdi.
    Trump usou a expressão "vírus estrangeiro".
    *All viruses are foreign by definition, but the President has not read William Burroughs.*[2]

**13 de março**
No Facebook, um cara espirituoso postou esta frase no meu perfil: "ei, Bifo, aboliram o trabalho".
    Na realidade, o trabalho é abolido apenas para alguns. Os trabalhadores das indústrias estão revoltados porque precisam ir à fábrica como sempre, sem máscaras nem qualquer proteção, a meio metro de distância um do outro.
    O colapso, depois as longas férias. Ninguém pode dizer como vamos acabar.
    Podemos acabar, como alguém prevê, nas condições de um perfeito estado tecnototalitário. No livro *Terra negra*, Timothy Snyder explica que não há melhor condição para a formação de regimes totalitários do que uma situação de emergência extrema, em que a sobrevivência de todos está em risco. A AIDS criou as condições para diminuir o contato físico e para lançar plataformas de comunicação sem contato. A internet foi preparada desde a mutação psíquica chamada AIDS.
    Agora poderíamos muito bem passar a uma condição de isolamento permanente dos indivíduos, e a nova geração poderia internalizar o terror ao corpo do outro.
    Mas o que é terror?
    O terror é uma condição em que o imaginário domina completamente a imaginação. O imaginário é a energia fóssil da mente coletiva, as imagens que a experiência depositou ali, a imitação do imaginável. A imaginação é a energia renovável e sem julgamentos. Não é utopia, e sim recombinação do que é possível.
    Há uma lacuna no tempo que está chegando; podemos imaginar uma possibilidade que até ontem parecia impensável: redistribuição de renda, redução do tempo de trabalho. Igualdade, frugalidade, abandono do paradigma de crescimento, investimento de energias sociais em pesquisa, educação, saúde.
    Não há como saber como sairemos da pandemia, cujas condições foram criadas pelo neoliberalismo, por cortes na saúde pública, por superexploração psíquica. Definitivamente podemos acabar sozinhos, agressivos, competitivos.

---

2 "Todos os vírus são estrangeiros por definição, mas o presidente não leu William Burroughs." [N. T.]

No entanto, podemos sair disso com um grande desejo de abraçar: sociabilidade solidária, contato, igualdade.

O vírus é a condição para um salto mental que nenhum discurso político poderia ter produzido. A igualdade voltou ao centro do palco. Tentemos imaginá-la como ponto de partida para o tempo vindouro.

**15 de março**
No silêncio da manhã, os pombos intrigados olham dos telhados da igreja e parecem atônitos. Não conseguem explicar o deserto urbano.

Nem eu.

Leio uma primeira versão de *Offline*, de Jess Henderson, um livro que será lançado em alguns meses (bem, deveria ser lançado, esperemos). A palavra off-line adquire um significado filosófico: é uma maneira de definir a dimensão física do real em oposição, ou melhor, pela subtração da dimensão virtual.

Reflito sobre como a relação entre off-line e on-line está mudando durante a disseminação da pandemia. Tento imaginar o depois.

Nos últimos trinta anos, a atividade humana alterou profundamente sua natureza relacional, proxêmica e cognitiva. Um número crescente de interações passou da dimensão física e conjuntiva — na qual as trocas linguísticas são imprecisas e ambíguas (e, portanto, infinitamente interpretáveis), em que a atividade produtiva envolve energias físicas e os corpos se roçam e se tocam em um fluxo de conjunções — para a dimensão conectiva — no qual as operações linguísticas são mediadas por máquinas computacionais e, portanto, respondem a formatos digitais, em que a atividade produtiva é parcialmente mediada por automatismos e as pessoas interagem com uma densidade cada vez maior sem que seus corpos se encontrem. A existência cotidiana das populações tem sido cada vez mais vinculada a dispositivos eletrônicos ligados a enormes massas de dados. A persuasão foi substituída pela penetração, a psicosfera inervada pelos fluxos da infosfera. A conexão pressupõe uma precisão imberbe, sem pelos, uma precisão que os vírus de computador podem interromper, desviar, mas que não conhece a ambiguidade dos corpos físicos nem desfruta da imprecisão como possibilidade.

Agora, eis que um agente biológico se introduz no contínuo social, fazendo-o implodir e forçando-o à inatividade. A conjunção, cuja esfera foi amplamente reduzida por tecnologias conectivas, é a causa do contágio. A união no espaço físico tornou-se o perigo absoluto, que deve ser evitado a todo custo. A conjunção deve ser ativamente impedida.

Não saia de casa, não vá visitar amigos, mantenha uma distância de dois metros, não toque em ninguém na rua...

E assim (é a nossa experiência destas semanas) se vê uma enorme expansão do tempo vivido on-line; nem poderia ser diferente, porque as relações emocionais, produtivas e educacionais devem ser transferidas para a esfera em que a pessoa não toca e não se reúne. Não há mais social que não seja puramente conectivo.

E então? O que vai acontecer depois?

E se a sobrecarga de conexão acabar quebrando o encanto?

Quero dizer: mais cedo ou mais tarde, a epidemia vai desaparecer (supondo que isso aconteça); não seremos talvez levados a identificar psicologicamente a vida on-line com a doença? Será que não vai eclodir um movimento espontâneo de carícia que levará uma parte substancial da população jovem a fechar as telas conectivas como lembrança de um período infeliz e solitário?

Não me levo muito a sério, mas penso nisso.

**16 de março**
A Terra está se rebelando contra o mundo. A poluição diminui de modo evidente. É o que mostram os satélites que enviam fotos da China e da Padânia completamente diferentes das enviadas há dois meses, e é o que também mostram meus pulmões, que não respiram tão bem há dez anos – desde que fui diagnosticado com asma grave provocada em grande parte pelo ar da cidade.

**17 de março**
O colapso das bolsas de valores é tão sério e persistente que não é mais digno de ser noticiado.

O sistema de bolsa de valores tornou-se a representação de uma realidade desaparecida: a economia baseada na oferta e na demanda está em desequilíbrio e permanecerá indiferente por muito tempo à quantidade de dinheiro virtual que circula no sistema financeiro. Isso significa, porém, que o sistema financeiro está perdendo o controle: no passado, as flutuações matemáticas determinavam a quantidade de riqueza a que todos poderiam ter acesso. Agora elas não determinam mais nada.

Agora a riqueza não depende mais do dinheiro que temos, mas do que pertence à nossa vida mental.

Temos que pensar nessa suspensão do funcionamento do dinheiro, porque talvez esteja nisso a pedra angular para sair da forma capitalista, ou seja, para romper definitivamente a relação entre trabalho, dinheiro e acesso a recursos.

Afirmar uma concepção diferente de riqueza. Riqueza não é o equivalente ao dinheiro que tenho, mas à qualidade de vida que me é possível experimentar.

A economia está entrando em recessão, contudo, desta vez, as políticas de apoio à oferta não são muito úteis, nem as de apoio à demanda. Se as pessoas têm medo de ir trabalhar, se as pessoas morrem, não se pode gerar nenhuma oferta. E, se estivermos trancados em casa, não se pode gerar demanda nenhuma.

Um mês, dois meses, três meses... É o suficiente para bloquear a máquina, e esse bloqueio terá efeitos irreversíveis. Quem fala de um retorno ao normal, quem pensa que pode reativar a máquina como se nada tivesse acontecido, não entendeu o que estamos vivendo.

Será o caso de inventar tudo novamente do início, para que a máquina volte a funcionar. E temos que estar lá, prontos para impedir que funcione como nos últimos trinta anos. A religião do mercado e o liberalismo privado devem ser considerados crimes ideológicos. Economistas que nos prometem há trinta anos que a cura para qualquer doença social é o corte de gastos públicos e a privatização serão socialmente isolados. Se tentarem abrir a boca de novo, terão que ser tratados como aquilo que são: idiotas perigosos.

Nas últimas duas semanas, li *Cara de pan*, de Sara Mesa, *Lectura fácil*, de Cristina Morales, e o arrepiante *Canção de ninar*, da péssima Leila Slimani. Agora estou lendo uma escritora azerbaijana que fala de Baku no início do século XX, da repentina riqueza acumulada com o petróleo e de sua família muito rica, cujas propriedades a Revolução Soviética tomou.

Este ano, mais por acaso do que por escolha, só li escritoras, começando com o maravilhoso romance de Négar Djavadi chamado *Désorientale*, uma história de exílio e violência islâmica, solidão e nostalgia.

Agora chega de mulheres e de tragédias humanas, acho que já tenho o bastante.

Então peguei um livro relaxante, que é *Orlando furioso* recontado por Italo Calvino. Quando dava aulas, sempre o recomendava aos alunos, para quem eu lia alguns capítulos. Já li esse livro umas dez vezes, mas releio sempre de bom grado.

## 18 de março

Alguns anos atrás, com meu amigo Max (e inspirado por meu amigo Mago), publiquei um romance para o qual não sabíamos que título dar. Gostávamos de *KS*, ou mesmo *Gerontomachia*. A editora que publicou o livro (depois de muitas o terem compreensivelmente rejeitado) impôs um título bastante feio, ainda que mais popular, com certeza: *Morte ai vecchi*.[3] O livro vendeu bem pouco, mas contava uma história que hoje me parece interessante. Explode uma espécie de epidemia inexplicável: meninos de treze, catorze anos matam os idosos, primeiro alguns casos isolados, depois cada vez mais frequentes, por fim em toda parte. Poupo vocês dos detalhes e dos mistérios técnico-místicos da história. O fato é que os jovens matavam os idosos porque eles infectavam o ar com suas tristezas.

Esta noite me ocorreu que toda essa história de coronavírus poderia ser lida metaforicamente assim: em 15 de março de 2019, milhões de meninas e meninos saíram às ruas gritando: "Vocês nos deram à luz em um mundo onde não dá para respirar, vocês empestearam a atmosfera; parem com isso, reduzam o consumo de petróleo e carvão, reduzam a poeira fina." Talvez eles esperassem que os poderosos do mundo

---

[3] "Morte aos velhos" em italiano. [N.T.]

ouvissem seus pedidos. No entanto, como sabemos, decepcionaram-se. A cúpula de Madri, em dezembro, o último dos inúmeros eventos internacionais que discutem a redução das mudanças climáticas, foi apenas mais um fracasso. A emissão de substâncias tóxicas não diminuiu na última década, o aquecimento global segue sem controle. As grandes empresas de petróleo, carvão e plástico não pretendem desistir. E então, a certa altura, os garotos ficam putos da vida e fazem uma aliança com Gaia, a divindade que protege o planeta Terra. Juntos, lançam um massacre de advertência e os velhos começam a morrer como moscas.

Finalmente tudo para. E, passado um mês, os satélites fotografam uma Terra muito diferente de como era antes da gerontomaquia.

**19 de março**
Como não tenho televisão, acompanho os eventos pela internet: CNN, *The Guardian*, Al Jazeera, *El País*...

Depois, na hora do almoço, ouço as notícias da Radio Popolare.

O mundo desapareceu da informação, existe apenas o coronavírus. Hoje todas as notícias no rádio tratavam da epidemia. Um amigo de Barcelona me conta que falou com um editor da televisão nacional espanhola. Parece que, quando enviam notícias sobre algo que não é o contágio, as pessoas telefonam bravas e alguém insinua que estão escondendo informação...

Entendo a necessidade de manter a atenção do público focada em medidas de prevenção, entendo que é necessário repetir cem vezes por dia que é preciso ficar em casa. Mas esse tratamento da mídia tem um efeito indutor de ansiedade que é desnecessário; além disso, tornou-se quase impossível saber o que está acontecendo no norte da Síria. Oito escolas foram bombardeadas em Idlib, alguns dias atrás, em um único dia.

O que está acontecendo na fronteira entre a Grécia e a Turquia?

Não há mais barcos cheios de africanos no Mediterrâneo, que correm o risco de afundar ou que são parados e enviados de volta aos campos de concentração da Líbia?

Há, sim. De fato, para ser mais exato, ontem eu consegui encontrar a notícia de um barco com 140 pessoas a bordo enviado de volta pela guarda costeira de Malta.

Para registro, segue uma lista parcial do que está acontecendo no mundo, de 1º de março de 2020 até hoje, além da epidemia.

Do site *PeaceLink*, transcrevo os conflitos armados que não pararam nas últimas três semanas, enquanto acreditávamos que ninguém podia sair de casa.

Líbia: confrontos violentos eclodem no Norte, enquanto as forças do Exército Nacional da Líbia tentam avançar. Líbia: forças de Haftar bombardeiam duas escolas em Trípoli. República Democrática do Congo: pelo menos dezessete mortos em confrontos com as Forças Democráticas Aliadas em Beni. Somália: cinco membros da Al-Shabab mortos em um único ataque aéreo dos Estados Unidos. Nigéria: seis mortos em um ataque do Boko Haram na base militar de Damboa. Afeganistão: Talibã e forças afegãs entram em choque na província de Balkh. Tailândia: um soldado morto e outros dois feridos em confrontos com militantes no sul. Indonésia: quatro rebeldes do Exército de Libertação da Papua Ocidental mortos em confrontos com forças de segurança na região de Papua. Iêmen: onze mortos em confrontos entre rebeldes e o Exército iemenita em Taiz. Iêmen: catorze rebeldes *houthis* mortos em confrontos com forças do governo iemenita na província de Al-Hudaydah. Turquia: caça turco derruba avião de guerra sírio sobre Idlib. Síria: dezenove soldados sírios mortos em ataques de drones turcos.

Um amigo me enviou um vídeo de uma fileira de caminhões militares em Bérgamo. É noite, eles se movem lentamente. Levam uns sessenta caixões para o crematório.

**20 de março**
Acordo, faço a barba, tomo remédios para hipertensão, ligo o rádio... Merda... A melodiazinha do hino nacional. Quero saber o que os hinos nacionais têm a ver com esta ocasião.

Por que ressuscitar o orgulho nacional? Esse hino levou os soldados a Caporetto, onde morreram centenas de milhares.

Desliguei o rádio e me barbeei em silêncio. Silêncio de cemitério.

Jun Hirose é um amigo japonês que escreve livros sobre cinema. Nas últimas semanas, ele viajou para apresentar a edição argentina de seu livro *Cine-Capital*. Ao voltar de Buenos Aires, pensou em parar em Madri e Bolonha, onde Billi e eu o esperávamos. Ele é uma pessoa muito agradável e espirituosa, e hospedá-lo por alguns dias é um prazer sempre que ele passa pela Itália, uma vez por ano.

Quando chegou a Madri, o contágio explodia na cidade, por isso foi forçado a parar ali, onde é hóspede de outro amigo querido, Amador Savater. Então, os dois estão passando um tempo juntos, e tenho um pouco de inveja de Amador, porque Jun também é um excelente cozinheiro e eu gosto da culinária japonesa. Fazem um pouco de cine-debate à noite e, algumas noites atrás, viram *O enigma de outro mundo*, de John Carpenter, um filme que cai bem para o momento. Amador escreveu um artigo que li na revista argentina *Lobo Suelto*. Diz ele:

> *O enigma de outro mundo* é uma oportunidade para pensar. Devemos pensar na epidemia como uma interrupção. Uma interrupção dos automatismos, dos estereótipos e do que tomamos como garantido: saúde, sistema de saúde, cidades, alimentos, vínculos e preocupações cotidianas; é preciso repensá-los do zero.

Quando a quarentena acabar – se acabar, e não é certo que acabe –, então estaremos em uma espécie de deserto de regras, mas também em uma espécie de deserto de automatismos.

A vontade humana vai recuperar um papel que certamente não é preponderante em relação ao acaso (a vontade humana nunca foi determinante, como o vírus nos ensina), mas significativa. Poderemos reescrever as regras e quebrar os automatismos. Porém, isso não vai acontecer pacificamente, é bom saber.

Que formas o conflito vai assumir, não podemos prever, no entanto precisamos começar a imaginá-las. Quem imaginar primeiro ganha – essa é a lei universal da história.

É o que acho, pelo menos.

**21 de março**
Cansaço, fraqueza física, dificuldade respiratória leve. Não é nenhuma novidade, acontece muito comigo. É culpa dos remédios para hipertensão e também da asma, que no mês passado foi gentil comigo, talvez porque não queira me assustar com sintomas ambíguos.

Sol leve e céu claro neste primeiro dia lindo de primavera.

Uma amiga de Buenos Aires me escreve:

*llegó el terror,*
*se huele desde la ventana*
*contundente como una flor cualquiera.*[4]

**22 de março**
O vice-presidente da Cruz Vermelha chinesa, Yang Huichuan, chegou à Itália, acompanhado pelos médicos Liang Zongan e Xiao Ning, respectivamente professor de medicina pulmonar no hospital de Sichuan e vice-diretor do Centro Nacional de Prevenção. Cinquenta e oito médicos com experiência em doenças infecciosas chegaram de Cuba.

Há alguns dias, o ministro da Economia alemão, Peter Altmaier, respondeu a um pedido de Trump, negando a possibilidade de transferir direitos exclusivos sobre o desenvolvimento de uma vacina projetada por uma empresa privada em Tübingen. De acordo com as informações publicadas ontem pelo *Die Welt*, os Estados Unidos propuseram à empresa farmacêutica alemã CureVac, que está desenvolvendo a vacina contra o coronavírus, o valor de um bilhão de dólares para adquirir o direito de industrializá-la e, portanto, vender o produto com exclusividade, uma vez que esteja disponível e os testes, concluídos.

Com exclusividade. *America first*. No país de Trump, nos últimos dias, multiplicam-se as filas em frente às lojas que vendem armas. Além de uísque e papel higiênico, compram armas. De forma disciplinada, mantêm a distância regulamentar de um metro, de modo que as filas se perdem no horizonte.

---

4 "chegou o terror,/ sente-se da janela/ forte como uma flor qualquer". [N. E.]

Enquanto isso, o Partido Democrata derrota Sanders e mata a esperança de que seja possível mudar o modelo que reduziu a vida a isso.

Ao mesmo tempo, 81% dos republicanos continuam a apoiar a fera loira Trump.

Não sei o que acontecerá depois que o flagelo terminar, mas uma coisa eu consigo ver claramente. Toda a humanidade desenvolverá pelo povo norte-americano o mesmo sentimento que se espalhou depois de 1945 em relação ao povo alemão – inimigos da humanidade.

Era então algo equivocado, porque muitos alemães antinazistas haviam sido perseguidos, mortos, exilados; e é um equívoco hoje também, porque milhões de jovens americanos apoiaram o candidato socialista à presidência até ele ser eliminado pela máquina do dinheiro e da mídia.

Não importa se está certo ou errado. Não é uma questão política: o horror não é decidido racionalmente, é sentido sem querer. Horror por aquela nação nascida do genocídio, da deportação e da escravidão.

### 23 de março

O médico que cuida dos meus ouvidos há quinze anos é um profissional de extraordinária acuidade diagnóstica e também um cirurgião excepcional. Ele me operou seis vezes em dez anos, e todas as operações tiveram resultados impecáveis, permitindo-me prolongar por quinze anos minha capacidade auditiva. Alguns anos atrás, ele decidiu abandonar o hospital público em que operava, portanto, a partir daquele momento tive que ir a uma clínica particular para poder contar com sua competência.

Como não entendia por que ele havia tomado essa decisão, ele me explicou sem meias-palavras: o sistema público está à beira do colapso, diante dos cortes decorrentes da situação financeira.

É por isso que o sistema de saúde italiano está no limite, é por isso que 10% dos médicos e paramédicos contraíram a infecção, é por isso que as unidades de terapia intensiva não são suficientes para tratar todos os doentes. Porque aqueles que governaram nas últimas décadas seguiram o conselho de criminosos ideológicos como Francesco Giavazzi, Alberto Alesina e companhia. Esses patifes continuarão a escrever seus editoriais? Se o coronavírus forçou toda a nossa população a aceitar a prisão domiciliar, é pedir demais que essas pessoas sejam impedidas de dirigir a palavra ao público?

Não sei se sairemos vivos desta tempestade, mas, nesse caso, a palavra *privatização* terá que ser catalogada no mesmo registro em que está a palavra *Endlösung*.[5]

A devastação produzida por esta crise não deve ser calculada em termos de economia financeira. Devemos avaliar os danos e as necessidades com base em um critério

---

5 "Solução final" em alemão, definição dada pelos nazistas à política de genocídio voltada sobretudo à eliminação do povo judeu. [N. E.]

de utilidade. Não temos que enfrentar o problema de equilibrar as contas do sistema financeiro, mas temos, sim, que nos propor garantir a cada pessoa as coisas úteis de que todos precisamos.

Tem alguém que não gosta dessa lógica porque ela lembra o comunismo? Bem, se não há palavras mais modernas, ainda usaremos essa, talvez antiga, porém ainda muito bonita. Onde encontraremos os meios para lidar com a devastação? Nos cofres da família Benetton, por exemplo, nos cofres daqueles que se aproveitaram de políticos servis para apropriar-se de bens públicos, transformando-os em instrumentos de enriquecimento privado e deixando-os se deteriorar a ponto de matar quarenta pessoas que transitam por uma ponte genovesa.

Na revista *Psychiatry On Line*, Luigi d'Elia escreveu um artigo intitulado "A pandemia é como um Tratamento de Saúde Obrigatório coletivo".

Vou me limitar a resumi-lo.

O tratamento involuntário é adotado quando as condições psíquicas de uma pessoa a torna perigosa para si ou para os outros, contudo todo psiquiatra inteligente sabe que não é uma terapia recomendada – na verdade, não é bem uma terapia.

D'Elia aconselha todos nós que estamos na prisão a transformar a atual condição preventiva obrigatória em condição ativamente terapêutica, passando do tratamento involuntário para o voluntário; digamos também que devemos transformar nossa condição de detenção forçada em um processo de autoanálise aberto à autoanálise de outras pessoas.

De tudo o que li até agora, acredito que além de ser a sugestão psicologicamente mais arguta, é também a que apresenta a perspectiva mais ampla, politicamente.

Transformamos a condição de prisão em uma assembleia de autoanálise em massa. D'Elia sugere algo mais preciso. O objeto do cuidado analítico deve ser essencialmente o medo.

"O medo, se bem focado, é o principal motor da mudança. Jung diz claramente: 'onde o medo estiver, lá está sua tarefa'", escreve ele.

Qual é objeto do medo?

É mais de um. Medo da doença, medo do tédio, medo do que o mundo será quando sairmos de casa.

Mas, como o medo é um mecanismo de mudança, o que precisamos fazer é criar condições para que a mudança seja consciente.

O tédio pode ser trabalhado de maneira psicologicamente útil, porque, como D'Elia diz:

> [...] tédio não é apatia. Apatia é resignação na impotência, é calma, inércia. O tédio é a inquietação, é interiormente muito vital, é a insatisfação, a inquietação. O tédio grita: eu não deveria estar aqui, não é isso que tenho que fazer! Eu tenho que estar em outro lugar para fazer outra coisa!

Dos 26 países europeus, catorze decidiram fechar suas fronteiras. O que resta da União? O que resta da União é o Eurogrupo, que se reuniu hoje para discutir as medidas a serem tomadas para enfrentar o colapso previsível da economia europeia.

Duas teses se opõem: a dos países mais afetados pelo vírus, que pedem intervenções de gastos não vinculados ao pacto fiscal criminoso baseado no equilíbrio fiscal que a classe política italiana incauta tornou constitucional.

Holandeses, alemães e outros fanáticos respondem que não: os gastos podem ser feitos, desde que sejam promovidas as reformas. O que isso significa? Que a reforma do sistema de saúde reduza ainda mais as unidades de terapia intensiva e os salários dos trabalhadores dos hospitais, por exemplo?

O fanático mais fanático de todos me parece ser esse fúnebre Valdis Dombrovskis, que deveria procurar emprego em uma funerária, já que tem a aparência necessária para o papel – e esse é um setor em crescimento, graças a pessoas como ele.

**24 de março**
Enquanto na Itália a Confindustria se opõe ao fechamento de empresas não essenciais, ou seja, haveria mobilização diária de milhões de pessoas obrigadas a se expor ao risco de contágio – a questão que está surgindo é a dos efeitos econômicos da pandemia. Na primeira página do *New York Times*, um editorial de Thomas Friedman ostenta o título muito eloquente de "Get America Back to Work – and fast".[6]

Nada parou ainda, mas os fanáticos já estão preocupados em acelerar, em voltar logo ao trabalho e, acima de tudo, em voltar ao trabalho como era antes.

Friedman e a Confindustria têm do lado deles um excelente argumento. Uma interrupção prolongada de atividades de produção levará a consequências inimagináveis do ponto de vista econômico, organizacional e até político. Todos os piores cenários podem ocorrer em uma situação em que as mercadorias começam a faltar, em que o desemprego aumenta e assim por diante.

Portanto, o argumento de Friedman deve ser considerado com o devido cuidado e depois cuidadosamente descartado. Por quê? Não apenas pela razão óbvia de que, se as atividades forem interrompidas por duas semanas e em seguida se voltar às fábricas como antes, a epidemia será retomada com fúria renovada, matando milhões de pessoas e devastando a sociedade para sempre. Essa é apenas uma consideração marginal, do meu ponto de vista.

A consideração que me parece mais importante (cujas implicações teremos que desenvolver nas próximas semanas e meses) é esta: não devemos nunca mais voltar ao normal.

Para começar, a normalidade foi o que tornou o organismo planetário tão frágil a ponto de abrir caminho para a pandemia. Mesmo antes de a pandemia explodir, a palavra *extinção* começava a se desenhar no horizonte do século. Mesmo antes da

---

6 "Façam com que os Estados Unidos voltem ao trabalho – e rápido". [N.T.]

pandemia, o ano de 2019 havia mostrado um crescimento impressionante de colapsos ambientais e sociais, que culminaram, em novembro, no pesadelo irrespirável de Nova Delhi e no terrível incêndio na Austrália.

Os milhões de crianças que marcharam pelas ruas de muitas cidades em 15 de março de 2019 para pedir que a máquina da morte fosse detida obtiveram uma conquista. Pela primeira vez, a dinâmica da mudança climática foi interrompida.

Após um mês de *lockdown*, o ar da Padânia tornou-se respirável. A que preço? A um preço muito alto, pago com vidas perdidas e um medo desenfreado, e que amanhã será pago com uma depressão econômica sem precedentes.

Mas esse é o efeito da normalidade capitalista. Retornar à normalidade capitalista seria uma idiotice tão colossal que pagaríamos por isso com uma aceleração da tendência à extinção. Se o ar da Padânia se tornou respirável graças ao flagelo, seria uma idiotice colossal reativar a máquina que torna o ar da Padânia irrespirável, cancerígeno e, por fim, uma presa fácil para a próxima epidemia viral.

Esse é o tema sobre o qual devemos começar a pensar, o quanto antes e abertamente.

A pandemia não causa uma crise financeira. É claro que as bolsas de valores caem e continuarão caindo, e alguém propõe fechá-las (provisoriamente).

"Unthinkable" é o título de um artigo de Zachary Warmbrodt publicado no *Politico*, no qual a possibilidade de fechamento das bolsas é analisada com terror.

Só que a realidade é muito mais radical do que as hipóteses mais radicais. O mercado financeiro já parou, embora as bolsas de valores permaneçam abertas e os especuladores ganhem seu dinheiro sujo apostando na falência e na catástrofe, como fizeram os senadores republicanos William Barr e Lindsey Graham.

A crise por vir não tem nada a ver com a de 2008, quando o problema foi gerado pelos desequilíbrios da matemática financeira. A depressão que se aproxima depende da intolerabilidade do capitalismo para com o corpo humano e a mente humana.

A crise em curso não é uma crise. É um *reset*. Trata-se de desligar a máquina e ligá-la novamente depois de um tempo. Mas, quando tornarmos a ligá-la, podemos decidir: ou fazê-la funcionar como antes, com a consequência de nos encontrarmos mais uma vez diante de novos pesadelos. Ou reprogramar, de acordo com a ciência, a consciência e a sensibilidade.

Quando esta história terminar (e, de certo modo, nunca vai terminar, porque o vírus pode retroceder, mas não desaparecer, e podemos inventar vacinas, mas os vírus sofrerão mutações), ainda entraremos em um período de depressão extraordinária. Se pretendemos voltar ao normal, teremos violência, totalitarismo, massacres e a extinção da raça humana até o final do século.

Essa normalidade não deve retornar.

Não temos que nos perguntar o que é bom para as bolsas de valores, para a economia da dívida e do lucro. O mercado se fodeu, a gente não quer mais ouvir falar dele. Temos que nos perguntar o que é útil. A palavra "útil" deve ser o alfa e o ômega da produção, da tecnologia e da atividade.

Percebo que estou dizendo coisas maiores do que eu, contudo precisamos nos preparar para encarar escolhas enormes. E, para estarmos prontos quando esta história terminar, é preciso começar a pensar sobre o que é útil e como podemos produzi-lo sem destruir o meio ambiente e o corpo humano.

E teremos que pensar também na questão mais delicada de todas: quem decide?

Cuidado, quando se levanta a questão "quem decide?", surge a pergunta "de onde vem a legitimidade?".

É com essa pergunta que começam as revoluções.

É a pergunta que teremos que nos fazer, queiramos ou não.

**Franco "Bifo" Berardi** é ativista e teórico italiano, autor, entre outros, de *Extremo: Crônicas da psicodeflação* (Ubu), de onde o trecho acima foi reproduzido.

(...) 25/03

# Bem-vindo ao estado suicidário
Vladimir Safatle

Você é parte de um experimento. Talvez sem perceber, mas você é parte de um experimento. O destino do seu corpo e sua morte são partes de um experimento de tecnologia social, de nova forma de gestão. Nada do que está acontecendo nesse país que se confunde com nossa história é fruto de improviso ou de voluntarismo dos agentes de comando. Até porque ninguém nunca entendeu processos históricos procurando esclarecer a intencionalidade dos agentes. Saber o que os agentes acham que estão a fazer é realmente o que menos importa. Como já se disse mais de uma vez, normalmente eles o fazem sem saber.

Esse experimento do qual você faz parte, no qual te colocaram à força, tem nome. Trata-se da implementação de um "estado suicidário", como disse uma vez Paul Virilio. Ou seja, o Brasil mostrou definitivamente como é o palco da tentativa de implementação de um estado suicidário. Um novo estágio nos modelos de gestão imanentes ao neoliberalismo. Agora, é sua face mais cruel, sua fase terminal.

Engana-se quem acredita que isto é apenas a já tradicional figura do necroestado nacional. Caminhamos em direção a um para além da temática necropolítica do estado como gestor da morte e do desaparecimento. Um estado como o nosso não é apenas o gestor da morte. Ele é o ator contínuo de sua própria catástrofe, ele é o cultivador de sua própria explosão. Para ser mais preciso, ele é a mistura da administração da morte de setores de sua própria população e do flerte contínuo e arriscado com sua própria destruição. O fim da Nova República terminará em um macabro ritual de emergência de uma nova forma de violência estatal e de rituais periódicos de destruição de corpos.

Um estado dessa natureza só apareceu uma vez na história recente. Ele se materializou de forma exemplar em um telegrama. Um telegrama que tinha número: Telegrama 71. Foi com ele que, em 1945, Adolf Hitler proclamou o destino de uma guerra então perdida. Ele dizia: "Se a guerra está perdida, que a nação pereça." Com ele, Hitler exigia que o próprio exército alemão destruísse o que restava de infraestrutura na combalida nação que via a guerra perdida. Como se esse fosse o verdadeiro objetivo final: que a nação perecesse pelas suas próprias mãos, pelas mãos do que ela mesma desencadeou. Esta era a maneira nazista de dar resposta a uma raiva secular contra o próprio estado e contra tudo o que ele até então havia representado. Celebrando sua destruição e a nossa. Há várias formas de destruir o estado, e uma delas, a forma contrarrevolucionária, é acelerando em direção a sua própria catástrofe, mesmo que ela custe nossas vidas. Hannah Arendt falava do fato espantoso de que aqueles que aderiam ao fascismo não vacilavam mesmo quando eles próprios se tornavam vítimas, mesmo quando o monstro começava a devorar seus próprios filhos.

O espanto, no entanto, não deveria estar lá. Como dizia Freud, "mesmo a autodestruição da pessoa não pode ser feita sem satisfação libidinal". Na verdade, esse é o verdadeiro experimento, um experimento de economia libidinal. O estado suicidário consegue fazer da revolta contra o estado injusto, contra as autoridades que nos excluíram, o ritual de liquidação de si em nome da crença na vontade soberana e na preservação de uma liderança que deve encenar seu ritual de onipotência mesmo quando já está claro como o sol sua impotência miserável. Se o fascismo sempre foi uma contrarrevolução preventiva, não esqueçamos que ele sempre soube transformar a festa da revolução em um ritual inexorável de autoimolação sacrificial. Fazer o desejo de transformação e diferença conjugar a gramática do sacrifício e da autodestruição: essa sempre foi a equação libidinal que funda o estado suicidário.

O fascismo brasileiro e seu nome próprio, Bolsonaro, encontraram enfim uma catástrofe para chamar de sua. Ela veio sob a forma de uma pandemia que exigiria da vontade soberana e sua paranoia social compulsivamente repetida que ela fosse submetida à ação coletiva e à solidariedade genérica tendo em vista a emergência de um corpo social que não deixasse ninguém na estrada em direção ao Hades. Diante da submissão a uma exigência de autopreservação que retira da paranoia seu teatro, seus inimigos, suas perseguições e seus delírios de grandeza, a escolha foi, no entanto, pelo flerte contínuo com a morte generalizada. Se ainda precisássemos de uma prova de que estamos a lidar com uma lógica fascista de governo, esta seria a prova definitiva. Não se trata de um estado autoritário clássico que usa da violência para destruir inimigos. Trata-se de um estado suicidário de tipo fascista que só encontra sua força quando testa sua vontade diante do fim.

É claro que tal estado se funda nessa mistura tão nossa de capitalismo e escravidão, de publicidade de *coworking*, de rosto jovem de desenvolvimento sustentável e indiferença assassina com a morte reduzida a efeito colateral do bom funcionamento necessário da economia. Alguns acham que estão a ouvir empresários, donos de restaurantes e publicitários quando porcos travestidos de arautos da racionalidade econômica vêm falar que pior que o medo da pandemia deve ser o medo do desemprego. Na verdade, eles estão diante de senhores de escravos que aprenderam a falar *business English*. A lógica é a mesma, só que agora aplicada a toda a população. O engenho não pode parar. Se para tanto alguns escravos morrerem, bem, ninguém vai realmente criar um drama por causa disso, não é mesmo? E o que afinal significam 5.000, 10.000 mortes se estamos falando em "garantir empregos", ou seja, em garantir que todos continuarão sendo massacrados e espoliados em ações sem sentido e sem fim enquanto trabalham nas condições as mais miseráveis e precárias possíveis?

A história do Brasil é o uso contínuo dessa lógica. A novidade é que agora ela é aplicada a toda a população. Até bem pouco tempo, o país dividia seus sujeitos entre "pessoas" e "coisas", ou seja, entre aqueles que seriam tratados como pessoas, cuja morte provocaria luto, narrativa, comoção, e aqueles que seriam tratados como coisas, cuja morte é apenas um número, uma fatalidade da qual não há razão alguma para chorar. Agora, chegamos à consagração final dessa lógica. A população é apenas o suprimento descartável para que o processo de acumulação e concentração não pare sob hipótese alguma.

É claro que séculos de necropolítica deram ao estado brasileiro certas habilidades. Ele sabe que um dos segredos do jogo é fazer desaparecerem os corpos. Você retira números de circulação, questiona dados, joga mortos por coronavírus em outra rubrica, abre covas em lugares invisíveis. Bolsonaro e seus amigos vindos dos porões da ditadura militar sabem como operar com essa lógica. Ou seja, a velha arte de gerir o desaparecimento que o estado brasileiro sabe fazer tão bem. De toda forma, *there is no alternative*. Esse era o preço a pagar para que a economia não parasse, para que os empregos fossem garantidos. Alguém tinha que pagar pelo sacrifício. A única coisa engraçada é que sempre são os mesmos quem pagam. A verdadeira questão é outra, a saber: Quem nunca paga pelo sacrifício enquanto prega o evangelho espúrio do açoite?

Pois vejam que coisa interessante. Na República Suicidária Brasileira não há chance alguma de fazer o sistema financeiro verter seus lucros obscenos em um fundo comum para o pagamento de salários da população confinada, nem de enfim implementar o imposto constitucional sobre grandes fortunas para ter a disposição parte do dinheiro que a elite vampirizou do trabalho compulsivo dos mais pobres. Não, essas possibilidades não existem. *There is no alternative*: será necessário repetir mais uma vez?

Essa violência é a matriz do capitalismo brasileiro. Quem pagou a ditadura para criar aparatos de crimes contra a humanidade na qual se torturava, estuprava, assassinava e faziam desaparecer cadáveres? Não estava lá dinheiro de Itaú, Bradesco, Camargo Corrêa, Andrade Gutierrez, Fiesp, ou seja, todo o sistema financeiro e empresarial que hoje tem lucros garantidos pelos mesmos que veem nossas mortes como um problema menor?

Na época do fascismo histórico, o estado suicidário mobilizava-se através de uma guerra que não podia parar. Ou seja, a guerra fascista não era uma guerra de conquista. Ela era um fim em si mesmo. Como se fosse um "movimento perpétuo, sem objeto nem alvo" cujos impasses só levam a uma aceleração cada vez maior. A ideia nazista de dominação não está ligada ao fortalecimento do estado, mas a um movimento em movimento constante. Hannah Arendt falará da "essência dos movimentos totalitários que só podem permanecer no poder enquanto estiverem em movimento e transmitirem movimento a tudo o que os rodeia". Uma guerra ilimitada que significa a mobilização total de todo o efetivo social, a militarização absoluta em direção a uma guerra que se torna permanente. Guerra, no entanto, cuja direção não pode ser outra que a destruição pura e simples.

Só que o estado brasileiro nunca precisou de uma guerra porque ele sempre foi a gestão de uma guerra civil não declarada. Seu exército não serviu a outra coisa que se voltar periodicamente contra sua própria população. Esta é a terra da contrarrevolução preventiva, como dizia Florestan Fernandes. A pátria da guerra civil sem fim, dos genocídios sem nome, dos massacres sem documentos, dos processos de acumulação de Capital feitos através de bala e medo contra quem se mover. Tudo isso aplaudido por um terço da população, por seus avós, seus pais, por aqueles cujos circuitos de afetos estão presos nesse desejo inconfesso do sacrifício dos outros e de si há gerações. Pobres dos que ainda acreditam que é possível dialogar com quem estaria nesse momento a aplaudir agentes da SS.

Pois alternativas existem, mas se elas forem implementadas serão outros afetos que circularão, fortalecendo aqueles que recusam tal lógica fascista, permitindo enfim que eles imaginem outro corpo social e político. Tais alternativas passam pela consolidação da solidariedade genérica que nos faz nos sentirmos em um sistema de mútua dependência e apoio, no qual minha vida depende da vida daqueles que sequer fazem parte do "meu grupo", que estão no "meu lugar", que têm as "minhas propriedades". Esta solidariedade que se constrói nos momentos mais dramáticos lembra aos sujeitos que eles participam de um destino comum e devem se sustentar coletivamente. Algo muito diferente do "se eu me infectar, é problema meu". Mentira atroz, pois será, na verdade, problema do sistema coletivo de saúde, que não poderá atender outros porque precisa cuidar da irresponsabilidade de um dos membros da sociedade. Mas se a solidariedade aparece como afeto central, é a farsa neoliberal que cai, a mesma farsa que deve repetir, como dizia Thatcher, que "não há essa coisa de sociedade, há apenas indivíduos e famílias". Só que o contágio, Margaret, o contágio é o fenômeno mais democrático e igualitário que conhecemos. Ele nos lembra, ao contrário, que não há essa coisa de indivíduo e família, há a sociedade que luta coletivamente contra a morte de todos e sente coletivamente quando um dos seus se julga viver por conta própria.

Como disse anteriormente, alternativas existem. Elas passam por suspender o pagamento da dívida pública, por taxar enfim os ricos e fornecer aos mais pobres a possibilidade de cuidar de si e dos seus, sem se preocupar em voltar vivo de um ambiente de trabalho que será foco de disseminação, que será a roleta russa da morte. Se alguém soubesse realmente fazer conta nas hostes do fascismo, ele lembraria o que acontece com um dos únicos países do mundo que se recusa a seguir as recomendações de combate à pandemia: ele será objeto de um cordão sanitário global, de um isolamento como foco não controlado de proliferação de uma doença da qual os outros países não querem nunca mais partilhar. Ser objeto de um cordão sanitário global deve ser realmente algo muito bom para a economia nacional.

Enquanto isso, nós lutamos com todas as forças para encontrar algo que nos faça acreditar que a situação não é assim tão ruim, que tudo se trata de derrapadas e destemperos de um insano. Não, não há insanos nessa história. Esse governo é a realização necessária de nossa história de sangue, de silêncio, de esquecimento. História de corpos invisíveis e de Capital sem limite. Não há insanos. Ao contrário, a lógica é muito clara e implacável. Isso só ocorre porque quando é necessário radicalizar sempre tem alguém nesse país a dizer que essa não é ainda a hora. Diante da implementação de um estado suicidário, só nos restaria uma greve geral por tempo indeterminado, uma recusa absoluta em trabalhar até que esse governo caia. Só nos restaria queimar os estabelecimentos dos "empresários" que cantam a indiferença de nossas mortes. Só nos restaria fazer a economia parar de vez utilizando todas as formas de contraviolência popular. Só nos restaria parar de sorrir, porque agora sorrir é consentir. Mas sequer um reles pedido de impeachment é assumido por quem diz fazer oposição. No que seria difícil não lembrar dessas palavras do evangelho: "Se o sal não salga, de que serve então?" Deve servir só para nos fazer esquecer do gesto violento de recusa que deveria estar lá quando tentam nos empurrar nossa própria carne servida a frio.

**Vladimir Safatle** é filósofo.

(...) 26/03

# Monólogo do vírus

Queridos humanos, parem com os vossos ridículos apelos à guerra. Parem de me lançar esses olhares de vingança. Desliguem a aura de terror com que embrulham o meu nome. Nós, os vírus, desde a origem bacteriana do mundo, somos o verdadeiro *continuum* da vida na Terra. Sem nós, vocês nunca teriam visto a luz do dia, nem mesmo teriam visto a primeira célula.

    Nós somos os vossos ancestrais, como as pedras e as algas, e bem mais que os macacos. Nós estamos onde vocês estão e também onde não estão. Que pena que apenas reconheçam no universo aquilo que se vos assemelha. Mas, acima de tudo, parem de dizer que sou eu quem vos está a matar. Não estão a morrer por causa do que estou a fazer aos vossos tecidos, mas porque deixaram de cuidar dos vossos semelhantes. Se vocês não tivessem sido tão vorazes uns com os outros como foram com tudo o que vive neste planeta, ainda haveria camas, enfermeiros e ventiladores suficientes para sobreviver à devastação que causo nos vossos pulmões. Se não armazenassem os vossos velhos em casas moribundas e os vossos cidadãos saudáveis em ratoeiras de betão armado, também vocês não estariam lá. Se não tivessem transformado a ainda ontem exuberante, caótica, infinitamente povoada amplitude do mundo — ou melhor dito, dos mundos — num vasto deserto para a monocultura do Mesmo e do Mais, eu não teria sido capaz de me lançar à conquista planetária das vossas gargantas. Se durante o último século não se tivessem convertido praticamente todos em cópias redundantes de uma mesma forma insustentável de vida, não se estariam a preparar agora para morrer como moscas abandonadas na água da vossa civilização adocicada. Se não tivessem transformado os vossos ambientes em espaços tão vazios, transparentes e *abstratos*, podem ter certeza de que eu não estaria a mover-me à velocidade de um avião. Só estou a cumprir a sentença que vocês próprios pronunciaram há muito tempo. Perdoem-me, mas, tanto quanto sei, foram vocês que inventaram o termo "Antropoceno". Reivindicaram toda a honra da catástrofe; agora que ela está acontecer, é tarde demais para renunciá-la. Os mais honestos de vós sabem bem disso: não tenho outro cúmplice que não a vossa própria organização social, a vossa loucura da "grande escala" e da vossa economia, o vosso fanatismo do sistema. Apenas os sistemas são "vulneráveis". O resto vive e morre. Só há vulnerabilidade para aquilo que aspira a controlar, para a sua própria extensão e perfeição. Olhem para mim com cuidado: *sou apenas a outra face da Morte que reina*.

    Por isso, parem de me culpar, de me acusar, de me perseguir. Parem de paralisar--se perante mim. Tudo isso é infantil. Proponho-vos que mudem de visual: há uma inteligência imanente na vida. Não precisam ser um *sujeito* para ter uma memória ou uma estratégia. Não é preciso ser-se soberano para decidir. As bactérias e os vírus também podem fazer com que *chova ou que faça sol*. Olhem para mim como o vosso salvador e não como o vosso coveiro. São livres de não acreditar em mim, mas *eu vim desligar a máquina cujo freio de emergência vocês não encontram*. Eu vim suspender a operação da qual vocês são reféns. Eu vim expor a aberração da "normalidade". "Delegar noutros a nossa alimentação, a nossa protecção, a nossa capacidade de cuidar das nossas condições de vida tem sido uma loucura… Não há limite orçamental, a saúde não tem preço": vejam como faço os vossos governantes, como o Emmanuel Macron, retraírem-se nas palavras e nos atos! Vejam como os reduzo à sua verdadeira condição de comerciantes miseráveis e arrogantes! Vejam como de repente se revelam não só como supérfluos, mas como nocivos! Para eles, vocês são apenas o suporte da reprodução do seu sistema, ou seja, vocês são menos que escravos. Até o plâncton é tratado melhor do que vocês.

Mas não desperdicem as vossas energias reprovando-os ou atacando as suas limitações. Acusá-los de negligência é dar-lhes mais do que eles merecem. Perguntem-se antes como pôde parecer tão confortável deixá-los governar. Louvar os méritos da opção chinesa por oposição à opção britânica, da solução imperial-legítima por oposição ao método darwinista-liberal, é não entender nada de um ou outro, nem do horror de um ou outro. Desde Quesnay, os "liberais" sempre olharam invejosamente para o Império Chinês; e continuam a fazê-lo. Eles são irmãos siameses. Que um vos confine para vosso próprio bem e o outro para o bem da "sociedade" consiste em esmagar, de forma equivalente, o único comportamento não nihilista neste momento: cuidar de si mesmo, daqueles que amamos e do que amamos naqueles que não conhecemos. Não deixem que aqueles que vos levaram ao abismo finjam tirar-vos dele: eles só vos prepararão um inferno mais perfeito, um túmulo ainda mais profundo. No dia em que puderem, patrulharão o além com os seus exércitos.

Agradece-me, sim. Sem mim, por quanto mais tempo fariam passar como necessárias todas estas coisas aparentemente inquestionáveis, cuja suspensão é imediatamente decretada? A globalização, as competições, o tráfego aéreo, as restrições orçamentais, as eleições, o espetáculo das competições desportivas, a Disneylândia, os ginásios, a maioria das lojas, o parlamento, o encarceramento escolar, as aglomerações de massas, a maior parte dos trabalhos de escritório, toda essa sociabilidade inebriada que é apenas o contrário da angustiada solidão das mónadas metropolitanas. Afinal nada disto é necessário quando o *estado de necessidade* se manifesta. Agradeçam-me o teste da verdade que vão passar nas próximas semanas: vão finalmente viver a vossa própria vida, sem os milhares de subterfúgios que, mal ou bem, sustentam o insustentável. Ainda não se tinham dado conta de que nunca tinham sido capazes de instalar-se na vossa própria existência. Estão entre caixas de cartão e não o sabiam. Agora vão viver com os vossos entes queridos. Vão viver em casa.

Vão parar de estar em trânsito rumo à morte. Podem odiar o vosso marido. Podem odiar os vossos filhos. Podem ter vontade de fazer explodir o cenário da vossa vida cotidiana. A verdade é que já não estavam neste mundo nessas metrópoles de separação. O vosso mundo já não era habitável em nenhum dos seus pontos senão em fuga constante. Tinham de se atordoar com o movimento e a distracção à medida que o hediondo ganhava terreno. E o fantasmagórico reinava entre os seres. Tudo se tinha tornado tão eficaz que já nada fazia sentido. Agradeçam-me por tudo isto e sejam bem-vindos à terra!

Graças a mim, por um tempo indefinido, não trabalharão mais, os vossos filhos não irão mais à escola, e ainda assim será o oposto de férias. Férias é aquele espaço que deve ser preenchido a todo custo enquanto se espera pelo ansiado retorno ao trabalho. Mas este espaço que se abre diante de vós, graças a mim, não é um espaço delimitado, é uma imensa abertura. Eu vim para vos *perturbar*. Nada vos garante que o não mundo de antes vai voltar. Talvez todo este absurdo lucrativo chegue ao fim. Se vocês não forem pagos, o que pode ser mais natural do que deixar de pagar a renda? Por que é que alguém que não pode mais trabalhar deve continuar a pagar prestações aos bancos? Não é suicida viver onde nem cultivar num jardim se consegue? Não é porque vocês não têm dinheiro que não vão comer, e quem tem o ferro tem o pão, como Auguste Blanqui costumava dizer. Agradeçam-me: coloco-vos ao pé da encruzilhada que tacitamente estruturou a vossa existência: *economia ou vida*. A decisão é vossa. O que está em jogo é histórico. Ou os governantes vos impõem o seu estado de excepção ou vocês inventam o vosso. Ou vocês se apegam às verdades que estão a vir a lume ou colocam a cabeça no cepo. Ou vocês aproveitam o tempo que vos estou a dar agora para imaginar o mundo do depois, a partir das lições do colapso a que estamos a assistir, ou ele será completamente radicalizado. O desastre para quando para a economia. A economia é o desastre. Esta era a tese antes do mês passado. Agora é um fato. Ninguém consegue ignorar quanta polícia, quanta vigilância, quanta propaganda, quanta logística e quanto teletrabalho será necessário para suprimi-lo.

Perante mim, não cedam nem ao pânico nem à negação. Não cedam à histeria biopolítica. As próximas semanas vão ser terríveis, esmagadoras e cruéis. Os portões da Morte estarão bem abertos. Eu sou a mais devastadora produção de devastação em produção. Estou aqui para trazer os niilistas de volta ao nada. Nunca mais a injustiça deste mundo será tão *flagrante*. É uma civilização, e não vocês, que eu venho enterrar. Aqueles que querem viver terão de criar novos hábitos para si próprios. Evitar-me será a oportunidade para esta reinvenção, para esta nova *arte da distância*. A arte de cumprimentar, na qual alguns eram suficientemente míopes para ver a própria forma da instituição, em breve deixará de obedecer a qualquer rótulo. Caracterizará os seres. Não o façam "pelos outros", pela "população" ou pela "sociedade", façam-no pelos vossos. Cuidem dos vossos amigos e dos vossos amores. Repensem com eles, soberanamente, uma forma de vida justa. Criem *aglomerados* de boa vida, expandam-nos e eu não terei poder sobre vocês. Este é um apelo não a um retorno maciço da disciplina, mas da *atenção*. Não ao fim do descuido, mas ao fim da negligência. Que outra forma havia para vos lembrar que a salvação está em cada gesto? Que tudo está no ínfimo.

Tive de me render às evidências: a humanidade apenas coloca as questões que já não pode mais não colocar.

Publicado no *Lundimatin*, 16 maio 2020, anônimo.

(...) 30/03
# Lavar as mãos, descolonizar o futuro
Denise Bernuzzi de Sant'Anna

Quando Semmelweis propôs aos obstetras que lavassem as mãos, seus colegas não o levaram a sério. Lavar as mãos entre a dissecação de um cadáver e um parto viria a reduzir significativamente o número de mortes, causadas pela febre puerperal. Contudo, na época de Semmelweis, havia o pressuposto de que era comum morrer no parto, ainda mais se tratando de mulheres pobres.

É digno de nota que Céline, ele próprio médico e obstetra, tenha começado sua carreira literária com um livro sobre Semmelweis. Céline exaltou a inventividade desse médico, em contraste com quem não admitia novas teorias porque estas ameaçavam poderes e vaidades. Para o escritor, devido à estupidez de alguns, o singelo gesto de lavar as mãos foi adiado e muitas mulheres continuaram a morrer de febre puerperal.

Há, sem dúvida, uma resistência bem conhecida à novidade, típica de alguns membros da comunidade científica; há também uma história das mentalidades que não pode ser ignorada, assim como o papel do paradigma científico de cada época, a *episteme* de cada cultura. Há, enfim, o medo daqueles médicos de perderem a autoridade se admitissem serem eles o veículo da morte das parturientes. Não obstante todos esses fatores, o que Céline nos obriga a pensar, e que a pandemia da COVID-19 explicita, é a pequenez dos estúpidos e o quanto eles são maléficos, especialmente quando têm poder.

Somente depois da morte de Semmelweis, em 1865, houve o desenvolvimento da microbiologia e uma mudança significativa no imaginário dos "monstros invisíveis". Especialmente nas últimas duas décadas do século XIX, o estudo dos micróbios ampliou milhares de vezes o território do medo e da prevenção: não bastaria evitar os eflúvios nauseabundos, vindos de cemitérios, hospitais ou locais considerados pestilentos. Os conhecidos cuidados de defumar a casa, usar rapé e habitar regiões distantes dos ares infectos deixavam de ser estratégias suficientes para cultivar a boa saúde.

Os micróbios exigiram vigilâncias até então incomuns e, a princípio, todos eram igualmente vítimas da mesma ameaça invisível a olho nu. Mas rapidamente a desigualdade social se impôs: os pobres teriam mais micróbios do que os ricos. Prostíbulos e tabernas seriam lugares propícios ao contágio.

Acreditando ou não nessas suposições, lavar as mãos tornou-se uma obrigação incontestável aos trabalhadores dentro dos hospitais. O cenário das cirurgias também mudou, demandando a esterilização, pelo calor, dos instrumentos médicos e o emprego do ácido fênico como desinfetante. Nascia a moderna assepsia enquanto caía no esquecimento tanto a crença nos antigos miasmas quanto o sossego de crer que a sujeira estava apenas no que se via a olho nu.

Por um lado, o medo dos micróbios e a luta para combatê-los integram uma longa história, repleta de tentativas para detectar o perigo, torná-lo visível, isolável e controlável. Por outro, esse perigo foi inúmeras vezes apropriado por interesses espúrios, denegado ou transformado em oportunidade para as piores exclusões. Se o gesto de lavar as mãos, assim como o famigerado enunciado, comporta vários sentidos – religioso, profilático, político e antissemita –, por trás deles podemos encontrar os ideais de cada época e também a estupidez. E ela, como bem viu Céline, fornece um recorte extemporâneo a esses múltiplos sentidos.

**Pestes e monstros**

Recordemos rapidamente algumas monstruosidades e soluções encontradas para as epidemias do passado. A peste bubônica, que assolou a Europa no século XIV, foi muito diferente do antigo flagelo da lepra. Em sua versão pulmonar, ela podia matar em dois dias. O contágio se espalhou com uma rapidez assustadora. Inúmeras cidades do Mediterrâneo foram devastadas, provocando um deslocamento do eixo comercial rumo à Europa do Norte, incluindo Flandres. Diante de seus trágicos efeitos, o contágio entre os humanos se tornou um tema fundamental, levantando desconfiança sobre missas e eventos que favoreciam a aglomeração de pessoas.

Não demorou muito para que suspeitas antigas fossem evocadas: a peste seria um castigo de Deus aos pecadores. Preces, queima de imagens demoníacas, autoflagelação… as formas de exorcizar o mal confirmavam a crença em uma dependência incontestável entre as forças sobrenaturais e a vida humana. Mas também houve quem anunciasse que os judeus eram os culpados porque teriam envenenado os poços de água, provocando a peste. Muitos foram perseguidos e mortos em fogueiras. O fogo, pensavam, tudo purifica.

Os "missionários de Satanás" também podiam ser mulheres consideradas devassas, judias ou não, homens acusados de pederastia, pessoas suspeitas de feitiçaria. Em meio ao cenário diabólico promovido pelos humanos, surgiu a hipótese de que os ratos seriam uma pista importante para detectar a causa do mal. Bem mais tarde, a propaganda nazista se encarregou de juntar "judeus e ratos", como se fossem igualmente infecciosos. Mas, na época dos nazistas, já se sabia que o transmissor do mal não eram os ratos, mas o bacilo transmitido pelas pulgas instaladas naqueles roedores.

Toda a milenar história das pandemias foi pontuada pela insistência em "caçar os culpados" e por perseguições que em nada contribuíram para reduzir as mortes e a doença. Junto aos progressos da microbiologia dos séculos XIX e XX, por exemplo, a associação entre cortiços, preguiça, alcoolismo e degeneração acirrou a suspeita sobre populações consideradas *naturalmente* perigosas". Não por acaso, no mesmo ano do advento da Comuna de Paris, a capital francesa foi acusada de ser a "tumba da raça", o antro do "vírus da revolta". As sucessivas epidemias de cólera e tifo ajudavam no declínio demográfico da França e no aumento do medo de perder a guerra para os prussianos. Autoridades públicas anunciavam na imprensa que a maior parte dos problemas se concentrava no ócio e na promiscuidade daqueles que, conforme um célebre livro de Louis Chevalier, eram considerados pertencentes às "classes perigosas".

Em meio ao progresso industrial, a ameaça dos micróbios serviu para aguçar o medo de a "raça degenerar" e o temor de os varões perderem a virilidade. Como em outros momentos da história, os casos de sífilis eram vistos como a expressão de uma podridão do sexo, transmitida pelas mulheres. Mas, agora, a invenção das histéricas vinha ao encontro da necessidade de converter as taras masculinas em problemas naturais da sexualidade feminina. Com a importância intrigante que Freud deu ao inconsciente, o ideal viril da burguesia triunfante e colonizadora estremeceu mais uma vez. O imaginário de um sujeito em meio a monstros externos invisíveis e, no seu íntimo, descentrado e cindido, contribuiu para que os poderes securitários se desenvolvessem em forma de pregadores, policiais e eugenistas, defensores das supostas virtudes da castidade e do trabalho.

A hecatombe da Primeira Guerra mundial acabou por expor mais um novo tipo de abalo no ideal das "raças superiores". Por um lado, nessa guerra, diferentemente das anteriores, os homens foram reduzidos a ratos dentro das trincheiras ou a rãs a rastejar em meio a terrenos minados. Por outro, o mundo que nasceria dessa guerra, e também dos cadáveres da "gripe espanhola", em 1918, que matou mais de cinquenta milhões de pessoas, seria o de uma mobilização médica e científica sem precedentes. As novas armas da Primeira Guerra não provocavam os mesmos ferimentos causados pelas conhecidas espadas ou balas de revólver, pois os estilhaços das bombas dentro dos corpos dos soldados tinham uma trajetória incerta, múltipla, difícil de perceber. Lembravam o formigar de micróbios nos corpos dos doentes da gripe espanhola: espalhavam-se e entranhavam-se em órgãos, veias e nervos. Dificultavam a cirurgia, a reconstituição dos tecidos, o avanço das infecções. Os famosos *gueules cassées* (caras quebradas), mostrados nos jornais de vários países, impunham ao mundo o estilhaçar irreversível da figura humana e que, certamente, determinaria todas as tecnologias de poder e as artes dos anos seguintes.

Pestes e guerras, médicos e militares, doentes e monstros invisíveis: esses personagens são centrais para compreender a memória que hoje forja boa parte de nossos medos e ações diante da pandemia provocada pela COVID-19. Esta também vem sendo vivida em meio às duas tendências enunciadas por Céline: a estupidez e a inventividade. Contudo, as armas de ataque e defesa são outras. As possibilidades de sobreviver e de antecipar um futuro mais justo também.

(...)

**Pandemia em tempos de autonomia e "nó em goteira"**
Diferente da Peste Negra, a COVID-19 surgiu numa época de crescente pressão mundial para que a "gestão" da própria saúde seja um investimento pessoal e uma responsabilidade individual, com preço e valor de mercado. O número crescente dos aplicativos de saúde, com lembretes diários sobre a performance física e mental de cada usuário, é apenas um entre os diversos exemplos da ambição de normalizar o autodiagnóstico e a autoavaliação permanentes.

Contudo, a gestão autônoma de si parece abrir falência durante a pandemia. A começar por um dos locais mais sensíveis da batalha contra os seus estragos: o hospital. Atualmente, é em seu interior que a maior parte da população nasce, dá à luz e morre. Microcosmo dos limites da condição humana, o hospital maximiza e escancara o que fora dali não se quer ver. Lugar do teste final, do desmonte das vaidades dos pacientes deitados nos leitos, sem suas roupas, distantes de suas casas, apartados de suas rotinas, de seus entes queridos e de suas profissões, reduzidos à condição de organismos, como se pudessem se tornar, por um tempo indefinido, "elementos inertes". Os trabalhadores de um hospital presenciam essa espécie de desumanização, dia e noite. Mesmo perante a condição limítrofe dos internados nas UTIs, os enfermeiros, médicos e faxineiros seguem trabalhando, submetidos a rigorosos protocolos e a algo que não é particular ao meio hospitalar e que pode ser resumido nas seguintes frases: é preciso capitalizar o que se faz, o que se é, o que se tem; é preciso investir em empreendimentos que resultem em excelentes avaliações; é dever de cada um majorar infinitamente o seu capital de saúde, alegria e otimismo.

Ocorre que, com a COVID-19, os riscos de contágio dentro dos hospitais aumentaram. Multiplicaram-se, portanto, os níveis de ansiedade e estresse, não apenas na lida com pacientes altamente contagiosos, que passam semanas reduzidos a organismos inertes, mas diante da necessidade de escolher quem vive e quem morre. Há ainda o dever de tratar dos demais pacientes, que continuam a chegar aos hospitais, inconscientes ou não, com inúmeras dores e demandas. Era o caso de perguntar: quando a escala de contaminados é muito maior que os leitos hospitalares, como ficam as avaliações de excelência dos enfermeiros, os pontos para conseguir se manter no emprego ou nele obter a performance exigida? Quando faltam equipamentos de proteção individual aos médicos e enfermeiros e eles, com razão, se recusam a reutilizar as máscaras e outras proteções, como ficam as famigeradas "habilidades para lidar com situações desafiantes"?

Do lado dos pacientes, a situação também não é fácil: como suportar se ver totalmente dependente dos outros se, nos últimos anos, há um insistente elogio à responsabilidade individual pela própria saúde e pela própria felicidade? De que valem a concorrência e a autonomia promovidas no ideal empresarial contemporâneo — presentes no trabalho e nas relações familiares — quando se está com febre alta e falta de ar, ou quando há entes queridos nesse estado e o serviço de saúde colapsa?

Entretanto, o que se passa dentro do hospital é apenas um concentrado do que ocorre fora dele. Quanto mais a pandemia se alastra, mais pessoas são coagidas a lavar as mãos, tendo como parâmetro não apenas a higiene e sim a assepsia. Com a quarentena, milhares de pessoas foram levadas a se comportar como se já estivessem dentro do espaço hospitalar. Tudo se passa como se o hospital estivesse em toda parte, alcançasse o interior das casas e o foro íntimo de cada um. Em alguns países, a prática médica de utilizar máscaras generalizou-se. Ou então o uso de luvas, tal como os cirurgiões. A televisão brasileira e as redes sociais mostraram inúmeras vezes que ninguém sabia lavar as mãos de verdade. Os brasileiros, entre outros povos, descobriram que era preciso ensaboar as duas mãos, além dos pulsos, durante pelo menos vinte segundos, tal como fazem os profissionais da saúde dentro dos hospitais. Era o caso de dizer, agora, de fato, o Brasil virou um "imenso hospital".[1]

O advento da COVID-19 também instituiu uma contabilidade e uma vigilância de gestos que lembra o aprendizado de soldados e cirurgiões: é preciso se manter em estado de *alerta permanente*, como na guerra, exceto quando se está sozinho na própria casa que, nessas condições, se distancia de um lar e assemelha-se a uma caserna.

Se a AIDS exigiu preservativo nas relações sexuais, agora, com a COVID-19, é preciso se afastar de toda e qualquer relação presencial com os outros. Além disso, a pandemia possui, mais do que qualquer outro exemplo do passado, o poder de forçar uma quantidade crescente de pessoas a se curvarem para dentro de si próprias. Do Ocidente ao Extremo Oriente, passando por pequenas e grandes cidades, a COVID-19 parece engolir todos os outros tempos e restar apenas preocupações típicas do meio hospitalar: quantos dias de incubação, quantos meses faltam para baixar a curva dos casos, quantas semanas de confinamento, quantas horas o vírus permanece fora do corpo, quantos mortos.

Dentro e fora do hospital, há o perigo do contágio e a ameaça do caos. Há os que se revoltam porque precisam lidar com o cotidiano sem suas faxineiras, cabelereiras e cozinheiras. E há os que perdem o emprego e não têm como sobreviver. Coisa do diabo que só Deus pode curar, anunciam os novos crentes. Mas quem trabalha para manter a água escorrendo das torneiras, a energia elétrica, o abastecimento e o transporte de alimentos, entre outros serviços essenciais durante a quarentena, são seres bem humanos, incluindo judeus, afrodescendentes, "nordestinos" e homossexuais.

Em meio à pandemia, aquela autonomia que parecia tão fácil e vencedora, pregada pelos empreendedores da autoajuda, não se sustenta sem o trabalho coletivo dos mais variados tipos humanos, dedicados a manter a vida de todos. A concorrência e o "cada um por si" também não aguentam sozinhos o tranco da pandemia, cujos efeitos pedem ciência, mas também empatia, sentimento impossível de ser contabilizado numa planilha de custos e gastos.

---

1 Expressão utilizada pelo médico Miguel Pereira em 1916, referindo-se à situação da doença de Chagas existente no meio rural brasileiro.

Muitos internados pela COVID-19 estão fadados a perecer sem os seus, como milhares de soldados já faleceram no campo de batalha, como os pestilentos medievais, ou como um *zé-ninguém* contemporâneo, sem direito a velório. Sofrimento conhecido na história da humanidade. Tucídides, ao narrar uma grave peste que assolou Atenas, refere-se a cadáveres insepultos, uma vez que quem os tocasse estava decretando a própria morte.

**Antecipação e atraso**
Mas quem pode lavar as mãos e se isolar? Quem tem condições para uma assepsia segura? "Pediram isolamento. Onde vamos nos isolar?", pergunta um morador de rua na cidade de São Paulo. Em sociedades nas quais a quarentena é privilégio de uma minoria, a maioria não tem meios para evitar o contágio. Os entregadores em suas bikes e motos têm dificuldade para encontrar um banheiro durante o dia. O que é óbvio e comum saltou aos olhos: milhares de pessoas não podem escapar à aglomeração dos transportes públicos. Elas não vivem em moradias bem construídas, abastecidas e seguras. Se ficam em casa, gastam mais luz e gás. Se saem, não têm como lavar as mãos. Para escapar da fome, são obrigadas a continuar a arriscar a própria saúde diariamente, contando com a sorte, com Deus ou com quem delas tiver compaixão. São coagidas a enfrentar a COVID-19 desarmadas, com a cara nua. Para escapar de serem "bucha de canhão", elas precisam "dar nó em goteira". Agora, são alertadas para lavar frequentemente as mãos sem ter acesso à água.

A pandemia atual escancarou o quanto a estupidez e a negligência, existentes há séculos no Brasil, vão custar caro. Muitos ainda teimam em não pagar essa conta. O regime escravocrata atualiza-se entre os brasileiros a cada vez que empregadas domésticas – entre as mais de seis milhões existentes no país – não têm direito à dispensa remunerada de seus serviços para que possam ficar em suas casas.

Mas a pandemia também tornou visível a inventividade e o coletivismo de muitos. Na Itália e na França, grupos de trabalhadores organizaram-se para reivindicar o direito ao afastamento remunerado, na tentativa de evitar que o ônus da tragédia recaia apenas sobre os seus ombros. Em várias comunidades brasileiras, formaram-se comitês de crise e de ajuda coletiva. Ou seja, eles se antecipam para enfrentar os efeitos nefastos da pandemia.

Na verdade, a COVID-19 surgiu numa época em que o "cada um por si", especialmente num Brasil dominado por brancos privilegiados, perdia a fantasia, embora ainda tentasse a todo custo desfilar com salto alto. Na França, a COVID-19 levou Dior, Givenchy e Guerlain a produzir álcool gel. Ao invés das empresas produtoras de luxo se inspirarem nos "pobres" para conceber espetáculos da moda – tal como num desfile polêmico de John Galliano em 2000, no qual as roupas das manequins imitavam os sem abrigo –, em épocas de pandemia, é preciso inverter: fabricar o necessário para a maior parte da população. Mas há empresários que nem sob a hipótese de "limpar" a marca da empresa produzindo álcool gel estão dispostos a mudar seus investimentos. Para eles, "os pobres" são o outro da Pátria, incluídos apenas na hora de pedir um voto. Ocorre que os milhares de cidadãs e cidadãos com baixa renda, com ou sem abrigo, dentro e fora da moda, integram a nação brasileira. Não são uma excrecência, a parte que não deu certo. É isto que é escancarado por todos os lados, em reações crescentes à exclusão do direito à saúde e à prevenção. A população brasileira precarizada vem reagindo contra essa espécie de pecha que lhe foi atribuída ao longo dos séculos de ser a parte maldita, malvista, malquista do país. Ela não é *a parte*, ela faz parte; e, sem ela, a Nação perde toda a noção do que seja uma comunidade nacional, assim como a possibilidade de ter futuro.

Curioso perceber o quanto o atual flagelo também provocou uma série de declarações favoráveis aos "pobres" e aos serviços públicos de saúde, justamente por quem se habituou a desprezá-los. Conforme uma publicação no Twitter do jornalista espanhol Pedro Vallin, "o medo de morrer convertia ateus em crentes, mas acontece que transforma neoliberais em keynesianos". Subitamente são anunciadas qualidades do Estado de bem-estar social vindas daqueles que o queriam mínimo.

Assim, a COVID-19 jogou milhares de pessoas no duro chão de uma realidade que sempre existiu e que agora se precipitou. A montanha despencou em cima de Maomé e seus dogmas. As reações mais óbvias apareceram na mídia: para Donald Trump, o vírus começou por ser uma fantasia, não tardou a *mutar* e a se tornar um estrangeiro imigrante e, logo a seguir, o inimigo chinês. Na China, o médico que alertou para o perigo do vírus foi perseguido, preso e acabou morrendo contaminado. O caso lembra o injustiçado obstetra húngaro, narrado por Céline.

Outro exemplo é o do governo brasileiro. Para Bolsonaro, a COVID-19 começou por ser uma fantasia, passou a ser uma histeria coletiva, para tornar-se uma realidade dentro de sua própria comitiva. A pandemia escancarou o fato de o Brasil ter um presidente que governa apenas para a sua facção. Entre nação e facção há somente uma rima comum, tudo o mais é diferente.

Mas, atenção: Bolsonaro se antecipa. Ele não se antecipa como as comunidades que percebem a catástrofe iminente e se unem em grupos para salvar o amanhã. Ele se antecipa ao jogar as soluções mais excludentes, estúpidas e reacionárias para o tempo lá na frente, após a pandemia. Ele expressa a vontade de outros brasileiros em deixar morrer agora para que o seu próprio clã sobreviva melhor no futuro.

Estamos diante de uma lógica de *antecipação do atraso*.

Os que culparam o diabo, os judeus e as mulheres pelas doenças ao longo da história voltavam-se para as crenças do passado, tentavam frear os progressos da ciência, tal como os obstetras que ignoravam as causas das mortes das parturientes e não lavavam as mãos. Agora, há quem lave as mãos, reativando o gesto de Pilatos, no sentido que a história lhe atribuiu, para não mudar o rumo dos próprios negócios. Dizem que se trata de uma gripezinha, esperando que os próprios interesses possam se livrar de uma vez por todas daquela antiga parte malvista e que a economia possa enfim funcionar em benefício de um grupo restrito.

Felizmente, a história não é unívoca e as sucessivas pandemias o demonstraram de modo exemplar. Durante a COVID-19, há quem pretenda antecipar o atraso e há os que se antecipam ainda mais: batalham para estar à frente do que é atrasado hoje com efeitos destrutivos para o amanhã; são homens e mulheres comuns, que tomam a frente na difusão de informações sobre os riscos, na realização de mutirões, na ação de grupos solidários e de ajuda coletiva. Por isso, pode parecer difícil entender o Brasil. Milhares de brasileiros não são principiantes. Com poucos recursos, eles conseguem inventar precauções e produzir sistemas coletivos de sobrevivência, desconhecidos por muitos dos que têm condições de obedecer à norma da quarentena. A Central Única das favelas (CUFA) já divulgou a sua contribuição: a campanha "Favela contra o vírus". Recado dado pela música que alerta para "não sair comprando, nada vai acabar, manter a calma e não se desesperar."

Uma observação: quem quiser saudar a COVID-19, agradecê-la porque mostra as resistências ou uma mudança para melhor, está enganado. O vírus não é uma conspiração, uma ocasião ou uma ruptura com valor messiânico, é uma tragédia; e querer encontrar nela uma *oportunidade* é tão estupido quanto os médicos que se opuseram a Semmelweis.

## Do corona à COVID-19
Afinal, o que é esse vírus?

O mínimo que se pode dizer de um vírus é que ele é estranho. E essa estranheza provoca a necessidade por parte das sociedades de tentar humanizá-lo. Tendência milenar diante do desconhecido: buscar algum traço familiar, algo que torne compreensível o que não se apreende.

Antes de ser chamado de COVID-19, o novo coronavírus ganhou uma popularidade muito maior do que o anterior, surgido em 2002. Com as redes sociais, inexistentes na época da SARS, o novo coronavírus conquistou fotogenia e virou o "corona". Sua imagem ampliada milhares de vezes transformou o vírus num planeta repleto de antenas vermelhas, ou com pinos de pano, como se fosse uma bola bordada no espaço. Também adquiriu a feição de um elemento marinho, uma célula psicodélica, que, quando aparece entre os seus, confunde-se com um cenário alucinógeno. Com a atual tecnologia, a imagem do coronavírus veiculada pela mídia ganhou o estatuto de um "ser" palpável, dando-se a ver a olho nu.

Ora, este cenário mudou completamente quando a doença causada pelo vírus adquiriu a nomenclatura de COVID-19. Para os ouvidos leigos, ela soa mais científica e sisuda do que a outra. Houve logo quem a associasse a uma nave espacial apinhada de alienígenas. Outros, detectaram no 19 a referência ao ano de nascimento do surto. Mas a gravidade alcançada pela pandemia inibiu o riso. Este foi transferido para os políticos que ainda denegam e mentem de forma caricata sobre a pandemia, ou então migrou para as soluções hilariantes e mirabolantes que tantas pessoas confinadas inventaram para "ficar bem" dentro das quarentenas. A sigla rapidamente engoliu o nome. A COVID-19 não se parece com quase nada que não seja ela mesma. Prodígio científico este, comum a outras siglas igualmente científicas que tendem a reenviar o pensamento à "caixa branca" da ciência, inacessível aos leigos.

Quando surgiu a epidemia de AIDS, as narrativas para se apropriar do entendimento da doença também torceram a sigla para vários lados, até ela virar "ai de mim" em brasileiro. Mas a abreviação do nome do vírus, HIV, ofereceu maior resistência a esse exercício, justamente quando se percebia a letalidade dos casos e quando ficou amplamente conhecida a expressão "grupo de risco".

Acontece que a COVID-19 também intriga os especialistas que buscam produzir uma vacina. Os vírus usufruem da particularidade de não serem nem uma coisa nem outra, e isto não é um modo de falar que nada diz. Um vírus é um intrigante tema, científico e filosófico. Roberto Burioni lembra que um vírus não é exatamente um ser e nem se pode facilmente pensar que ele está vivo como um boi ou não vivo como um bife. Um vírus é algo esquisito do ponto de vista cultural e biológico.[2] "Ele" só pode se replicar dentro de um hospedeiro. Portanto, fora do hospedeiro, o vírus é inerte. Nunca foi fácil perceber o que é o inerte. Habituamo-nos aos opostos entre vivo e morto, surpreendemo-nos quando os inertes emergem em nossas vidas, ou são criados e estudados em laboratórios e indústrias.

## "Paulistano parado é segurança"

A quarentena tem custos elevados. Ocorre que há culturas e cidades para as quais parar significa rebelar-se contra a própria identidade que lhes foi forjada historicamente. É o caso de São Paulo. "Paulistano parado só pode ser segurança", afirma um dito sobre a suposição de que, sobretudo em São Paulo, vive-se sempre o corre-corre, ou que principalmente os paulistanos estariam completamente subjugados às obrigações do próprio emprego, da própria carreira.

Desde o mito bandeirante até aquele do paulistano cem por cento produtivo, encontramos uma história repleta de ufanismos e de estresse diante da imagem de pessoas que não param, que trabalham incessantemente e que, por conseguinte, não sabem ficar em casa, não sabem ficar com elas mesmas, em silêncio, desligadas das redes sociais... fugitivas do ócio porque o confundem com um tempo vazio ou com a vadiagem. A imagem de pessoas altamente empreendedoras e acessíveis a responder prontamente todos os e-mails laborais casou-se muito bem com o marketing de um produtivismo individual acelerado, em voga desde a década de 1980. São Paulo seria um exemplo de produtividade; seus habitantes, mais do que quaisquer outros

---

2 Roberto Burioni, *Virus, la grande sfida*. Milão: Rizzoli, 2020, p. 80.

brasileiros, incarnariam o ideal do homem investidor e empresário de si mesmo, capaz de tornar rentável todos os aspectos da vida. Esse ideal baseia-se na suposição de que é preciso fazer render e deixar perecer aqueles que não acompanham o ritmo altamente acelerado e concorrencial. Trata-se de apostar em um tipo votado a realizar mais e mais projetos, a preencher mais e mais planilhas de avaliação – no trabalho, nas universidades, nas escolas e nos hospitais. Um tipo habituado a retirar contentamento de seu afã tarefeiro e de suas iniciativas empreendedoras. Um tipo, enfim, que mal percebe o quanto o valor do investimento escorregou do trabalho para o lazer, contaminando suas relações afetivas, transformando-as em performances "com sucesso". No limite, esse tipo transforma qualquer experiência numa *oportunidade* de ser bem-sucedido. Nenhuma idade escapa, nenhuma opção identitária ou sexual está isenta da seguinte autocobrança: faça tudo render ou caia fora. Todos devem ser os seus próprios investidores, "tá ligado"? Gíria que substituiu o velho conselho "preste atenção". Aliás, quem quer perder tempo dando ou ouvindo um conselho? Hoje há coaching. E ele tem preço e lugar no mercado.

Ao invés de ser atento, ligue-se. E nunca mais desligue, porque nesse mundo nada pode ser deixado ao acaso, nada pode ser de graça, nem injeção na testa, exceto a de Botox, que também tem preço e valor.

Ora, durante a pandemia, é preciso parar, retornar à cozinha, ao cuidado com os filhos e os mais velhos, à vida lenta, à contemplação sem pressa da paisagem pelas janelas, à gratuidade das brincadeiras e das relações amorosas, ao convívio com muito daquilo que não tem preço nem valor de mercado. Há quem seja obrigado, ou viciado, em home office, full time, agendando reuniões e tarefas pela internet. Há quem se mantenha seduzido pela postagem compulsiva de imagens de si, repletas da intenção de aumentar o crédito pessoal. Outros ainda preenchem freneticamente planilhas de avaliação, contabilizam mais e mais produções em seus próprios currículos, buscam formas de gostar de si entre quatro paredes, continuam em busca de likes e de *outputs* (os termos em inglês são importantes).

Entretanto, com a iminência do contágio, do sumiço ou da redução dos empregados, sob a ameaça do colapso do atendimento de saúde, inclusive do privado, além de todos os sinais da futura e gigantesca crise econômica que se avizinha, como continuar a acreditar na utilidade daqueles sistemas de avaliação e pontuação, na autonomia crescente dos indivíduos, nos likes e dislikes, e, ainda, nos mesmos valores concorrenciais?

A mudança que se pode fazer não é para depois que a pandemia passar. A hora é agora. Que a classe média não fique apenas assistindo pelas telas essa disputa terrível entre os que querem antecipar um amanhã restrito à uma gangue de privilegiados e os que se adiantam para descolonizar o futuro e dele retirar a Casa-Grande e a Senzala.

Última lembrança: no começo de *Massa e poder*, Elias Canetti lembrou que todas as distâncias que o ser humano criou em torno de si, mas também todas as formas de ele se perder na massa, surgiram a partir do temor de ser tocado.

Que este temor não massacre o que há de mais inventivo, e de fato moderno, em nossas sociedades. Que cada vez mais pessoas antecipem um futuro com relações sem preço nem valor de mercado, independentes da alta do dólar e dos compulsivos likes e dislikes. Afinal, a autonomia de cada um depende dos outros, a redução da estupidez necessita da gratuidade das paixões e da abertura ao contraditório.

Não sabemos o quanto sairemos melhores ou piores desta pandemia. Mas sabemos que esta não foi a primeira e não será certamente a última. No entanto, esperemos que não seja necessário uma COVID-21 para que se aprenda a viver consigo mesmo, para melhor estar com os outros. Lavar as mãos para eliminar micróbios e não para livrar-se de mais da metade da população de um país. Que se criem condições, enfim, para que ao menos os mais jovens aprendam que amar não é perder tempo, que ficar consigo não é sinônimo de isolamento ou abandono e que cuidar dos outros não serve para tirar nem dar pontos a ninguém.

São Paulo, 26 de março de 2020

**Denise Bernuzzi de Sant'Anna** é historiadora.

(...) 02/04

# Comunovírus
Jean-Luc Nancy

TRADUÇÃO Marcia Sá Cavalcante Schuback

**O vírus nos comuniza, já que somos obrigados a enfrentá-lo juntos, ainda que isso passe pelo isolamento de cada um. Eis a oportunidade de experimentar verdadeiramente nossa comunidade.**

Um amigo indiano me conta que na casa dele se fala de "comunovírus". Como não ter pensado nisso antes? É a própria evidência! E que admirável e total ambivalência: o vírus que vem do comunismo, o vírus que nos comuniza. Eis o que é muito mais fecundo que o ridículo corona, que evoca velhas histórias monárquicas ou imperiais. Aliás, cabe ao comuno destronar, para não dizer decapitar, o corona.

É o que ele parece fazer, na sua primeira acepção, já que provém do maior país do mundo cujo regime é oficialmente comunista. Não só a título oficial: como declarou o presidente Xi Jinping, a gestão da epidemia viral demonstra a superioridade do "sistema socialista com características chinesas". Se o comunismo consiste essencialmente na abolição da propriedade privada, o comunismo chinês consiste, há já muitos anos, numa cuidadosa combinação da propriedade coletiva (ou do Estado) e da propriedade individual (da qual está excluída, contudo, a propriedade da terra). Essa combinação permitiu, como se sabe, um notável crescimento das capacidades econômicas e técnicas da China, assim como seu papel mundial. Ainda é cedo para saber como designar a sociedade produzida por essa combinação: em que sentido é ela comunista e em que sentido nela se introduziu o vírus da competição individual e até mesmo sua ultrapassagem ultraliberal? Por ora, o vírus COVID-19 lhe permitiu mostrar a eficiência do aspecto coletivo e estatal do sistema. Essa eficiência foi tão evidente que a China veio em auxílio à Itália, depois à França.

Discorreu-se muito sobre o excesso de poder autoritário de que se beneficia neste momento o Estado chinês. De fato, tudo se passa como se o vírus viesse a calhar para confortar o comunismo oficial. O problema é que, dessa maneira, o conteúdo da palavra "comunismo" não cessa de se embaralhar – e já era bastante incerto.

Marx escreveu de maneira muito precisa que, com a propriedade privada, a propriedade coletiva devia desaparecer, dando lugar ao que ele chamou de "propriedade individual". Por isso ele não entendia os bens possuídos pelo indivíduo (isto é, a propriedade privada), mas a possibilidade para o indivíduo de tornar-se ele mesmo.

Poderíamos dizer: de realizar-se. Marx não teve nem o tempo nem os meios para ir mais longe nesse pensamento. Ao menos podemos reconhecer que só ele abre uma perspectiva convincente – ainda que muito indeterminada – para uma afirmação "comunista". "Realizar-se" não equivale adquirir bens materiais ou simbólicos: significa tornar-se real, efetivo, existir de maneira única.

É aí que a segunda acepção de comunovírus deve reter nossa atenção. De fato, o vírus nos comuniza. Ele nos coloca em pé de igualdade (para dizê-lo rapidamente) e nos junta na necessidade de enfrentar o conjunto. Que isso deva passar pelo isolamento de cada um é apenas uma maneira paradoxal de fazer com que experimentemos nossa comunidade. Não podemos ser únicos senão entre todos. É o que faz nossa mais íntima comunidade: o sentido compartilhado de nossas unicidades.

Hoje, de todo modo, a copertinência, a interdependência, a solidariedade nos convoca a todos. Os testemunhos e as iniciativas nesse sentido surgem de todo lado. Ao agregar a diminuição da poluição atmosférica em razão da redução dos transportes e das indústrias, um encantamento antecipado faz alguns acreditarem que já chegou a derrubada do tecnocapitalismo. Não desprezemos essa frágil euforia – mas perguntemo-nos, ainda assim, até onde penetramos a natureza de nossa comunidade.

Apela-se à solidariedade, ela é ativada, mas globalmente. É a expectativa de uma providência estatal – a mesma que Emmanuel Macron aproveitou para celebrar – que domina a paisagem midiática. Em vez de nos confinarmos nós mesmos, nos sentimos antes confinados pela força, fosse ela providencial. Sentimos o isolamento como uma privação mesmo quando é uma proteção.

Em certo sentido, é uma excelente reposição: é verdade que não somos animais solitários. É verdade que precisamos nos encontrar, tomar café, fazer visitas. De resto, o brusco aumento nas chamadas telefônicas, no envio de e-mails e de outros fluxos sociais manifesta necessidades urgentes, um receio de perder contato.

Estamos, contudo, mais aptos a pensar esta comunidade? É de se temer que o vírus permaneça como o principal representante disso. É de se temer que, entre o modelo da vigilância e o da providência, fiquemos à mercê unicamente do vírus como bem comum.

Portanto, não progrediremos na compreensão do que poderia ser a superação da propriedade tanto coletiva quanto privada. Isto é, a superação da propriedade em geral, na medida em que ela designa a posse de um objeto por um sujeito. O próprio do "indivíduo", para falar como Marx, é de ser incomparável, incomensurável e inassimilável – inclusive por si mesmo. É não possuir "bens". É ser uma possibilidade de realização única, exclusiva e cuja unicidade exclusiva não se realiza, por definição, senão entre todos e com todos – também contra todos ou apesar de todos, mas sempre em relação e na troca (comunicação). Trata-se de um "valor" que não é o do equivalente geral (dinheiro) nem, por conseguinte, o de um "sobrevalor" extorquido, mas de um valor que não se pode medir de modo algum.

(...)

Somos capazes de pensar de maneira tão difícil – e até vertiginosa? É bom que o comunovírus nos obrigue a nos interrogar assim. Pois é essa a única condição sob a qual vale a pena, no fundo, mobilizar-se para o suprimir. Caso contrário, nos encontraremos no mesmo ponto. Ficaremos aliviados, mas podemos nos preparar para outras epidemias.

*Publicado no jornal* Libération *em 24 de março de 2020.*

**Jean-Luc Nancy** é filósofo.

(...) 03/04

# Breve diário pandêmico
Maria Cristina Franco Ferraz

**24 de março 2020**
**Rio de Janeiro, Brasil**
Tudo o que li e pensei até agora parece soar datado, insuficiente para dar minimamente conta do presente. Um presente aterrador para o mundo, mas especialmente trágico em um país como o nosso, em que práticas violentamente desiguais são há séculos naturalizadas. Cinismo e desfaçatez de poderosos: agradecimento a empresários que, em São Paulo, farão a gentileza de não desempregar seus funcionários. Sem dúvida também prevendo levas de miseráveis finalmente invadindo suas propriedades, seus bunkers de acúmulo desenfreado. Detentos produzirão milhares de máscaras — certamente não para sua própria proteção.

Algumas reflexões, textos e conceitos, entretanto, saltam por sobre essa sensação de defasagem entre a reflexão e o momento presente. Por exemplo, e de um modo evidente, declínio de *bios* (vida politicamente qualificada) em favor de *zoe* (vida no sentido mais elementar, vida *nua*), apontado há décadas por Giorgio Agamben. Em quarentena, nosso *bios* em luta para se levantar sobre o domínio do medo, da esfera da vida nua. Mas também os temores vividos pela dimensão do próprio *bios*, nossa vida política, por conta da tragédia em diversos países e, no nosso, com consequências ainda mais devastadoras.

Como estratégia efetiva de proteção antivirótica, isolamento, fechamento em casa. Abertura via comunicações tecnologicamente mediadas: celulares, computadores, aplicativos de reuniões e encontros virtuais. Lembro-me de Jonathan Crary: para o autor, essas tecnologias não são apenas compatíveis com a separação entre corpos; são dispositivos de isolamento. Império do modelo do indivíduo globalizando-se. Evidentemente, pode-se dizer o contrário: que a mediação tecnológica está exatamente aproximando, favorecendo contatos (mas que espécie de contato, com que implicações?) neste regime de exceção. Certamente, mas o fazem no interior de uma lógica do isolamento individual, agora instalada em um grau inédito.

Há também as janelas e sacadas das cidades, que ganham funções intensificadas. Em panelaços, cantos, vozes e gritos noturnos como os que teciam certa manhã de outros tempos, prometida e realizada em um poema de João Cabral de Melo Neto: "Um galo sozinho não tece uma manhã:/ ele precisará sempre de outros galos./ De um que apanhe esse grito que ele/ e o lance a outro; de um outro galo/ que apanhe o grito de um galo antes/ e o lance a outro; e de outros galos/ que com muitos outros galos se cruzem/ os fios de sol de seus gritos de galo,/ para que a manhã, desde uma teia tênue,/ se vá tecendo, entre todos os galos." A própria sintaxe, como as Moiras, tece, enrola e corta a fiação linear das frases. Elipses, saltos, cortes interceptam a expectativa previsível. O fio de um verso vaza para o seguinte, compondo e realizando a manhã. Gritos não humanos em aberto, que invadem e extravasam os limites que os continham. Arma-se, assim, uma teia — construção delicada, tênue.

Que ritmos cruzados surgirão de nossas janelas sedentas, noturnas? Também aqui no meu prédio, uma avó do décimo andar grita para o neto, que a vê do pátio, palavrinhas de carinho em geral apenas ditas em tom baixo e íntimo.

Ainda não sabemos que manhãs e noites saberemos inventar.

Pois estamos em vias de nos tornarmos outros. Em que sentido ou direção? Talvez já se possam vislumbrar certas inclinações. Por exemplo, acirramento do medo do outro como fonte de perigosos contágios; o território do corpo próprio ampliado para um perímetro de cerca de dois, no mínimo um metro. E isso mesmo em uma cultura de contato, proximidade e mistura de corpos como a nossa. O horror aos fluidos sempre e inevitavelmente trocados, comunicados entre viventes. Fechamento dos poros dessa interface entre dentro e fora que, como nos mostrou José Gil, é nossa pele. A pele, o maior meio de comunicação, membrana de trocas e passagens. Nossa profundidade superficial.

Fechamento grave, com implicações incomensuráveis, inclusive em termos eróticos. Na cultura grega antiga, Eros era filho de Poros (expediente, saída para situações embaraçosas) e Pênia (pobreza). Poros fechados, Eros curtocircuitado. Corpos que se temem de modo inaudito, que devem se afastar de contatos, sob risco de morte. Fechamento da pele, fortalecimento das armaduras e carapaças, ainda mais tenazes, endurecidas, impermeáveis. Reforço da pele *teflon*, escorregadia, em que nada gruda ou penetra. *Teflon*: esse material sintético, emblemático tanto de um alto grau de impermeabilidade quanto da aversão a trocas e atritos. Ao mesmo tempo, quem sabe, uma explosão de abraços e encontros quando voltarmos às ruas, quando pudermos exclamar "chega de saudade". Quando pudermos realizar, na prática, a conhecida sequência dos antigos versos de Tom: "pois há menos peixinhos a nadar do mar".

Agora nos vemos todos à mercê de outro vivente, imperceptível. À mercê de forças do mundo, seria a revolta de Gaia (Isabelle Stengers), a resposta de Biogeia (Michel Serres) à empáfia detectada, desde Nietzsche, nessa mosquinha que se arvora em centro do universo, do mundo, reinando sobre a vida?

Talvez abram-se brechas mais largas para a emergência do extemporâneo. Em nossas práticas, peles, corpos. Coletivamente.

Por ora, sobressai um afeto, além do medo paralisante: uma imensa saudade do mundo.

**26 de março de 2020**
**Rio de Janeiro, Brasil**
Uma lembrança filosófica aflora e insiste: em *Matéria e memória*, de 1896, Bergson pensou toda a matéria como um conjunto interligado e interdependente de *imagens*, instigante conceito relacional que dá conta de tudo o que existe, de toda a matéria. Essas imagens afetam-se umas às outras, agem umas sobre as outras. Nosso corpo é uma imagem especial, pois é um centro de ação e de indeterminação, capaz de hesitar, capaz tanto de suspender respostas automáticas quanto de ensaiar novos movimentos. Ação, portanto, real de tudo sobre tudo: o que se torna evidente na situação pandêmica.

Bergson também salientou que a percepção (ligada à ação, à atenção à vida, e não ao conhecimento) permite afastar o que nos destruiria, mantendo-o à distância de nosso corpo. Abre-se então a chance de driblar a ação real do que o infectaria ou destruiria: a percepção intercepta a ação real que nos atingiria, abrindo o campo da ação possível. Já que não percebemos o vírus, a ação possível passa a ser o isolamento, o afastamento entre os corpos. Comprovando que estamos todos interligados, nós, humanos, e todo o universo. Nossa ação possível (nossa liberdade) limita-se, por ora, a práticas de afastamento e de confinamento. O espectro em aberto da ação possível, nosso grau de liberdade, está de certo modo limitado, acuado. Sem dúvida, o horizonte de percepção, medida da ação possível, precisa expandir-se em gestos inventivos.

Coloca-se de modo urgente diante de nós uma problemática ética desdobrada por Nietzsche e Deleuze: como estar à altura desse acontecimento? Como exercer neste caso o que Nietzsche chamou de *amor fati*, afirmação do que nos acontece? Nem resignação nem ressentimento ou amargor: amor, afirmação. Como podemos nos tornar dignos desse acontecimento pandêmico? Gestar novas formas de dignidade?

**Maria Cristina Franco Ferraz** é professora titular da ECO/UFRJ, pesquisadora do CNPQ, doutora em Filosofia pela Sorbonne e autora, entre outros, de *Nietzsche, o bufão dos deuses* e de *Para além de Black Mirror* (n-1 edições).

(...) 04/04

# O vírus americano

Brian Massumi

TRADUÇÃO André Arias

**Pôr um rosto na ameaça**
Depois dos ataques de 11 de setembro, a linguagem usada em torno da ameaça terrorista tinha um toque decididamente viral. Não eram raras as comparações diretas entre o terrorista e o vírus. Ambos possuem uma maneira de atingi-lo inesperadamente, de irromper subitamente por baixo do limiar da percepção, atacando de qualquer direção com uma implacabilidade inumana, uma letalidade dispersa, quando não com uma precisão assassina. O limiar da percepção coincidiu amiúde com a fronteira da nação. O terrorista era o inimigo "sem rosto", como o "outro", como uma fita solta de RNA entocada em um suíno, à espera de detonar a carne humana.

No meio disso, um terrorista doméstico meio incompetente, mas imaginativo, entrou em ação. Em maio de 2002, caixas de correio começaram a explodir no Meio-Oeste estadunidense. Durante alguns dias, dezoito aparelhos explosivos improvisados foram plantados em caixas de correio do centro do Texas até o norte de Illinois. Os ataques não pareciam aleatórios. Pareciam seguir um padrão que era preenchido a cada ponto de incêndio. Os inimigos da nação estavam enviando alguma mensagem? Seria o prelúdio de um ataque maior? Pânico, uma caçada multiestadual se seguiu. O perpetrador foi preso antes de o plano ser concluído. Ele chegou perto, porém. Explicou que pretendia realizar 24 explosões. Confessou que precisava de mais seis para desenhar um sorriso pelo coração dos Estados Unidos.

Os estilhaços sorridentes do *Smily Face Bomber* eram como um palhaço horrendo e deformado que pula da caixa e diz: "surpresa!" Você conheceu o inimigo, e ele é você.

**Dos vários regimes de medo**
O *Smily Face Bomber* tinha bomba caseira. Hoje temos emoticons. Ainda temos literalmente bombas virais de RNA, mas também temos viralidades informacionais de zero-e-um na forma contagiosa da trollagem, dos mercadores de teorias conspiratórias, e de *tweets* presidenciais — aparelhos explosivos improvisados para detonar o social via caixas de correios virtuais. A reação de pôr um rosto no "inimigo sem rosto" continua aí, mas sem a ironia. O rosto carrancudo é o emblema dos nossos dias.

O rosto carrancudo no comando, o emoticon humano Donald Trump, tem feito tentativas intermitentes de pôr um rosto na crise, de preferência não branco. Trump vangloriou-se do papel imaginário que seu muro xenófobo ao sul da fronteira teria para diminuir o contágio. Insistiu em chamar a COVID-19 de o "vírus chinês", mesmo enquanto os Estados Unidos se tornavam o epicentro da pandemia (sugerindo uma denominação geográfica diferente). Ele propôs a quarentena do resto do país para protegê-lo contra a elite costeira doente de Nova York. Trump até lançou a ideia de despachar as forças militares para as fronteiras do norte a fim de proteger a nação contra as hordas canadenses. Por que isso é uma guerra — assim como a guerra ao terror também o era —, e o que é uma guerra sem tropas? As "tropas" na linha de frente, os especialistas da saúde pública, que pedem desesperadamente por mais contingente — do tipo que maneja amostras de testes em vez de armamento militar —, não têm o drama necessário.

A resposta mais consistente de Trump, entretanto, não tem sido a dramatização, mas a minimização. Aplaudido pela Fox News e por diversos especialistas e políticos de direita, ele transferiu o modelo do negacionismo climático para o coronavírus. Uma *"gripezinha!"*, exclamaram. É uma maneira diferente de pôr um rosto nisso — um rosto "liberal". O vírus é anódino. A ameaça real é a bomba terrorista do socialismo furtivo. A nação está completamente assustada, e por isso voltará choramingando para o "Grande Governo". E ainda que o vírus seja um tanto mortífero, nós temos que seguir adiante e manter o país funcionando. "Não podemos tornar a cura pior que a doença". A economia de livre mercado deve ser salva a todo custo. Os mais vulneráveis, afirma o governador do Texas, o tenente Dan Patrick, devem ser bons soldados e se preparar para o autossacrifício para salvar o país desta ameaça pior que a morte: uma economia doente. Os idosos, os desabrigados, as pessoas com a imunidade comprometida, todos os que tendem, no melhor dos tempos, a cair para o fim da lista da triagem (pessoas com deficiência, com síndrome de Down, com demência, os autistas, os pobres) serão os heróis não cantados da nação. Qualquer semelhança com eugenia...

Essa estratégia dupla, apesar da contradição de dramatizar e de minimizar simultaneamente, levou Trump a registrar altos índices de aprovação. Isso implica que não há contradição alguma, mas um acoplamento operacional entre dois modos de projetar a ameaça sobre um rosto inimigo, com o intuito de afastar a percepção do perigo. Em um regime de medo, a personificação projetada do perigo e a subsunção da vida mesma pela economia andam de mãos dadas. Na era do 11 de setembro, o terrorista foi assimilado ao vírus do outro, desumanizado. O inimigo "inespecífico" e "assimétrico" era preponderante, e precisamos de um coringa explosivo para nos lembrar que o medo pode ter um rosto. Nos nossos dias de peste contemporâneos, o que domina é a assimilação do vírus a um inimigo identificado, preso em um espelho demasiado humano, como num debate, um face a face, polarizado pelo ódio. A técnica de produção do outro não está de forma alguma acabada. Ela oscila com a personificação, coexistindo com a figuração do perigo como a outra metade de si próprio. A taxa de aprovação de Trump rondou os 50%. Nós conhecemos o inimigo — é a nossa outra metade. A guerra assimétrica, pendulando como o equivalente moral da guerra civil?

E a outra metade? Sem necessariamente personificar ou mercantilizar, a outra metade (se posso extrapolar minha própria experiência) se sente golpeada e sitiada, tanto pela ameaça do vírus quanto pela resposta da outra-metade do outro. Checa obsessivamente o *feed* de notícias numa tentativa interminável de tirar a temperatura de uma crise que transborda o termômetro a cada abordagem. Agudamente consciente da inumanidade do vírus e de sua indiferença para com o acontecimento de sua própria emergência. Dobrada sobre seus próprios questionamentos e postergando indefinidamente por necessidade de agarrar-se a alguma coisa. Embora não seja uma personificação, isto é intensamente individualizante — assim como o distanciamento social imunitário, devidamente praticado entre as buscas na internet sobre os últimos números estarrecedores. Essa individualização não está na base da mesma economia liberal para a qual os Donald Trumps e Dan Patricks do mundo nos pedem para sacrificarmos nossas vidas?

Dois regimes de medo: projetivo-agressivo e imunitário-defensivo, personificação e individualização. Unidos no curso da agonia neoliberal. Este é o vírus americano? Sorria.

**Cuidar do acontecimento**

Virou lugar comum a filosofia contemporânea afirmar que, ética e politicamente, o acontecimento é um apelo para nos tornarmos iguais a ele. Personificar e individualizar não são iguais a um acontecimento que vigorosamente demonstra nossa interdependência. Nada como o fechamento da economia para nos lembrar de como nossas vidas estão finamente suspensas em uma rede de mutualidade. Nunca antes sentimos a mercearia do bairro ou as pessoas que trabalham com entrega tão integradas à existência social. A origem mesma do vírus está entrelaçada em uma teia ecológica: uma rota de transmissão multiespécie para a qual os cientistas há muito tempo nos alertam que as condições estavam dadas, em razão da destruição dos habitats e do aquecimento global. Isso não envolve uma só cidade — envolve um planeta. Isso envolve o cuidado de uns com os outros, em consonância com o cuidado com o planeta. Isso envolve não uma personificação, mas assumir o imbricamento integral de cada um em um mundo mais que humano.

Em vez de transferir o negacionismo das mudanças climáticas para a COVID-19, temos a opção de transferir o *momentum* coletivo que tem sido construído pelo movimento de emergência climática ao apoio mútuo e à celebração da vida nessa crise, com o olhar voltado já para além dela, para continuar a luta contra a maior das crises da qual esta é indiscutivelmente tributária. Isso inclui dar passos em direção a um tipo de economia que jamais nos pediria — a nossos vizinhos, ao planeta — para nos deitarmos e morrermos. Isto é o que deveria ser cantado das varandas: pós-capitalismo, em voz alta. Não me refiro à imitação que faz disso o "socialismo democrático", que não passa de uma tentativa de dar um rosto humano ao capitalismo. Ele é o melhor dentre alternativas oferecidas. Mas já vimos onde os rostos nos conduzem.

Uma imbricação mútua de uns com os outros: tentemos algo transindividual desta vez. Um mundo mais que humano: faça-o multiespécies.

Isto é para vocês, Trump e companhia: olhando para trás, lhes daria uma coisa sobre a qual vocês poderiam dizer que tinham razão. Exceto a parte do furtivo.

Em voz alta.

**Brian Massumi** é filósofo e autor, entre outros, de *O que os animais nos ensinam sobre política* (n-1 edições).

(...) 05/04

# um tiro em mim: quando ficar em casa é também estar em perigo

Isabella Guimarães Rezende

> "é como doido que entro pela vida que tantas vezes não tem porta, e como doido compreendo o que é perigoso compreender, e só como doido é que sinto o amor profundo, aquele que se confirma quando vejo que o radium se irradiará de qualquer modo, se não for pela confiança, pela esperança e pelo amor, então miseravelmente pela doente coragem de destruição. se eu não fosse doido, eu seria oitocentos policiais com oitocentas metralhadoras, e esta seria a minha honorabilidade".
>
> Clarice Lispector, "Mineirinho"

estamos em 2020.
estou em São Paulo.

no dia 25 de março, fui alvejada dentro da minha casa e um tiro me feriu o braço direito. fui ferida por uma arma não letal. não eram balas perdidas – e não existem balas perdidas.

no dia seguinte, me dirigi ao distrito policial com o seguinte relato, buscando a objetividade que, muitas vezes, sinto não ter:

- dia 25/03, às 20 horas.
- em casa, eu estava participando de uma reunião de estudos.
- horário que acontece a manifestação das janelas.
- cheguei a gritar e a bater panela, mas não ostensivamente porque estava numa reunião de pesquisa.
- estava no escritório, fazendo uma aula on-line, por causa do afastamento físico e das atividades suspensas na universidade.
- de repente, percebi que entravam vários pequenos pontos de uma luz vermelha em vários cômodos da minha casa (sala, varanda, escritório e quarto) e ouvia um barulho de um objeto não identificável entrando no meu apartamento.
- não sabia o que era aquele laser e aquele som ao redor.

- comecei a ficar com medo e a andar pelos cômodos da casa, para tentar entender o que era aquilo e de onde vinha.
- percebi que essa luz vermelha apontava para o chão, mirava o meu corpo e acompanhava os meus movimentos dentro de casa. isso durou, mais ou menos, vinte, trinta minutos.
- as janelas dos quartos estavam abertas. a porta da sacada também.
- de novo, ouvi um barulho no meu quarto, um estouro. quando entrei, percebi que a porta do armário tinha sido aberta porque foi atingida por alguma coisa. eu ainda não sabia identificar o que era. assustada, fechei a janela de vidro.
- notei que a luz vermelha vinha do prédio da frente, provavelmente de um apartamento do mesmo andar que o meu ou um pouco acima.
- moro no sétimo andar e meu apartamento é circundado por um prédio da Rua Monte Alegre, em Perdizes, cidade de São Paulo. a sala e os quartos de casa fazem vistas para a varanda, a área de serviço, a cozinha e a sala desse enorme prédio, caixas de fósforo empilhadas. de lá, vizinhxs conseguem ter vários pontos de visada da minha vida cotidiana. a distância que nos separa é de aproximadamente 20 metros. fronteiras fluidas e duras.
- panóptico arquitetônico.
- corpos dóceis.
- dispositivo.
- sociedade de controle.
- disparos.
- quando voltei para o escritório, senti que a luz alvejou de raspão a minha barriga e atingiu o meu corpo.
- senti muita dor no braço direito. estava com uma blusa de lã grossa e uma camiseta. tirei a blusa de lã e levantei a camiseta para ver por que doía tanto. tinha uma ferida exposta, com sangue. ainda não estava entendendo muito bem o que era aquilo e aquela situação dentro de casa.
- mas percebi que foi um tiro.
- comecei a chorar e a ficar com muito medo.
- avisei aos amigos que estavam comigo na reunião que acontecia alguma coisa estranha em minha casa e que tinha alguém me alvejando insistentemente. mandei uma foto do meu braço. avisei ao meu amigo, que mora na rua paralela de cima.
- meus amigos me orientaram a ligar para o 190: chamar a polícia.
- a viatura chegou com dois policiais.
- no mesmo momento, cinco amigos também chegaram e um cachorro.
- estamos em distanciamento, em isolamento. sem contato físico e social por conta de uma pandemia, um inimigo invisível, um vírus, que, naquele instante, não representava mais ameaça. estávamos juntos e vivos. recebi meus amigos com abraços e lágrimas. coração na garganta. o que sentia não servia para dizer. o que sentíamos.

(...)

- estava em choque e a ferida latejava.
- a polícia pediu que eu contasse o que aconteceu.
- informou que fui atingida por balas de *airsoft* e me orientou a fazer o boletim de ocorrência no 23º distrito policial.
- meus amigos subiram comigo e encontramos na sala, na varanda, no escritório e no meu quarto, cinco esferas metálicas.
- liguei para a síndica para contar que eu e nós, moradores do prédio, estamos expostxs a algumx vizinhx agressorx do prédio da frente.
- a síndica foi até o meu apartamento.
- nós estávamos todos juntos.
- hoje, dia 26, estou com medo de abrir as janelas de casa e ser vigiada, controlada, mirada, atingida. punida?
- moro sozinha. sou mulher. elx sabe.
- vim aqui registrar o que aconteceu.
- sei qual é o condomínio e quero descobrir quem é essa pessoa.
- ela não vai me matar.

no dia 27 de março, com todas as portas e janelas ainda fechadas, penso e me pergunto o que foi aquele tiro que não me assassinou, não me cegou, não me calou. não se tratava de uma arma letal. tampouco se tratava de uma bala perdida ou de uma bola de papel. alguém queria me assustar, me intimidar, me oprimir, tirar uma onda, me agredir, me machucar. aquele tiro me invadiu, me atravessou, me violentou, me feriu. no braço, que me leva em direção ao mundo. no braço direito que carrego uma pulseira indígena, em preto e branco, cujo grafismo representa o desejo de longevidade.

elxs atiraram numa casa que tem uma bandeira vermelha, uma floresta, uma rede Yanomami, objetos indígenas, livros, arte.
    elxs atiraram numa casa onde acontecia um encontro potente de afeto, uma reunião de pesquisa, em que se discutia a produção do pensar e a busca pelo conhecimento, uma tarefa sem fim.
    elxs atiraram em alguém que estava estudando e pensando o mundo de forma crítica para reinventar o lugar das coisas.
    elxs atiraram numa mulher que tem voz.
    elxs atiraram em mim.

elxs atiram em nós.

nós resistiremos no mundo. somos floresta. somos comunidade. ar, água, terra, fogo. a minha arma é alma, *utupë*. é experimentar a vida que flui, a vida que está em mim. hoje eu sou uma outra. sou uma mulher que sente, experimenta, pensa e sonha, com um tiro no braço, com os movimentos e a marca que elxs ainda fazem na História e no meu corpo. respiro e medito: como é possível abrir um campo de liberdade com estratégias cada vez mais inteligentes e sensíveis, que não nos deixem tão vulneráveis? como vamos nos proteger dessa ignorância toda — visível e invisível? como serão as nossas experiências de afeto que nos lembram que estamos vivos, acontecimentos? que mundo pós-pandêmico somos capazes de reinventar quando a hecatombe terminar? quanto tempo ainda nos resta desse Brasil fundamentalista, egoísta e não esclarecido? até quando consumir o mundo e a vida, como possibilidades infinitas, nas chaves do progresso, da alienação e do "homem da mercadoria", como diz Davi? qual será o novo léxico? e quais histórias contaremos para as crianças? seremos capazes de inventar "paraquedas coloridos" e "viver as experiências do silêncio e do desastre", como diz Ailton, neste planeta azul que chamamos de... terra? que Terra é essa e o que nós estamos fazendo aqui?

eu ainda não abri as janelas, não vi o sol. mas em breve o farei para que entre um pedaço de céu, uma nuvem, um azul, um amarelo, um laranja, uma estrela, um clarão, um xapiri...

> "a floresta está viva. só vai morrer se os brancos insistirem em destruí-la. se conseguirem, os rios vão desaparecer debaixo da terra, o chão vai se desfazer, as árvores vão murchar e as pedras vão rachar no calor. a terra ressecada ficará vazia e silenciosa. os espíritos xapiri, que descem das montanhas para brincar na floresta em seus espelhos, fugirão para bem longe. seus pais, os xamãs, não poderão mais chamá-los e fazê-los dançar para nos proteger. não serão capazes de espantar as fumaças de epidemia que nos devoram. não conseguirão mais conter os seres maléficos, que transformarão a floresta num caos. então, morreremos um atrás do outro, tanto os brancos quanto nós. todos os xamãs vão acabar morrendo. quando não houver mais nenhum deles vivo para sustentar o céu, ele vai desabar".
> 
> Davi Kopenawa Yanomami, *A queda do céu*

dedico este texto ao Davi.
aos Yanomami Yek'wana e aos povos indígenas do Brasil.
às mulheres.
axs que sonham e acreditam "no caminho de amor".
axs que lutam com "ideias para adiar o fim do mundo".
axs amigxs, sempre, aqui e alhures.

**Isabella Guimarães Rezende**, nascida em 1986, vive e trabalha em São Paulo. Mestranda em Ciências Sociais na Pontifícia Universidade Católica de São Paulo, atua entre os campos da arte e da antropologia, junto ao povo Yanomami.

(...) 05/04

# O Haiti é aqui
# O Haiti não é aqui

Stella Senra

Começou assim. "Acabou Bolsonaro. Bolsonaro acabou." Quem falava era um homem jovem, negro, com leve sotaque, que estava frente a frente com o presidente. Era um imigrante refugiado – o último dos homens na nossa escala social – diante da autoridade máxima do país. Um haitiano. Logo do Haiti! Essa palavra, sozinha, faz emergirem torrentes de outras palavras. É o nome dado à primeira colônia latino-americana a libertar-se da escravidão e a se tornar independente após uma revolução de escravos (1791-1804), inspirada na Revolução Francesa; foi a primeira república governada por descendentes africanos. Haiti, nome da canção de Gil e Caetano de 1993, que invoca esse ímpeto guerreiro e a sorte dos negros brasileiros, ainda tratados como escravos: "O Haiti é aqui. O Haiti não é aqui." Cité Soleil, favela do Porto Príncipe, capital do Haiti: lugar do massacre (2005) denunciado internacionalmente quando o Exército brasileiro comandava as Forças de Paz da ONU, que estiveram no país por mais de treze anos a partir de 2004, após a deposição do presidente Jean-Bertrand Aristide. Cité Soleil muito lembrada agora, porque o então comandante das Forças Brasileiras era o general Augusto Heleno, atual chefe do Gabinete de Segurança Institucional do governo Bolsonaro.

Palavras, palavras... O vaticínio do imigrante solitário diante do presidente, que finge não entender suas palavras, desencadeia também outros sons. Panelas, gritos, apitos se fazem ouvir do alto das janelas em todas as grandes cidades do país... e o bordão: fora Bolsonaro!

Em momento de grave crise política, o governo continua desafiando as instituições, afrontando o Congresso, desrespeitando a lei. E crava um enunciado que parece ser seu último alento: é só uma gripezinha! Mais uma vez, palavras. Poucas. Elas estarrecem. Da pandemia nomeada pela OMS à gripezinha irresponsavelmente enunciada pelo presidente, esse deslizamento de sentido não é novidade, em se tratando de quem fala. Foram tantos enunciados bombásticos! E tantos desmentidos! Mal-entendidos! Meias-voltas após palavras que caíram mal, que desrespeitaram, que segregaram ameaças.

Tudo começou com palavras, afinal. O candidato que fugiu do diálogo, dos debates, dos confrontos, escondeu-se no WhatsApp, no Twitter – lugares de palavras. De lá se dirigiu ao eleitor. Elegeu-se. E deu prosseguimento a sua sanha – de novo pelo Twitter, pelo WhatsApp. Foram dezenas, centenas... de palavras: todos os dias umas poucas, mas que ressoavam por horas, dias, nos jornais e TVs.

O que faz com que as palavras possam ser ditas pelo seu sentido e pelo seu contrário, sem pejo? Que não se acredite mais nelas, tampouco nos desmentidos? Nem nos desmentidos dos desmentidos? O que faz com que essas palavras não valham nada, mas que tenhamos de ouvi-las, respondê-las, com elas lidar sempre, sem parar?

Quem pode responder a essas angustiantes perguntas é o poeta, tradutor, crítico e autor do livro *A palavra falsa*,[1] Armand Robin. Um homem de palavras. Que manteve por vinte anos uma publicação, um boletim de três a cinco páginas intitulado "A situação internacional segundo as rádios estrangeiras". Resultado de sua análise da propaganda política emitida pelas rádios mundiais durante a Segunda Guerra e todo o período da Guerra Fria, *A palavra falsa* é como um grande poema sobre a propaganda política, com a qual o autor conviveu e sobre a qual refletiu.

O boletim tinha entre trinta e quarenta assinantes dentre embaixadas, jornais, o próprio Ministério das Relações Exteriores da França, o Vaticano... Por dominar muitas línguas, Robin ouviu e estudou profundamente a propaganda das rádios russas, nas suas línguas originais, para toda a URSS, e publicou por 21 anos sua análise do que aquelas palavras escondiam. Entendeu a lógica do funcionamento da linguagem totalitária, que busca vergar as mentes e impor aceitação. Para ela não importa a verdade. Nem a mentira. Ela busca a eficácia. Ela é ação. Robin entendeu o que acontece aos homens que ouvem, todo dia, que a colheita de trigo cresceu, quando a fome lhes bate à porta. Eles percebem que as palavras não correspondem a mais nada de verdadeiro, que perderam o seu lastro. E que podiam, assim, ser usadas para dizer qualquer coisa.

O sentido desapareceu, constata Robin. E com ele toda a experiência humana que, ao longo de séculos de dor, o construiu. As palavras nascem do sangue, elas trazem a memória do conflito e do sofrimento. Haiti. E quando se mata o seu sentido, mata-se o espírito humano que lhes deu vida.

Mas não foi só na Rússia que Robin detectou essa matança do verbo. Ele ouviu também todas as rádios internacionais dos países ocidentais, desde a Voz da América e da BBC até as rádios da América do Sul. E apontou um fenômeno de *osmose* entre as rádios não russas e as que emanavam do regime totalitário. Com pequenas nuances que as distinguiam, sempre a mesma finalidade de encolher sentidos, de forjar mentes – de matar o verbo e o espírito. Eficácia, ação... em lugar de sentido.

Agora que vivemos sob o império das palavras desse que mal as conhece, mas que é movido pelo desejo do poder, é tempo de ler Robin. Para aprender que não se trata mais de mentira, de verdade, mas da matança do que a humanidade construiu ao longo de sua existência. Do que nos faz humanos: o Verbo.

---

1 A ser publicado pela n-1 edições.

Há algum tempo já emergiu no Brasil a intuição de que, por meio da palavra, um violento embate está sendo armado. Faz tempo que se escreve propositalmente errado nas redes, como para mostrar o estrago feito nas palavras pelo seu esvaziamento: justissa, stfinho, stfede, Çupremo... Parece que as palavras devem carregar no seu próprio corpo a cicatriz dessa amputação maior: a perda do sentido.

Que dizer então do modo como é tratado o nome daquele que, em princípio, fala a todos e por todos? Que seria uma espécie de portador do sentido da nação? Começou com Bozo, não por acaso o nome daquele que brinca com os sentidos, o palhaço, e ainda era com maiúsculas. E seguiram-se: bhozzo, bozó, bolsonazi, bostanaro, beocionaro, boçalnato, bolsoasno... e ainda bozovírus, bozocorona, coronaro, bolsonero — já é imensa a lista de nomes que estão deixando a categoria de substantivos para se tornarem... adjetivos. Numa de suas recentes crônicas, Luis Fernando Verissimo prenunciava que a palavra Bolsonaro se tornaria um adjetivo. Também numa de suas últimas crônicas, o humorista Gregório Duvivier já a usava para dosar qualidades tóxicas: um bozo, dois bozos para medir a quantidade de mentira, cem bozos para a má-fé...

Esse fenômeno de linguagem é um fenômeno político que nos atravessa e nos compõe; ele permeia a sociedade, é uma das manifestações mais diretas, porque instintiva, dos que não querem aceitar a morte dos sentidos; intuitiva, não pode ser premeditada, tampouco controlada. É uma forma de rebeldia solitária, mas generalizada — como uma resistência não mais por meio da palavra, mas na materialidade mesma de seu corpo.

Robin teria gostado...

Pense no Haiti...
Reze pelo Haiti...

3 de abril de 2020

**Stella Senra** é doutora em Ciências da Informação pela Universidade Paris II, com tese sobre o Cinema Novo Brasileiro. Foi professora da PUC-SP e, além de dezenas de artigos e ensaios em revistas e suplementos culturais, publicou *O último jornalista: Imagens de cinema* pela editora Estação Liberdade, 2000. De 2002 a 2005 desenvolveu com Miguel Saad o Núcleo de Cinema do Refeitório Penaforte Mendes, dedicado à realização de filmes com moradores de rua, premiado no Festival do Minuto com o filme *O nome da mãe*, 2003. É autora do texto do livro *Marcados*, de Claudia Andujar, escolhido como um dos dez melhores livros de fotografia na Feira do Livro de Fotografia de Frankfurt, do mesmo ano.

(...) 06/04

# Epidemiologia política

Danichi Hausen Mizoguchi e Eduardo Passos

> "É importante sermos leves, porque em todo esse horror há também alegria."
> Susan Sontag, *Assim vivemos agora*

Há quase quatro meses, mesmo sabendo que não havia muito a ser celebrado, milhões de brasileiros festejaram a chegada de um novo ano. A sequência da qual vínhamos, com o golpe na primeira presidenta da história da República, a execução de Marielle Franco, o incêndio do Museu Nacional, a prisão política de Lula, a ascensão vertiginosa do bolsonarismo, os efeitos estonteantes da junção entre a milícia e o neoliberalismo na gestão da máquina pública brasileira, os cortes de verbas para a saúde e para educação, a destruição de qualquer política de preservação ambiental, a liberação do porte de armas, o fim da demarcação das terras indígenas, o retorno ao modelo hospitalocêntrico de atendimento à loucura, a reforma da Previdência e todos os acontecimentos cotidianos e invisibilizados de nossa necropolítica tropical evidentemente não nos davam motivos para os beijos, abraços e votos de feliz Ano Novo que dirigimos aos amigos, amores e familiares mais por inércia, costume ou tradição que por convicção.

\*\*\*

Transcorridos dezessete dias deste ano estranhamente celebrado, a China computava 62 casos e duas mortes em função da contaminação por um novo vírus, semelhante ao que causou a epidemia de uma síndrome respiratória aguda na Ásia em 2003. Nesse momento já nos chegavam informações e imagens vindas de Wuhan, uma cidade de aproximadamente 11 milhões de habitantes, cuja relação comparativa de grandeza com nossas duas maiores metrópoles – quase o dobro de habitantes do Rio de Janeiro e um pouco menos do que São Paulo – não podia deixar de espantar: integralmente em quarentena, túneis bloqueados por montes de terra, hospitais de milhares de leitos construídos em poucos dias, ruas completamente vazias, pessoas desfalecendo a céu aberto ou em filas à espera de atendimento.

Como diz Michel Foucault, ao comentar no prefácio de *As palavras e as coisas* a série risível e perturbadora de certa enciclopédia chinesa fabulada por Jorge Luis Borges, as cenas de Wuhan nos colocavam diante da "impossibilidade patente de pensar isso".[1] A despeito de tantas imagens, a dificuldade de imaginar ia além da localização cenográfica em uma pátria mítica que ocupa boa parte de uma "região precisa, cujo simples nome constitui para o Ocidente uma grande reserva de utopias"[2] como é o Oriente ou a China. Mais do que a dificuldade de imaginar uma sopa de morcego ou de pangolim — ou a dificuldade de imaginar simplesmente um pangolim —, de onde se supôs que o vírus chegou aos seres humanos, a dificuldade era de pensar e de imaginar a assustadora proximidade entre aquilo que víamos tão longe e aquilo que sabíamos que em breve inevitavelmente seríamos — ou que talvez já fôssemos havia algum tempo.

***

Epidemia é uma palavra que se origina dos termos gregos ἐπί, ou *epi*, que significa "sobre" ou "acima de", e δῆμος, ou *demos*, que significa "povo". Assim, a radicalidade do termo indica haver epidemia sempre que algo se coloca sobre ou acima do povo, ocorrência que não é exclusivamente biológica. Gilles Deleuze e Félix Guattari foram hábeis em nos mostrar a absoluta sintonia política entre as *hard sciences* — como a biologia e a química — e as humanidades — como a filosofia, a política e a psicanálise. Termos como rizoma, *quantum*, *phyllum*, molar e molecular são apenas alguns dos exemplos mais célebres da operatividade dessa relação transversal em sua obra. Fazendo um uso metodológico dessa pista legada pela autoria dupla de *O anti-Édipo*, não soaria estranho lembrar que o lema que animou a campanha eleitoral de Jair Bolsonaro era literalmente a convocação a um golpe epidêmico: Brasil acima de tudo, Deus acima de todos. A colocação da dimensão nacionalista, patriótica e divina numa posição de superioridade hierárquica superlativa em relação ao que quer que fosse — de tudo e de todos, afinal — indicava que se intentava fazer uma espécie corrosiva de vírus se disseminar sobre nós: uma epidemia política que não pode ter outro nome senão fascismo.

Como bem indicado por Paul Virilio e lembrado por Gilles Deleuze e Félix Guattari[3] e por Vladimir Safatle,[4] muito mais do que a efetivação de um estado totalitário, o fascismo é a emergência de um estado suicidário. Sob a epidemia fascista, o que está em jogo é um vírus cuja disseminação se dá a partir da máquina de Estado transformada em uma espécie estranha de máquina de guerra que tem como função final

---

1 Michel Foucault, *As palavras e as coisas: uma arqueologia das ciências humanas*. Trad. Salma Tannus Muchail. São Paulo: Martins fontes, 1999, p. IX.
2 Ibid., p. XIV.
3 Gilles Deleuze; Félix Guattari, "Micropolítica e segmentaridade". In: *Mil platôs: capitalismo e esquizofrenia 2*, vol. 3. Trad. Aurélio Guerra Neto; Ana Lúcia de Oliveira; Lúcia Cláudia Leão; Suely Rolnik. Rio de Janeiro: Ed. 34, 1996, p. 112.
4 Ver, neste livro, Vladimir Safatle, "Bem-vindo ao estado suicidário", p. 45.

a realização completa do niilismo: a máquina de Estado operando exclusivamente através da composição de forças postas a serviço da destruição e da abolição do que quer que seja. É aqui que o sentido infectológico e o sentido político da epidemia se fazem absolutamente sintônicos: o contágio biológico da doença e da morte espalhando-se em um governo não menos mortífero – um governo que, mais do que isso, ecoando todos os lemas fascistas, é apaixonado pela morte.

A epidemia fascista nunca pode ter nem outro objetivo nem outra saída que não a do suicídio do próprio Estado, o que se prova espetacularmente quando os pronunciamentos públicos e as medidas governamentais se transmutam em aboios de quem empurra o próprio gado para o abate. Quando se bradava exclusivamente a morte das minorias e das existências dissidentes – negrxs, mulheres, índixs, gays, trans, a esquerda –, o que se dissimulava era que, ao fim e ao cabo, o que a máquina fascista instalava no centro do poder político nacional era o alastramento irrestrito e não qualificado da morte. Em outros termos, o que se instalava no centro diretivo governamental era a paixão desenfreada por toda e qualquer morte. E, assim como no fascismo histórico, "as pessoas gritavam bravo, não porque não compreendiam, mas porque queriam essa morte que passava pela morte dos outros".[5]

Quando, por puro contraste, Luiz Henrique Mandetta aparece como um quadro técnico e Rodrigo Maia, Wilson Witzel e João Doria surgem como arautos do bom senso, é porque as ideações suicidas da máquina de Estado já vão muito adiantadas. É aqui que entram os dizeres e atos daqueles que ocupam o centro da máquina de Estado fascista suicidária e o topo da cadeia econômica brasileira: gripezinha, resfriadozinho, histórico de atleta, doença de velho, histeria, corte de salário dos servidores públicos e demissão nas empresas privadas são frases e gestos que não encontram um só suprassumo – mas dentre os tantos possíveis certamente está o do presidente do Banco do Brasil, que disse recentemente que a vida "não tem valor infinito" e precisa ser balanceada com "a atividade econômica": #OBrasilNãoPodeParar. A subnotificação dos casos de contaminação – assim como a crise da educação na famosa frase de Darcy Ribeiro – parece ser um projeto. A recomendação de lavar bem as mãos parece estar sendo seguida perversamente à risca, e tudo leva a crer que estamos defronte a uma máquina de guerra que aceita enfaticamente até mesmo "abolir seus próprios correligionários antes do que deter a própria destruição",[6] gesto perante o qual todos os outros perigos se tornam irrelevantes.

Assim, a conclusão óbvia do cruzamento entre os domínios biológicos e políticos é que, neste momento, sobrepomos, no Brasil, a disseminação de duas epidemias absolutamente destrutivas. Tudo se torna mais forte quando se compreende que a disseminação – biológica ou política – é, dentre tantas outras coisas, a produção e a

---

5 Gilles Deleuze; Félix Guattari, op. cit., p. 113.
6 Gilles Deleuze; Félix Guattari, op. cit., p. 115.

disseminação de um modo de subjetivação. Neste modo de subjetivação efetivado a partir de uma força vertical e hierárquica que se impõe ao povo de cima para baixo, como não cansou de lembrar Baruch Espinosa, nos vemos mergulhados em afetos tristes – como, por exemplo, o medo –, que nos fazem diminuídos, literalmente, em nossa potência de existir: eis o trunfo e a realização de toda epidemia.

***

Diante do inesperado da crise, cabe-nos inventar uma experiência. Lidamos com uma situação de exceção irrestrita que nos obriga ao confinamento forçado nas telerrepúblicas de nossas próprias casas.[7] Mas quem nos força? Ou, qual é a força que nos leva à quarentena irrestrita? Eis a questão que no momento se apresenta no máximo da confusão perante o vaivém das decisões, na confusão da gestão da crise. O caos parece ser para o governo uma estratégia de legitimação de suas pretensões autoritárias. A reação ao perigo da pandemia é uma frescura, diz o presidente, apelando para o sentido heteronormativo do governo autoritário. Façam quarentena; não façam quarentena. A população deve conviver com a oscilação vertiginosa dos comandos, sofrendo a confusão mental ou a dissonância cognitiva que interessa para uma gestão no caos: desgoverno do governo. Hoje fazer quarentena torna-se um ato de desobediência civil, quando já nos forçam a retomar o comércio, fazer o capital girar, salvar-lhe o circuito. Invertemos a diretriz da resistência, retomando às avessas a sublevação popular que em 1904 recusou a reforma urbana de Pereira Passos no Rio de Janeiro e o higienismo de Oswaldo Cruz. Fizemos, no início do século XX, a Revolta da Vacina lutando contra a imunização compulsória. Hoje a epidemiologia política se reacende com vetor revoltoso renovado. Fazemos quarentena numa nova inflexão, diferente daquela que no diagrama do capitalismo operou como estratégia de dominação.

Não é que não soubéssemos o que é a quarentena. Ao contrário, por muito tempo ela foi exatamente a norma espacial quase escamoteada. Naquele que talvez seja o mais célebre dos capítulos de *Vigiar e punir*, Foucault apresenta as medidas que se faziam necessárias, de acordo com um regulamento francês do ano de 1636, quando se declarava a peste numa cidade: policiamento espacial estrito, fechamento da cidade, proibição de sair sob pena de morte, fim de todos os animais errantes, divisão da cidade em quarteirões onde se estabelece o poder de um intendente, com cada rua sob a autoridade de um síndico. Nesse momento, cada qual se prende a seu lugar e, caso se movimente, coloca a própria vida em risco, seja por contágio ou por punição. A "inspeção funciona constantemente" e o "olhar está alerta em toda parte".[8]

---

7 Paul B. Preciado, "Aprendendo do vírus". Trad. Ana Luiza Braga; Damian Kraus. Disponível em: <https://www.n-1edicoes.org/textos/26>.
8 Michel Foucault, *Vigiar e punir: nascimento da prisão*. Trad. Raquel Ramalhete. Petrópolis: Vozes, 1987, p. 162

Foucault entende que a quarentena constitui um modelo compacto e prototípico dos dispositivos disciplinares que fazem penetrar o regulamento e a norma nos mais finos detalhes da existência a partir do funcionamento capilar do poder moderno. Vivemos hoje, portanto, sob o caráter paroxístico de uma ordenação social da qual fazem parte instituições como o hospício, a penitenciária, a fábrica, o hospital, a caserna, a escola e todas as demais que também funcionam em um modo de divisão binária – louco-não louco, perigoso-inofensivo, normal-anormal – e de repartição diferencial – quem é, onde deve estar, como caracterizá-lo, como reconhecê-lo, como docilizá-lo.

Nesses espaços fechados, recortados e vigiados, os menores movimentos são controlados, todos os acontecimentos são registrados e cada indivíduo é ininterruptamente localizado e examinado. A quarentena, portanto, não nos é exatamente estranha. Ao contrário, trata-se de um modo de assujeitamento que em alguma medida todos já conhecemos, porque desde que nascemos não cessamos de "passar de um espaço fechado a outro, cada um com suas leis",[9] mesmo que já há mais de uma geração vivamos em uma espécie de crise generalizada de todos os meios de confinamento e deles lentamente nos afastemos em direção a todo um conjunto de tecnologias biomoleculares digitais de transmissão e de informação algorítmica e de acúmulo e gestão de *big data*.

Afinado à análise foucaultiana, Giorgio Agamben[10] entende que com a crise que ora atravessamos "manifesta-se mais uma vez a crescente tendência de usar o estado de exceção como paradigma normal de governo". Para o filósofo italiano, esgotado o terrorismo como justificativa para medidas desse feitio, a invenção de uma epidemia poderia oferecer o pretexto perfeito para ampliá-las, e, assim, "em um perverso círculo vicioso, a limitação da liberdade imposta pelos governos" seria "aceita em nome de um desejo de segurança que foi induzido pelos próprios governos que agora intervêm para satisfazê-lo".

No nosso caso, curiosamente, o uso político da crise da pandemia é no sentido do agravamento da insegurança. O paradigma de governo no Brasil de agora se apoia na anormalidade, na desestabilização das normas não só de decoro, mas, sobretudo, de equilíbrio entre os poderes de Estado, de relação entre oficial e oficioso, entre governo e desgoverno. Intensifica-se o choque entre as diretrizes de governo com o objetivo de desviar de maneira radical o curso das políticas públicas que vigoram no Brasil desde a Constituição de 1988. Como tirar o Brasil de um movimento tendencial que tomou a saúde como direito de todos e dever do Estado, tomou a universidade e a ciência como autônomas e de função pública, tomou o Estado como laico? Como nos

---

9 Gilles Deleuze, "Post-scriptum às sociedades de controle". In: *Conversações, 1972-1990*. Trad. Peter Pál Pelbart. São Paulo: Ed. 34, 1993, p. 219.

10 Giorgio Agamben, "O estado de exceção provocado por uma emergência imotivada". Trad. Luisa Rabolini. Disponível em: <http://www.ihu.unisinos.br/78-noticias/596584-o-estado-de-excecao-provocado-por-uma-emergencia-imotivada>.

(...)

empurrar em outra direção? A gestão no caos parece ser a estratégia política de quem pretende reiniciar nossa história.

Se de fato a quarentena é algo ao qual já estamos acostumados como paradigma e protótipo do diagrama de poder cujo ponto máximo é o estado de exceção – de todo e qualquer estado de exceção, na *plantation*, nos campos de concentração nazistas, na Palestina ou nos centros de refugiados –, esta quarentena não se faz em nome do incremento da produção de corpos dóceis e úteis ao capitalismo, mas, ao contrário, parece ao menos temporariamente estancá-la.

\*\*\*

Evidentemente, não é possível colocar 2,8 bilhões de pessoas – o que equivale a um terço da população mundial – sob algum tipo de restrição de movimento sem que com isso não se opere simultaneamente uma suspensão das relações ordinárias e cotidianas de trabalho. Não à toa, boa parte do sistema fabril está parado, e a queda vertiginosa das bolsas de valores mundo afora só é comparável a momentos históricos grandiloquentes como o *crash* de 1929. É isso o que impele a que Slavoj Žižek, sob uma perspectiva quase oposta à de Agamben, vaticine que com o espalhamento triste e mortífero do coronavírus talvez "um outro vírus muito mais benéfico também se espalhe e, se tivermos sorte, irá nos infectar: o vírus do pensar em uma sociedade alternativa, uma sociedade para além dos Estados-nação, uma sociedade que se atualiza nas formas de solidariedade e cooperação global".[11]

Como costuma fazer em boa parte de suas análises, Žižek usa o cinema pop de Hollywood como matéria empírica e ilustrativa da hipótese que defende e apresenta. É *Kill Bill*, de Quentin Tarantino, que lhe serve de exemplo agora. Mais especificamente a cena final do volume 2, quando Beatrix, na célebre interpretação de Uma Thurman, executa Bill com o golpe mais fatal das artes marciais: a técnica dos Cinco Pontos para Explodir o Coração, uma combinação sequencial de golpes com as pontas dos dedos em cinco pontos de pressão diferentes no corpo do oponente, cujo coração explode tão logo completa cinco passos. A posição defendida por Žižek é que "a epidemia do coronavírus é uma espécie de Técnica dos Cinco Pontos para Explodir o Coração de ataque ao sistema capitalista internacional — um sinal de que não podemos seguir pelo mesmo caminho que viemos até agora, de que precisamos de uma mudança radical".[12]

Desde a queda do Muro de Berlim, os teóricos do capitalismo – Francis Fukuyama com *O fim da história e o último homem* em primeiro lugar – tentam insinuar que a história acabou. Desde então, com o fim da opção comunista, não haveria outra coisa

---

11 Slavoj Žižek, "Žižek vê o poder subversivo do coronavírus". Trad. Simone Paz. Disponível em: <https://outraspalavras.net/crise-civilizatoria/zizek-ve-o-poder-subversivo-do-coronavirus/>.
12 Ibid.

a fazer na superfície planetária senão capitular aos modos de operação e desejo capitalísticos. Para Žižek, assim como ele mesmo havia anunciado na crise econômica de 2008, finalmente chegou a hora de um ponto de virada crucial e definitivo que desviará o capitalismo do suposto ponto final da história dos vencedores – ponto que, como previra Fredric Jameson ao observar o potencial utópico dos filmes sobre catástrofes cósmicas que dão origem à solidariedade global, infelizmente advirá de uma epidemia global.

\*\*\*

No começo da década de 1980, a primeira fase da epidemia da AIDS afetou prioritariamente o que se nomeou de os quatro H: homossexuais, *hookers* (trabalhadoras ou trabalhadores sexuais), hemofílicos e heroinômanos. Em uma canção composta no começo da década seguinte, Caetano Veloso menciona a importância e a organização do movimento gay de São Francisco, que criou coletivamente modos eficazes de enfrentamento à irradiação da AIDS. Diz ele: "Viados organizados de São Francisco conseguem controlar a propagação do mal. Só um genocida potencial – de batina, de gravata ou de avental – pode fingir que não vê que os viados – tendo sido o grupo-vítima preferencial – estão na situação de liderar o movimento para deter a disseminação do HIV."[13] Na cena contracultural californiana, a marca violenta e preconceituosa advinda de um crivo de orientação sexual teve como correlato ativo o protagonismo militante desse mesmo grupo no enfrentamento à epidemia, cujo sucesso não se restringiu tão somente à contenção profilática da doença, tendo atingido também a estilística sexual e as artes da existência de um modo geral.

Para Preciado, uma comunidade talvez possa se definir pela epidemia que a ameaça e pelo modo de organizar-se perante a ela. É aqui, "no contexto desta mutação, da transformação dos modos de entender a comunidade (uma comunidade que hoje é a totalidade do planeta) e a imunidade, onde o vírus opera e se converte em estratégia política".[14] Comunidade e imunidade compartilham a mesma raiz latina: *munus*, no direito romano, era o tributo que alguém devia pagar por fazer parte da comunidade, um grupo humano ligado por uma lei ou por uma obrigação comum. *Inmunitas*, a negação do *munus*, era um privilégio que exonerava alguém dos deveres societários comuns a todos: aquele que havia sido exonerado era imune. É assim, diz Preciado, que as democracias liberais e patriarco-coloniais europeias do século XIX constroem "o ideal do indivíduo moderno não somente como agente (masculino, branco, heterossexual) econômico livre, mas também como um corpo imune, radicalmente separado, que não deve nada à comunidade".[15]

---

13 Caetano Veloso, "Americanos". *Circuladô Vivo*, faixa 2 (CD). PolyGram, 1992.
14 Paul B. Preciado, "Aprendendo do vírus", op. cit.
15 Ibid.

Como escreveu Judith Butler, o "vírus não discrimina. Poderíamos dizer que ele nos trata com igualdade, nos colocando igualmente diante do risco de adoecer, perder alguém próximo e de viver em um mundo marcado por uma ameaça iminente. Por conta da forma pela qual ele se move e ataca, o vírus demonstra que a comunidade humana é igualmente precária".[16] Com essa transmutação pandêmica, faz-se de qualquer um — ou de um qualquer — partícipe do grupo-vítima preferencial e, portanto, o agente militante evidentemente apto a liderar tanto a disseminação quanto a dissipação do contágio, o que pode ser tão assustador quanto fundamental, uma péssima notícia ou uma grande oportunidade. Na pandemia do coronavírus, chegamos à fase do "contágio comunitário". O perigo não vem mais do estrangeiro, mas se dissemina entre nós como um fator comum de viralização. A comunalidade, nesse caso, ameaça ao mesmo tempo que pode intervir na urdidura social, tornando seu tecido mais consistente, firme, coeso. O que parece ocorrer é um plano paradoxal: se é verdade que os privilégios das marcações identitárias históricas evidentemente permanecem, simultaneamente, em certo sentido, a comunidade não tem, neste instante, nenhum membro imune ao vírus — e com isso talvez uma reconfiguração política possa e deva emergir. Anuncia-se a possibilidade de reversão do sinal do contágio de negativo para positivo: da epidemiologia necropolítica para uma nova erótica do contágio.

*\*\*\**

Pandemia é um termo que também vem do grego, na junção entre os radicais παν, ou *pan*, que significa "tudo" ou "todos", e δῆμος, mais uma vez, *demos*, "povo". Temos uma pandemia, portanto, sempre que algo atravesse tudo ou todo o povo — em uma amplitude de sentidos que, novamente, não é necessária ou exclusivamente biológica. E se entendermos que o contágio pandêmico que experimentamos é também subjetivo, e que a subjetividade sempre está e estará em disputa, aparece a condição de qualquer um — ou de um qualquer — como agente efetivo da operação de reversão vetorial através da confecção e da disseminação coletiva e singular de outros contágios.

É difícil acreditar, como diz Žižek, que o capitalismo está a cinco passos de um falecimento anunciado e inevitável. Sabemos que o tipo de humanidade zumbi que somos convocados a integrar cotidianamente prega há tempos "o fim do mundo como uma possibilidade de fazer a gente desistir de nossos sonhos"[17] e não dá mostras de que cessará. Se não podemos esquecer que nos empurram para a morte, e isso não pode ser nem dissimulado nem negado, precisamos também lembrar que todo acontecimento desse porte é uma abertura na história, como foram, por exemplo, as

---

16 Judith Butler, "O capitalismo tem seus limites". Trad. Artur Renzo. Disponível em: <https://blogdaboitempo.com.br/2020/03/20/judith-butler-sobre-o-covid-19-o-capitalismo-tem-seus-limites/>.
17 Ailton Krenak, *Ideias para adiar o fim do mundo*. São Paulo: Companhia das Letras, 2019, p. 27.

jornadas de 2013, nosso último abalo sísmico. É justamente por isso que não podemos esquecer que o mundo sempre estará cheio de "pequenas constelações de gente espalhada pelo mundo que dança, canta, faz chover".[18] Saindo da doença temida, Preciado sentiu medo de morrer só. A performance frequentemente ácida do autor do *Manifesto contrassexual* faz uma inflexão amorosa. Talvez seja sob essa mesma inflexão que temos de reiterar a pergunta insistente que Preciado se fez imediatamente ao se ver curado do coronavírus após pouco mais de uma semana de convalescença, só alguns instantes antes de escrever uma carta de amor: em quais condições e de que maneira valeria a pena continuar a viver?[19]

Sob a acepção das políticas da subjetividade, talvez seja preciso fazer aparecer, diante da pandemia amedrontadora e mortífera que ameaça a tudo e a todos, uma espécie de reversão imanente de contágio que force outras experiências a atravessarem o plano comum das existências no exercício da desobediência civil, do contágio a favor da vida, da luta contra o autoritarismo. Em outros termos, o que esse estado de suspensão das relações ordinárias e cotidianas pode fazer operar são modos de associação imprevisíveis, inéditas e vitais, "reconvertendo essa corrente de morte em corrente de vida, em outras tantas correntes de desejo, introduzindo aí outros vírus, novos vírus".[20] Outra pandemia, certamente, convocada a partir de "estratégias subjetivas e coletivas de implicação vital"[21] que podem funcionar como operadoras de crítica e desvio aos nossos modos de existência.

\*\*\*

Da Itália, ecoam as vozes renitentes que cantam *Bella Ciao* nas janelas – a música das trabalhadoras temporárias dos arrozais do final do século XIX que se tornou símbolo da resistência ao fascismo de Mussolini e relampeja por lá sempre que há um momento de perigo. Por aqui, há mais de dez noites as panelas batem em uma direção oposta à que bateram em 2015 – porque agora os metais dobram clamando urgente e clamorosamente por democracia enquanto nas caixas de som ressoa uma antiga canção de protesto contra a ditadura. Por essas e por outras – tantas, milhares, tão pequenas quanto importantes –, não há dúvida de que, por mais que o Estado suicidário não cesse de querer nos puxar com ele para o fundo do abismo, *amanhã vai ser outro dia*.

Então, ocupando as ruas novamente e olhando as epidemias de frente, muito em breve talvez possamos fazer como o haitiano que, com a coragem de um qualquer,

---

18 Ibid.
19 Paul B. Preciado, "A conjuração dos losers". Trad. Paulo Werneck. Disponível em: <https://www.quatrocincoum.com.br/br/artigos/f/a-conjuracao-dos-losers>.
20 Peter Pál Pelbart, "Vírus-vida". In: *Vida capital: ensaios de biopolítica*. São Paulo: Iluminuras, 2003, p. 246.
21 Ibid.

anunciou que algo havia acabado. E, quando isso acontecer, só um genocida potencial poderá não perceber que uma endemia terá chegado para ficar. Um mundo no qual poderemos novamente abraçar e beijar os amigos, amores e familiares aos quais dedicamos a vida menos por inércia, costume ou tradição do que por convicção – e pelos quais e com os quais jamais deixaremos de lutar, qualquer que seja a batalha, porque certamente outras advirão.

**Danichi Hausen Mizoguchi** é professor do Departamento e do Programa de Pós-Graduação em Psicologia da Universidade Federal Fluminense.

**Eduardo Passos** é professor titular do Instituto de Psicologia da Universidade Federal Fluminense.

(...) 07/04

# É o capitalismo, estúpido!
Maurizio Lazzarato

TRADUÇÃO Beatriz Sayad

> "Uma intervenção bem-sucedida que impeça qualquer um dos muitos patógenos que aguardam enfileirados no circuito agroeconômico de matar um bilhão de pessoas deverá atravessar a porta de um confronto global com o capital e seus representantes locais, por mais que qualquer soldado individual da burguesia tente mitigar os danos. O agronegócio está em guerra com a saúde pública."
> Rob Wallace, Alex Liebman, Luis Fernando Chaves e Rodrick Wallace

O capitalismo nunca saiu da crise de 2007/2008. O vírus se mistura à ilusão que os capitalistas, banqueiros e políticos têm de que podem fazer tudo voltar a ser o que era antes, declarando uma greve geral, social e planetária que os movimentos de contestação foram incapazes de produzir. A paralisação total do seu funcionamento demonstra que, na falta de movimentos revolucionários, o capitalismo pode implodir e a sua putrefação pode começar a infectar a todos (mas respeitando as rigorosas diferenças de classe). O que não significa o fim do capitalismo, mas a sua longa e extenuante agonia que poderá ser dolorida e feroz. Em todo caso, estava claro que esse capitalismo triunfante não poderia continuar, como Marx, no *Manifesto*, já havia avisado. Não apenas contemplou a possibilidade de uma vitória de uma classe sobre outra, mas também sua implosão mútua e seu longo declínio.

A crise do capitalismo começa bem antes de 2008, com o fim da conversibilidade do dólar em ouro, e alcança sua intensificação decisiva a partir do final dos anos 1970. Crise que se tornou sua maneira de reproduzir e de governar, mas que inevitavelmente resulta em "guerras", catástrofes, crises de todos os tipos e, inclusive, se há forças subjetivas organizadas, eventualmente em rupturas revolucionárias.

Samir Amin, marxista que olha o capitalismo a partir do Hemisfério Sul, a chama de "grande crise" (1978-1991), que se produz exatamente um século depois de outra "grande crise" (1873-1890). Seguindo os rastros deixados por esse velho comunista, poderíamos colher semelhanças e diferenças entre essas duas crises e as alternativas políticas radicais que a circulação do vírus, que está tornando vã a circulação da moeda, abre.

## A primeira grande crise

O capital respondeu à primeira grande crise, que não é somente econômica, pois chega depois de um século de lutas socialistas que culminaram na Comuna de Paris, "capital do século XIX" (1871), com uma estratégia tripla: concentração/centralização da produção e do poder (monopólios), expansão da mundialização e uma financeirização que impõe sua hegemonia à produção industrial.

O capital torna-se monopolista e faz do mercado seu apêndice. Enquanto os economistas burgueses comemoram "o equilíbrio geral" que o jogo da oferta e da procura traria, os monopólios avançam graças a desequilíbrios espantosos, guerras de conquistas, guerras entre imperialismos, extermínio de humanos e não humanos, exploração, roubo.

A financeirização produz um lucro enorme do qual se aproveitam, sobretudo, os dois maiores impérios coloniais da época, Inglaterra e França. Esse capitalismo, que marca um rompimento profundo com aquele da revolução industrial, será objeto das análises de Hilferding, Rosa Luxemburgo, Hobson. Lênin é, sem dúvida, o político que captou melhor e em tempo real a mudança da natureza do capitalismo e com um *timing* certeiro elaborou, com os bolcheviques, uma estratégia adequada para aprofundar a luta de classes, que implica centralização, globalização e financeirização.

A socialização do capital, em uma escala e a uma velocidade até então desconhecidas, fez com que os lucros e rendimentos voltassem a florescer, provocando uma polarização dos ganhos e patrimônios, uma superexploração dos povos colonizados e uma exacerbação da concorrênia entre imperialismos nacionais. Esse breve e eufórico período, que vai de 1890 a 1914, a *Belle Époque*, resulta em seu oposto: Primeira Guerra Mundial, adiamento dos processos revolucionários e anticoloniais na Ásia (China e Indochina), Hiroshima e Nagasaki.

A *Belle Époque* inaugura a era das guerras e das revoluções. Estas continuarão ao longo de todo o século XX, mas só ao Sul do planeta, nos países com grande atraso no desenvolvimento e na tecnologia, sem classes operárias, mas com muitos agricultores. Nunca a história da humanidade havia conhecido tal quantidade de rupturas políticas, todas, como disse Gramsci em relação à União Soviética, "contra o Capital" (de Marx).

## A segunda grande crise

Já no início dos anos 1970 começa a segunda grande crise, quando a potência imperialista dominante, libertando o dólar dos obstáculos da economia real, reconhece a necessidade de mudar de estratégia, quebrando o compromisso fordista.

Durante a segunda grande crise (1978-1991), as taxas de crescimento dos lucros e dos investimentos são reduzidas pela metade em relação ao pós-guerra, e não voltarão nunca mais àqueles níveis. Nesse caso, a crise não é só econômica, mas chega depois de um ciclo potente de lutas no Ocidente e de uma série de revoluções socialistas e libertações nacionais nas periferias.

O capital responde à queda dos lucros e à primeira possibilidade da "revolução mundial" retomando a estratégia do século anterior, mas com uma concentração mais forte do comando sobre a produção, uma globalização ainda mais radical e uma financeirização capaz de garantir uma enorme renda aos monopólios e aos oligopólios. A retomada dessa estratégia tripla constitui um salto de qualidade em relação à de um século atrás. Lênin acreditava que os monopólios da sua época constituíssem o "último estágio" do capital. Ao contrário, entre 1978 e 1991, é desenvolvida uma nova e audaciosa tipologia do que Samir chama de "oligopólios generalizados",[1] porque controlam o conjunto do sistema produtivo, dos mercados finaceiros e da cadeia de valor.

A celebração do mercado no momento exato em que os monopólios estão se afirmando caracteriza a retomada da iniciativa capitalista contemporânea (Foucault participará dessa glória, infectando gerações de acadêmicos de esquerda).

Depois da segunda *Belle Époque*, marcada pelo slogan de Clinton "*It's the economy, stupid*", do fim da história, do triunfo do capitalismo e da democracia sobre o totalitarismo comunista e de outras amenidades do gênero, abre-se, como um século antes (e de maneira diferente), a época das guerras e das revoluções. Algumas guerras, revoluções só (levemente) possíveis.

O tríptico concentração, globalização e financeirização está na base de todas as guerras, catástrofes econômicas, financeiras, sanitárias e ecológicas que conhecemos e que conheceremos. Mas vamos proceder por ordem! Como funciona a fábrica do desastre anunciado?

A agricultura industrial, uma das maiores causas da explosão do vírus, fornece um modelo de funcionamento da nova centralização do capital por parte dos "oligopólios generalizados". Através das sementes, dos produtos químicos e do crédito, os oligopólios controlam a produção em massa, enquanto, na vazante, a venda dos bagaços produzidos e a fixação dos preços não é determinada pelo mercado, mas pela grande distribuição que o fixa de maneira arbitrária, deixando com fome os pequenos agricultores independentes.

O controle capitalista sobre a reprodução da "natureza", o desmatamento e a agricultura industrial e intensiva alteram profundamente a relação entre humanos e não humanos, da qual há anos emergem novos tipos de vírus. A desastrosa consequência nos ecossistemas da ação das indústrias que deveriam nos alimentar está sem dúvida na base da estabelecida natureza cíclica dos vírus.

---

1 Oligopólios são "financeirizados", o que não quer dizer que um grupo oligopolista seja constituído simplesmente por companhias financeiras de seguros ou de fundos de pensão influentes nos mercados especulativos. Os oligopólios são grupos que controlam ao mesmo tempo as grandes instituições financeiras, os bancos, as seguradoras, os fundos de pensão e os grandes grupos coletivos. Eles controlam o mercado monetário e o mercado financeiro, que ocupam uma posição dominante sobre todos os outros mercados.

(...)

O monopólio da agricultura é simultaneamente estratégico para o capital e mortal para a humanidade e para o planeta. Deixo a palavra a Rob Wallace, autor de *Big Farms Make Big Flu*, para quem o aumento da incidência do vírus está intimamente relacionado ao modelo industrial agrícola (e particularmente à produção animal) e aos lucros das multinacionais:

> O planeta terra tornou-se, afinal, o Planeta Empresa Agrícola, tanto pela biomassa quanto pela porção de terra utilizada [...] A quase totalidade do projeto neoliberal baseia-se no apoio às tentativas, por parte das empresas provenientes dos países mais industrializados, de expropriar terrenos e matéria-prima dos países mais fracos. Como resultado, muitos desses novos agentes patogênicos, que antes estavam sob controle dos ecossistemas das florestas em evolução, estão sendo liberados, ameaçando o mundo inteiro. Criar monoculturas genéticas de animais domésticos remove toda barreira imunológica capaz de ralentar a transmissão. As condições desse superpovoamento enfraquecem a resposta imunitária (coletiva). Altos volumes de produção, um aspecto recorrente de toda produção industrial, fornecem um estoque contínuo e renovado de produtos suscetíveis, que serve como combustível para a evolução da virulência. Em outros termos, a agroindústria é tão focada nos lucros que ser atingido por um vírus que poderia matar um milhão de pessoas é considerado como um risco que vale a pena correr.

## A financeirização

A financeirização funciona como uma "máquina de fazer dinheiro" operando uma retirada (ganho) sobre a atividade produtiva e sobre cada forma de renda e de riqueza em quantidades inimagináveis mesmo para a financeirização na virada dos séculos XIX e XX. O Estado tem um papel central nesse processo, transformando os fluxos de salário e anuidades em fluxos de renda. As despesas com *Welfare* – bem-estar social – (sobretudo as despesas com a saúde), os salários e as pensões são, no final das contas, indexados ao equilíbrio financeiro, no nível de rendas desejado pelos oligopólios. Para garanti-lo, os salários, as pensões e o bem-estar social são obrigados a se adequar sempre rebaixando-se às exigências dos "mercados" (o mercado nunca foi isento de regularização ou capaz de se autorregular; foi regularizado no pós-guerra pelos Estados e, nos últimos cinquenta anos, pelos monopólios). Os bilhões economizados com gastos sociais estão à disposição das empresas, que não desenvolvem emprego, nem crescimento, nem produtividade, mas sim renda.

A retirada é exercida de modo privilegiado sobre a dívida pública e privada, que constituem as fontes de uma grande apropriação, mas também surtos de crise quando se acumulam de maneira delirante, como depois de 2008, favorecidos pelas políticas dos bancos centrais (a bolha das dívidas das empresas que usaram a flexibilização quantitativa – *quantitative easing* – para endividar-se a custo zero a fim de especular na bolsa de valores está explodindo!). As seguradoras e os fundos de pensão são abutres que pelos mesmos motivos empurram todo o *Welfare* para a privatização.

## A crise sanitária

Esse mecanismo de captura da renda deixou o sistema sanitário de joelhos e enfraqueceu a capacidade de afrontar as urgências na área da saúde.

Estão em questão não somente os cortes de despesas sanitárias contabilizados em bilhões de dólares (37 nos últimos dez anos na Itália), o não recrutamento de médicos e profissionais de saúde, o contínuo fechamento de hospitais e a concentração das demais atividades para aumentar a produtividade, mas sobretudo o criminoso "zero leito, zero estoque" do *New Public Management*, a Nova Administração Pública. A ideia é organizar o hospital segundo a lógica dos fluxos *just in time* da indústria: nenhum leito deve ficar desocupado, porque seria uma perda econômica. Aplicar essa administração às mercadorias (sem falar nos trabalhadores!) já era problemático, mas estendê-la aos doentes é uma coisa de louco. O estoque zero também diz respeito ao material médico (as indústrias estão na mesma situação, portanto não têm respiradores disponíveis no estoque, mas devem produzi-los), aos remédios, às máscaras e a tudo o que deve ser *"just in time"*.

Construído pelo Estado francês após a circulação dos vírus H5N1 em 1997 e 2005, SARS em 2003 e H1N1 em 2009, o plano antiepidemia (dispositivo biopolítico por excelência) que previa reservas de máscaras, respiradores, remédios e protocolos de intervenção etc. – gerenciado por uma instituição específica, a EPRUS – foi desmontado desde 2012 pela lógica contábil que se estabeleceu na Administração Pública, obcecada por uma tarefa tipicamente capitalista: otimizar sempre e em todo caso o dinheiro (público), para o qual estocar é uma imobilização inútil, adotando outro reflexo tipicamente capitalista: ações a curto prazo. Portanto, o Estado francês, em alinhamento perfeito com a empresa, sem nenhum princípio de "cuidado com a população", se encontra completamente despreparado perante a "imprevisível emergência sanitária atual". Qualquer obstáculo é suficiente para fazer o sistema sanitário saltar produzindo custos em vidas humanas, e também econômicos, muito mais elevados que os bilhões que conseguiram arrancar das peles das pessoas (com a tranquilidade de Weber, o capitalismo não é um processo de racionalização, mas exatamente o contrário).

Mas talvez seja o monopólio sobre os fármacos a injustiça mais insuportável.

Com a financeirização, muitos oligopólios farmacêuticos fecharam suas unidades de pesquisa e se limitam a comprar as patentes de *start-ups* para ganhar o monopólio da inovação. Graças ao controle monopolista, anunciam os medicamentos a preços exorbitantes, reduzindo o acesso aos doentes. O tratamento da hepatite C fez com que em pouquíssimo tempo a empresa que havia comprado a patente (que custou 11 bilhões de dólares) recuperasse 35 bilhões, gerando enormes lucros sobre a saúde dos doentes (sem nem dar a clássica justificativa dos custos da pesquisa, trata-se pura e simplesmente de especulação financeira). A Gilead, proprietária da patente, é quem possui o fármaco mais promissor contra a COVID-19. Se esses chacais não forem desapropriados, se esses oligopólios das grandes farmácias não forem destruídos, é impossível pensar em qualquer política de saúde pública.

Os setores da "saúde" não são governados pela lógica biopolítica do "cuidar da população" nem da igualmente genérica "necropolítica". São comandados pelos precisos, minuciosos, invasivos, racionais na sua loucura, violentos nas suas realizações, dispositivos de produção do lucro e dos ganhos.[2]

A governabilidade não tem nenhum princípio interno que determine as orientações, porque aquilo que deve governar é o tríptico concentração, globalização, financeirização e as suas consequências, não sobre a população, mas sobre as classes. Os capitalistas raciocinam em termos de classes, não de população, e até o Estado, que gerencia os assim chamados dispositivos biopolíticos, delibera abertamente sobre essas bases porque está literalmente nas mãos dos "fundadores do poder" do capital há pelo menos cinquenta anos.

É a luta de classes do capital, o único, até o momento, que a conduz coerentemente e sem hesitação, que orienta todas as escolhas como demonstram despudoradamente as medidas antivírus.

Todas as decisões e financiamentos tomados por Macron estão perfeitamente de acordo com as políticas do Estado francês desde 1983. Depois de ter reprimido a luta dos profissionais de saúde (incluindo os médicos) que denunciavam a degradação do sistema sanitário durante todo o ano anterior, concedeu, uma vez que a epidemia estourou, dois miseráveis bilhões para os hospitais. Sob pressão dos patrões, por outro lado, suspendeu os direitos dos trabalhadores que regularizam seus horários (agora podem trabalhar até 60 horas por semana) e as férias (os patrões podem decidir transformar os dias perdidos por causa do vírus em dias de férias), sem indicar quando essa legislação especial de trabalho terminará.

O problema não é a população, mas como salvar a economia, a vida do capital. Não há nenhuma revanche do *Welfare* no horizonte! Macron pediu um estudo para a reorganização do setor da saúde para a "Caixa dos depósitos e empréstimos" que incita a utilizar ainda mais o setor privado.

O *lockdown* na Itália foi uma farsa por um longo período (como o é na França, atualmente) porque a Confederação Geral da Indústria Italiana se opôs ao fechamento

---

2 O confinamento é sem dúvida uma das técnicas biopolíticas (gestão da população através de estatísticas, exclusão e individualização do controle que entra nos mais ínfimos detalhes da existência etc.). Essas técnicas não têm uma lógica própria, mas são, pelo menos desde a metade do século XIX, quando o movimento operário conseguiu se organizar, objeto da luta entre classes. O *Welfare* no século XX foi um objeto de luta e negociações entre o capital e o trabalho, instrumento fundamental para neutralizar as revoluções do século passado e integrar as instituições do movimento operário e, depois, das lutas das mulheres etc. O bem-estar contemporâneo, uma vez que as relações de força estão todas, como hoje, a favor do capital, tornou-se um setor de investimento e administração como qualquer outra indústria e impôs sua lógica lucrativa à saúde, à escola, à aposentadoria etc. Até quando o Estado contemporâneo intervém, como está fazendo nesta crise, de acordo com um ponto de vista de classe, o faz para salvar a máquina do poder, da qual ele não é nem mesmo parte.

das unidades de produção. Milhões de trabalhadores se deslocavam todos os dias, se aglomeravam nos transportes públicos, fábricas e escritórios, enquanto os praticantes de corrida eram acusados de irresponsáveis e as reuniões com mais de duas pessoas eram proibidas. Foram as greves violentas que levaram a um fechamento "total" ao qual os empresários ainda se opõem.

A declaração do estado de emergência de Trump transformou a pandemia em uma imensa ocasião de transferência dos fundos públicos a companhias privadas. De acordo com o que foi anunciado, o estado de emergência sanitária vai permitir que:

— Walmart realize testes drive-thru nos 4 769 estacionamentos de suas lojas;
— Target realize testes nos estacionamentos de suas lojas;
— Google empregue 1 700 engenheiros para criarem um site para determinar se as pessoas precisam ou não do teste, sobretudo na Bay Area e não em todo o território nacional;
— Becton Dickson venda dispositivos médicos;
— Quest Diagnostics elabore os testes de laboratório;
— Roche, o gigante farmacêutico suíço, use os seus próprios sistemas diagnósticos, autorizado pela U.S. Food and Drug Administration;
— Signify Health, LAbCorp, CVS e LHC Group forneçam testes e serviços sanitários em domicílio;
— Thermo Fisher, uma sociedade privada, colabore com o governo para fornecer os testes.

As ações dessas companhias já estão nas alturas.

Depois que Trump desmantelou, na hora exata, o gabinete de pandemias do Conselho de Segurança Nacional em 2018 (despesas inúteis), a "resposta inovadora" do governo, como disse Deborah Birx, supervisora da resposta ao coronavírus da Casa Branca, agora está "centrada completamente em liberar o poder do setor privado".

O absurdo desse sistema assassino se revela não somente quando a renda se acumula como "alocação ideal de recursos" nas mãos de poucos, mas também quando, não encontrando oportunidades de investimento, ou fica no circuito financeiro ou permanece seguro nos paraísos fiscais, enquanto os médicos e os enfermeiros não têm máscaras, nem tampões para teste, nem camas, nem material, nem pessoal.

Enxertaram todo o dinheiro que podiam, e esse dinheiro, nas condições do capitalismo atual, só é estéril e impotente, papel usado para que não possa transformar-se em dinheiro – capital. Até os chamados "mercados" estão percebendo e pedem cada vez mais, mesmo não sabendo o que fazer com isso. Os financiamentos e as ações dos bancos centrais correm o risco de falharem, porque não se trata de salvar os bancos, mas as empresas. Os bilhões que ingressaram com a "flexibilização quantitativa" acabaram financiando a especulação dos bancos, das empresas e dos oligopólios e terminaram por inchar a dívida privada, que há anos superou a dívida pública. A finança é um desastre maior que o pós-2008. Mas dessa vez, à diferença de 2008, é a economia real que para (seja do lado da procura ou da oferta), e não as transações entre os bancos. Corremos o risco de asssistir a um *remake* da crise de 1929 que poderia arrastar, atrás de si, um *remake* daquilo que aconteceu depois.

**Um novo plano Marshall?**
O dinheiro funciona e é potente se tem, por detrás, uma máquina política que o utiliza, e esta máquina é constituída por relações de poder entre as classes. São elas que devem mudar, pois são elas que estão na origem do desastre. Continuar a injetar dinheiro querendo mantê-las inalteradas só reproduz as causas das crises, agravando-as com a constituição de bolhas especulativas cada vez mais ameaçadoras. É por esse motivo que a máquina política capitalista está girando no vazio, provocando danos que podem ser irreparáveis.

As políticas keynesianas não foram apenas uma soma de dinheiro a ser injetada na economia em modo anticíclico, mas implicavam, para poder funcionar, numa mudança política radical em relação à hegemonia financeira do capitalismo no século passado. O controle ferrenho das finanças (e dos movimentos dos capitais que agora são retirados rapidamente dos países em desenvolvimento por causa do vírus) para que ficassem livres para expandir e aumentar o poder dos acionistas e dos investidores financeiros que dividem a renda não poderia repetir os desastres da guerra, das guerras civis e das crises econômicas do início do século. O compromisso fordista previa o papel central das instituições de trabalho integradas com a lógica da produtividade, um controle do Estado sobre as políticas fiscais que taxavam o capital e os ricos, para reduzir as diferenças de ganho e de patrimônio impostas pela renda financeira etc. Nada nem de longe parecido com essas políticas está por trás dos bilhões e bilhões que os bancos centrais emitem na economia, que só servem para não fazer o sistema colapsar e para retardar a prestação de contas. Não muda absolutamente nada se, no lugar da flexibilização quantitativa, investem bilhões na *green economy*, e nem mesmo se estabelece um substituto à renda universal (que por enquanto, se aparecer, usaremos para financiar as lutas contra essa máquina mortífera).

Keynes, que conhecia bem esses tratantes, dizia que, para "garantir o lucro, estão dispostos a apagar o sol e as estrelas". Essa lógica não é minimamente afetada pelas intervenções do banco central, mas confirmada. Só podemos esperar o pior! É só levarmos essa lógica um pouco mais adiante (mas muito pouco, eu garanto) e conheceremos novas formas de genocídio, e os diversos "intelectuais" do poder não saberão como se explicar ("o mal obscuro", o "sono da razão", a "banalidade do mal" etc.).

## A guerra contra os "vivos"

O confinamento que estamos vivendo se parece muito com um ensaio geral da próxima crise ecológica (ou atômica, como preferirem). Fechados em casa para nos defendermos de um "inimigo invisível" sob a capa de chumbo organizada pelos responsáveis por esta situação.

O capitalismo contemporâneo generaliza a guerra contra os vivos, mas o faz desde o início da sua história, porque eles são o objeto da sua exploração e, para explorá-los, deve subjugá-los. A vida dos humanos, como todos podem constatar, deve submeter-se à lógica contábil que organiza a saúde pública e decide quem vive e quem morre. A vida dos não humanos se encontra nas mesmas condições, porque a acumulação de capital é infinita e, se o ser vivente, com a sua finitude, constitui um limite à sua expansão, o capital o afronta, como todos os outros limites que encontra, superando-o. Essa superação implica, necessariamente, na extinção de cada espécie.

Seja a espécie humana ou a não humana, ambas são cativantes apenas como possibilidade de investimento e unicamente como fonte de lucro.

Os oligopólios não estão nem aí (é preciso dizer como se sentem!) para todos os policiais do mundo, da ecologia, de Gaia, do clima, do planeta. O mundo não existe senão no breve período de tempo que faz frutificar os capitais investidos. Toda outra concepção de tempo lhes é completamente estranha.

O que os preocupa é a "raridade" relativa de recursos naturais ainda disponíveis há cinquenta anos. Estão extremamente preocupados em garantir o acesso exclusivo desses recursos, de que necessitam para assegurar a continuidade da sua produção e do seu consumo, que constituem um desperdício absoluto. Sabem perfeitamente que não há recursos para todos e que o desequilíbrio demográfico aumentará (já hoje 15% da população mundial vive no Norte e 85% no Sul do mundo).

Longe de toda preocupação ecológica, dispostos a cortar até a última árvore da Amazônia, conscientes de que só uma militarização do planeta poderá garantir o seu acesso exclusivo aos recursos naturais. Não só estão sendo preparadas outras enormes catástrofes naturais, mas também guerras "ecológicas" (pela água, pela terra etc.).

Dispostos como sempre a acertar os conflitos com o Hemisfério Sul através das armas, utilizam-nas e vão continuar a utilizá-las sem nenhum constrangimento para tomar tudo aquilo de que necessitam, exatamente como nas colônias. A África, com seus recursos naturais, é fundamental; os africanos que lá vivem, muito menos.

Mas continuemos com as análises do desastre que está por vir sempre na trilha de Samir Amin.

A globalização, aparentemente, não opõe países industrializados a países "subdesenvolvidos". Acontece, por outro lado, uma deslocalização da produção industrial nesses últimos, que funcionam como subcontratados dos monopólios sem nenhuma autonomia possível porque a sua existência depende dos movimentos dos capitais estrangeiros (com excessão da China).

(...)

Mas a polarização centro/periferia, que confere à expansão capitalista o seu caráter imperialista, continua e se aprofunda. Reproduz-se no interior de países emergentes: uma parte da população trabalha nas empresas e na economia deslocada, enquanto a parte mais importante cai, não na pobreza, mas na miséria.

A financeirização requer uma "acumulação primitiva" acelerada nesses países. Devem industrializar-se, modernizar-se, repercorrendo em alguns anos aquilo que os países do Norte realizaram em séculos. A acumulação primitiva perturba, de maneira absurdamente rápida, a vida de humanos e não humanos e altera sua relação criando as condições para a aparição de monstros de todos os tipos.

A novidade da globalização contemporânea é que essa distribuição centro/periferia se instala também no interior dos países do Norte: ilhas de trabalho estável, assalariado, reconhecido, com direitos garantidos e códigos (em processo de diminuição contínua) circundadas por oceanos de trabalho não remunerado, ou mal remunerado, sem direitos e sem proteção social (trabalhos temporários, mulheres, migrantes). A máquina "centro/periferia" não desapareceu. Ela não só assumiu a forma neocolonial, mas também se tornou parte das economias ocidentais. Analisar as organizações de trabalho partindo do Intelecto Geral – *General Intellect* –, do trabalho cognitivo, neuronal e assim por diante é assumir um ponto de vista eurocêntrico, uma das piores falhas do marxismo ocidental que continua, impassível, a se reproduzir.

Os países da periferia não são controlados e comandados só pelas finanças, mas também pelo monopólio da tecnologia e da ciência estritamente na mão dos oligopólios (o direito colocou à sua disposição a arma da "propriedade intelectual"). Não importa qual seja a potência da técnica e da ciência, são dispositivos que funcionam no interior de uma máquina política. O capitalismo ao qual estamos submetidos é, para dizê-lo com uma fórmula, um século XIX *high-tech*, com um fundo de darwinismo social, sem as heroicas lutas de classe da época! E não o capitalismo digital, do conhecimento etc. Não são a ciência e a técnica que determinam a natureza da máquina do lucro, elas só fazem facilitar a produção e a reprodução das diferenças de classe.

**Guerras, seguramente! E as revoluções?**
A segunda grande crise, como a primeira, abre uma nova época de guerras e de revoluções.

A natureza da guerra mudou. Não se articula mais entre imperialismos nacionais como na primeira metade do século XX. O que emerge da grande crise não é o Império de Negri e Hardt, hipótese amplamente desmentida pelos fatos, mas uma nova forma de imperialismo que Samir Amin chama "imperialismo coletivo". Formado pela tríade EUA, Europa e Japão e liderado pelo primeiro, o novo imperialismo administra conflitos internos para a distribuição de renda e lidera incansavelmente guerras sociais contra as classes subalternas do Norte, para despi-las de tudo o que foi forçado a lhes dar durante o século XX, enquanto organizava guerras reais contra o Hemisfério Sul pelo controle exclusivo de recursos naturais, matérias-primas, trabalho gratuito ou barato, ou simplesmente para impor seu controle e um apartheid generalizado.

Os Estados que não fizerem os ajustes estruturais necessários para serem saqueados serão sufocados pelos mercados e pelas dívidas ou declarados desonestos por *gentlemen* como os presidentes americanos, que têm em suas consciências um número assustador de mortes.

No início da epidemia, os americanos neoliberais e os britânicos tentaram levar a guerra social contra as classes subordinadas ainda mais adiante, transformando-a, graças ao vírus, na eliminação malthusiana dos mais fracos. A resposta liberal à pandemia, mesmo antes de Boris Johnson, fora claramente articulada por Rick Santelli, analista da emissora econômica CNBC: "inocular toda a população com o patógeno. Apenas um fluxo inevitável se aceleraria, mas os mercados se estabilizariam".

É isso que eles realmente pensam. Em condições mais favoráveis, eles não hesitariam nem por um momento em implementar a "imunidade do rebanho".

Esses senhores, levados por interesses financeiros, são obcecados pela China. Mas não pelas razões com as quais eles alimentam a opinião pública. O que não os deixa dormir não é a concorrência industrial ou comercial, mas o fato de que a China, única grande potência econômica, integrou a organização mundial da produção e das trocas, mas se recusa a ser inserida nos circuitos dos tubarões das finanças. Bancos, câmbios, bolsa de valores, movimento dos capitais estão sob o estrito controle do Partido Comunista da China. A arma mais temível do capital, que extrai valor e riqueza de cada pedaço da sociedade e do mundo, não funciona na China. Os grandes oligopólios não conseguem nem mesmo controlar a produção e o sistema político, e são incapazes de destruir a economia, como fizeram com outros países asiáticos na virada do século, quando não respeitavam as ordens ditadas pelas instituições internacionais do capital. Nesse caso, poderiam ter tentado estabelecer um conflito. Mas, tendo em vista a aproximação e a incompetência dos governos e dos estados imperialistas na gestão da crise sanitária, teriam que pensar duas vezes. Vistos do Oriente, não passam de "tigres de papel".

Para sermos claros: a China não é um país socialista, tampouco é um país capitalista no sentido clássico, nem mesmo neoliberal, como muitos estúpidos dizem.

**O estado de exceção**
O que Agamben e Esposito, na trilha de Foucault, parecem não querer aceitar é que a biopolítica, se é que existiu, agora está radicalmente subordinada ao Capital, e continuar a usar esse conceito parece não fazer muito sentido. É difícil dizer alguma coisa sobre a atualidade sem fazer uma análise do capitalismo que engoliu completamente o Estado. A aliança entre Capital e Estado, que funciona desde a conquista

das Américas, sofreu uma mudança radical no século XX, a qual Carl Schmitt define perfeita e melancolicamente: o fim dos Estados tal como a Europa conheceu a partir o século XVII, porque sua autonomia foi reduzida progressivamente e suas estruturas, entre as quais também as assim chamadas biopolíticas, se tornaram articulações da máquina do capital.

Os pensadores do *Italian Thought* cometeram o mesmo erro de Foucault, que em 1979 (mas quarenta anos depois é imperdoável), ano estratégico para a iniciativa do capital (a Fed americana inaugura a política da dívida em grande estilo), afirma que a produção de "riqueza e de pobreza" é um problema do seculo XIX. A verdadeira questão seria o "excesso de poder". De quem? Não entendemos. Do Estado? Do biopoder? Dos dispositivos governamentais? Exatamente naquele ano é traçada uma estratégia centrada na produção de diferenciais dementes entre riqueza e pobreza, de desigualdades gigantescas de patrimônio e de rendimento, e o "poder excessivo" é do capital, que, para falar usando suas velhas e ultrapassadas categorias, é o soberano que decide sobre a vida e a morte de milhares de pessoas, sobre as guerras, sobre as emergências sanitárias.

O próprio estado de exceção foi domesticado pela máquina do lucro, tanto é que convive com o estado de direito e estão, ambos, a seu serviço. Capturados pelos interesses de uma ordinária produção de mercadorias, emburguesou, não significa mais o que lhe atribuía Schmitt.

**Conclusão sibilina**

Os comunistas cumpriram seu papel no final da primeira *Belle Époque*, armados com uma bagagem conceitual de vanguarda, com um nível de organização que restistiu à traição da social-democracia que votara por créditos da guerra, com um debate sobre a relação entre capitalismo, classe operária e revolução cujos resultados estremeceram, pela primeira vez, capitalistas e Estado. Depois do fracasso das revoluções europeias, deslocaram o centro de gravidade da ação política para o Leste, para os países e "povos oprimidos", abrindo o ciclo de lutas e revoluções mais importante do século XX: a ruptura da máquina capitalista organizada desde 1942 sobre a divisão entre centro e colônias, trabalho abstrato e trabalho não remunerado, entre produção manchesteriana e roubo colonial. O processo revolucionário na China e no Vietnã foi o impulso para toda a África, América Latina e todos os "povos oprimidos".

Muito rapidamente, logo depois da Segunda Guerra Mundial, esse modelo entrou em crise. Nós o criticamos amargamente e com razão, mas sem conseguir propor algo que nos elevasse àquele nível. Lucidamente, temos que admitir que chegamos ao final da segunda *Belle Époque* e, portanto, à "era das guerras e das revoluções" completamente desarmados, sem conceitos adequados ao desenvolvimento do poder do capital e com níveis inexistentes de organização política.

Não tenhamos medo, a história não avança linearmente. Como dizia Lênin: "Há décadas em que nada acontece, e há semanas em que acontecem décadas."

Mas é preciso recomeçar, porque o fim da pandemia será um início, em termos de luta de classes, muito duro. Vamos partir daquilo que foi visto nos ciclos de luta de 2011 e 2019/20, que continuam a manter diferenças significativas entre o Norte e o Sul. Não há nenhuma possibilidade de retomada política se ficarmos fechados na Europa. Temos que entender por que os eclipses da revolução nos deixaram sem nenhuma perspectiva estratégica e repensar o que significa uma ruptura política com o capitalismo hoje. Criticar os limites mais que evidentes de categorias que não dão conta minimamente da luta de classes em termos mundiais. Não abandonar essa categoria e organizar, ao contrário, a passagem teórica e prática da **luta** de classes para **lutas** de classes no plural. E sobre esta afirmação sibilina, me detenho.

29 de março de 2020

**Maurizio Lazzarato** é pensador político e pesquisador independente, autor, entre outros, de *O governo do homem endividado* e *Fascismo ou revolução?* (n-1 edições).

(...) 08/04

# COVID-19: o século XXI começa agora
Jérôme Baschet

TRADUÇÃO Ana Luiza Braga

Muitos historiadores consideram que o século XX global começou em 1914, ao mesmo tempo que o ciclo das guerras mundiais. Sem dúvida, amanhã se dirá que o século XXI começou em 2020, com a entrada em cena do SARS-COV-2. Embora o leque de cenários futuros permaneça bastante aberto, a sequência de acontecimentos desencadeada pela propagação do vírus nos oferece, de modo acelerado, uma amostra das catástrofes que continuarão a se intensificar neste mundo convulsionado, marcado pelos efeitos do aquecimento global em curso, rumo a um aumento médio de três ou quatro graus. O que se configura diante de nossos olhos é um entrelaçamento cada vez mais estreito dos múltiplos fatores de crise que um elemento aleatório, ao mesmo tempo imprevisto e amplamente anunciado, pode ativar. O colapso e a desorganização do sistema vivo, o desequilíbrio climático, a decomposição social acelerada, a perda de credibilidade dos governantes e dos sistemas políticos, a expansão de crédito desmedida, a fragilidade financeira e a incapacidade de manutenção de um nível de crescimento suficiente (para mencionar apenas isto) são dinâmicas que se reforçam entre si, gerando uma extrema vulnerabilidade que decorre do fato de que o sistema-mundo se encontra em uma situação de crise estrutural permanente. De agora em diante, toda estabilidade aparente não será mais do que a máscara de uma instabilidade crescente.

Philippe Sansonetti, microbiologista e professor do Collège de France, observou que a COVID-19 é uma "doença do Antropoceno". A atual pandemia é um fato total, no qual a realidade biológica do vírus é indissociável das condições sociais e sistêmicas de sua existência e difusão. Invocar o Antropoceno — este novo período geológico no qual a espécie humana se tornou uma força capaz de modificar a biosfera em escala global — convida, me parece, a levar em consideração uma tripla temporalidade: primeiro, os anos recentes nos quais, pressionados por evidências perceptíveis, temos tomado consciência, ainda que demasiado lentamente, desta época nova; em seguida, as décadas posteriores a 1945, com a expansão da sociedade de consumo e a grande aceleração de todos os indicadores da atividade produtiva (e destrutiva) da humanidade; enfim, a virada do século XVIII para o XIX, quando o desencadeamento do ciclo das energias fósseis e da industrialização fez decolar a curva das emissões de gases de efeito estufa, demarcando o início do Antropoceno.

O vírus que nos aflige é o enviado do sistema vivo, que vem cobrar a conta pelo turbilhão que nós mesmos provocamos. O Antropoceno se impõe: aconteça o que acontecer, a responsabilidade humana está em jogo. Mas responsabilidade de quem, exatamente? As três temporalidades mencionadas nos permitem ser mais precisos. No horizonte mais imediato, nossa atenção está monopolizada pelo despreparo assombroso da maior parte dos países ocidentais. No caso da França, provoca indignação a desaparição dos estoques de máscaras cirúrgicas que existiam desde 2009 e a indolência que permitiu que os mesmos não fossem repostos a tempo da instalação da epidemia no país. Essa incapacidade de antecipar revela ainda outra doença do nosso tempo: o imediatismo, para o qual nada existe além do agora. O modo neoliberal de gestão hospitalar, com seus frios cálculos, deu conta do resto: falta de recursos, redução do número de leitos, cortes de pessoal etc. Profissionais da saúde, já sobrecarregados em tempos considerados normais, há anos têm gritado em desespero sem serem escutados. O caráter criminoso das políticas implementadas durante décadas está agora à vista de todos. Como declarou Philippe Juvin, chefe do setor de emergências do Hospital Pompidou, em Paris: "negligentes e incapazes" fizeram com que agora nos encontremos "totalmente nus diante da epidemia." E se Emmanuel Macron quis se autoproclamar chefe de guerra, não deveria ignorar que essa retórica, usada por tantos governantes, poderia um dia se voltar (metaforicamente?) na forma de uma acusação de alta traição.

Se nos remetemos à segunda metade do século XX, podemos identificar várias das principais relações causais que explicam a multiplicação das zoonoses, doenças provocadas por agentes infecciosos que operam um salto entre espécies e chegam ao ser humano. É notório que a expansão da exploração agropecuária, com seus aparatos de concentração animal, tem deploráveis consequências sanitárias (como a gripe suína e a gripe aviária H5N1, por exemplo). A urbanização excessiva e o desmatamento, por sua vez, reduzem os habitats dos animais selvagens e os levam ao contato com os humanos (HIV e Ebola, especificamente). É possível que esses dois fatores não tenham contribuído para a propagação do SARS-COV-2, embora ainda nos falte maior conhecimento sobre a cadeia de transmissão para poder afirmá-lo ao certo. Contudo, está claro que a venda de animais selvagens no mercado de Wuhan não teria essas consequências se a cidade não tivesse se tornado uma das capitais mundiais da indústria automobilística. De fato, a globalização dos fluxos econômicos é a terceira causa a ser levada em conta, se consideramos que a expansão desmedida do tráfego aéreo foi o principal vetor da rápida difusão planetária do vírus.

Mas não podemos parar por aí; é preciso olhar dois séculos mais atrás para dar ao Antropoceno seu verdadeiro nome: Capitaloceno. O fato é que esse novo período geológico não foi provocado pela espécie humana em geral, mas por um sistema histórico específico. A principal característica desse sistema, o capitalismo, é que o grosso da produção deve atender, acima de qualquer coisa, à exigência de geração de lucro sobre o dinheiro investido (o capital). Ainda que as configurações sejam variáveis, o mundo está organizado em função das necessidades imperiosas da economia. O resultado disso é uma ruptura civilizacional com toda a experiência humana anterior: à medida que o interesse privado e o individualismo competitivo se tornam valores supremos, a obsessão pela pura quantidade e a tirania da urgência não fazem mais do que conduzir o ser humano ao esvaziamento do ser. Disso também resulta, sobretudo, uma compulsão produtivista mortífera, que é a própria origem da superexploração dos recursos naturais, da desorganização acelerada do sistema vivo e do desequilíbrio climático.

Quando sairmos do confinamento e desta emergência sanitária, nada será como antes; isto já foi dito. Mas o que será preciso mudar? Nosso exame de consciência se limitará a uma temporalidade de curto prazo, como é de se temer, ou levará em consideração o ciclo completo do Capitaloceno? Chegamos agora ao limiar do século XXI. A verdadeira guerra a ser disputada não tem o coronavírus como inimigo, mas consistirá no confronto entre duas opções opostas: de um lado, a busca por um mundo onde o fanatismo da mercadoria reine supremo e o produtivismo compulsivo leve ao aprofundamento da devastação em curso; de outro, a invenção, que já se dá em milhares de lugares, de novas formas de existir que rompam com o imperativo categórico da economia, em benefício de uma vida boa para todas e todos. A preferência pela intensidade alegre do qualitativo, em oposição às falsas promessas de um impossível mundo sem limites, poderia se somar aos cuidados dos lugares habitados e das interações do sistema vivo, à construção do comum, ao apoio mútuo e à solidariedade, assim como à capacidade coletiva de auto-organização e autogoverno.

O coronavírus chegou para acionar o sinal de alarme e frear o trem louco de uma civilização que corria em direção à destruição em massa da vida. Permitiremos que ele arranque novamente? Isso seria a garantia de novos cataclismos sem precedentes, perto dos quais este que estamos vivendo agora, *a posteriori*, parecerá tímido.

**Jérôme Baschet** é historiador e autor, entre outros, de *A experiência zapatista*, (n-1 edições).

(...) 09/04

# Guerra e pandemia
# Produção de um inimigo invisível contra a vida livre

Acácio Augusto

> "A linguagem..., a linguagem..., dizia meu avô – disse Renzi –, essa frágil e enlouquecida matéria sem corpo é uma tênue fibra que entrelaça as pequenas arestas e os ângulos superficiais da vida solitária dos seres humanos, porque ela os amarra, como não? Sim, e os liga, mas só por um instante, antes de voltarem a afundar nas mesmas sombras em que estavam mergulhados quando nasceram e berraram pela primeira vez sem ser ouvidos, numa remotíssima sala branca, e de onde, outra vez no escuro, lançarão em outra sala branca seu último grito antes do fim, sem que sua voz tampouco chegue, decerto, a ninguém."
>
> Ricardo Piglia, *Anos de formação*

As autoridades governamentais e de organizações internacionais, como o governo brasileiro e a ONU, insistem na retórica da guerra ao vírus para se referir às ações para conter a pandemia da COVID-19, declarada oficialmente no dia 11 de março de 2020 pela Organização Mundial da Saúde. Isso é, também, um atentado contra a vida. Não contra a vida em geral, a Ideia de Vida, mas contra a vida real de cada um, a vida livre.

Então, se você, virtual leitor, não é patrão, empresário, político, militar ou governante, não caia nesse conto, não use a metáfora da guerra para se referir a uma luta que é pela vida de cada um e não pela morte de um inimigo invisível e intangível. Além dessa retórica da guerra não fazer sentido, ela apenas atende aos interesses dos que almejam o controle social e político total antes, durante e após a pandemia. A guerra, como sempre foi para esses senhores, é a saúde do Estado.

Uma definição clássica de guerra diz que ela é um "conflito armado, público e justo". Portanto, uma guerra segue uma espécie de roteiro que, mesmo sujeito às intempéries do acaso e às investidas de variados interesses, possui uma forma específica. Há objetivos definidos, um inimigo declarado, etapas a serem cumpridas, planos de ação e hierarquia dos agentes, gente treinada para matar, ciência de combate, espionagem, neutralização etc. Ela é a realização de um teatro sangrento, regulado racionalmente e distribuído no espaço. E mesmo que a chamada guerra clássica tenha se metamorfoseado e hoje leve nomes como "conflito de baixa intensidade", "guerra de quarta geração" ou "estados de violência", ela segue produzindo um banho de sangue e uma pilha de cadáveres humanos tomados como inimigos (os treinados para a morte do outro lado), e isso nada tem a ver com um vírus ou com uma situação social e política nomeada como pandemia. Ao menos não deveria ter.

O uso de analogias e metáforas militares para se referir às ações sanitárias não é novo, trata-se de algo mais ou menos generalizado na linguagem moderna. Em *Vigiar e punir*, Michel Foucault demonstra como a tecnologia política disciplinar, vinculada aos modernos saberes médico, militar e criminológico, segue o modelo da peste (muito mais que da guerra) como condição ideal de sua realização. E aí não se está exatamente em situação de guerra, mas de repartição disciplinar dos corpos, controle intensivo de territórios e produção espacial de lugares de confinamento. Isso justifica o controle total da circulação de pessoas e sua divisão no espaço como forma de contenção da contaminação e a necessidade de sacrifício coletivo. Todos obedecem em nome da salvação pública, e cada um pode ser isolado e disciplinado por meio de uma "anatomia política do detalhe" sobre os corpos.

Sabemos que as tecnologias disciplinares há muito cederam espaço para as tecnologias políticas da sociedade de controle. No entanto, elementos do efeito disciplinar que se buscavam na cidade pestilenta ainda são produzidos, sobretudo a abertura de um campo de capilaridade para exercício dos poderes. Como observa Foucault,

> contra a peste que é mistura, a disciplina faz valer seu poder que é de análise. [...] Atrás dos dispositivos disciplinares se lê o terror dos "contágios", da peste, das revoltas, dos crimes, da vagabundagem, das deserções, das pessoas que aparecem e desaparecem, vivem e morrem na desordem. [...] No fundo dos esquemas disciplinares, a imagem da peste vale por todas as confusões e desordens; assim como a imagem da lepra, do contato a ser cortado, está no fundo do esquema de exclusão. [...] A divisão constante do normal e do anormal, a que todo indivíduo é submetido, leva até nós, e aplicando-os a objetos totalmente diversos, a marcação binária e o exílio dos leprosos; a existência de todo um conjunto de técnicas e instituições que assumem como tarefa medir, controlar e corrigir os anormais, faz funcionar os dispositivos disciplinares que o medo da peste chamava.[1]

Mesmo com as metamorfoses do poder disciplinar, notem que não é exatamente de guerra que se está falando. Poderia se falar de guerra interna. De qualquer maneira, trata-se de fazer operar o controle e a divisão dos corpos para exercício do poder divisionário e analítico. E as autoridades continuam dizendo que estamos em guerra. Em texto publicado no dia 22 de março na *Folha de S. Paulo*, o secretário-geral

---

1 Michel Foucault, *Vigiar e punir: nascimento da prisão*. Trad. Raquel Ramalhete. Petrópolis: Vozes, 2002, p. 164.

da ONU, António Guterres, pontifica que "a COVID-19 é o nosso inimigo comum. Temos de declarar guerra a este vírus. Isso significa que os países têm a responsabilidade de acelerar, reforçar e ampliar a sua ação". Reiterar que estamos em guerra é o prenúncio de que mortes serão inevitáveis e sacrifícios serão necessários.

Isso vale também para os inúmeros militares que ocupam o governo brasileiro, a começar pelo ministro-chefe da Casa Civil, general Braga Neto, que a cada comunicado insiste na necessidade de operações de guerra para conter a pandemia. No Brasil, o envolvimento das Forças Armadas na "guerra ao vírus" não se restringe aos militares reformados que ocupam cargos civis no governo do Covarde 17 ou Capitão Corona, como vem sendo chamado o presidente da República. No dia 18 de março de 2020, o Ministério da Defesa publicou no *Diário Oficial da União* a Portaria nº 1.232 GM/MD para "Aprovar a Diretriz Ministerial de Planejamento nº 6/GM/MD, de 18 de março de 2020, que regula o emprego das Forças Armadas em todo o território nacional para apoio às medidas deliberadas pelo Governo Federal voltadas para a mitigação das consequências da pandemia COVID-19, na forma do anexo a esta Portaria". Neste anexo, dentre outras diretrizes, constam como possibilidades de atuação das Forças Armadas: "b) Empregue os meios de Defesa Biológica, Nuclear, Química e Radiológica (DBNQR), para descontaminação de material, em coordenação do Estado-Maior Conjunto das Forças Armadas; [...] f) Apoie à triagem de pessoas com suspeitas de infecção para posterior encaminhamento aos hospitais."[2] Por meio do discurso da guerra se empreende uma operação de guerra de fato, e esta atinge não o vírus, mas os cidadãos.

Insistir na metáfora da guerra é insistir no fomento de uma guerra interna contra e entre as pessoas, do Estado contra todos e cada um. E, assim, perde-se de saída. Por dois motivos: o primeiro é factual, pois pressupõe que o vírus está fora, quando está dentro. Logo, como conter a "invasão" de algo que já está entre nós e que habita invisível e virtualmente cada um dos corpos? O outro motivo é ético-político: médicos e demais trabalhadores da saúde não são soldados, ao menos não deveriam ser. Novamente, trata-se de convocar ao sacrifício. Mobilizar a linguagem da guerra contra um não inimigo, já que o vírus não declarou guerra a ninguém, só aumenta a conflituosidade social, sobretudo entre os "alistamentos voluntários" de pessoas que se sentirão autorizadas a dizer como o outro (vizinhos, por exemplo) deve se comportar durante a pandemia, fazendo das pessoas reais e visíveis, virtuais infectados ou vetores do vírus, os reais inimigos. Essa imagem, criada pelas autoridades e pelos que governam, não apenas corrói a solidariedade social – essa sim eficiente na contenção e mitigação dos efeitos do vírus – como elege pessoas

---

2 Brasil. Diário Oficial da União – Portaria nº 1.232/GM-MD, de 18 de março de 2020. Publicado em 19 de março de 2020. Disponível em: <https://www.in.gov.br/en/web/dou/-/portaria-n-1.232/gm-md-de-18-de-marco-de-2020-248808643>.

e grupos como alvos. Nesse momento entram os exércitos e as polícias como elementos "necessários", agentes da ordem unida que, supostamente, atuam de forma "enérgica" para o bem de todos.

Dessa maneira, os controles sanitário-securitários são justificados como medidas duras, mas necessárias, medidas de exceção para uma situação sem precedentes, novamente, uma guerra. Mas a verdade é que as autoridades são apontadas como solução de um problema que elas mesmas criaram ao usarem a retórica da guerra e ao se colocarem como única forma de conter o vírus, alçado aos status de inimigo mortal. E isso não é o pior, pois essa lógica se espalha entre os que se sentem autorizados a fazer "o que for necessário". Se espalha porque os cidadãos em geral se sentem alistados nessa guerra fictícia, ou melhor, fabricada pela retórica da guerra. E como o vírus é invisível, quem vira o inimigo a ser combatido? Virtualmente, qualquer um ou qualquer grupo social. Exemplos não faltam. Quando no Brasil a epidemia nem havia se instalado, já corriam relatos de hostilidades contra pessoas com traços asiáticos; com as medidas de isolamento social já em curso, houve relatos de cidadãos-polícia que até ovos atiraram em pessoas que estavam sozinhas — sem contato social, portanto — andando de bicicleta na rua.[3] E, assim, esse inimigo pode ser a China, como insiste o presidente dos EUA, Donald Trump, e seus asseclas da família fascista brasileira que no momento ocupa o Palácio do Planalto; pode ser o imigrante, como foi na Itália; pode ser o morador de rua em qualquer parte do planeta; alguém que supostamente desrespeitou a quarentena etc. Em resumo: qualquer um, menos os que produziram essa situação. O campo para o exercício do racismo de Estado se amplifica consideravelmente, inclusive para além das instituições estatais. Muitos, por sua própria condição, serão entregues à morte e, como já foi dito por diversas autoridades no Brasil, mortes serão necessárias para que a "vida volte ao normal e o impacto econômico seja mitigado". Ademais, como a epidemia é antes uma situação social e política e não um fato biológico, sabemos que ela atingirá diferencialmente a depender da classe, etnia e gênero de quem estiver em meio a ela.

É impressionante como mobilizar essa linguagem de guerra e sacrifício faz com que militares, políticos, gestores, empresários e corporações multinacionais caridosas (sobretudo bancos e empresas de tecnologia computo-informacional) se tornem magicamente os heróis e salvadores de uma condição que eles mesmos produziram. Bancos já anunciam em suas propagandas novas possibilidades de endividamento "para atravessar a crise"; corporações de tecnologia computo-informacionais foram imediatamente inundadas com dados de vidas que voluntariamente se transferiam

---

3 Como já ocorreu em alguns lugares de São Paulo, como mostra esta reportagem: Marie Declercq, "Moradores do entorno do Minhocão agridem passantes por saírem em quarentena contra coronavírus". *Folha de S. Paulo*, 30 mar. 2020. Disponível em: <https://www1.folha.uol.com.br/cotidiano/2020/03/moradores-do-entorno-do-minhocao-agridem-passantes-por-sairem-em-quarentena-contra-coronavirus.shtml>.

para o universo on-line, das atividades laborais aos encontros sociais. E como vimos acontecer no Brasil, onde a conduta fascista grassava muito antes do espalhamento do vírus, a emergência de um inimigo intangível pronto a se tornar a fonte de todo o mal abriu ainda mais o campo de variadas formas de exploração e de exercício de autoritarismos.

Posso estar errado, pois não sou especialista em questões médicas, mas tudo que li sobre o controle do vírus em países que o receberam muito antes do Brasil informa que a testagem em massa e o uso de máscaras adequadas, além dos cuidados com higiene e com os grupos mais frágeis, são as principais medidas de contenção e/ou mitigação da epidemia. Curiosamente, faltam máscaras e os testes, até o momento, demoram a aparecer. Será que é muito difícil um esforço excepcional (ah! A Economia, essa deusa moderna que senta ao lado do deus Mercado!) para produção de máscaras e testes em massa? Por que são tão rápidos em expandir os controles eletrônicos, os monitoramentos mútuos, as declarações de estado de sítio, a imposição do *home office*, mas tão lentos para produção ou compra de testes e máscaras? As informações disponíveis dão conta de que há uma saturação da produção e que os principais fornecedores de testes para COVID-19 e EPIs (Equipamentos de Proteção Individual) estão sendo monopolizados pela nação mais rica e poderosa do planeta, os Estados Unidos. Mesmo que seja esta uma justificativa incontornável, fica explícito como no capitalismo a produção e reprodução de mercadorias se sobrepõe à vida das pessoas, pois a capacidade tecnológica de produção existe, a limitação que se impõe é uma limitação de mercado. Não é uma coincidência que, além dos militares, os maiores propagadores da retórica da guerra sejam os economistas. Sejam eles funcionários de Estados e representantes de empresas ou das bolsas de valores, sejam os comentaristas da imprensa escrita ou da televisão, todos repetem em uníssono que o plano de recuperação deve ser uma ação de economia de guerra.

O que passa é que, ao falar de guerra, deixa-se claro que não se trata de conter a epidemia, mas de manter e expandir o controle das ruas, das vias de comunicação, da circulação de bens, pessoas e mercadorias. Ainda que em meio a isso também se contenha, de forma regulada, o espalhamento do vírus. Como sabemos, o poder é logístico. A retórica da guerra é isto: o meio pelo qual antes, durante e depois da pandemia governos de todo planeta justificarão as milhares de mortes e buscarão manter o controle da logística no planeta. Nesse ponto fica evidente por que a mobilização militar, que não ocorreu apenas no Brasil, se impõe como tão necessária: os militares são reconhecidamente especialistas em logística

Os Estados e as corporações multinacionais possuem interesses próprios que são antagônicos aos da vida de cada pessoa, especialmente da vida livre. Quando eles chamarem, não se aliste nessa guerra fabricada. A melhor maneira de lidar com a situação é pelo autocuidado, o apoio mútuo, a ciência não autoritária, a ação direta e a defesa da vida.[4] Ficar à mercê das autoridades é entregar a vida aos que, desde sempre, apenas jogam com ela. O vírus não é um inimigo, ele é apenas mais um dos vários agentes infecciosos que nos atravessam ao longo da vida. A COVID-19, em especial, pode matar; não se trata de diminuir esse truísmo, mas de compreender que ele não é um inimigo. O Estado, sim, além de parasita, é um inimigo da vida livre. As corporações, sim, são inimigas que já tomam a situação de pandemia como uma via de expandir seus controles e criar novas formas de exploração e extração de lucratividades e dividendos.

Como cantou, no final dos anos 1970, a banda anarcopunk Crass: "eles nos devem uma vida". Não entregue a sua a eles. Como também colocam esses inventores do punk em seu manifesto inicial: "não há autoridade a não ser você mesmo".[5] O Estado e as corporações planetárias só se interessam por sua vida na medida em que você está disponível a servir, na medida em que se entrega à servidão voluntária. A vida não é um fato biológico e não pode estar disponível aos medidores que as contabilizam em bancos de dados estatísticos e georreferenciados do nascimento à morte. Neste momento, nada mais humano do que temer pela própria vida e pela vida de seus entes queridos. Mas é sempre bom lembrar que a distribuição dessas mortes anunciadas não se dará de forma igualitária e que uns serão mais matáveis que outros. Isso é intolerável. Mas, sobretudo, é urgente se perguntar, diante desse quadro de guerra: qual vida queremos viver durante e depois da pandemia?

Vida em servidão não é vida, mas sobrevida.

**Acácio Augusto** é professor no Departamento de Relações Internacionais da Unifesp e coordenador do LASInTec. É pesquisador no Nu-Sol/PUC-SP e professor no Programa de Pós-Graduação em Psicologia Institucional da UFES.

---

[4] Seguem dois exemplos de publicações de grupos anarquistas anônimos que informam sobre práticas de autogestão, autocuidado e ação direta em várias partes do planeta: CrimethInc, "Sobrevivendo ao Vírus: Um Guia Anarquista", disponível em: <https://crimethinc.com/2020/03/20/sobrevivendo-ao-virus-um-guia-anarquista-capitalismo-em--crise-totalitarismo-crescente-estrategias-de-resistencia>; Facção Fictícia, "A luta é pela vida: escritos anarquistas sobre capitalismo, pandemia e a luta pela vida", disponível em: <https://faccaoficticia.noblogs.org/post/2020/03/22/luta-pela-vida/>.

[5] *Crass: escritos, diálogos e gritos*. Imprensa Marginal/No Gods No Masters, 2017, p. 10.

(...) 09/04

# O devir *otaku* do mundo
## Christine Greiner

O Japão vem testando, *avant la lettre*, muitos comportamentos sugeridos recentemente para lidar com o mundo infectado pela COVID-19. Por lá, ninguém nunca se cumprimentou abraçando, beijando ou dando as mãos. Todos usam máscara para sair de casa quando estão doentes. E a vida na clausura já faz parte de uma porcentagem relevante da população entre 18 e 40 anos, sem mencionar os idosos que vêm sendo cuidados por robôs.

Desde o século XVII é admissível o sexo com bonecas (*love doll*) e aparatos sexuais. Não há limites entre real e ficcional. Nem para o amor, nem para a guerra.

O que temos a aprender com nossos antípodas? Que experiências radicais emergem do mergulho em suas (anti)narrativas de realidade ficcional?

**Uma história cheia de contradições**
O termo *otaku* foi traduzido do japonês como nerd ou geek. Não se sabe exatamente quando começou a ser empregado com este significado, uma vez que na linguagem formal quer dizer "senhor(a)", referindo-se à segunda pessoa, e "sua casa" ou "casa de alguém". A diferença é a grafia: a linguagem formal é escrita em kanji (pictogramas de origem chinesa) e a gíria (para *otaku-nerd*), em katakana (escrita fonética usada para palavras estrangeiras). Talvez, desde o início, os *otakus-nerds* tenham sido considerados estrangeiros no próprio Japão.

Há quem diga que já se falava em *otaku* como um apelido para quem fazia parte de fã-clubes de ficção científica em torno de 1960. Mas foi a partir de 1983, quando Nakamori Akio publicou *Otaku no hon* (O livro do otaku), que o termo foi definitivamente ressignificado para nomear os fãs de certa "subcultura" japonesa de mangás, animes e videogames.

A partir da entrada do novo milênio, tal "subcultura" foi catapultada das redes de pirataria para uma indústria de entretenimento riquíssima e global, composta por uma pluralidade de mercadorias importadas do J-pop (Japan Pop). Além dos produtos digitais mais famosos, há toda uma cultural visual que migrou junto, envolvendo moda, maquiagem, hobbies e modos de vida.

Assim, no início dos anos 1980, os *otakus* foram responsáveis pela fundação de uma cultura japonesa de internet. Publicações como *Monogatari Shôhiron* (Teoria da narrativa de consumo, 1989), de Ôtsuka Eiji, e *Otakugaku nyûmon* (Introdução aos estudos Otaku, 1986), de Okada Toshio, valorizaram a produção *otaku*, reconhecendo nela possíveis relações com a cultura tradicional japonesa e as características urbanas do período Edo, também conhecido como shogunato Tokugawa (1603-1868). Além disso, foram criados sites, comunidades, jogos e manuais de relacionamento exportados (extraoficialmente) pelo mundo.

No entanto, entre 1988 e 1989, um acontecimento mudou o rumo desse movimento. O *otaku* Miyazaki Tsutomu sequestrou e assassinou quatro meninas na região de Tóquio e Saitama. O crime tornou a imagem dos *otakus* marginalizada e identificada com uma atitude de criminosos. Esse estereótipo persistiu por vários anos, e até o final da década de 1990 ainda incitava uma forte resistência da parte dos japoneses para aceitar aquilo que consideravam uma "subcultura" de criminosos e psicopatas. Outros acontecimentos que agravaram a situação foram os atentados terroristas da seita Aum Shinrikyô, criada por Asahara Shôkô, que lançaram, em 1995, gás sarin nos metrôs de Tóquio. Asahara recrutou adeptos sobretudo entre jovens *otakus*, uma vez que agia prioritariamente nas redes.

Embora esses escândalos tenham repercutido nas mídias internacionais, o contexto *otaku* será apresentado com mais detalhes (e de forma mais objetiva) ao Ocidente apenas em 1999, quando o jornalista Étienne Barral publica seu livro-reportagem *Otaku: Os filhos do virtual*. Logo no primeiro capítulo, Barral descreve a experiência de Watanabe Koji fazendo sexo com seu computador. Segundo o autor, esse delírio marca o nascimento do *Homo virtuens*, que criaria novos caminhos para escapar da realidade encontrando prazer exclusivamente no mundo virtual.[1]

Simultaneamente aos divertimentos carnais com os parceiros de silício, o *Homo virtuens* também descobre rapidamente como ganhar dinheiro explorando as novas territorialidades. Além da massiva produção de jogos e animes, em 2000, o artista pop Murakami Takashi publica o *Manifesto Superflat*. Murakami se assume como *otaku* convicto e afirma a relação entre arte e mercadoria de maneira nada pejorativa.

De acordo com Murakami, toda mercadoria, inclusive obras de arte, faz circular ideias. O que se veicula entre os consumidores não são apenas os objetos, mas também sentimentos e subjetividades. Por isso, além de ter um valor, a seu ver, essa movimentação deveria ter um preço, uma vez que os artistas precisavam sobreviver como qualquer outro trabalhador.

Murakami também chamou a atenção para uma relação entre as obras criadas por *otakus* e a noção de *kijin* (excêntricos) muito presente entre pintores do período Edo e atores do teatro kabuki. Esses artistas eram excêntricos não apenas no sentido de serem estranhos ou bizarros, mas porque insistiam em criar e viver fora dos padrões, mas sempre com algum propósito. Nesse sentido, considerar a cultura *otaku* como subcultura seria um elogio à subversão estética e política.

---

1 Étienne Barral, *Otaku: Os filhos do virtual*. Trad. Maria Teresa Van Acker. São Paulo: Senac, 2000.

Alguns estudiosos da cultura *otaku*, como Azuma Hiroki, reconhecem ainda uma clara relação entre o pop japonês e os movimentos pop da cultura americana, sobretudo aqueles que ocorreram entre 1950 e 1970. De acordo com Azuma,[2] entre a tradição japonesa e a cultura *otaku* sempre aparece o pop dos Estados Unidos, que não foi simplesmente importado, mas "domesticado", em um movimento deliberadamente anticolonial. Azuma se refere à resistência japonesa em buscar se adaptar ou desejar o que chama de "grandes narrativas" como o pensamento moderno europeu. O desinteresse pelas grandes narrativas, que no Ocidente é formulado por alguns pensadores como a passagem do moderno ao pós-moderno, nunca fez muito sentido na cultura japonesa, a não ser em um circuito intelectual muito pequeno. São as pequenas narrativas ficcionais que sempre pareceram reverberar e deflagrar o que seria, por exemplo, o comportamento de consumo *chara-moe*. *Chara* viria de *character*, personagem, e *moe* estaria relacionado ao sentimento de excitação ou prazer em relação a uma personagem específica.

Sobretudo após a crise econômica japonesa que começa na segunda metade dos anos 1980, radicalizando-se após 1990, instaura-se o que Azuma identifica como a narrativa das *coffee mugs* (canecas de café) e outros souvenirs. Nessa lógica *moe*, até mesmo a autoria das pequenas narrativas é diluída, como aconteceu por exemplo com a personagem Di Gi Charat ou Digito, criada em 1998. Ela foi concebida como uma mascote para vender produtos de anime e produtos relativos a videogames, aparecendo em comerciais de TV e depois como personagem de anime e novelas. A partir de então, surgiram outras personagens, como Rabi-en-Rose e Petit Charat, criadas em 1999 por fãs, ao invés de produtores.

Como explica Azuma,[3] esses projetos começam a nascer como fragmentos: produtos associados, situações e imagens que emergem sem autoria definida. Não há histórias nem mensagens, apenas fluxos de sensações e adesões múltiplas.

Relacionado a esse aspecto da cultura *otaku*, o que mais chama a atenção é o modo como essa dinâmica passa a afetar a (não) convivência presencial entre as pessoas, estabelecendo zonas de indistinção entre ficção e realidade.

Um exemplo emblemático é o bairro de Akihabara em Tóquio. Na época feudal, a região concentrava artesãos e comerciantes. Em 1930, começa a se especializar na venda de eletrodomésticos e, após a Segunda Guerra Mundial, em rádios e outros aparelhos eletrônicos. O walkman instaura uma verdadeira revolução e dá início a uma primeira experiência de introspecção: a música para uma pessoa só.

Com o surgimento dos primeiros dispositivos digitais, Akihabara firma-se como centro dos *otakus* e de um mundo de fantasia sem igual. Além do comércio de

---

2 Hiroki Azuma, *Otaku: Japan's database animals*. Trad. Jonathan E. Abel; Shion Kono. Minneapolis: University of Minnesota Press, 2009.

3 Ibid., p. 41.

produtos pop como games, animes, roupas e artefatos, concentra o maior número de sex-shops do Japão e cafés especializados, como os chamados *Maid Café*. O primeiro deles é inaugurado em 2001 e mantém até hoje as características que popularizaram o gênero: garçonetes vestidas de empregadas domésticas que se dirigem aos clientes, em sua maioria homens, como mestres. Encontros do mesmo tipo são replicados virtualmente.

## O estilo de vida *otaku*

O perfil *otaku* sempre foi muito específico. A maioria do sexo masculino, com tendências antissociais, grande apreço por coleções (especialmente dos personagens favoritos) e o desejo de apenas conviver presencialmente com seres humanos quando for estritamente necessário e através da tecnologia – a princípio computadores e depois celulares.

Na sua versão mais radical, conhecida como *hikikomori*, os *otakus* passam os dias trancados em seus quartos e não conversam presencialmente nem com os familiares. Alguns moram sozinhos, encomendando comida e entretenimentos apenas pelo computador. Têm namoradas virtuais (hologramas, bonecas ou robôs) com as quais fazem sexo, trocam mensagens pelos celulares e, em certos casos, chegam a realizar cerimônias de casamento.

Para se aproximar desse modo de vida tão peculiar, um primeiro passo é perceber que a cultura japonesa não concebe a diferença entre ser vivo e objeto inanimado da mesma forma que o resto do mundo. Isso se reflete de maneira relevante na relação com robôs e personagens, mas também está presente no teatro tradicional.

Uma das grandes manifestações artísticas no Japão é o teatro de marionetes, cujo gênero mais conhecido é o *bunraku*, concebido no século XVI. Na encenação, três manipuladores lidam com cada boneco que, por sua vez, torna-se protagonista da peça. O treinamento desenvolvido para dar vida a esses bonecos visa a continuidade radical entre o corpo vivo do manipulador e o corpo do boneco, de modo a tornar indistinta a fronteira entre um e outro, assim como faz parecer irrelevante a dicotomia entre corpo vivo e corpo morto. Nesse contexto, todos os corpos são vivos e em movimento, uma vez que não se parte da hierarquia entre sujeito e objeto.

Outras experiências artísticas também testaram a indistinção entre vida e morte, sujeito e objeto, como por exemplo a dança butô proposta por Hijikata Tatsumi, no final da década de 1950. Hijikata propõe como ponto de partida da sua experiência um corpo morto que dança.[4]

O modo como essas questões surgem na vida cotidiana não é diferente. Desde 2014, vários templos budistas japoneses criaram, por exemplo, memoriais para

---

4 Ver: Kuniichi Uno, *Hijikata Tatsumi: Pensar um corpo esgotado*. Trad. Christine Greiner e Ernesto Filho. São Paulo: n-1 edições, 2018.

robôs "mortos". O nome desse tipo de funeral é literalmente *robottosô*. Ao analisar o que chama de *Robo sapiens japanicus*, Jennifer Robertson[5] lembra o caso de AIBO, o cachorro robô da Sony. A produção desses pets ocorreu de 1999 a 2006. Em 2014, a Sony deixou de fabricar as peças. Para acalmar o desespero de várias famílias desamparadas pela perda dos pets, uma companhia japonesa especializada em consertar robôs (A-FUN) recrutou ex-funcionários da Sony para tratar os robôs danificados, através de um programa de doação de órgãos. Na ocasião, 180 AIBOs foram internados, e criou-se uma lista de espera para os transplantes. Não havia dúvida de que os pets eram parte essencial das famílias. Em janeiro de 2012, dezenove robôs que não puderam ser recuperados foram incluídos no funeral do templo Kôfuku-ji, na cidade de Isumi. O templo, um dos mais tradicionais, com cerca de 450 anos, providenciou um memorial, atraindo cobertura da mídia local e internacional.

Embora a notícia tenha sido recebida com surpresa fora do Japão, a aproximação entre budismo e robótica já vinha sendo investigada há algumas décadas. Em 1974, o roboticista Mori Masahiro publicou *Mori Masahiro no bukkyô nyûmon*, traduzido em inglês como *The Buddha in the Robot* (O Buda no robô), em que declarava que os robôs têm indubitavelmente a natureza de Buda dentro deles. O budismo não discrimina seres animados e seres inanimados. Os robôs não seriam exceção.

## Sexo *otaku*

Apesar de todos esses estranhamentos, é provável que nada pareça mais surpreendente do que os encontros sexuais e afetivos entre pessoas e outros objetos como bonecas, hologramas e robôs.

De fato, nada é tão recente como pode parecer à primeira vista. Em 1964, ou seja, algumas décadas antes do delírio de Watanabe transando com seu computador, o artista Nam June Paik passou um ano em Tóquio, onde encontrou o engenheiro Abe Shuya. Juntos criaram o Robot K-456. Paik concebeu esse robô com seios e pênis, o que fazia do protótipo não apenas um robô pioneiro transnacional, mas um robô transgênero, destruído alguns anos depois durante a performance de um acidente de carro planejado pelo próprio Paik em Nova York.

O debate conceitual e político a esse respeito ganhou um novo ritmo a partir da publicação de *Manifesto Ciborgue*, Donna Haraway, em 1984. A imagem do ciborgue expõe o desafio premente de se acabar com a dicotomia entre natureza e cultura que tornava a sexualidade determinada pelo organismo biológico. Haraway, Judith Butler e, mais recentemente, Paul B. Preciado esclarecerão que a sexualidade não é uma identidade dada *a priori* e que se constitui na aliança entre natureza e cultura (e jamais na sua dicotomia). A materialidade do corpo é sígnica e não determinada por

---

5 Jennifer Robertson, *Robo sapiens Japanicus: Robots, Gender, Family, and the Japanese Nation*. Berkeley: University of California Press, 2018.

órgãos. Mais uma vez, o desautomatismo dos órgãos proposto por Antonin Artaud em 1925 em *O umbigo dos limbos* se reinventou.[6]

Curiosamente, essa questão nunca foi relevante no Japão porque não se fazia necessário desautomatizar a visão determinista e biológica do corpo. O motivo é simples: essa prerrogativa nunca existiu. Isso não significa que no contexto japonês o sexo não esteja relacionado intimamente às relações de poder, muito menos que a diferença (abissal) entre gêneros não faça parte do cotidiano japonês em diversas instâncias. No entanto, admite-se um tipo de relação afetiva e sexual, não exclusivamente entre pessoas humanas, que está, por sua vez, também relacionada à potência da clausura e aos desdobramentos que a ficção instaura na vida cotidiana japonesa, sobretudo a partir da presença cada vez mais incisiva de hologramas, robôs e jogos digitais.

Como explica Agnès Giard,[7] é provável que a primeira *love doll* (boneca sexual) tenha aparecido no quinto tomo da obra publicada em 1686, *Shokoku kôshoku sandai otoko* (O terceiro homem que só viveu para amar, em todas as suas províncias), escrita por Saikaku Ihara. É a história de uma jovem chamada Komurasaki, que se apaixona por um empregado da loja de seus pais. O rapaz, Geisuke, também se apaixona por ela. No entanto, o amor torna-se impossível porque os pais da garota escolhem outro marido para a filha. Na noite de núpcias, Geisuke entra no quarto dos noivos como um fantasma (*bakemono*) e o marido fica apavorado. Ao contar o episódio para os pais da noiva, estes decidem construir uma boneca, semelhante a Komurasaki. Essa boneca tem inclusive uma vagina (ou "forma de minha mulher", em japonês *azuma-gata*). Na noite seguinte, o noivo se tranca no quarto com a boneca. O fantasma retorna decidido a matá-lo, no entanto, ao ver a boneca, sente um desejo incontrolável de transar com ela, o que de fato acontece. Assim, Geisuke encontra a paz e a boneca passa a ser considerada a protetora que se oferece para resolver "o desejo frustrado de um homem que sofre e pode ser transformado em assassino potencial".

Na mesma ocasião da publicação desse livro, surgem as primeiras imagens de masturbação com "instrumentos" em *Kôshoku kinmô zui* (Coleção de imagens eróticas para esclarecer a juventude). O artista Yoshida Hanbei apresenta com humor uma variedade de dispositivos sexuais indispensáveis para o amor. O livro é reeditado em diversas versões piratas durante quase um século, ou seja, até 1770, quando aparece com o título modificado para *Kôshoku tabi makura* (O travesseiro das viagens amorosas).

Os modelos de bonecas e instrumentos sexuais não cessaram de evoluir do período Edo até hoje. Os mais sofisticados seguem a dinâmica dos automóveis, e não por

---

6 Nas obras completas de Artaud, a noção de corpo sem órgãos é sugerida pela primeira vez em *O umbigo dos limbos*, reaparecendo posteriormente em *Para acabar com o juízo de Deus*. O tema é retomado por Deleuze e Guattari em *Mil platôs*, quando escrevem especificamente sobre "como criar para si um corpo sem órgãos", considerando a proposta de Artaud não como um conceito, mas como uma prática. É esta noção de prática que me remete a Butler e Preciado, no sentido de construir um corpo e não adequá-lo a uma identidade pronta.

7 Agnès Giard, *Un Désir d'humain: les love doll au Japon*. Paris: Les Belles Lettres, 2016.

acaso muitos dos seus produtores saíram das fábricas automotivas. As bonecas, por exemplo, costumam ser vendidas aos pedaços e montadas na casa do consumidor. Em parte, isso se dá porque as casas no Japão são pequenas e fica mais fácil guardá-las aos pedaços.

Em entrevista a Giard, o engenheiro Tsuruhisa, da Orient Industry, explicou que se cercar de bonecas é, a seu ver, o mesmo que se cercar de "espelhos do coração". Ele usou a expressão *kokoro no kagami*, que também poderia ser traduzida como espelhos da mente ou espelhos do espírito. É bom lembrar que *kokoro* significa ao mesmo tempo intelecto e afeto.[8]

De acordo com Tsuruhisa, é absolutamente necessário ter algo para amar. Ninguém pode se tornar humano sem um contato com objeto de amor, mesmo que este seja uma *love doll*.

A indústria do sexo no Japão continua prioritariamente masculina, embora os dispositivos e bares de companheiros para mulheres sejam cada vez mais requisitados.

Além das bonecas e robôs, há um incremento de empresas que criam hologramas e vocaloides. Um dos primeiros ícones foi a cantora pop Hatsune Miku. A Gatebox, que criou o holograma de Miku, já expediu mais de 3 700 certificados de casamentos interdimensionais entre pessoas e hologramas. A maioria são homens *otakus* que confessam ter sido assediados a vida toda por mulheres reais, decidindo então casar-se com um holograma. A Gatebox criou dispositivos que permitem a troca de mensagens com o holograma durante o dia e até mesmo instruções domésticas como acender as luzes de casa e ligar o forno para aquecer a comida.

Há quem diga que o incremento dos hologramas femininos está diretamente relacionado à independência das mulheres na sociedade japonesa e ao fortalecimento do desinteresse em constituir famílias, o que espelha uma pluralidade de relações amorosas de todos os gêneros.

Talvez seja importante notar como essas experiências japonesas – por mais estranhas que possam parecer aos nossos olhos – acabam sugerindo questões nada triviais para estes momentos de confinamento e uso ininterrupto das redes sociais e dos dispositivos digitais.

Afinal, o devir *otaku* do mundo seria uma forma de lidar com nossos fantasmas?

Entre temores e desejos, o mergulho nas realidades ficcionais abriria caminhos para construir coletivamente próteses para a solidão?

**Christine Greiner** é professora da PUC-SP e autora de *Leituras do corpo no Japão*, *Fabulações do corpo japonês* e *Intoxicações poéticas da carne*, com Gal Oppido (n-1edições).

---

8 Ibid., p. 295.

(...) 10/04

# O direito universal à respiração
Achille Mbembe

TRADUÇÃO Ana Luiza Braga

Há quem evoque desde já o "pós-COVID-19". Por que não? Para a maioria de nós, no entanto, e especialmente nas partes do mundo onde os sistemas de saúde foram devastados por anos de abandono organizado, o pior ainda está por vir. Na ausência de leitos hospitalares, respiradores, exames em massa, máscaras, desinfetantes à base de álcool e outros dispositivos de quarentena para as pessoas já afetadas, serão muitos aqueles que, infelizmente, não passarão pelo buraco da agulha.

**1.**
Algumas semanas atrás, diante do tumulto e da consternação que se aproximavam, alguns de nós tentavam descrever estes nossos tempos. Tempos sem garantia nem promessa, dizíamos, em um mundo cada vez mais dominado pela assombração de seu próprio fim. Mas também tempos caracterizados por "uma redistribuição desigual da vulnerabilidade" e por "compromissos novos e ruinosos com formas de violência tão futuristas quanto arcaicas", agregávamos.[1] Ou ainda: tempos de brutalismo.[2]

Para além de suas origens no movimento arquitetônico de meados do século XX, definíamos brutalismo como o processo contemporâneo "pelo qual o poder agora se constitui, se expressa, se reconfigura, age e se reproduz como força geomórfica". Isto se dá através de processos de "fraturação e fissuração", de "enxugamento das veias", de "perfuração" e "esvaziamento das substâncias orgânicas".[3] Em suma, pelo que chamamos de "depleção".[4]

Nós chamávamos a atenção, justificadamente, para a dimensão molecular, química e até radioativa desses processos: "Não seria a toxicidade, isto é, a multiplicação de substâncias químicas e resíduos perigosos, uma dimensão estrutural do presente? Tais substâncias e resíduos não atacam apenas a natureza e o meio ambiente (o ar, os

---

1 Achille Mbembe e Felwine Sarr, *Politique des temps*. Paris: Philippe Rey, 2019, pp. 8-9.
2 Achille Mbembe, *Brutalisme*. Paris: La Découverte, 2020 (a ser publicado em tradução brasileira pela n-1).
3 Ibid., p. 11.
4 Ibid., pp. 9-11.

solos, as águas, as cadeias alimentares), mas também os corpos expostos ao chumbo, ao fósforo, ao mercúrio, ao berílio e aos fluidos frigoríficos."[5]

Nos referíamos justamente aos "corpos vivos expostos ao esgotamento físico e a todo tipo de risco biológico, por vezes invisível". Não nomeávamos, entretanto, os vírus (são quase 600 000, transportados por todo tipo de mamíferos); exceto metaforicamente, no capítulo dedicado aos "corpos de fronteira". De resto, era a própria política do vivo como um todo que estava, mais uma vez, em questão.[6] E é dela que o coronavírus constitui o nome.

**2.**
Nestes tempos púrpuras – supondo que a característica distintiva de qualquer tempo seja a sua cor –, talvez devamos começar nos debruçando sobre todos aqueles e aquelas que já nos deixaram.

Uma vez ultrapassada a barreira dos alvéolos pulmonares, o vírus infiltrou sua circulação sanguínea. Em seguida, atacou os órgãos e outros tecidos, começando pelos mais expostos. A isso se seguiu uma inflamação sistêmica. Aqueles que apresentavam anteriormente problemas cardiovasculares, neurológicos ou metabólicos ou que sofriam de patologias ligadas à poluição sofreram os ataques mais furiosos. Sem fôlego e privados de aparelhos respiratórios, eles partiram subitamente, como se às escondidas, sem qualquer possibilidade de se despedir. Seus restos foram imediatamente cremados ou enterrados. Em solidão. Era preciso, disseram-nos, desfazermo-nos deles o mais rápido possível.

Mas já que estamos nisso, por que não somar a estes todos os demais, que se contam às dezenas de milhões de vítimas de AIDS, cólera, malária, Ebola, Nipah, febre de Lassa, febre amarela, zika, chikungunya, câncer de todos os tipos, epizootias e outras pandemias animais, como a peste suína ou a febre catarral ovina; todas as epidemias imagináveis e inimagináveis que, durante séculos, devastaram povos sem nome em terras remotas? Sem contar as substâncias explosivas e outras guerras predatórias e de ocupação que mutilam e dizimam dezenas de milhares, lançando às rotas do êxodo centenas de milhares de outros, a humanidade errante.

Como esquecer, aliás, o desmatamento intensivo, os megaincêndios e a destruição dos ecossistemas, ou a ação nefasta de empresas poluidoras e destruidoras da biodiversidade? A propósito, já que o confinamento passou a fazer parte de nossa condição atual, como esquecer as multidões que povoam as prisões do mundo, e também aqueles outros cujas vidas foram despedaçadas face aos muros e outras técnicas de fronteirização, como os inúmeros postos de controle que pontilham territórios, mares, oceanos, desertos e todo o resto?

---

5 Ibid., p. 10.
6 Achille Mbembe, *Necropolítica*. Trad. Renata Santini. São Paulo: n-1 edições, 2018.

Até outro dia, tratava-se apenas de uma questão de aceleração, de redes de conexão tentaculares que abrangiam a totalidade do planeta, da inexorável mecânica da velocidade e da desmaterialização. É na esfera digital que parecia residir o destino dos conjuntos humanos e da produção material, bem como o dos seres vivos. Lógica onipresente, circulação de alta velocidade e memória de massa auxiliar; bastava "transferir o conjunto das aptidões do ser vivo para um duplo digital"[7] que tudo estaria resolvido. Estágio supremo de nossa breve história na Terra, o ser humano poderia, enfim, ser transformado em um dispositivo plástico. O caminho estava aberto para a realização do velho projeto de extensão infinita do mercado.

Em meio à embriaguez generalizada, é esta corrida dionisíaca, também descrita em *Brutalisme*, que o vírus vem frear — sem, no entanto, a interromper definitivamente — enquanto tudo permanece como estava. Agora, no entanto, o momento é de asfixia e putrefação, de amontoamento e cremação de cadáveres, em uma palavra, de ressurreição de corpos vestidos, ocasionalmente, com suas mais belas máscaras funerárias e virais. Será que a Terra, para os humanos, estaria em vias de se transformar em uma roda de despedaçamento, uma Necrópole universal? Até onde irá a propagação de bactérias de animais silvestres em direção aos humanos se, a cada vinte anos, quase 100 milhões de hectares de floresta tropical (os pulmões da terra) forem cortados?

Desde o início da Revolução Industrial no Ocidente, quase 85% das áreas úmidas foram drenadas. A destruição de habitats prossegue inabalável, e populações humanas em estado de saúde precário são quase diariamente expostas a novos agentes patógenos. Antes da colonização, os animais silvestres, principais reservatórios de patógenos, estavam circunscritos a ambientes onde viviam apenas populações isoladas. Foi o caso, por exemplo, dos últimos países florestais do mundo, na Bacia do Congo.

Atualmente, as comunidades que viviam e dependiam dos recursos naturais desses territórios foram expropriadas. Expulsas pela venda de terras por regimes tirânicos e corruptos e pelas vastas concessões estatais feitas aos consórcios agroalimentares, essas comunidades já não podem mais manter as formas de autonomia alimentar e energética que lhes permitiram viver, durante séculos, em equilíbrio com a mata.

## 3.

Nessas condições, uma coisa é se preocupar, à distância, com a morte de outrem. Outra é tomar consciência, repentinamente, da própria putrescibilidade e ter de viver na vizinhança da própria morte, a contemplá-la como uma possibilidade real. Este é, em parte, o terror que o confinamento suscita em muitos: a obrigação de finalmente ter de responder por sua vida e por seu nome.

Responder, aqui e agora, por nossa vida com outros (incluindo os vírus) nesta Terra e por nosso nome em comum: esta é, efetivamente, a injunção que este momento

---

[7] Alexandre Friederich, *H+: Vers une Civilisation 0.0*. Paris: Allia, 2020, p. 50.

patogênico endereça à espécie humana. Momento patogênico, mas também catabólico por excelência: o da decomposição de corpos, da triagem e da eliminação de todo tipo de lixo-humano – a "grande separação" e o grande confinamento, em resposta à propagação desconcertante do vírus e em consequência da extensiva digitalização do mundo.

Mas não importa o quanto tentemos nos livrar disso, tudo nos remete, por fim, ao corpo. Tentamos enxertá-lo em outros suportes, fazer dele um corpo-objeto, um corpo-máquina, um corpo-digital, um corpo ontofânico. E ele retorna para nós na forma espantosa de uma enorme mandíbula, veículo de contaminação e vetor de pólen, esporas e bolor.

Saber que não estamos a sós nesta provação, ou que talvez sejamos muitos a escapar, não oferece senão um vão consolo. Na realidade, nunca aprendemos a viver com os vivos, a nos importar verdadeiramente com os danos causados pelo homem nos pulmões da Terra e em seu organismo. Portanto, jamais aprendemos a morrer. Com o advento do Novo Mundo e, alguns séculos depois, o surgimento das "raças industrializadas", optamos essencialmente por uma espécie de vicariato ontológico: delegar nossa morte a outros e fazer da própria existência um grande banquete sacrificial.

Em breve, contudo, não será mais possível delegar a própria morte a outras pessoas. Elas não morrerão mais em nosso lugar. Seremos simplesmente condenados a assumir, sem mediação, nosso próprio falecimento. Haverá cada vez menos oportunidades de dizer adeus. A hora da autofagia está se aproximando e, com ela, o fim da comunidade – porque dificilmente haverá comunidade digna desse nome quando dizer adeus, isto é, recordar os vivos, não for mais possível.

Pois a comunidade, ou melhor, o em-comum não se assenta somente na possibilidade de dizer adeus, isto é, em poder ter um encontro com outros que seja único, a ser honrado novamente, a cada vez. O em-comum depende também da possibilidade, sempre retomada, da partilha sem condições de algo absolutamente intrínseco, isto é, incontável, incalculável e, portanto, inestimável.

**4.**
O horizonte está visivelmente cada vez mais sombrio. Presa em um cerco de injustiça e desigualdade, boa parte da humanidade está ameaçada pela grande asfixia, e a sensação de que nosso mundo está em suspenso não para de se espalhar.

Se, nessas condições, ainda houver um dia seguinte, ele não poderá ocorrer às custas de alguns, sempre os mesmos, como na Antiga Economia. Ele dependerá necessariamente de todos os habitantes da terra, sem distinção de espécie, raça, gênero, cidadania, religião ou qualquer outro marcador de diferenciação. Em outras palavras, ele só poderá ocorrer ao custo de uma ruptura gigantesca, produto de uma imaginação radical.

Um mero remendo não será suficiente. No meio da cratera, será preciso reinventar literalmente tudo, começando pelo social. Quando trabalhar, se abastecer, se

(...)

informar, manter contato, nutrir e conservar os laços, se falar e trocar, beber junto, celebrar cultos e organizar funerais só puder acontecer por intermédio de telas, é hora de nos darmos conta de que estamos cercados, de todos os lados, por anéis de fogo. Em grande medida, o digital é o novo buraco escavado no chão pela explosão. Ele é o bunker onde o homem e a mulher isolados são convidados a se esconder, ao mesmo tempo trincheira, entranhas e paisagem lunar.

Acredita-se que, por meio do digital, o corpo de carne e osso, o corpo físico e mortal será aliviado de seu peso e de sua inércia. Ao final desta transfiguração, ele poderá finalmente atravessar o espelho, subtraído à corrupção biológica e restituído ao universo sintético dos fluxos. Isto é uma ilusão: assim como dificilmente haverá humanidade sem corpo, a humanidade também não poderá conhecer a liberdade sozinha, fora da sociedade ou às custas da biosfera.

## 5.

Precisamos recomeçar de outro lugar, já que, para nossa própria sobrevivência, é imperativo restituir a todo vivo (incluindo a biosfera) o espaço e a energia de que precisa. Em sua vertente noturna, a modernidade terá sido, do começo ao fim, uma guerra interminável travada contra o vivo. E ela está longe de terminar. A sujeição ao digital constitui uma das modalidades desta guerra, que conduz diretamente ao empobrecimento do mundo e à dessecação de grande parte do planeta.

Lamentavelmente, é de se temer que, na sequência desta calamidade, longe de sacralizar todas as espécies de seres vivos, o mundo entre em um novo período de tensão e brutalidade. No plano geopolítico, a lógica da força e do poder continuará a prevalecer. Na ausência de uma infraestrutura comum, a divisão feroz do globo será acentuada e as linhas de segmentação serão intensificadas. Muitos estados buscarão reforçar suas fronteiras, na esperança de proteção contra a exterioridade. Eles terão dificuldade em recalcar a violência constitutiva que, como de costume, descarregam sobre os mais vulneráveis. A vida por trás das telas e nos enclaves protegidos por empresas de segurança privada se tornará a norma.

Na África, em particular, como em muitas partes do Sul do mundo, a extração intensiva de energia, a pulverização agrícola, a predação em contextos de venda de terras e a destruição das florestas seguirão com ainda mais vigor. A provisão e a produção dos chips e dos supercomputadores dependem disso. O fornecimento e a distribuição de recursos e de energia necessários para a infraestrutura da computação global se darão em prejuízo da mobilidade humana, que será ainda mais restringida. Manter o mundo à distância se tornará a norma, e será comum expulsar toda sorte de risco ao exterior. Por não atacar nossa precariedade ecológica, contudo, essa visão catabólica de mundo, inspirada nas teorias da imunização e contágio, dificilmente nos permitirá sair do impasse planetário em que nos encontramos.

**6.**
Das guerras travadas contra o vivo, pode-se dizer que seu traço fundamental terá sido o de tirar o fôlego. Enquanto entrave maior à respiração e à reanimação de corpos e tecidos humanos, a COVID-19 segue a mesma trajetória. Em que consiste respirar, efetivamente, senão na absorção de oxigênio e na expulsão de dióxido de carbono, ou ainda em uma troca dinâmica entre sangue e tecidos? Mas, no compasso em que anda a vida na Terra, e em vista do pouco que resta da riqueza do planeta, estaremos tão distantes assim do tempo em que haverá mais dióxido de carbono para inalar do que oxigênio para aspirar?

Antes desse vírus, a humanidade já estava ameaçada de asfixia. Se houver guerra, portanto, ela não será contra um vírus em particular, mas contra tudo o que condena a maior parte da humanidade à cessação prematura da respiração, tudo o que ataca sobretudo as vias respiratórias, tudo que, durante a longa duração do capitalismo, terá reservado a segmentos de populações ou raças inteiras, submetidas a uma respiração difícil e ofegante, uma vida penosa. Para escapar disso, contudo, é preciso compreender a respiração para além de seus aspectos puramente biológicos, como algo que é comum a nós e que, por definição, escapa a todo cálculo. Estamos falando, portanto, de um direito universal à respiração.

Como aquilo que é a um só tempo fora do solo e nosso solo comum, o direito universal à respiração não é quantificável. Não pode ser apropriável. É um direito em relação à universalidade não só de cada membro da espécie humana, mas do vivo como um todo. Deve, portanto, ser entendido como um direito fundamental à existência. Como tal, não pode ser objeto de confisco, e escapa a toda soberania porque sintetiza o princípio da soberania em si mesmo. Trata-se, ademais, de um direito originário de habitar a Terra, próprio da comunidade universal de seus habitantes, humanos e outros.[8]

**Coda**
O processo terá sido instaurado milhares de vezes. Podemos recitar as principais acusações de olhos fechados. Quer se trate da destruição da biosfera, do aprisionamento de mentes pela tecnociência, da desintegração da resistência, de ataques repetidos contra a razão, da cretinização dos espíritos ou da ascensão de determinismos (genéticos, neuronais, biológicos, ambientais), os perigos para a humanidade são cada vez mais existenciais.

Dentre todos esses perigos, o maior é que toda forma de vida seja inviabilizada. Entre aqueles que sonham em transferir nossa consciência para as máquinas e aqueles que estão convencidos de que a próxima mutação da espécie consiste na

---

[8] Sarah Vanuxem, *La Proprieté de la Terre*. Marselha: Wildproject, 2018; Marin Schaffner, *Un Sol commun. Lutter, habiter, penser*. Marselha: Wildproject, 2019.

emancipação em relação à nossa ganga biológica, a distância é insignificante. A tentação da eugenia não desapareceu. Ao contrário, ela está na base dos recentes avanços na ciência e na tecnologia.

Em meio a tudo isso, sobrevém esta parada brusca – não da história, mas de algo que ainda é difícil apreender. Por ser forçada, essa interrupção não resulta da nossa vontade. Sob vários aspectos, é imprevista e imprevisível. No entanto, é de uma interrupção voluntária, consciente e plenamente consentida que precisamos, caso contrário, mal haverá um depois. Haverá apenas uma série ininterrupta de acontecimentos imprevistos.

Se a COVID-19 é, de fato, a expressão espetacular do impasse planetário em que a humanidade se encontra, então não se trata simplesmente de recompor uma Terra habitável para que ela ofereça a todos a possibilidade de uma vida respirável. Trata-se, na realidade, de recuperar as fontes do nosso mundo, a fim de forjar novas terras. A humanidade e a biosfera estão ligadas. Uma não tem futuro algum sem a outra. Seremos capazes de redescobrir nosso pertencimento à própria espécie e nosso vínculo inquebrável com o conjunto do vivente? Esta talvez seja a pergunta derradeira, antes que a porta se feche de uma vez por todas.

**Achille Mbembe** é historiador e autor, entre outros, de *Crítica da razão negra*, *Necropolítica*, *Políticas da inimizade* e, no prelo, *Brutalismo* (n-1 edições).

(...) 11/04

# O vírus é uma força anárquica de metamorfose

Emanuele Coccia

TRADUÇÃO Damian Kraus

A partir da epidemia de COVID-19, os vírus invadiram corpos e mentes. Mas o que, de fato, eles são? Para o filósofo Emanuele Coccia, os vírus são, sobretudo, um poder de transformação. Na passagem de uma criatura para outra, eles atestam nossa procedência de um mesmo sopro de vida. Será isso um passo para o lado, para atenuar a ansiedade do contágio?

*Em seu último ensaio,* Metamorfoses, *você escreve que todos os seres vivos vêm da mesma vida, que se transmuta incessantemente. Não é isso o que todos nós infelizmente experimentamos com a epidemia?*
**Emanuele Coccia** – As duas últimas páginas de *Metamorfoses*, escritas bem antes da atual pandemia, são dedicadas aos vírus. Nelas esboço a ideia de que o vírus é a forma pela qual o futuro existe no presente. O vírus, de fato, é uma pura força de metamorfose, e circula de vida em vida sem se restringir às fronteiras dos corpos. Livre, anárquico, quase imaterial, não pertencendo a indivíduo algum, possui capacidade para transformar todos os seres vivos, permitindo-lhes atingir sua forma singular. Pense que uma parte do nosso DNA, provavelmente cerca de 8%, tem origem viral! Os vírus são uma força de novidade, de modificação, de transformação, e possuem um potencial de invenção que tem tido um papel essencial na evolução. Eles são uma prova de que não somos senão identidades genéticas de uma bricolagem multiespecífica. Gilles Deleuze escreveu que "fazemos rizoma com nossos vírus, ou antes, nossos vírus nos fazem fazer rizoma com outros animais". Nessa perspectiva, o futuro é a doença da identidade, o câncer do presente, que obriga a todos os seres vivos a se metamorfosearem. Eles precisam adoecer, contaminar-se e, possivelmente, morrer para que a vida continue seu curso e dê à luz o futuro.

*Essa forma de ver as coisas pode parecer mais inquietante que tranquilizadora…*
O poder transformador dos vírus dá obviamente um pouco de medo, pois a COVID-19 está mudando profundamente o nosso mundo. A crise epidemiológica, no fim, será

superada, mas o aparecimento desse vírus já mudou irremediavelmente nossos estilos de vida, nossas realidades sociais, nossos equilíbrios geopolíticos. Grande parte da angústia que experimentamos hoje é resultante da nossa compreensão de que o menor ser vivo é capaz de paralisar a civilização humana mais bem equipada tecnicamente. Esse poder transformador de um ser invisível, acredito, produz um questionamento do narcisismo das nossas sociedades.

*Ou seja?*
Estou pensando não somente no narcisismo que torna o ser humano mestre da natureza, mas também naquele que nos leva a conceder ao ser humano um poder destrutivo incrível e exclusivo sobre os equilíbrios naturais. Continuamos a nos enxergar como especiais, diferentes, excepcionais, inclusive na contemplação do dano que infligimos a outros seres vivos. Contudo, esse poder de destruição, do mesmo modo que a força da geração, está distribuído equitativamente entre todos os seres vivos. O ser humano não é o ser que mais altera a natureza. Qualquer bactéria, qualquer vírus, qualquer inseto pode produzir um grande impacto no mundo.

*A atual pandemia deveria também nos induzir a mudar de opinião?*
A ecologia contemporânea continua a se nutrir de um imaginário em que a Terra aparece como a casa da vida. Trata-se de uma ideia implícita nas próprias palavras ecologia e ecossistema: *oikos*, em grego, designa a morada, a esfera doméstica bem organizada. Na realidade, a natureza não é o reino do equilíbrio perpétuo, onde todos estariam no seu lugar. É um espaço para a invenção permanente de novos seres vivos que alteram totalmente o equilíbrio. Todos os seres migram, todos os seres ocupam a casa de outros. A vida, basicamente, é só isso.

*Mais que um medo do vírus, o clima atual revela um medo da morte?*
Sim, definitivamente. É natural ter medo da morte e lutar contra ela tanto quanto nos for possível. É normal adotar medidas para proteger a comunidade e principalmente seus membros mais frágeis. Para além da crise que estamos atravessando, contudo, nossas sociedades tendem a recalcar a morte e pensar na vida individual em termos absolutos. Porém a vida que vivemos não começa com o nosso nascimento: é a vida da nossa mãe que se estendeu até nós e que continuará a viver em nossos filhos. Somos a mesma carne, o mesmo sopro, os mesmos átomos da nossa mãe, que nos acolheu durante nove meses. A vida vai de um corpo para outro, de uma espécie para outra, de um reino para outro através do nascimento, da nutrição, mas também, e, sobretudo, da morte. Também é em virtude do que compartilhamos (humanos, pangolins, plantas, fungos, vírus etc.), é pelo próprio sopro da vida que ficamos expostos à morte – é apenas porque a vida é em mim que ela pode se tornar a vida de uma outra pessoa, e que posso perdê-la.

*A morte não é o fim da vida?*
Não é. A morte é a metamorfose da própria vida que circula e se prepara permanentemente para tomar outras formas. Ao morrermos, passaremos essa vida para outros seres. A crença de que a vida que nos anima acaba com a morte do nosso corpo é uma consequência da fetichização do nosso ser – a ideia de que cada um de nós tem uma vida que nos pertence, nativa. Precisamos nos libertar dessa concepção.

*Parece uma perspectiva libertadora, mas, de entrada, também preocupante, não é?*
É a própria vida que é inquietante e ambígua! Qualquer vida é um potencial para a criação, para a invenção. Qualquer vida é capaz de impor uma nova ordem, uma nova perspectiva, uma nova forma de existir. Mas essa abertura para o novo sempre envolve uma parte sombria e destrutiva. Pense apenas no elementar ato de comer: nossa vida está literalmente construída sobre os cadáveres dos vivos. O nosso corpo é o cemitério de um número infinito de outros seres. E nós mesmos seremos consumidos por outros vivos. Com o vírus, nós percebemos que esse poder de novidade incrível não está ligado a uma competência anatômica específica, por exemplo, o tamanho ou a capacidade cerebral. Enquanto houver vida, pouco importa onde ela se situa na árvore da evolução, estaremos em presença de um poder colossal, capaz de mudar a face do planeta.

*Deveríamos então abandonar a ideia tradicional de uma hierarquia de espécies?*
Deveríamos. Assumimos espontaneamente que o animal é superior à planta, que a planta é superior à bactéria etc. Porém as formas de vida menores não são as mais básicas, nem as mais primitivas. Nenhum ser vivo conservou a forma que tinha há milhões de anos. Cada ser vivo tem por trás de si uma história milenar envolvendo outros seres. A evolução dos vírus, por exemplo, está ligada à de outros seres vivos, pois eles "se alimentam" de pedaços de DNA.

*O que faz a especificidade da existência dos vírus?*
Em primeiro lugar, há uma discussão sobre eles que, acredito, nunca será resolvida: os vírus são seres vivos? Trata-se, nessa discussão teórica, acredito, de uma pergunta mal formulada. Sempre existe o não vivo no vivo, de fato. Somos feitos do mesmo material que a Terra. Possuímos uma estrutura molecular que contém algo de mineral. Por isso um livro muito bonito de Thomas Heams propõe falar em "infravidas" ao invés de não vidas. Em resumo, os vírus praticamente se reduzem a DNA ou RNA, material genético. Não têm uma estrutura celular – núcleo, mitocôndrias etc. Isso é surpreendente, porque a célula costuma ser tomada como a unidade básica comum a todos os seres vivos. Inclusive as bactérias têm uma estrutura celular, embora muito específica. Em qualquer caso, os vírus precisam de outras estruturas biológicas maiores para se sustentar e se reproduzir: eles "pirateiam" as

células de outros organismos e transmitem a eles novas instruções genéticas para se multiplicar.

*O que pensar da metáfora do vírus informático?*
Penso que deveríamos reverter isso: toda informação é um vírus. Toda informação vem de outro lugar. Nesse mesmo sentido, podemos falar que a linguagem e o pensamento estão estruturados como genes: todo pensamento pode ser decomposto em elementos mais ou menos complexos, os quais, como os genes, podem ser transmitidos. Isso possibilita que as mentes daqueles que recebem a informação pensem o mesmo ou emitam o mesmo gesto em um novo contexto.

*Devemos admitir que os vírus fazem parte da multidão de seres que habitam em nós?*
Todos nós somos corpos que transportam uma inacreditável quantidade de bactérias, vírus, fungos e não humanos. São 100 bilhões de bactérias de 500 a 1 000 espécies que se instalam em nós. Quer dizer, dez vezes mais que a quantidade de células que compõem os nossos corpos. Em resumo, não somos um ser vivo só, mas uma população, uma espécie de zoológico itinerante. Ainda mais profundamente, múltiplos não humanos, a começar pelos vírus, ajudaram a dar forma ao organismo humano, sua forma, sua estrutura. As mitocôndrias das nossas células, que produzem energia, resultam da incorporação de bactérias. Essa evidência científica deveria nos levar a questionar a substancialização do indivíduo, a ideia de que ele é uma entidade em si, fechada ao mundo e à outridade. Mas também teríamos que eliminar a substancialização das espécies.

*O que isso quer dizer?*
Apesar da ciência, temos cavado um abismo entre as diferentes espécies. Nunca integramos completamente a intuição de Darwin, que não era tanto a de que "o homem descende dos primatas", mas antes que "nenhuma espécie é pura, toda espécie é uma mistura estranha, uma quimera, uma bricolagem, um mosaico de identidades genéticas de outras espécies que a antecederam". Todos somos feitos um do outro, levamos as marcas de uma multidão de formas pelas quais a vida passou antes de produzir a forma humana. Observe o corpo humano: a maioria de suas características morfológicas, como o nariz ou os olhos, não são especificamente humanos. Nossas vidas são pouco humanas. Nós, os vivos, somos a mesma vida de outros locais apenas modificada. Uma vida que começa muito antes de nós. Qualquer espécie é como a borboleta de outra e a lagarta pronta para se transformar em uma infinidade de outras. Do ponto de vista químico, a prova final disso é que todos compartilhamos o mesmo maquinário genético, DNA e RNA.

*Para finalizar, você indicaria uma leitura para esses tempos de clausura?*
Há um texto muito bonito de Aldo Leopold, *Odyssey* (1942), no qual ele conta a vida do ponto de vista de um átomo que atravessa várias formas de vida. Essa leitura nos permite perceber que tudo o que nos circunda participa da mesma respiração e da mesma vida.

*Artigo publicado originalmente em* Philosophie Magazine *em 26 de março de 2020.*

**Emanuele Coccia** é filósofo e professor na Escola de Estudos Avançados em Ciências Sociais (EHESS), em Paris. Seus livros mais recentes são *A vida das plantas* (Cultura e Barbárie) e *Métamorphoses* (Payot & Rivages). Em 2019, co-organizou a exposição *Nous les Arbres* na Fondation Cartier, em Paris.

(...) 12/04

# Contágio Social
# Coronavírus, China, capitalismo tardio e o "mundo natural"
Coletivo Chuang

**A fornalha**
Wuhan é conhecida coloquialmente como uma das "quatro fornalhas" (火炉 火炉) da China, por seu verão opressivamente úmido e quente, compartilhado com Chongqing, Nanjing e alternadamente Nanchang ou Changsha, todas cidades agitadas e antigas, localizadas perto ou ao longo do vale do rio Yangtzé. Das quatro, Wuhan, no entanto, também é polvilhada de fornalhas literais: o enorme complexo urbano atua como uma espécie de núcleo para as indústrias siderúrgicas, de concreto e outras indústrias relacionadas à construção da China, com uma paisagem pontilhada pelos altos fornos de resfriamento lento das remanescentes fundições de ferro e aço pertencentes ao Estado, agora atormentadas pela superprodução e forçadas a uma nova e contenciosa rodada de *downsizing*, privatização e reestruturação geral, resultando em várias grandes greves e protestos nos últimos cinco anos. A cidade é essencialmente a capital da construção da China, o que significa que desempenhou um papel particularmente importante no período após a crise econômica global, uma vez que foram os anos em que o crescimento chinês foi impulsionado pela canalização de fundos de investimento para projetos de infraestrutura e construção de imóveis. Wuhan não apenas alimentou essa bolha com sua superoferta de materiais de construção e engenheiros civis, mas também, ao fazê-lo, tornou-se uma cidade em expansão imobiliária. De acordo com nossos próprios cálculos, em 2018-2019, a área total dedicada aos canteiros de obras em Wuhan era equivalente ao tamanho da ilha de Hong Kong como um todo.

Mas agora a fornalha que impulsiona a economia chinesa pós-crise, bem como aquelas encontradas em suas fundições de ferro e aço, parece estar esfriando. Embora esse processo já estivesse em andamento, a metáfora não é mais simplesmente econômica, pois a cidade outrora movimentada está fechada por mais de um mês, suas ruas esvaziadas por ordem do governo: "A maior contribuição que você pode dar é: não se reúnam, não causem caos", dizia uma manchete no *Guangming Daily*, jornal dirigido pelo departamento de propaganda do Partido Comunista Chinês. Hoje, as amplas novas avenidas de Wuhan e os brilhantes edifícios de aço e vidro que as coroam estão todos frios e vazios, à medida que o inverno diminui com o Ano Novo Lunar e a cidade entra em estagnação sob a constrição da ampla quarentena. Isolar-se é um bom conselho para qualquer pessoa na China, onde o surto do novo coronavírus (recentemente renomeado para "SARS-COV-2" e sua doença "COVID-19") matou quase 3 000 pessoas — mais do que seu antecessor, a epidemia de SARS em 2003. Todo o país está bloqueado, como ocorreu durante a SARS. As escolas estão fechadas e as pessoas seguem trancadas em suas casas em todo o país. Quase toda a atividade econômica parou no feriado do Ano Novo Lunar, em 25 de janeiro, mas a pausa foi estendida por um mês para conter a propagação da epidemia. As fornalhas da China parecem ter parado de queimar ou, pelo menos, foram reduzidas a leves braseiros. De certa forma, porém, a cidade se tornou outro tipo de fornalha, pois o coronavírus queima sua população maciçamente, como uma febre em grande escala.

A responsabilidade do surto foi apontada, incorretamente, em tudo, desde a liberação conspiratória e/ou acidental de uma cepa de vírus do Instituto Wuhan de Virologia — uma alegação duvidosa divulgada pelas mídias sociais, particularmente pelas postagens paranoicas de Hong Kong e Taiwan no Facebook, mas agora sustentada no Ocidente por veículos de imprensa conservadores e interesses militares — à propensão do povo chinês a consumir alimentos "sujos" ou "estranhos", uma vez que o surto de vírus está ligado a morcegos ou cobras vendidos em um mercado popular semi-ilegal especializado em animais selvagens e raros (embora essa não seja sua fonte definitiva). Ambas as teorias da conspiração exibem o óbvio interesse militar e orientalismo comuns aos relatos ocidentais sobre a China, e vários artigos apontaram esse fato básico. Mas mesmo essas respostas tendem a se concentrar apenas em questões sobre como o vírus é percebido na esfera cultural, gastando muito menos tempo investigando a dinâmica muito mais brutal que se esconde sob o frenesi da mídia.

Uma variante um pouco mais complexa da questão compreende pelo menos as consequências econômicas, mesmo quando exagera para efeito retórico as possíveis repercussões políticas. Aqui encontramos os suspeitos do costume, variando de políticos cujas carreiras se resumem a insuflar o militarismo americano ao tipinho das tomadoras de latte agarradas às suas bolsas de pérolas do haute-liberalismo: agências de imprensa, da *National Review* ao *New York Times*, já sugeriram que o surto pode trazer uma "crise de legitimidade" para o PCCh, apesar de mal haver uma mera poeira de levante no ar. Mas o cerne da verdade para essas previsões está na compreensão das dimensões econômicas da quarentena, algo que dificilmente poderia passar batido para jornalistas com carteiras de ações mais espessas que seus crânios. Porque o fato é que, apesar do pedido do governo pelo isolamento, as pessoas em breve poderão ser forçadas a se "reunir" para atender às necessidades de produção. De acordo com as últimas estimativas, a epidemia desde já fará com que o PIB da China caia para

5% em 2020, abaixo da taxa de crescimento de 6% de 2019, a menor em três décadas. Alguns analistas disseram que o crescimento no primeiro trimestre pode cair 4% ou menos, e que isso pode arriscar algum tipo de recessão global. Uma questão anteriormente impensável está colocada: o que realmente acontece com a economia global quando a fornalha chinesa começa a esfriar?

Na própria China é difícil prever a trajetória final desse evento, mas o momento já trouxe um raro processo coletivo de questionar e aprender sobre a sociedade. A epidemia já infectou diretamente cerca de 80 000 pessoas (na estimativa mais conservadora), mas provocou um choque na vida cotidiana do capitalismo em 1,4 bilhão, presos em um momento de autorreflexão precária. Este momento, embora cheio de medo, fez com que todos ao mesmo tempo se fizessem perguntas profundas: O que vai acontecer comigo? Com meus filhos, minha família e meus amigos? Teremos comida suficiente? Eu serei pago? Vou conseguir pagar o aluguel? Quem é responsável por tudo isso? Estranhamente, a experiência subjetiva é semelhante à de uma greve em massa – mas que, em seu caráter não espontâneo, de cima para baixo e especialmente em sua hiperatomização involuntária, ilustra os enigmas básicos do nosso próprio presente político, estrangulado tão claramente quanto as verdadeiras greves de massa do século anterior elucidaram as contradições de sua época. A quarentena, então, é como uma greve oca de suas características comunais, capaz, no entanto, de causar um choque profundo à psique e à economia. Somente esse fato já a torna digna de reflexão.

É claro que especulações sobre a queda iminente do PCCh são um absurdo previsível, um dos passatempos favoritos da *New Yorker* e da *Economist*. Enquanto isso, estão em andamento os protocolos normais de supressão da mídia, nos quais artigos de opinião abertamente racistas publicados em grandes veículos são combatidos por um enxame de textões de redes sociais polemizando contra o orientalismo e outras facetas da ideologia. Mas quase toda a discussão permanece no nível da representação – ou, na melhor das hipóteses, das políticas de contenção e das consequências econômicas da epidemia –, sem se aprofundar nas questões de como essas doenças são, em primeiro lugar, produzidas, muito menos distribuídas. Mesmo isso, no entanto, não é suficiente. Agora não é hora de um simples exercício de "Scooby-Doo Marxista", de tirar a máscara do vilão para revelar que, sim, de fato era o capitalismo que estava causando o coronavírus o tempo todo! Isso não seria mais sutil do que comentaristas estrangeiros caçando possibilidades de uma mudança de regime. É claro que o capitalismo é o culpado, mas como exatamente a esfera socioeconômica interage com a esfera biológica, e que tipos de lições mais profundas podem ser tiradas de toda essa experiência?

Nesse sentido, o surto apresenta duas oportunidades de reflexão: primeiro, é uma abertura instrutiva na qual podemos revisar questões substanciais sobre como a produção capitalista se relaciona com o mundo não humano em um nível mais fundamental — como, em resumo, o "mundo natural", incluindo seus substratos microbiológicos, não pode ser entendido sem referência a como a sociedade organiza a sua produção (porque os dois não são, de fato, separados). Ao mesmo tempo, é um lembrete de que o único comunismo que merece esse nome é aquele que inclui o potencial de um naturalismo totalmente politizado. Segundo, também podemos usar esse momento de isolamento para nossa própria reflexão sobre o estado atual da sociedade chinesa. Algumas coisas só ficam claras quando tudo para de repente, e uma desaceleração desse tipo não pode deixar de tornar visíveis as tensões anteriormente obscurecidas. A seguir, exploraremos essas duas questões, mostrando não apenas como a acumulação capitalista produz tais pragas, mas também como o momento da pandemia é um caso contraditório de crise política, tornando visível para as pessoas os potenciais e as dependências invisíveis do mundo ao redor delas, oferecendo também mais uma desculpa para a extensão dos sistemas de controle ainda mais profundo na vida cotidiana.

**A produção de pragas**
O vírus por trás da epidemia atual (SARS-COV-2) foi, como o antecessor de 2003, SARS-COV, e também como a gripe aviária e gripe suína antes dele, gestado no nexo entre a economia e a epidemiologia. Não é por acaso que muitos desses vírus assumiram o nome de animais: a disseminação de novas doenças para a população humana acontece através da chamada transferência zoonótica, que é uma maneira técnica de dizer que essas infecções saltam dos animais para os humanos. Esse salto de uma espécie para outra é condicionado por questões como proximidade e regularidade do contato, que constroem o ambiente em que a doença é forçada a evoluir. Quando essa interface entre humanos e animais muda, também mudam as condições nas quais essas doenças evoluem. Para além das quatro fornalhas, então, encontra-se uma fornalha mais fundamental subjacente aos centros industriais do mundo: a panela de pressão evolutiva criada pela agricultura e urbanização capitalistas. Isso fornece o meio ideal através do qual pragas cada vez mais devastadoras nascem, transformam-se, são induzidas a saltos zoonóticos e, em seguida, agressivamente vetorizadas através da população humana. A isso se somam processos igualmente intensivos que ocorrem nas margens da economia, nos quais cepas "selvagens" são encontradas por pessoas pressionadas a incursões agroeconômicas cada vez mais extensivas sobre os ecossistemas locais. O coronavírus mais recente, em suas origens "selvagens" e sua súbita disseminação por um núcleo fortemente industrializado e urbanizado da economia global, representa as duas dimensões da nossa nova era de pragas político-econômicas.

A ideia básica aqui é desenvolvida mais minuciosamente por biólogos de esquerda como Robert G. Wallace, cujo livro *Pandemia e agronegócio* aponta largamente para a conexão entre o agronegócio capitalista e a etiologia de epidemias recentes que variam da SARS ao Ebola.¹ Essas epidemias podem ser fracamente agrupadas em duas categorias, a primeira originada no núcleo da produção agroeconômica e a segunda nas fronteiras agrícolas. Ao traçar a disseminação do H5N1, também conhecida como gripe aviária, ele resume vários fatores-chave geográficos para aquelas epidemias que se originam no núcleo produtivo:

As paisagens rurais de muitos dos países mais pobres são agora caracterizadas pelo agronegócio desregulamentado pressionado contra as favelas periubanas. A transmissão descontrolada em áreas vulneráveis aumenta a variação genética com a qual o H5N1 pode evoluir características específicas para a infecção em humanos. Ao se espalhar por três continentes, o H5N1, em rápida evolução, também entra em contato com uma variedade crescente de ambientes socioecológicos, incluindo combinações localmente específicas dos tipos de hospedeiros prevalentes, modos de criação de aves e medidas de saúde animal.²

É claro que essa expansão é impulsionada pelos circuitos globais de mercadorias e pelas migrações regulares de trabalho que definem a geografia econômica capitalista. O resultado é "um tipo de seleção demoníaca crescente" através da qual o vírus apresenta um número maior de caminhos evolutivos em um tempo mais curto, permitindo que as variantes mais bem adaptadas superem as demais.

Mas esse é um argumento fácil, já comum na grande imprensa: o fato de a "globalização" possibilitar a disseminação de tais doenças mais rapidamente – embora aqui com um acréscimo importante, observando como esse processo de circulação também estimula o vírus a sofrer mutações mais rapidamente. A questão real, porém, vem antes: antes da circulação, aumentando a resiliência de tais doenças, a lógica básica do capital ajuda a pegar cepas virais previamente isoladas ou inofensivas e a colocá-las em ambientes hipercompetitivos que favorecem os traços específicos que causam epidemias, como ciclos rápidos de vida viral, a capacidade de salto zoonótico entre espécies transportadoras e a capacidade de evoluir rapidamente para novos vetores de transmissão. Essas cepas tendem a se destacar precisamente por causa de sua virulência. Em termos absolutos, parece que o desenvolvimento de cepas mais virulentas teria o efeito oposto, já que matar o hospedeiro mais rápido proporciona menos tempo para a propagação do vírus. O resfriado comum é um bom exemplo desse princípio, geralmente mantendo baixos níveis de intensidade que facilitam sua ampla distribuição pela população. Mas, em certos ambientes, a lógica oposta faz

---

1 Muito do que explicaremos nesta seção é simplesmente um resumo mais conciso dos argumentos de Wallace, voltados para uma audiência mais geral e sem a necessidade de "debater" com outros biólogos através da exposição de uma argumentação rigorosa e extensa pesquisa. Para aqueles que contestariam as evidências básicas, nos referimos ao trabalho de Wallace e seus compatriotas.

2 Robert G. Wallace, Big Farms Make Big Flu: Dispatches on Infectious Disease, Agribusiness, and the Nature of Science. Nova York: Monthly Review Press, 2016, p. 52 [ed. bras. *Pandemia e agronegócio: doenças infecciosas, capitalismo e ciência*. Trad. Allan Rodrigo de Campos Silva. São Paulo: Elefante, 2020].

muito mais sentido: quando um vírus tem numerosos hospedeiros da mesma espécie mantidos em proximidade, e especialmente quando esses hospedeiros já podem ter ciclos de vida mais curtos, o aumento da virulência se torna uma vantagem evolutiva.

Novamente, o exemplo da gripe aviária aqui é saliente. Wallace ressalta que os estudos demonstraram que "não há cepas endêmicas altamente patogênicas (da gripe) em populações de aves selvagens, a fonte reservatória inicial de quase todos os subtipos de gripe".[3] Em vez disso, as populações domesticadas reunidas em fazendas industriais parecem exibir uma clara relação com esses surtos, por razões óbvias: a crescente monocultura genética de animais domésticos remove qualquer obstáculo imunológico disponível para retardar a transmissão de novos patógenos. Tamanhos e densidades populacionais maiores facilitam maiores taxas de transmissão. Tais condições de densidade deprimem a resposta imunológica. O alto rendimento, parte de qualquer produção industrial, fornece um suprimento continuamente renovável de organismos suscetíveis, o combustível para a evolução da virulência.[4]

E, é claro, cada uma dessas características é uma consequência da lógica da concorrência industrial. Em particular, a acelerada taxa de "produtividade" em tais contextos tem uma dimensão biológica acentuada: "Assim que os animais industriais atingem o volume certo, são mortos. As infecções por influenza residentes precisam atingir seu limiar de transmissão rapidamente em qualquer desses animais [...]. Quanto mais rápido o vírus é produzido, maior o dano ao animal."[5] Ironicamente, a tentativa de suprimir esses surtos através do abate em massa — como nos recentes casos de peste suína africana, que resultaram na perda de quase um quarto do suprimento mundial de carne suína — pode ter o efeito não intencional de aumentar ainda mais essa pressão de seleção, induzindo assim a evolução de cepas hipervirulentas. Embora esses surtos tenham ocorrido historicamente em espécies domesticadas, muitas vezes após períodos de guerra ou catástrofes ambientais que pressionam mais as populações de gado, o aumento da intensidade e virulência de tais doenças seguiu inegavelmente a expansão da produção capitalista.

**História e etiologia**
Pragas são em larga medida uma sombra da industrialização capitalista, enquanto também agem como seu arauto. Os casos óbvios da varíola e de outras pandemias introduzidas na América do Norte são um exemplo muito simples, uma vez que sua intensidade foi aprimorada pela separação por longo prazo das populações humanas por meio barreiras geográficas — e essas doenças, independentemente, já haviam ganhado sua virulência via redes mercantis pré-capitalistas e a urbanização

---

3 Ibid., p. 56.
4 Ibid., pp. 56-57.
5 Ibid., p. 57.

precoce na Ásia e na Europa. Se olharmos para a Inglaterra, onde o capitalismo surgiu primeiro no campo, através da limpeza em massa de camponeses da terra a ser substituída por monoculturas de gado, vemos os primeiros exemplos dessas pragas distintamente capitalistas. Três pandemias diferentes ocorreram na Inglaterra do século XVIII, abrangendo os períodos de 1709-1720, 1742-1760 e 1768-1786. A origem de cada uma foi o gado importado da Europa, infectado pelas pandemias pré-capitalistas normais que se seguiram a guerras. Mas na Inglaterra o gado começou a se concentrar de novas maneiras, e a introdução do estoque infectado atingiria a população de maneira muito mais agressiva do que na Europa continental. Não é por acaso, então, que os surtos tenham se concentrado nos grandes laticínios de Londres, que proporcionaram ambientes ideais para a intensificação do vírus.

Por fim, os surtos foram contidos por meio do abate precoce seletivo e em menor escala, combinado à aplicação de práticas médicas e científicas modernas — essencialmente semelhantes à forma como essas epidemias são combatidas atualmente. Esta é a primeira instância do que se tornaria um padrão claro, imitando o das próprias crises econômicas: colapsos cada vez mais intensos que parecem colocar todo o sistema em um precipício, mas que são superados por meio de uma combinação de sacrifício em massa que limpa o mercado/população e de intensificação dos avanços tecnológicos — nesse caso, as práticas médicas modernas somadas às novas vacinas, muitas vezes chegando tarde demais, mas mesmo assim ajudando a limpar as coisas após a devastação.

Mas esse exemplo da terra natal do capitalismo também deve ser acompanhado de uma explicação dos efeitos que as práticas agrícolas capitalistas tiveram em sua periferia. Enquanto as pandemias de gado da Inglaterra capitalista inicial estavam contidas, os resultados em outros lugares foram muito mais devastadores. O exemplo com o maior impacto histórico é provavelmente o do surto de peste bovina na África que ocorreu na década de 1890. A data em si não é coincidência: a peste bovina atormentou a Europa com uma intensidade que acompanhou de perto o crescimento da agricultura em larga escala, apenas controlada pelo avanço da ciência moderna. Mas o final do século XIX viu o auge do imperialismo europeu, simbolizado pela colonização da África. A peste bovina foi trazida da Europa para a África Oriental com os italianos, que buscavam alcançar outras potências imperiais colonizando o Chifre da África através de uma série de campanhas militares. Essas campanhas terminaram principalmente em fracassos, mas a doença se espalhou pela população local de gado e finalmente chegou à África do Sul, onde devastou a economia agrícola capitalista da colônia, matando até o rebanho da propriedade do infame Cecil Rhodes, autodeclarado supremacista branco. O maior efeito histórico foi inegável: matando de 80 a 90% de todo o gado, a praga resultou em uma fome sem precedentes nas sociedades predominantemente pastoris da África Subsaariana. Esse despovoamento foi seguido pela colonização invasiva da savana pelo espinheiro, resultando na formação de um habitat para a mosca tsé-tsé, que carrega a doença do sono e impede o pastoreio de animais. Isso garantiu que o repovoamento da região após a fome seria limitado e possibilitou a disseminação das potências coloniais europeias por todo o continente.

Além de induzir periodicamente crises agrícolas e produzir as condições apocalípticas que ajudaram o capitalismo a ultrapassar suas fronteiras iniciais, essas pragas também assombraram o proletariado do próprio núcleo industrial. Antes de retornar aos muitos exemplos mais recentes, vale notar mais uma vez que simplesmente não há nada de exclusivamente chinês no surto de coronavírus. As explicações sobre o motivo de tantas epidemias parecerem surgir na China não são culturais, mas uma questão de geografia econômica. Isso é bastante claro se compararmos a China com os EUA ou a Europa, quando estes eram polos de produção global e emprego industrial em massa.[6] E o resultado é essencialmente idêntico, com os mesmos recursos. A mortandade de animais no campo se encontrou na cidade com a falta de saneamento básico e contaminação generalizada. Isso se transformou no foco dos primeiros esforços liberal-progressistas de reformas nas áreas da classe trabalhadora, simbolizados pela recepção do romance *The Jungle* (A selva), de Upton Sinclair, originalmente escrito para documentar o sofrimento dos trabalhadores imigrantes no setor de frigoríficos, mas adotado por liberais mais ricos preocupados com violações sanitárias e com as condições geralmente insalubres em que seus próprios alimentos eram preparados.

Esse ultraje liberal à "sujeira", com todo o seu racismo implícito, ainda define o que podemos pensar como a ideologia automática da maioria das pessoas quando confrontadas com as dimensões políticas de algo como as epidemias de coronavírus ou SARS. Mas os trabalhadores têm pouco controle sobre as condições em que trabalham. Mais importante, embora condições insalubres saiam da fábrica para a mesa devido à contaminação de alimentos, essa contaminação é realmente apenas a ponta do iceberg. Tais condições são a norma para aqueles que trabalham ou vivem em assentamentos proletários próximos, e essas condições induzem declínios na saúde da população que fornecem condições ainda mais favoráveis à disseminação das muitas pragas do capitalismo. Tomemos, por exemplo, o caso da gripe espanhola, uma das epidemias mais mortais da história. Um dos primeiros surtos de influenza H1N1 (em relação aos surtos mais recentes de gripe suína e aviária), supunha-se que ele fosse de alguma forma qualitativamente diferente de outras variantes de influenza, dado seu alto número de mortos. Embora isso pareça verdadeiro em parte (devido à capacidade da gripe espanhola de induzir uma reação exagerada do sistema imunológico), revisões posteriores da literatura e da pesquisa histórica em epidemiologia descobriram que o vírus pode

---

6 Isso não quer dizer que as comparações dos EUA com a China hoje também não sejam informativas. Como os EUA possuem seu próprio setor agroindustrial, eles próprios contribuem enormemente para a produção de novos vírus perigosos, sem mencionar infecções bacterianas resistentes a antibióticos.

não ter sido muito mais virulento do que outras cepas. Em vez disso, sua alta taxa de mortalidade provavelmente foi causada principalmente por desnutrição generalizada, superlotação urbana e condições de vida geralmente insalubres nas áreas afetadas, o que incentivou não apenas a disseminação da gripe em si, mas também o cultivo de superinfecções bacterianas sobre a infecção viral inicial.[7]

Em outras palavras, a alta taxa de mortalidade da gripe espanhola, embora retratada como uma aberração imprevisível característica dessa cepa do vírus, foi incrementada pelas condições sociais. Enquanto isso, a rápida disseminação da gripe foi possibilitada pelo comércio global e pela guerra global, naquele momento centrada nos imperialismos em rápida mudança que sobreviveram à Primeira Guerra Mundial. E encontramos novamente uma história, agora familiar, de como uma cepa mortal de influenza foi produzida em primeiro lugar: embora a origem exata ainda seja um pouco obscura, é agora amplamente assumido que ela tenha se originado em suínos ou aves domésticas, provavelmente no Kansas. O tempo e a localização são notáveis, pois os anos que se seguiram à guerra foram uma espécie de ponto de inflexão para a agricultura americana, que viu a ampla aplicação de métodos de produção cada vez mais mecanizados, quase fabris. Essas tendências só se intensificaram na década de 1920, e a aplicação em massa de tecnologias como a ceifeira-debulhadora induziu ao mesmo tempo uma gradual monopolização e um desastre ecológico, cuja combinação resultou na crise do Dust Bowl e na migração em massa que se seguiu. A concentração intensiva de gado que marcaria as fazendas industriais posteriores ainda não havia surgido, mas as formas mais básicas de concentração e produção intensiva que já haviam criado epidemias de gado em toda a Europa eram agora a norma. Se as epidemias de gado inglesas do século XVIII foram o primeiro caso de uma praga pecuária distintamente capitalista e o surto de peste bovina da África dos anos 1890 foi o maior dos holocaustos epidemiológicos do imperialismo, a gripe espanhola pode ser entendida como a primeira das pragas do capitalismo no proletariado.

## Era de ouro

Os paralelos com o atual caso chinês são salientes. A COVID-19 não pode ser entendida sem levar em consideração as maneiras pelas quais as últimas décadas de desenvolvimento da China no e através do sistema capitalista global moldaram o sistema de saúde do país e o estado da saúde pública em geral. A epidemia, por mais nova que seja, é, portanto, semelhante a outras crises de saúde pública que surgiram anteriormente, que tendem a ser produzidas quase com a mesma regularidade que as crises econômicas e a serem vistas de maneira semelhante na imprensa popular – como se

---

7 Ver: Brundage JF; Shanks GD, "What really happened during the 1918 influenza pandemic? The importance of bacterial secondary infections". *The Journal of Infectious Diseases*, vol. 196, n. 11, dez. 2007. pp. 1717-1718; 1718-1719; Morens DM; Fauci AS, "The 1918 influenza pandemic: Insights for the 21st century". *The Journal of Infectious Diseases*. vol. 195, n. 7, abr. 2007. pp. 1018-1028.

fossem aleatórias, eventos do tipo "cisne negro", totalmente imprevisíveis e sem precedentes. A realidade, no entanto, é que essas crises de saúde seguem seus próprios padrões caóticos e cíclicos de recorrência, tornados mais prováveis por uma série de contradições estruturais construídas na natureza da produção e da vida proletária no capitalismo. Muito parecido com o caso da gripe espanhola, o coronavírus foi originalmente capaz de se espalhar rapidamente por causa de uma degradação geral dos cuidados básicos de saúde entre a população em geral. Mas justamente porque essa degradação ocorreu em meio a um crescimento econômico espetacular, foi ocultada por trás do esplendor das cidades cintilantes e das grandes fábricas. A realidade, no entanto, é que os gastos com bens públicos na China, como assistência médica e educação, permanecem extremamente baixos, enquanto a maioria dos gastos públicos foi direcionada à infraestrutura de tijolo e concreto — pontes, estradas e eletricidade barata para a produção.

Enquanto isso, a qualidade dos produtos do mercado interno costuma ser perigosamente ruim. Durante décadas, a indústria chinesa produziu exportações de alta qualidade e alto valor, feitas com os mais altos padrões do mercado global, como iPhones e chips de computador. Mas os bens voltados para o consumo no mercado doméstico têm padrões abismalmente baixos, causando escândalos regulares e profunda desconfiança pública. Os muitos casos fazem um eco inegável ao *The Jungle*, de Sinclair, e a outros contos da "Era de Ouro Americana". O maior caso da memória recente, o escândalo do leite com melamina de 2008, deixou uma dúzia de bebês mortos e dezenas de milhares de hospitalizados (embora talvez centenas de milhares tenham sido afetados). Desde então, vários escândalos abalaram o público com regularidade: em 2011, quando o óleo de esgoto reciclado em caixas de gordura foi encontrado em restaurantes de todo o país, ou em 2018, quando vacinas defeituosas mataram várias crianças e, um ano depois, quando dezenas foram hospitalizadas ao receberem vacinas falsas contra o HPV. Histórias mais brandas são ainda mais desenfreadas, compondo um cenário familiar para qualquer pessoa que vive na China: mistura instantânea de sopa em pó "reforçada" com sabão para manter os custos baixos, empresários que vendem porcos que morreram de causas misteriosas para aldeias vizinhas, fofocas detalhadas sobre qual restaurante de esquina deixa você doente.

Antes da incorporação peça por peça do país ao sistema capitalista global, serviços como assistência médica eram prestados (principalmente nas cidades), na China, sob o sistema *danwei* de seguros-saúde baseados em empresas ou (principalmente, mas não exclusivamente, no campo) por clínicas de saúde locais compostas por muitos "médicos de pés descalços", todos prestados como um serviço gratuito. Os sucessos da assistência de saúde da era socialista, como seus sucessos no campo da educação básica e da alfabetização, foram substanciais o suficiente para que até os críticos mais severos do país precisassem reconhecê-los. A esquistossomose, que assolou o país por séculos, foi essencialmente exterminada em grande parte de seu núcleo histórico, apenas para retornar com vigor quando o sistema socialista de saúde começou a ser desmantelado. A mortalidade infantil despencou e, apesar da fome que acompanhou o Grande Salto Para a Frente, a expectativa de vida saltou de 45 para 68 anos entre 1950 e o início dos anos 1980. A imunização e as práticas sanitárias gerais se espalharam e as informações básicas sobre nutrição e saúde pública, bem como o acesso a medicamentos rudimentares, eram gratuitas e estavam disponíveis para todos. Enquanto isso, o sistema de médicos de pés descalços ajudou a distribuir conhecimento médico fundamental, embora limitado, a uma grande parte da população, ajudando a construir um sistema de saúde robusto e de baixo para cima em condições de grave pobreza material. Vale lembrar que tudo isso ocorreu em um momento em que a China era mais pobre, per capita, que um país médio da África Subsaariana hoje.

Desde então, uma combinação de negligência e privatização degradou substancialmente esse sistema ao mesmo tempo que a rápida urbanização e a produção industrial desregulamentada de bens domésticos e produtos alimentares tornaram a necessidade de uma assistência médica universalizada, sem mencionar a regulamentação sobre alimentos, medicamentos e segurança, mais necessária do que nunca. Hoje, os gastos públicos em saúde da China são de US$ 323 per capita, segundo dados da Organização Mundial da Saúde. Esse número é baixo, mesmo entre outros países de "renda média", e é cerca de metade do que é gasto por Brasil, Belarus e Bulgária. A regulamentação é mínima ou inexistente, resultando em vários escândalos do tipo mencionado acima. Enquanto isso, os efeitos dessas negligências são sentidos com mais força pelas centenas de milhões de trabalhadores migrantes, para os quais o direito a assistência médica básica evapora completamente quando eles deixam suas cidades de origem – de onde, sob o sistema *hukou*, são residentes permanentes, independentemente de sua localização real, o que significa que os recursos públicos não podem ser acessados em outro local.

Aparentemente, o sistema de saúde público deveria ter sido substituído no final dos anos 1990 por um sistema mais privatizado (embora gerenciado pelo Estado), no qual uma combinação de contribuições de empregadores e empregados proporcionaria assistência médica, pensões e seguro de habitação. Mas esse sistema de seguro social sofreu com pagamentos insuficientes sistemáticos, na medida em que as contribuições supostamente "necessárias" por parte dos empregadores são muitas vezes simplesmente ignoradas, deixando a esmagadora maioria dos trabalhadores a pagar do próprio bolso. De acordo com a última estimativa nacional disponível, apenas 22% dos trabalhadores migrantes tinham seguro médico básico. A falta de contribuições para o sistema de seguro social não é, no entanto, simplesmente um ato maldoso de patrões individualmente corruptos, mas é explicada em grande parte pelo fato de que as margens de lucro reduzidas não deixam espaço para benefícios sociais. Pelos nossos próprios cálculos, descobrimos que cobrar o seguro social não pago em um centro industrial como Dongguan reduziria os lucros industriais pela metade e levaria muitas empresas à falência. Para compensar as enormes lacunas, a China instituiu um minguado esquema médico suplementar para cobrir aposentados e trabalhadores independentes, que pagam apenas algumas centenas de yuans por pessoa por ano, em média.

Esse sistema médico dilapidado produz suas próprias tensões sociais aterradoras. Vários profissionais de saúde são mortos a cada ano e dezenas são feridos por ataques de pacientes raivosos ou, mais frequentemente, dos familiares de pacientes que morreram sob seus cuidados. O ataque mais recente ocorreu na véspera de Natal, quando um médico em Pequim foi esfaqueado até a morte pelo filho de um paciente que acreditava que sua mãe havia morrido devido a maus cuidados no hospital. Uma pesquisa com médicos descobriu que 85% deles já sofreram violência no local de trabalho, e, segundo outra, de 2015, 13% dos médicos na China foram agredidos fisicamente no ano anterior. Os médicos chineses atendem anualmente quatro vezes o número de pacientes que atendem os médicos dos EUA, enquanto recebem menos de US$ 15 000 por ano — em comparação, isso é menor que a renda per capita do país (US$ 16 760), enquanto nos EUA um salário médio de um médico (cerca de US$ 300 000) é quase cinco vezes maior que a renda per capita (US$ 60 200). Antes de ser fechado em 2016 e de seus criadores serem presos, o agora extinto projeto de Lu Yuyu e Li Tingyu para acompanhar a agitação social no país através de um blog registrou pelo menos algumas greves e protestos por trabalhadores médicos todos os meses em que funcionou.[8] Em 2015, o último ano inteiro com dados meticulosamente coletados, houve 43 desses eventos. Eles também registraram dezenas de "incidentes de tratamento médico [protesto]" a cada mês, liderados por familiares de pacientes, com 368 registrados em 2015.

Sob tais condições de desinvestimento público em massa do sistema de saúde, não é de surpreender que a COVID-19 tenha se espalhado tão facilmente. Combinado ao fato de que uma doença transmissível surge na China a cada 1-2 anos, as condições parecem preparadas para que essas epidemias continuem. Como no caso da gripe espanhola, as condições geralmente ruins de saúde pública entre a população proletária ajudaram o vírus a ganhar corpo e, a partir daí, a se espalhar rapidamente. Mas, novamente, não é apenas uma questão de distribuição. Também temos que entender como o próprio vírus foi produzido.

**Não há mais região selvagem**
No caso do surto mais recente, a história é menos direta do que os casos de gripe suína ou aviária, que estão tão claramente associados ao núcleo do sistema agroindustrial. Por um lado, as origens exatas do vírus ainda não estão totalmente esclarecidas. É possível que ele tenha se originado de porcos, um dos muitos animais

---

[8] Ver: "Picking Quarrels". *Chuang*, Issue 2. Disponível em: <http://chuangcn.org/journal/two/picking-quarrels/>.

domesticados e selvagens que são traficados no mercado popular de Wuhan que parece ser o epicentro do surto. Nesse caso, a causa pode ser mais semelhante aos casos acima do que poderia parecer. A maior probabilidade, no entanto, parece apontar para o vírus originário de morcegos ou possivelmente cobras, que geralmente são recolhidos na natureza. Mesmo aqui, porém, existe uma relação, já que o declínio na disponibilidade e segurança da carne de porco devido ao surto da febre suína africana fez com que o aumento da demanda de carne tenha sido atendido com frequência por esses mercados populares que vendem carne de caça "selvagem". Mas, sem a conexão direta da agricultura industrial, pode-se dizer que os mesmos processos econômicos têm alguma cumplicidade nesse surto em particular?

A resposta é sim, mas de uma maneira diferente. Novamente, Wallace aponta não apenas uma, mas duas rotas principais pelas quais o capitalismo ajuda a gestar e desencadear epidemias cada vez mais mortais: a primeira, descrita acima, é o caso diretamente industrial, no qual os vírus são gerados em ambientes industriais que foram totalmente subsumidos dentro da lógica capitalista. Mas o segundo é o caso indireto, que ocorre através da expansão e extração capitalistas nas áreas ainda não cultivadas, onde vírus anteriormente desconhecidos são essencialmente colhidos de populações selvagens e distribuídos ao longo dos circuitos globais de capital. Os dois não são totalmente separados, é claro, mas o segundo caso parece ser o que melhor descreve o surgimento da epidemia atual.[9] Nesse caso, o aumento da demanda de corpos de animais selvagens para consumo, uso médico, ou (como no caso dos camelos e MERS) uma variedade de funções culturalmente significativas constrói novas cadeias globais de mercadorias de bens "selvagens". Em outros, cadeias de valor agroecológicas preexistentes simplesmente se estendem sobre esferas anteriormente "selvagens", alterando ecologias locais e modificando a interface entre o humano e o não humano.

Wallace é claro a respeito disso, explicando várias dinâmicas que criam doenças piores, apesar de os próprios vírus já existirem em ambientes "naturais". A expansão da produção industrial em si "pode empurrar alimentos silvestres cada vez mais capitalizados para o final da paisagem primária, escavando uma variedade maior de patógenos potencialmente protopandêmicos". Em outras palavras, à medida que a acumulação de capital inclui novos territórios, os animais serão empurrados para

---

9 A seu modo, esses dois caminhos da produção pandêmica espelham o que Marx chama de subsunção "real" e "formal" na esfera da produção propriamente dita. Na subsunção real, o próprio processo real de produção é modificado através da introdução de novas tecnologias capazes de intensificar o ritmo e a magnitude da produção – semelhante à maneira como o ambiente industrial mudou as condições básicas da evolução viral, de modo que novas mutações são produzidas a um ritmo mais intenso e com maior virilidade. Na subsunção formal, que precede a subsunção real, essas novas tecnologias ainda não foram implementadas. Em vez disso, as formas de produção anteriormente existentes são simplesmente reunidas em novos locais que têm alguma interface com o mercado global, como no caso de trabalhadores manuais sendo colocados em uma oficina que vende seu produto com lucro – e isso é semelhante à maneira pela qual os vírus produzidos em ambientes "naturais" são trazidos da população selvagem e introduzidos nas populações domésticas pelo mercado global.

áreas menos acessíveis, onde entrarão em contato com cepas de doenças previamente isoladas, enquanto esses animais se tornarão alvos de mercantilização, já que "até as espécies de subsistência mais selvagens estão sendo inseridas em cadeias de valor agroeconômicas". Da mesma forma, essa expansão empurra os humanos para mais perto desses animais e desses ambientes, o que "pode aumentar a interface (e o transbordamento) entre populações não humanas selvagens e a ruralidade recém-urbanizada". Isso dá aos vírus mais oportunidades e recursos para sofrerem mutações de uma maneira que permita infectar seres humanos, aumentando a probabilidade de transbordamento biológico. A geografia da própria indústria nunca é tão claramente urbana ou rural, da mesma forma que a agricultura industrial monopolizada faz uso de fazendas de grande porte e de pequenos agricultores: "na pequena propriedade de um granjeiro (ligado a uma indústria agropecuária) ao longo da borda da floresta, um alimento animal pode pegar um patógeno antes de ser enviado de volta para uma planta de processamento no anel externo de uma grande cidade".

O fato é que a esfera "natural" já está subordinada a um sistema capitalista totalmente globalizado que conseguiu alterar a base do sistema climático global e devastar tantos ecossistemas pré-capitalistas[10] que o que sobrou não funciona mais como antigamente. Aqui reside outro fator causal, uma vez que, segundo Wallace, todos esses processos de devastação ecológica reduzem "o tipo de complexidade ambiental com a qual a floresta interrompe as cadeias de transmissão". A realidade, então, é que é impróprio pensar nessas áreas como a "periferia" natural de um sistema capitalista. O capitalismo já é global e totalizante. Ele não tem mais um limite ou uma fronteira com alguma esfera natural e não capitalista para além dele, e, portanto, não há uma grande cadeia de desenvolvimento em que os países "atrasados" sigam os que estão à frente em uma progressiva "cadeia de valor", nem qualquer "vastidão selvagem" capaz de ser preservada como algum tipo de condição pura e intocada. Em vez disso, o capital apenas subordinou as áreas longe das aglomerações urbanas, totalmente subsumidas nas cadeias globais de valor. Os sistemas sociais resultantes – incluindo tudo, desde um suposto "tribalismo" até o ressurgimento das religiões fundamentalistas antimodernas – são produtos totalmente contemporâneos e quase sempre estão de fato conectados aos mercados globais, na maior parte das vezes diretamente. O mesmo pode ser dito dos sistemas biológico-ecológicos resultantes, uma vez que as áreas "selvagens" são realmente imanentes a essa economia global, tanto no sentido abstrato de dependência do clima e dos ecossistemas relacionados quanto no sentido direto de estarem conectados às mesmas cadeias de valor globais.

Esse fato produz as condições necessárias para a transformação de cepas virais

---

10 É um equívoco equiparar esses ecossistemas com um estado "pré-humano". A China é um exemplo perfeito, pois muitas de suas paisagens naturais aparentemente "primitivas" foram, de fato, o produto de períodos muito mais antigos de expansão humana, que exterminaram espécies que antes eram comuns no continente asiático, como os elefantes.

"selvagens" em pandemias globais. Mas a COVID-19 não é a pior delas. Uma ilustração ideal do princípio básico — e do perigo global — pode ser encontrada no Ebola. O vírus Ebola[11] é um caso claro de um reservatório viral existente sendo derramado na população humana. As evidências atuais sugerem que os hospedeiros de origem são várias espécies de morcegos nativos da África Ocidental e Central, que agem como portadores, mas não são afetados pelo vírus. O mesmo não ocorre com outros mamíferos selvagens, como primatas e seixas, que contraem periodicamente o vírus e sofrem surtos rápidos e de alta fatalidade. O ebola tem um ciclo de vida particularmente agressivo quando ataca fora de suas espécies-reservatório. Através do contato com qualquer um desses hospedeiros selvagens, os humanos também podem ser infectados, com resultados devastadores. Várias epidemias importantes ocorreram, e a taxa de mortalidade para a maioria foi extremamente alta, quase sempre superior a 50%. O maior surto registrado, que continuou esporadicamente de 2013 a 2016 em vários países da África Ocidental, registrou 11 000 mortes. A taxa de mortalidade para os pacientes hospitalizados nesse surto foi de 57 a 59%, e muito mais alta para aqueles sem acesso a hospitais. Nos últimos anos, várias vacinas foram desenvolvidas por empresas privadas, mas mecanismos de aprovação lentos e rigorosos direitos de propriedade intelectual se combinaram com a falta generalizada de infraestrutura de saúde para produzir uma situação em que as vacinas pouco fizeram para impedir a epidemia mais recente, centrada na República Democrática do Congo (RDC) e agora o surto mais duradouro.

A doença é frequentemente apresentada como se fosse algo como um desastre natural — na melhor das hipóteses. Na pior das hipóteses, é atribuída às práticas culturais "impuras" dos pobres que vivem na floresta. Mas o momento desses dois grandes surtos (de 2013 a 2016 na África Ocidental e de 2018 até o presente na RDC) não é uma coincidência. Ambos ocorreram precisamente quando a expansão das indústrias primárias tem deslocado ainda mais os povos que habitam as florestas e perturbado os ecossistemas locais. De fato, isso parece ser verdade não só para os casos mais recentes, pois, como explica Wallace, "todo surto de Ebola parece conectado a mudanças de capital no uso da terra, incluindo o primeiro surto em Nzara, Sudão, em 1976, onde uma fábrica financiada pelos britânicos começou a tecer algodão local". Da mesma forma, os surtos de 2013 na Guiné ocorreram logo após um novo governo ter começado a abrir o país aos mercados globais e vender grandes extensões de terra a conglomerados internacionais do agronegócio. A indústria de óleo de palma, notória por seu papel no desmatamento e destruição ecológica em todo o mundo, parece ter sido particularmente culpada, pois suas monoculturas devastam as robustas redundâncias ecológicas que ajudam a interromper as cadeias

---

11 Tecnicamente, este é um termo genérico para cinco vírus distintos, o mais mortal dos quais é chamado de vírus Ebola, anteriormente vírus do Zaire.

de transmissão e ao mesmo tempo literalmente atraem as espécies de morcegos que servem como um reservatório natural para o vírus.[12]

Enquanto isso, a venda de grandes extensões de terra para empresas agroflorestais comerciais implica tanto o deslocamento de habitantes originários das florestas quanto a ruptura de suas formas locais de produção e colheita dependentes dos ecossistemas. Isso geralmente deixa os pobres do campo sem opção a não ser avançar mais na floresta, ao mesmo tempo que seu relacionamento tradicional com esse ecossistema é interrompido. O resultado é que a sobrevivência depende cada vez mais da caça de animais selvagens ou da colheita de flora e madeira locais para venda nos mercados globais. Essas populações tornam-se os substitutos da ira das organizações ambientalistas globais, que as condenam como "caçadores cruéis" e "madeireiros ilegais" responsáveis pelo próprio desmatamento e destruição ecológica que as levou a tais operações em primeiro lugar. Frequentemente, o processo toma um rumo muito mais sombrio, como na Guatemala, onde os paramilitares anticomunistas que restaram da guerra civil do país foram transformados em forças de segurança "verdes", encarregadas de "proteger" a floresta da extração ilegal de madeira, caça e narcotráfico. Essas eram as únicas atividades econômicas disponíveis para seus residentes indígenas, que haviam sido levados a tais atividades justamente por causa da violenta repressão que enfrentaram daqueles mesmos paramilitares durante a guerra.[13] O padrão desde então foi reproduzido em todo o mundo, aplaudido por postagens de mídia social em países de alta renda comemorando a execução (muitas vezes literalmente capturada pelas câmeras) de "caçadores ilegais" por forças de segurança supostamente "verdes".[14]

## A contenção como exercício de estadismo

A COVID-19 chamou a atenção global com uma força sem precedentes. Evidentemente, o Ebola, a gripe aviária e a SARS também foram acompanhados de furor midiático. Mas algo sobre essa nova epidemia gerou um tipo diferente de poder de permanência.

---

12 Para o caso da África Ocidental, especificamente, ver: R.G. Wallace, R. Kock, L. Bergmann, M. Gilbert, L. Hogerwerf, C. Pittiglio, Mattioli R. e R. Wallace, "Did Neoliberalizing West African Forests Produce a New Niche for Ebola", *International Journal of Health Services*, vol. 46, n. 1, 2016; Para uma visão mais ampla da conexão entre as condições econômicas e o Ebola, ver: Robert G. Wallace; Rodrick Wallace (Orgs.), *Neoliberal Ebola: Modelling Disease Emergence from Finance to Forest and Farm*. Springer, 2016; E, para a afirmação mais direta do caso, ainda que menos acadêmica, ver: Rob Wallace, "Neoliberal Ebola: the Agroeconomic Origins of the Ebola Outbreak", *Counterpunch*, 29 jul. 2015, disponível em: <https://www.counterpunch.org/2015/07/29/neoliberal-ebola-the-agroeconomic-origins-of-the-ebola-outbreak/>.

13 Ver: Megan Ybarra, *Green Wars: Conservation and Decolonization in the Maya Forest*. Berkeley: University of California Press, 2017.

14 Certamente é incorreto sugerir que toda caça furtiva é realizada pela população rural pobre local, ou que todas as forças de guarda florestal nas florestas nacionais de diferentes países operam da mesma maneira que os antigos paramilitares anticomunistas, mas os confrontos mais violentos e os casos mais agressivos de militarização das florestas parecem seguir essencialmente esse padrão. Para uma ampla visão geral do fenômeno, ver a edição especial de 2016 da *Geoforum* (69) dedicada ao tópico. O prefácio pode ser encontrado aqui: Alice B. Kelly; Megan Ybarra, "Introduction to themed issue: 'Green security in protected areas'", *Geoforum*, vol. 69, 2016, pp. 171-175. Disponível em: <http://gawsmith.ucdavis.edu/uploads/2/0/1/6/20161677/kelly_ybarra_2016_green_security_and_pas.pdf>.

Em parte, isso é quase certamente devido à escala espetacular da resposta do governo chinês, resultando em imagens igualmente espetaculares de megacidades esvaziadas que contrastam fortemente com a imagem normal que a mídia faz da China como superlotada e superpoluída. Essa resposta também foi uma fonte frutífera para a especulação normal sobre o iminente colapso político ou econômico do país, que recebeu um impulso extra com as contínuas tensões da guerra comercial em estágio inicial com os EUA. Isso combina com a rápida disseminação do vírus, dando a ele o caráter de uma ameaça imediatamente global, apesar de sua relativa baixa taxa de mortalidade.[15]

Em um nível mais profundo, no entanto, o que parece mais fascinante sobre a resposta do Estado chinês é a maneira como ela foi realizada, através da mídia, como uma espécie de ensaio melodramático para a mobilização total da contrainsurgência doméstica. Isso nos dá *insights* reais sobre a capacidade repressiva do Estado chinês, mas também enfatiza a incapacidade mais profunda desse Estado, revelada por sua necessidade de depender tanto de uma combinação de medidas totais de propaganda implementadas em todas as facetas da mídia e na boa vontade da mobilização de habitantes locais que não teriam nenhuma obrigação material de cumprir. Tanto a propaganda chinesa quanto a ocidental enfatizaram a real capacidade repressiva da quarentena, a primeira narrando-a como um caso de intervenção governamental eficaz em uma emergência e a segunda como mais um caso de superação totalitária por parte do distópico Estado chinês. A verdade não dita, no entanto, é que a própria agressão da repressão significa uma incapacidade mais profunda no Estado chinês, que ainda está em construção.

Isso por si só nos dá uma janela para a natureza do Estado chinês, mostrando como ele está desenvolvendo técnicas novas e inovadoras de controle social e resposta a crises, capazes de serem implantadas mesmo em condições em que as máquinas básicas do Estado são escassas ou inexistentes. Enquanto isso, essas condições oferecem uma imagem ainda mais interessante (embora mais especulativa) de como a classe dominante em um determinado país pode reagir quando uma crise generalizada e uma insurreição ativa causarem avarias semelhantes, mesmo nos Estados mais robustos. O surto viral foi, em todos os aspectos, auxiliado por más conexões entre todos os níveis do governo: repressão dos médicos "denunciantes" por autoridades locais contra os interesses do governo central, mecanismos ineficazes de notificação hospitalar e condições extremamente precárias de prestação de cuidados de saúde básicos são apenas alguns exemplos. Enquanto isso, diferentes governos locais voltaram ao normal em ritmos diferentes, quase completamente fora do controle do Estado central (exceto em Hubei, o epicentro). No momento da escrita, parece quase inteiramente aleatório

---

15 A COVID-19 tem de longe a taxa de mortalidade mais baixa de todas as doenças aqui mencionadas. O alto número de mortes tem sido o resultado de sua rápida disseminação para um grande número de hospedeiros humanos, resultando em um número elevado de mortes absolutas.

quais portos estão operacionais e quais localidades reiniciaram a produção. Mas essa quarentena-gambiarra fez com que as redes de logística de cidade para cidade continuassem sendo interrompidas, pois qualquer governo local parece capaz de simplesmente impedir que trens ou caminhões de carga passem por suas fronteiras. E essa incapacidade básica do governo chinês o forçou a lidar com o vírus como se fosse uma insurgência, representando uma guerra civil contra um inimigo invisível.

O mecanismo estatal nacional realmente começou a funcionar em 22 de janeiro, quando as autoridades atualizaram as medidas de resposta a emergências em toda a província de Hubei e disseram ao público que tinham autoridade legal para criar instalações de quarentena, bem como para "coletar" qualquer pessoal, veículos e instalações necessárias para a contenção da doença ou para estabelecer bloqueios e controlar o tráfego (assim, autorizar um fenômeno que sabia-se que ocorreria independentemente). Em outras palavras, a implantação total dos recursos estatais começou na verdade com um apelo a esforços voluntários em nome dos locais. Por um lado, um desastre tão grande sobrecarregaria a capacidade de qualquer estado (ver, por exemplo, a resposta a furacões nos EUA). Mas, por outro lado, isso repete um padrão comum nas leis chinesas, segundo o qual o Estado central, sem estruturas de comando formais e executáveis eficientes que se estendam até o nível local, deve confiar em uma combinação de pedidos amplamente divulgados para que funcionários e cidadãos locais se mobilizem e uma série de punições posteriores aos piores respondedores (enquadradas como repressão à corrupção). A única resposta verdadeiramente eficiente pode ser encontrada em áreas específicas em que o Estado central concentra a maior parte de seu poder e atenção – nesse caso, Hubei geralmente e Wuhan especificamente. Na manhã de 24 de janeiro, a cidade já estava em um bloqueio completo eficaz, sem a entrada ou saída de trens, quase um mês após a detecção da nova cepa do coronavírus. As autoridades nacionais de saúde declararam que as autoridades de saúde têm autorização para examinar e colocar em quarentena qualquer pessoa a seu critério. Além das principais cidades de Hubei, dezenas de outras cidades da China, incluindo Beijing, Guangzhou, Nanjing e Shanghai, lançaram bloqueios de severidade variável nos fluxos de pessoas e mercadorias dentro e fora de suas fronteiras.

Em resposta ao chamado de mobilização do Estado central, algumas localidades adotaram severas e estranhas iniciativas próprias. A mais assustadora delas pode ser encontrada em quatro cidades da província de Zhejiang, onde 30 milhões de pessoas receberam passaportes locais, permitindo que apenas uma pessoa por família saia de casa a cada dois dias. Cidades como Shenzhen e Chengdu ordenaram que cada bairro fosse trancado e permitiram que quarteirões inteiros de apartamentos ficassem em quarentena por 14 dias se um único caso confirmado do vírus fosse encontrado. Enquanto isso, centenas de pessoas foram detidas ou multadas por "espalhar boatos" sobre a doença, e alguns que fugiram da quarentena foram presos e sentenciados a longos períodos de prisão – e as próprias prisões agora estão passando por um surto grave, devido à incapacidade das autoridades de isolar indivíduos doentes, mesmo em um ambiente literalmente projetado para facilitar o isolamento. Esses tipos de medidas desesperadas e agressivas espelham os casos extremos de contrainsurgência, lembrando mais claramente as ações da ocupação militar-colonial em lugares como a Argélia ou, mais recentemente, a Palestina. Nunca antes eles foram realizados nessa escala, nem em megacidades desse tipo, que abrigam grande parte da população do mundo. A conduta da repressão oferece então um tipo estranho de lição para aqueles que desejam uma revolução global, uma vez que é essencialmente um processo de reação a seco levado a cabo pelo Estado.

## Incapacidade

Essa restrição específica se beneficia de seu caráter aparentemente humanitário, com o Estado chinês capaz de mobilizar um número maior de habitantes locais para ajudar no que é, essencialmente, a nobre causa de estrangular a propagação do vírus. Mas, como é de se esperar, essas restrições sempre também saem pela culatra. A contrainsurgência é, afinal, um tipo desesperado de guerra conduzida apenas quando formas mais robustas de conquista, apaziguamento e incorporação econômica se tornam impossíveis. É uma ação cara, ineficiente e de retaguarda, que trai a incapacidade mais profunda de qualquer poder encarregado de implantá-lo – sejam eles interesses coloniais franceses, o declínio do império americano ou outros. O resultado da repressão é quase sempre uma segunda insurgência, ensanguentada pelo esmagamento da primeira e ainda mais desesperada. Aqui, a quarentena dificilmente espelhará a realidade da guerra civil e da contrainsurgência. Mas mesmo neste caso, a repressão saiu pela culatra à sua maneira. Com grande parte do esforço do estado focado no controle da informação e na propaganda constante distribuída por todos os aparelhos de mídia possíveis, a agitação se expressou amplamente nas mesmas plataformas.

A morte do médico Li Wenliang, um dos primeiros denunciantes sobre os perigos do vírus, em 7 de fevereiro, abalou os cidadãos presos em suas casas em todo o país. Li foi um dos oito médicos procurados pela polícia por espalhar "informações falsas" no início de janeiro, antes de contrair o próprio vírus. Sua morte provocou raiva nos internautas e uma declaração de pesar do governo Wuhan. As pessoas estão começando a ver que o estado é formado por funcionários e burocratas desonestos que não têm ideia do que fazer, mas ainda tentam demonstrar controle.[16] Esse fato foi revelado essencialmente quando o prefeito de Wuhan, Zhou Xianwang, foi forçado

---

16 Em uma entrevista para um podcast, Au Loong Yu, citando amigos no continente, diz que o governo de Wuhan está efetivamente paralisado pela epidemia. Au sugere que a crise não está apenas destruindo o tecido da sociedade, mas também a máquina burocrática do PCCh, que só se intensificará à medida que o vírus se espalhar e se tornar uma crise intensificada para outros governos locais em todo o país. A entrevista com Daniel Denvir, do The Dig, foi publicada em 7 de fevereiro, e está disponível em: <https://www.thedigradio.com/podcast/hong-kong-with-au-loong-yu/>.

a admitir na televisão estatal que seu governo atrasou a divulgação de informações críticas sobre o vírus após a ocorrência do surto. A própria tensão causada pelo surto, combinada com a tensão induzida pela mobilização total do estado, começou a revelar à população em geral as profundas fissuras que estão por trás do retrato fino que o governo pinta de si. Em outras palavras, condições como essas expuseram as incapacidades fundamentais do estado chinês a um número crescente de pessoas que anteriormente teriam aceitado a propaganda do governo sem questionamentos.

[...]

Em um nível mais fundamental, a quarentena também começou a mostrar a primeira onda de reverberações econômicas na vida pessoal das pessoas. O lado macroeconômico disso tem sido amplamente divulgado, com uma queda maciça no crescimento chinês arriscando uma nova recessão global, especialmente quando acompanhada de estagnação contínua na Europa e uma queda recente em um dos principais índices de saúde econômica nos EUA, mostrando um declínio repentino na atividade comercial. Em todo o mundo, as empresas chinesas e aquelas fundamentalmente dependentes das redes de produção chinesas agora analisam suas cláusulas de "força maior", que permitem atrasos ou cancelamentos das responsabilidades decorrentes de ambas as partes em um contrato comercial quando este se torna "impossível" de se executar. Embora no momento improvável, a mera perspectiva causou uma cascata de demandas para a produção ser restaurada em todo o país. A atividade econômica, no entanto, apenas reviveu em um padrão de retalhos, com tudo já funcionando sem problemas em algumas áreas e ainda indefinidamente parado em outras. Atualmente, 1º de março se tornou a data provisória em que as autoridades centrais pediram para que todas as áreas fora do epicentro do surto voltassem ao trabalho.

Mas outros efeitos foram menos visíveis, embora sem dúvida muito mais importantes. Muitos trabalhadores migrantes, incluindo aqueles que permaneceram em suas cidades de trabalho no Festival da Primavera ou que puderam retornar antes da implementação dos vários bloqueios, agora estão presos em um limbo perigoso. Em Shenzhen, onde a grande maioria da população é de migrantes, os moradores relatam que o número de pessoas sem-teto começou a subir. Mas as novas pessoas que aparecem nas ruas não são sem-teto há muito tempo, ao contrário, parecem ter sido literalmente despejadas ali sem ter para onde ir, ainda vestindo roupas relativamente bonitas, sem saber onde melhor dormir ao ar livre ou onde obter comida. Vários prédios da cidade viram um aumento de pequenos furtos, principalmente de alimentos entregues à porta da casa dos moradores que ficaram em casa durante a quarentena. No geral, os trabalhadores estão perdendo salários à medida que a produção está paralisada. Os melhores cenários durante as paradas de trabalho são as quarentenas de dormitório, como as impostas na fábrica da Foxconn em Shenzhen, onde novos retornados ficam confinados em seus quartos por uma semana ou duas, recebem cerca de um terço de seus salários normais e, em seguida, podem retornar à linha de produção. As empresas com menos capital não têm essa opção, e a tentativa do governo de oferecer novas linhas de crédito barato para empresas menores provavelmente terá pouco efeito em longo prazo. Em alguns casos, parece que o vírus simplesmente acelera tendências preexistentes de realocação de fábricas, já que empresas como a Foxconn expandem a produção no Vietnã, Índia e México para compensar a desaceleração.

## A Guerra Surreal

Enquanto isso, a desajeitada resposta inicial ao vírus, a dependência do Estado de medidas particularmente punitivas e repressivas para controlá-lo e a incapacidade do governo central de coordenar efetivamente as localidades para conciliar a produção e a quarentena simultaneamente indicam que uma profunda incapacidade permanece no coração da maquinaria do Estado. Se, como argumenta nosso amigo Lao Xie, a ênfase do governo Xi tem sido a "construção do Estado", parece que muito trabalho a esse respeito ainda precisa ser feito. Ao mesmo tempo, se a campanha contra a COVID-19 também pode ser lida como um combate contra uma insurgência, é notável que o governo central tenha apenas a capacidade de fornecer uma coordenação eficaz no epicentro de Hubei e que suas respostas em outras províncias – até lugares ricos e bem conceituados como Hangzhou – permaneçam descoordenadas e desesperadas. Podemos tomar isso de duas maneiras: primeiro, como uma lição sobre a fraqueza subjacente às arestas duras do poder estatal, e, segundo, como uma advertência sobre a ameaça que ainda é representada por respostas locais descoordenadas e irracionais quando o mecanismo do Estado central é sobrecarregado.

Essas são lições importantes para uma época em que a destruição causada pela acumulação interminável se estendeu tanto para cima no sistema climático global quanto para baixo nos substratos microbiológicos da vida na Terra. Tais crises só se tornarão mais comuns. Como a crise secular do capitalismo assume um caráter aparentemente não econômico, novas epidemias, fomes, inundações e outros desastres "naturais" serão usados como justificativa para a extensão do controle estatal, e a resposta a essas crises funcionará cada vez mais como uma oportunidade de exercitar ferramentas novas e não testadas para contrainsurgência. Uma política comunista coerente deve compreender esses dois fatos juntos. No nível teórico, isso significa entender que a crítica ao capitalismo é empobrecida sempre que é separada das ciências exatas. Mas, no nível prático, implica também que o único projeto político possível hoje é aquele capaz de se orientar em um terreno definido por um desastre ecológico e microbiológico generalizado e de operar nesse estado perpétuo de crise e atomização.

Em uma China em quarentena, começamos a vislumbrar tal paisagem, pelo menos em seus contornos: ruas vazias no final do inverno polvilhadas pelo mais fino filme de neve imperturbada, rostos iluminados por celulares espiando pelas janelas, barricadas ocasionais formadas por algumas poucas enfermeiras, policiais, voluntários ou simplesmente atores pagos encarregados de levantar bandeiras e dizer para você colocar sua máscara e voltar para casa. O contágio é social. Portanto, não é de surpreender que a única maneira de combatê-lo em um estágio tão tardio seja travar um tipo surreal de guerra contra a própria sociedade. Não se reúnam, não causem caos. Mas o caos também pode aumentar de forma isolada. Como as fornalhas de todas as fundições esfriam para brasas suavemente crepitantes e depois para cinzas frias como a neve, os muitos pequenos desesperos não podem deixar de escapar dessa quarentena para suavemente desabar em um caos maior que pode um dia, como esse contágio social, se provar difícil de conter.

*Publicado no site* A Fita *em 29 de fevereiro de 2020.*

O **coletivo Chuang** (que pode ser traduzido por algo como libertar-se, atacar, fazer carga, romper as linhas inimigas, agir impetuosamente) é um grupo de comunistas chineses críticos tanto do "capitalismo de Estado" do Partido Comunista Chinês quanto da visão neoliberal e por vezes racista dos movimentos de "libertação" de Hong Kong.

(...) 13/04

# O inimigo não é o vírus
Clara Barzaghi

Já levava mais de uma semana isolada quando me dei conta de que meu orientador de mestrado e minha analista estão no grupo de risco e pela primeira vez desde que começou a quarentena temi pela morte de alguém que me diga respeito. Saio para passear com o cachorro e, no domingo, um mendigo me pede em namoro; talvez seja a primeira vez que entendo que vou morrer sozinha. Do fundo do meu ser ateu, surge uma soterrada culpa cristã que me jura de pés juntos que não há salvação para mim e que muito em breve todos os meus anos de esbórnia serão pagos com a morte solitária na minha quitinete na praça da República, no centro de São Paulo. É isso: eu vou morrer e vou morrer temendo pela vida dos meus.

Saio para passear com o cachorro e conheço um morador de rua que veio lá de Goiás, que, por ser portador do HIV, o pessoal do albergue recomendou que ele ficasse na rua, porque em tempos de coronavírus é mais seguro do que dormir amontoado com 250 pessoas. Ou talvez eles enxotem aqueles que consideram ter mais chances de morrer, esse pessoal que empacota na rua acaba nem entrando para as estatísticas. Penso mais nos 30 mil moradores de rua da cidade de São Paulo do que na minha avó, 7 mil deles têm mais de 50 anos. E a Cracolândia tem sido uma pedra no sapato das gestões municipais há tanto tempo que deve ter gente dando glória aos céus por esse vírus acelerar o serviço que a polícia tem feito. Porque enquanto alguns se dão conta de que são mortais, outros foram e seguem sendo mais do que deixados à mercê do destino, pois são de antemão considerados executáveis – como aqueles 6 mil que a polícia brasileira mata anualmente e que podem ser qualquer um que se julgue um potencial "criminoso", qualquer um "com cara de bandido ou vagabundo".

Estamos em quarentena. Ao longo dos dias medidas das prefeituras e governos de estados oficializam a paralisação de escolas, a suspensão de atividades de alguns funcionários públicos, o estado de emergência, o estado de calamidade pública; o Governo Federal diz que não declarará estado de sítio, mais um pedido de impeachment é protocolado, jogos políticos. Os casos já passaram de 4 mil, especialistas alertam: o Brasil está parecendo a Itália, onde a coisa tá feia… Veja bem, essa mania de eurocentrismo ainda acaba nos pondo em maus lençóis; aqui é o que se chamou terceiro mundo, colônia fundada pelo etnocídio e pela escravidão, que ainda regem a sociabilidade neste país tropical devastado em nome de Deus, pela glória da pica e em função do Capital. Aqui é a periferia do mundo erigido por essa humanidade que você agora tenta salvar.

A tão clamada solidariedade se estende aos nossos pares e, via de regra, não passa da portaria dos nossos prédios. Como seria possível a quarentena total em um país onde as pessoas não conseguem entrar em casa porque não têm as chaves de seus prédios e dependem da presença de seus porteiros, mesmo nas condições mais sombrias como a morte anunciada pelo contágio generalizado?

O medo da morte aproxima as pessoas em seu distanciamento social. Ao longo dos dias, as janelas ecoaram "Fora Bolsonaro" e um ruidoso panelaço se espalhou pelo país. Quem bate panelas? As janelas dão passagem a gritos de indignação perante a declaração de que a economia não pode parar por conta de 5 ou 7 mil mortes. Ela nunca parou, por que seria diferente agora? O extermínio de parcelas da população sempre fez parte dos planos de crescimento econômico desse aclamado país do futuro. Mas com a disseminação do coronavírus avançando em solo brasileiro, ao mesmo tempo que países vizinhos seguem a deixa da Europa e decretam estado de urgência, fecham fronteiras e assumem uma retórica de guerra contra o vírus, priorizar tão descaradamente a economia sobre a vida soa o mais inaceitável dos discursos. E é.

Olhando daqui, da virtualidade das minhas redes sociais digitais, composta majoritariamente por uma classe média branca, meio de esquerda, moradora do centro e da zona oeste de São Paulo, as reações ao presidente parecem vir, por um lado, do horror diante da constatação do genocídio em curso, conforme cada dia fica mais claro que não estamos falando de 5 ou 7 mil mortes. Por outro, parecem ser uma atualização de Outrem cujo mundo possível passam a explicar, legitimar e ocupar. Porque pela primeira vez na vida muita gente se identifica como parte daqueles que o Estado admite como descartáveis, esses que até então eram Outrem.

Outrem sempre é percebido como um outro, mas é, como conceito, uma estrutura no campo perceptivo, "ele é a condição de toda percepção, para os outros como para nós. É a condição sob a qual passamos de um mundo a outro". Outrem é a expressão de um mundo possível, e aqui dá passagem a um mundo de angústia, que até então estava fora da percepção desses que subitamente se veem como parte do que Mbembe aponta como "um tipo de 'raça' produzido pelo capitalismo da era neoliberal" e que vai além da cor da pele, origem ou aparência, englobando todos aqueles "que hoje formam uma humanidade excedente em relação à lógica econômica neoliberal".

Para o neoliberalismo e para o Estado, sua avó é tão descartável quanto um craqueiro, e é isso que lhe parece intolerável no discurso do presidente e seu superministro Paulo Guedes. De supetão, seu mundo é invadido por um mundo no qual reconhecer as estratégias de subjugação da vida ao poder da morte faz parte da condição de ainda estar vivo.

Com a pandemia do coronavírus, o modo como o poder de morte opera mudou, e as fronteiras da necropolítica agora se expandiram até a porta da sua casa, mas não se engane: por todo o mundo os campos de morte, que são tão antigos quanto a história da civilização ocidental, continuam e continuarão existindo.

Aqui, bem antes do vírus, formas de exercício de poder e extermínio herdadas da ocupação colonial seguem operando, principalmente a partir da categoria de raça, e se manifestam na ocupação das cidades. Não é por acaso que, para descrever a materialização do poder de morte em diferentes quebradas do território brasileiro, seja possível emprestar de Fanon sua assombrosa imagem da cidade do colonizado: "[...] é um lugar mal afamado, povoado de homens mal afamados. Aí se nasce não importa onde, não importa como. Morre-se não importa onde, não importa de que. É um mundo sem intervalos, onde os homens estão uns sobre os outros, as casas umas sobre as outras."

Na cidade mais populosa da América Latina, não há nada de igualitário no contágio, pois a distribuição da necropolítica pelo corpo social é também espacial, e o vírus pode se alastrar pelos becos de Paraisópolis ou da São Remo com velocidade impensável para os corredores das casas do Alto de Pinheiros. A doença se espalha pelas ruas da cidade, enquanto as regras do jogo seguem sendo ditadas por uma elite econômica ignorante e dissimulada que agora se isola em suas fazendas e casas de praia.

O que as declarações do presidente diante da COVID-19 escancaram é que o Estado e o capitalismo são assassinos. Essas declarações são também, para essa classe média das minhas redes, a constatação de um genocídio em potencial. Meu filho, o genocídio é a prática fundadora desse país! Há um genocídio em curso desde os primórdios da colonização desse território, o que o vírus tem feito é torná-lo incontestável.

Me chamou a atenção durante o confinamento ver que, no clamor pelo *impeachment* e sua tradução em "Fora Bolsonaro", as pessoas ao meu redor parecem conseguir dar uma saída para seu horror diante da certeza de que algum querido morrerá em breve. Frente a iminência da morte, a deposição imediata do presidente aparece como a única possibilidade de salvação. Claro que um processo desses é lento, e, com o vírus se espalhando a cada dia, as únicas possibilidades reais seriam a renúncia ou um golpe de estado, sendo o primeiro improvável e o segundo indefensável. Por uma semana remoí esse assunto, acompanhando virtualmente pessoas em quarentena que levam suas vidas como nossos pais e em seu distanciamento social combatem o vírus inimigo, com a consciência mais leve porque os mortos não terão nada a ver com eles que foram a favor do *impeachment*. Possibilidade de salvação e garantia de absolvição. É evidente que toda medida deve ser tomada para evitar o avanço da contaminação, mas a catástrofe já aconteceu.

Ao traduzirem Outrem em termos de seu caduco e virulento mundo, as pessoas ficam presas a uma estrutura de pensamento que ignora não só o ponto de vista do outro – o descartável que quase ninguém nota, a empregada que morre de coronavírus porque a patroa não a dispensou durante sua quarentena, o craqueiro que morre ninguém sabe onde, ninguém sabe como –, mas a possibilidade de que haja pontos de vista. Corre-se o risco de dizer que no Brasil a necropolítica é democrática e igualitária. Ou de virar cidadão-polícia, "já que o Estado não cumpre seu papel". Ou de começar a achar irrelevante o fato de o vice-presidente ser um general, no país com o governo mais militarizado da América Latina, quando você está pedindo deposição imediata do presidente. Corre-se o risco de ficar dando voltas em palavras de ordem enquanto o vírus está causando uma mutação planetária, e é necessário parar para pensar nas novas tecnologias de controle que estão se formando.

Enquanto a retórica de guerra ao vírus avança, o inimigo pode ser virtualmente qualquer um. Mas rapidamente surgem especialistas preocupados com a Cracolândia, uma delas já até ouviu dizer que o coronavírus chegou por ali, e se refere aos craqueiros como "vetores ambulantes" da doença. Com esse discurso, ela se identifica como um indivíduo imune, ao passo que todos esses outros são assumidos como contaminados. O medo generalizado, somado a tentativas de restaurar o mundo tal como o conhecíamos, pode facilmente encontrar saídas em discursos que legitimam que a violência do Estado recaia sobre aqueles que sempre a sofreram, talvez travestida de ajuda humanitária e sua solidariedade será bem-vinda, você pode fazer sua parte doando uma bolada, ajudando a construir um centro de confinamento para mandar toda essa gente. Alimenta-se uma espécie de neurose fóbica que constrói o Outro como um objeto ameaçador que deve ser mantido do lado de fora. Assim, seguem sendo traçadas as fronteiras que definem quais vidas estamos dispostos a sacrificar.

Há uma guerra em curso e o inimigo nunca foi o vírus. A América Latina é a latrina onde jazem os povos indígenas e os condenados da terra. Se o cenário de horror que se desenha pode parecer insuportável, é porque ele coloca em xeque a existência da humanidade tal como a conhecemos. Um mês antes de começarmos o isolamento social, a cidade de São Paulo amanheceu alagada após uma chuva de 24 horas, e me lembrei de ter escutado em algum lugar Ailton Krenak dizendo que essa humanidade vai morrer soterrada por seu vômito e por seu lixo. Tentar salvar um mundo que já não existe mais não é apenas um caminho perigoso, é potencialmente mortal. Como nos lembra o próprio Krenak: "Talvez estejamos muito condicionados a uma ideia de ser humano e a um tipo de existência. Se a gente desestabilizar esse padrão, talvez a nossa mente sofra uma espécie de ruptura, como se caíssemos num abismo. Quem disse que a gente não pode cair?" É imperativo nunca mais voltar a dormir e acordar sem pensar que há um genocídio em curso neste país há 520 anos.

**Clara Barzaghi** é doutoranda em Arquitetura e Urbanismo na Unicamp. Pesquisa urbanismo, arte e violência na América Latina.

(...) 14/04

# Políticas de desaparecimento e niilismo de Estado

Jonnefer Barbosa

> Os *subnotificados* da COVID-19 são os desaparecidos políticos de nosso tempo recente.
>
> *Eduardo Viveiros de Castro*

A tão repetida definição da soberania política como um poder de vida e morte, poder de incutir a morte, é insuficiente para abarcar uma governamentalidade neocolonial cujas marcações não se restringem aos corpos dos súditos e cujas estratégias não mais circunscrevem o governo de populações. Produzir desaparecimentos não é apenas aniquilar vidas humanas, mas gerir o apagamento de seus rastros. Sociedades do desaparecimento designam, simultaneamente, rede de múltiplas modalidades de poder e diagrama expressivo do novo padrão governamental em tempos de capitalismo cibernético-financeiro neocolonial.

O desaparecimento enquanto técnica governamental expõe uma desterritorialização da gestão biopolítica de populações. Tratava-se nesta de governar a impessoalidade da vida biológica, em seu aspecto de multiplicidade: produtiva, assinalativa (fecundidade, natalidade, mortalidade em registros estatísticos), com assimilações ou desvios. A multiplicidade das novas modalidades do poder nas sociedades do desaparecimento expressa-se em diversos e singulares dispositivos, com caracteres e intensidades variáveis, exemplares desde a exclusão de dados sobre as mortes causadas por COVID-19 no sistema público de saúde brasileiro (as ditas subnotificações) à reativação dos cemitérios periféricos como dispositivos de vala e ocultação política de genocídios no contexto da pandemia.

Não a vida nua, em termos agambenianos, tampouco a politização da vida biológica, como na formulação de Foucault. As técnicas de desaparecimento produzem uma *vida que não deixa rastros*. Fazer alguém desaparecer, apagar os rastros dessa vida, não se reduz ao ato de matá-la. O desaparecido não é somente um corpo sujeito à punição de um soberano ou às disciplinas que o sujeitarão.

O conceito de vida sem rastros expõe uma paradoxal contra-história da política no Ocidente, possibilitando nela incluir desde a história silenciada dos mortos nos navios negreiros, também chamados pelo Império Português de navios tumbeiros, no longo genocídio que atravessou o século XV até o XIX, aos desaparecidos políticos na ditaduras latino-americanas a partir dos anos 1960, passando pelos assassinados pelo narcotráfico ou por grupos policiais, militares ou paramilitares de extermínio.

O conceito de desaparecimento é um critério de inteligibilidade da política governamental latino-americana. Tomando o contexto brasileiro como exemplo, é impossível estabelecer uma análise minimamente crítica sobre questões de governamentalidade sem analisar a presença oculta, porém constante, não apenas dos extermínios, mas das valas comuns como zonas de desaparecimento de vestígios.

As valas comuns no Brasil iniciam-se como um dispositivo colonial escravocrata. Quando uma pessoa capturada e escravizada sobrevivia à travessia intercontinental nos navios tumbeiros, mas morria em solo brasileiro, seja por excesso de trabalho, doenças ou assassinada em punições severas que incluíam a forca, a degola ou o "cozimento em vida" (forma cruel de tortura por imersão em água fervente, aplicada por outros escravizados obrigados a executar a pena),[1] seus cadáveres eram sepultados em valas comuns sem identificação, os chamados "cemitérios de escravos".

As valas comuns disseminaram-se desde então, seja para indigentes ou subversivos, endividados com o narcotráfico ou para toda e qualquer memória que deva ser obturada, apagada, segundo os cálculos do niilismo de Estado que hoje absorveu as máquinas de guerra criminais, como no Brasil das milícias governantes.

Apesar da insistência teórica recente em diferenciar os diagramas da biopolítica e da necropolítica, o próprio Foucault postulava que o governo biopolítico de populações não cancela o velho poder soberano de vida e morte, mas lhe dá outras intensidades e modalidades. Políticas de desaparecimento posicionam-se em outra inteligibilidade do genocídio. Não só a morte de milhares de anônimos, mas a tática concreta para que tais eventos não sejam assinalados. Se a biopolítica e sua linha de fuga necropolítica agenciam-se no corpo vivo de uma população, a produção de desaparecimentos opera sobretudo no plano histórico.

Após 1888, as valas comuns persistem em regiões de periferia de grandes cidades brasileiras nos chamados cemitérios de indigentes, como o Cemitério São Luís, entre o Capão Redondo e o Jardim Ângela, na cidade de São Paulo. Inaugurado em 1981, o chamado "cemitério dos homicídios" é, com seus 326.000 m², o segundo maior cemitério da América Latina.[2] Em 1996, a ONU declarou a região do Jardim Ângela como a área mais violenta do mundo, superando os índices em Cáli, que na época vivia um pico de conflitos ligados ao narcotráfico. Segundo Letícia Mori, "no começo da década, eram feitos de 800 a 1000 sepultamentos por mês, 90% mortos

---

[1] Cf. Clóvis Moura, *Dicionário da escravidão negra no Brasil*. s.v. COZINHAR ESCRAVOS. São Paulo: Edusp, 2013.
[2] Criado em 1949 na zona leste de São Paulo, o Cemitério da Vila Formosa, que voltou aos noticiários brasileiros no contexto da pandemia, é o maior da América Latina, com 763 000 m².

de forma violenta. Era tanta gente enterrada no mesmo dia que os funcionários nem se davam ao trabalho de fechar as covas, porque teriam que ser reabertas logo em seguida".[3] Nos assim intitulados "cemitérios de indigentes" como o São Luís, segundo uma regra municipal, após três anos os cadáveres são exumados e enviados a centenas de ossários para dar espaço para novos sepultamentos, em uma política de reutilização das covas.[4]

Em 1971, durante a ditadura militar, foi construído no bairro de Perus o cemitério de indigentes Dom Bosco, que passou a receber cadáveres de pessoas não identificadas, pobres, mas também vítimas da repressão política. Segundo Edson Teles:

> em 1990, no dia 4 de setembro, foi aberta a vala de Perus, localizada no cemitério Dom Bosco, na periferia da cidade de São Paulo. Lá foram encontradas 1 049 ossadas de indigentes, presos políticos e vítimas dos esquadrões da morte. Fazia parte do projeto original do cemitério a implantação de um crematório, o que causou estranheza e suspeitas até da empreiteira chamada a construí-lo. Este projeto de cremação dos cadáveres de indigentes, do qual só se tem notícia através da memória dos sepultadores, foi abandonado em 1976. As ossadas exumadas em 1975 foram amontoadas no velório do cemitério e, em 1976, enterradas numa vala clandestina.[5]

O tema da Vala de Perus é ainda um assunto pendente na política institucional brasileira, com uma lei de anistia que não possibilita o julgamento dos torturadores e assassinos, acrescido do recente desmantelamento da Comissão Especial sobre Mortos e Desaparecidos Políticos (CEMDP) pelo governo Bolsonaro, em 2019, com a nomeação de militares para os postos e o encerramento de investigações forenses.

As milhares de valas de pessoas escravizadas no genocídio africano no território brasileiro, as valas comuns para ocultar assassinatos políticos, bem como a existência de cemitérios de pobres como o do Jardim Ângela, dão conta de uma luta de classes que ocorre na esfera do apagamento de rastros, da destruição massiva de memórias.

Se o local próprio da governamentalidade biopolítica foi a metrópole, ou seja, o espaço urbano estabelecido com a passagem do poder territorial da antiga soberania à governamentalidade biopolítica, um governo dos homens e das coisas que tinha como contraponto as necrópoles (νεκρόπολις), termo que em grego designava os cemitérios, literalmente, "cidade dos mortos", ou os campos santos na Idade Média, as valas comuns espalhadas pelo mundo e os casos de *subnotificação* na pandemia são a expressão visível e incômoda não só do extermínio como prática habitual de

---

3 Letícia Mori, "Vida e morte na periferia", *Revista Babel*, 2011. Disponível em: <http://www.eca.usp.br/babel/antes/index3.php?tema=Espera&id=17>.
4 Cf. Rodrigo Russo, "Cemitério dos homicídios", *Folha de S. Paulo*, 7 jul. 2016. Disponível em: <http://temas.folha.uol.com.br/cemiterio-dos-homicidios/introducao/cemiterio-na-zona-sul-de-sp-tem-funcionario-com-colete-a-prova-de-balas-e-divisao-de-torcidas-em-enterro.shtml>.
5 Edson Teles. "Vala de Perus". Disponível em: <http://www.desaparecidospoliticos.org.br/pagina.php?id=39>.

governo, mas das políticas de desaparecimento, que transformam os antigos territórios da cidade e da metrópole, conceitos então centrais na biopolítica foucaultiana, em locais de desova e ocultação de cadáveres.

Curiosamente, são regiões conflagradas como o Brasil, a Colômbia, o México, que hoje expressam regimes específicos de poder que são a pedra de toque da violência do governo neoliberal mundial. Antes de perguntar se um Foucault nonagenário permaneceria em casa na rue de Vaugirard durante a quarentena, como o fazem melancolicamente alguns teóricos na atual província europeia, é preferível jogar os conceitos e diagramas foucaultianos, sua função-autor, nas ruas de Paraisópolis ou de Ecatepec, para que as intempéries do presente criem outros agenciamentos com estes: finos ou destrutivos, selvagens ou monstruosos.

Análises recentes sobre a "quarentena mundial" recorrem a Foucault para explicar os vínculos entre as técnicas governamentais biopolíticas – o governo dos vivos – e o fenômeno da pandemia. Um tópico singular, porém, exige ser considerado: os regimes históricos de verdade em que tais tecnologias estão implicadas e aos quais dão visibilidade. Não há continuidade natural entre a peste bubônica, narrada por Boccaccio no século XIV, à contenção da varíola por intermédio de uma técnica absolutamente nova, as vacinas, surgidas com os experimentos de Edward Jenner no fim do século XVIII, ambas mencionadas por Foucault. A proliferação da COVID-19 e as diversas respostas governamentais à pandemia, sobretudo na realidade brasileira, apenas parcialmente podem ser lidas em termos biopolíticos: o governo biopolítico de populações tornou-se, em nosso tempo, um privilégio de classe.

As medidas de quarentena no contexto europeu e americano ou as tecnologias de ciberbiovigilância, segundo o modelo sul-coreano (ou a fusão de ambas as táticas adotadas pela China), são adequadamente assimiláveis aos conceitos da governamentalidade biopolítica. Porém, nos territórios neocolonizados e nas áreas de contenção de pessoas, não importa se na América Latina ou em um campo de refugiados às margens da Europa, a governamentalidade biopolítica cedeu lugar ao niilismo de Estado e às políticas de desaparecimento.

O Brasil bolsonarista é um caso paradigmático desses conceitos. Bolsonaro incitou manifestações e conclamou o retorno à "normalidade" – a tradição dos oprimidos nos ensina que o estado de exceção é a normalidade – mesmo possuindo dados sobre o avanço da pandemia e previsões do número de mortos. O informe nº 15/2020, de 23 de março de 2020, emitido pela Agência Brasileira de Inteligência (ABIN), tornado secreto pelo Governo Federal, estabeleceu prognósticos sobre a curva de letalidade do vírus em comparação com outros países. Bolsonaro, sua equipe próxima e o empresariado que lhe dá suporte e aconselhamento sabem que a pandemia levará milhares de brasileiros e brasileiras à morte. O pedido presidencial para que voltemos à normalidade veio acompanhado de uma ampliação do número de documentos públicos que poderão ser considerados secretos. As mortes consideradas como *subnotificadas* no Brasil são muito mais expressivas que as cifras efetivamente contabilizadas pelo governo. A obturação da realidade dada na censura e na proliferação de mentiras é deliberada e explícita, com o mesmo descaramento da classe média alta protegida em carros de luxo em carreatas genocidas para que os pobres voltem ao trabalho. Jogando com os conceitos benjaminianos, o fascismo hoje no poder incorporou sua própria destituição, ele não tem mais pretensão constituinte e não se sustenta em poderes constituídos ou constitucionais.

O niilismo de Estado proclama-se sem qualquer pretensão protetiva, não mais defender a sociedade, mas fazê-la desaparecer. Se a crítica à teologia política operada por Marx em 1844 procedia na retirada das flores imaginárias da servidão, em nosso tempo a própria servidão lançou fora suas ilusões legitimatórias. O niilismo de Estado, que conglomerou e incutiu novos arranjos às formas de gestão em territórios como a América Latina, hoje se dissemina como modelo paradigmático e explicativo de um diagrama governamental mundial. Ultrapassá-lo ou destruí-lo não significará aqui buscar arranjos florais (democráticos, humanistas) para reencantar uma máquina mortífera. Trata-se de mostrar que esse niilismo é ainda de um tipo reativo, fruto da covardia defensiva de poucos privilegiados no mundo.

Se o niilismo de Estado se escora nas políticas de desaparecimento, nas tentativas de fazer populações inteiras desaparecerem, como o abandono das favelas e periferias à própria sorte na eclosão de uma pandemia, esse niilismo engendra em sua inerente opacidade a emergência insurgente de máquinas de guerra invisíveis, de guerrilhas difusas e menores. *O que importa é criar outras formas de desaparição, habitá-las comunalmente, fazer uso das invisibilidades.* Formas-políticas do esconder-se, a própria sorte agarrada em forma-de-vida, que nunca poderão engendrar uma população biopolítica.

**Jonnefer Barbosa** é doutor em Filosofia, professor do Programa de Pós-Graduação em Filosofia da PUC-SP e autor de livros e artigos na área da filosofia política contemporânea, como *Sociedades do desaparecimento* (n-1 edições).

(...) 15/04

# para além da calamidade
Camila Jourdan

O primeiro movimento oportuno é aquele que cessa o querer ser produtivo. A ideia de que nossa saúde mental está em relação de bicondicionalidade com nossa capacidade produtiva é um dos cânones interiorizados dos quais precisamos nos livrar. O momento é de cuidarmos de si e dos outros, de redescobrirmos formas que não sejam a mediação pelo capital, o que significa ao mesmo tempo não ser pelo Estado nem pelo mercado. A dimensão ética é evidente: de um lado, a sobrevivência; de outro, a economia. Nunca tão claramente se pôde expressar a oposição central entre o capital e a vida como quando alguém afirma: "O país não pode parar porque morrerão 5 ou 7 mil pessoas." Mas o que é que se pararia exatamente? Ora, não há nada para se lamentar vendo este sistema ruir. Podemos lamentar, claro, pelos pequenos comerciantes e produtores que perdem seu sustento, mas que essa máquina inteira entre em colapso só pode ser incentivado como uma saída, uma possibilidade aberta. *Jamais sofreremos pelo mundo do capital entrar em ruínas, porque temos um mundo novo em nossos corações.*

Mas nosso maior desafio agora é o isolamento que impede que maneiras imprevistas de solidariedade possam surgir. Em uma greve, existem organizações coletivas diretamente relacionadas à parada da produção, comitês, pequenas organizações, algo vindo do concreto que toma o lugar das unidades abstratas do capital. Mas como concretizar-se coletivo ainda que sozinho? Uma possível resposta é a revolta que agora está por toda parte e que abre uma porta para a coletividade, pois jamais é um átomo aquele que se revolta. A revolta tem uma dimensão ética justamente porque ela nos permite saber pelo que vale arriscar a sua vida em um movimento que vai do singular ao coletivo: "eu me revolto, logo existimos". E se temos isso tão fortemente hoje, tornar-se-ia possível responder também pelo sentido da nossa existência, pois aquilo sem o que não há vida a ser defendida é o que pode também justificá-la. Jamais imaginamos viver uma situação imprevista como esta, na qual tudo, absolutamente tudo, parece estar em jogo e é mantido em suspenso. Mas é um enorme privilégio poder viver uma situação imprevista, de tal modo que o pior que poderia acontecer agora é tudo isso passar e voltarmos à normalidade. Isso, de não estar dado, é o que torna tão fundamental o momento presente. Pois não éramos nós aqueles que reclamávamos pelo aparente caráter indestrutível do sistema reinante? Não é justo ser imprudente agora com os que podem ser mais afetados. Mas é possível vislumbrar um caminho autônomo, arrancando dos governos o que é necessário à vida? Sem dúvida, jamais romantizar a mazela, pois seria aceitar a morte e a miséria, mas entender que ela torna evidente o que já estava posto antes e era disfarçado pela suposta normalidade.

> Os flagelos, na verdade, são uma coisa comum, mas é difícil acreditar neles quando se abatem sobre nós. Houve no mundo tantas pestes quanto guerras. E, contudo, as pestes, como as guerras, encontram sempre as pessoas igualmente desprevenidas. [...] Quando estoura uma guerra, as pessoas dizem: "Não vai durar muito, seria idiota". E sem dúvida uma guerra é uma tolice, o que não a impede de durar. A tolice insiste sempre, e compreendê-la-íamos se não pensássemos sempre em nós. Nossos concidadãos, a esse respeito, eram como todo mundo: pensavam em si próprios. Em outras palavras, eram humanistas: não acreditavam nos flagelos. O flagelo não está à altura do homem; diz-se então que o flagelo é irreal, que é um sonho mau que vai passar. Mas nem sempre ele passa e, de sonho mau em sonho mau, são os homens que passam, e os humanistas em primeiro lugar, pois não tomaram suas precauções. Nossos concidadãos não eram mais culpados que os outros. Apenas se esqueciam de ser modestos e pensavam que tudo ainda era possível para eles, o que pressupunha que os flagelos eram impossíveis. Continuavam a fazer negócios, preparavam viagens e tinham opiniões. Como poderiam ter pensado na peste, que suprime o futuro, os deslocamentos e as discussões? Julgavam-se livres, e nunca alguém será livre enquanto houver flagelos.
> Albert Camus, *A peste*

Agora temos patrão matando empregado literalmente; divisão sexual do trabalho gritando em todos os lares; falência da família nuclear estampada na rotina; limites do individualismo no telejornal da TV; escolha direta entre quem pode viver e quem deve morrer. E é também verdade que alguns daqueles que se julgavam inatingíveis foram atingidos. Ninguém está imune à peste, embora ela atinja as pessoas de forma diferente, ou seja, ela não nos faz iguais, ela explicita as desigualdades. A resposta de todos os governos é o aprofundamento do controle e das medidas de exceção, escorados numa retórica salvacionista. Uma pessoa muito querida me disse: "O coronavírus de fato não possui letalidade alta, é o capitalismo que nunca foi capaz de cuidar das pessoas." O que vamos fazer com tudo isso que aparece de modo tão insustentável? O que vamos fazer com nosso tempo acumulado se este nos for restituído? Resta-nos ainda o desafio de ser livre, apesar dos flagelos.

Nos últimos dias, mais e mais pessoas entregaram voluntariamente seus dados na internet. Todas, absolutamente todas as atividades cotidianas foram voluntariamente transferidas para a rede mundial de computadores, sob a justificativa de se evitar contágio e consequente quebra do sistema de saúde com a morte de alguns milhões. Aulas, reuniões, compras, atividades recreativas e laborativas, conversas familiares cotidianas, todas sendo realizadas de dentro de casa e alimentando o algoritmo com nossas compras, gostos, hábitos, opiniões, desejos. A impressão que se tem é de que a vida real vai sendo substituída por uma representação holográfica, pela mediação das máquinas de comunicar, na qual as relações comerciais, sobretudo, precisariam ser mantidas. Mesmo aqueles resistentes à tecnologia deixaram de lado essa resistência por um bem maior e se entregaram de corpo e alma ao espaço virtual para tentar enfrentar a quarentena com menos solidão. Agora que nossos vínculos sociais ficaram de vez reduzidos ao teclado e ao *touch*, que não podemos sequer apertar a mão de um amigo diretamente, o que restará de nossa subjetividade? De nossas crianças que não verão teatros, ou aulas, ou contações de histórias, ou florestas, mas apenas telas?! Mas não há o que argumentar contra isso, alguns dirão. A realidade não virtual nos é apresentada agora como perigosa, potencialmente mortal. Por que não usar tais ferramentas em um momento de emergência como este? Certamente não devemos recusar a tecnologia agora, mas não usá-la indiscriminadamente, pois a sociedade de controle não criou o vírus, mas se aproveita dele para impôr-se como realidade distópica ainda maior. Seria possível usarmos a tecnologia a nosso favor? Quais ferramentas autônomas temos ao nosso dispor para dizer *fucking Google*? Como desalienar a tecnologia em prol de uma vida que não seja estruturada pela abstração? Creio que é um pouco isso que poderíamos pensar agora.

É útil refletir sobre as medidas que nos estão sendo impostas, pois, como sempre, não serão as pessoas que serão "salvas", mas as instituições financeiras. Sobrarão, como de todas as crises, aqueles que têm mais. Até mesmo o pânico pode ser vendável. De tal modo que se chega a supor corte de salário sem renda mínima ou se ameaça prender as pessoas que estão saindo às ruas, corta-se transporte público pela metade e fecham-se os pequenos comércios, sem que os autônomos tenham qualquer alternativa de subsistência. Aqueles que não morrerem de fome e que não entrarem em depressão ou crise de ansiedade desde agora certamente ainda terão sequelas psicológicas enormes pelos meses de confinamento e mania de limpeza impostos. No horizonte, o aceno do "estado de sítio" permitindo poderes absolutos ao soberano. Nada melhor para evitar uma insurreição do que a ameaça de um vírus mortal. Se, durante meses, a população do Chile não saía das ruas em revolta, agora todos se prostram dentro de casa, temendo pelos próximos acontecimentos. E os grupos chilenos que mesmo assim saíram foram detidos e jogados na cadeia. Na rua não se pode aglomerar, mas na prisão pode. E, diga-se de passagem, teorias conspiratórias são tão enganosas quanto desnecessárias, obviamente o vírus não foi criado em laboratório, o que não significa que ele seja "natural", pois nada é simplesmente natural na relação entre ser humano e natureza. O modo de produção predatório ao qual estamos submetidos cria de tempos em tempos tragédias e catástrofes, das quais também se retroalimenta. Se não viesse o vírus, as catástrofes já se avizinham há tempos, e algumas aí já estão.

Todas essas medidas até poderiam parecer uma simples preocupação com a saúde das pessoas, se houvesse contrapartes no sistema de saúde. Mas o que se vê até agora é que simplesmente as pessoas não estão sendo testadas. Isso tem uma dimensão política, evidentemente, porque casos crescentes pressionam o governo a tomar providências e geram revolta. A temeridade diante do sistema de saúde quebrado não deve ser igualada à preocupação com as pessoas no reino do capital. Ela apenas lembra que as pessoas ainda estão aí, talvez de um modo um pouco indesejado, e que, se podem trabalhar, podem também se revoltar; que se morrem aos montes sem atendimento, isso pode fazer o castelo de cartas mercadológico, senão ruir totalmente, ao menos perder a aparência sólida. Há uma escolha em se investir na segurança – aprofundando o Estado policial e as medidas de exceção – e não se investir em saúde, em diagnóstico, em tratamento, o que seria o primeiro passo para controle do vírus e não das pessoas. Se isso arrisca a economia, pode também fomentá-la, com milhares correndo para comprar itens que não precisam e bancos oferecendo empréstimos para "salvar" negócios e endividar pessoas. Já faz tempo que vivemos essa economia da crise, a diferença agora é que o inimigo é invisível e um vírus é mortal. É possível prender e monitorar quem está na rua. Mas, de fato, ninguém sabe onde está o vírus, e de tal maneira isso aprofunda o medo. Ninguém sabe quem está ou não contaminado, e o medo obviamente nos impede de agir, impede a solidariedade básica com o outro, que é agora visto não como a condição necessária da vida, mas como uma possibilidade de morte. A situação é insólita. Há um vírus desconhecido para o mundo; os sintomas variam de pessoa para pessoa; é possível ter e ser assintomático; todos são contaminados em potenciais, mas não é possível ter certeza de que se está ou não contaminado. Até o momento em que as pessoas passam a morrer de suspeita. Morre-se não de um vírus, mas de uma suspeita de vírus. "Morreram hoje no Rio de Janeiro três pessoas com suspeita", dizem os jornais. Não saber se se tem o vírus ou não, ficar em quarentena e reiniciá-la todas as vezes que tiver que sair de casa, um ciclo crescente de angústia.

Esta semana o filósofo coreano Byung-Chul Han afirmou que Žižek está errado em pensar que um vírus poderia abrir uma possibilidade para vencer o capitalismo. Por mais que ele deixe clara a falência desse sistema, um vírus não pode fazer uma revolução, na medida que isola e individualiza. Um vírus apenas poderia tornar ainda mais forte a sociedade de controle e o estado de exceção. Para Han, todas as medidas restritivas só fortaleceriam o sistema reinante, que ressurgiria ainda mais potente, inspirado nos controles de *big data* chinês e na obediência confucionista. De fato, não acreditamos que um vírus possa mudar nossa forma de vida, só a luta muda a vida. Mas nós somos daqueles que acreditam na revolta diante das mazelas. Ainda não sabemos o que virá. A maneira como vamos lidar com esta desestruturação profunda é o que agora abre possibilidades, para além do isolamento, para que a vida se imponha ao capital e aos governos.

**Camila Jourdan** é professora de filosofia na UERJ e autora do livro *2013 – memórias e resistências*, de 2018 (Circuito).

(...) 17/04

# Yanomami: os mortos "desaparecidos" da pandemia

Bruce Albert

> *"Se o inimigo vencer, nem mesmo os mortos estarão a salvo."*[1]
> Walter Benjamin, 1940

**Mortes escamoteadas**

Há sete meses, a Secretaria Especial de Saúde Indígena (Sesai) corre atrás da pandemia na Terra Indígena Yanomami (TIY) e alhures, colocando muitas vezes seus funcionários e servidores em perigo,[2] sem conseguir conter ou sequer frear a propagação exponencial do vírus SARS-COV-2. Incapazes de achatar a curva de contágio, a Sesai, o Ministério da Saúde e o Ministério da Defesa começaram a encenar uma ruidosa ficção jornalística, ressaltando a suposta eficiência do manejo oficial da pandemia. Para esse fim, se desdobraram, ao longo dos meses, publicando anúncios idealizantes e organizando "operações especiais" de comunicação social.[3]

Diferentemente dos duvidosos números oficiais, 1 202 casos confirmados de COVID-19 e 23 óbitos foram investigados entre os Yanomami e Ye'kwana pela Rede Pró-Yanomami e Ye'kwana (Rede Pró-YY) entre 5 de abril e 24 de outubro de 2020. Essa falha no controle do crescimento da pandemia na TIY tem sua principal explicação na incapacidade logística da Sesai de garantir o diagnóstico da COVID-19 por via de testes moleculares RT-PCR, que permitem isolar os casos positivos enquanto

---

1 Extraído de "Sur le concept d'histoire". In: Walter Benjamin, *Œuvres*, III. Paris: Gallimard "Folio", p. 431 (tradução minha).
2 Ver: "Casa de Saúde Indígena: um dos epicentros da contaminação", p. 73. In: *Xawara: rastros da COVID-19 na Terra Indígena Yanomami e a omissão do Estado* [livro eletrônico]. (Org.) Ana Maria Machado et al. São Paulo: Instituto Socioambiental, 2020.
3 Por exemplo, as "operações especiais" na TIY em julho e outubro de 2020 acompanhadas por numerosos meios de comunicação. Ver: "Operação conjunta de saúde realiza testagem em comunidades yanomami", *Agência Brasil*, 02 jul. 2020, disponível em: <https://agenciabrasil.ebc.com.br/saude/noticia/2020-07/operacao-conjunta-de-saude-realiza-testagem-em-comunidades-yanomami>; e "Segunda missão de reforço no combate à COVID-19 chega às aldeias dos DSEIs Yanomami e Leste de Roraima", *Agência Saúde*, 20 out. 2020, disponível em: <https://www.gov.br/saude/pt-br/assuntos/noticias/segunda-missao-de-reforco-no-combate-a-covid-19-chega-as-aldeias-dos-dseis-yanomami-e-leste-de-roraima>. Para uma avaliação crítica, ver: "'A pandemia está controlada': missão interministerial em Auaris, Waikás e Surucucus", p. 90. In: *Xawara*, op. cit.

ainda estão sintomáticos e altamente contagiosos e, assim, traçar e controlar seus contatos para evitar o espalhamento desenfreado da doença (a estratégia *Test, Trace, Isolate*/TTI da OMS). De fato, a Sesai, sem meios próprios e face à carência de estruturas laboratoriais adequadas nos estados do Amazonas e Roraima, acabou recorrendo cada vez mais aos testes sorológicos, ditos "testes rápidos", geralmente também em número reduzido, para diagnosticar os casos registrados como positivos.

Entretanto, os "testes rápidos", além de serem geralmente bastante falhos, só indicam a presença de anticorpos (positividade do caso) em cerca de dez dias após o contágio, quando o paciente já teve tempo de espalhar o vírus para sua comunidade, impossibilitando qualquer tipo de intervenção eficaz para a contenção da pandemia na Terra Indígena.[4] Além disso, os tratamentos supostamente curativos, regularmente administrados pela Sesai aos pacientes yanomami e ye'kwana com COVID-19 (como Hidroxicloroquina, Azitromicina, Amoxicilina ou Ivermectina), são comprovadamente inúteis ou até tóxicos, como já demonstraram diversas pesquisas científicas internacionais.[5]

Diante da inoperância do seu teatro sanitário militarizado, a Sesai parece ter lançado mão de um novo recurso, desta vez mais sub-reptício: uma política deliberada de subnotificação dos casos e, sobretudo, dos óbitos causados pela doença na TIY. Assim, o órgão sanitário publicou, para o mesmo período coberto pela Rede Pró-YY, cifras muito menores: quase 20% inferiores no caso de pacientes confirmados e 60% menores no que tange aos óbitos registrados![6] A inverossimilhança deste número reduzido de mortes em sete meses de pandemia sem controle diagnóstico apropriado não deixa de chamar a atenção. De fato, a taxa de mortalidade por casos (*case fatality ratio*) na TIY seria, nesse contexto, de menos de 0,92%, fato pouco comum no planeta, reservado, por exemplo, aos países com estatísticas confiáveis, como Luxemburgo (0,9%) ou Israel (0,8%), enquanto no Brasil esta taxa é de cerca de 3%.[7]

Essa subnotificação crônica dos óbitos de COVID-19 entre os Yanomami é sistematicamente produzida pela Sesai, seja por negligência no registro dos casos (ou na aplicação dos testes), seja, muitas vezes, pelo escamoteamento do diagnóstico das mortes por COVID-19 atrás de comorbidades,[8] entre as quais encontra-se a malária, que vem se alastrando exponencialmente na TIY devido ao garimpo ilegal desde 2015.

---

4 Ver: Rede Pró-Yanomami e Ye'kwana, "Testes rápidos na Terra Indígena Yanomami: uma cortina de fumaça?", 02 jul. 2020. Disponível em: <https://www.socioambiental.org/sites/blog.socioambiental.org/files/nsa/ arquivos/testes_rapidos_na_terra_indigena_yanomami_uma_cortina_de_fumaca_2.pdf>.
5 Ver: Rede Pró-Yanomami e Ye'kwana, "Nota técnica para contribuir ao combate da COVID-19 na Terra Indígena Yanomami", 16 maio 2020. Disponível em: <https://amerindios.wixsite.com/acao/nota-tecnica-ti-yanomami>.
6 Os dados oficiais divulgados pela Sesai até a semana epidemiológica 43 (24 out. 2020) totalizavam 926 casos positivos e nove óbitos confirmados.
7 Cf. <https://coronavirus.jhu.edu/data/mortality>.
8 Dos treze óbitos suspeitos registrados pela Rede Pró-YY entre 09 abr. 2020 e 23 out. 2020, seis dos doentes tinham malária e três tinham antecedentes cardíacos.

Segundo dados do Ministério da Saúde, em 2014, havia 2 896 casos de malária na TIY e, cinco anos depois, em 2019, 16 613 — um aumento assustador de 473%. Dos 23 óbitos registrados pela Rede Pró-YY, nove tinham malária, ou seja, 39% contra 17% com antecedentes cardíacos.

### Mortos sem sepultura

Além desse processo de apagamento estatístico de seus mortos na pandemia, os Yanomami foram (e são ainda) sujeitados a outro procedimento discriminatório: o sepultamento biosseguro das vítimas de COVID-19 à revelia de suas famílias e comunidades.

Dessa vez, além de ver suas mortes escamoteadas pela burocracia sanitária, os Yanomami sofrem a terrível experiência de ver o corpo de seus mortos confiscados pelo Estado. Essa prática foi implementada sem o menor diálogo e mesmo sem aviso desde o primeiro falecimento yanomami pela COVID-19: o óbito de um adolescente de quinze anos da comunidade de Helepe na região do Uraricoera.[9]

O autoritarismo dessa medida suscitou protestos das lideranças yanomami[10] e se transformou em escândalo nacional e internacional a partir do desaparecimento de vários bebês sanöma.[11] Esta revolta contra o tratamento indigno dos mortos durante as epidemias, longe de ser específico aos Yanomami ou a outros povos ameríndios,[12] é uma situação frequente no mundo e na história, especialmente em se tratando de populações submetidas a alguma forma de dominação externa.[13]

Sepultar vítimas yanomami sem o consentimento de seus familiares denota, no mínimo, uma inquietante ausência de empatia das autoridades sanitárias com o desamparo deste povo face à pandemia de COVID-19. Além disso, evidencia uma manifestação cabal de desprezo social e cultural característica das situações coloniais.

Para os Yanomami, dispor de um defunto sem rituais funerários tradicionais constitui um ato desumano e, portanto, infame. Após suas incursões bélicas entre aldeias, os antigos yanomami consideravam que esconder ou deixar desaparecer, na floresta, os corpos dos seus inimigos mortos a flechada seria a expressão de um excesso de hostilidade associado ao comportamento de animais ferozes ou de

---

9 Ver: "Garimpo, malária e COVID-19: uma combinação desastrosa, Uraricoera", p. 83. In: *Xawara*, op. cit.
10 Ver: "Coronavírus: enterro de indígena sem ritual requer diálogo entre lideranças e o Ministério da Saúde, dizem especialistas", *Amazônia Real*, 13 abr. 2020. Disponível em: <https://amazoniareal.com.br/coronavirus-enterros-de-indigenas-sem-rituais-requer-dialogo-entre-liderancas-e-o-ministerio-da-saude-dizem-especialistas/>.
11 Ver: "'Eu não quero voltar sozinha, sem o corpo do meu filho': o drama das mulheres sanöma", p. 70. In: *Xawara*, op. cit.
12 Ver: "'É nosso direito enterrá-los', diz o povo Wai Wai sobre corpos de lideranças vítimas da COVID-19", *Amazônia Real*, 10 ago. 2020. Disponível em: <https://amazoniareal.com.br/e-nosso-direito-enterra-los-diz-o-povo-wai-wai-sobre-corpos-de-liderancas-vitimas-da-covid-19/>.
13 Ver: Christos Lynteris; Nicholas Evans, *Histories of Post-Mortem Contagion: Infectious Corpses and Contested Burials*. Londres: Palgrave Macmillan, 2018.

espíritos maléficos. Nesse caso, os guerreiros costumavam oferecer uma trégua para que mães, esposas e irmãs de suas vítimas pudessem resgatar o corpo de seus mortos a fim de realizar os rituais funerários apropriados, permitindo que estes fossem devidamente chorados. Pode-se considerar também que os Yanomami preferem morrer a deixar seus defuntos sem ritos funerários. Um exemplo disso foi o caso dos sobreviventes do massacre de Haximu (1993), que, apesar de perseguidos pelos garimpeiros que haviam massacrado cruelmente uma parte de sua comunidade, não hesitaram em pôr suas vidas em risco para resgatar e queimar os corpos de seus mortos ao longo do caminho de fuga.[14]

De acordo com os rituais yanomami, os defuntos devem ser cremados, e as cinzas dos seus ossos, guardadas em uma cabaça para serem sepultadas ao longo de várias festas entre comunidades aliadas (*reahu*). O propósito desses rituais é "colocar em esquecimento" as cinzas do defunto e, assim, garantir a viagem sem retorno de seu fantasma (*pore*) até as "costas do céu", onde viverá uma nova vida de festas e fartura entre seus pares. Na falta desse tratamento ritual das cinzas funerárias, considera-se que as almas dos mortos voltarão incessantemente, chamando os vivos durante seus sonhos e causando-lhes uma nostalgia e melancolia sem fim que poderá levá-los também à própria morte.

Conduzir o luto de seus mortos de maneira culturalmente apropriada é, então, tanto na sociedade yanomami quanto em qualquer outra, uma necessidade e um direito humano básico. Sem o respeito desse direito fundamental, os familiares das vítimas yanomami de COVID-19, além de perderem entes queridos,[15] deverão sofrer eternamente a ferida de um luto inextinguível. Podemos ter uma ideia desse sofrimento através das palavras de Davi Kopenawa, que viveu essa dramática experiência quando sua mãe, falecida numa epidemia de sarampo trazida pelos missionários da Missão Novas Tribos do Brasil, foi sepultada pelos pastores à sua revelia e de seu padrasto em um lugar até hoje desconhecido:

> Por causa deles, nunca pude chorar a minha mãe como faziam nossos antigos. Isso é uma coisa muito ruim. Causou-me um sofrimento muito profundo, e a raiva desta morte fica em mim desde então. Foi endurecendo com o tempo, e só terá fim quando eu mesmo acabar.[16]

## Abolir a morte do Outro

O "roubo" da morte de sua mãe por fanáticos religiosos descrito por Davi Kopenawa aponta para um ato de arbitrariedade constitutivo da situação colonial: o apagamento

---

14 Ver: "O massacre dos Yanomami de Haximu", *Folha de S. Paulo*, 03 out. 1993.
15 Dos 23 mortos registrados pela Rede Pró-YY, nove são idosos, seis bebês, quatro jovens e quatro adultos.
16 Davi Kopenawa; Bruce Albert, *A queda do céu: palavras de um xamã yanomami*. Trad. Beatriz Perrone-Moisés. São Paulo: Companhia das Letras, 2015, pp. 267-268.

da memória e, portanto, da identidade dos povos dominados. Essa denegação memorial, impossibilitando qualquer trabalho de luto e de tratamento do passado em termos próprios (sociais, culturais), visa transformar suas vítimas em *tabula rasa* passível de inscrição do discurso dominante (religioso, político), cortando, assim, seus vínculos com a sua própria tradição.

Impedir que os defuntos sejam devidamente "colocados em esquecimento", como insiste a expressão yanomami, significa impedir aos vivos de exorcizar a morte, de desligar-se pacificamente do passado e de desfazer-se da dor pela falta dos entes perdidos com serenidade, construindo densos laços simbólicos com o passado, individual e coletivo. O esquecimento processado de acordo com regras próprias liberta do peso do passado e permite ocupar plenamente um espaço aberto ao presente. Porém, o esquecimento confiscado em uma situação de dominação política impossibilita esse processo libertador, perpetuando para sempre o peso das antigas dores e a marca do estigma da opressão.

A abolição das mortes e dos mortos yanomami de COVID-19 pelo Estado, tanto nas estatísticas epidemiológicas quanto nos enterros biosseguros secretos, remete a essa sinistra experiência colonial, mas também a outras estratégias oficiais de amnésia coletiva na história mais recente do Brasil, como a do "desaparecimento" de corpos e nomes das vítimas da ditadura militar.[17] De fato, apoderar-se dos mortos alheios para apagá-los da memória coletiva e negar o trabalho de luto dos seus familiares sempre foi a marca de um estágio supremo de barbárie alicerçado no desprezo e negação do Outro, étnico e/ou político.

*Publicado no relatório* Xawara: Rastros da COVID-19 na Terra Indígena Yanomami e a omissão do Estado, *produzido pela Rede Pró-YY.*

**Bruce Albert** é antropólogo e trabalha com os Yanomami no Brasil desde 1975.

---

[17] Ver: François Dosse; Catherine Goldenstein (Orgs.), "Enterrer les morts. La tâche de l'historien chez Paul Ricœur et Walter Benjamin". *Paul Ricœur: penser la mémoire.* Paris: Seuil, 2013.

(...) 18/04
# A pandemia e o capitalismo numérico
José Gil

A pandemia da COVID-19 pode vir a modificar radicalmente o modo de vida das sociedades atuais, pré e pós-industriais. Um fator decisivo dessa transformação serão as novas tecnologias, que virão a ganhar uma importância maior na economia e nas relações sociais. Formar-se-á um novo tipo de subjetividade, a "subjetividade digital", já em gestação nas sociedades atuais, mas que, no futuro, se colocará no centro do novo "capitalismo numérico", como condição essencial do seu funcionamento. Entretanto, vivemos uma crise de transição, que compromete as próprias subjetividades.

**A crise da subjetividade**
A subjetividade digital implica novas percepções do espaço, do tempo e do corpo: o espaço deixou de ser "métrico", euclidiano, referido a três coordenadas, para se tornar "topológico" (na terminologia de Michel Serres), remetendo apenas para um "lugar". É o que acontece com o utilizador do celular. A experiência do tempo já não remete para uma data ou um calendário, que dispõe o tempo a partir de um ponto zero, em série cronológica e objetiva, mas imerge o indivíduo profundamente num tempo virtual em que conta só o *presente instantâneo* que absorve passado e futuro, lembranças, expectativas e esperanças. O sujeito vive numa bolha que encapsula o tempo, o instante torna-se o único acontecimento, que tende a autorreferenciar-se. Quanto à experiência do corpo, ela é afetada no mesmo sentido, virtualizando-se. É o que experimentam os *hackers*, ou aqueles que passam 12 ou 14 horas diante da tela digital: sentem-se esvair-se, fundindo-se com o espaço virtual, perdendo os limites do corpo e do espírito.

Os casos do utilizador do celular e dos *hackers* são emblemáticos de uma vasta experiência social em que a realidade desaparece sob a proliferação de imagens de todo o tipo, construídas com a tecnologia mais sofisticada. O espaço, o tempo, a matéria e o corpo virtualizam-se em todos os domínios da experiência. Formam-se assim subjetividades novas que vão coexistindo com as subjetividades "tradicionais", com as quais entram em conflito.

As subjetividades tradicionais supunham um território fixo em articulação com um calendário imutável e um corpo comunitário, correspondendo às sociedades rurais e arcaicas, que foram perdurando e transformando-se (e desgastando-se) ao longo do desenvolvimento das sociedades capitalistas. Se na sociedade pós-industrial que é a nossa emergiram subjetividades de tipo "digital" facilmente adaptáveis a um espaço e a um tempo virtuais, e que tendem a dispensar o corpo, é porque o indivíduo e a coletividade sofreram uma imensa desterritorialização que abalou e desmantelou os referentes tradicionais. A desterritorialização das populações, das culturas, das imagens e das emoções acompanhou a evolução cada vez mais rápida da técnica e das tecnologias, até se chegar à comunicação digital, em tempo real. Esta desterritorialização universal não constitui apenas um efeito da economia capitalista, pois, agindo em *feedback*, estimula-a, provoca-a, fá-la crescer. Por outro lado, a movimentação constante das populações teve desde sempre como consequência imediata a transformação dos territórios. Estes deixaram de ser o lugar de envolvência onde o espaço, as coisas, o bairro, a cidade, a paisagem, encerravam e devolviam o sentido da vida, onde esta decorria em ritmos ainda incorporáveis, para se tornarem, cada vez mais, lugares de passagem, de trabalho precário, de azáfama e tensão, lugares hostis com um mínimo de ligação afetiva com a existência de cada um.

Os saberes ancestrais, o respeito pelos velhos e pelos mortos, o laço com a terra natal, e depois, a família e a educação, a relação política – tudo isso se estilhaçou e se dispersou sob o choque e a pressão permanente do desenvolvimento do capitalismo. A desterritorialização e, hoje, a virtualização de todos os conteúdos sociais, culturais, existenciais, conduziram a um desequilíbrio fundamental, abrindo um fosso entre a nova realidade virtual que se impõe progressivamente em todos os domínios, e "os valores" tradicionais em que assentava a vida individual e coletiva. Esta defasagem define a crise atual da subjetividade, espartilhada entre a desterritorialização digital e a sedentarização arcaica nos velhos territórios identitários. A coexistência, essencialmente conflituosa, entre estas duas forças, entre a subjectividade digital e a subjetividade tradicional, provoca os maiores disfuncionamentos (e patologias: estresse, depressão, *burn-out* e inúmeras doenças do trabalho). Mas a crise da subjetividade não é senão uma manifestação da caotização geral que abre e espalha brechas em todos os campos, opondo as exigências da economia financeira aos estratos jurídicos, institucionais ou culturais, e cada estrato aos outros, desenvolvendo falhas mesmo num só estrato, numa crise generalizada da vida social e individual.

**Pandemia e desterritorialização**

Mesmo antes de ser declarada a quarentena em Wuhan, 7 milhões de chineses saíram da cidade e espalharam-se pelo mundo. A região da Lombardia, na Itália, que mantinha voos diretos para a região mais contaminada da China, foi rapidamente atingida. A França, a Alemanha, a Espanha, o Reino Unido e, muito rapidamente, a Europa foram infectados. Alastrando a todos os continentes, a pandemia cobriu o planeta em poucos meses. Uma disseminação tão célere e imprevisível deveu-se às características do novo vírus, mas só foi possível graças à deslocação intensa de indivíduos e grupos, através da rede extraordinária de comunicações e transportes que liga hoje os países uns aos outros.

Trata-se de uma torrente imparável de gente sempre a ir e a vir, em que participam homens de negócios, políticos, universitários e estudantes, turistas (em turismo de massa ou individual) e multidões que se deslocam para assistir a acontecimentos culturais, desportivos ou religiosos, sem esquecer os milhões de migrantes fugindo da guerra e da fome. Estas vagas imensas de pessoas que vão de um território a outro, alimentam a desterritorialização geral, contínua, que não cessa de crescer.

Ao disseminar-se, o vírus da pandemia não fez mais do que percorrer o mapa mundial da desterritorialização. A pandemia resultou da desterritorialização, é a manifestação extrema da doença tecno capitalista que há mais de dois séculos se infiltrou nas sociedades humanas. E que, tal como um vírus, vai contagiando território após território, país após país, continente após continente: é o capitalismo global que transforma a Terra inteira, submetendo-a, como um contágio epidêmico, ao seu funcionamento. Se o novo coronavírus prolonga o movimento desterritorializante da economia capitalista, é porque esta é, no seu desenvolvimento e propagação, propriamente pandêmica.

A primeira reação contra a pandemia visou, logicamente, conter a sua proliferação: contrariando ao máximo a desterritorialização, impôs-se a quarentena a centenas de cidades e confinaram-se os cidadãos nos seus locais de residência. Fecharam-se aeroportos, estações de trens, portos e estradas, locais onde as aglomerações de pessoas aumentam os riscos de contaminação. Porque a desterritorialização implica não apenas a deslocação, mas também o seu contrário complementar, os mais variados ajuntamentos de "pessoas sós", que se encontram nas gares ferroviárias ou nos festivais de música. Cancelaram-se eventos de toda a espécie, proibiram-se saídas e passeios. Numa palavra, reterritorializaram-se os indivíduos nas suas casas, incentivando-os a cultivar um tipo de vida esquecido, por assim dizer "arcaico", familiar e mais "humano", que o regime habitual de trabalho havia sempre impedido.

O confinamento universal e a reativação de modos de vida supostamente harmoniosos, mas já erodidos e ineficazes, levam à formação de novas subjetividades, mais adaptadas à "economia numérica". A generalização do teletrabalho, a digitalização máxima dos serviços e a virtualização das deslocações e das relações sociais terão, muito provavelmente, consequências drásticas nas transformações da sociedade. Se, até aqui, se alargava a defasagem crescente entre o desenvolvimento da economia financeira global e os processos de subjetivação – que misturavam subjetivações digitais e subjetivações arcaicas, estas ligadas ainda às sociedades industriais e pré-industriais –, agora o vazio parece poder ser preenchido. A época de transição chega ao seu fim.

A nossa ideia é simples: a pandemia será o agente mediador da passagem de uma fase histórica do capitalismo (o capitalismo industrial-financeiro) – cada vez mais perturbada e caótica, cada vez menos viável no contexto geral da sociedade e do Estado – para uma outra fase em que se procuram os ajustamentos necessários entre as exigências econômicas e as subjetividades que, em todos os domínios, do teletrabalho às práticas de lazer, lhes correspondam adequadamente. Conseguir-se-ia, assim, um equilíbrio, sem dúvida precário, mas que asseguraria o desenvolvimento sem entraves do capitalismo digital: eis o que está inscrito, eis o que visa ao impulso imparável da dinâmica capitalista. Evidentemente, serão precisas subjetividades apropriadas, com o máximo de consenso coletivo e individual, e o mínimo de conflito.

Terá sido necessário o surgimento de uma pandemia mortífera para *adaptar* as subjetividades às novas exigências do capitalismo global. A COVID-19 seria o trampolim a catapultar a coletividade para um nível superior, o da sociedade digital. Em vez de progredir gradualmente, passando por fases mediadoras, a pandemia vai obrigar a um salto brutal, impondo indiscriminadamente a digitalização de todas as atividades. Inverter-se-ia a ordem de subordinação: o digital, que estava submetido à hegemonia de hábitos ligados ao corpo físico (a desterritorialização obrigava os corpos a deslocarem-se ou a desapropriarem-se de si próprios), tornar-se-ia dominante, condicionando os outros atos sociais, quando não os suprimia.

O que se procurava, afinal, era que as gerações pré-pandêmicas, com a sua cultura humanista, os seus hábitos jurídicos, a sua consciência judaico-cristã, não entravassem mais o livre funcionamento da economia. Só pelo número de mortos idosos, a pandemia já ajudou a limpar o horizonte. Mas foi sobretudo pela construção de novas práticas, novos constrangimentos, novos hábitos de prazer a que obrigou o isolamento social, que as subjetividades digitais poderão florescer e dominar. Serão subjetividades desterritorializadas, de certo modo, nômades e transparentes, mas *reterritorializadas no digital*. A inteligência artificial terá sem dúvida um papel decisivo neste processo de sedentarização. As novas subjetividades caracterizar-se-ão pela submissão e adequação dos corpos às (ou mesmo a sua exclusão das) tarefas da economia digital, e a permeabilização das mentes às ordens e necessidades da vida virtual. A nova subjetividade comportará capacidades passivas de obediência voluntária e capacidades ativas de funcionamento programado. Estas características estavam já presentes na subjetividade digital pré-pandêmica, que descrevemos acima.

### O capitalismo, a esperança e as forças de vida

Vivemos, neste momento, dois tempos diferentes, em simultâneo: o nosso presente da vida confinada e o tempo da espera que a pandemia acabe. Nem um nem outro, nem os dois sobrepostos, ajudam a agir. Alguns pensam que este período de isolamento deverá ser aproveitado para tomar consciência da necessidade de mudar de vida, recusando voltar à "normalidade". A normalidade representa o tecno capitalismo e a vida caótica que ele engendra. Através das fragilidades e insuficiências das políticas de saúde, esta crise revelou *in vivo* a desigualdade que condena tendencialmente os pobres à contaminação e à morte, a indiferença dos sistemas econômicos perante o sofrimento e a doença, ou a falta de solidariedade e de coesão dos Estados-membros da União Europeia. Mas mais profundamente, ela mostrou, segundo muitos, a futilidade e o vazio da vida sem sentido em que os povos viviam antes da pandemia. Apareceram então – e continuam a aparecer – certos pensadores, laicos e religiosos, que afirmam ser esta pandemia a ocasião única para operar "revoluções" ou "reformas interiores" ou "conversões" radicais que trouxessem uma mudança radical no modo de vida da humanidade.

A verdade é que este período de luta pela sobrevivência física não gerou até agora nenhum sobressalto político ou espiritual, nenhuma tomada de consciência da necessidade de mudar de vida. Não gerou esperança no futuro. No nosso país, a unidade nacional foi reforçada apenas no sentimento coletivo de compaixão pelos mortos e doentes, e pela gratidão para com os médicos e enfermeiros. Talvez um pouco, também, pela adesão geral à política do governo. Não se conceberam nem novos valores éticos, nem novos programas econômicos ou práticas políticas. E nem a violência brutal do sofrimento e da morte nos hospitais, escancarada no espaço público midiático, conseguiu varrer as imagens enganadoras com que nos habituamos a lidar com a realidade. O confinamento não favoreceu a reflexão e a ação, pelo contrário, suspendeu o tempo, a vida ativa e o pensamento. O contágio temido, imaginado, alucinado, foi o único acontecimento que condicionou as emoções e os gestos cotidianos.

Se, com o confinamento, fugimos à desterritorialização desabrida que vivíamos antes da pandemia, não nos reterritorializaremos, afinal, senão no digital. Quando se diz "estamos todos juntos nesta luta" ou "só com o esforço de todos poderemos vencer o vírus", este "todos" que compreende sobretudo os confinados constitui, no fim das contas, uma realidade virtual. Estamos, virtualmente, com todos e com a comunidade, em que participamos à distância, separando-nos dela. É toda a vida que se virtualiza. De resto, o confinamento não foi e não é um tempo de expansão e alegria. Com as ruas desertas, as cidades silenciosas e o sofrimento gritante dos doentes, a casa em que nos fechamos não constitui, propriamente, um lugar de entusiasmo e criação. Nem propício à meditação metafísica, nem à elaboração de grandes projetos de vida. Afinal, a grande maioria das pessoas quer "voltar à normalidade" (ou, a uma "nova normalidade", como diz Cuomo, governador de Nova York).

Ao ver o desejo premente e angustiado dos políticos de certos países da Europa, de acabar, neste mês de abril, com o isolamento obrigatório para pôr a economia a funcionar, constata-se que se está a preparar tudo para voltar e retomar – por mais difícil que venha a ser – o estado de coisas anterior. A economia *versus* a saúde, como se tem dito, ou a vitória da economia contra a saúde (nos vários sentidos da palavra). O tecno capitalismo voltará a funcionar, talvez não como dantes, talvez como "capitalismo numérico", construindo rapidamente novas subjetividades digitais. Não escaparemos ao seu poder de preservação, autorregeneração e metamorfose.

Resta-nos ver mais longe, e prepararmo-nos, com o máximo das nossas forças de vida: esta crise não é independente da crise ecológica que estamos já a viver e que em breve atingirá um patamar irreversível. Aí, e porque para ela não haverá vacina, teremos todos de pôr radicalmente em questão o tecno capitalismo e os seus modos de vida, se quisermos ter um (outro) destino na Terra.

**José Gil** é filósofo, autor, entre outros, de *Fernando Pessoa ou a metafísica das sensações* (n-1 edições).

(...) 19/04

# Contingência, solidão, interrupção
# Ideias isoladas sobre um tempo com o qual não contávamos

Eduardo Pellejero

Em verdade é difícil pensar noutra coisa. Encerrados em casa, bombardeados 24 sobre 24 horas pelas notícias sobre os avanços do vírus e a negligência do governo para tratar da epidemia, a vida ameaça reduzir-se a uma ininterrupta reflexão sobre a sobrevivência (a nossa, a dos nossos familiares e amigos, a do neoliberalismo, a do estado de direito etc.). De resto, furtar-nos ao problema seria desonesto – um crime, como dizia Bataille.

A questão é: como se endereçar ao que acontece através de uma experiência não mediada? Sou capaz, somos capazes de escrever algo sobre o que está acontecendo a partir da empobrecida textura da experiência à qual nos submete a quarentena? O que dizer para fazer contar este tempo com o qual não contávamos?

Três ideias recorrentes assaltaram-me durante os dias que levo confinado: a ideia da contingência, a ideia da solidão, a ideia da interrupção.

**Contingência**

Antes que tudo isto começasse, já me assombravam as questões que levanta a linguagem da contingência, quero dizer, os modos problemáticos em que o pensamento humano é capaz de forjar formas capazes de articular o mundo sem obliterar o fundo sem fundo sobre o qual conduzimos a nossa existência. Nietzsche e o dorso do tigre ao qual nos aferramos dos nossos sonhos é uma referência comum quando nos confrontamos com o *factum* de que *o que é poderia não ser – e eventualmente não será*. Mas nas aulas, algumas vezes, as formas filosóficas do problema davam lugar a uma consideração sobre os modos em que o imperceptível é capaz de pôr em causa todos os nossos projetos, confundindo-os num mesmo e prometido fracasso; por exemplo, um mosquito, um mosquito de nada põe fim às aspirações de centenas de pessoas, e isso ano após ano, sem trégua: canções, arquiteturas, revoltas desvanecem-se no ar pela picada de um inseto que habitualmente espantamos com um gesto distraído da mão, silenciando ao mesmo tempo o zumbido que nos impede o sono. Agora essa consciência trágica, em si perturbadora, não nos deixa, manifestando-se em cifras e figuras que afirmam sem rodeios que, como numa roleta russa, podemos ser os próximos.

Daí a negação desesperada e perigosa dos que se manifestam nas ruas mascarados de morte. O certo é que logo não haverá ninguém que não tenha perdido alguém próximo, alguém querido e, em geral, todos teremos perdido demasiado. O mundo, tal como o conhecemos, terá desaparecido. Seguramente as estruturas tentarão seguir reproduzindo-se sem variações, mas algo importante terá mudado para sempre: o cinismo no qual nos comprazemos terá dado lugar a outras formas de encarar o real e as representações que fazemos sobre a realidade. Arriscar qualquer hipótese seria, quanto menos, inconsequente. É certo que especular não custa nada e muitos fazem as suas apostas. Mas é como apostar na roleta russa – um gesto repugnante.

**Solidão**
Este tempo com o qual não contávamos, e que tanto contamos, como diz Carmen,[1] também transfigurou para mim não apenas a ideia, mas o próprio hábito da solidão. A solidão sempre foi uma necessidade para mim, a melhor forma de resguardar-me do mundo e de ir ao seu encontro, a atmosfera irrespirável sem a qual perco o fôlego, a clausura que me abre aos outros e me permite ver além do meu nariz, o lugar onde se consuma a morte de deus e se torna possível conduzir o pensamento além das identificações imaginárias que cobram a nossa adesão total à realidade e suas mistificações. Procurar e encontrar a solidão ocuparam-me toda a minha vida; o resto, nela, nunca exigiu senão o resto de mim. Mas a solidão não é o isolamento, nem físico nem social. A solidão não é a redução do mundo ao pessoal, ao familiar ou ao caseiro. De fato, a solidão torna-se quase impossível quando somos privados do mundo. A consumação da morte de deus só ganha sentido como consequência da afirmação do mundo. E essa afirmação leva semanas em suspenso. Logo, a solidão converteu-se em algo obsceno, e me envergonho de não ser capaz de transpor as suas fronteiras. Necessito, necessitamos reinventar a solidão, indo ao encontro dos outros; por exemplo, através da escrita, da música, da imaginação política – sem imagens de um objeto ou um fim a alcançar.

**Interrupção**
As vidas estão feitas de interrupções. Por exemplo, viajamos e o tempo deixa de fluir da maneira habitual: tomamos tempo, vemos as coisas de outro modo. Não sei aonde

---

[1] "A gata entrou duas vezes empapada do horto. Carmen Porris teve duas vezes medo de que a gata morresse de resfriado. O cachorro tentou oito vezes subir ao sofá, três vezes conseguiu e três vezes tive que dizer-lhe para descer. Carmen Porris viu dois episódios repetidos de Colombo e um filme sombrio sobre Cinderela. Fizemos exercício vinte e seis minutos. Lavámos a louça três vezes. Cozinhamos duas vezes. Lorena levou a passear o cachorro duas vezes, eu uma. Ouvimos dezanove mariachis. Recebi uma chamada telefónica da minha amiga Lucía. Falei com Marina um bocado. Li quatro vezes uma carta de Kafka. Calculei vagamente quatro vezes quanto tempo poderemos continuar pagando as contas e a comida. Li zero artigos da imprensa. Me imaginei uma vez trabalhando como professora num futuro que não consigo ver com claridade. Lembrei duas vezes o caminho a casa da minha amiga Irene. Planeei uma vez com Pedro encontrar-nos às escondidas na sua loja. Me imaginei de maneira difusa ao longo de todo o dia deitada sobre outro corpo nu. Fizemos hoje, devagar, um número indeterminado de coisas minúsculas que não lembro, neste tempo que tanto estamos contando." Carmen Rivera Parra, Múrcia, 28 mar. 2020.

chegaríamos sem isso: as viagens, incluídas as viagens que fazemos sem sair do lugar. Soa uma música de fundo – *Zorzal*, de Alex Krieger –, deixo-me embalar pela melodia e o grão da voz, fecho os olhos, viajo! As interrupções são também o próprio da crítica; sua forma mínima desdobra nosso olhar num piscar de olhos. As próprias imagens que fazemos do real são uma interrupção das estruturas simbólicas através das quais o real nos é dado e confiscado. Até o mundo vive de interrupções, e assim se oferece ao mundo sob as formas da utopia. A greve geral é a figura absoluta desse espaçamento do desejo, mas certamente todos temos numerosas experiências de interrupções menores, porém não menos radicais, que, pausando a vida, a relançam ou reinventam onde têm lugar. Por exemplo, no ano que passamos no México, os estudantes fizeram uma paralisação contra o aumento dos transportes. Não apenas ficaram desertos os colégios e as universidades, os estudantes tomaram as ruas e, dispondo-se estrategicamente em algumas esquinas, fecharam o centro histórico. Sem trânsito, a cidade transfigurou-se por completo, e as pessoas, mesmo as pessoas que em geral se posicionam contra esse tipo de manifestações, viveram intensamente essa pausa, experimentando em ato a utopia de uma cidade à escala humana – e caminhavam pelas ruas inesperadamente silenciosas, patinavam, encontravam-se, riam. Como fazer para explorar o potencial utópico da pausa que nos impõe, sem objeto, esta crise? O que podemos fazer para que não se reduza a ser mais uma forma de colocar as nossas vidas em perspectiva ou ordenar os nossos assuntos pendentes (mesmo que isso possa contribuir também, sem lugar para dúvidas, para a mudança do impessoal)?

Não há nada que possamos fazer para nos precaver da contingência, mas seguramente podemos fazer jogar a contingência contra tudo aquilo que se pretende impor como necessário no mundo e em nós. O possível e o necessário são meras figuras da nossa humanidade. Apenas o existente é comum a nós e ao universo. E o existente põe em causa a necessidade ao mesmo tempo que volta a colocar em jogo o possível. Fá-lo agora, como a cada momento, incansavelmente, impercetivelmente, violentando a nossa sensibilidade e pondo em movimento a nossa imaginação.

Pergunto-me se, em meio a este isolamento forçado, seremos capazes de encontrar a solidão necessária para contribuir de alguma maneira para que, entre nós e o universo, o mundo se converta em algo mais do que uma mistificação encobridora da máquina capitalista; se essa estúpida e mortífera manifestação da contingência conseguirá revelar-nos algo mais do que a finitude que assombra até os nossos sonhos mais nobres, mais honestos; se esta interrupção das vidas que conduzíamos sem questionar e das ideias que carregávamos sem consciência crítica será suficiente para agitar mais uma vez a imponderável chama da liberdade.

**Eduardo Pellejero** é professor de Estética Filosófica na Universidade Federal do Rio Grande do Norte. É autor de *O que vi: diário de um espectador comum* (Carcará) e *Justiça poética: palavras e imagens fora de ordem* (Carcará).

(...) 20/04

# a clausura ante o vírus versus o desejo colonial por expansão, domínio, devassidão: silêncio, quietude, recolhimento

tatiana nascimento

o vírus pode significar também esse chamado pra dentro. inverte a lógica colonial, que é a lógica do capital, mesmo modo de vida que nos trouxe nesse pré-apocalipse que umas poucas elites assistem de camarote. o desejo colonial pede expansão, o vírus chama ao recolhimento. o desejo colonial quer exercer domínio, controle; o vírus confunde. subjuga. demanda submissão, quietude. o desejo colonial quer devassar y estraçalhar tudo, por isso se lança ao desespero das bravatas, aos discursos ignorantes, aos apelos conflituosos, faz ruído demais. fala sem sentido (aparente). o vírus exige da gente silêncio. voltar ao tempo da caverna, em alguma medida. a confusão midiática é uma das estratégias mais eficientes do bioterrorismo, política de estado que orbita o vírus. as notícias ruins chegam na velocidade do espirro por todos os canais: contaminam tudo. o pânico tem transmissão mais rápida que o vírus, repara... no fundo no fundo o vírus nos lembra que a morte há de chegar, sempre, y isso causa terror ao desejo colonial de imortalidade. mas a história de tempo é que só realizou sua natureza, de passar, depois que o filho trovão decidiu terminar seu banquete: kronos devorava a prole pra nunca ser ancestro, ser sempre eterno. em sua aniquilação é que aprende a significar mudanças enormes. precisou a alegria intempestiva de júpiter, fé no futuro, levar o planeta-pai, pra dançar. o cronômetro do apocalipse talvez seja humano: tem muitas coreografias bonitas no caos. o planeta não é palco só de nossas danças "de gente", civilização. hoje vi uma lagarta se recolhendo pra enclausurar... casulo: pequena. silente. quieta. ensimesmada. orgânica. rastejar, recolher, aprender a voar.

pero o desejo colonial sonha uma máquina pesada y rígida demais, repara: o vírus parece um ponto de ferrugem. tem muito ar y muita água no planeta, ela logo se espalha...

**tatiana nascimento**, brasiliense, sapatão, é palavreira: poeta, compositora, cantora, tradutora, editora na padê editorial. Publicou entre outros *07 notas sobre o apocalipse ou poemas para o fim do mundo* (Garupa) e os cordéis *Cuírlombismo literário* e *Racismo visual / Sadismo racial* pela n-1 edições.

(...) 21/04

# Dissecando o autoritarismo relutante e capacitista perante o coronavírus no Brasil

Francisco Ortega e Michael Orsini

Os brasileiros, diz o presidente Jair Bolsonaro, são tão durões que podem se defender do irritante vírus COVID-19, o mesmo vírus que já matou mais de 154 800 pessoas no mundo todo e a cifra segue aumentando.

Comparando o coronavírus com uma "gripezinha", o líder brasileiro expôs, mais uma vez, seu estilo de governar o país através de uma mistura tóxica de desconfiança populista em relação à ciência, capacitismo e uma dose de masculinidade, insuflada por um fervor nacionalista.

Primeiro, Bolsonaro relutou em usar o punho de ferro do Estado para impor bloqueios a fim de impedir a disseminação da COVID-19, como fizeram líderes em países muito menos autoritários. Para não ser confundido com líderes que representam uma ameaça às liberdades civis ao imporem o distanciamento social, Bolsonaro riu da necessidade de medidas extremas, argumentando que o "isolamento vertical" de idosos ou outras pessoas vulneráveis é suficiente.

Alguns comentaristas temem que líderes autoritários estejam usando a crise da COVID-19 para impor medidas draconianas, silenciar os críticos e garantir sua base de poder. Alertam que, depois que a crise de saúde pública diminuir, a consolidação do poder será o principal legado duradouro da pandemia. Exemplos notórios incluem o primeiro-ministro húngaro, Viktor Orbán, que declarou o estado de emergência que lhe permite se consolidar e governar por decreto, e o presidente das Filipinas, Rodrigo Duterte, que se concedeu poderes de emergência com a desculpa de silenciar disseminadores de *fake news*. Enquanto o primeiro-ministro israelense, Benjamin Netanyahu, se amparou no coronavírus para suspender os tribunais, adiando efetivamente seu próprio julgamento por acusações de corrupção, outros governos, como os da Argélia e da Índia, contam com a ameaça de uma pandemia para reprimir manifestações políticas. E outros, como China, Coreia do Sul e Rússia, usaram a pandemia da COVID-19 para fortalecer a vigilância digital.[1] Todos eles compartilham

---

1 Kenneth Roth, "How Authoritarians Are Exploiting the COVID-19 Crisis to Grab Power". *The New York Review*,

um estilo de politização pandêmica que não nega a ciência; ao contrário, mobiliza evidências científicas para justificar e aplicar abordagens punitivas para o policiamento da pandemia.

A politização da pandemia de Bolsonaro, em contrapartida, é curiosamente diferente. Ele exerce um tipo de autoritarismo relutante. É óbvio que Bolsonaro gostaria de ser um ditador; no entanto, ele não pode usar o medo pandêmico como seus "amigos" autoritários têm feito em outros países porque teme as consequências políticas da crise econômica. Ele não usou o coronavírus para tomar o poder e reprimir a sociedade e seus críticos. Uma coisa é clara, Bolsonaro não aprecia a democracia, nem os freios e contrapesos ao seu poder. Ele acredita firmemente que um golpe militar resolveria os problemas do país, mas também sabe que não tem o apoio da cúpula militar para transformar o Brasil em uma ditadura à imagem de Orbán, na Hungria.

Obcecado com sua própria sobrevivência política, Bolsonaro forjou uma falsa dicotomia entre quarentena e economia. Nisso, ele segue uma certa lógica: o possível colapso da economia após o distanciamento social minaria seu futuro político e sua reeleição em 2022. Suas tentativas de concentrar o poder no Governo Federal e usá-lo para combater o distanciamento social e outras políticas para controlar a disseminação da COVID-19 até agora não tiveram êxito. As políticas para limitar a circulação de pessoas foram promulgadas pelas autoridades estaduais e municipais e foram endossadas pela Câmara dos Deputados e pelo Senado. Até alguns membros do gabinete de Bolsonaro manifestaram preocupação com sua oposição às políticas de bloqueio, incluindo seu ministro da Saúde, que foi demitido abruptamente em 16 de abril pelo presidente.

A disseminação global da COVID-19 introduziu uma importante mudança na posição do Poder Legislativo em relação ao discurso autoritário de Bolsonaro, que é tolerado enquanto as políticas econômicas neoliberais permanecerem em vigor. Agora Bolsonaro está isolado em sua defesa da quarentena vertical e em sua disseminação de mentiras sobre a pandemia. O cenário caótico atual é intencional para alguém que confia no "caos como método" para manter a lealdade de seus seguidores e espalhar desinformação.[2] É difícil ignorar as características necropolíticas desse exercício grotesco de poder. Como explica o filósofo Achille Mbembe em sua crítica à noção de biopoder e elaboração da noção de necropolítica e necropoder, "em nosso mundo contemporâneo, as armas de fogo são dispostas com o objetivo de provocar a destruição máxima de pessoas e criar 'mundos de morte', formas únicas e novas de existência social, nas quais vastas populações são submetidas a condições de vida que

---

31 mar. 2020. Disponível em: <https://www.nybooks.com/daily/2020/03/31/how-authoritarians-are-exploiting-the-covid-19-crisis-to-grab-power/>.

2 Thomas Bustamante; Emilio Peluso Neder Meyer, "Authoritarianism Without Emergency Powers: Brazil Under COVID-19". *Verfassungsblog*, 8 abr. 2020. Disponível em: <https://verfassungsblog.de/authoritarianism-without-emergency-powers-brazil-under-covid-19/>.

lhes conferem o estatuto de 'mortos-vivos'."³ Os países que ignoraram ou atrasaram os pedidos de isolamento social agora devem enfrentar o empilhamento dos cadáveres. Como escreve um jornalista de The Intercept Brasil: "É assim que agem os adeptos da necropolítica: negociando em cima do número de cadáveres para sustentar uma narrativa política fabricada ao arrepio da ciência."⁴

Para evitar a propagação caótica do vírus e um número crescente de mortes no país densamente povoado, a cúpula militar decidiu contornar Bolsonaro em todas as decisões importantes, transformando o presidente em um "monarca sem poder efetivo" e o general Braga Netto no "presidente operacional".⁵

Mais um líder messiânico com uma propensão a pronunciamentos explosivos que geram choque e estupefação midiática, Bolsonaro aproveitou um desejo nacionalista e populista de posicionar ele próprio e seus compatriotas (misóginos não estão interessados em mulheres como sujeitos políticos) como individualistas duros e *self-made*. O Brasil até tem vivido uma série de manifestações "pró-pandêmicas" e "coronafests" de seus apoiadores que proclamam uma nova versão do "medo vermelho", com alegações de que o vírus faz parte de uma conspiração comunista maligna para desestabilizar o mundo e estimular mudanças de regime político.

Segundo, Bolsonaro deu um passo além da exploração de uma profunda desconfiança em relação à ciência, que tem sido explorada por líderes como o presidente dos EUA, Donald Trump. Embora não seja surpreendente que Bolsonaro questione a legitimidade de conselhos de especialistas para manter um bloqueio e um distanciamento social, ele se cercou de uma série de personagens cujas opiniões são extremas – o equivalente a criacionistas e terraplanistas. Seu próprio cálculo político pode ser astuciosamente racional: focado diretamente em sua própria sobrevivência política, Bolsonaro pode estar justificadamente preocupado com a forma pela qual um *lockdown*, a suspensão total das atividades, pode acelerar o colapso econômico do país, algo de que ele quer se distanciar (política e socialmente). Manter uma forma de "ignorância estratégica"⁶ sobre o desastre da saúde pública que se desenrola no país pode ser politicamente conveniente, embora moralmente repreensível. Isso inclui a intrigante declaração de Bolsonaro de que o fim da pandemia estava no horizonte, quando o consenso entre os especialistas em saúde pública é que o Brasil ainda não

---

3 Achille Mbembe, *Necropolítica*. Trad. Renata Santini. São Paulo: n-1 edições, 2018, p. 71.
4 João Filho, "Coronavírus: mentiras fabricadas pelo 'gabinete do ódio' ditam ações do presidente no combate à pandemia". *The Intercept Brasil*, 12 abr. 2020. Disponível em: <https://theintercept.com/2020/04/12/gabinete-odio-coronavirus-bolsonaro/>.
5 Lucas Rocha, "Por pressão do Exército, Braga Netto atua como presidente no lugar de Bolsonaro". *Forum*, 3 abr. 2020. Disponível em: <https://revistaforum.com.br/politica/por-pressao-do-exercito-braga-netto-atua-como-presidente-no-lugar-de-bolsonaro/>.
6 Ver: Linsey McGoey, "Strategic unknowns: towards a sociology of ignorance". *Economy and Society*, vol. 41, n. 1, 2012, pp. 1-16.

experimentou o pior que essa pandemia lhe reserva. Ou seja, como Linsey McGoey observa, "a negação de fatos perturbadores, a percepção de que saber o mínimo possível é frequentemente a ferramenta mais indispensável para gerenciar riscos e exonerar-se da culpa após os eventos catastróficos".[7]

O discurso político de Bolsonaro foi descrito como uma "guerra à verdade" total por Petra Costa, cineasta brasileira indicada ao Oscar que foi chamada de "canalha" por Eduardo Bolsonaro. A negação das mudanças climáticas subjacente a sua política ambiental, sua visão revisionista da história que exalta a ditadura brasileira, uma política cultural baseada em valores conservadores, religiosos e familiares e a oposição à igualdade de gênero são alguns dos elementos dessa visão pós-verdade. Bolsonaro também vem trabalhando incansavelmente para minar as instituições públicas. Por exemplo, ele nomeou um criacionista para chefiar a CAPES, alguém que nega a existência de racismo para se encarregar da defesa dos Direitos dos Negros no Brasil e transferiu para o Ministério da Agricultura a tarefa de demarcar novas terras indígenas.[8]

Como se isso não bastasse, os principais membros de seu círculo interno se identificam com o terraplanismo, que renuncia a grande parte do consenso científico em que nosso mundo se baseia. Os terraplanistas são reforçados em suas crenças pelos evangélicos. O guarda-chuva ideológico do terraplanismo acomoda uma verdadeira sacola de lixo que inclui conspirações comunistas, movimentos de antivacinação, oposição à liberdade de expressão de gênero, kits gays y mamadeiras de pirocas, entre outros.

A postura anticientífica de Bolsonaro não deve ser confundida com uma postura crítica em relação à ciência, que é uma característica necessária da governança democrática. Ele e membros de seu governo disseminaram deliberadamente notícias falsas sobre a COVID-19, como a promoção da hidroxicloroquina como um possível tratamento ou a ideia de isolamento vertical para promover a imunidade do rebanho em oposição ao distanciamento social. Bolsonaro até distorceu uma declaração do diretor da OMS para defender a ideia de que os trabalhadores poderiam voltar à normalidade.

Parte do desafio de interpretar o manejo de COVID-19 por Bolsonaro é que, embora sua oposição ao distanciamento social seja alimentada por uma rejeição da ciência e da experiência, países como a Suécia também relutam em impor um *lockdown*. Como, então, devemos caracterizar o estilo de governança de Bolsonaro, e o que isso significa para a resposta do Brasil a essa esmagadora crise de saúde pública, que muitos observadores concordam que provavelmente é mais significativa do que os dados oficiais comunicam?

---

7 Ibid., p. 3.
8 Thomas da Rosa Bustamante; Emilio Peluso Neder Meyer, "Bolsonarism & COVID-19: Truth Strikes Back". *Int'l J. Const. L. Blog*, 24 mar. 2020. Disponível em: <http://www.iconnectblog.com/2020/03/bolsonarism-and-covid-19-truth-strikes-back/>.

Por fim, afirmamos que o estilo de governança de Bolsonaro se baseia em uma mistura de capacitismo e masculinidade tóxica. O capacitismo refere-se a uma "rede de crenças, processos e práticas que produz um tipo particular de eu e de corpo (o padrão corporal) que é projetado como perfeito, típico da espécie e, portanto, essencial e totalmente humano. A deficiência é, então, apresentada como um estado diminuído de ser humano".[9]

A retórica de Bolsonaro é fortemente investida em sua aptidão moral e física, que supostamente pode construir um muro contra essa "gripezinha". O capacitismo, é claro, não se expressa simplesmente no nível do indivíduo. Ele irradia além e, nesse caso, carrega consigo força simbólica como representante da saúde e vitalidade do povo brasileiro. Afinal, como proclamou Bolsonaro, os brasileiros são a personificação da preparação para uma pandemia: "Ele não pega nada. Você vê o cara pulando em esgoto ali, sai, mergulha, tá certo? E não acontece nada com ele."

O capacitismo tem sido uma realidade proeminente dessa pandemia em muitos países. As sugestões iniciais de que a pandemia afetaria "apenas" os idosos ou pessoas com condições subjacentes enviam uma mensagem dolorosa de que algumas vidas são mais importantes que outras. Como os ativistas da deficiência se esforçam em explicar, ouvir que suas vidas são descartáveis ou prescindíveis, ou podem se dar mal na loteria de triagem, forneceu mais evidências do valor inferior atribuído à vida de indivíduos com deficiência. Como explica a filósofa Shelley Tremain,[10] embora seja comum mobilizar a linguagem da vulnerabilidade em relação à deficiência, em nossa compaixão por outros "vulneráveis", devemos evitar naturalizar o termo "vulnerabilidade". Os indivíduos, ela explica, "tornam-se vulneráveis" por sistemas e instituições: "Vulnerabilidade não é uma característica que certos indivíduos possuam ou incorporem. Como a deficiência, a vulnerabilidade é um aparato naturalizado de poder que produz indivíduos de maneira diferenciada, material, social, política e relacional."

Bolsonaro tem uma história vergonhosa de desrespeito aos direitos das pessoas com deficiência. Durante sua campanha eleitoral, ele classificou políticas criadas especificamente para grupos vulneráveis como "coitadismo". Seus pronunciamentos são traduzidos para a linguagem de sinais, mas ele descartou a Secretaria responsável pela educação de surdos. Seu governo apresentou um projeto de lei que não exige mais que as empresas cumpram sua obrigação de contratar funcionários com deficiência. Além disso, ele vetou a expansão do auxílio emergencial de 600 reais para idosos e deficientes de baixa renda. O auxílio foi originalmente projetado para apoiar trabalhadores informais e autônomos durante a pandemia.

---

9 Fiona Kumari Campbell, "Inciting legal fictions: Disability's date with ontology and the ableist body of the law". *Griffith Law Review*, vol. 10, 2001, p. 44, citado em Fiona Kumari Campbell, *Contours of Ableism: The Production of Disability and Ableness*. Nova York, NY: Palgrave Macmillan, 2009, p. 5.

10 Shelley Tremain, "COVID-19 and the Naturalization of Vulnerability", 1 abr. 2020. Disponível em: <https://biopoliticalphilosophy.com/2020/04/01/covid-19-and-the-naturalization-of-vulnerability/>.

A marca de masculinidade tóxica de Bolsonaro é intensa, até rivalizando com a de seu irmão de sangue, Donald Trump. "O vírus tá aí, vamos ter de enfrentá-lo, mas enfrentar como homem, pô, não como moleque", disse ele recentemente. Aparentemente, homens de verdade podem suportar muito e não deixariam um mero vírus interferir em suas importantes vidas. Bolsonaro, que diz que o vírus não é páreo para o seu eu virulento, foi testado duas vezes para a COVID-19. Ele, no entanto, se recusou a revelar os resultados dos testes. Porque homens de verdade têm direito à privacidade!

Por fim, parece que os traços masculinos tóxicos de líderes como Bolsonaro e Trump são a última coisa de que precisamos para gerenciar uma pandemia tão complexa e multifacetada quanto a COVID-19. Como foi apontado, países liderados por mulheres, incluindo Jacinda Ardern, na Nova Zelândia, e Angela Merkel, na Alemanha, estão liderando com respostas coordenadas que não são apenas baseadas em evidências, mas também baseadas na empatia e em uma ética coletiva do cuidado.

*Publicado originalmente em <http://somatosphere.net/2020/governing-covid-in-brazil-dissecting-the-ableist-and-reluctant-authoritarian.html/>.*

**Francisco Ortega** é professor titular do Instituto de Medicina Social da UERJ e professor visitante do Department of Global Health and Social Medicine do King's College, de Londres. É autor, entre outros, de *Somos nosso cérebro?* (n-1 edições).

**Michael Orsini** é professor titular do Institute of Feminist and Gender Studies e da School of Political Studies da Universidade de Ottawa (Canadá).

(...) 22/04

# Atravessar como Medusas contra as coordenadas dos Heróis

Alana Moraes

> "O ressentimento foi muito bem definido por Scheler como uma autointoxicação, a secreção nefasta, em um vaso lacrado, de uma impotência prolongada. A revolta, ao contrário, fragmenta o ser e ajuda-o a transcender. Ela liberta ondas que, estagnadas, se tornam violentas. [...] O ressentimento é sempre ressentimento contra si mesmo. O revoltado, por outro lado, em seu primeiro movimento se recusa a deixar que toquem naquilo que ele é. Luta pela integridade de uma parte de seu ser."
>
> Albert Camus

**Máscaras Coloridas**
A verdade é que estamos todxs aqui diante de uma ou duas telas, atravessadxs pelos prazos que ainda não foram suspensos, acompanhando o fluxo interminável dos noticiários que nos dizem o que fazer, nos estimulando de assombros como arqueólogos miseráveis de neurotransmissores, qualquer um que sirva. A catástrofe rapidamente é convertida em rotina – vamos nos adaptando a qualquer pequena fresta de luz e de repente o comando neurótico de não nos deixar contaminar de mundo adquire inigualável exuberância. Personagens infames de uma cena beckettiana, uma voz acontece diante de nós: "Para onde eu iria, se pudesse ir, o que seria, se pudesse ser, o que diria, se tivesse uma voz, quem é que fala assim, dizendo que sou eu?"

Lavamos bem as mãos, todas vezes. Costuramos máscaras coloridas com nossas crianças, damos os bons exemplos. Somos corretos, cooperamos, batemos as panelas na hora certa. Merecedores de uma *vida qualquer*, estamos dispostos ao sacrifício para sobreviver com nossas máscaras coloridas. Os *dispositivos* empenham-se agora em nos oferecer a maior sensação de conforto: *lives*, festivais, peças de teatro, filmes, descontos, *hashtags*, centenas de tutoriais de *como fazer*. Toda uma arquitetura para que não tenhamos que experimentar essa sensação brusca de perder o mundo – estamos atravessando a maior crise do capitalismo talvez desde o fim da Segunda Guerra Mundial, mas tudo se passa para que nada aconteça. Alguém cita a frase de Gramsci pela milésima vez – "*o velho está morrendo, o novo não pode nascer*" – como um bote salva-vidas desesperado, uma prótese que nos impede de sentir um pouco mais o sufoco desse afogamento. Os rapazes marxistas agora ao menos precisarão lavar a louça enquanto preocupam-se com o calendário eleitoral.

Somos retidos como mercadorias alfandegárias em um mundo de fronteiras alteradas. Tudo se passa como se fôssemos bem conduzidos como espectadores epidêmicos, bons organismos hospedeiros esperando o momento certo de reagir, de apresentar algum sintoma. Queremos explicações: um especialista, uma autoridade ou um intelectual complacente e crítico talvez possa nos salvar. Consideramos a vigilância, o controle, a denúncia. *"Todas as razões estão reunidas, mas não são as razões que fazem revoluções, são os corpos."* Espoliadas do prazer do encontro, habitamos confortavelmente o deserto erógeno hetero-pacificador da domesticidade; habitamos comodamente o deserto da experiência administrando nossos avatares, potenciais de "engajamento", nossas performances algorítmicas. Youtubers desesperados por um bom slogan, uma ortodoxia repaginada: os "rebeldes" agora atuam impecavelmente como empresários de si, como marcas docilizadas, capturados narcisicamente por polêmicas *desubicadas*, mas que podem, quem sabe, render *views*, um melhor *desempenho nas redes, dá um like no canal para receber notificações*. Contornamos com destreza esse momento de interrupção, dedicados como somos em querer explicar o mundo, deixamos escapar a carne viva, o desejo aberrante. Contamos os corpos, transformamos em estatística, desejamos previsões, até lamentamos, ressuscitamos velhos esquemas conceituais, mas *o que estamos fazendo com as nossas vidas?*

**Renunciemos à renúncia**
Ailton Krenak tem dito que a democracia liberal nos exige formas renovadas de renúncia. A grande renúncia de retomar a inteligência estratégica do presente, uma renúncia das práticas investigativas que sejam também experimentações ainda que precárias de modos de vida não fascistas. Renúncia porque não sabemos mais pensar e fabricar os nossos contradispositivos, não sabemos mais produzir experiências políticas nas quais verdadeiramente algo nos aconteça, *algo nos toque*. Depois de Seattle, de Chiapas, de Junho de 2013 parece que fomos finalmente neutralizados pela *política progressista*, que toma o ponto de vista do Estado e suas encenações em retroescavadeiras como fundamento do que seria uma imagem de "transformação". Fora isso, tudo seria "inconsequência", "irresponsabilidade", "falta de visão estratégica". A "política" no progressismo foi reconfigurada arduamente, nos termos modernos humanistas de uma esquerda iluminista, como a habilidade de enxergar um mundo estando fora dele. A língua do progresso já estava aqui, desde antes, atualizando o refrão do "desenvolvimento" e envenenando as formas relacionais que exigem tempo, hesitação, misturas e que resistem às ideias de desempenho, rendimento e que convocam para as cenas de decisão uma multiplicidade de criaturas e viventes.

A exceção viral, entretanto, nos deixa agora uma constatação epidêmica: "Nós não obtemos conhecimento permanecendo fora do mundo; conhecemos porque 'nós' somos do mundo. Somos parte do mundo em seu devir diferencial. A separação entre epistemologia e ontologia é a reverberação de uma metafísica que supõe uma diferença inerente entre humano e não humano, sujeito e objeto, mente e corpo, matéria e discurso."[1] O "pensamento crítico" deslocalizou-se, a "política de esquerda" conforma-se hoje em um lugar desimplicado, enunciativo, "esclarecedor" – também embranquecedor, porque neutraliza as outras muitas formas de ser e pensar em companhia, as muitas outras formas de habitar encruzilhadas –, pensam-se assim guardiãs de certo privilégio epistemológico e soberano sobre a realidade. Olhos fora da carne. O que o "esclarecimento" perde, no entanto, é a possibilidade de dar a essa situação o poder de nos fazer pensar.

A partir dessa constatação epidêmica é possível agora perceber o quanto de autoritarismo (e de fantasia de autogênese) contém a *hashtag* #ficaemcasa, nossa única aposta até agora. Imperativa, compulsória, ordenadora. Quando a urgência do isolamento social se impôs, pensei em meu pai, motorista de aplicativos, como tantos outros. Não podia ligar para ele e exigir "Fica em casa", porque sei o que isso significa para quem não tem nenhuma garantia ou proteção social. No ano de 2019, o Brasil já possuía 38 milhões de trabalhadores na informalidade, segundo o IBGE, um número recorde. Pensei em como poderíamos tomar essa decisão em companhia, como poderíamos sustentar uma decisão acionando uma rede de relações, de acordos e novos arranjos. Pensar em um mundo no qual estamos implicados no que desejamos viver e sustentar.

Diante da pandemia, podemos escolher os enunciados imperativos de governar condutas, como têm feito muitos governos nacionais e a "ética militante", mas também podemos arriscar investigando as novas composições que somos obrigadas a fazer, experimentações tateantes, alianças emergentes entre trabalhadoras da saúde, gente que cuida e se importa, vizinhança, amigos, amores, criaturas. Retomar o problema da precariedade não como uma falta a ser gerida, mas como uma matriz relacional, tudo isso nos parece indispensável em um momento no qual a frustração, a impotência e o ressentimento diante das promessas não cumpridas do neoliberalismo convertem-se facilmente em um ódio direcionado ao outro como ameaça. "A precariedade é um estado de reconhecimento de nossa vulnerabilidade à outras pessoas."[2]

Enquanto proposição ontológica, a hipótese epidêmica nos abre a possibilidade de pensar um mundo não como ele "deveria ser", mas a partir de suas próprias proposições imanentes, febris. Podemos agora imaginar e experimentar como a vida e a *política na vida* poderiam ser de outra maneira. Reativar essa "inteligência coletiva"

---

1 Karen Barad, "Performatividade pós-humanista: para entender como a matéria chega à matéria". *Vazantes*, vol. 1, n. 1, 2017, p. 32.
2 Anna Lowenhaupt Tsing, The Mushroom at the End of the World: On the Possibility of Life in Capitalist Ruins. Princeton: Princeton University Press, 2015, p. 29.

como trabalho primordial nessa dobra de cumplicidade entre ciência e luta: "cada um aprendendo a pensar pelos outros, graças aos outros e com os outros", como vem falando Stengers, como prática de retomar "o tempo e a liberdade para se colocar problemas que valham a pena". Nossa ciência sempre foi uma ciência de risco.

## Uma política em carne viva

> *"Pois o caminho da luta me leva a redescobrir a carne.*
> *Mesmo humilhada, a carne é a minha única certeza.*
> *Só posso viver dela. A criatura é a minha pátria."*
> Albert Camus

Minhas amigas sem-teto, que sustentam o mundo da cidade-acampamento nas ocupações de terrenos *baldios* nas bordas da cidade de São Paulo, me ensinaram muito sobre práticas de habitar a exceção. Desde a primeira hora na madrugada de uma nova entrada em um terreno baldio, somos interpeladas a pensar e experimentar como podemos habitar um mundo em ruínas assumindo o inesperado com os pés na terra. Se, por um lado, as ocupações podem ser lidas como eficientes tecnologias políticas de barganha de acesso às políticas habitacionais – ocupação como "tática de mobilização" –, por outro, as ocupações são vividas como uma prática de travessia, como um arranjo tecnopolítico de desaceleração – "aqui eu descanso minha cabeça", como ouvia tantas vezes –, sustentado em práticas existenciais nas quais se vive a vida através da vida dos outros, como na definição ampla de parentesco feita por Sahlins.[3] Uma definição expandida das práticas relacionais que assume a "*coexistência e o devir-com como o habitat das práticas*",[4] uma política que emerge da cozinha coletiva.

A condição de precariedade generalizada imposta aos mais pobres nos últimos anos converte-se em um poderoso instrumento de disciplinamento da vida, já que a todo tempo as pessoas precisam se desdobrar entre trabalhos mal pagos, os *corres*, as *virações*, uma disciplina que exige "não que os trabalhadores trabalhem o tempo todo, mas que estejam constantemente disponíveis para o trabalho".[5] As mulheres chegam às ocupações conduzidas por relatos sobre corpos que não aguentam mais, medicalizados, mas que, no entanto, apontam para questões ontológicas sobre as saturações do tecido biopolítico neoliberal. As ocupações são experimentadas muitas vezes como um terreno compartilhado de cumplicidade da dor e de experimentação de curas. "As pessoas chegam aqui em carne viva", sintetizou certa vez Luciana

---

[3] Marshall Sahlins, "What Kinship is (parts one and two)". *JRAY*, 17 (N.S.), 2011.
[4] Brian Massumi apud Isabelle Stengers, "Introductory Notes on an Ecology of Practices". *Cultural Studies Review*, vol. 11, n. 1, 2005, p. 183.
[5] Michael Hardt; Antonio Negri, *Bem-estar comum*. Trad. Clóvis Marques. Rio de Janeiro: Record, 2016, p. 169.

enquanto comíamos juntas. Ela mesma diz ter passado por uma "depressão braba", mas depois de experimentar essa vida baldia, se *curou*.

O mundo baldio dos acampamentos nos exige desde o princípio, como fala Donna Haraway em *Mixotricha paradoxa*, uma simbiose obrigatória: vulnerabilizarmo-nos em companhia. Entre barracas, córregos, cozinhas e fogueiras nos interstícios baldios das bordas da metrópole e, sobretudo, na confusão de fronteiras (o risco-exu) produzida nessas experiências ("cidade" ou "mato", "casa" ou "rua", "política" ou "vida"), entrevemos uma incontornável insuficiência da categoria de "política" compreendida como exterioridade, ordenamento, separação, depuração. Os acampamentos sem-teto nos fazem observar um conjunto de práticas que se revela também como uma forma de conhecer encarnada na vida, uma ciência *do engajamento no mundo relacional*; ciência menor na qual conhecer depende então do "movimento do praticante habilidoso que responde contínua e fluentemente a perturbações do ambiente percebido".[6] "Aqui eu me sinto mais viva", foi o que eu ouvi de muitas mulheres em ocupações da Zona Norte, Zona Sul, Zona Leste de São Paulo: "Quando estou longe da ocupação fico até nervosa."

Daniel Souza[7] nos lembra do trabalho de Jeanne Marie Gagnebin, que, ao escrever sobre o "rastro e a cicatriz", recupera uma cena emblemática da *Odisseia*. Na volta para casa, o "herói" encontra sua ama, Euricleia, e é ela quem lava suas feridas, tocando uma cicatriz, a marca deixada por um javali. Para Gagnebin, "na história da ferida que vira cicatriz encontramos, então, as noções de filiação, de aliança, de poder da palavra e de necessidade de narração".[8] A ferida é o rastro, a testemunha viva da história que encontra no corpo sua superfície atualizada, nas fogueiras noturnas que abrem nas ocupações momentos de narração, mas também de cumplicidade e aliança. Assumir a ferida, tocá-la com outros, como presenciei tantas vezes, me parece também a imagem da política do avesso do ressentimento.

Pensar com a ferida aberta é abrir-se para "agenciamentos que geram transformações metamórficas em nossa capacidade de afetar e sermos afetados – e também de sentir, pensar e imaginar"[9] ou, como sugere Denise Ferreira da Silva, citando Hortense Spillers: "[...] precisamos encarar a escravidão 'como crimes sórdidos contra a carne, porque a pessoa das Mulheres Africanas e Homens Africanos registrou

---

6 Tim Ingold, "Technology, language, intelligence: a reconsideration of basic concepts". In: *Tools, Language and Cognition in Human Evolution*. (Org.) Kathleen R. Gibson; Tim Ingold. Cambridge: Cambridge University Press, 1993, p. 462.

7 Daniel Santos Souza, "A 'Revolta da Ineficiência': Os acontecimentos de junho de 2013 no Brasil e suas destituições político-teológicas". São Bernardo do Campo, Programa de Pós-Graduação em Ciências da Religião, Universidade Metodista de São Paulo, 2019, 349 f. (Tese de Doutorado).

8 Jeanne Marie Gagnebin, *Lembrar escrever esquecer*. São Paulo: Editora 34, 2009, p. 109 apud Daniel Santos Souza, op. cit.

9 Isabelle Stengers, *Reativar o animismo*. Trad. Jamille Pinheiro Dias. Belo Horizonte: Chão da Feira, 2017, p. 15 (Caderno de Leituras n. 62).

o ferimento' e 'pensar sobre a *carne* como a narrativa primordial'".[10] Se em Hegel o homem (sic) vive assumindo a ferida, o dilaceramento como obstáculo que precisa atravessar para se restituir, em Nietzsche, vivemos porque a ferida nos constrange a viver,[11] assim como nas ocupações. Na cidade-acampamento desmetropolizada não há política que não seja a dos corpos, sobre os corpos, através dos corpos, "porque o corpo, na sua contínua instabilidade, não é senão o resultado, sempre provisório, do conflito de forças de que é constituído".[12]

**Atravessar a pandemia como Medusas e contra os Heróis**
No já clássico estudo de Chalhoub (1996) sobre a "revolta da vacina", o historiador descreve a "guerra contra os cortiços" na virada do século XIX para o XX no Rio de Janeiro como o paradigma da "purificação" que exigiam os novos tempos de crise sanitária e epidemiológica. O então prefeito médico *modernizador* Barata Ribeiro ordenou destruir com todo o espetáculo de violência um dos últimos e mais simbólicos cortiços da cidade nesse período. Em sua tese de doutorado, defendida em 1877, Barata Ribeiro afirmava que os cortiços "faziam da ociosidade um trono" e lá se encontrava "de tudo", como a "meretriz impudica que se compraz em degradar corpo e alma", e, por isso, sua tese "aconselha" a demolição de todos eles.[13]

Chalhoub conta como a ação de destruição do grande cortiço Cabeça de Porco foi narrada com entusiasmo pela imprensa da época, quase sempre associando a imagem de Barata Ribeiro a Perseu e o cortiço destruído a Medusa, uma imagem que evoca uma encenação da masculinidade heroica que destrói uma vida feminilizada, promíscua, contaminada e perigosa. Se até o século XVII, as mulheres eram representadas, como queria Aristóteles, como uma "forma imperfeita" do homem, a partir do século XVIII as mulheres e todas as criaturas feminilizadas passam a expressar a imagem do "*Instável, impregnada de fluidos sexuais, criatura do mundo de penumbras que é a vida privada, onde os homens recuperam a energia para retomar os embates da esfera pública e as guerras*".[14]

A produção da feminilidade fabricada também pela biomedicina no período de transição para a modernidade se inscreveria mais tarde de forma fundamental na produção do espaço urbano, e ainda hoje se reproduz nos investimentos de criminalização das ocupações urbanas e nos espaços de compartilhamento da vida nos quais as fronteiras entre o "público" e o "privado" tornam-se esfumaçadas e "perigosas". Não à toa, Bolsonaro reencena a história convocando ao "enfrentamento" da pandemia "como um homem" e "sem histeria". A pandemia faz e é feita também por tecnologias de gênero.

---

10 Denise Ferreira da Silva, *A dívida impagável*. Trad. Amilcar Packer; Pedro Daher. São Paulo: Oficina de Imaginação Política; Living Commons, 2019, p. 110.
11 Santiago López-Petit, *Hijos de la noche*. Barcelona: Bellaterra, 2014.
12 Roberto Esposito, *Bios: biopolítica e filosofia*. Trad. M. Freitas da Costa. Lisboa: Edições 70, 2010, p. 125.
13 Sidney Chalhoub, *Cidade febril: cortiços e epidemias na Corte Imperial*. São Paulo: Companhia das Letras, 1996, p. 51.
14 Sonia Correa, "A categoria mulher não serve mais para a luta feminista". *SUR 24*, vol. 13, n. 24, pp. 215-224, 2016.

Punida por ter uma relação sexual com Poseidon (algumas versões do mito dizem, no entanto, que foi um estupro), Medusa assume um corpo monstruoso e tentacular, para depois ser finalmente decapitada pela crueldade do herói Perseu (a crueldade é, na verdade, a fonte do heroísmo masculino diante da mulher bestializada). Em suas representações como mulher castrada, ela apresenta serpentes fálicas devoradoras, tentaculares. Medusa, enquanto figura contrassexual, pode ter como tarefa "identificar os espaços errôneos, as falhas da estrutura do texto [...] e reforçar o poder dos desvios e derivações com relação ao sistema heterocentrado".[15]

Haraway intui que Medusa talvez possa nos ajudar a arremessar os navios dos Heróis Conquistadores (incluindo os que trabalham para uma ciência conquistadora) do século XXI. Ela lembra que *tentacle* vem do latim *tentaculum*, que significa "apalpador", e *tentare*, que significa "sentir" e "tentar" — o que nos leva novamente à afirmação do erótico, da experiência estética, da cozinha aberta e coletiva e da experimentação como forma de conhecer e nos relacionar com o mundo.

Medusa nos faz olhar para as existências tentaculares que escapam ao mesmo tempo que são ávidas para fazer novas alianças e arranjos (inclusive os químicos), assustando os muitos altares dos Olimpos que ainda nos restam e suas histórias de família, casa e punição, sua língua de ordenamento, de governo da vida, seu medo do abismo. "*O Chthuluceno é feito de processos narrativos de multiespécies e de práticas de se-tornar-com que permanecem em jogo, em tempos precários, onde o mundo não tenha terminado e o céu não tenha caído – ainda.*"[16]

"Parece que de repente eu acordei", esta é a imagem acionada frequentemente por muitas mulheres para relatarem a experiência de entrar em uma ocupação. "Isso aqui entrou no sangue", repetem. Medusa em grego se refere a "guardiã", embora nunca ninguém tenha falado sobre o que Medusa guarda — um segredo, uma conspiração? A criatura terrana, única górgona mortal, nos aponta para uma bifurcação fundamental entre as ciências da purificação e as do contato; os modos de erguer fronteiras e as muitas coreografias que praticam a confusão ontológica de se pensar por que somos do mundo. Como criatura anômala, hesitante, Medusa nos faz convocar outros personagens conceituais de encruzilhada: o jogo de cintura insistente desviando das formas de governo da vida do qual falava Lélia Gonzalez,[17] o Xondaro Guarani, dança-luta da esquiva,[18] os corpos baldios que assumem sua vulnerabilidade e que por isso se abrem para composições e variações inusitadas. Os olhos de

---

15 Beatriz Preciado, *Manifesto contrassexual: práticas subversivas de identidade sexual*. Trad. Maria Paula Gurgel Ribeiro. São Paulo: n-1 edições, 2014, p. 27.
16 Donna Haraway, "Tentacular Thinking: Anthropocene, Capitalocene, Chthulucene". *E-flux Journal* #75, September 2016.
17 Lélia Gonzalez, "A categoria político-cultural de amefricanidade". *Tempo Brasileiro*, Rio de Janeiro, 92/93, pp. 69-82, jan./jun. 1988.
18 Lucas Keese, "A esquiva do xondaro: movimento e ação política entre os Guarani Mbya". São Paulo, FFLCH, Universidade de São Paulo, 2017, 310 f. (Dissertação de Mestrado).

Medusa que nos pedem "renunciar, por um tempo talvez, a essa velha assombração da representação e linearidade da narrativa e surpreender-se com o profundo das incertezas"[19] e criar, de uma vez por todas, uma vida que realmente desejamos viver.

conspirar quer dizer respirar junto e é disso que somos acusadas

**Alana Moraes** é pesquisadora, antropóloga (Museu Nacional/UFRJ), feminista experimentadora, praticante de ciências contracoloniais. Integra agora o laboratório emergente de isaoladxs Zona de Contágio: <https://www.tramadora.net/>.

---

19 Jota Mombaça; Musa Mattiuzzi, "Carta à leitora preta do fim dos tempos". In: Denise Ferreira da Silva, *A dívida impagável*, op. cit., p. 23.

(...) 23/04

# Notas sobre o coronavírus e a sobrevivência das espécies

Evando Nascimento

> À memória de Marguerite Derrida,
> vitimada recentemente pela pandemia,
> com toda minha afeição e agradecimento.

Na segunda semana de março, provavelmente fui infectado pelo coronavírus e tive COVID-19. Digo "provavelmente" porque a médica que me atendeu no pronto-socorro particular não me permitiu fazer o teste, pois o governo somente autoriza se o paciente estiver com falta de ar e/ou pneumonia. Tive vários sintomas ligados à enfermidade, tais como extremo cansaço, que me fez tomar uma queda, febre, dores musculares, espirros, irritação na garganta, perda de apetite – estes dois últimos muito raramente ocorreram em minha vida. Recolhi-me, tomei medicamentos e vitaminas, alimentei-me bem, repousei e depois de alguns dias estava recuperado. Devo ter desenvolvido uma forma branda da doença. Dei um testemunho sobre esse episódio na revista *Piauí* do mês de abril. Concluí o texto fazendo uma reflexão sobre a pandemia que gostaria de retomar aqui.

Há várias hipóteses sobre as origens desse vírus. Segundo as teorias conspiratórias, ele teria sido criado em laboratório pelos chineses a fim de causar pane na economia mundial e sair da crise como uma espécie de salvadora da humanidade, uma vez que detém os melhores recursos para o tratamento. Todavia, as pesquisas científicas mais sérias apontam para morcegos como portadores de vírus assemelhados, que teriam sido transmitidos para os humanos. O coronavírus seria, portanto, resultado de uma mutação virótica de origem animal. Isso poderia ter ocorrido diretamente, por ingestão dos próprios quirópteros, ou indiretamente, passando pelo pangolim como intermediário. Eu já havia lido sobre esse pequeno e delicado animal muito antes da pandemia. Pelo fato de suas escamas serem supostamente dotadas de propriedades medicinais, o pangolim é bastante traficado ilegalmente na China e em países vizinhos, correndo o risco de extinção. Tanto ele quanto os morcegos fazem parte do cardápio de algumas populações em países asiáticos. Não gostaria de criar uma moralidade sobre o que se deve ou não comer. Todo julgamento moral *a priori* deve ser suspenso no contexto atual, em nome de uma ética efetiva em relação a esse acontecimento que paralisou quase todo o planeta como nenhuma revolução ou guerra tinha até então conseguido.

Mas este não é um ensaio, muito menos um estudo completo. Por sua brevidade, preferi nomeá-lo como "notas". Para continuar minhas anotações, preciso explicar em que perspectiva elas se inserem. Desde 2000, quando publiquei o ensaio "O inumano hoje", na revista *Gragoatá*, da Universidade Federal Fluminense, em diálogo com textos de Jean-François Lyotard, Gilles Deleuze, Jacques Derrida, Friedrich Nietzsche e Clarice Lispector, venho escrevendo artigos e livros em torno do que incialmente chamei de "o inumano" e que hoje nomeio como "o não humano". Trata-se de pensar o impensado, e até mesmo o impensável, nas *civilizações ocidentais* (há mais de uma, ao contrário do que diz e repete certa doxa moderna). E o que seria tal impensado ou impensável, que somente há algumas décadas começou a ser abordado numa visão inovadora? A relação efetiva do humano com outros viventes não humanos. Aquele artigo seminal já abordava a questão dos animais, tomando como exemplo as finas reflexões que se podem depreender da ficção de Clarice Lispector, cujo centenário se comemora este ano. Em 2012, publiquei um livro que resumia a trajetória até aquele momento: *Clarice Lispector: uma literatura pensante* (Civilização Brasileira), no qual, aos pensadores citados, vinham se agregar Emmanuel Levinas e Martin Heidegger. Ali eu expunha todo um universo clariciano do não humano: animais, plantas e coisas. No entanto, esclareço: o não humano, longe de ser o oposto do humano, entretece com este mais de uma relação por assim dizer genética e genealógica. "O que é humano" (se essa pergunta metafísica ainda faz sentido) só pode ser pensado na conexão com seus vizinhos imediatos: os outros viventes, como também os não viventes, que são os objetos, as coisas, as máquinas (estas constituíram todo um universo reflexivo até o final da década de 2010, consistindo no que se chamou então de "pós-humano", categoria importante porém distinta do que me interessa hoje). Não há uma essência do humano pura, separada do que se considera como o resto do mundo.

Mais recentemente, a partir de 2017, sistematizei um estudo em torno da *questão vegetal*. Não por acaso, apenas recentemente as plantas têm sido pesquisadas extensamente por diversas áreas além da botânica: a biologia em geral, filosofia, literatura, artes, história, fotografia, cinema, estudos descoloniais, antropologia. À diferença dos animais, que já há algumas décadas têm seu estatuto existencial redimensionado numa visada contemporânea, as plantas permaneceram como uma espécie de prima pobre dos humanos, ou nem isso, já que nunca conseguimos entender a relação desses "seres imóveis" com os "seres pensantes" que somos. A suposta imobilidade vegetal é o preconceito fundamental e fundante do rebaixamento das plantas em relação aos viventes animais em geral e aos viventes humanos em particular.

Ora concluo um livro que se intitula justamente *O pensamento vegetal*, em que dialogo com aqueles autores já citados e mais uma série de cientistas e filósofos que, neste momento mesmo, buscam deslocar os vegetais de seu estágio "vegetativo" (toda uma epopeia negativa se esconde por trás desse adjetivo), relacionando-os também a uma política de descolonização: entre eles, Anthony Trewavas, Emanuele Coccia, Stefano Mancuso, Francis Hallé, Donna Haraway, Walter Mignolo e Bruno Latour. Artistas e escritores como Clarice Lispector (a qual continua sendo referência fundamental para a reflexão que elaboro), Frans Krajcberg, Burle Marx e diversos outros ajudam a impulsionar o amor por esses viventes diferenciados, ao mesmo tempo muito estranhos e familiares (*unheimlich*): as plantas.

Voltemos então à COVID-19. Caso a hipótese acima levantada se confirme, quanto à origem do vírus direta ou indiretamente ligada aos morcegos, é preciso repensar urgentemente nossa relação com os outros viventes, animais e vegetais, nossos tão desrespeitados não humanos.

A temática ambiental está no cerne do problema, e mesmo que a causa da pandemia se revele outra, essa questão é incontornável. Uso com muitas aspas o termo "meio ambiente", porque dá uma ideia equivocada de algo que nos circunda e que permanece externo a nós. Não há meio ambiente sem os corpos que o habitam, fazendo dele seu verdadeiro habitat. Em contrapartida, nenhum corpo é completamente individual, fechado e separado do mundo ao redor. Nosso entorno é feito por nós e, ao mesmo tempo, se nos afeiçoa. Essa é a razão pela qual estamos indo rumo a uma catástrofe: construímos um novo mundo-ambiente (em alemão, a palavra para meio ambiente é *Umwelt*, literalmente, o mundo em volta) altamente destrutivo para as outras espécies e consequentemente para nós mesmos.

O humano, ao longo de sua história (curtíssima em termos planetários e cósmicos), se tornou um predador universal. Todas as outras espécies têm um número mais ou menos fixo de presas, com as quais se alimentam. Os tubarões, por exemplo, quando abocanham um indivíduo humano, podem até matá-lo com a força de sua mordida, mas dificilmente o comem, porque não o reconhecem pelo paladar como parte de seu cardápio específico. São bem mais exigentes que qualquer um de nós. Termos um número infinito de presas à disposição foi até certo ponto uma vantagem para nossa espécie. O problema é que, com o aumento exponencial da população humana, e sobretudo com a característica descontroladamente predatória do capitalismo global iniciado com a invasão das Américas, essa vantagem acabou se revertendo no contrário. Em vez de estabelecermos uma sensibilidade e uma racionalidade mínimas sobre os modos de comer e os alimentos que podemos ingerir, passamos a produzir comida em escala industrial, sem nenhum respeito pela história de cada espécie, muito menos pelo que pode acontecer no chamado meio ambiente, que, como disse, é muito mais que um "meio", pois esse "ambiente" penetra nossos corpos todo o tempo, por todos os buracos e fendas possíveis. Não satisfeitos com essa depredação de todos os espaços em que ocorrem extrativismo e cultivo, em algumas sociedades (e não somente as da Ásia, sublinho), continuamos a maltratar espécies ditas selvagens (todas o são na origem), sem o mínimo critério de atenção pelas vidas não humanas. Tudo isso se acrescenta ao impulso profundamente explorador e guerreiro contra indivíduos de nossa própria espécie.

O modo como eram empilhados os animais selvagens no Mercado de Wuhan (que foi fechado depois da pandemia, mas cujos riscos já tinham sido denunciados muito antes) em nada difere de nossos criadouros, abatedouros e açougues, nos quais mamíferos e aves são criados e sacrificados de forma extremamente cruel. Também nesse aspecto, a divisão entre Ocidente e Oriente é meramente imaginária. "Lá" como "aqui" (lugares potencialmente fictícios), grande parte da civilização se ergue sobre os escombros da barbárie.

Repito o que disse no início: não se deve criar uma moralidade apriorística a respeito da predação das outras espécies pelos humanos, mas há sim que se reavaliar urgentemente o modo como tratamos e maltratamos as espécies irmãs, sejam elas animais ou vegetais. O líder indígena Ailton Krenak, para mim um dos maiores pensadores da atualidade, disse recentemente uma frase que resume grande parte de minhas (e de nossas) inquietações: "Somos piores que a COVID-19." Com certeza, somos mais destrutivos, porque nos autodestruímos ao estabelecer uma relação violentamente predatória com nossa vizinhança, os outros viventes; isso tudo correlacionado à política contumaz de exterminação dos próprios humanos subalternizados. Esquecemos, inclusive, que uma parte desses simples viventes habitam nossos corpos, como as bactérias e os nefandos vírus.

Alguns cientistas falaram da necessidade de não se politizar a pandemia. Isso se deveu ao fato de que, em todos os países concernidos pelo surto pandêmico, os governos e as oposições se engajaram em debates fortemente polêmicos. As discussões de maior visibilidade envolveram governantes com perfil de extrema direita, como o despresidente Jair Bolsonaro, o norte-americano Donald Trump e o britânico Boris Johnson. Desses três, apenas o primeiro continua sendo um renitente negacionista. Os dois últimos, depois da negação inicial, se deram conta da gravidade do problema e implementaram medidas de contenção e tratamento – com o detalhe de que Johnson adoeceu, chegou a estar em UTI e depois recebeu alta.

A questão é que esta, como qualquer outra epidemia ou pandemia, é eminentemente política, pois envolve a saúde da *pólis* e não apenas de alguns cidadãos individualmente. A pólis, referente ao que na Grécia Antiga se assemelhava a nossas cidades atuais, correspondia a um verdadeiro Estado, daí a designação histórica como cidade-estado. Nossos estados nacionais são pólis expandidas, formadas por um conjunto mais ou menos orgânico de diversas pólis menores. Com o início da chamada globalização, na passagem da década de 1980 para a de 1990, chegou-se a sonhar com uma só Nação, que corresponderia à "aldeia global" (*global village*), fomentada nos anos 1960 por Marshall McLuhan. Infelizmente a metáfora da aldeia nesse caso em nada se aparenta às aldeias indígenas, que são comunidades com grande senso de solidariedade. Em inglês, *village* seria mais nossa vila ou vilarejo; de qualquer modo, tal como aldeia, esse vocábulo também remete à ideia de uma pequena comunidade com forte interação social.

É difícil encontrar uma metáfora adequada para o mundo globalizado, no qual retornaram, com toda a violência, políticas coloniais até então supostamente ultrapassadas. A pólis mundial, se ela de fato existe, virou uma *Cosmópolis* (título de um importante romance de Don DeLillo) profundamente enferma, por conta de suas próprias ações auto e alterdestrutivas. Tornou-se de fato uma grande *Necrópole* — para utilizar o termo bastante definidor, proposto por Achille Mbembe, inspirado na reflexão biopolítica de Michel Foucault —, onde os governos se encarregam de decidir quais vidas merecem ou não serem preservadas e quais devem ser sacrificadas. É justamente isso que foi dito num vídeo antigo pelo "novo" ministro da Saúde, Nelson Teich: entre dois enfermos, um jovem e uma pessoa idosa, se for necessário escolher em qual se deve investir para continuar a viver, a "opção" não deixa dúvidas.

Nada tenho contra as tecnologias, novas ou antigas. Porque acredito que, desde que o humano pegou um fragmento de sílex e o amarrou a um pedaço de madeira, fabricando um machado, ou mesmo antes disso, havia uma técnica envolvida. O que chamamos candidamente de Natureza, em oposição a Cultura, é cheio de artifícios. Os pássaros, os roedores e as abelhas, por exemplo, são grandes arquitetos, engenheiros e construtores. As flores criam todo tipo de ornamento e lançam seus refinados perfumes no ar, além de fabricar o néctar, a fim de atrair polinizadores. De modo que a oposição entre artificial e natural é ela mesma muito "artificial", o adjetivo agora no sentido de ilusória. Razão pela qual desde meu primeiro livro de ficção, *Retrato desnatural* (Record), utilizo outro adjetivo para marcar a inconsistência das fronteiras opositivas: *des-natural*.

O problema é que, no mundo hipertecnológico em que vivemos, a multiplicação dos dispositivos nem sempre significou uma conquista benéfica. Por vezes tenho a impressão de que os aparelhos ditos *smart* são de fato mais "espertos" que seus usuários. Vivemos no apogeu do que Deleuze chamou de *sociedade de controle*, um passo além nas sociedades disciplinares e dois além nas de soberania, mapeadas por Foucault, em que a vigilância individual pode ser realizada perfeitamente à distância, de modo não presencial. Literalmente, por controle remoto.

Não há que ser romanticamente tecnofóbico, sonhando com uma civilização de volta à vida rural, longe do turbilhão das urbes. Penso somente que é indispensável utilizar as tecnologias a nosso favor. Celulares, computadores em geral, televisores deveriam propiciar formas intensas de verdadeira comunicação e de contato, a fim de facilitar a relação entre os humanos e dos humanos com os outros viventes não humanos. A dependência tecnológica excessiva gera distanciamento, perda de contato e desumanização no pior sentido.

Sobretudo a partir dos anos 1960, muito tem se questionado sobre o conceito tradicional do Homem, substantivo que na modernidade passou a se referir falocentricamente ao gênero (masculino) e à espécie (humana). Nessa trilha aberta por diversos pensadores das diferenças (sempre plurais), o que resta a pensar é o destino de todos os viventes, submetidos a regimes supostamente democráticos e a outros oficialmente ditatoriais. Desconheço qualquer nação inteiramente pautada pelos direitos humanos, tanto quanto pelos direitos das plantas e dos animais, que somente agora estão sendo debatidos. Nem a ONU nem a União Europeia defendem com clareza o direito universal à vida, em nome de um modo diferente de nos conduzirmos como espécie até aqui autoritariamente soberana.

Este é um texto de intervenção, sem pretensões conclusivas, mas sem dúvida o que estou tentando elaborar tem a ver com o futuro de nossas democracias, como também dos governos autoritários. Poucos conseguem perceber que está em jogo não apenas a descoberta de uma vacina ou mesmo de um medicamento capaz de nos tratar e curar da COVID-19. O que está doente não são somente os corpos orgânicos individuais, mas também ou sobretudo os corpos sociais. O coronavírus, um semivivente submicroscópico (este é seu estatuto existencial: como todo vírus, ele está *semivivo*, nem vivo, nem morto, e somente microscópios eletrônicos superpotentes conseguem visualizá-lo), realizou a façanha que nenhum pensador e/ou ativista contemporâneo conseguiu, por mais advertências que tenha lançado: impôs uma parada no ritmo alucinante de nossas sociedades hipermercadológicas e levou a uma reflexão coletiva no confinamento.

Infelizmente a reação compulsivamente violenta da extrema direita e a politização eleitoreira da grande maioria dos governantes não permitem que o verdadeiro debate se estabeleça. Permanecemos aferrados à ideia da cura física, sem cuidarmos da *pandemia civilizatória*, ligada de forma complexa ao que se chama de advento do antropoceno, ou seja, o momento em que o humano teria deixado sua marca indelével no globo. Jamais defenderei nenhum movimento anticivilizatório, o qual teria tudo para redundar numa nova barbárie. Porém defendo apaixonadamente o que chamei no testemunho para a *Piauí* de *ponto de virada*. Ou seja, é preciso compreender que estamos numa situação-limite, a qual exige uma mudança radical em nossos (maus) hábitos. Aprender com outras culturas de matrizes africanas e ameríndias já seria um passo para frear a compulsão destrutiva do capitalismo hipertecnológico, que há muitas décadas deixou de ser exclusivamente ocidental. E nisso, a própria tecnologia pode disponibilizar inúmeros dados e instrumentos para reverter o processo de *contaminação social crônica*, que é o verdadeiro mal que nos atinge neste momento, neste planeta.

Uma frase forte, mas que cai como uma luva em nossa situação específica: a *psicopatia* do despresidente apenas reflete a *socioapatia* do Brasil. Uma socioapatia que aceita os piores horrores, com imobilismo covarde: genocídio indígena e das populações negras ou mestiças pobres, misoginia, homofobia, precarização geral das condições de trabalho, holocausto vegetal da Amazônia e do que restou da Mata Atlântica, destruição sistemática do sistema educacional e da cultura em todos os seus níveis (popular, erudito, universitário e outros), terra arrasada por monoculturas de dependência econômica etc. De qualquer ângulo que se observe, a situação é de tragédia nacional em curso, um verdadeiro *work in progress* em sentido negativo, se isso é possível.

Especialistas em diversos países procuram desesperadamente um fármaco (*phármakon*: remédio e veneno, "droga") para a moléstia, esquecendo que a palavra vírus significa etimologicamente "veneno, peçonha". O antídoto depende tanto da capacidade de contra-atacar a estrutura viral causadora da COVID-19 quanto de combater o outro potente vírus que ameaça a sobrevivência de todas as espécies: a tendência humana a colonizar e devastar todo o planeta, ao custo do próprio sacrifício humano, junto ao sacrifício vegetal e animal.

Não deixa de ser curioso que um vírus nomeado como "coroa", por ter um formato semelhante ao adereço real, tenha atacado frontalmente a pretensa soberania da humanidade. Colocou-nos de joelhos entre quatro paredes, numa rapidez estonteante e sem prazo para acabar. Provou com isso que os humanos não são o centro da Criação, a não ser nas mitologias religiosas, sobretudo as monoteístas — uma delas chegou a inventar a fantasia de um Homem-Deus.

O que nos falta é a capacidade de amar o outro em sua radical diferença. A começar pelo amor de si como outro, pois o "eu" nunca é senhor absoluto de nada. Nomeio *narcisismo de vida* o amor de si como outro; essa é uma antiga categoria de André Green, que reinterpreto positivamente a meu modo. Em vez disso, vigora atualmente o *narcisismo de morte*, incapaz de amar a si próprio como outro nem aos outros humanos e não humanos em sua diferença fundamental. *Selfiecídio* é o nome que tenho dado à propensão narcísica para a morte por incapacidade de amar, que acaba engendrando também os diversos genocídios já referidos. O necropresidente da república Jair Bolsonaro é o maior representante dessa tendência, cujo único objetivo é aniquilar as alteridades o mais rápido possível. Reavaliar nossos afetos e afeições, o modo como afetamos e nos deixamos afetar pelos outros, as afecções que contraímos ou deixamos de contrair é a única saída para a crise planetária em que nos metemos. Em outras palavras: tornou-se urgentíssimo promover uma transvaloração geral de todos os nossos valores, reatualizando a proposta de Nietzsche no final do século XIX.

Na primeira entrevista que me concedeu, publicada na *Folha de S. Paulo* em 2001, Jacques Derrida fala na necessidade de pensarmos uma "solidariedade de todos os viventes". Não se trata de resgatar o bordão humanista da "liberdade, igualdade, fraternidade", pois este se referia apenas ao universo humano. Hoje, ou somos capazes de inventar um *outro humanismo*, que será de forma necessária um humanismo de fato *humano*, mas também respeitoso das outras espécies, um humanismo *do outro*, portanto — ou corremos o risco de seguir "alegremente" em direção ao nosso próprio fim.

Muitos viventes não humanos vegetais e animais sucumbirão conosco, mas decerto muitos também resistirão à devastação global, se ela vier a ocorrer. Passados anos, séculos e milênios, os sobreviventes ocuparão, felizes, as ruínas de nossas belas cidades. Já tivemos uma prévia desse porvir com as imagens que nas últimas semanas deram a volta ao mundo, nas quais cabras, patos e outras espécies consideradas selvagens realizaram uma verdadeira *ocupação* (no sentido ironicamente atual do termo) de nossas pólis esvaziadas. Os céus da Itália e da China desanuviados de poluição, os canais de Veneza com águas transparentes, as trilhas, caminhos e estradas sem automóveis, levando o preço do petróleo a zerar, tudo isso nos deu lindas visões desse paraíso futuro, como já foi a Terra milhões de anos atrás, antes de nosso disruptivo aparecimento. Os animais e as plantas retomarão os lugares que lhes são de direito. Nada melhor que se livrar de um invasor que se converteu num predador universalmente voraz, inclusive se autodevorando de forma brutal. Como disse o pensador, é de fato preciso comer bem. Difícil para nós, todavia, é definir o tal "bem". Esperemos que o "grande enclausuramento" coletivo nos ensine alguma coisa.

Rio de Janeiro, 21 de abril de 2020

**Evando Nascimento** é ensaísta, professor universitário e escritor. Foi aluno inscrito nos seminários de Derrida na Escola de Estudos Avançados em Ciências Sociais (EHESS), nos anos 1990. Publicou, entre outros livros de ensaios, *La Solidarité des vivants et le pardon* (Hermann), com textos de Derrida e de sua autoria. Seu mais recente livro de ficção é *A desordem das inscrições (Contracantos)* (7Letras).

(...) 24/04
# A peste e o fim dos tempos
## Fabián Ludueña Romandini

TRADUÇÃO Maurício Pitta
REVISÃO Fernando Scheibe

**Esclarecimento preliminar**
Dada a propensão da época para a difamação, propensão que se acentua, também, como consequência dos efeitos sociais da peste que se abateu sobre o mundo, cabe esclarecer que as reflexões que se seguem têm uma autonomia própria e um objeto específico. Não obstante, seus pressupostos epistemológicos se encontram em dois livros do autor: *Arcana Imperii: Tratado metafísico-político* (2018) e *Summa Cosmologiae: Breve tratado (político) de inmortalidad* (2020). Trata-se dos volumes III e IV, respectivamente, do políptico *La comunidad de los espectros*, publicado pela editora Miño y Dávila.[1] Estas linhas foram escritas durante o confinamento compulsório devido à pandemia conhecida sob o nome de COVID-19. Consequentemente, foi impossível consultar bibliotecas e, portanto, as referências provêm do acaso da escassa biblioteca pessoal de um professor argentino pauperizado.

**1.**
Um sinal incontestável do Novo Éon é a constatação evidente de que o Papa da Igreja Católica Apostólica Romana não crê em Deus. Líder espiritual de uma das mais antigas formas do cristianismo do Ocidente, o Papa, assim como toda a hierarquia da Igreja (com exceção, é claro, de certas ordens, especialmente femininas), decidiu declinar de qualquer ação que, no passado, teria sido um dever de fé: o cuidado dos doentes, a exposição aos perigos da ajuda ao próximo confiando-se a Deus, a assistência aos prelados, o consolo pessoal dos fiéis. Certamente, essa deserção não encontra sua causa na prostração, no oportunismo político ou na imperícia de uma instituição que, precisamente, havia feito da administração da vida terrena uma missão evangelizadora. Não devemos nos enganar: o Papa e a hierarquia eclesiástica simplesmente temem morrer em consequência da exposição à peste. Quando o Papa teme a morte, a prova de sua investidura messiânica torna-se ilegítima e

---

[1] No Brasil, vários livros de Fabián Ludueña Romandini foram publicados pela editora Cultura e Barbárie. *Arcana imperii. Tratado metafísico-político* sairá em breve, com tradução de Leonardo D'Ávila de Oliveira.

mostra o ocaso absoluto da *fides*. O Papa, em suma, não crê mais em dogmas como o da ressurreição, já que não se fia neles para a proteção espiritual de sua pastoral nesta vida de ameaça viral. Em um contexto semelhante, o corolário se impõe: se ele não crê nos dogmas, logo não crê em Deus. Não se trata aqui de indagar sobre o foro íntimo do Sumo Pontífice. Pelo contrário, trata-se de considerar sua práxis. Nesse sentido, o Papa atua *como se* não acreditasse em Deus. Isso é suficiente para os propósitos desta argumentação sobre as consequências públicas de sua ação descrente. Sem essa crença, a *Ecclesia* universal é um império em colapso. E isso tem efeitos imediatos sobre os Estados laicos do mundo. A secularização da Modernidade pode muito bem dissimular sua origem teológico-política, mas o colapso da instituição teológica não implicou uma liberação do poder terreno das amarras dos dogmas herdados. Pelo contrário, como as instituições governamentais da Terra vincularam seu destino à matriz teológico-política da *Ecclesia* universal, o colapso arrasta consigo todos os poderes constituídos para a esfera do niilismo radical. Assim, o mundo dos Póstumos já pode se desenvolver em escala planetária sem quaisquer condicionamentos ou censuras. A luta pelo Novo Domínio Universal já começou.

**2.**
A epidemia teve um começo deliberado? Trata-se de um vírus surgido por mutação natural ou fruto do design humano? Os protocolos dos laboratórios chineses teriam realmente sido violados? E, em caso afirmativo, isso teria acontecido voluntária ou involuntariamente? Essas perguntas são da mais alta relevância, mas isso é matéria para a historiografia futura. Trata-se de um exagero quanto à dimensão biomédica do coronavírus? A epidemiologia, nesse caso, estaria encobrindo um plano originário de dominação do mundo? Mais uma vez, a epidemiologia e a ciência política serão capazes de responder isso no futuro. Se algo como um futuro ainda for possível. Neste momento, devemos nos ater à *facticidade*: a peste está aqui. Partiremos, então, desta premissa como um cuidado metodológico necessário num momento em que à arqueologia histórica ainda faltam a distância temporal e os materiais empíricos para operar: por se tratar de um fenômeno em curso, seu arquivo ainda não foi constituído.

**3.**
Certamente, não estamos vivendo um novo episódio de instauração do estado de exceção como regra ou norma da política. Atravessamos um período de peste. A peste traz consigo o estado de exceção como um elemento inerente. Pela primeira vez na história de Gaia, a peste é global. Segue-se, então, um estado de exceção global. Sua aparição não representa uma novidade particular, mas, por outro lado, seu caráter global precisa ser escrupulosamente considerado. O episódio histórico conhecido como a "peste de Atenas", ocorrido por volta de 430 a.C., foi um dos momentos mais mortíferos do ciclo fatal da guerra do Peloponeso. Pode-se inclusive considerar que a

posterior chegada do santuário de Asclépio à cidade de Atenas deve ser lida sobre o pano de fundo histórico da memória dilacerante da epidemia.[2] Devemos a Tucídides o relato histórico mais fecundo das modalidades da peste e de seus efeitos imediatos sobre as formas de vida da cidade de Atenas.[3]

A peste começou na Etiópia e passou por diversas zonas geográficas até entrar em Atenas através do Pireu. A descrição de Tucídides da fenomenologia social da praga segue um padrão que já havia sido estabelecido por Homero na *Ilíada*. Entre os cidadãos, o efeito foi devastador. Havia aqueles que optavam por abandonar seus doentes, enquanto outros morriam contaminados pelas pessoas de que cuidavam. A piedade religiosa foi quebrada porque, "derrotados pela disseminação da doença, cansaram-se de fazer lamentações pelos que morriam" (Tucídides, *Historiae*, II, 51). Em relação direta com esse aspecto, as práticas de sepultamento foram completamente subvertidas:

> Muitos se prestaram a enterros indecorosos diante da falta do necessário por conta dos contínuos enterros efetuados anteriormente; alguns colocavam seus mortos nas piras alheias, ateando-lhes fogo antes daqueles que as haviam empilhado, e outros, enquanto ardiam outros cadáveres, jogavam por cima o que levavam e iam embora. (Tucídides, *Historiae*, II, 51, 6).

Esse desmoronamento da unidade religiosa da cidade foi seguido por um inexorável colapso absoluto de todas as formas de legitimidade das instituições divinas e humanas:

> Também nos demais aspectos, a enfermidade foi o início da anomia (*anomías*) para a cidade [...]. Nem o temor dos deuses, nem a lei dos homens (*theôn dè phóbos he anthrópon nómos*) eram obstáculo, por julgarem que dava no mesmo ser respeitoso ou não, quando viam que todos pereciam por igual, e por crerem que ninguém viveria até o julgamento para pagar por seus delitos, mas que já estava decretado e pairava sobre eles um castigo muito maior, e antes que caísse sobre eles, era natural que desfrutassem um pouco da vida. (Tucídides, *Historiae*, II, 53, 4).

A expressão utilizada por Tucídides não deixa margem a dúvidas: a peste precipita a cidade na anomia radical (incluindo o hedonismo catastrófico). É Lucrécio quem fornece a grande paráfrase filosófica do relato histórico de Tucídides quando escreve:

---

2 Johannes Kirchner, *Inscriptiones Graecae*. Consilio et auctoritate Academiae Scientiarum Berolinensis et Brandenburgensis editae. Inscriptiones Atticae Euclidis anno posteriores [Editio altera]. Vol. II/III. Berlim: Walter De Gruyter, 1977: inscrição n° 4960a (T. 720).

3 Tucídides, *Historia de la Guerra del Peloponeso*. Seguimos aqui a edição castelhana de Francisco Romero Curz, Madri: Cátedra, 2005. Para o texto grego, em virtude do qual modificamos, em alguma ocasião, a tradução castelhana para uma maior literalidade a respeito do original, tomamos Thucydides, *Historiae*. (Org.) Henry Stuart James; Johannes Enoch Powell. Oxford: Oxford University Press. 1942. [ed. bras.: *História da Guerra do Peloponeso*. Trad. Mário da Gama Kury. Brasília; São Paulo: Editora Universidade de Brasília; Edições Imprensa Oficial de São Paulo; Instituto de Pesquisa de Relações Internacionais, 2001. Disponível em: <http://funag.gov.br/biblioteca/download/0041-historia_da_guerra_do_peloponeso.pdf>.]

Pois a religião, então, não tinha nenhum peso, nem o poder dos deuses (*nec iam religio diuom nec numina magni prendebantur enim*); a dor presente era excessiva. Na cidade, não se observava o rito de sepultamento com que aquele povo costumava enterrar seus mortos; todo o povo andava sobressaltado, em grande perturbação (*perturbatus enim totus trepidabat*), e cada um enterrava os seus como podia. A súbita necessidade e a indigência levaram a muitos horrores: alguns colocavam seus parentes em piras levantadas por outros, com grande gritaria, e as acendiam com tochas, travando por vezes lutas sangrentas para não abandonar seus cadáveres. (Lucrécio, *De natura rerum*, VI, 1276-1285).[4]

Nesses versos, que estão entre os mais crus da filosofia antiga, apresenta-se um desafio teórico. Aqui, a cidade não é pensada *tanquam dissoluta*, mas, pelo contrário, se encontra histórica e efetivamente dizimada. Em Tucídides e Lucrécio, portanto, não há metalinguagem jurídica que tome a exceção soberana em suas mãos, já que toda soberania – humana e divina – se corrói até desaparecer completamente. Não se trata, portanto, de um estado da lei (como a exceção de sua permanência em suspensão), mas de um estado atual do mundo. Se o evocamos, é porque, evidentemente, ele pode ser comparado à nossa situação atual, exceto, talvez, pelo fato de que em nosso tempo não seria permitida nenhuma indulgência maciça diante do Grande Orgônio.

Na peste de Atenas, enquanto episódio central da Guerra do Peloponeso, chega-se a um momento em que toda a estrutura social toca seu grau zero, e o direito, tanto humano quanto divino, cede perante o desastre natural. À despolitização absoluta do mundo humano se sucede, então, a politização absoluta da natureza, que só fala a linguagem da morte. Nesse sentido, a zoopolítica começa pela ordem da natureza não humana, primeiro fundamento com o qual deve se medir todo o ordenamento da comunidade. A apropriação do natural ingovernável e potencialmente mortal é o primeiro ato político constitutivo, e o gesto zoopolítico consiste precisamente em construir, na esfera do mundo, um ecossistema habitável para o animal humano.

No entanto, nenhuma comunidade política humana pode se constituir sem estar plenamente consciente de sua relação co-originária com a esfera da *physis*, à qual também pertence inextricavelmente. Portanto, as potências do natural não humano são uma força política primordial que sobredetermina qualquer decisão do mundo dos homens: se essa dimensão da natureza como agente político da constituição da *societas* humana não é verdadeiramente levada em conta, as aporias do direito não param de se multiplicar sob formas que fazem da ordem jurídica unicamente um ato de decisão humana sustentado pelo puro arbítrio do legislador.

---

4 Seguimos aqui a edição de Eduard Valentí Fiol, Barcelona: Acantilado, 2012, e modificamos a tradução em alguns pontos, por razões de literalidade. [*Da natureza das coisas*. Trad. Luís Manuel Gaspar Cerqueira. Lisboa: Relógio D'Água, 2015.]

Entretanto, episódios como a peste de Atenas (que, enquanto irrupção do natural devastador, tem a capacidade de se constituir como paradigma para a reflexão teórica) nos lembram que não há política para o homem que não se funde, precisamente, na indecisão inerente ao controle do não humano natural. Em outras palavras, o decisionismo do direito, mais do que encobrir sua própria anomia normativa, atua como ficção que dissimula a dimensão política do natural, que, *in extremis*, não conhece outro *nómos* senão a morte (ainda que esta possa atuar como condição do vivente, como a biologia não cessa de demonstrar).

A *anomia* da peste (ou, neste caso, de suas consequências) não é, pois, outra coisa senão um retorno ao estágio no qual os homens devem se medir novamente com o espaço da vida e da morte natural, do qual nunca estiveram subtraídos a não ser pelos meios técnicos de um direito que obtura esse confronto originário sob a forma de uma ordem tão necessária quanto surda às circunstâncias que atuam como solo impenetrável de todo o seu arcabouço teórico. Por isso, quando todas as ficções e metáforas do direito caducam, tem lugar o que, dentre os modernos, Hobbes tematizou sob o nome de "estado de natureza". Algo que, longe de ser um "mitologema" como foi por vezes sugerido, constitui uma das intuições mais profundas da filosofia moderna acerca do alcance da política.

**4.**
Quando um filósofo recebe demasiada atenção por parte do mundo acadêmico, ocorre, em geral, um processo de canonização laica que acaba por impedir o acesso ao sentido de suas proposições. Este é o caso atual da obra de Michel Foucault. Alguns, não carentes de uma precipitação suspeita, que parece tão somente refletir opiniões precedentes que não se atreviam a formular, acharam oportuno detratá-lo em meio à peste global. Parece-me um sinal claro do fim irremediável do ideal de Revolução (aliás, já admitido pelo próprio Foucault) que animou, ainda que de maneira intermitente, o século passado. Outros grandes filósofos vivos se manifestaram nestas semanas sobre a peste. Um deles foi insultado na mais perfeita conformidade com as regras vigentes na imprensa de massa. Outro foi ridicularizado, e outro ainda, mais do que cair, se jogou no ridículo. Há também quem não pôde resistir à tentação de se entregar, pura e simplesmente, à *gossip*. Percebo, neste cenário, a decadência da cultura intelectual contemporânea, mas, sobretudo, a ausência de qualquer perspectiva sensata diante de uma catástrofe: longe da combinação de ideias, impôs-se outra anomia, a conceitual, e, é preciso dizer, o ressentimento que, neste momento, afeta a Universidade mundial como outra forma de peste; situação que nos conduz inexoravelmente a conclusões que ninguém parece disposto a tirar.

Em 1976, Foucault publica seu livro *Vigiar e punir*. Utilizando-se de arquivos militares de Vincennes, datados do século XVIII, o filósofo expõe as medidas que deviam ser tomadas na época quando o flagelo da peste assolava uma cidade: confinamento em larga escala, normatização das condutas, vigilância, denúncias, reconfiguração do sentido do normal e do anormal, instauração do exílio-clausura. O "medo da peste", segundo Foucault, permite esta metamorfose social completa. Nada de novo, concluía o filósofo, pois se trata de "todos os mecanismos de poder que, ainda em nossos dias, se dispõem em torno do anormal". Vale a pena citar *in extenso*:

> Num caso [o da cidade assolada pela peste], uma situação de exceção: contra um mal extraordinário, o poder se levanta; torna-se em toda parte presente e visível; inventa novas engrenagens; compartimenta, imobiliza, quadricula; constrói por algum tempo o que é ao mesmo tempo a contracidade e a sociedade perfeita; impõe um funcionamento ideal, mas que no fim das contas se reduz, como o mal que combate, ao dualismo simples vida-morte: o que se mexe traz a morte, e se mata o que se mexe.[5]

Nada de novo, poderíamos dizer também agora. Mas não seria uma afirmação correta. É verdade: os sonhos da sociedade perfeita que a peste estimula são celebrados em toda parte nos *mass media* e nas redes sociais; os dualismos simples entre a vida e a morte se expressam em outras noções mais adaptadas aos tempos atuais ou às capacidades dos administradores; a contracidade é procurada e perseguida com afinco. A escala dos eventos, no entanto, altera substancialmente o propósito. Antes de tudo, porém, impõe-se um esclarecimento: Foucault não nega a realidade biológica da peste nem contesta a eficácia dos métodos para sua erradicação (seria risível acreditar que esta era sua posição, dada a sua notória erudição na história da medicina). Ele assinala algo diferente, isto é, o preço que toda decisão política implica, dado que a própria vida é uma forma de poder e a vontade de poder não cessa em tempos de peste. Pelo contrário, curar a peste significa assumir as consequências inevitáveis da vontade de poder. A eficiência ganha na luta contra a peste significou, então, que os engenheiros sociais aplicaram sua tecnopolítica para redefinir todo o tecido social: foram lançados, assim, os alicerces da já dissolvida sociedade disciplinar.

Daí que, agora, devamos pagar outro preço, só que muitíssimo mais alto, pois a escala dos acontecimentos nos coloca diante do dilema do inevitável: o combate contra a peste implica que as medidas para seu controle não estão isentas do exercício do poder. E o poder tem predileção pela experimentação social. Na verdade, esta parece ser parte constitutiva de sua natureza. Para vivermos, para nos curarmos, será necessário aceitar o maior experimento da História: a reconfiguração onicompreensiva de todo o fundamento civilizacional do orbe terrestre segundo parâmetros que muito poucos conhecem e, no fundo, ninguém controla. Tentei, em escritos anteriores, delinear a radiografia deste novo Éon, que marca o triunfo dos Póstumos e o fim

---

5 Michel Foucault, *Vigiar e punir: Nascimento da prisão*. Trad. Raquel Ramalhete. Petrópolis: Vozes, 2014, p. 198.

definitivo da era de *Homo*. A emergência de uma Nova Ordem Mundial é inevitável como preço a se pagar para nos salvarmos da peste. Não é uma alternativa, mas uma conjunção: não se pode pedir uma sem aceitar a outra. O reino dos Póstumos não precisou da peste para se manifestar, pois faz muito tempo que ele nasceu, inadvertidamente. Entretanto, a peste dará um impulso irrefreável a sua instauração. Nada será o mesmo quando estivermos curados e os mortos incinerados (por outro lado, ninguém sabe, enquanto escrevo estas linhas, de que lado ficará nesse binômio): nossos corpos e nossas sexualidades, os modos de produção e as formas de vida. A tradição política tinha um nome para uma mutação dessa escala que hoje ninguém (ou muito poucos) ousa mencionar: Apocalipse.

## 5.

Uma obstinação contemporânea, de raízes iluministas, nos impede de entender que o Apocalipse marca um fenômeno teológico-político e, mais precisamente, o fim dos tempos. Acontece, no entanto, que os apocalipses se sucederam ao longo da história: o fim das civilizações antigas, o advento do cristianismo, as Revoluções modernas que arrasaram com o ecossistema econômico-cultural do mundo medieval. Agora, novamente, temos outro caso. Só que a inicial maiúscula se justifica hoje mais do que nunca: estamos diante do Apocalipse, dado que a tecnomutação se mede em escala planetária.

Um mal-entendido singular paira sobre o nome Apocalipse, que faz com que a filosofia o trate hoje com desconfiança. De fato, a incompreensão da tradição apocalíptica é outro sinal do declínio da política no mundo contemporâneo e deve ser lamentada, pois a palavra pertence à gramática política do Ocidente e indica o fim e o início das cesuras civilizacionais. Ela não implica inação; pelo contrário, suas modalidades pertencem ao acervo mais conspícuo da ação: o marxismo, afinal, pode ser visto como uma forma de apocalíptica secularizada.

Como pôde escrever um esclarecido pensador do século XX, "se revolução significa contrapor à totalidade do mundo uma nova totalidade que, sendo igualmente abrangente no que tange aos fundamentos, volta a fundá-lo e o nega, então a apocalíptica é essencialmente revolucionária".[6] O Apocalipse contemporâneo tampouco constitui uma Restauração conservadora, como apregoam no jornal certas vozes alarmadas com justiça. Trata-se antes de uma nova Grande Mutação, a maior que a História dos viventes humanos de Gaia conheceu desde os tempos do Paleolítico e que supõe o advento do Reino dos Póstumos que mudarão, para sempre, a face do Orbe. A julgar pelo que vimos até agora, os horrores só começaram. Nas palavras da teologia mística do antigo Ocidente: o *Katéchon* foi finalmente levantado.

---

6 Jacob Taubes, *Escatología occidental*. Trad. Carola Pivetta. Buenos Aires: Miño y Dávila, 2010, p. 29.

## 6.

A epidemia é a modalidade biológica de uma Pandemia da Linguagem. O SARS--COV-2 tem seu correlato no vírus que afeta a Linguagem e a empurra para o fim da metafísica. É uma afecção recente para os seres falantes: não faz parte da genética histórica da Linguagem, mas é o resultado das escolhas daqueles que decidiram abdicar de (ou causar, com firme propósito, a perda de) todo e qualquer destino de liberdade para os habitantes de Gaia. Os quase-transcendentais da Modernidade de que falava Foucault, isto é, a Vida, o Trabalho e a Linguagem, são justamente os objetos da Grande Mutação rumo ao Novo Éon. No fundo, a zoopolítica tem um caráter acidental na espessura da transição e no caráter substancial das mudanças: estamos diante da ascensão de Ômega, ou seja, do Anti-número e da digitalização universal como um novo Todo. Não se trata, portanto, apenas de uma tanatopolítica, o que se delineia no horizonte é a Anti-vida, algo que está além de qualquer compreensão categorial própria do grande Sistema da Metafísica, cujos fundamentos foram reduzidos a escombros em todos os rincões do planeta com a intenção de que nenhum ser falante possa emitir o pronome "eu" como marca de singularidade inassimilável. A Liturgia Algorítmica só admite a inclusão sem resto: a Universalidade será agora o Absoluto antimetafísico nunca antes alcançado. Ômega é o novo Deus oculto que rege os destinos dos mortais e dos imortais quando todo *Nachleben* do mundo pretérito finalmente foi detido e expulso da roda do Tempo.

## 7.

Os Senhores do mundo, seus porta-vozes, representantes e lacaios dos mais diversos tipos pretendem apresentar uma chantagem sob as vestes de uma causa nobre: quarentena ou morte; o confinamento em vida ou a morte em liberdade. Não há dúvida de que esses instruídos Senhores conhecem a massa que todos conformamos e a sabem permeada pelo discurso hipermoderno. Outrora, talvez a maioria tivesse escolhido a liberdade, ainda que arriscando a própria vida. Entenda-se: a opção é inevitável e essa é a tragédia incontornável de nossa condição. Os Senhores do mundo sabem perfeitamente disso, mas querem manipular a resposta. Declaram fazer o que estão fazendo em função da vida. Tudo o que empreendem, no entanto, alimenta a dúvida, pois, enquanto salvam vidas hoje (quem poderia julgar mesquinho ou discordar de um propósito tão elevado?), preparam as catástrofes e os sacrifícios do amanhã. Tampouco faltam aqueles que, com a brutal honestidade do poder, propõem utilizar agora mesmo a pandemia como arma de limpeza étnica. O sonho de muitos seria a produção de um Holocausto *natural* que isentasse de toda a culpa os criminosos que o desejam para purificar a sociedade dos seres vivos que, estimam eles, devem ser eliminados.

Na realidade, os Senhores mais espertos não têm outro objetivo senão fazer com que os seres falantes, exaustos, pronunciem por livre e espontânea vontade as palavras do desespero final: "Que venham o sono e a morte! Vocês que nada prometem, mas que tudo cumprem."[7] Por certo, a chantagem não pode ser desativada com a simples opção pela vida em vez da morte. A escolha por uma crítica do par vida-morte é uma tarefa da maior relevância, mas pedante ou inoportuna para aqueles que enfrentam um risco de morte iminente. Nós, seres falantes, teremos que aceitar que, ou estabelecemos por nossa própria conta (tanto coletiva quanto individualmente) de que forma queremos viver a tragédia humana da morte (ou da vida), ou outros o farão por nós. Nos termos de Kant, ou os seres falantes abandonam sua perpétua infância histórica (na qual não se aninha nenhuma inocência original), ou a escravidão em vida os aguarda ao virar da esquina. Acontece que só se abandona a infância como ruptura e tragédia. Má notícia para os sonhos de felicidade dos habitantes do presente milênio. Talvez tenha chegado a hora de a filosofia sair de seu exílio letárgico e voluntário nos *campi* das universidades do mundo e voltar a levantar a voz para recordar, de uma vez, quais são os problemas incontornáveis da existência neste mundo. Sem falsas concessões, sem promessas vãs, sem otimismos insolventes nem pessimismos à disposição dos preguiçosos. Em suma, sem esquecer o compromisso inaugural da filosofia com as formas da verdade, pois a antifilosofia *pode*, mas não *deve*, prevalecer.

## 8.

Na hora da agonia do mundo antigo, Libânio se perguntava: "poderia um homem caminhar novamente pelos caminhos da vida, depois de ter enterrado amigo após amigo, sabendo que só mantém intactos os bens que possui?" (Orationes, VII, 10).[8] Nossa pergunta atual é ainda mais premente, já que depois da pandemia nem mesmo os bens do mundo (que, de qualquer forma, Libânio já desestimava) se manterão em pé. Nem o Bem, nem os bens, nem a amizade. Será que estamos preparados para viver em um mundo assim? Como Guy Debord escreveu premonitoriamente em 1971, "as *terríveis* decisões do futuro próximo só deixam esta alternativa: ou a democracia total, ou a burocracia total".[9] O curso do mundo até o momento em que escrevo estas linhas, no qual o ideal de Revolução parece inelutavelmente morto e me que não se vislumbra nenhuma outra transformação diferente, mas utópica, do mundo, faz temer que a segunda opção seja a escolhida pelos Póstumos. Alguém se atreverá a desafiá-los? E, se a resposta for afirmativa, existe a menor possibilidade diante deles? Uma nova gigantomaquia da História começou, talvez, agora sim, como última oportunidade. Mesmo que tudo se perca, seria desejável que os filósofos não assumissem um papel indecoroso na contenda.

---

7 Søren Kierkegaard, "Diapsálmata". In: *Samlede Værker*. Copenhague: Glydendal, 1901-1906, p. 52.
8 Libânio, *Discours*. Paris: Les Belles Lettres, 1979-2003.
9 Guy Debord. *El planeta enfermo*. Trad. Luis Andrés Bredlow. Barcelona: Anagrama, 2006, p. 88.

**9.**
Antes da tempestade, é bom esclarecer que as declarações aqui feitas sobre a fé das hierarquias eclesiásticas não se estendem à fé dos crentes. A distinção conta. Do mesmo modo, as exortações que existem no texto para um despertar da filosofia também dizem respeito, a título de opinião nesse caso, à teologia, sobre a qual cabe depositar esperanças. A palavra filosofia é usada neste texto como o nome temerário de um conjunto ao qual todo saber pode se somar se estiver de acordo com a premissa de não ceder à proposta do mundo *futuro* propalada pelos Póstumos. A proposta de mundo não é equivalente a opiniões ou recomendações sobre o tratamento da pandemia *atual*. Sobre esta, e sobre como deveria ser tratada, outros pensadores no mundo (é preciso mencionar que também médicos respeitáveis?) já expuseram esclarecidos comentários em um cenário que, como cabalmente se sabe, varia diariamente. Essa distinção também conta.

**Fabián Ludueña Romandini** é filósofo. Mestre e doutor pela Escola de Estudos Avançados em Ciências Sociais (EHESS) de Paris. Seus livros, sobre metafísica e filosofia política, estão traduzidos para o português e outras línguas. Seu próximo livro, no prelo, se intitula *Summa Cosmologiae. Breve tratado (político) de inmortalidad* (Cultura e Barbárie e n-1 edições). O autor está confinado na cidade de Buenos Aires, Argentina, de onde quer fazer chegar seu texto especialmente como carta de amizade para os amigos do Brasil, de quem sente muita *saudade*.

(...) 25/04

# Coronavírus, a fase atual e o futuro

Antonio Negri

TRADUÇÃO Bernardo R.B.
REVISÃO DE TRADUÇÃO Fernanda Regaldo
REVISÃO Clara Delgado

*Como você vê a situação da pandemia do coronavírus? Ela está expondo as políticas neoliberais e as ambiguidades do capitalismo ou seria simplificar demais dizer isso?*
**Antonio Negri** — Bem, não sei se é simples ou complexo, de todo modo me parece que seja verdadeiro. O neoliberalismo tinha colocado um manto de força violentíssimo sobre o desenvolvimento econômico e político dos nossos países. Havia esse manto financeiro completamente comandado, controlado até nos mínimos detalhes, que seguia uma estrutura de produção e de reprodução cada vez maior e mais complexa, constituída tanto por elementos naturais quanto por elementos produtivos, ou seja, duas vezes naturais. Hoje, a relação desse circuito de controle financeiro com o outro circuito de relações entre os homens, ou seja, de produção, de inter-relação produtiva entre as pessoas e a natureza, quebrou-se. Esta é uma crise na qual os mecanismos de sociabilidade e de produção — de produção de riqueza e também de vida, de vida natural — são obstruídos. As relações capitalistas que pretendiam cobrir isso passam a ser reconhecidas como impeditivas ao desenvolvimento real. E acredito que isso seja muito importante. A declaração de Ursula Von der Leyen,[1] que agora diz que "a economia real que se movimente sozinha", que "não a seguiremos", parece uma coisa absolutamente assustadora, por um lado, e explosiva, por outro. Assustadora porque ela reconhece que a situação como estava não podia mais ser contida. Explosiva porque dá espaços efetivos de resposta e de construção de novos programas. Programas do comum, espero.

Ficou claro que o neoliberalismo chegou num ponto de crise, que deriva dessa coisa estranha que é um vírus mortal. Não há muito o que dizer, não é algo como uma gripe. Aliás, antes fosse! É um vírus mortal, que ataca tudo, que determina

---

1 Von der Leyen é presidente da Comissão Europeia. Em 20 de março de 2020, um dia antes da entrevista que aqui traduzimos, anunciou por meio de uma declaração oficial mais flexibilidade diante das regras econômicas a que os países membros da Zona Euro estão sujeitos. A "cláusula geral de salvaguarda", acionada pela primeira vez na história, possibilita temporariamente ajudas estatais para empresas que corram risco de fechar com a pandemia do coronavírus e introduz um fundo europeu para lidar com os prejuízos da COVID-19. [N.T.]

emergências desconhecidas e imprevistas de todos os pontos de vista. No entanto, toda essa crise da capacidade neoliberal pode ser observada também a partir de outras coisas, por exemplo, a continuidade de lutas contra o neoliberalismo, que na França e na Inglaterra foram de uma violência inimaginável. Além do terror que Macron tem de que as coisas se repitam como na Itália, ele fica apreensivo em relação às lutas regionais e sindicais, que o colocaram numa situação insustentável. Tanto que ele vetou a lei das aposentadorias recentemente. Por trás dos pacotes de acordos entre estados para reprimir as lutas, existem lutas realmente presentes, lutas que também na Itália, de acordo com o que me dizem, foram bem fortes nas fábricas, nos circuitos de empresas como a Amazon etc. Aqui na França, vemos o momento atual realmente como o limite das políticas neoliberais, tanto em relação à natureza, à poluição, a tudo aquilo que está por trás dessa pandemia, quanto em relação ao ataque à reprodução, ao comum, àquele comum que entendemos como construção da saúde, da educação etc., que é o comum que nós valorizamos acima de tudo e que queremos reproduzir o mais amplamente possível. Esse ataque foi feroz e, no entanto, hoje vive uma pausa. Abre-se um caminho pelo qual é preciso que entremos, em luta.

*Voltaremos logo à questão das lutas. Você primeiro citou Von der Leyen: a União Europeia neste momento, que diz não ter um mandato para se ocupar da saúde no âmbito continental, está se arriscando, com essa crise social, econômica, sanitária, a desabar politicamente?*
A decisão que tomaram está certa. Quando se fala de Europa não se fala simplesmente da unidade política, mas se fala do Banco, se fala da moeda. Então a reabertura das torneiras foi bem-vinda e necessária. E neste momento, a luta contra a COVID-19 pode ser bem mais forte no campo geral, sejam quais forem as separações em relação aos métodos e em relação às formas de intervenção. O que é certo é que o coronavírus chega com uma inevitabilidade terrível, se acompanhamos de Paris o que acontece na Itália, como tenho feito. Aqui, depois de alguns dias, vejo a situação tal e qual estava acontecendo na Itália.

A Europa não tem um sistema de saúde comum, mas tem problemas comuns. Uma das coisas que todos pudemos aprender é quantos respiradores há na Alemanha, na França e na Itália. E descobre-se que a Itália tem mais respiradores que a França, por exemplo. Ninguém esperava que o sistema de saúde italiano fosse mais desenvolvido que o francês. Você se dá conta de que, nesse âmbito, essas coisas existem. Também de que a União Europeia tem armas formidáveis para enfrentar essas coisas. E depois, o que acontecerá quando esta peste acabar? Acontecerá que a Europa conseguirá unir-se novamente. Espero que a Europa consiga mover-se junta a partir da base que é o seu impulso unitário efetivo, a Europa central, para dizer claramente, Alemanha, França, Itália, Espanha. Espero que tudo isso possa acontecer identificando e desenvolvendo aquelas que são as melhores energias que foram criadas neste período.

(...)

Até aqui, vejo que o mundo se dividiu em relação ao modo como enfrentar esse contágio: por um lado, o método malthusiano, darwiniano, que é típico de Trump e de Johnson. Por outro lado, o método europeu, que se funda essencialmente na sustentação do sistema público de tratamento e de prevenção. Se esse sistema resistir, acho que pode se tornar um modelo. É o mesmo sistema usado na China, desse ponto de vista. A coisa torna-se extremamente interessante também globalmente, uma vez que as relações atlânticas já foram tão corrompidas e maltratadas pela política de Trump. Essa é uma das muitas aberturas que essa crise determina, às quais será preciso dar atenção extrema. Sobretudo por parte das inúmeras pessoas que não querem mais repetir o passado, que querem usar essa ruptura para sair dela de maneira renovada – não sei se a coisa é já completamente consciente, mas logo será. O que é absolutamente necessário agora é fazer um discurso de massa, um discurso amplo, que não repita de modo algum formas estúpidas de extremismo, incluindo aquele catastrófico. "Estamos à beira da catástrofe, vejam até onde foi o capitalismo..." Cuidado com esses discursos! Ao contrário, procuremos entender que a crise é interna e necessária ao capital, e é nesse momento de crise que devemos intervir.

*Justamente sobre esse assunto, muitas vezes são feitas análises sobre a crueldade do capital em vez de organizar e reproduzir momentos de luta. Também pelo que você disse: o âmbito europeu, além daquele dos movimentos locais, poderia ser aquele em que se abre um discurso sobre a saúde pública, sobre o Estado de bem-estar social, sobre a redistribuição de riquezas? Necessário, provavelmente, para que a crise não tenha uma saída como a de 2008.*
Acredito que uma saída como a de 2008 é impossível, porque a crise de 2008 foi financeira. Esta é uma crise real. Em 2008 as fábricas foram induzidas a produzir menos porque as finanças não respondiam. Os mecanismos financeiros é que foram interrompidos. Agora estaremos em uma situação na qual as pessoas continuam a requisitar mercadorias, mas as fábricas não conseguem mais produzir. Será esse o grande problema que encontraremos pela frente. E aqui há de fato a possibilidade de fazer com que as fábricas produzam de uma forma diferente, e produzam outras coisas; de introduzir assim todo um discurso sobre a *reprodução* social. Nós devemos nos apropriar da reprodução social do comum. Eu diria que estas são as "palavras de ordem" que emergem desta crise: reapropriação da reprodução. Devemos aproveitar as palavras de ordem que vêm das lutas das mulheres e das grandes lutas de vanguarda – desculpem essa palavra antiquíssima –, que foram lutas de promoção, bem como de lutas como a dos *gilets jaunes* (coletes amarelos) na França. São lutas pelo comum, nas quais há um altíssimo conteúdo democrático acoplado a um altíssimo conteúdo de reforma anticapitalista. Hoje, somos capazes de falar disso coletivamente e de falar no âmbito das massas – não mais nos dirigindo a industriais poderosos para pedir o favor ou a caridade de nos movimentarmos nesse campo, não mais nos movimentando no campo keynesiano, mas num campo de reconstrução de tecidos comuns da reprodução.

Se você reparar, o que está acontecendo nestes tempos de comunicação outra, de comunicação por meio de Skype ou telemática, são fenômenos muito interessantes do ponto de vista de transformação da comunicação interindividual e da comunicação coletiva. Estamos aprendendo o que quer dizer transmitir sentimentos, afetos, alegria de viver, necessidade de produzir, do campo individual ao campo coletivo. Essa é uma coisa extremamente importante que está acontecendo apesar de tudo, apesar desta situação de miséria em que nos encontramos. Está acontecendo, e vamos ter que retomar isso nas lutas.

*Essa situação estranha que você descreveu, a necessidade de conversar por meio da tecnologia e a impossibilidade de nos vermos, junto à necessidade de serem criadas linhas de luta e de organização, poderia também ser uma oportunidade para formular modos de luta que rompam com o passado?*
Espero que sim, mas eu sou um velhinho, já tenho 87 anos. A minha memória é de lutas lado a lado,[2] tocávamos os cotovelos não para nos cumprimentarmos, mas para nos darmos força, para nos unirmos. Era essa a corporeidade das lutas. Foi um elemento tão fundamental que para mim é difícil pensar em inventar algo diferente, mas estou convencido de que a abstração marxista do trabalho, a abstração marxista da comunidade, pode tornar-se um elemento central nas lutas do *General Intellect*, ou seja, nas lutas que se constroem no campo da comunicação. De um ponto de vista teórico, tenho certeza de que isso pode funcionar. Reservo-me o defeito, em função da minha idade, de não ver as coisas assim. Alguns amigos e companheiros de vinte anos, *millennials*, me dizem que hoje as lutas acontecem de outras formas. Tudo bem, eu estarei nelas atrás e não na frente, mas sem dúvida estarei lá.

*Na Itália, diante da obsessão do governo, inclusive diante das necessárias medidas de paralisação para prevenir o crescimento do coronavírus, vimos favorecidas a abertura de fábricas e dos vários polos de logística, bem como o trabalho de entregadores por delivery e as finanças. No entanto, esse esquema foi colocado fortemente em questão pelas greves espontâneas que ocorreram nas fábricas, revelando com consistência como a medida da greve pode ser incrivelmente atual, ainda que em meio à emergência e à crise. Você está de acordo e acha que essas greves também poderiam ser uma ruptura com o passado?*
Estou totalmente convencido de que sim. A crise ocorre no campo da produção, não somente na fábrica, mas na sociedade produtiva, na circulação e, principalmente, na reprodução. Isso é importante, pois são dados que, do ponto de vista estatístico, apenas recentemente começam a aparecer. Nesse campo, a luta é absolutamente central, e a forma da greve é com certeza fundamental, como sempre foi. Se nosso objetivo é reconstruir, a greve não é simplesmente algo destituinte, que desestabiliza

---

2 *Gomito a gomito*, literalmente, em italiano, "cotovelo com cotovelo". [N.T.]

ou desestrutura. Junto à desestabilização ou à desestruturação, precisamos também da ideia de como construir. E a ideia de construção, na estrutura produtiva, se dá através da comunicação, através do tornar comum. Não basta reapropriar-se dos fluxos reprodutivos. É preciso também torná-los parte do comum.

As mulheres sabem disso muito bem. Sabem muito bem que o problema não é simplesmente se libertar ou fazer filhos livremente. O problema é construir formas de comunidade nas quais as crianças possam ser educadas, os filhos possam crescer e as mulheres possam se libertar. Libertar-se e construir é a mesma coisa. Isso é falar dos tempos atuais. O que é a greve? É uma ruptura do sistema de produção que usa uma obstrução objetiva. Mas as máquinas neocapitalistas são máquinas de merda, que fecham os fluxos também de desejo. Portanto, uma vez enfraquecidas essas máquinas, é preciso recuperar o desejo de estar junto, o desejo de produzir. Não há decrescimento depois disso, há um crescimento diferente, outro. Não voltamos. Exatamente como na ecologia, não voltamos a viver na floresta, mas conseguimos viver com a floresta.

*Entrevista realizada em 21 de março de 2020 pela rádio italiana Onda d'Urto.[3] Esta tradução foi publicada no número 101 da coleção Caderno de Leituras, das Edições Chão da Feira, que desde 2011 publicam gratuitamente ensaios breves, com a edição de Maria Carolina Fenati, Luísa Rabello e Júlia de Carvalho Hansen.*

**Antonio Negri** é filósofo e militante, autor, entre muitos outros, de *Quando e como eu li Foucault* (n-1 edições).

---

[3] Disponível em: <https://www.radiondadurto.org/2020/03/21/coronavirus-la-fase-attuale-ed-il-futuro-lintervista-a-toni-negri/>. Agradecemos ao tradutor, Bernardo R.B., por ter proposto esta publicação. [N.E.]

(...) 26/04

# A palavra como luto e como luta
## Durval Muniz de Albuquerque Júnior

> *Essa fumaça estéril de palavras*
> *não me faz justiça*

Tarde de domingo, leio a frase de Lucrécia, que conclui pela inanidade do interminável monólogo com que tenta justificar seu suicídio.[1] Tarde em que rumino, num interminável monólogo interior, sobre a paisagem de silêncio que contemplo em minha volta. Lá fora, no bairro de classe média onde vivo, a sensação é de profundo vazio e desalento. As ruas, desertadas, já não emitem as mesmas sonoridades estridentes de costume. Apenas uma motocicleta passa furtiva, como se fugisse do inimigo invisível que parece perseguir a todos. Estamos diante de uma paisagem de medo e angústia, e o silêncio é o signo mais eloquente de que algo se passa, de que algo incomum acontece.[2] A piscina do prédio ao lado, sempre ruidosa e festiva, nos longos fins de semana, que costumam começar nas quintas-feiras à noite, queda abandonada, esvaziada, como se devastada pelo toque de recolher, que parece ter atingido a todos. Numa casa ao lado, alguém enche o ar com o som de uma flauta, que aprofunda a melancolia desse final de tarde. Enfadado de assistir televisão, de ficar na frente do computador por horas a fio, de ouvir música, desligo todos os aparelhos domésticos, voltados para preencher o tempo e impedir que o silêncio se instale no apartamento. Com o silêncio, a solidão, o abandono e o desamparo, que são a condição mesma do ser humano, parecem se materializar à minha frente.[3] E me ponho a recordar uma das teses do livro de David Le Breton sobre o silêncio: os homens criaram as palavras para evitarem o silêncio aterrador, esses momentos em que a divindade parecia estar prestes a fazer sua aparição tremenda, esses momentos de encontro consigo mesmo, em que todas as questões acerca do sentido do existir nos assaltam e nos dilaceram.[4]

Nessa tarde, em que o latido distante de um cachorro parece ser o eco de uma forma de vida que se esgotou, parece remeter a um tempo findo, medito, como Lucrécia,

---

1 William Shakespeare, *La violación de Lucrecia*. Bogotá: Norma, 2004.
2 Yi-Fu Tuan, *Paisagens do medo*. São Paulo: Unesp, 2006.
3 Ver: Martin Heidegger, Ser e tempo. 10. ed. Petrópolis: Vozes, 2015.
4 David Le Breton, *Do silêncio*. Lisboa: Instituto Piaget, 1999.

sobre a esterilidade da palavra, sobre a futilidade do dizer em dadas situações. O mundo, devastado pela pandemia do coronavírus, parece ter reencontrado o silêncio, que a ruidosa modernidade tentou exorcizar, de todas as formas. As grandes metrópoles, refúgios majestosos daqueles que buscam a fuga do silencioso e do silenciamento, voltam a se deparar com o fantasma que tentaram sepultar. Inimigo silencioso, invisível, insidioso, o vírus não respeita barreiras de som nem se deixa afugentar pelo ruído. O vírus se instala, silencioso, em nossas entranhas e inicia seu trabalho de reprodução silente. Quando as gargantas e os pulmões começam a emitir sons — tosse, pigarro, chiado –, descobre-se aterrado que o agente silencioso fez o seu trabalho. Mas, contraditoriamente, a pandemia e seu agente invisível, silencioso, inodoro, insípido, intáctil, portanto, quase inexistente, fez brotar um turbilhão de palavras. É impossível não ler, escutar, dizer algo acerca do coronavírus. Importantes filósofos contemporâneos não tardaram a publicar livros e textos sobre o assunto.[5] Ensaístas relacionam a pandemia com os mais variados aspectos da vida social.[6] Os jornalistas, nos meios impressos, digitais e audiovisuais, nos cumulam de informações, a cada minuto, sobre a peste.[7] Nas redes sociais, debate-se acaloradamente o assunto e seus desdobramentos. Nossos celulares não param de receber mensagens relacionadas ao tema. O vírus já foi pensado à luz do capitalismo, do neoliberalismo, da luta de classes e, inclusive, como agente de um possível novo comunismo. O agente silencioso parece ter desatado nossa compulsão por dizer, por falar, por utilizar as palavras, na tentativa de compreender, entender, explicar, especular, na tentativa de dizer o que nos está acontecendo. O vírus fez a palavra viralizar; fez com que, mais uma vez, tentemos desesperadamente tamponar o silêncio, que nos apavora justamente por nos lembrar da morte, por trazer para muito perto de nós, assim como faz a pandemia, o espectro do cadáver, o corpo definitivamente entregue ao silêncio.

Creio que uma narrativa mítica da origem da linguagem, da pronunciação pioneira da palavra, bem poderia pôr em cena um grupo de humanoides reunidos em torno do corpo de um companheiro que, de repente, se prostrou no solo e se quedou inerte.

---

5 Giorgio Agamben, "A invenção de uma epidemia"; Jean-Luc Nancy, "Exceção viral"; Roberto Esposito, "Curado até o fim amargo"; Sergio Benvenuto, "Bem-vindo à reclusão"; Divya Dwivedi e Shaj Mohan, "A comunidade dos abandonados: uma resposta a Agamben e Nancy"; Ronco Ronchi, "As virtudes do vírus"; Giorgio Agamben, "Esclarecimentos"; Sergio Benvenuto, "Esqueça Agamben"; Massimo De Carolis, "A ameaça de contágio"; Shaj Mohan, "O que nos leva"; Jean-Luc Nancy, "Um vírus muito humano". In: *European Journal of Psychoanalysis*. Nova York, 2020. Disponível em: <https://www.journal-psychoanalysis.eu/coronavirus-and-philosophers/>.

6 David Harvey; Slavoj Zizek; Alan Badiou; Mike David; Alain Bihr; Raúl Zibechi, *Coronavírus e a luta de classes*. Fortaleza/Teresina: Terra sem Amos, 2020; Yuval Noah Harari, *Na batalha contra o coronavírus, faltam líderes à humanidade*. São Paulo: Companhia das Letras, 2020; Boaventura de Sousa Santos, *A cruel pedagogia do vírus*. Rio de Janeiro, Boitempo, 2020.

7 David Graeber, "Pandemia expõe a Era dos Empregos de Merda. Entrevista a Von Lars Weisbroad". *Outras palavras: jornalismo de profundidade e pós-capitalismo*, 06 maio 2020; George Monbiot, "Na pandemia fermenta o Comum". *Outras palavras: jornalismo de profundidade e pós-capitalismo*, 03 abr. 2020; Slavoj Zizek, "O nascimento de um novo comunismo". *Outras palavras: jornalismo de profundidade e pós-capitalismo*, 09 abr. 2020.

Aturdidos e aterrorizados, cada membro do grupo, procurando no rosto do outro, do companheiro ao lado, uma explicação para aquele corpo que silenciara completamente, até mesmo em seus ruídos corporais. Na aflição de entender o ocorrido, de buscar uma resposta, emitiam sons interrogativos, ensaiavam quiçá o primeiro debate metafísico. Talvez as primeiras manifestações da linguagem humana tenham nascido da tentativa de explicar o inexplicável, de tentar entender o fato ontologicamente doloroso e trágico da morte. A linguagem primeira dos homens talvez tenha tido a forma de interrogação sobre aquilo mesmo que é indizível; talvez tenha sido uma pergunta que nunca deixou de ser feita, que, por mais respostas que tenha gerado, queda irrespondida. Toda vez que a morte, negada e alijada para longe de nosso cotidiano nas sociedades contemporâneas, parece se aproximar de nós, parece reafirmar a sua existência, tentamos dela nos defender, evitando toda forma de silêncio. Muitas culturas humanas elaboraram estridentes formas rituais para esconjurar, levar para longe os espíritos dos mortos e, com eles, a presença mesma da morte. Emitir sons está associado à própria vida; estar vivo é se fazer ouvir de alguma forma. O vivo é sonoro, só o morto é silencioso.[8]

A quarentena imposta pela circulação do coronavírus baseia-se, sobretudo, no isolamento social. O vínculo social, a relação entre as pessoas e o convívio são garantidos pelas palavras. Os laços sociais são linguísticos e linguageiros; é a palavra que nos conecta, que nos articula, que nos engaja na vida coletiva. O isolamento social imposto pelo vírus implica o cessar da fala, o limitar da comunicação, da interação verbal. Isolados, estamos sós com nós mesmos; estamos diante de uma situação que muitos temem, aquela que nos obriga a conversarmos com nós mesmos. Muitos evitam o estar só, a solidão, o encontro consigo mesmo, preferindo se dispersar, o divertir-se, o descentrar-se no ruído, no barulho, na falação, no aturdimento dos sentidos. A solidão, condição mesma da existência de cada um de nós, é conjurada nem que seja pela televisão ligada, pelo som nas alturas, pelo fone estridente, socado nos ouvidos. A alienação sonora é um dos traços da nossa forma de existir contemporânea.[9] Muitas vezes, deitamos falação, não paramos de tagarelar, preferimos dizer qualquer coisa a ficar calados, a escutar e auscultar a nós mesmos. O vírus trouxe para muitos essa situação incômoda da solidão, do conviver somente consigo mesmo, de ter de conversar com seus variados rostos e personagens. Os diferentes sujeitos que cada um performatiza em diferentes situações estão todos agora sozinhos, tendo que mirar uns aos outros; tendo que manter, entre si, uma conversação constrangedora. Nós, que não paramos de escutar nossa própria voz, será que realmente nos ouvimos? Será que realmente meditamos sobre o que dizemos? Ou falamos pelos

---

8 Tim Ingold, *Estar vivo: ensaios sobre movimento, conhecimento e descrição*. Petrópolis: Vozes, 2015.
9 R. Murray Schaffer, *Ouvir cantar: 75 exercícios para ouvir e criar música*. São Paulo: Unesp, 2018; *A afinação do mundo*, 2. ed. São Paulo: Unesp, 2012.

cotovelos coisas para encher linguiça somente para nos livrarmos de dizer, para nós mesmos, coisas que tememos dizer ou admitir? O vírus instaurou momentos em que se pode cortar o silêncio à faca, momentos em que o silêncio nos perfura como uma lâmina, remoendo feridas que pareciam cicatrizadas. Se a palavra nos reúne, se a palavra nos une, nos atrai, nos relaciona, o silêncio instaura a possibilidade de distanciamento, de separação, de diferenciação. O silêncio permite a reavaliação, o passo a trás, a desconfiança em relação, inclusive, àquilo que se diz e se performatiza como sendo o si mesmo. Se olhar de fora é uma experiência dolorosa, muitas vezes, que só é possível quando cessa o palavreado assertivo e indubitável sobre si mesmo, quando se cai em si num momento de silêncio.[10]

O vírus nos fez redescobrir o silêncio e, com ele, a própria palavra. Tantos puderam escrever e dizer tanto em tão pouco tempo porque o vírus permitiu que assim fosse. Ao instaurar o isolamento social, a solidão, ao encenar o abandono, ao explicitar o próprio desamparo humano, o vírus fez emergir as próprias condições que convocam os humanos ao falar. O vírus é o real assustador que deve ser domado, dominado, domesticado em seu caráter intempestivo, com o recurso do símbolo e da imaginação.[11] A palavra é a maneira encontrada pelos humanos de tentar controlar e dar regularidade a um real selvagem e impiedoso. A angústia, condição mesma da existência humana, encontra na palavra o gesto de sublimação. A solidão, como dizia Maurice Blanchot, é a condição mesma da escrita, da palavra literária.[12] O estar sozinho, o parar de falar estimula o escrever, o exercício da palavra escrita. Impossibilitados de falar para grandes auditórios e plateias, impedidos mesmo da fala professoral para seus alunos, reduzidos, muitas vezes, à solidão de sua própria existência, os intelectuais se põem a escrever. O que mais se pode fazer senão criar essa "fumaça estéril de palavras", no dizer cético de Lucrécia? Muitas obras de arte, muitas peças literárias nascerão da pandemia e do silêncio que se instaurou na vida individual e coletiva. Numa época em que não se pode sequer enterrar e chorar seus mortos, serão as palavras as depositárias do luto, pessoal e social. Mais do que nunca, a palavra, o discurso exercerá a sua função tumular. Para lembrar Michel de Certeau, que um dia escreveu sobre o levante das palavras, elas serão a única lápide para o luto de muitos.[13] Nas palavras desses dias, desses meses, ficarão depositados os traços, as marcas deixadas por esse grande trauma coletivo. Em muitas situações,

---

10 Thich Nhat Hanh, *Silêncio: o poder da quietude em um mundo barulhento*. Rio de Janeiro: HapperCollins Brasil, 2016; Erling Kagge, *Silêncio: na era do ruído*. Rio de Janeiro: Objetiva, 2017.
11 Jacques Lacan, *Le Seminaire, livre XXII: RSI (1974-1975)*. Seminário inédito, transcrição em francês disponível na internet na página do psicanalista Patrick Valas: <https://www.valas.fr/Jacques-Lacan-RSI-1974-1975>.
12 Maurice Blanchot, *O espaço literário*. Rio de Janeiro: Rocco, 2011; *O livro por vir*. 3. ed. São Paulo: Martins Fontes, 2019.
13 Michel de Certeau. "O lugar do morto e o lugar do leitor". In: *A escrita da história*. 2. ed. Rio de Janeiro: Forense Universitária, 2002, pp. 106-119; "La toma de la palabra". In: *La toma de la palabra y otros escritos políticos*. México: Universidad Iberoamericana, 1995, pp. 29-109.

(...)

elas quedarão curtas, incapazes de dizer, em sua inteireza, as experiências limites vividas nesses dias. Elas naufragarão no intuito de dizer das inúmeras dores, dos inúmeros dramas, reduzidos a frias cifras de estatísticas de mortos e salvados. Elas se tornarão silêncio, choro, soluço, como as do repórter equatoriano diante dos corpos espalhados por ruas, casas e praças da cidade de Guayaquil, ameaçados de ser estraçalhados por cachorros e urubus.[14] Elas darão passo ao silêncio que as ronda e as torna possíveis. Sim, porque sem silêncio seria impossível a palavra; elas não seriam audíveis. Para que sejam compreensíveis, para que, uma vez num discurso, possam fazer sentido, é preciso que estejam separadas por intervalos de silêncio, mesmo que breves e fugazes. Uma vez, escrevi um texto em elogio à vírgula, por instaurar esse momento de pausa, de cesse do discurso, esse momento indispensável para que o sentido se faça. Diante da tragédia coletiva, essas pausas parecem se alongar, as palavras parecem hesitar em ser ditas. Diante da grandiosidade do que se tem que dizer, elas parecem vacilar, se emudecer, se fazerem silêncio.

Há momentos em que as palavras parecem lutar consigo mesmas, para poderem expressar o que têm à sua frente. Elas quedam trôpegas, indecisas, titubeantes, balbuciantes. Nesses momentos o silêncio as entrecorta, indiciando que algo de muito difícil de ser dito, de ser expresso está acontecendo. Como encontrar palavras adequadas para falar do cortejo de caixões a transportar as vítimas da pandemia, dos cemitérios colapsados, dos fornos crematórios abarrotados de esquifes lacrados com fita adesiva, dos idosos que permanecem por horas, após morrerem, no leito da casa de repouso onde viviam? Diante da impossibilidade de dizer isso, na espessura mesma de seu acontecer, os discursos giram em seu entorno, a verborragia dos discursos oficiais tenta tamponar o vazio que se vê abrir à nossa frente. Atarantados, os profissionais da saúde, os cientistas tentam dizer o que ainda não pode ser dito, tentam construir, com palavras, um futuro que o presente não autoriza, tentam fazer previsões sobre o imprevisível. A arrogância da palavra humana derrotada por um microrganismo, pelo silencioso trabalho da natureza. A palavra do Senhor, o verbo divino, que teria criado em uma semana toda a inteireza e majestade da natureza, terminando, para coroar sua obra, por criar um ser à sua imagem e semelhança, se vê confrontado com o fato que a natureza não parou de se criar e recriar, ao longo de todo tempo. Perplexos diante da capacidade de criação da natureza, os humanos que, em dado momento, se proclamaram seus dominadores, seu rei e senhor, se dão conta de que a natureza não é estática e está longe de obedecer às vontades e poderes humanos ou divinos. Todas as grandes nações, os poderosos Estados, o centro do império, todos derrotados e humilhados por um pequeno vírus. O coronavírus já matou mais

---

14 Renan Vieira. "Repórter cai no choro ao vivo ao falar de mortes provocadas pelo novo coronavírus". In: <https://observatoriodatv.uol.com.br/noticias/reporter-cai-no-choro-ao-vivo-ao-falar-de-mortes-provocadas-pelo-novo-coronavirus>.

empáfias do que matou gente. A natureza, agredida, explorada, poluída, destruída, nos fala silenciosamente, sem precisar emitir uma só palavra, nos avisa de que irá se livrar de nós, se continuarmos a fazer de conta que ela não existe e não importa.[15]

Diante daquilo contra o qual nada podemos, flagrados na absoluta impotência, os humanos se dão conta da fragilidade de suas existências. Diante da morte em cadeia, do adoecimento iminente, das sequelas que se podem carregar para o restante da vida, a sensação de desamparo se agiganta. Não é por mera coincidência que muitos se entregam, bovinamente, a crendices de toda ordem, a charlatanismos de todos os matizes políticos e religiosos, que buscam no milagre divino o amparo que nos falta.[16] Para os desamparados, resta o amparo das palavras, dos discursos, dos mais farisaicos e tranquilizadores, até os mais racionais e intimidadores. O vírus silencioso desatou uma verborragia sem limites; parece que o falar, o dizer, o repassar, o divulgar falas de todos os conteúdos garante que sobreviveremos a esse silêncio ameaçador. Tagarelamos para nos convencermos de que continuamos vivos e ainda não estamos com insuficiência respiratória grave. O vírus age atacando nossa possibilidade de fala, todo o aparelho fonador queda atingido, vai sendo minada nossa capacidade de respirar, de falar, nosso alento. Atacando os pulmões, nos retirando o ar, o vírus nos impõe o silêncio, nos caça a palavra, até mesmo o grito de socorro queda paulatinamente impedido. Passa-se apenas a gemer, a emitir sons estentóricos, a chiar e tossir. O vírus parece ter vindo para explicitar que o nosso tempo está doente por excesso de falas; que a proclamação absoluta da liberdade de expressão, o fato de que qualquer energúmeno pode, hoje, ter opinião sobre tudo, pode deitar falação nas redes sociais sobre aquilo que nunca estudou, que nunca experimentou, de que nunca ouviu falar; faz que nosso tempo esteja adoecido de verborragia galopante. Antes da infestação do vírus mortal, bobagens mis já viralizavam pelas redes e pelos meios de comunicação. *Fakenews*, mentiras, teorias da conspiração, falsas teorias científicas, versões negacionistas do passado já tinham livre curso nas infovias da internet. Nesse mundo em que a palavra foi adoecida, foi contaminada pelo uso abusivo, foi corroída pela baba gosmenta dos fascismos, vilipendiada pelos discursos de perversos sanguinários, de charlatães despudorados, o silêncio fez sua reentrada espetaculosa. Os vendilhões da Palavra continuam resistindo a abandonar os púlpitos, levando seus rebanhos ao matadouro, contanto que a arrecadação não diminua. Nas carreatas da morte, um desfile de privilegiados brancos que gritam palavras de ordem, voltadas a colocar seus empregados, pretos e pardos, para retornarem ao moedor de carne do sistema capitalista, apesar da morte de muitos deles. A palavra, aprendemos todos nesses dias, pode ser mistificação e embuste, mesmo

---

15 Andrea Wulf, *A invenção da natureza: a vida e as descobertas de Alexander von Humboldt*. 2. ed. São Paulo: Crítica, 2019; Keith Thomas, *O homem e o mundo natural*. São Paulo: Companhia de Bolso, 2010.
16 Rodrigo Brotto, *O Exílio do coronavírus: quando Deus tirou o seu culto de sua igreja*. s/l: Nadere Reformatie, 2020.

quando no diminutivo: "gripezinha", "resfriadinho", morrerão "alguns velhinhos", pessoinhas com "comorbidades". Palavras diminutas e mortais como o vírus, contagiosas e letais como a pandemia.

A sensação de desamparo é maior porque a pandemia veio contradizer e revelar as fragilidades de muitas de nossas certezas, de muitas de nossas verdades. Talvez por isso só os mentirosos compulsivos, aqueles que se guiam por uma imaginação delirante e descontrolada, continuam pontificando, contra ventos e marés, com suas teses e ideias estapafúrdias e ignaras. Diante de tantas incertezas, pregam sua palavra autoritária, suas verdades de polichinelo, suas falas-panaceias, seus discursos-cloroquina, para tentar esconder o medo e a angústia diante de um mundo que desaba e do qual não se sabe o que restará. A certeza de que tínhamos o domínio sobre a natureza, de que a ciência tem respostas para todos os problemas, ruiu com a pandemia. A verdade neoliberal de que deveríamos ter cada vez menos Estado e da excelência da iniciativa privada para resolver todos os problemas quedaram desmoralizadas pela constatação óbvia de que só o Estado é capaz de dar, minimamente, respostas num momento como esse. A iniciativa privada se mostrou incapaz de subsistir por si mesma, tendo que recorrer aos cofres públicos para poder se manter, dada a desorganização econômica e social que a pandemia veio provocar. O comportamento de muitos empresários e da maioria das empresas explicitou que o interesse privado, a centralidade do desejo de lucro e acumulação são incompatíveis com a necessária solidariedade e gestão coletiva de uma crise que atinge a todos. Preocupados apenas com seu lucro, muitos advogaram que seus trabalhadores perdessem todos os direitos ou retornassem às atividades, mesmo que isso pudesse significar a morte de muitos. A pandemia explicitou a face desumana do capitalismo, que em nome da preservação da economia, do PIB e da rentabilidade da Bolsa de Valores é capaz de sacrificar milhares de vidas humanas. A dicotomia economia *versus* vida humana explicitou o grau de precariedade e de desamparo em que uma grande parcela da humanidade vive, num modo de produção como o capitalismo. A pandemia foi pretexto para a precarização ainda maior das condições de trabalho e do emprego em muitos países, pretexto para que, de uma hora para outra, milhares de trabalhadores precarizados fossem despedidos ou expostos impunemente à contaminação pelo vírus.

Quando uma criança se vê sozinha, num quarto escuro, diante dos fantasmas que o medo pode fazê-la imaginar, ela cantarola uma canção para se sentir segura. Seu canto lhe serve de companhia, simula um território para habitar, rompe o silêncio amedrontador de sua solidão. Ela se sente amparada por sua própria voz; preenche o vazio que poderia dar passagem para as figuras do medo. Hoje fazemos coletivamente o mesmo gesto. Meu vizinho toca sua flauta na tentativa de criar um território menos hostil para habitar, uma forma de exorcizar seus medos e angústias, uma forma de impedir que elas cresçam no silêncio. O latido do cão ao longe, o ruído passante da motocicleta, o som da música tocada pelo vizinho preenche o vazio de minha tarde

(...)

de domingo, e me sinto menos solitário e desamparado. Diante do medo trazido pela pandemia, diante da solidão e do desamparo, lançamos mão da palavra, da sonoridade das palavras, para reduzirmos nossa angústia, para darmos sentido a esses dias que correm, a nossas vidas vividas sob ameaça. Em todo o mundo, as pessoas fazem das janelas palcos, espaços de comunicação com o outro. Elas são o local onde se rompe o silêncio de morte que parece rondar a todos. Tocando um instrumento, cantando uma canção, batendo panelas, batendo palmas, gritando palavras de ordem, os humanos resistem, lutam contra a ameaça de morte. Fazem o luto das muitas perdas com que estamos tendo que lidar. Os especialistas de todos os quadrantes são unânimes em afirmar que perdemos definitivamente o mundo em que vivíamos, em dizer que não retornaremos ao mundo que deixamos no início da epidemia. A morte que é perda e as perdas que cheiram à morte se sucedem, fazendo com que emerja essa necessidade de luto coletivo e, ao mesmo tempo, de luta para reerguer a vida, para fazê-la distinta daquela que possibilitou que dado desastre global fosse possível. Reavaliar o fim dos Estados de Bem-Estar Social, reavaliar a privatização dos serviços de saúde e assistência social. Os abrigos públicos para idosos, entregues à gestão de organizações privadas que se mostraram negligentes e incapazes, motivaram a mortandade de boa parte dos internos na Espanha, na França e em outros países.

Será preciso repensar e recriar as nossas relações com os velhos e com a velhice. O desprezo com que muitos genocidas, inclusive com faixa presidencial, se referiram à possível morte dos idosos evidencia que o vírus veio apenas explicitar as doenças da sociedade em que vivemos. Quando Fernand Deligny, ainda nos anos 1940, afirmava que a criança considerada delinquente, anormal, inadaptada, enlouquecida, era apenas o resultado de uma ordem social doente, ele parecia antever o que vivemos hoje.[17] As doenças do egoísmo, do individualismo, da falta de solidariedade, da incapacidade de sobrepor os interesses coletivos aos interesses e desejos pessoais são infecções mais graves do tecido social que a pneumonia causada pela COVID-19. Políticos, empresários, banqueiros e pastores que colocam seus interesses individuais e privados acima da existência das próprias pessoas são mais letais que o próprio vírus. A morte dos idosos não causa nenhuma comoção, porque, na verdade, já estão socialmente mortos, já são vistos como moribundos em vida.[18] O silêncio a que são submetidos, a impaciência e o desprezo com que suas palavras são recebidas e o incômodo que causam o que seriam seus resmungos e seus reclamos de ranzinzisse são indícios de que são mortos-vivos. Ainda mais aqueles empilhados em abrigos, onde suas falas cansadas e anacrônicas poderão circular entre muros, sem incomodar os vivos-mortos que circulam lá fora. Assim como os presidiários, os indígenas, os

---

17 Fernand Deligny, *Os vagabundos eficazes: operários, artistas, revolucionários: educadores*. São Paulo: n-1 edições, 2018.
18 Norbert Elias, *A solidão dos moribundos*. Rio de Janeiro: Zahar, 2001.

quilombolas, os bandidos, que, se morrerem com o coronavírus, se forem definitivamente sepultados no silêncio da morte, sem que seus reclamos e revoltas possam ser ouvidos, as suas palavras fora da ordem, da língua pátria, da normalidade, seriam, para muitos, uma limpeza. Uma sociedade tomada pela perversão do fascismo é uma sociedade embriagada pelo desejo de morte. O meme com a dança dos caixões que circula na internet com o rosto presidencial, divulgado por órgão do próprio governo e reproduzido em passeata na Avenida Paulista pelos debiloides que não sabem fazer silêncio na hora devida, indicia uma sociedade tomada pelo desejo de morte que a pandemia veio satisfazer e desmascarar. O comportamento de desprezo ao conhecimento científico, inclusive de muitas das mais importantes lideranças mundiais, diante das ameaças trazidas pelo aquecimento global, como agora, diante da pandemia, nos coloca perante uma humanidade que caminha na direção de sua morte coletiva, de sua destruição como espécie.

Agora, alguém no prédio ao lado ouve canções dos anos 1980. Esses também são tempos de nostalgias e saudades. Os sons que vêm do passado ajudam, muitos, a saírem desse agora, desse tempo de perigo em que vivemos, da prisão a um presente desolador, para viajarem imaginariamente de volta a um passado mais feliz e prometedor que esse tempo em que estamos. Os celulares não param de receber pelo WhatsApp antigas canções, performances memoráveis de nossos artistas, muitos deles agora emudecidos pela morte ou pela pandemia. Muitos se dedicam a folhear os antigos álbuns de fotografias, a assistir aos vídeos caseiros, a rever imagens de tempos menos sufocantes e menos tediosos. As páginas individuais no Facebook têm sido povoadas por essas fotos antigas, em preto e branco, amareladas, que remetem a tempos mais amenos. Muitos retornam a seus escritos de adolescência, redescobrem seus diários, suas cartas, seus cartões postais, sorriem e choram novamente com as emoções ali registradas. As velhas coleções de discos, de jornais, de revistas, os livros que quedavam eternamente sem leitura agora são convocados para preencher um tempo que, antes tão escasso, agora se alongou, ganhou espessura, se dilatou em horas intermináveis. Ler e escrever, se socorrer das palavras para preencher esse enorme vazio, esse enorme silêncio em que se tornaram os segundos, os minutos, as horas, os dias. Conversas alongadas por Skype, falação pelos celulares, inúmeras mensagens de voz e de vídeo, postagens no Youtube, *lives* pelo Instagram, a palavra à distância, a palavra mediada, a palavra enviada, tentando lutar contra o silêncio de morte que constitui a paisagem de nossas vidas de quarentena. Empreendemos também uma luta contra a morte da palavra, da comunicação, da interlocução, por isso, talvez nunca tenhamos escrito tanto, falado tanto, mesmo que seja, como esse texto, sobre o excesso de palavras.

Sinto cheiro de pipoca, de bolo sendo assado, de leite derramado. Muitos, nessa pandemia, ganham peso, comem para tamponar o vazio do estômago provocado pela angústia e o vazio existencial. A paisagem sonora cede lugar à paisagem olfativa, os cheiros ganham importância, ainda mais numa pandemia em que a perda do olfato é indício de contaminação. Muitos redescobriram as antigas receitas, escritas em cadernos amarelados e manchados de gordura; redescobriram o prazer de fazer aquele pudim e aquele manjar que há muito não faziam. A maioria viu suas compras minguarem, acabarem; viu a movimentada rua, a praia, o cruzamento, a feira, o mercado em que vendiam suas bugigangas, suas mercadorias e seus produtos se esvaziarem de fregueses, silenciarem. A algazarra dos fregueses, a gritaria dos vendedores, o disse-me-disse sobre a vida dos vizinhos e sobre as próprias vidas e os palavrões gritados nos conflitos emudeceram, até que a falta total de qualquer assistência por parte do governo os lançou novamente, desconfiados, medrosos ou imprudentes e até desafiadores, nas praças e ruas, sujeitos à infecção e à morte. Agora, aglomerados, disputam em desespero, literalmente a tapas, os seiscentos caraminguás de ajuda emergencial, enquanto os bancos recebem bilhões de recursos públicos que não repassam ou emprestam a ninguém. As palavras de revolta e de insatisfação rompem a bolha de silêncio, que ameaçava engolfar a todos, mas às custas de uma transmissão descontrolada do vírus que custará muitas vidas. Mas, nesses dias, redescobrimos, talvez por causa do silêncio e da solidão, do isolamento, nossos outros sentidos, embotados pelo excesso de imagens e o excesso de palavras. Vivemos numa cultura na qual a visão e a audição dominam e obscurecem o olfato, o paladar e o tato como formas de acesso ao mundo.[19] Muitos, obrigados ao silêncio, em maior contato com seu próprio corpo, pela ausência de contato com outros corpos, até mesmo de contatos sexuais e afetivos, podem ter redescoberto, neles, possibilidades e habilidades ainda insuspeitas. Nessa tarde em que todos os aparelhos audiovisuais estão desligados, em que, sozinho, me aparto da palavra e da imagem, eis que meu corpo se abre para outras presenças do mundo exterior: os sons, os cheiros, até mesmo o farfalhar do vento nas folhas das palmeiras que cercam o prédio onde resido. Num mundo que parece sucumbir, outro nasce, para a surpresa de meus sentidos.

Mas, como muitos, eis-me aqui escrevendo este texto, preenchendo com palavras esse silêncio de morte que, como uma mancha de óleo, parece ir aportando à nossa praia. Por que tantos se puseram a escrever, por estes dias? Por que tantos se puseram a falar, neste momento? A existência do sujeito humano se dá e se faz pela linguagem, é no interior da linguagem que assumimos o lugar de sujeito e que elaboramos, para nós mesmos, uma narrativa sobre o nosso ser e a apresentamos como sendo aquilo que somos. Num momento em que a ameaça da morte se faz mais presente, afirmar a existência é se alojar na palavra, é fazer dela instrumento de luto e de luta. À medida que ainda não existe nenhum medicamento comprovadamente

---

19 Alain Corbin, *Saberes e odores*. São Paulo: Companhia das Letras, 1987; David Le Breton, *Antropologia dos sentidos*. Petrópolis: Vozes, 2016; Peter Gay, *A educação dos sentidos: a experiência burguesa da Rainha Vitória a Freud*. São Paulo: Companhia das Letras, 1989.

eficaz contra o vírus, à medida que contra ele ainda não podemos tomar remédio, tomamos a palavra e tomamos da palavra, para remediar o quase irremediável. Num país entregue a um governo dominado pelo desejo de morte, de onde partem discursos e mensagens que desvalorizam a vida e minimizam a tragédia que se abate sobre a sociedade brasileira, usar da palavra, tomar da palavra para protestar, para criticar, para denunciar, para divergir, para desmentir tem sido a única forma de afirmarmos o valor da vida, de fazermos a vida se apresentar, naquilo que é a sua própria substância, o poder de criação e mutação. O vivo afirma a vida na criação, na invenção, na mutação, como faz o próprio vírus, que, para permanecer vivo, para se adaptar às novas condições ambientais e do hospedeiro, sofre mutações.[20] Criar, inventar, produzir, se pôr em movimento através da palavra é a forma que temos de afirmar que estamos vivos. Nestes dias de suspense e assombro, se alguém desaparece das redes sociais, se alguém deixa de falar com seus parentes, amigos, familiares, com seus companheiros e amores, logo o sinal de alerta acende, logo a suspeita de doença e morte se apodera de todos. Daí a importância que a palavra assumiu, no próprio cotidiano, como uma forma, inclusive, de não se romper os laços de sociabilidade, impedidos, obstaculizados pelo isolamento imposto pelo vírus. Numa sociedade em que as famílias são cada vez mais diminutas, em que muitos vivem sozinhos, o isolamento significa quase a quebra dos laços sociais, que só se reafirmam pela comunicação, pela relação discursiva. Em momentos de ameaça coletiva, a reação também deve se fazer coletivamente, e para isso a comunicação é indispensável. A solidariedade, o agir junto, o caminhar na mesma direção em busca dos mesmos objetivos, quase impossível num país em que no interior do próprio Estado se atira para todos os lados e ninguém se entende sobre o que fazer, em que as rivalidades mesquinhas se sobrepõem ao problema social, a palavra é fundamental para estabelecer essas redes de apoio e ajuda mútua. Se nos quedarmos afogados no silêncio do luto, não conseguiremos nos tornar agentes da luta. Se naufragarmos, como sujeitos, no lodaçal silente da dor e do desespero, não conseguiremos construir alternativas para essa realidade, que parece tragar a todos num redemoinho de desesperança e desânimo. Só a palavra do outro é estímulo e ânimo, só a palavra do outro se aloja em minha alma, movimenta minha subjetividade, me anima a agir e a resistir.

Como sabemos, pelo menos desde que surgiu a psicanálise, a palavra é curativa; a palavra é recurso contra o trauma e contra a dor.[21] Há momentos em que silenciar, em que não abrir a boca é delituoso, é se tornar cúmplice de um crime e de uma tragédia. Quando todos os direitos cessam, quando se está entregue à condição de carne nua,

---

20 Georges Canguilhem, *Estudos de história e filosofia da ciência: concernentes aos vivos e à vida*. Rio de Janeiro: Forense Universitária, 2012.
21 Sigmund Freud, *Fundamentos da clínica psicanalítica*. Belo Horizonte: Autêntica, 2017.

ainda resta o gritar, o espernear, o imprecar, o gemer como forma de resistência.[22] Todos os poderes e poderosos amam e apostam no silêncio cúmplice, na covardia expressa no ato de ficar calado. Cortar o ar com uma palavra, emiti-la com toda a força que nos resta, atirá-la na cara do opressor, do algoz, do torturador pode ser o último gesto de afirmação da existência. Quantos não estão, nesse momento, tentando emitir sua última palavra em meio ao afogamento causado pelo colapso dos pulmões, trazido pelo vírus. É para eles e por eles que nós, que ainda temos alento em nossos peitos e em nossas entranhas, temos que falar, temos que escolher e fazer circular as palavras que façam, pelo menos, mais inteligíveis, mais entendíveis o acontecimento que lhes está tragando e levando para longe de nós. Mais do que nunca é preciso que tomemos a palavra, para fazer a todos os poderes e poderosos as perguntas incômodas que não querem calar: como chegamos ao ponto de escutarmos um presidente de Banco Central dizer que achatar a curva de contaminação pelo vírus é pior para a economia? Como foi possível que os sistemas de saúde fossem precarizados a ponto de milhares de profissionais da área se infectarem ou morrerem por falta de uma máscara de proteção, de uma bata, de um avental, de uma luva? Como é possível que abramos a boca, que rompamos o silêncio para dizer que o vírus é uma invenção comunista, um plano maquiavélico da China para acabar com a economia e a civilização ocidental? Como chegamos a esse estágio de ignorância, fanatismo e imbecilização, a ponto de fazermos das palavras veículos de delírios paranoides, fantasias perversas, afirmações mentirosas e cruéis? Como podemos usar a palavra para atrair um morador de rua, a pretexto de lhe dar um auxílio, para em seguida espancá-lo no rosto e nomeá-lo de vagabundo? Como aceitar que se use a palavra para dizer que vidas de jovens têm preferência em relação à vida de idosos? Como se pode vir a público afirmar que toda crise é cheia de oportunidades, que é do que se mais gosta? Como se pode usar o verbo, e quase sempre mal, para fazer pouco caso do milhar de pessoas que já tiveram a vida ceifada pelo vírus, dizendo que não enxerga ainda uma pilha de mortos? Diante de declarações como essa ficamos com a certeza de que as palavras vida, povo e pessoa só aparecem nos discursos de certas lideranças políticas e empresariais, de certas autoridades, para fazer demagogia. A palavra monstruosidade queda quase incapacitada para dar sentido e significado a muitas atitudes e discursos que escutamos a nossa volta. Neste momento, redescobrimos o quão valioso pode ser o silêncio; como, a despeito da importância da palavra, o silêncio pode não significar apenas cumplicidade ou omissão; ele pode significar censura e recusa, rejeição de fazer parte, de secundar, de seguir, de compactuar com aquilo que está sendo dito para nós ou por nós.

Quando Lucrécia pronuncia a frase em que desqualifica a nuvem de palavras estéreis com que tentava dar sentido ao gesto que iria realizar, ela estava à beira do suicídio, de mergulhar no silêncio da morte. A recusa da palavra se dá por aquele que já

---

22 Giorgio Agamben, *Homo sacer: o poder soberano e a vida nua I*. Belo Horizonte: UFMG, 2010.

escolheu o silêncio eterno. Por mais que saibamos, hoje mais do que nunca, sobre os limites da palavra, por mais que todas as ciências e saberes que se debruçaram sobre a linguagem como objeto de estudo tenham evidenciado sua incapacidade de tudo dizer, sua impossibilidade de dizer as coisas tal como elas são, em toda sua complexidade, as palavras continuam sendo fundamentais para que os homens e mulheres deem sentido para o que ocorre à sua volta, para o que fazem, para o que lhes acontece. A fumaça das palavras tanto pode tamponar nossos olhos, tornar, às vezes, irrespirável o mundo em que estamos mergulhados como pode preencher o vazio, o sem sentido que seria o existir sem o concurso delas, na oferta de narrativas, conceitos, enunciados que justifiquem e deem significado ao próprio viver. As palavras tanto podem ser estéreis como férteis, dependendo das circunstâncias e das intenções com que são proferidas. As palavras tanto obscurecem como aclaram os motivos para o próprio viver. Nesse momento, em que muitos na sociedade brasileira parecem desejar ou se encaminhar para um suicídio coletivo, em que muitos demonstram certo fascínio patético e patológico em relação à morte, cabe repetir o gesto de Lucrécia, que proferiu antes do gesto fatídico um longo discurso de justificação. É preciso que ergamos a voz contra esse desejo coletivo de morte, esse desejo de silêncio eterno, que subjetividades autoritárias e perversas querem impor àqueles que consideram indignos de viver. É preciso tomar a palavra para lutar contra essa pulsão de morte coletiva, que faz dos fascismos inimigos da vida humana. É preciso, neste momento, mesmo com a dor da perda, o desespero pelo mergulho no silêncio definitivo de milhares de pessoas com quem convivíamos ou não, fazer da palavra veículo do trabalho do luto, da manducação subjetiva dessas ausências coletivas. Não deixando de valorizar aquele silêncio que nos permite ter outra experiência do mundo e que faça nascer, virgem e intempestiva, a palavra novidadeira, a palavra não esperada, a palavra criativa, inventiva, em movimento, como a própria vida, criando e restabelecendo laços sociais, modificando modos de relação, fazendo a humanidade sair da rota do suicídio, da morte coletiva para a qual parecemos caminhar celeremente. Em meio ao silêncio que provocou e, por causa dele, freando a nossa tagarelice alienada, sejamos capazes de ouvir o discurso e o alerta silenciosos trazidos pela COVID-19. Que ouçamos sua mensagem de que algo de muito errado se passa com os humanos, que o caminho que tomamos parece nos reservar um futuro de destruição, adoecimento e catástrofe. Que saibamos ouvir o discurso silente do vírus, silêncio que vale mais do que milhares de palavras, fúteis e estéreis, que constituem uma verdadeira cortina de fumaça, que nos impede de ver que caminhamos para o suicídio coletivo da espécie.

**Durval Muniz** é doutor em História pela Unicamp, professor titular aposentado da Universidade Federal do Rio Grande do Norte e professor permanente na Universidade Federal de Pernambuco e na Universidade Federal do Rio Grande do Norte. É autor de *A invenção do Nordeste* (Cortez, 1999) e *Xenofobia* (Cortez, 2016), entre outros.

# (...) 27/04

# Palavras sapienciais
## Lelê Teles

**Coronavírus, uma abordagem antropológica**
    pega teu copo, senta um pouco e presta atenção nessa, meu camarada.
    "as pessoas devem ficar em casa", recomenda o coro, no teatro a céu aberto, vocalizando num megafone.
    e lá vão as pessoas, obedientes, trancafiarem-se em suas casas.
    vemos, nas varandas e nas sacadas italianas, as pessoas tomando vinho, cantando óperas, corificando o bella ciao.
    beleza: varanda ok, vinho ok, sobrancelha ok.
    aí você olha aquilo e fala: "vejam, as pessoas!"
    ilze scamparini, coração sangrando, chora pelas pessoas; guga chacra, todo arrepiado, vai aos prantos pelas pessoas.
    compreensível, são seus iguais.
    o vírus, insensível, nômade e ubíquo, pilotando sua retroescavadeira anárquica, derruba fronteiras e invade países.
    espera passar o carnaval, que ele não é muito de festas, e chega ao brasil.
    "as pessoas devem ficar em casa", grita o guarda municipal, com o apito na mão, numa praça em são paulo.
    aí surgem as perguntas, tipicamente brasileiras: "onde é a minha casa?", indaga o sem-teto.
    "o que é uma pessoa?", pergunta o "menino de rua".
    questões enigmáticas.
    marcel mauss, antropologizando a parada, tentou responder à pergunta do garoto andrajoso, escarafunchou diversas culturas mundo afora e saiu mais confuso que o moleque descamisado, ouça-o:
    "são raras as sociedades que fizeram da pessoa humana uma entidade completa, independente de qualquer outra, exceto de deus."
    hummm 🤔. pessoa humana?
    e tem pessoa inumana?
    heidegger ainda tentou organizar a coisa, categorizando essa abstração nas formas ônticas e ontológicas.
    mas sabemos que o velho martin é como o velho guerreiro e, tal qual o chacrinha, veio mais para confundir do que para explicar.

nada é mais didático do que aquelas fotografias em preto e branco dos pretos estadunidenses marchando pelas ruas com um cartaz no pescoço onde se lia: "i'm a man."
hummm 👻.
essa doeu, hein, man?
fanon, o gigante, já havia dito que o homem negro não é um homem, é um homem negro.
e há, ainda, mesmo depois de fanon, quem se pergunte: "por que diabos uma pessoa tem que gritar que é uma pessoa?"
e você aí, todo sabichão, achou que sabia essa.
mas... você tá redondamente enganado, meu camarada.
há as pessoas e as não pessoas.
recorda-te que o estado de direito brasileiro, época escravagista, já havia categorizado o negro como um semovente.
logo, conclua descarticamente, uma não-pessoa-humana!
nada como um vírus para te ensinar o que lhe ocultaram na escola.
agora, imagina você que algumas pessoas, obedecendo ao guarda da esquina, estão em quarentena em casa; porém, com as suas empregadas domésticas que, obviamente, aquarentenaram-se involuntariamente na casa alheia.
eis aí as não pessoas, tal qual o sem-teto e o "menino de rua".
lembra-te que lauro jardim nos relatou que um casal de são conrado está trancafiado em casa sem contato com "outras pessoas"?
com o médico eles só falam ao telefone, relata o sabe-tudo.
o diabo é que a mulher que lava os pratos dessas pessoas estava lá, lavando pratos e fazendo a mamadeira do casal de marmanjos.
lembra que eles não tinham contato com "outras pessoas?"
então, percebe a placa gritando no pescoço daquela mulher de avental? "i'm a man!"
na casa da isis valverde flagraram uma mulher negra, torneira da pia aberta, com a mesma placa.
uma lava-pratos acaba de morrer na casa de um casal coronavirizado no ridejanêro.
é só o começo.
ilze scamparini e guga chacra, até agora, não derramaram uma única gota de lágrima.
percebe?
em brasília, um burguezoide, vindo da suíça com a esposa, coronavirizados, resolveu desfilar pelas ruas da capital, e o sacana, ignorando uma ordem do chefe do executivo local, foi ao show do maroon 5.
"am i wrong?", ele cantava com a multidão, jogando saliva virótica em seus colegas de classe, todos pessoas.
mas ele, claro, estava ali para demonstrar que era ainda mais pessoa que aquelas pessoas; eis a razão da sua insolência.

o mesmo fez um empresário em trancoso, ignorou o aviso do guarda e foi à praia. "nada que um mergulho no mar não resolva", zombou.

no brasil tem as pessoas, as não pessoas e as superpessoas; estas, são aquelas dos camarotes vips.

esclareçamos logo que o textão tá longo: a definição de pessoa vem do teatro, e designa não o ator, mas o personagem que ele personifica.

persona é mais a máscara que o mascarado.

e no teatro do absurdo brazuca, os papéis estão muito bem definidos.

há os figurões, os figuraças e os figurantes.

pessoas, superpessoas e não pessoas.

dessas últimas os metrôs, os ônibus e os trens estão abarrotados no horário de pico.

"as pessoas devem ficar em casa", lembra?

se as pessoas ficam em casa, quem lhes leva o lanchinho para beliscar durante o intervalo de uma série na netflix e na globoplay?

um robô? um drone, uma libélula com o macacão da firma?

ora, uma não pessoa, montada numa bike enferrujada e carregando uma caixa quadrada nas costas.

pra que essa não pessoa coma é preciso levar comida para as pessoas comerem, ou cozinhar pra elas e fazer aviãozinho para que elas engulam sem reclamar.

outro dia uma não pessoa quase se mata nadando contra uma enchente para levar o sushi para uma pessoa ilhada em casa.

concluindo: a cidade, ou a rua, como a nomeia o roberto damatta, tá cheia de puteiros, botecos, consultórios de psicologia e farmácias, e as pessoas estão cada vez mais doentes, solitárias e tristes.

a casa das pessoas é como a gaiola de um pássaro, lá as pessoas não cantam, não dançam e não fodem.

vai ser muito difícil para as pessoas se adaptarem a elas mesmas, em pouco tempo todos passarão a gritar nas varandas, saudosos da solidão compartilhada na multidão.

vão preferir voltar aos puteiros, aos botecos e às farmácias.

morrerão abraçados, espirrando e cuspindo uns nos outros; as personas precisam do palco, ou do picadeiro, ou da área vip.

em casa não dá. há espelhos demais, e ninguém vai botar uma máscara para ficar sentado na frente da TV e, sem a máscara, o que diferencia uma pessoa de uma não pessoa?

o cabra do show do maroon 5 e o praieiro de trancoso não guentaram nem meia hora.

um vírus, amigo, a porra de um vírus dando uma aula magna de antropologia social e sambando na cara da pessoa humana.

palavra da salvação.

## Colóquios em tempos de coronga

> *"tá com saudades da macumba, né minha filha?"*
> meme do dráuzio

liga a câmera, mulher. aêêê.
puxa a cadeira aí, minha preta.
com açúcar ou sem açúcar? ah, aqui em casa também é sempre sem açúcar.
pois é, minina, enquanto uns fazem lives outros fazem deaths.
sabia que lá nos esteites o coronga mata muito mais os pretos que os brancos?
não. tem nada de genética não, minha flor, é necropolítica na veia (o achille mbembe é quem tava certo); pretos têm menos empregos que permitem home office, por isso ficam mais expostos.
né isso, amore? é o que eu tenho dito, essa de home office já é uma realidade mesmo, minina, os patrões perceberam que ao invés de pagarem aluguel de salas, água, luz, internet, vale-refeição e o cacete, é melhor mandar os empregados pra casa, gastarem a água, a luz e a internet deles.
essa fala de isolamento vertical, obsessão dessa alma sebosa que nos preside, é pra matar preto e pobre. quem você acha que vai voltar a trabalhar?
o homem não tem voltado esse discurso genocida dele pro vendedor de churrasquinho, pro garçom, pro atendente da havan e pro chapeiro do madero? é com essa gente que eles querem voltar a entupir metrôs e ônibus.
eles que lutem, que se cuspam e que se matem, é mais gente pra virar cobaia daquele cloro-placeboquina.
minina, não foi isso que eu falei lá no grupo da família? o presidente usar um pronunciamento à nação pra fazer propaganda de remédio, como se fosse o silvio santos vendendo jequiti?!
né isso, nega? o governo vai comprar aquele veneno com a grana do povo e dar pro povo tomar. e ele ainda teve o disparate de dizer que é como aplicar água de coco na veia!
pois é, minina... e tu sabe como andam as coisas lá na África? pois num é isso que eu tenho falado? dizem que o mundo despertou mais humano, que o coronga fez as pessoas se importarem com a vida dos outros...
era isso que eu ia dizer: vidas negras importam?
só se fala na suíça, na itália, até com a vida daqueles parasitas da família real britânica eles estão se importando. nada sabemos sobre o continente negro: quantos mortos, quantos países em isolamento, chegou ajuda humanitária, teve envio de máscaras, montaram hospitais de campanha... quem se importa?
viu lá, se não é o didier drogba e o samuel eto'o para pularem na jugular dos colonizadores franceses, já estavam a distribuir alguns tipos de cloroquinas em África? cobaia, fia, é desumanizador demais!

como eu disse: uns fazendo lives e outros deaths.

lembra daqueles atentados que rolaram na europa, daqueles mercenários disfarçados de muçulmanos? ataques ao charlie hebdo, à boate bataclan... lembra da comoção do mundo? aí os mesmos tarados atacaram a nigéria, o mali... e num teve essa comoção toda.

tá acontecendo de novo.

e o povo dizendo que vai surgir uma nova humanidade pós-coronga, que o vírus veio com virulência para nos ensinar uma lição... como se vírus fosse chegado a master classes.

num vai ter essa de humanidade ac/dc – antes e depois do coronga – o povo tá bonzinho, mas é com medo da morte, tão pensando mais em si que nos outros.

gente boa e caridosa sempre teve. agora, esses que surgiram de uma hora pra outra, fazendo selfie com cesta básica e mendigo ao fundo, são os legítimos technosapiens, de humano esses aí só têm a forma; esses vão continuar sendo filhosdaputa pós-coronga.

quem nasceu pra ser cachorro há de morrer latindo.

bom, xô preparar um lanchinho aqui porque a menina acabou de acordar; vai ser um longo caminho até me adaptar, mãe solo em home office e home schooling não é pra amadores não, amore.

beijos.

saravá.

**E as putas?**

*"a mulher-sujeito é a antítese do homem abjeto"*
Lelê Teles

eu, thula, volto a falar de mim e das que estão à minha volta, porque se eles vêm de irmãodade a gente vai de irmandade.

molha tua taça e vem, falemos das putas.

confinadas e sem amparo, as prostitutas mostram como o patriarcado é cruel e hipócrita.

não, nenhum cliente quer saber se precisam de uma cesta básica enquanto estão impedidas de trabalhar; ninguém lhes é solidário em sua solidão.

aqueles que comem as putas nem se importam se as putas comem.

sim, falemos de fome, porque esse é o nome.

não digo a fome do homem, esse insaciável desejo do comer metafórico, que deixa claro a visão da mulher como um pedaço de carne.

falo da fome do estômago, esse órgão sensível que, também metaforicamente, tem boca, e que só fala quando não mastiga: "góioioióió..."

daqui, do conforto da minha varanda, onde beberico taças de vinho, eu sempre observo o movimento das meninas lá embaixo, no trottoir.

na penumbra da comercial, elas fazem ponto, seminuas; um frio desgraçado e elas lá, com pernas, busto, bunda, barriga, ombros... tudo de fora.

às vezes, na solidão da madruga, desço pra conversar com elas; já tivemos deliciosas noites gargalhosas.

mas nem tudo é riso, nem tudo é alegria; há lágrimas escorrendo na face do palhaço, é que a maquiagem oculta.

nessas minhas descidas para papear, muitas vezes fui divã de divagações e devaneios tristes, já fui ombro de escombros d'alma, já fui o regaço quente e confortoso de cabeças chorosas...

a mulher, quando confia na outra, desaba.

na minha condição de privilegiada, de quem não vai perder o emprego por conta do coronga, que vai continuar recebendo o salário trabalhando em casa, penso nas sista que sumiram por esses dias.

onde andarão, como estarão se virando?

muitas dessas mulheres têm filhos, umas têm esposos, algumas têm namorados, boa parte delas são arrimo de família e mandam o dinheirinho contado para uma avó doente no interior, outras sustentam os machos parasitas que fingem que as protegem enquanto as espancam.

muitas ainda têm que prestar contas do pouco que ganham com algum rufião da esquina, com o cafetão dono da pousada, com a cafetina do cabaré...

e ainda têm essas roupas de pouco pano pra comprar, a maquiagem, o cabelo, as unhas, os saltos, os cigarros e as drogas pra suportar o cansaço e o desaforo de alguns cretinos suados que não escovam os dentes e nem lavam o pau direito.

né fácil, não, fia!

sei que muitas delas nem têm casa, moram nas pousadas e hotéis onde trabalham e sofrem com a ameaça de despejo.

as que pagam aluguel e vivem amontoadas com as colegas, para tentar juntar algum trocado, também sofrem a ameaça do despejo.

e, sem trabalho, falta o pão do dia a dia; já acabou até o do miojo.

pensar no glamour da garota de programa de luxo, da sugar baby cheia de presentes de homens endinheirados é deixar-se levar pela fantasia.

as prostituas e travestis são, em sua grande maioria, trabalhadoras exploradas, cujos serviços, em grande parte, se resumem em ser xingadas e humilhadas por canalhas na cama, a troco de poucos trocados.

e é um paradoxo, uma vez que muitas delas estão nessa vida porque cansaram da fome no município insípido, enjoaram da vida dura e sem retorno, não suportaram mais apanhar dos pais, dos padrastos, dos namorados e ganharam o mundo.

ganharam o quê com isso?

sabia que nas famosas red lights de amsterdam você dificilmente vai encontrar uma holandesa?

elas são, as que se exibem nas vitrines iluminadas, mulheres pobres do leste europeu ou asiáticas e latinas iludidas com uma vida futura com algum no bolso; o macho branco, você bem o sabe, traz consigo esse prazer atávico de violar mulheres de outras culturas; seus ancestrais sempre o faziam quando invadiam um país estrangeiro.

o tráfico e o sequestro de mulheres para serviços sexuais é uma forma de escravidão.

mas voltemos à fome e à vontade comer.

os homens lamentam que as prostitutas tenham sumido das calçadas, confortam-se com as punhetas guiadas dos serviços sexuais virtuais, mas continuam não se importando se tem ou não uma mulher por dentro daqueles corpos, se sentem frio ou se sentem fome.

a reificação, a objetificação da mulher que trabalha como profissional do sexo fica mais visível nesses tempos doentes e amendrontosos.

por onde andam, como estão se virando para comer e pagar aluguel, como estão alimentando os filhos?

quem se importa?

palavra da salvação.

#ficaemcasa mas fica de boa!

**Lelê Teles** é jornalista, publicitário e roteirista. Autor dos programas *Estação Periferia* (TV Brasil), *De quebrada em quebrada* (TV Cultura) e da novela *Lagoas*, premiada na Primeira Bienal de Cultura da UNE, figura na ontologia *Contos natalinos* (Atlas) e escreveu o prefácio de *Quando as palavras se abraçam*, livro de poemas de Marla de Queiróz (Patuá). É colunista do site *Brasil 247* e tem um blog na *Revista Forum*, onde escreve crônicas e faz análise do discurso midiático.

(...) 28/04

# Do tempo
## Ailton Krenak

Bom dia. É um presente estar aqui, nessa manhã com gente tão querida constituindo uma comunidade temporária de propósitos tão bem-vindos. Cheguei ontem em São Paulo para esse nosso encontro. Eu me sinto muito privilegiado nessa condição meio nômade que a minha trajetória pessoal me proporciona, que é de ser convidado a sair de onde eu moro com a minha família para falar com pessoas em lugares como esse. Esse privilégio me destaca da situação geral das pessoas que para viver suas rotinas não experimentam uma realidade tão extravagante como ir para aeroporto, pegar avião e desembarcar em lugares estranhos, encontrar plataformas organizadas para ouvir um sujeito dissertar sobre alguma coisa.

Pensem bem sobre o que esse tempo que estamos vivendo nos proporciona. Olha que tipo de experiência extravagante. Em que época da história dos nossos povos as pessoas puderam experimentar isso? É uma facilidade quase mágica, quase virtual. Num mundo duro, onde as pessoas lutam com dificuldade para se deslocar do lugar onde descansam e o lugar onde vendem sua força de trabalho, alguns sujeitos desembarcam e descem em lugares improváveis para encontros afetivos, celebrações. Isso pode ser também um alerta para nós que estamos conscientes do tempo em que nós vivemos, da inconsistência desse tipo de realidade que estamos experimentando e que nós estamos aceitando pacificamente que isso é real, isso é a realidade.

O meu sentido de gratidão vem carregado também de um sentido crítico. Até quando eu vou ser capaz de suportar essa tortura? Porque nós estamos excluindo, o tempo inteiro, bilhões de pessoas de condições mínimas da experiência verdadeira de estar vivo e de experimentar o sentido de liberdade. Nós estamos vivendo um mundo assolado pela carência. Isso me provoca uma certa fúria em relação a uma civilização tão filha da puta em que nós nos constituímos, que consegue viver com a injustiça e a morte de tanta gente ao nosso redor e nós continuamos com a cabeça erguida.

Aqui na Avenida Paulista tem muitos escritórios que estão patrocinando a invasão da floresta Amazônica para arrancar minério e proporcionar essa riqueza fajuta que o Ocidente tanto celebra. Nós tapamos nossos olhos e ouvidos para não enxergar a realidade cortante que nos atravessa e a gente produz ambientes confortáveis como esse para que a gente possa se sentir, pelo menos temporariamente, civilizados. Porque afinal de contas esse projeto de mundo a que nós nos agregamos, mesmo que involuntariamente, seja como trabalhador, seja como aprendiz, seja em qualquer gesto, estamos nos agregando a um procedimento que é esse fenômeno que aprendemos a reconhecer como globalização. Esse fenômeno que nos foi alertado por gente como o professor Milton Santos. Quando ele falava o que aconteceria – uma perturbação planetária grave da ordem social, política, ecológica –, quando ele falava isso, as pessoas o achavam excêntrico. Ele mostrava que estávamos diante de um novo paradigma em que a gente não ia escolher qual vírus que ia comer a gente amanhã.

Agora eu vejo as pessoas com um paninho branco na cara. Ao invés de colocar a bandeira dos zapatistas, coloca um paninho branco; vai ver eles querem viver em paz com o vírus. A gente não vai combater o vírus com essa faixinha amarrada no nariz.

Nós vivemos diante de um fenômeno que é a transnacionalização. Achou-se, até o século XX, que ela podia ser administrada, mas fugiu do controle. Se constituiu na globalização que é um evento ecológico, político, econômico de grande relevância. A gente não pode ficar despistando como se fosse uma coisa que a gente vai assimilar e integrar isso como mais uma experiência de uma sociedade contemporânea, moderna, equipada. Não adianta achar que estamos equipados para isso, nós não estamos equipados para nada. Se estivéssemos, um vírus não deixaria o mundo em pânico, levando a bolsa de valores para o breu e as pessoas aproveitando para roubar umas às outras enquanto é tempo.

Não tenho muito engajamento com o mercado da produção cultural, não percebo esse lugar como mercado. Vejo esse espaço como um lugar que é desafiante para aquelas pessoas que, em diferentes lugares da cultura, da identidade e das lutas pela vida aqui na terra, precisam estar despertas e capazes de afetar uns aos outros, no sentido de nos proteger da vida, dentro dessa cápsula de vida. Não como um lugar de consumir, mas como uma possibilidade de a gente criar mundos, inventar mundos para nós existirmos.

A ideia da globalização é uma ideia terrível, porque, se ela promete expansão, ela também promove uma autoconcentração de tudo. A globalização não expande, a globalização atomiza, concentra tudo de uma maneira apavorante. A maneira que denuncia isso é um vírus que teve origem num lugar do mundo chamado China e que causa terremoto aqui na América do Sul.

Se nós estamos vivendo esse tempo de total imprecisão até no sentido da experiência de viver, a arte se constitui no lugar mais potente e mais provável de se constituírem novas respostas e novas perguntas para o mundo que nós vamos ter que dar conta daqui pra frente.

Nas décadas de 1980 e 1990, alguns sujeitos como Boaventura de Sousa Santos, Gorbachev e outros sujeitos interessantes criaram aqueles encontros enormes que se chamavam fóruns sociais globais, fóruns globais sociais, fórum mundial global social, fórum social global mundial, aquela fissura de reunir o máximo de gente possível para discutir o eclipse que estava por vir. Aquela ansiedade que nos acercava no final do século XX sobre que mundo é esse que está vindo.

O que é interessante é que aqueles formatos dos fóruns, que convocavam e abriam algumas janelas para algum tipo de horizonte, passaram por um esgotamento. O Professor Boaventura disse que eles sentiram, no final da década de 1990, que aquele formato com milhares de pessoas chegou ao ponto zero. Fazer ou não fazer dava no mesmo zero. Chegou um momento em que aqueles grandes fóruns que traziam pessoas incríveis pareciam mais uma festa de show de rock que um fórum para pensar questões candentes e graves que as sociedades estavam enfrentando. Até que a direita começou a avacalhar os fóruns e dizer que aquilo era festa de hippie e encontro de maconheiros.

A direita está sempre pronta para cuspir em cima de qualquer tentativa decente e legítima da humanidade de se erguer do esgoto que a gente vive. Ela não faz outra coisa a não ser jogar veneno onde as pessoas estão lutando por oxigênio para viver. Fazer o que fazem com os rios, jogam veneno nos rios, e depois ficam hipocritamente dizendo que nós somos uma região subdesenvolvida do mundo que ainda não aprendeu a escovar os dentes.

É uma hipocrisia terrível como essas pessoas conseguem explorar e esnobar a pobreza. É uma sacanagem. Manipulam a opinião pública, criam narrativas falsas sobre a realidade e ficam dominantes.

De onde as vozes ocultas e de onde os povos invisíveis vão poder se insurgir contra uma ordem tão bem constituída, que consegue plasmar tudo com essa ideia de ordem, progresso e desenvolvimento? E com a constituição de narrativas que conseguem, por exemplo, inventar o mito do desenvolvimento sustentável.

No livrinho *Ideias para adiar o fim do mundo*, fiz uma provocação dizendo que sustentabilidade é um mito. E como uma coisa sempre implica em outro compromisso, eu tive que pensar mais além de afirmar isso. Pensar sobre aquelas práticas que obtêm o selo sustentável e olhar o que é sustentável atrás daquele selo. Até que me ocorreu aquele haikai que diz: sustentabilidade é vaidade pessoal.

Quase apanhei porque as pessoas diziam: "Agora o Ailton vai inventar frases espiroquetas só para apavorar os gerentes de meio ambiente das corporações bacanas?" Ora, se tem um emprego legal hoje em dia é ser gerente corporativo de sustentabilidade de qualquer uma dessas instituições incríveis. Todas precisam de um.

Então, se você é o gerente de uma corporação dessas, chega de manhã cedo e alguém diz pra você que sustentabilidade é uma vaidade pessoal, o cara fala: "Caramba, perdi meu emprego." Um monte de gerentes reclamou comigo. Estou pensando em demitir todos eles. Ora, se você construiu sua carreira em cima de uma mentira, o máximo que pode acontecer é um dia você despencar aí de cima e cair cá em baixo, onde todos nós estamos.

Nós vivemos precariamente uma relação de consumir o que a mãe natureza nos proporciona. E nós sempre fizemos um uso do que a nossa mãe nos proporciona da maneira mais folgada possível. Até que um dia nós nos constituímos numa constelação tão imensa de gente que consome tudo que a nossa mãe natureza falou: "Peraí, vocês estão a fim de acabar geral com tudo que pode existir aqui como equilíbrio e como possibilidade daquilo que é fluxo da vida? Vocês vão esquadrinhar a produção da vida e decidir quantos pedaços de vida cada um pode obter? E, nessa desigualdade escandalosa, vocês vão sair por aí administrando a água, o oxigênio, a comida, o solo?", e começou a botar limites à nossa ambição.

Uma maneira que os humanos fizeram para administrar isso foi criando esses métodos: a ideia, por exemplo, de que existe um meio ambiente e que esse universo é uma coisa que você pode gerenciar. E dentro desse meio ambiente alguns fluxos vitais podem ser medidos, avaliados e habilitados, alguns deles inclusive com selos de sustentabilidade.

Se você tirar água do aquífero Guarani, por exemplo, uma água de muito boa qualidade, e se você a engarrafar direitinho, você é uma empresa sustentável. Mas quem disse que tirar água do aquífero Guarani é sustentável? Você pratica uma violência na origem e recebe um selo sustentável no caminho. E assim com a madeira. Isso é uma sacanagem, não tem esse papo de água sustentável e não tem esse papo de madeira sustentável. Nós somos uma civilização insustentável, nós somos insustentáveis. Como é que vamos produzir alguma coisa em equilíbrio?

Não é rezando que você inventa deus. Tem gente que acredita que, se rezar muito, vai rezando, vai rezando, aí decanta, vai subindo... Então, cada civilização tem o deus que merece. E nós estamos diante do dilema de ter que produzir um deus que seja global, multiétnico, pluriverso, diverso, que sirva pra todo mundo, uma divindade circunflexa. Nós estamos fritos.

Esses nossos encontros não deveriam ser lugares de flagelar uns aos outros, de ofender uns aos outros, porque ofensa e flagelo já tem demais no mercado. A gente precisa criar oportunidades de fruição. Esse momento que nos junta aqui, achei tão boa essa promessa que essa conversa não acaba agora, que vai prosseguir no ano que vem a possibilidade de continuar a compartilhar visões. O próprio enunciado de alguma coisa que virá depois anima nosso sentido de viver. É a ideia de adiar o fim do mundo. Nós adiamos o fim de cada mundo, a cada dia, exatamente criando um desejo de verdade de nos encontrarmos amanhã, no final do dia, no ano que vem.

Esses mundos encapsulados uns nos outros que nos desafiam a pensar um possível encontro das nossas existências – é um desafio maravilhoso.

Uma amiga que se chama Nurit Bensusan, ela é bióloga, trabalhou com esses processos que antecederam a convenção da biodiversidade. Ela escreveu um livrinho, *Do que é feito o encontro?* Esse livro me comoveu muito, porque toca num ponto que sempre me moveu, que é a pergunta se nós conseguimos mesmo nos encontrar, se nós conseguimos mesmo realizar a experiência do encontro. Não estamos falando só do encontro interpessoal, só entre pessoas, mas entre povos e culturas, entre tradições diversas. No meu pensamento, isso é provocado por afetar uma ideia de sujeito que quer viver a experiência de um sujeito coletivo. Eu não me vejo andando sozinho no mundo. Eu sempre convoco alguma humanidade para andar junto comigo.

A primeira vez que eu me referi a essa ideia do encontro e que ganhou o título de um artigo – *O eterno retorno do encontro*, que foi publicado naquela coleção de textos feita pelo Adauto Novaes –; naquela ocasião, o tema da coleção abordava os quinhentos anos das navegações, e o Adauto me convidou para falar desse encontro que aconteceu com a chegada das caravelas. Encontro?

O eterno retorno do encontro como uma promessa, uma expectativa, mas não como alguma coisa que já aconteceu, nem como uma garantia de que a coisa vai acontecer. É um arco tenso na esperança de que alguma coisa aconteça. Não é garantia nem é selo de sustentabilidade.

O desastre repetido dessas tentativas de encontro está espalhado pelas nossas praias. Ele se configurou em genocídio, dominação e uma colonização que parece que não tem fim.

Nós costumamos debater a colonização numa perspectiva pós-colonial. A colonização é, é aqui e agora. Pensar que nós estamos discutindo as práticas coloniais como alguma coisa pretérita, que já foi e agora nós só estamos limpando, é uma brincadeira.

A colonização, assim como dizia nosso querido mestre sobre o racismo, o Professor Kabenguele Munanga: que o racismo se oculta na epiderme, está debaixo da pele aparente. A colonialidade se despista de uma maneira tão incrível que parece que ela já foi. Assim como o racismo, a reprodução da prática colonial do vírus colonialista é resistente e está presente em tudo, no nosso cotidiano, na sala de aula, em qualquer relação.

Então, quando nós temos a ilusão de que a gente vai abrir um fórum para debater descolonização ou decolonização ou anticolonialismo ou qualquer outro nome bonitinho pra isso, nós estamos de cara nos metendo numa espécie de labirinto conceitual. A gente não tá conseguindo nem abrir a porta do cemitério, quanto mais enfrentar os fantasmas.

A colonialidade está tão impregnada em nós quanto a poluição do ar; está impregnada desde o olhar que temos sobre o mundo, sobre a paisagem, a vida. A arquitetura das nossas cidades, a estética do mundo que nós compartilhamos é colonial e colonialista, e ela reproduz, ela dá metástase. É uma ingenuidade achar que vamos abrir um fórum para discutir descolonização – nós vamos estar imersos na prática colonial.

Não é só um desejo de contestar a questão da sustentabilidade ou do racismo ou de gênero ou qualquer outra questão que fratura as nossas relações; é estar o tempo inteiro se posicionando em relação a alguma coisa que, de certa maneira, acrescenta mais uma dificuldade à ideia de um encontro.

Se a ideia do encontro é pacificadora, alentadora e é uma promessa, o cotidiano é uma constante negação do encontro. O cotidiano é a prova dos nove. Se você terminar o dia hoje e disser: hoje foi um bom dia, eu tive um bom encontro, se isso for verdade, parabéns, valeu o dia.

Este texto é a transcrição da participação de Ailton Krenak no seminário *Perspectivas anticoloniais*, na abertura da VII Mostra Internacional de Teatro de São Paulo (MITsp), em 6 de março 2020, no Sesc Avenida Paulista.
Curadoria: Christine Greiner, Andreia Duarte e José Fernando Azevedo
Mesa 1: "Do tempo", com Ailton Krenak e Paulo Arantes
Transcrição e edição: Sonia Sobral

**Ailton Krenak** é ambientalista, pensador e liderança indigena. É autor de *Ideias para adiar o fim do mundo* (Companhia das Letras, 2019).

(...) 29/04

# Uma boa oportunidade?

Jacques Rancière

TRADUÇÃO Peter Pál Pelbart

O confinamento, dizem-nos, constitui uma oportunidade única para refletir sobre a sociedade em que vivemos, o desastre para o qual ela nos conduz e as mudanças radicais que se devem operar a fim de evitá-lo. Contudo, não é tão evidente que o melhor momento para refletir sobre um fenômeno mundial seja aquele em que nos encontramos isolados do mundo, sem saber quase nada do que ocorre nos locais em que se trata a doença e se elaboram as decisões a respeito da gestão da epidemia. Na verdade, as análises que pipocam hoje já estavam disponíveis entre nós, e totalmente prontas. É o caso das teorias do biopoder e da sociedade de vigilância. Elas não são novas, mas parecem encontrar sua perfeita aplicação no momento em que o poder de Estado se dá por tarefa impor as recomendações da autoridade médica, e os aplicativos destinados ao rastreamento dos portadores do vírus renovam o grande medo do Estado Big Brother, dotado agora, para vigiar nossos corpos, de uma ferramenta digital.

No entanto, um olhar mais atento revela que a gestão da crise por nossos Estados dificilmente obedeceu ao paradigma de um controle científico das populações. Poderíamos de início falar dos chefes de Estado que não acreditam na ciência, que tratam o coronavírus como uma gripezinha e que conclamam seus concidadãos a retomarem o trabalho imediatamente. Mas mesmo onde o confinamento foi estritamente imposto e controlado pelo Estado, ele revelou uma relação bem específica e bastante limitada do poder de Estado às vidas individuais. Mandar as pessoas ficarem em casa não é o melhor meio de vigiá-las eficazmente. Em certo sentido, tal medida só prolonga a prática habitual de nossos Estados cada vez mais autoritários, que consiste em fazer a polícia limpar as ruas assim que algo se movimenta. A gestão da pandemia se fez segundo essa lógica da segurança que abarca tanto os conflitos sociais quanto os atentados terroristas ou as catástrofes naturais. Sem dúvida, a autoridade da ciência médica pesou muito nas decisões governamentais. Mas não pelas hipóteses científicas a respeito da circulação do vírus, e sim pelas estimativas simples a respeito da capacidade de acolhimento dos hospitais, capacidade esta que as políticas de restrição orçamentária reduziram drasticamente. Em outras palavras, a autoridade científica se exerceu dentro da lógica na qual o avanço das políticas securitárias se conjuga ao avanço das medidas ditas "liberais" de destruição dos sistemas de proteção social. Eu tinha tentado resumir tal lógica em um artigo publicado na *Folha* em 2003, por ocasião da onda de calor mortífera ocorrida na França: no momento em que o Estado fazia menos por nossa saúde, ele decidia fazer mais pela nossa vida. Ele substituía os sistemas horizontais de solidariedade por uma relação direta, mas também abstrata, de cada um de nós com um poder estatal encarregado de nos proteger em bloco contra a insegurança. É perfeitamente claro que essa "proteção em bloco" pode ser acompanhada de uma total ausência de previsão no detalhe. É o que se verificou na França de 2020: o governo não tinha previsto nada contra a epidemia. Não havia testes disponíveis ou sequer máscaras suficientes para todos os médicos, razão pela qual a autoridade científica teve que corroborar a mentira do Estado, colocando em dúvida a utilidade dessas máscaras. Ao nos confinar, nosso governo geria menos "a vida", sobre a qual suas luzes são modestas, que as consequências de sua própria falta de previsão. Mas tal falta de previsão não é ocasional. Ela faz parte da própria lógica que sustenta o paradigma securitário e assegura o poder de nossos Estados.

Seria preciso, então, relativizar simultaneamente duas ideias fortes disseminadas nesse período de confinamento. Não está realmente comprovado que esse tempo tenha suscitado o triunfo do biopoder e nos tenha lançado na era da ditadura digital. Mas tampouco é certo que nossos Estados e o sistema econômico que eles gerem sairão enfraquecidos da demonstração de impotência que acaba de ser fornecida. Seria preciso relativizar, igualmente, os efeitos radicais que alguns esperam ao término da situação presente. Penso em todas as especulações em curso hoje a propósito do "momento do depois", quando for recolocada em marcha a máquina econômica atualmente dormente. Esse momento do depois tornou-se facilmente a grande nova esperança: ocasião sonhada em que poderia operar-se, em um só golpe e sem violência, a grande reviravolta que outrora se esperava das jornadas revolucionárias. É nesse depois, dizem-nos, que será preciso mudar tudo, acabar com os excessos de um capitalismo que sacrifica as vidas em favor do lucro. Mas também será o momento de mudar de "paradigma civilizacional", reformar inteiramente nossos modos de vida e repensar radicalmente nossa relação com a natureza.

Tais grandes projetos infelizmente deixam em suspenso uma pergunta: nesse momento, quem fará tudo o que for "preciso" fazer para mudar tudo? As convulsões na ordem dominante não se efetuam porque tal ou qual circunstância excepcional revelaram suas mazelas. Tampouco se realizam quando pensadores que meditaram longamente sobre a história do capitalismo ou do antropoceno fornecem boas receitas para "mudar tudo". Um futuro só se constrói na dinâmica de um presente. Depois do fim da epidemia, nossos governos continuarão segundo sua dinâmica habitual, a da máquina-mundo capitalista cujo andamento eles gerem e cujos malefícios colaterais tentam atenuar dia a dia. Para aqueles que não se resignam a tal curso das coisas, o momento do depois corre o risco de colocar o mesmo problema do momento do antes: o das forças capazes de ligar o combate contra as forças de exploração e dominação à invenção de um outro porvir. Não é óbvio que o confinamento nos tenha feito avançar muito nessa direção.

**Jacques Rancière** é filósofo, autor, entre muitos outros, de *Tempos modernos* (n-1 edições).

(...) 30/04

# Contra quem se vingam os animais?

Juliana Fausto

No dia 2 de março, a bruxa neopagã, ecoativista e filósofa Starhawk, em uma sessão ao vivo de seu curso on-line *Magical Activism*, exortou os participantes a "ouvirem o vírus". Ela perguntava o que poderíamos saber sobre o desejo do coronavírus e como dedicar-lhe oferendas a fim de diminuir sua voracidade. Nessa mesma sessão, contou que anos antes participara de um ritual do grupo Reclaiming com o objetivo de estabelecer comunicação com o que chamou de Grande Mãe Bactéria. Por meio de "experimentos científicos e transe coletivo", declarou ter entrado em contato com essa entidade, que lhe teria enviado a seguinte mensagem: "Posso acabar com todos vocês; mas, por ora, não quero."

Em "*Nisun*: A vingança do povo morcego e o que ele pode nos ensinar sobre o novo coronavírus",[1] a antropóloga Els Lagrou relata uma conversa com o "líder de canto do cipó Ibã Huni Kuin" na qual este lhe dizia estar se recolhendo, junto de seu povo, na floresta, pois a pandemia se tratava de *nisun*, vingança. Vingança animal, ela explica, uma vez que, segundo a cosmologia Huni Kuin, "toda predação desencadeia uma contrapredação". Nesse mundo, a maior parte das doenças está ligada ao consumo de animais. No nosso, embora muitas vezes encubramos o fato, as doenças também costumam estar ligadas a um (mau) convívio com eles. De acordo com a OMS, "60% das doenças infecciosas emergentes no mundo são zoonoses. Mais de 30 novos patógenos humanos foram descobertos nas últimas 3 décadas, 75% dos quais originários de animais".[2]

Em post no *Facebook* do dia 15 de abril,[3] Aikyry Waiãpi anunciou que "a floresta, junto com seus donos, não vão pegar coronavírus. Porque eles já têm a cura da COVID-19. [...] Os donos seduziram o pensamento de alguns cientistas [...]. Os donos de outros seres querem que a humanidade mesma fabrique as doenças para se acabarem eles mesmos. Um dia a humanidade vão[4] ser extinta por vários donos. Porque a humanidade estão destruindo todas as coisas cada vez mais aqui no planeta terra. Por este motivo vários donos estão fazendo sua vingança cada vez mais." No

---

1 <http://ds.saudeindigena.icict.fiocruz.br/handle/bvs/1963>.
2 <http://www.emro.who.int/about-who/rc61/zoonotic-diseases.html>.
3 <https://www.facebook.com/aikyry/posts/239490444077504>.
4 Mantenho a conjugação de humanidade no plural, que considero essencial no argumento tanto de Aikyry quanto naquele que pretendo desenvolver.

Plano de Gestão Socioambiental Wajãpi de 2017, informa-se que para esse povo não há fronteira entre sociedade, cultura e natureza, e todos os seres — jamais recursos, mas povos — possuem um "dono":

> Por exemplo: a árvore que chamamos de *kumaka* (sumaúma) é a casa do seu dono, onde ele mora junto com sua família. Por isso o dono da sumaúma cuida da árvore; se ele não cuidar, a sumaúma vai cair. Se nós derrubarmos uma sumaúma, seu dono vai ficar muito bravo porque nós destruímos a sua casa, e vai agredir a pessoa que a derrubou.[5]

Conclui-se assim que

> Os não índios acham que os seres da "natureza" não têm cultura, nem *i'ã* (princípio vital, alma, memória, experiência), porque quem tem essas coisas são apenas os homens. Mas, pelo nosso conhecimento, todos os seres que os não índios consideram como natureza também têm cultura, todos têm donos e têm *i'ã*. Por isso, nós temos que nos relacionar com eles de um jeito complexo, fazendo negociações e tomando vários cuidados.[6]

Quem cura as enfermidades humanas, por meio de comunicação entre pajés, são os donos.

A antropóloga Elizabeth Povinelli vê no Antropoceno um desmoronamento da diferença entre Vida e Não Vida, que ela explora a fundo em *Geontologies*. Partindo do pressuposto de que o conceito do Antropoceno é o resultado tanto da análise da formação dos campos de carvão e dos fósseis neles contidos quanto da exploração dos combustíveis que permitiram o desenvolvimento de disciplinas como geologia e biologia, que separaram Vida e Não Vida, a autora se pergunta: "Que diferença, da perspectiva do ciclo planetário do carbono, faz a diferença entre Vida e Não Vida?"[7] O planeta começou não apenas sem a humanidade, mas também sem vida – e não sabemos como haverá de terminar –. mas talvez haja uma porosidade muito maior entre Vida e Não Vida do que estamos acostumadas a pensar. Aliando-se a seus amigos e colegas indígenas do Território do Norte na Austrália, que mantém uma relação política com seu *country*, capaz de sentir mesmo o cheiro de seu suor, Povinelli propõe – ao modo foucaultiano das figuras da sexualidade que tanto revelam a maneira de operação quanto exprimem saídas do biopoder – três figuras que emergem do entrelaçamento existencial e material que a decadente governança geontológica no Antropoceno nos apresenta: o Deserto, o Animista e o *Vírus*. Se a primeira nos

---

5 *Plano de Gestão Socioambiental/Terra Indígena Wajãpi. Como estamos organizando para continuar vivendo bem na nossa terra*. Apina, Awatac e Iepé: Macapá, 2017, pp. 16-17. Disponível em: <https://institutoiepe.org.br/wp-content/uploads/2020/07/plano_de_gestao_wajapi.pdf>

6 Ibid., pp. 17-18.

7 Elizabeth Povinelli, *Geontologies. A Requiem to Late Liberalism*. Durham; Londres: Duke University Press, 2017, p. 10.

remeteria a *Mad Max*, aos campos de petróleo e ao imaginário da total destituição de vida do que um dia, no entanto, foi animado – o que é atestado pela presença dos fósseis – e a segunda nos enviaria ainda talvez a uma estratégia que postularia uma superioridade da Vida sobre a Não Vida – mas, quem sabe, também ao fim desse dualismo –, por meio de apropriações do pensamento de povos extramodernos e da proliferação de filosofias vitalistas, a terceira nos atira em um paradoxo. No coração do Vírus habita um terrorista: nele, a diferença entre Vida e Não Vida não faz diferença – não porque tudo que é vivo terminaria desertificado ou porque tudo seria já vivo –, mas à medida que se trata de uma existência nem viva nem não viva:

> O vírus também é Ebola (e coronavírus) e o lixão, a infecção bacteriana cozida dentro de enormes fazendas de aves e de salmões e o poder nuclear; a pessoa que se parece "conosco" enquanto planta uma bomba. Talvez, de modo mais espetacular, o Vírus é a figura popular do zumbi – Vida tornada Não Vida e transformada em um novo tipo de guerra de espécies –, os putrescentes mortos-vivos agressivos contra o último reduto da vida.[8]

"Como a linguagem, as moléculas nuas de DNA ou programas de computador, os vírus passam por mutações e evoluem: mas, por si mesmos, são no máximo zumbis químicos",[9] escreviam a bióloga Lynn Margulis e seu filho, o ensaísta Dorion Sagan, em *What is Life?*, utilizando-se da mesma imagem de Povinelli 21 anos antes. No epílogo do livro, ambos afirmavam peremptoriamente que

> para funcionar, a biosfera requer a diversidade microbiana [...]. Os humanos não são especiais e independentes, mas parte de um *continuum* de vida que circunda e abarca o globo. O *Homo sapiens* tende a dissipar calor e a acelerar a organização. Como todas as outras formas de vida, nossa estirpe não pode continuar a se expandir sem limites. Nem podemos continuar a destruir outros seres de quem dependemos em última instância. Precisamos realmente começar a ouvir o resto da vida. Assim como uma melodia na ópera viva, somos repetitivos e persistentes. Podemos nos achar originais, mas não estamos sós com esses talentos. Quer o admitamos ou não, somos apenas um único tema em uma forma-de-vida orquestrada.[10]

Voltamos, aqui, depois de um percurso que começou com uma bruxa e chegou a uma cientista, à questão da audição. "É preciso ouvir o vírus." Que história ele nos conta? Assim como a Mãe Bactéria, ele pode certamente acabar com todos nós – com o mundo tal como o conhecemos hoje. Que tema ele canta? Podemos começar por voltar essa pergunta a nós mesmos: que temas vimos cantando? Enquanto espécie, é

---

8 Ibid., p. 19.
9 Lynn Margulis; Dorion Sagan, *What is Life*. Berkeley; Los Angeles: University of California Press, 1995, p. 18.
10 Ibid., pp. 245-246.

difícil saber. A artista e pesquisadora Cecilia Cavalieri compôs, à ocasião da posse de Jair Bolsonaro, uma peça chamada *Música Infernal*,[11] na qual transformou a foto do momento em que o presidente eleito, de mãos dadas com seus comparsas, fez uma espécie de juramento macabro sobre a Bíblia em uma partitura musical cantada por três aves brasileiras extintas, o gritador-do-nordeste (*Cichlocolaptes mazarbarnetti*), o limpa-folha-do-nordeste (*Philydor novaesi*) e o caburé-de-pernambuco (*Glaucidium mooreorum*). O resultado é espantoso. Que música é essa, cantada por bichos que já não são mais (por ação antropogênica, sobretudo a destruição de seu habitat) e que, no entanto, encantam em som, com o auxílio de um programa de computador, uma das imagens-núcleo da qual emanariam alguns dos momentos mais nefastos dos últimos anos? Que tema é esse, cantado por mortos evocados em uma *séance* maquínica para assombrar os mortos-vivos que hoje governam o país? Que (cosmo)política é essa, que reúne bichos, fantasmas e zumbis, entrelaçados em mais de uma pandemia com a qual precisamos, nós, os ainda-vivos, nos haver?

Em uma outra de suas sessões, Starhawk abriu um círculo mágico para pedir ajuda aos elementos, além de diversas deidades e entidades, no direcionamento a possíveis respostas à seguinte pergunta: "Com que forças posso contar e que ações devo tomar no contexto da dupla pandemia, biológica e política?" Quando vejo as carreatas da morte pelas ruas do Brasil (movidas a combustíveis fósseis) ou as fotos de protestos em que norte-americanos erguem cartazes nos quais exigem o direito de cortar os cabelos — enquanto tentam ocultar, todos, seu desejo nem tão secreto de ver perecer o povo pobre, negro, indígena, LGBT, além de animais, florestas, rios, em suma, as minorias que resistem —, não posso deixar de pensar que, de fato, há mais de uma pandemia. Mas, ao mesmo tempo, seria ingenuidade, ou melhor dizendo, negacionismo, no sentido forte desenvolvido pela filósofa Déborah Danowski,[12] acreditar que essas pandemias não estão entrelaçadas. Se vírus se assemelham à figura do zumbi, não me parece que estamos falando do coronavírus, mas desse outro que inflama multidões com ódio e faz avançar o fascismo. Ou que, por outra, se experimenta no próprio modo de produção capitalista, com os seus negacionismos de ponta a ponta.

Não pensemos, entretanto, que esse processo zumbificador nada tenha a ver com o SARS-COV-2. Como já se disse, trata-se de um vírus "natural", isto é, que passou por um processo de "seleção natural" antes da "transferência zoonótica".[13] Os candidatos mais prováveis a hospedeiros, segundo pesquisas recentes, seriam espécies de pangolim e de morcegos — imagens de sopas desses animais correram o mundo, despertando odiosas atitudes racistas no chamado Ocidente. Morcegos, que pertencem à ordem Chiroptera ("mãos de asa"), são os únicos mamíferos capazes de realmente

---

[11] <https://ceciliacavalieri.com.br/infernal>.
[12] Déborah Danowski, *Negacionismos*. São Paulo: n-1 edições, 2020 (Coleção Pandemia).
[13] <https://www.nature.com/articles/s41591-020-0820-9>.

(...)

sustentar o voo. Compreendendo quase 1 400 espécies, habitam todos os continentes, à exceção da Antártida. Estudos dão conta de que eles têm coevoluído com diversos tipos de coronavírus há milhões de anos, uma "profunda história evolutiva".[14] Tigga Kingston, bióloga, fundadora e diretora da Southeast Asian Bat Conservation Unit, além de copresidente do grupo especialista em morcegos da IUCN, com foco em morcegos do velho mundo, em um artigo para o Southeat Asia Globe[15] lança uma pergunta intrigante: "Morcegos não transmitem COVID-19, só é possível pegar de outras pessoas. Então por que se fala tanto em morcegos?" Ela explica que em 2013 foi isolado o vírus RatG2013, relacionado ao SARS-COV-2, na espécie *Rhinolophus affinis*, o que levou à demonização desses animais. Mas então, podemos nos perguntar, o que houve? Em primeiro lugar, Kingston considera que o transbordamento de um vírus que não faz mal, via de regra, a seus hospedeiros extra-humanos, pode ter se dado, no caso do *Homo sapiens*, através do pangolim (*Manis spp*). Mas, e isso é o que ela considera mais importante, são as

> atividades humanas que têm tornado essas condições mais frequentemente possíveis. A perturbação de habitats e a destruição causam estresse nos animais, o que os torna vulneráveis a vírus e mais suscetíveis a produzir números altos de vírus. Os humanos estão invadindo o habitat da vida selvagem ou fazendo comércio ali, abatendo e consumindo a vida selvagem, todas essas coisas que aumentam a exposição humana. Humanos trazem consigo outras espécies e terras agrícolas, aumentando as oportunidades de transmissão através de espécies, o que é frequentemente um passo-chave na direção da infecção humana.[16]

Kingston ainda fala do problema que sofrem as cavernas onde esses animais se empoleiram: o impacto do turismo, a exploração de guano — as fezes de morcego, fertilizante rico em fosfato, nitrogênio, amônia e sais alcalinos — e outros. Se seguirmos sua pista, entretanto, não se trataria simplesmente da vingança de uma espécie ou uma ordem contra a humanidade, mas, a contar pelo número de espécies necessárias forçadas a conviver em condições precárias, de um complô contra a humanidade. Contra a humanidade?

Minha hipótese é que, se é que se trata de vingança, essa dos povos animais (e de seus donos, ancestrais, espíritos) não é contra a humanidade em geral, senão contra o seu modo zumbificado, que segue transformando tudo em si mesmo enquanto invoca toda sorte de negacionismo. Mas, como muitas vinganças sobrenaturais, isto é, em que naturezas diferentes se chocam, ela infelizmente não diferencia indivíduos.

---

14 <https://www.nature.com/articles/s41598-020-63799-7>; <https://phys.org/news/2020-04-coronaviruses-evolving-millions-years.html>.
15 Tigga Kingston, "Roosting with bats". South Asia Globe, 22 abr. 2020. <https://southeastasiaglobe.com/bats-among-natures-most-misunderstood-animals/>
16 Ibid.

"Eu posso acabar com todos vocês." Talvez, desde o seu emaranhamento cósmico, isso não seja possível. O mesmo tétrico passe de mágica que transforma toda vida em mercadoria transporta e mistura irresponsavelmente genoma pelo globo. Nas palavras de Deborah Bird Rose — antropóloga falecida em 2018 que dedicou seus últimos anos de vida ao estudo e à conservação de outro tipo de morcegos, as raposas-voadoras da Austrália —, está comprometido com a perversão da morte. Corrompe a morte que sustenta e renova a vida em uma outra morte, que enfraquece a vida, impedindo-a de se reinventar e que tem como destino único a extinção. Agora podemos ver melhor: a dupla pandemia na verdade é uma fita de Moebius. Se há vingança, é contra esse regime. E só há um modo de cortar a fita, arrebentar o ciclo maldito: devolver ao que chamamos natureza os seus poderes políticos, produtivos, criadores. Como disse outra autora que perdemos há pouco tempo, Ursula K. Le Guin, "admit[ir] as pedras em nossa comunhão sagrada; para que as pedras talvez nos admitam na delas".[17]

No clássico *Drácula*, dirigido por Tod Browning em 1931, com Béla Lugosi em seu papel icônico, o vampiro se transforma em morcego. A certa altura, ao ouvir lobos uivando para a lua, ele profere as palavras inesquecíveis: "*Listen to them. Children of the night. What music they make!*" Hoje, vivemos todos em um filme de terror. Já passou da hora de a nossa política aprender a arte multiespecífica da polifonia — e esta pode ser nossa última chance.

**Juliana Fausto** é filósofa, com doutorado na linha de pesquisa Filosofia e a Questão Ambiental do Programa de Pós-Graduação em Filosofia da PUC-Rio, onde teve a honra de estudar com Déborah Danowski. É autora de *A cosmopolítica dos animais* (n-1 edições, 2020), de acordo com as novas condições do mundo que ora se urde multiespecificamente. Neste momento, encontra-se quarentenada em apartamento na cidade de Curitiba, com mais um *Homo sapiens*, três *Felis cati* e uma *Eugenia uniflora*.

---

17 Ursula K. Le Guin, *Late in the Day. Poems 2010-2014*. Oakland: MP Press, 2016, p. 89.

(...) 01/05

# Saco plástico na cabeça: a gambiarra na pandemia
Sabrina Sedlmayer

**1. Desbunde experimental**
As máscaras protetoras recomendadas para o enfrentamento do coronavírus sumiram das farmácias e, quando encontradas, apresentavam um preço exorbitante. Esse fato desencadeou, a partir de março de 2020, uma miríade de manifestações no seio do cotidiano que, como é possível verificar nas imagens aqui coletadas por cerca de quarenta dias, sempre por meio das redes sociais, nos surpreendem pelo intenso improviso, pela plástica criatividade e, às vezes, pelo gesto de invenção.

Nesses exemplos, percebemos o que nós, brasileiros, apelidamos de "gambiarra": uma improvisação feita com o que se tem em mãos para sanar uma necessidade específica. Quase sempre originada de forma espontânea, a gambiarra parte de algum produto ou material preexistente e o transforma. Altera a forma anterior para adequá-lo àquela nova emergência. Com isso, cria-se um outro objeto. Geralmente não tem valor algum de troca no mercado, porque não faz parte do sistema econômico do capitalismo. Mas consegue carregar consigo o traço da falta, da escassez, do precário, da fome, do provisório.

As máscaras "customizadas" pelos inventores do cotidiano falam muitas coisas. Há aquelas que estampam principalmente o medo do contágio. Outras exprimem bizarrice, à espera da aprovação do olhar do outro: *épater les bourgeois*. Algumas funcionam como símbolos identitários das preferências culturais de quem as porta. Já tantas querem somente provocar o riso de quem as vê. Tem também algumas que conseguem sair do esquema da imitação da máscara anteriormente exclusiva dos profissionais de saúde e transmitirem recados políticos precisos. Reconheço também alguns traços de lirismo, como aquelas artimanhas que os italianos fizeram (e ainda fazem) para driblar a distância e se sentirem mais perto do vizinho do apartamento: estender uma toalha entre as varandas, improvisarem uma mesa e comerem em companhia, mesmo que cada um em seu *balcone*.

Os materiais dessas máscaras-gambiarra são os mais diversos possíveis e, anteriormente, antes da crise, inimagináveis: lixeira de plástico, garrafa PET, bucha de limpeza, livro, cano PVC, papelão, cone de sinalização, lençol, bandana de tecido, sombrinha, cueca, *soutien*, absorvente, máscara de mergulho, copo plástico e até certos alimentos, como a couve e o repolho.

Foi difícil dividi-las e agrupá-las como estão aqui, porque algumas são da ordem da performance e, paralisadas em fotografias, perdem o frescor. Menos complicado foi descartar dezenas que só tentam reforçar a piada de gosto duvidoso ou do apelo grotesco à procura de *likes* e visualizações. Hoje, à medida que escrevo este texto, abundam *posts* ou perfis inteiros no *Instagram* dedicados a estilizações das máscaras, em *selfies* com forte pendor estético, justamente como João Cabral de Melo Neto identificava o mau poema: aquele que perfumava a flor, aquele que poetizava o poema. Os *posers* nada comungam com a arraia-miúda que está nas ruas, que desfila nos supermercados, nos metrôs. Vejo aí táticas que respondem ao surto do vírus não com impotência e vulnerabilidade, mas com irreverência e humor. Ressalvam a surrealidade dos dias extraordinários de então.

## 2. Carnavalização da técnica

As máscaras protetoras marcam distanciamento, minimizam o contato físico e enfraquecem a comunicação espontânea entre as pessoas. Mas são muitos os tipos e os usos. O grande teórico da carnavalização, Mikhail Bakhtin, ignorou um dado importante: todas as máscaras são ambíguas. Preferiu salientar os aspectos cômicos e positivos do uso desses artefatos durante os dias da festa carnavalesca, pois, para ele, o carnaval era um acontecimento democrático onde todos se tornam um só, todos se tornam iguais, todos conversam de um mesmo lugar. Defendia que se tratava de um rito folclórico típico do renascimento, uma festa livre e familiar, bem diferente do carnaval moderno que, para ele, virara um mero espetáculo.

O que se evidencia nessas reflexões do início do século XX que deram origem a um feixe de derivações luminosas que reverberam até hoje nos estudos teóricos, nas manifestações artísticas e culturais que versam sobre intertextualidade, Antropofagia e o Tropicalismo, é a importância da ferramenta chamada *paródia*: um canto paralelo que, através da negação, refaz, deforma e recria determinado referente. Sempre com caráter duplo, oblíquo, a paródia é uma resposta, é uma consciência dessacralizadora.

A pandemia da COVID-19 chegou como *fato* no Brasil justamente depois do Carnaval 2020, quando máscaras foram utilizadas como fantasia, símbolo de alegria, liberdade crítica, como campo possível para assumir papéis distintos daqueles da rotina. Conta-se, num borrão entre ficção e realidade típico dos relatos que tentam marcar uma origem, que tais artefatos saíram do circuito médico e pululam no Carnaval de Veneza devido à peste bubônica, que foi uma doença que dizimou um terço da população da Europa. O primeiro surto aconteceu no século XIV, o segundo no século XVII. Nesse último, os médicos começaram a usar máscaras com formato de "bico de pássaro" como medida preventiva para se protegerem do miasma. Acreditava-se que o miasma, o mau cheiro, era responsável pela transmissão das doenças. Não sabiam das bactérias que se instalavam nos animais pequenos, principalmente nos ratos. Depois de controlada a peste negra, a fantasia com máscaras no Carnaval passou a funcionar como uma destronização do poder e das ideologias hegemônicas, em nada relacionado à proteção contra a doença. Esse relato pode explicar uma parcela do repertório que inundou os nossos dias, a desenfreada confecção de máscaras para se proteger do coronavírus.

## 3. Pernas, para que te quero

Linda Hutcheon talvez tenha razão ao definir a paródia como um *ethos*, uma reação intencional, um diálogo intrinsecamente afinado com o objeto referido. Diferente da intertextualidade que almeja acessar o repertório do leitor, a paródia é direta com a sua fonte, não faz rodeios, e o escracha. E o que se percebe nesse múltiplo arsenal de máscaras surgidas nos últimos dois meses no Brasil (e no mundo) é mais que jogo ou brincadeira. A hipótese que gostaria de lançar é que há potentes gestos – *práticas, táticas, políticas* – que se alicerçam justamente na escassez de produtos, de recursos e/ou serviços. Nesse paradoxo, na transformação do negativo em positivo, percebe-se uma potência singular na qual a falta é transformada. Essa prática configura um aspecto um tanto original de procedimentos para driblar as adversidades que vão da ordem econômica à técnica.

Os exemplos aqui trazidos demonstram que a gambiarra não é um fenômeno exclusivamente brasileiro e que se deve relativizar a leitura que a encarcera somente como um traço da identidade local. Ernesto Oroza, ao discorrer sobre as geringonças em Cuba, as denomina como "arquitetura da necessidade" e "tecnologia desobediente". No México também a palavra *rasquache*, derivada do nahuatl, foi transformada em movimento estético. O uso pejorativo, pobre, vulgar e inferior passou a ser relacionado a espontaneidade e irreverência. Curiosamente, segundo o *Houaiss*, mesmo a etimologia da palavra gambiarra sendo "obscura e duvidosa" poderá ter relação com "gambias", pernas. Na língua espanhola, uma palavra muito utilizada na língua falada é *gamberro*, que apresenta conexões fonéticas com o termo gambiarra. No *Diccionario crítico etimológico castellano e hispánico*, encontramos que *gamberro* tem origem incerta, mas é utilizada para descrever um libertino, dissoluto, um sujeito marginal. O curioso é que no verbete etimológico há menção também a "gâmbia", perna, e remissão ao uso alentejano, à língua portuguesa. Seriam pernas de homens capazes de fugir, correr, escapar? Para outros, o termo se relaciona com *gambiarã* que, em tupi-guarani, designa "acampamento provisório".

Algo relacionado à marginalidade e ao mesmo tempo à esperteza surge nessa breve pesquisa etimológica. No entanto, em tempos de pandemia, a precariedade é globalizada. Os enfermeiros ingleses, na falta de máscaras, usaram saco plástico na cabeça (fato lembrado pelo ex-ministro da Saúde, Luiz Henrique Mandetta, no discurso de despedida do cargo). Nas fotografias aqui reunidas, reconhecemos norte-americanos nos supermercados, super mascarados. Outras tantas imagens vieram da Espanha. A gambiarra das máscaras da COVID-19 não é exclusividade dos somente países periféricos, cuja desigualdade econômica é aguda. No áspero, há ainda devaneio.

## 4. Fantasmagorias de identidade

A gambiarra na pandemia pode ser entendida, assim, como uma reserva infinita de manifestações que estão soltas, desencadernadas, nômades, na existência humana, em qualquer confim. Algumas imagens aqui coletadas nos remetem ao *objet trouvé* e a outras intervenções das Vanguardas. *Ready-made*, *collage* e *bricolage* dialogam pontualmente com essa cena que não estabelece fronteiras entre arte popular e arte erudita. Nem sequer talvez almejem pensar em termos artísticos. O que vemos aqui nessas imagens é bem diferente de uma robusta cena artística brasileira que emprega materiais que fazem referência aos meios-limites (*odds and ends*, *des bribes et des morceaux*, *hecho de retazos*, feito com os restos) ou com determinados trabalhos cujo *modus operandi* é a gambiarra. Algumas imagens dessa antologia estampam exemplos de vida nua e interrogam a reclusão social. Há desejo de passear pela crise rindo, e não chorando, como cantava Cartola. As máscaras parecem não ter CEP. Saíram dos hospitais e das clínicas e perambulam. No movimento das apressadas idas às farmácias ou aos supermercados, questionam o #iorestoacasa #emcasa #stayathome.

Um arquivo mascarado e anônimo que fala de tentativas de rasura do vazio, do tempo lento da pandemia. O caráter contingente e intempestivo dessa crise abre brechas para o uso de personas, palavra grega que nomeia justamente a máscara que o ator usava no palco quando tinha que desempenhar determinado papel.

*Dedicato ai miei amici in Italia:*
*Roberto, Isa e Vincenzo.*

Agradecimento pela ajuda na coleta de imagens das máscaras-gambiarra: Alexandre Amaro / Antônio Valladares de Andrade / Nathália Valentin / Rafael Climent-Espino / Rivane Neuenschwander / Sofia Maria Pires.

**Sabrina Sedlmayer** é professora da Faculdade de Letras da Universidade Federal de Minas Gerais.

(...)

(...) 02/05

# Traços humanos nas superfícies do mundo

Judith Butler

TRADUÇÃO **André Arias e Clara Barzaghi**

Se antes não sabíamos que partilhamos as superfícies do mundo, agora o sabemos. A superfície que uma pessoa toca carrega o traço dessa pessoa, hospeda e transfere esse traço, afeta a próxima pessoa cujo toque ali pousa. As superfícies diferem. O plástico não carrega o traço por muito tempo, mas alguns materiais porosos claramente o carregam.[1] Algo humano e viral perdura breve ou demoradamente nessa superfície que constitui um dos componentes materiais do nosso mundo comum.

Se não sabíamos o quão importante eram os objetos no vínculo de um ser humano com outro, provavelmente o sabemos agora. A produção, reprodução e consumo de bens carregam agora o risco de comunicar o vírus. Uma encomenda é deixada na porta de casa, os traços do outro que a deixou ali são invisíveis. Ao pegá-la e trazê-la para dentro, faz-se contato com esse traço e com muitos outros que não se sabe. A trabalhadora que deixou a encomenda ali também carrega os traços de quem fez e empacotou o objeto, de quem manuseou a comida. A trabalhadora é um local muito especial de transmissão, assumindo o risco que aqueles que pedem comida em casa procuram evitar. Embora a inter-relação de todas essas pessoas não seja visível, essa invisibilidade não nega sua realidade. O objeto é uma forma social, isto é, uma forma constituída por um conjunto de relações sociais. Isso pode muito bem ser uma verdade geral, mas adquire um novo significado sob as condições pandêmicas: por que o entregador de comida ainda está trabalhando, mesmo que isso o exponha mais prontamente ao vírus do que alguém que recebe a comida por encomenda? Muitas vezes, a escolha enfrentada por ele é a do risco da doença, possivelmente da morte, ou de perder o emprego. A escolha brutal que a trabalhadora teve que fazer dobra-se também no traço humano que o objeto carrega, um traço de trabalho que agora comporta potencialmente um traço do vírus. O vírus não pertence a nenhum corpo

---

1 Contrariamente ao que se pensava no começo da pandemia, estudos logo demonstraram que o coronavírus sobrevive por mais tempo em superfícies lisas. [N.E.]

que o contrai. Não é uma posse nem um atributo, ainda que digamos "fulano ou ciclano *tem* o vírus". Pelo contrário, o vírus chega de outro lugar, submete a pessoa ao seu jugo, transfere-se para um orifício ou uma superfície corpórea pelo toque ou pela respiração, toma o corpo como hospedeiro, escava-o, entra nas células e dirige sua replicação, estendendo seus filamentos letais, tudo isso para penetrar no ar e derramar-se sobre novas superfícies e entrar em novas criaturas vivas. O vírus pousa, entra nas fronteiras corporais e parte para pousar novamente em outra pele ou em um objeto, em busca de um hospedeiro – a superfície de uma encomenda, o material poroso de um mundo compartilhado. Os objetos que delineiam nossas relações sociais são, por vezes, bens, mas, por outras, são corrimãos e plataformas e todos os planos táteis da arquitetura da vida, o assento de um avião, qualquer superfície que hospede e transporte um traço por mais que um momento passageiro. Nesse sentido, as superfícies do mundo nos conectam. No limite, elas estabelecem que somos igualmente vulneráveis ao que atravessa as infraestruturas materiais e que participa da superfície viva das coisas, e nos tornamos mais perigosamente suscetíveis ao que vive nos objetos que nos entremeiam. Dependemos dos objetos para viver, mas há por vezes também algo vivo no objeto, ou um traço vivo de outro ser humano na forma e na superfície do objeto. A porosidade da superfície determina a longevidade e a atividade do vírus, e, assim, as superfícies nas quais o vírus consegue habitar sustentam sua vida. Como se sabe, nós humanos dependemos de um mundo material para estabelecer o equilíbrio e o movimento, para prover o ar que nos mantém respirando, e, dessa maneira, somos subitamente reduzidos aos rudimentos da vida, deliberando a cada passo dado para cumprir seus requisitos mais básicos. Em grande parte, as pessoas parecem temer o contato próximo, cara a cara, a via aérea do vírus. O encontro facial talvez seja ainda mais temido que a contaminação pelo objeto manuseado, e agora parece que a transmissão pelo ar é a forma preponderante. Raramente temos controle total da nossa proximidade com os outros no curso diário da vida: o mundo social é, nesse sentido, imprevisível. A proximidade indesejada de objetos e de outras pessoas é uma característica da vida pública e parece normal a qualquer um que utilize transporte público e que precise se deslocar pela rua de uma cidade densamente povoada: nós esbarramos uns nos outros em espaços estreitos, nos apoiamos nos corrimãos, tocamos qualquer coisa que estiver pelo caminho. E, no entanto, é essa condição de contato e de encontro ao acaso, de roçar uns nos outros ou em qualquer coisa ao nosso redor, que se tornou potencialmente fatal, uma vez que o contato aumenta a possibilidade da doença, e a doença traz consigo a possibilidade da morte. Sob essas condições, os objetos e os outros dos quais necessitamos aparecem potencialmente como as maiores ameaças às nossas vidas.

As condições da pandemia nos impelem a reconsiderar como os objetos estruturam e sustentam nossas relações sociais, encapsulando as relações de trabalho, mas também as condições de vida e morte que o trabalho, o movimento, a sociabilidade, o abrigo implica. Evidentemente, em *O Capital*, Marx nos detalha como o operariado investe seu trabalho no objeto e como o valor do trabalho é transformado em valor de troca no mundo socioeconômico estruturado pelo mercado. Ele procurou por metáforas para descrever como o objeto manufaturado carrega e reflete o traço do trabalho humano, e como o valor desse objeto, transformado em mercadoria, é determinado pelo valor que os consumidores se dispõem a pagar, pelo que os proprietários do lucro querem obter, e tudo isso desemboca na noção de valor de mercado. O objeto foi "mistificado" e "fetichizado" precisamente porque incorporou um conjunto de relações sociais de uma maneira enigmática. Nós não conseguiríamos olhar a mercadoria sob uma ótica que iluminasse essas relações sociais com transparência: elas eram embutidas no objeto de uma forma que permaneceria misteriosa sem o tipo de análise proporcionada por Marx. Nós tínhamos que entender o traço desaparecido de trabalho humano na forma mercadoria junto com o animismo do objeto – esse era um dos seus efeitos mistificantes. Qualquer trabalho materializado em objeto era praticamente suprimido pelo valor de troca desse objeto. O valor de troca suprime do objeto o trabalho materializado, qualquer que ele seja. Apesar de sua negação pela forma mercadoria, o trabalho humano sobrevivia como um traço invisível, não prontamente decifrável. Em outras palavras, era um traço que demandava o tipo de leitura crítica que Marx procurou oferecer. O fato de que as relações sociais sejam coaguladas na forma de objeto não significa que essas relações, em sua qualidade relacional, fossem boas ou justas. Dificilmente! Na verdade, sob as condições do capital, elas eram entendidas como relações tanto de exploração quanto de alienação. E, no entanto, é essa mesma forma que comunica também certos sinais de interdependência social. Uma cadeia de trabalhadores, um sistema de trabalho, tudo entra na mercadoria de algum jeito. A conclusão esperançosa que às vezes vem depois desse *insight* toma forma assim: o objeto carrega o traço de humanos que nós não conhecemos; o objeto conecta pessoas de modos invisíveis, às vezes indecifráveis; logo, pessoas são interconectadas e não apenas indivíduos isolados.

A tentação de regozijar-se com a interconectividade deveria ser, entretanto, rapidamente atenuada pelo reconhecimento de que essas formas de interdependência podem estar imersas em condições de desigualdade e exploração. Mesmo para Hegel, o precursor de Marx, "o Senhor" e "o Escravo" são figuras interconectadas, até mesmo interdependentes, o que não significa que sejam dependentes da mesma forma ou que sejam igualmente dependentes. Nem toda interdependência é recíproca. Ademais, cada um negocia com a vida e a morte uma relação diferente. O Senhor busca consumir o que o Escravo faz para a reprodução de sua própria vida; o Escravo busca produzir o que o Senhor exige tendo em vista assegurar as condições de sua própria vida – condições que o Senhor controla. As relações se condensam nessa forma. Mas será que a superfície carrega a forma de maneira invisível? Não só a forma da superfície, mas a superfície da forma. O corpo da trabalhadora jamais é totalmente suprimido na forma mercadoria porque ela deixa alguns traços do seu corpo no objeto, e também carrega, enquanto trabalha e vive, os traços invisíveis de outras trabalhadoras.

Sob as condições de uma pandemia como a COVID-19, trabalhar em e com objetos de troca potencialmente dispara cargas de vírus letais. Por regra, mesmo fora das condições de pandemia, se perguntamos sobre a forma geral do traço humano que a encomenda carrega, nós também estamos perguntando sobre as condições de vida e morte que sustentam a organização social do trabalho. Quem arrisca sua vida enquanto trabalha? Quem trabalhará até morrer? A mão de obra de quem é mal remunerada e, então, dispensável e substituível? Sob as condições de uma pandemia, essas questões se intensificam. Entre as pessoas que são potencialmente colocadas em risco ao fazer seus trabalhos estão servidores do sistema de saúde, trabalhando sem máscaras adequadas; empregados da Amazon, sem proteção e sobrecarregados; trabalhadores do serviço postal ou entregadores *delivery*, que não sabem se um traço letal é transmitido por ou através deles conforme entregam encomendas e bens; pessoas que vivem com tanto medo, mas que não podem se dar ao luxo de perder esse emprego; pessoas que estão sem emprego e dependem da distribuição pública de comida; aquelas pessoas para quem as ruas são o chão e também o teto; aquelas abrigadas em condições aglomeradas e perigosas, como prisões, ou albergues para indigentes; e aquelas que só podem encontrar comida na rua.

Marx e Hegel fomentam um antropocentrismo segundo o qual a marca ou traço humano anima o objeto com uma vitalidade especificamente humana. O trabalhador tem a vida roubada pelo trabalho, mas a mercadoria emana uma vida cada vez mais vibrante. E se o objeto que uma pessoa precisa é também aquele que ameaça a vida dessa pessoa? Não o objeto sozinho, mas o objeto manuseado, que carrega o traço do outro. O vírus atua na superfície, mas a superfície também atua. O vírus entra no corpo, atua nas células, se insere na ação das próprias células, para então atuar em outros. Todas essas ações atuam quando o humano atua. O humano não é mais que uma parte na cadeia de ações. Por sorte, o objeto não pode transmitir o vírus se está coberto de sabão ou se sua superfície é radicalmente não porosa. Então a porosidade do objeto contribui para a transmissão; o objeto é definido, em parte, por sua porosidade: até o ponto em que ele pode absorver ou carregar outro conjunto de materiais. A porosidade é parte da definição tanto de humanos quanto de objetos; é também uma outra forma de entender sua inter-relação como potencial interpenetrabilidade. "Ficar em casa" supostamente limita essa porosidade, a possibilidade de o vírus ser transmitido entre humanos e através de objetos e superfícies. No entanto, as pessoas que não têm onde morar, vivendo sem abrigo ou apenas em abrigo provisório, ou aquelas forçadas por lei à quarentena em estruturas abarrotadas de gente não podem manter o distanciamento social e não podem confiar na forma de abrigo duradoura e segura que deve protegê-las da exposição ao vírus. Essa é apenas uma forma de desigualdade, de exposição e risco desiguais. Aqueles que foram desprovidos de acesso a cuidados de saúde adequados podem encontrar o vírus com sua imunidade comprometida, condições médicas preexistentes. Não admira que, nos Estados Unidos, os afro-americanos tenham estatisticamente mais chance do que gente branca de apresentar sintomas, de sofrer em maiores números e de precisar de hospitalização para sobreviver.

Na superfície, por assim dizer, a transmissão do vírus por meio de objetos nada tem a ver com a transmissão do valor do trabalho para o valor de troca. Afinal de contas, o vírus parece trazer o mercado e as finanças a um impasse. O mercado de ações despenca, os salários e as poupanças são perdidos, os postos de trabalho subtraídos. Ao mesmo tempo, entretanto, surge rapidamente um outro mercado para lucrar com a pandemia. Muitos críticos sociais já publicaram textos sobre o coronavírus e o capitalismo, abrindo um campo vital de pensamento e de ativismo. Está em jogo saber se o capitalismo se aproveitará da pandemia como uma nova oportunidade para a acumulação de riqueza para aqueles que têm capital, ou se a pandemia vai pôr em xeque o capitalismo desenfreado, lembrando-nos da condição global que agora toca nossas vidas. Enquanto alguns sustentam que as desigualdades se intensificarão sob as condições da pandemia e o que se seguirá dela, outros sustentam que as comunidades de cuidado que estão se organizando agora irão despertar, ou darão novos contornos à potência do socialismo, à solidariedade horizontal e a uma genuína ética do cuidado. Fato é que não sabemos. Quando o discurso público se volta para essa questão de como o mundo recomeçará, podemos imaginar que o mundo será o mesmo (mas cujas desigualdades se intensificarão) ou que será um mundo novo (no qual reconheceremos nossa radical igualdade e interdependência). A minha aposta é que o conflito entre essas duas visões se tornará mais pronunciado. A continuação da emergência climática exige que se reduza a produção, a extração, a perfuração e os danos ambientais que cada vez mais destroem os mundos-de-vida dos indígenas. O vírus coloca em primeiro plano as diferenças raciais e geopolíticas do sofrimento, e assistimos com clareza a resposta racista às condições da pandemia na Índia, culpando a minoria muçulmana, o racismo contra asiáticos nos Estados Unidos e na América Latina e o fracasso intencional do Estado israelense de prestar assistência médica à Gaza, onde a população palestina é contida à força em quarteirões estreitos com equipamentos de saúde profundamente inadequados. A negligência intencional dos efeitos letais da pandemia nas prisões é um tipo de assassinato por omissão. Essa nova forma de sentença de morte não passa de mais um exemplo de como a população encarcerada é vista como descartável, populações cujas vidas não "vale" a pena salvar. Antes de mais nada, a pandemia intensifica a luta que opõe o capitalismo e suas desigualdades sistêmicas, a destruição do planeta, a subjugação e a violência colonial aos direitos dos sem-teto e da população encarcerada, das mulheres, pessoas *queer* e trans, todas as minorias cujas vidas são consideradas como não importantes.

Ao mesmo tempo que está cada vez mais evidente que uma vida se vincula a uma outra vida e que esses vínculos cruzam regiões, línguas e nações, que eles anunciam um comitê de solidariedade global para o estabelecimento de condições dignas para todas as vidas, está igualmente evidente que as desigualdades profundas e intensas têm novas oportunidades de crescimento sob a pandemia. Podemos predizer e profetizar na direção da utopia ou da distopia, mas nada disso nos ajuda a firmar um ativismo contrário à obscena distribuição de sofrimento em operação agora.

Sim, o vírus nos liga através de seus objetos e de suas superfícies, através do encontro de perto com pessoas estranhas e íntimas, confundindo e expondo os vínculos materiais que tanto condicionam quanto põem em perigo a perspectiva da vida mesma. Mas essa igualdade perigosa e potente é transfigurada em um mundo social e econômico onde se impõe uma miríade de formas de desigualdade e uma demarcação notória das vidas descartáveis. As comunidades de cuidado que construímos podem prefigurar uma igualdade social por vir mais radical, mas, se elas não ultrapassarem as fronteiras de comunidades locais, línguas e nações, não veremos o sucesso da tradução dos experimentos comunitários em uma política global. As superfícies da vida ensinam aos humanos sobre o mundo que compartilham, insistindo que estamos interconectados. Mas enquanto os sistemas de saúde continuarem inacessíveis e impagáveis para tantas pessoas, enquanto os ricos, os xenófobos, os racialmente privilegiados persistirem com sua convicção arrogante de que serão os primeiros da fila para qualquer vacina que surja, para o antiviral prometido ou para o acesso ao plasma repleto de anticorpos, aqueles laços serão quebrados e arruinados, a desigualdade se intensificará. As consequências são óbvias: a vida é um direito só dos privilegiados. O vírus não traz consigo nenhuma lição moral; é uma angústia sem justificativa moral. E, no entanto, nos oferece uma visão refratada de uma potente e interconectada solidariedade global. Isso não ocorrerá por vontade própria, mas apenas por meio de uma luta que se renova agora, durante o *lockdown*, em nome da igualdade do vivente.

Berkeley, 12 de abril de 2020

**Judith Butler** é filósofa, autora, entre outros, de *Corpos que importam* (n-1 edições & crocodilo, 2019).

(...) 04/05

# Agora somos todos Índios

Bruce Albert

TRADUÇÃO Oiara Bonilla

Dia 9 de abril, a COVID-19 fez sua primeira vítima fatal entre os Yanomami. Trata-se de um adolescente de quinze anos, originário de uma comunidade da bacia do rio Uraricoera (RR), massivamente invadida por garimpeiros. Apresentando sintomas respiratórios característicos, o jovem, desnutrido e anêmico em razão de crises sucessivas de malária, foi, ao longo de 21 dias de sofrimento, encaminhado em vão de uma instituição sanitária a outra, sem nunca ser submetido a um teste de COVID-19.

O teste foi realizado somente no dia 3 de abril, após nova hospitalização, quando já estava em estado crítico, sendo necessário interná-lo na UTI. Faleceu em 9 de abril, vítima da incúria dos serviços de saúde locais, tornando-se possivelmente um "supertransmissor" da doença, já que passou três semanas circulando entre os membros de sua comunidade, seus amigos e diversos agentes de saúde. Paira, assim, sobre os Yanomami, a ameaça iminente de um novo desastre sanitário.

Esse povo já sofreu várias epidemias letais de doenças virais a cada nova entrada dos Brancos em suas terras: com a Comissão de Limites nos anos 1940, com o Serviço de Proteção aos Índios nos anos 1950, com os missionários evangélicos nos anos 1960 e, nos anos 1970, com a abertura da estrada Perimetral Norte. A partir dos anos 1980, e regularmente desde então, seu território vem sendo invadido por hordas de garimpeiros — hoje cerca de 25 000 — que, muito provavelmente, estão na origem desse primeiro caso letal de COVID-19, além de propagarem gripes, malária, tuberculose e doenças sexualmente transmissíveis.

O caso do jovem Yanomami constitui, portanto, um símbolo trágico da extrema vulnerabilidade na qual se encontram hoje os povos indígenas frente a alta virulência dessa nova doença. Já maciçamente contaminados pelos Brancos que arrancam freneticamente de suas terras minérios, madeira ou animais selvagens, sem acesso a uma assistência sanitária digna desse nome, os Yanomami estão novamente abandonados à sua própria sorte e condenados à dizimação na indiferença quase total.

Mas, com essa pandemia, algo subitamente mudou. De repente, nós, Brancos, estamos tão desamparados perante a COVID-19 quanto os Yanomami perante as epidemias letais e enigmáticas (*xawara a wai*) que nosso mundo lhes inflige há décadas. Pouco sabemos dessa doença; não temos imunidade, remédios ou vacina para enfrentá-la. Só resta nos confinar com nossas famílias, na esperança de sairmos ilesos, com a mesma ansiedade e impotência que os Yanomami sentiam quando se isolavam, em pequenos grupos na floresta, para tentar escapar de *Xawarari*, o espírito canibal da epidemia.

Essa catástrofe sanitária agora comum, causada pela emergência de um novo vírus favorecida pelo desmatamento e pela mercantilização dos animais selvagens, deve hoje, mais do que nunca, nos induzir a repensar o rumo de nosso mundo. Ao destruir cegamente as florestas tropicais, sua biodiversidade e os povos indígenas que as habitam com sabedoria, o "Povo da Mercadoria" (como nos rotulou Davi Kopenawa) acaba virando contra si mesmo as consequências de sua predação desenfreada, tornando-se, assim, a vítima final de sua própria *hybris*. Esta é a mensagem que os xamãs Yanomami tentam nos transmitir há décadas.[1]

De fato, torna-se cada dia mais claro que o destino trágico que reservamos aos Yanomami – a todos os povos indígenas – terá sido apenas uma prefiguração do que estamos hoje nos infligindo a nós mesmos, desta vez, em escala planetária. Como Lévi-Strauss o anunciou profeticamente enquanto denunciava "o regime de envenenamento interno" no qual estamos nos afogando: "[...] *doravante todos Índios, estamos fazendo de nós mesmos o que fizemos deles.*"[2]

**Bruce Albert** é antropólogo e trabalha com os Yanomami desde 1975.

---

[1] Davi Kopenawa; Albert Bruce, *A queda do céu: palavras de um xamã yanomami*. Trad. Beatriz Perrone-Moisés. São Paulo: Companhia das Letras, 2015.
[2] Ver: Salvatore d'Onofrio, *Lévi-Strauss face à la catastrophe*. Paris: Mimésis, 2018.

(...) 04/05

# Documento final do Acampamento Terra Livre 2020

Entre os dias 27 e 30 de abril, indígenas de todo o Brasil participaram da primeira edição virtual do Acampamento Terra Livre (ATL). Inicialmente adiado em função da pandemia de COVID-19, a Articulação dos Povos Indígenas do Brasil (Apib) optou por realizar o ATL 2020 em formato virtual.

Os painéis, mesas e debates foram transmitidos ao vivo pelas redes sociais da Apib, pelas organizações da Mobilização Nacional Indígena (MNI) e por demais organizações parceiras.

No último dia do encontro, foi divulgado o documento final da 16ª edição do ATL, que segue abaixo, com uma análise do contexto de ataque que os povos indígenas enfrentam no Brasil e uma série de reivindicações ao Estado brasileiro.

**DOCUMENTO FINAL**

Nós, povos, organizações e lideranças indígenas de todas as regiões do Brasil, impossibilitados de nos encontrar pessoalmente na Grande Assembleia Nacional – o Acampamento Terra Livre –, que há 16 anos realizamos na capital federal, em decorrência da necessidade do isolamento social imposto pelo novo coronavírus, a pandemia da COVID-19, realizamos o ATL de modo virtual, com uma grande quantidade de discussões, debates, seminários, depoimentos e *lives* durante toda essa semana. Resistentes há 520 anos frente todo tipo invasões, que, além da violência física, do trabalho forçado, do esbulho e da usurpação dos nossos territórios, utilizaram-se das doenças como a principal arma biológica para nos exterminar, atacados atualmente pelo pior vírus da nossa história, o Governo Bolsonaro, viemos de público nos manifestar.

Denunciamos perante a opinião pública nacional e internacional que nós, povos indígenas do Brasil, mais de 305 povos, falantes de 274 línguas diferentes, estamos na mira e somos vitimados por um projeto genocida do atual governo de Jair Messias Bolsonaro, que já desde o início de seu mandato nos escolheu como um de seus alvos prioritários, ao dizer que não iria demarcar mais nenhum centímetro de terra indígena e que as demarcações realizadas até então teriam sido forjadas, e que, portanto, seriam revistas.

Bolsonaro, logo que assumiu o governo, editou a medida provisória 870/19, na qual determinava o desmembramento da Fundação Nacional do Índio (FUNAI) e suas atribuições, repassando a parte de licenciamento ambiental e de demarcação de terras indígenas ao Ministério de Agricultura, comandado pela bancada ruralista, inimiga de nossos povos, na pessoa da ministra fazendeira Teresa Cristina, a "musa do veneno". Foi necessária uma grande mobilização da nossa parte e dos nossos aliados para que o Congresso Nacional rejeitasse esse dispositivo administrativo.

Bolsonaro desmontou, por um lado, as políticas públicas e órgãos que até então, ainda que precariamente, atendiam aos nossos povos, aparelhando-os com a nomeação de pessoas assumidamente anti-indígenas, como o presidente da Fundação Nacional do Índio, o delegado Marcelo Augusto Xavier da Silva. Este, ex-assessor dos ruralistas na CPI da FUNAI/INCRA, que incriminou servidores públicos, lideranças indígenas, indigenistas e procuradores, publicou no Diário Oficial da União, no último dia 22 de abril, a Instrução Normativa nº 09, que "dispõe sobre o requerimento, disciplina e análise para emissão de declaração de reconhecimento de limites em relação a imóveis privados em terras indígenas". A medida contraria o dever institucional do órgão indigenista de proteger os direitos e territórios dos povos indígenas, uma vez que quer legitimar e permitir a emissão de títulos de propriedade para invasores das terras indígenas. Soma-se a esta determinação do presidente da FUNAI a decisão de rever ou anular procedimentos administrativos de demarcação de terras indígenas, a exemplo do Tekoha Guasu Guavirá, municípios de Guaíra e Terra Roxa (PR), do povo Avá-Guarani, a substituição ou inviabilização de Grupos de Trabalho de identificação e delimitação, a desarticulação ou desconfiguração de Diretorias do órgão indigenista, a perseguição moral a servidores, a manutenção de políticas públicas somente para terras homologadas e, na atual conjuntura, a irresponsabilidade de não equipar, inclusive financeiramente, as coordenações regionais e equipes de base para proteger os nossos povos e territórios dos avanços da pandemia do coronavírus, além de arquitetar o ingresso de pastores fundamentalistas nos territórios indígenas.

Assim, esse governo, subserviente aos interesses econômicos nacionais e ao capital internacional, quer restringir os nossos direitos, principalmente territoriais, ao incentivar o avanço de práticas ilegais sobre as nossas terras, tais como: o garimpo, o desmatamento, a exploração madeireira, a pecuária, monocultivos e a grilagem, que está para ser legalizada por meio da MP 910/19, em tramitação no Congresso Nacional, e ainda a grande mineração e diversos empreendimentos de infraestrutura como hidrelétricas, linhas de transmissão e estradas. Tudo isso, numa clara tentativa de transformar as terras públicas em mercadoria.

Todos esses atos ilícitos e inconstitucionais constituem um projeto de morte para os nossos povos. Eles implicam na destruição das nossas matas, dos nossos rios, da biodiversidade, das nossas fontes de vida, enfim, da Natureza, da Mãe Terra; patrimônio preservado há milhares de anos pelos nossos povos e que até hoje contribui estrategicamente para a preservação do equilíbrio ecológico e climático e do bem-estar da humanidade, prestando importantes serviços ambientais ao planeta.

É esse patrimônio que os ruralistas, o agronegócio e as corporações internacionais querem nos roubar, por meio da restrição ou supressão dos nossos diretos constitucionais, alegando que os nossos direitos originários, e a nossa própria existência, constituem um empecilho para os seus empreendimentos e planos de suposto desenvolvimento. Dessa forma tentam reverter a base legal, nacional e internacional, dos nossos direitos, por meio de medidas como o Parecer 01/17, com a tese do marco temporal, que quer limitar o nosso direito às terras que tradicionalmente ocupamos a 5 de outubro de 1988, data de promulgação da Carta Magna, que, na verdade, só veio a reconhecer um direito que já era nosso, nato, de origem, antes, portanto, da invasão colonial e do surgimento do Estado nacional brasileiro.

O nosso extermínio parece ser uma questão de honra para o governo Bolsonaro, que, se aproveitando da crise da Pandemia, acirrou o descaso para com os nossos povos. Assim, também pôs fim às políticas públicas diferenciadas conquistadas por nós nos últimos trinta anos na área da educação, alternativas econômicas, meio ambiente e principalmente da saúde. Após pretender municipalizar ou privatizar o subsistema de saúde indígena, com o fim da SESAI, com a disseminação do coronavírus nos nossos territórios ficou claro que o governo quer mesmo a nossa extinção: não nos protege de invasores, permitindo que estes contaminem as nossas comunidades, o que pode levar à extinção massiva, a começar pelos nossos anciões, fontes de tradição e sabedoria para os nossos povos, principalmente para as novas gerações. E como se não bastasse, o governo estimula o assédio e a violência de interesses privados sobre os nossos bens naturais e territórios sagrados. A recente demissão do diretor de fiscalização do IBAMA após ações repressão ao garimpo em Terras Indígenas no sul do Pará é bastante elucidativa das intenções do atual governo.

Diante dessa institucionalização do genocídio por parte do governo Bolsonaro, alertamos a sociedade nacional e internacional, reivindicando:

1. A imediata demarcação, regularização, fiscalização e proteção de todas as terras indígenas;

2. A revogação do Parecer 001/17 da Advocacia Geral da União;

3. A retirada de todos os invasores de terras indígenas – garimpeiros, grileiros, madeireiros, fazendeiros –, dado que eles são agentes destruidores dos nossos recursos naturais e de nossas culturas e, em especial neste momento, propagadores de doenças e da COVID-19, constituindo um grave risco para todos os povos, em especial os povos indígenas voluntariamente isolados;

4. A adoção de medidas que restrinjam o acesso de pessoas estranhas nas comunidades indígenas, dentre eles garimpeiros, comerciantes, madeireiros, bem como

(...)

de grupos religiosos fundamentalistas proselitistas que propagam, nas terras indígenas, a demonização de modos de vida, espiritualidades, saberes, formas tradicionais de tratar as doenças;

5. A implementação de ações que visem garantir saneamento básico, água potável, habitação adequada e demais equipamentos que assegurem boa infraestrutura sanitária nas comunidades;

6. A adoção de medidas que garantam boa situação nutricional em todas as comunidades indígenas e a garantia de um plano permanente de segurança e soberania alimentar para os nossos povos e comunidades;

7. A viabilização de ingresso e permanência das equipes de saúde em área, assegurando-se, com isso, que as ações de prevenção e proteção a pandemia sejam efetivas e continuadas;

8. A infraestrutura e logística adequadas para as equipes de saúde, destinando-lhes todos os equipamentos necessários para o desenvolvimento das ações de proteção e prevenção às doenças, tais como medicamentos, soros, luvas, máscaras, transporte, combustível;

9. A garantia de que haja, para além das comunidades – nos municípios e capitais –, hospitais de referência para o atendimento de média e alta complexidade, onde se poderá realizar exames clínicos e promover adequada internação para tratamento dos doentes da COVID-19 e de outras doenças;

10. A destinação de recursos financeiros para a aquisição de materiais de proteção para todas as pessoas das comunidades indígenas, tais como água limpa, sabão, água sanitária, álcool gel, luvas e máscaras, bem como que haja a adequada orientação das pessoas quanto ao uso importância destes materiais neste período de pandemia;

11. A capacitação dos agentes indígenas de saúde, dos agentes sanitários e ambientais, das parteiras e de todos os que atuam na área da saúde, dentro das comunidades, tendo em vista a proteção e prevenção da COVID-19;

12. A imediata contratação de profissionais em saúde – médicos, enfermeiros, técnicos em enfermagem, epidemiologistas – para atuarem em áreas indígenas, compondo e ampliando as atuais equipes de saúde;

13. A contratação, de imediato, de testes, para realização de exames da COVID-19 em todas as comunidades, no maior número possível de pessoas, para com isso se obter um diagnóstico efetivo sobre a atual situação da pandemia dentro das terras indígenas e aprimorar as ações quanto a sua prevenção, controle e tratamento;

14. A subnotificação de indígenas deve ser interrompida, pois todos os agravos de indígenas devem ser notificados como um todo, independentemente de estarem em Terras Indígenas regularizadas ou não, mesmo morando em áreas urbanas. Que o Ministério da Saúde e o Centro de Operações de Emergência em Saúde Pública garantam que o Boletim Epidemiológico da COVID-19 inclua todos os casos de contaminação e óbitos de todos os indígenas, inclusive a fim de apoiar a inclusão de dados que orientem as políticas públicas;

15. A formação de um Comitê de Crise Interinstitucional, com assentos assegurados para os povos indígenas, nomeados pela APIB, para definição das estratégias de proteção dos povos indígenas, visando ao monitoramento conjunto de ações de proteção territorial, segurança alimentar, auxílios e benefícios, insumos e protocolos contra transmissão para todos os povos indígenas. Este Comitê não se confunde com o Comitê de Crise Nacional, o qual envolve unicamente a Secretaria Especial de Saúde Indígena e exclui cuidados junto aos indígenas fora das Terras Indígenas;

16. Que a FUNAI e a SESAI, assim como as Coordenações Regionais da Funai (CRs) e os Distritos Sanitários Especiais Indígenas (DSEIs), sejam incorporados nos Centros de Operações de Emergência em Saúde Pública em níveis nacional, estaduais e municipais;

17. Que o Congresso Nacional arquive todas as iniciativas legislativas que a bancada ruralista e outros segmentos do capital apresentam visando restringir ou suprimir os direitos fundamentais dos nossos povos, principalmente o direito originário às terras que tradicionalmente ocupamos;

18. Que o Judiciário suspenda todas as proposições de reintegração de posse apresentadas por invasores, supostos proprietários ou empreendedores contra povos indígenas que tomaram a determinação de retomar as suas terras tradicionais;

19. Que o Supremo Tribunal Federal julgue na maior brevidade o Recurso Extraordinário — RE nº 1017365, com caráter de Repercussão Geral, a fim de consagrar, definitiva e cabalmente, o Indigenato, o direito originário, nato, congênito de ocupação tradicional das nossas terras e territórios, a fim de corrigir a trajetória de agressão aos povos indígenas do Brasil.

(...)

20. Que o governo Bolsonaro suspenda a execução de quaisquer obras de infraestrutura (hidrelétricas, estradas etc.) ou agroindustriais que podem impactar os nossos territórios, uma vez que propiciam a presença de não indígenas, potenciais agentes de propagação do coronavírus e outras doenças perniciosas para os nossos povos e comunidades.

21. Por fim, exigimos a revogação da Instrução Normativa 09, de 16 de abril de 2020, publicada pelo presidente da FUNAI, na edição de 22 de abril do Diário Oficial da União (DOU), que permite, de forma ilegal e inconstitucional, o repasse de títulos de terra a particulares dentro de áreas indígenas protegidas pela legislação brasileira. E que o Congresso Nacional arquive a Medida Provisória 910/19, que tenta legalizar o ato criminoso da grilagem nos nossos territórios, Unidades de Conservação e outros territórios de comunidades tradicionais.

Aos nossos povos e organizações, dizemos: resistir sempre, com a sabedoria que recebemos dos nossos ancestrais, pelas atuais e futuras gerações dos nossos povos. E que a solidariedade nacional e internacional se intensifique, neste momento de morte, fortalecido pelos descasos do Governo Bolsonaro, e ao mesmo tempo de gestação de um novo tempo para os nossos povos, a sociedade brasileira e a humanidade inteira.
Pelo direito de Viver. Sangue Indígena Nenhuma Gota Mais.

Brasil, 30 de abril de 2020<br>
XVI Acampamento Terra Livre 2020<br>
Articulação dos Povos Indígenas do Brasil Mobilização Nacional Indígena

(...) 05/05

# Corpo isolado, revolta e poesia
## Salvador Schavelzon

Em perigo, a holotúria se divide em duas:
com uma metade se entrega à voracidade do mundo,
com a outra foge.

Desintegra-se violentamente em ruína e salvação,
em multa e prêmio, no que foi e no que será.

No meio do corpo da holotúria se abre um abismo
com duas margens subitamente estranhas.

Em uma margem a morte, na outra a vida.
Aqui o desespero, lá o alento.

Se existe uma balança, os pratos não oscilam.
Se existe justiça, é esta.

Morrer só o necessário, sem exceder a medida.
Regenerar quanto for preciso da parte que restou.

Também nós, é verdade, sabemos nos dividir.
Mas somente em corpo e sussurro interrompido.
Em corpo e poesia.

De um lado a garganta, do outro o riso,
leve, logo sufocado.

Aqui o coração pesado, lá *non omnis moriar*,
três palavrinhas apenas como três penas em voo.

O abismo não nos divide.
O abismo nos circunda.
 *In memoriam Halina Poświatowska*

"Autonomia",[1] poema de Wisława Szymborska, 1972

O poema acima chegou até mim via WhatsApp como corrente iniciada por amigos que organizaram a leitura diária de poemas para levar a quarentena melhor. Ele me tocou porque dialoga com a fratura que vejo hoje percorrer nosso mundo. Vivemos um momento em que o corte das rotinas anteriores abre um estado de interrogação no qual somos convocados a pensar no fim de muitas coisas, com dificuldades extraordinárias e não previstas, que nos junta e nos divide, nos aproxima numa causa comum, mas nos separa na forma em que cada um consegue exercitar uma *boa* distância.

Com o confinamento, fica em evidência a artificialidade do arranjo em que vivemos quando toda função, atividade ou serviço é redefinido ou continuado somente após nova e sucessiva confirmação. O pacto social se explicita e, mesmo que aparentemente estejamos impossibilitados de discutir seus termos, ele parece estar sendo modificado para ser assinado novamente. Temos o Leviatã do outro lado da mesa exigindo novos condicionamentos, antes de restabelecer a segurança e a dinâmica da ordem social. Será que podemos nos manter sem assinar?

O poema é dedicado à memória da poeta polonesa Halina Poświatowska, que morreu com 32 anos em decorrência de cardiopatia e problemas respiratórios adquiridos quando criança, durante a ocupação nazista da Polônia. Impossível separar funcionamento biológico da vida político social. Este texto busca pensar nessa interseção, na encruzilhada em que nos encontramos.

A holotúria, também chamada de pepino-do-mar, é um equinodermo tentacular utilizado no Oriente como iguaria gastronômica e também na medicina tradicional, inclusive contra a malária e a artrite, da mesma forma que a hidroxicloroquina... Segundo uma pesquisa rápida da internet, vemos que esse ser do fundo do mar tem capacidade de se autodesmembrar em caso de perigo, depois se regenerando a partir do corpo restante. Em caso de ameaça, a holotúria expele partes do abdome, genitais, intestino e pulmão através do ânus ou de fendas da pele como modo de amputação que distrai os inimigos. Na poesia de Szymborska, a expressão latina *non omnis moriar*, provinda de um verso de Horácio, se traduz por "não morrerei completamente".

Qual é a fissura que, como no corpo da holotúria, separa hoje a vida da morte, o perigo da possibilidade de sobreviver? Pensando no nível do funcionamento da vida social, a poesia permite entender o desafio da necessidade de revolta que se impõe para além ou com a urgência da preservação física. Significa manter em pé a necessidade de luta que a nova situação não posterga nem suspende na sua urgência.

Na pandemia, renunciamos de forma voluntária ou proposta pelo Estado a muito do que nos era familiar. Não nos aproximamos uns dos outros como antes e paramos

---

1 Wisława Szymborska, "Autonomia". In: *Um amor feliz*. Trad. Regina Przybycien. São Paulo: Companhia das Letras, 2016.

de circular territorialmente fora dos lugares onde dormimos. O inédito das medidas alcança também a interrupção da produção, a venda e a distribuição de variadas mercadorias. Ainda que momentaneamente, se interrompe notavelmente aquilo que não era suposto de poder parar.

O planeta volta a se mostrar mais difícil de acabar que o capitalismo e a espécie humana, ambos fragilizados simultaneamente. A nossa espécie se diferencia agora não pelas qualidades específicas da sua civilização (capacidade de linguagem e comunicação, de trabalho, de história), mas por uma nova fragilidade respiratória que exige interromper tudo. Forçada a sair momentaneamente da arrogante ideia do controle da natureza, reaparece nossa conexão com o restante do ambiente como algo inocultável. Nos encontramos num universo onde não estamos sós, e gotículas, vírus, remédios, morcegos e oxigênio produzido por florestas se conectam num único tecido. O capitalismo não se mostra desarticulado, mas inesperadamente mostra sua subordinação à vida, quase nunca em evidência.

Na pandemia, encontramos uma igualação de todas as pessoas imposta pela dependência de iguais condições pulmonares para poder respirar, mas, como a holotúria perante o perigo, ela também nos divide. Apesar dos discursos de união e um imaginado corpo social coeso que nos convoca como população, como País, como família, suspendendo a individualidade pela possibilidade de qualquer um de contagiar, na realidade muitos são obrigados a ter que continuar circulando. Quem deve garantir o fornecimento de bens essenciais e cuidado da saúde se vincula ainda à ideia recuperada de que somos um "social", mas por uma lógica de sobrevivência outros devem circular com efeitos em direção contrária do novo consenso geral. Enquanto um rumo único revitaliza a ideia de *welfare State* a realidade - respiratória e econômica - de muitos mostra a inevitável falência de qualquer Estado para lidar com o que nos desafia viralmente.

A resistência que a holotúria nos propõe, ejetando parte dela para se preservar, pode ser lida com perversidade neoliberal ou evolucionista, de sobrevivência dos mais aptos, os mais fortes ou com mais recursos para superar a enfermidade... conseguir uma vaga no hospital caso precise, frente o descarte dos que não consigam, os perdedores na concorrência de todos com todos por não adoecer até que a curva de óbitos se estabilize. A biologia se encontra com a economia e a sociedade nas mãos do Estado, como administração de leitos, cidadãos, mortes e vírus no ar. Mas a holotúria inspira a poeta também de outra maneira.

Quando o poema de Szymborska se refere à autonomização defensiva da holotúria presente também entre nós, os humanos, o que o corpo emite e deixa ir, como sussurro sufocado, é o riso e o poema. O abismo não nos divide de forma simples, afastando a morte de nós: o perigo nos circunda. Entre nós, o que não morre parece não ser apenas nosso corpo, que se protege, mas também o que sai de dentro de nós. Pensando na pandemia, podemos encontrar por esse caminho um lugar que está além da proteção mais imediata do corpo e da saúde. A experiência de viver em quarentena nos permite imaginar pequenos atos que se encontram nesse lugar, todo dia, entre o heroísmo, a transgressão, para além do enquadramento.

Para além do Leviatã e sua tentativa de administrar a natureza na busca de um antídoto que elimine o perigo e nos devolva os poderes de super-homens dominantes do planeta, não encontramos apenas a irresponsabilidade de alguns capitalistas, a ignorância da verdade da ciência, a inconsciência ou cansaço que avança contra o social. Para além do cuidado do corpo, entregue para as autoridades sanitárias, existe também agora, quando tudo é reavaliado, a possibilidade de superação dessa ordem social onde o que hoje nos ataca foi engendrado.

Sem questionar a organização do mundo que hoje é suspenso, encontramos a posição homicida de quem diz que o País não pode parar, mas também uma defesa hipócrita da quarentena que não leva em consideração a incapacidade de proteção perante o vírus de quem é obrigado a sair e não tem como adotar o confinamento. Nenhuma dessas duas posições políticas que hoje organizam a discussão de gestão política estatal nos serve. O vírus se mantém no ar, mas só alguns o encontram. E dessa forma não discutimos como geramos coletivamente a obrigatoriedade dessa circulação de uma parte de nós que será sacrificada como na defesa da holotúria.

Industriais e gestores do Estado assessorados por experts medem se haverá muito contágio, ou contam já com a previsão de ocorrência de infecções e mortes como parte do cálculo político ou empresarial. Comparam tabelas de contagem de infecção e morte em países, províncias, cidades, bairros, locais de trabalho. Milhões de corpos relacionados ao fornecimento e distribuição, à sobrevivência e subordinação hierárquica no contexto do trabalho, já tiveram o botão de "continuar" acionado. Veem como até as pessoas mais próximas os tratam como apestados, sem o heroísmo reconhecido para os trabalhadores da saúde, que também devem se adequar a uma lógica de guerra sem os cuidados correspondentes.

Pensando no corpo social único que se preserva para regenerar, a margem premiada no poema, a necessidade de defesa demarca um novo limiar civilizacional e de cidadania entre os que estão dentro e os que ficam de fora. Esses conceitos se aplicam porque envolvem sempre a definição de quem será excluído. Na quarentena, os de dentro são os que cuidam, os que podem cuidar de si e ser cuidados. Quem circula, tosse sem cuidado ou promove a circulação não participará da civilização dos vencedores da pandemia. Com os dispensáveis pelo lucro ou a exclusão, a margem da vida delimita também um bom governo e outro que não contribui à curva achatar.

Surpreende o tamanho da nova coalizão. E conhecendo os participantes, nos perguntamos até onde poderemos avançar juntos sem repensar a nossa vida no mundo. Ou será que nos exigem deixar qualquer diferença para depois? Assistiremos à regeneração de uma social-democracia cínica, que celebra a volta do Estado, mas não se divorciará dos mercados e continuará apostando no mesmo modelo de produção.

O velho mito da comunidade nacional está hoje na ordem do dia, como um abraço com o cotovelo de empresários em busca de recursos públicos, trabalhadores obrigados a responder à pandemia a partir da margem de cuidado que lhes é permitida sem ser consultados e um Estado especialmente dedicado a preservar a ordem. O novo pacto social, assim, estará mais perto das mensagens da nova etiqueta sanitária incorporada por marcas que não aplicam esses cuidados à circulação e trabalho que elas mesmas geram, ou pelas medidas de suspensão produto da necessidade de manter vivos quem precisa voltar a trabalhar, antes que por uma mobilização social de força criativa.

Se o Estado de modelo chinês, fascista ou progressista fracassa, e o capitalismo verde do *Green New Deal* não convence ninguém, talvez encontremos um misto de formas velhas com um novo funcionamento pós-pandemia que incorpore as transformações que já estavam encaminhadas e que, agora, se aceleram. Erguido da rapinha intercapitalista dos que se beneficiam das ruínas e da falência de um capitalismo "nacional", um capitalismo menos controlável pelo Estado avança apostando fortemente nas novas condições de distribuição e venda, apoiadas na produção ubíqua e descentralizada que depende de uma precariedade da força de trabalho com custo zero e sem nenhum compromisso com a velha ideia do "social".

Por esse caminho, vemos uma cisão que redefine o capitalismo entre o assalariado e o precário, com ou sem renda, entre a fábrica e a plataforma de geolocalização, entre especulação financeira, serviços, informalidade e endividamento generalizado. O abismo nos circunda, e é outro o lugar onde devemos estar. Não há apenas um modo de enfrentar a pandemia, embora, como em tempos de guerra, exista apenas um único comando geral. É no lugar das lutas que é possível quebrar a hierarquia obrigatória do consenso e revisar as receitas e diagnósticos construídos com a força de estatísticas que opõem morte a vida, mas não permitem perguntar qual vida.

Contra a nova civilização que se mantém a mesma, ou como dilaceramento que sai desta e toma outro rumo, nos perguntamos pelo espaço para uma insurgência que construa um mundo novo com outro ritmo e outra orientação principal. Como lutar, hoje, enquanto se impõem restrições ao encontro e as ferramentas de controle se aperfeiçoam? Como podemos questionar um modelo de desenvolvimento, de Estado e de ciência que, longe de melhorar os modos de existência e subsistência de milhões, se relaciona com as condições de possibilidade da pandemia e com as dificuldades e despreparo para enfrentá-la em que nos encontramos?

O perigo – mostra a holotúria – pode obrigar à invenção de algo novo. Um pouco de voracidade pelo mundo e um pouco de fuga, que nos permita voltar como fantasma que assombra qualquer novo pacto como escolha fatalista. Recusando que para preservar a vida seja necessário abrir mão do risco e da poesia, ou da revolta, a pandemia nos convoca a buscar caminhos para que uma mobilização semelhante e maior que atual se volte também para o questionamento da ordem social, com novas instituições a nascer, outro regime de relação com o mundo não humano, e que de forma independente possa ser também uma resposta à pandemia.

Se o capitalismo também mata, enfrentando os jovens que não podem ficar em quarentena com velhos sem UTIs suficientes, enquanto se eliminam as aposentadorias e os direitos laborais, é preciso manter no ar a possibilidade concreta, e não apenas imaginada, de reagir evitando trabalhar pelo restabelecimento daquilo mesmo que devemos desarticular. Se tudo que é viral se mantém no ar, não nos asfixiemos deixando a solução em mãos dos que apostam no caos do desespero ou na ordem da repressão.

Entre o ressentimento e a coragem, a resignação e a fuga, se abrem duas formas de agir, como duas metades. Uma vive o confinamento como fim do mundo, buscando desesperadamente repará-lo no sentido anterior. O outro é o desafio quase impossível, mas ao mesmo tempo imprescindível, de não transitar dentro de qualquer consenso se não for com autonomia, mantendo a luta no ar, contra todo novo pacto que nos imponham, para que todos possamos respirar.

**Salvador Schavelzon** é antropólogo, docente e pesquisador da Universidade Federal de São Paulo.

(...) 06/05

# "O que importa agora é a cultura da vida, não a cultura da morte"

José Celso Martinez Corrêa

*Como está a situação da cultura? E a Regina Duarte como secretária de Cultura?*
**Zé Celso** — Ela vai sair agora, e não vai fazer nada, claro. O Bolsonaro está conciliando todo mundo a pedir que ela saia, se demita. Ela respondeu que é "zen", mas não vai ficar, não.

Estamos muito preocupados porque todo mundo que trabalha em teatro, em show, está completamente desamparado. Ontem caiu minha ficha, acho necessário fazer uma campanha forte em favor desses artistas todos. A Petrobras deixou de nos apoiar, tínhamos apoio da Petrobras, da secretaria de Cultura da prefeitura (de São Paulo) também. Não temos mais patrocínio nenhum, de nada, há muito tempo, desde o *impeachment* da Dilma. A bilheteria da peça *Roda Viva* estava ótima, o tempo todo lotada, mas a gente não pode mais fazer peça, neste momento.

*Vê alguma luz no fim no túnel?*
Não (risos). É preciso fazer um movimento. No Rio de Janeiro é mais fácil, porque tem o apoio dos atores do Rio de Janeiro, que são ricos.

Em São Paulo é dificílimo. A quem você vai recorrer? À Avenida Paulista? (risos). É difícil, porque essa gente investe no desmatamento da Amazônia, apoia Ricardo Salles, que está no Meio Ambiente, uma coisa absurda. Ele é tão ruim quanto Bolsonaro. É terrível, porque não se fala dele, e, aproveitando o coronavírus, ele está mandando ver.

Com o coronavírus, a Terra está dando um aviso, inclusive. Pra mim isso é uma espécie de espasmo da agonia da Terra. E assim mesmo ele continua incentivando o desmatamento da Amazônia e, agora, da Mata Atlântica. É muito preocupante o cenário. Mesmo depois que a gente superar essa crise — não se sabe quando —, a situação de agonia da Terra é muito grave. Os polos estão descongelando e os mares estão subindo. Tem muitos sinais terríveis.

*E ainda tem gente que acredita na Terra plana...*
(Risos) Mas até a Terra plana tem que cair, cara! Essa "Terra plana" é a desgraça aqui no Brasil. O Brasil, especialmente, está sofrendo muito por causa dessa "Terra plana". Tem o pior governo que já teve em sua história.

*Como você está enfrentando essa pandemia?*
A quarentena, no sentido de ficar em casa, para mim não há problema, porque continuo criando, leio, estudo, estou fazendo um livro. Aqui em casa a gente está obedecendo todo o ritual necessário. A gente completa com uma coisa que faz muito no teatro, porque no teatro você ritualiza tudo.

A situação do ator em cena é uma situação como se fosse lisérgica, você invoca energias. Acho que nesse momento a infraestrutura não é mais econômica, estamos entre a vida e a morte. A grande preocupação nesse momento é a vida, e a vida é o dínamo da cultura. A coisa mais importante agora é a cultura, a cultura da vida, e agir de acordo com a cultura da vida, não com a cultura da morte, que é o capitalismo, que está agonizante e está destruindo tudo.

*Algumas pessoas acreditam que, depois dessa pandemia, o mundo não vai ser mais o mesmo. Você acredita nisso?*
Tenho certeza que não. Não sei se vai ser para melhor ou pior, mas não vai ser a mesma coisa. A gente vai mudar de era. Eu torço para que a gente aproveite esta experiência e continue lutando por uma economia mais ecológica. Não só a economia, mas por uma estrutura baseada na saúde, na vida, na saúde da Terra.

Quando veio o golpe na Dilma, todos os órgãos de defesa do patrimônio cultural foram tomados pelo mercado. E todos passaram a servir ao mercado. O Parque do Bixiga, depois de aprovado duas vezes na Câmara Municipal, foi vetado (em março, pelo então prefeito em exercício Eduardo Tuma), sem examinar nada, sem olhar o projeto. Agora o Suplicy está lutando por essa causa.

O que está em primeiro plano é o coronavírus, como em tudo, mas é um exemplo para a cidade o que queremos fazer lá. A metáfora que a gente tinha era "Oficina de Florestas", um reflorestamento. Com essa tragédia, temos que aprender a lutar por um mundo em que a ecologia tem importância muito grande.

*Você diz que acredita que o mundo vai mudar. Mas e o Brasil, com esse governo?*
Esse governo tem que cair, cara! Está a perigo. Só não caiu por causa do coronavírus. Tem quase trinta pedidos de *impeachment* (na verdade, 31). Hoje mesmo o STF proibiu que o Bolsonaro botasse um amigo da família dele, do Carlos, na Polícia Federal.

Bolsonaro tem um instinto de morte, de Tânatos, muito forte. Ele não sabe o que fazer a não ser destruir, destruir e destruir. Não tem nenhuma ação construtiva, nada, em todo o governo dele. A luta nesse momento é pela vida, nesse momento de vida e morte. É preciso aprender nesse momento como retomar, depois que passar essa crise, e não se sabe quando, porque a crise da gripe espanhola, por exemplo, durou dois anos e meio, quase. Começou em 1918 e só terminou nos anos vinte, no carnaval, um carnaval maravilhoso...

*Mas a ciência está mais avançada hoje.*
Está mais adiantada hoje, mas de qualquer maneira a ciência não sabe o que é isso. Estão tentando vacinas. Mas mesmo aqui em São Paulo essa coisa de reclusão… Não se acredita nisso, está caindo muito.

*Olhando para a pandemia, você a vê de maneira totalmente racional ou também por algum aspecto não racional, místico ou metafísico?*
Não acredito em metafísica. Eu sou concreto, mas no sentido de que tenho uma visão de mundo que vai além de esquerda e direita. Vejo a política como cosmopolítica, que envolve não só a luta social, mas sobretudo pela Terra. A luta com os índios, que são a nossa vanguarda. Os índios são nossos grandes intelectuais como (Ailton) Krenak, Davi Kopenawa. Pode ser até que eu monte (um espetáculo teatral baseado no) livro dele, *A queda do céu*. Essa "coisa desenvolvimentista" naufragou.

O problema do coronavírus escancara a luta de classes, a diferença de classes, a situação dos sem-teto, dos que moram na rua, a situação das favelas, dos índios. Esse governo incentiva os madeireiros, os garimpeiros, eles levam a doença aos índios. É um momento de assassinato da vida muito grande, em todos os sentidos. Você tem um governo doente, analfabeto, ignorante, não sabe nada de nada.

*Nesse cenário, não acha que a ciência tem tanta importância quanto a cultura?*
Mas é enorme a importância da ciência! A ciência e a arte são as duas coisas mais importantes na vida. A arte como a arte de viver, de criar, de criar com a natureza. Nunca fui por uma arte abstrata, uma arte pela arte, a arte é uma coisa vital, muito ligada à vida.

*Entrevista conduzida por Eduardo Maretti publicada na página* Rede Brasil Atual *em 29 de abril de 2020.*

**José Celso Martinez Corrêa** é dramaturgo, ator e diretor teatral.

(...) 07/05

# Sete verbos para se conjugar o morar
Carmen Silva

**1. Verbo ficar-em-casa**
Deixa eu explicar bem direitinho para todo mundo ouvir. O "fique em casa", para mim, quando vindo dos governos, soa como uma hipocrisia. É muito fácil você dizer isso para uma população que tem casa, que tem um lugar para se abrigar. Mas há quantos anos a gente grita que é necessário o Brasil garantir os direitos básicos, reais? Um deles é a moradia. É muito fácil mandar ficar em casa, mas e quem não tem casa? Para mim isso soa como hipocrisia.

**2. Verbo morar**
A Casa Verbo foi criada a partir de uma vontade de um grupo de pessoas, incluída eu, para podermos, juntas e juntos, ir além de um movimento por moradia. A moradia é o que importa, mas queremos enxergá-la além dela. A Casa Verbo surge da necessidade de realmente entender que morar não é apenas se cercar de paredes e ter um teto por cima. Mas é se cercar de direitos, de informações, de cidadania. Não basta partir de um assistencialismo. Não basta partir da ideia de que você precisa ter acesso às políticas públicas. A Casa Verbo surge como ideia de formar ativistas pela luta do direito à cidade. A Casa Verbo surge ainda com três eixos: a moradia como porta de entrada para outros direitos. Surge como ideia de formação política e de produzir informação para todas as pontas da cidade, como um desejo de que todas as regiões se sintonizem e falem a mesma lingua, compartilhando e dividindo os mesmos problemas. O outro eixo é uma escola de jornalismo onde qualquer pessoa possa contribuir e produzir de fato a comunicação verdadeira. Porém, dentro da formação da Casa Verbo, a COVID-19 veio com tudo, numa intenção de urgência à qual, me parece, estamos podendo responder. É tanto que a Casa Verbo está agregando sessenta núcleos de trabalhos que vão muito além do assistencialismo, mas multiplicando também informação. São desde associações pequenas, de bairro, pequenas entidades criadas para receber doações até mesmo setores do governo, organizações não governamentais, grupos que estão por aí fazendo trabalhos sociais, de voluntariado, em várias pontas. A Casa Verbo está tendo a oportunidade de ligar todas essas pontas, neste momento, para distribuição de cestas básicas.

## 3. Verbo sustentar

Eu vivo em casa e eu vivo na rua. Não dá para ficar dentro de casa. Eu fico em casa e eu fico na rua. Mas é preciso entender que, quando estou na rua, não estou negligenciando a postura do isolamento social. Mas é necessário atingir, chegar até aqueles que são os menos ou os nada favorecidos. Aqui em São Paulo, nós temos muita população de rua vinda de todas as partes do Brasil e que revela o quão despreparados são os governos. Então é preciso a gente estar junto, é importante a gente estar ativo presencialmente em alguns locais na tentativa de conseguir fazer o mínimo, para que essas pessoas tenham alimentos, informações sobre os cuidados de higiene, além obviamente dos produtos de limpeza. Enfim, é preciso garantir a essa população o acesso mínimo ao que hoje está muito mais remoto do que já era. Estou indo para a rua, então, porque necessito agilizar as doações, direcionar estas doações para que cheguem até as pontas, agregar vários setores. Pois é necessário a gente fazer um ato grande de generosidade, de solidariedade. É necessário agilizar as compras e os sistemas de entrega; é necessário proteger as pessoas que estão indo diretamente fazer as entregas.

E assim estamos vendo quanta gente ainda passa fome em São Paulo. Estamos distribuindo comidas nos viadutos, nos centros. Nós estamos com o comércio fechado. As ruas estão desertas, a população de rua está deslocada, mais andarilha, tem muita gente, muitas mulheres, muitas crianças nas ruas. É necessário a gente ir levar comida para este povo. Eles estão mais andarilhos, se deslocando, justamente porque não têm mais onde ficar, onde comer; eles não contam mais com o apoio que contavam. A operação da Casa Verbo já atendeu mais de 6.500 famílias, cerca de 30.000 pessoas, enviando cestas básicas, verduras e legumes, ovos, kits de higiene e limpeza, máscaras de proteção, marmitas. A gente está conseguindo porque a Casa Verbo entrou com o pé e com o Movimento dos Sem-Teto do Centro (MSTC), coordenando também o Comitê Popular de Combate à COVID-19. Estão trabalhando conosco a Fundação Tide Setubal, Editora Bei, Arq.Futuro, Itaú Social e a Prefeitura de São Paulo. A gente é o intermediário entre as pontas que eles não conseguem atingir. Ou seja, é verdade que a instituição financeira está nos dando aí algum apoio necessário para que a gente faça esse trabalho. Fora os doadores individuais, ou seja, os pequenos doadores que, para nós, são tão necessários, pois cada doação de 50 reais é tão importante quanto um milhão de reais.

## 4. Verbo ocupar

Nossa primeira medida foi o isolamento, foi nos fecharmos. Descontinuamos momentaneamente as atividades públicas, como os almoços de domingo e as assembleias. Por outro lado, a Ocupação 9 de Julho virou um polo de vacinação em massa para todos os idosos da região do Centro. E estamos seguindo rigorosamente o que se recomenda. Mas é preciso pensar que aqueles que estão dentro das ocupações são os trabalhadores essenciais, ou seja, motoboys, cozinheiras, motoristas, caixas de supermercados. Mas estamos cumprindo todas as regras e todos eles estão também recebendo as doações de cestas básicas. Agora entramos também no Programa Cidade Solidária, um pacto entre Prefeitura de São Paulo, instituição financeira e movimentos, o MSTC é um deles. A Ocupação 9 de Julho é um ponto crucial do Cidade Solidária, pois recebe as doações diretas, como por exemplo aquelas da Cruz Vermelha, que é a mediadora entre o poder público e as pontas.

**5. Verbo unir**
Dentro dessas duas décadas e meia do MSTC, a gente sempre foi parceiro da prefeitura, nunca estivemos à parte do Estado. Muito pelo contrário, o Movimento sempre quis fazer parte do Estado. E agora, veja bem, depois de tudo aquilo de que eu fui acusada, e uma das acusações era que eu pedia para o povo ter título de eleitor e ir votar... Veja bem, aí hoje está o Brasil inteiro sofrendo porque tanta gente não tinha seu título de eleitor e então seu CPF está cancelado... Ninguém pode receber a renda cidadã, porque simplesmente não tem CPF. Então, quando a Prefeitura de São Paulo nos chama para um pacto em um momento desses, ela entende que é um movimento popular o intermediário entre ela e as margens da cidade. A gente vê também o investidor financeiro acreditar que um movimento popular é capaz de levar o que eles querem até as pontas, as bases, as pessoas que realmente precisam. Mas aí tem gente falando assim: "Ah, mas os investidores, as grandes riquezas têm que ser repassadas." Acho que estou intuindo algo que é o seguinte: talvez os grandes investidores nunca tenham confiado realmente nos governos. Então foi necessário, através dos movimentos que eles julgam como corretos, que eles recorressem até nós para dar essa sustentabilidade que alcance as margens. É assistencialismo? É, óbvio. Mas é algo que a gente pode fazer agora para manter as famílias vivas neste momento tão crucial. E mais uma vez nós estamos provando ao poder público que ele é ineficiente. E então vem mais um receio: essa criminalização dos movimentos sociais pelo poder público era na verdade o medo de nós provarmos que eles não têm experiência alguma em aplicar os recursos e as políticas de interesse público de verdade.

Mas o momento pede também uma imensa cautela. Nós temos que pegar este momento de assistencialismo e transformar doações em informação e formação. Porque são três meses, isso é provisório, vai acabar. E não podemos cair no erro que foram os treze anos que a gente se apoderou e se esqueceu da formação política. Comunicação e formação, isso é o que virá. Tem gente nova que está chegando, e a ideia é pegar os líderes desses núcleos e oferecer uma formação cidadã, tornando-o um agente multiplicador.

## 6. Verbo deambular

A população de rua está se locomovendo. Os pontos que ela tinha fixos, os locais para pedir, ter comida, acesso a trocar de roupa, às vezes um prato, um banho, esses locais estão fechados. A população de rua tende a circular mesmo. É óbvio que isso é uma falta do poder público de aplicar uma política de cuidado com essas pessoas. Agora seria a hora de reativar os hotéis sociais, com gestão técnica de saúde e de atendimento social. Se há falta de planejamento do poder público, então ela vai circular mesmo, ela vai andar.

Primeiro temos que reconsiderar o direito de ir e vir da população de rua. Aquelas pessoas ali estão perdidas. Elas se sentem invisíveis. E são os atos de solidariedade, do aumento das pessoas distribuindo comida que às vezes tornam essas pessoas um pouco mais dentro de uma sociedade. E ao mesmo tempo elas se juntam e se sentem como família. Acima de tudo, não podemos julgar nem negligenciar o direito que elas têm de ir e vir, já que não lhes foram dados o direito de moradia, ou ainda de alimentação, um lugar de abrigo.

Na época em que eu estava moradora em situação de rua, eu tinha dentro de mim algo que me dizia que eu não iria ficar naquela condição nunca mais, eu iria ficar ali somente até eu me estabilizar. Essas pessoas que estão como andarilhas geralmente não são famílias novas, não são pessoas novas, são pessoas que estão na condição de andarilhas por muitos anos. Temos que respeitar o estado de espírito deles.

## 7. Verbo delirar

Agora acontece que elas estão em êxtase por estarem sentindo falta do fluxo da cidade. A cidade está vazia. Para elas, que estavam circulando no meio de muitos, apesar da invisibilidade, estavam em alguns ambientes, não é? Então o primeiro delírio é sentir que estão totalmente sozinhas. Essa solidão delas é a da falta, da falta daquilo que conseguiam. Agora o delírio vem de mais uma confirmação: de que realmente elas estão à margem da margem. Manda-se que elas vão para casa e... elas não têm casa. Manda-se que elas lavem as mãos, mas não existem torneiras, e a prefeitura fez alguns pontos de água que já estão quebrados. É um delírio que elas sentem a solidão real de serem seres invisíveis. É a solidão real. A cidade está vazia, elas eram os invisíveis que circulavam no meio da multidão. Antes elas gritavam para aquela multidão que não as enxergava nem as escutava. Agora elas gritam para elas mesmas, e a cidade que está silenciosa, talvez esteja enfim ouvindo as suas verdades, pois as frases que elas gritam têm um pé fincado na realidade. É fuga, é vergonha, é medo. O delírio passa por tudo isso.

Para mim, todo dia de madrugada eu pego coronavírus. Nós não temos nada que nos acalente. Pelo contrário, nós temos um poder público que não faz outra coisa a não ser nos apavorar. Quando chego em casa, carrego todo o amendrontamento do mundo, todo o delírio de todo mundo, que é a fome, que meu marido está desempregado, que eu vou morrer, que meu filho está com fome. E quando chego em casa, consigo tomar um banho e vou dormir, antes penso que vou amanhecer morta com o vírus do corona. Então imagina essas pessoas que nunca chegam em casa?

*Este texto é fruto de uma conversa de Carmen Silva com Ana Catarina Mousinho, Edouard Fraipont, Joana Amador, Mariana Lacerda e Peter Pál Pelbart.*
*Transcrição e edição: Mariana Lacerda.*

**Carmen Silva** é baiana, mãe de oito filhos, retirante que dormiu nas ruas da cidade de São Paulo no início dos anos 1990 e tornou-se líder do Movimento dos Sem-Teto do Centro. O MSTC, que já tirou quase 3 000 pessoas de submoradias e debaixo de viadutos, enxerga a falta de moradia para pobres como uma continuidade urbana do regime escravista.

(...) 08/05

# Foucault: Os últimos dias
Daniel Defert

TRADUÇÃO Peter Pál Pelbart
REVISÃO Flávio Taam
REVISÃO TÉCNICA Pedro Taam

O sociólogo Daniel Defert sempre recusou evocar a morte de Michel Foucault. Por mais de vinte anos, foi o companheiro do filósofo. Estamos em 1996, em seu apartamento, situado no 15º distrito de Paris. Nesse dia, ele aceitou falar do assunto em favor de um livro no qual diferentes agentes na luta contra a AIDS abordariam um momento único desse combate. A morte de Michel Foucault foi um desses momentos de guinada. Pois foi a partir dos mal-entendidos, mentiras, golpes de poder médicos e políticos e, de maneira mais geral, a partir das hipocrisias do hospital Pitié-Salpêtrière que Daniel Defert decidiu fazer de seu luto uma "luta". Ao criar, em dezembro de 1984, a associação Aides,[1] transformaria a paisagem não só da epidemia de HIV, mas também da saúde.

Passados vinte anos da morte de seu companheiro, em 2004, Daniel Defert aceitou que o jornal *Libération* publicasse essa entrevista.

*Junho de 1984, Michel Foucault acaba de ser hospitalizado.*
**Daniel Defert** — Michel foi hospitalizado uma única vez. No final. Nos meses anteriores, ele recebeu um tratamento ambulatorial. No início, era uma tosse. Michel tinha passado por exames doloridos, como a fibroscopia, que na época era feita com muito menos precauções anestésicas que hoje. Michel aguentava, ele era muito duro consigo mesmo. Ao acabar o exame, ele saía direto para trabalhar na Biblioteca Nacional, o que dificultava que eu percebesse certas coisas. Em janeiro de 1984, o tratamento que fazia com Bactrim mostrou-se muito eficaz. Na época, a representação que se tinha da AIDS era a de uma doença brutal, rapidamente mortal. Ora, não era assim que a víamos. Portanto, a hipótese da AIDS, que certamente tínhamos evocado, tanto ele como eu, em dezembro de 1983, desapareceu diante da eficácia do tratamento. Já que ele se curava, não era AIDS.

A vida retomou. É primavera. Michel dá seu curso no Collège de France em fevereiro de 1984, termina dois livros, continua levantando halteres todas as manhãs.

---
1 Do francês, *aide*, "ajuda". [N.T.]

Uma vida normal, mesmo magérrimo, frágil. E em junho vem a recaída. Uma hospitalização de três semanas que termina no seu falecimento.

*Por que essa hospitalização seria decisiva para o nascimento da Aides?*
Foi somente mais tarde que decodifiquei certas coisas. Durante as semanas de hospital, a situação médica geral me pareceu insuportável. Não pensei imediatamente que tudo dava errado por causa da AIDS.

*O que diziam os médicos?*
Os médicos fingiam não saber o que ocorria, o que é um modo de gestão frequente, Tolstói o descreve em A morte de Ivan Ilitch. Os médicos, desde dezembro de 1983, elaboraram hipóteses, e é verdade que eles tinham reticências legítimas para não se precipitarem na hipótese da AIDS. Era simples demais, homossexualidade = AIDS. Eles se proibiram de pensar nisso cedo demais, ou de maneira demasiado exclusiva. Porém, a partir de uma viagem de Jacques Leibowitch aos Estados Unidos, que na volta fez um relatório para o hospital Tarnier, a equipe que cuidava de Michel foi colocada diante da evidência de um desfecho de curto prazo e sem qualquer recurso terapêutico. É preciso dizer que o principal médico de Michel tinha compreendido que ele não queria que fosse formalizado um diagnóstico; a urgência era lhe dar tempo para acabar de escrever. Entendi tarde demais que a preocupação maior da equipe era manter certo silêncio, para deixá-lo inteiramente entregue a seu trabalho. "Na relação secreta com a própria morte", que ele tinha descrito alguns meses antes no necrológio de seu amigo Philippe Ariès.

*A questão não se colocava, nem para vocês nem para os médicos, que pudesse ser AIDS...*
Era uma hipótese que me ocorreu em dezembro. Falávamos disso muito claramente com Michel, e isso não lhe parecia improvável. Michel escreveu em janeiro a um amigo, depois do sucesso do Bactrim, que pensava ter AIDS, mas que não era isso. Eu me repito, mas não podemos esquecer que no início de 1984 não se conhecia a doença concretamente. Claro, nossos amigos americanos não falavam de outra coisa, mas de uma maneira fantasmagórica. Um amigo nova-iorquino ligado à imprensa médica gay passou o Natal em casa, falava disso o tempo todo e não via nada. Tudo girava em torno da imagem do [Sarcoma de] Kaposi, um tumor de pele maligno que produzia manchas extremamente violentas. Ora, Michel não tinha Kaposi. Quando eu perguntei ao médico, poucos dias antes da sua morte, ele me respondeu: "Mas, se ele tivesse AIDS, eu teria examinado você." Essa resposta me pareceu de uma lógica implacável.

Depois, foi isso que vivi como uma verdadeira ferida, pois era uma mentira frontal. Ademais, essa mentira pesou sobre nossa relação, pois lhe anunciei triunfalmente que não era isso. Ora, para Michel, ao contrário, era uma evidência. E a angústia absoluta de que eu a tivesse contraído.

*A hospitalização em si mesma aconteceu de maneira decente?*
Eu era muito sensível à questão das relações de poder no hospital. Eu as vivi de maneira muito dura.

*Por exemplo?*
O ponto de partida. Um domingo, Michel teve uma síncope em casa. Não consigo entrar em contato com seus médicos. Seu irmão, cirurgião, cuida dele, e o hospitalizamos perto de nosso domicílio. Na segunda, encontramos os médicos que cuidam dele. Em seguida, o hospital do bairro só quer saber de se livrar desse doente incômodo, e é marcada sua transferência para a Salpêtrière. Manifestamente, seus médicos tinham conseguido que Michel não fosse hospitalizado num serviço marcado demais pela "AIDS". Eles descartam o hospital Claude-Bernard e o serviço em que estava Willy Rosenbaum. Chegamos na Salpêtrière no dia de Pentecostes. Esperam-nos de noite, nós chegamos antes do meio-dia. Como cães num jogo de boliche. Michel estava extremamente cansado, não se alimentava mais, esgotado. Ficamos acuados no corredor. Dizem-nos: "O quarto ainda não está pronto, não os esperávamos antes da noite." Precisamos pedir uma cadeira, depois uma bandeja de comida, mal conseguia acreditar em tamanho descuido.

Dizem-me que ele nem tinha sido registrado. Vou à recepção. Na volta, uma nova supervisora me acolhe, amável, se desculpando, dizendo que o quarto não estava pronto, mas que tudo se resolveria. Michel é levado em seguida para um quarto confortável. Logo depois, ouço um médico interrogar uma enfermeira: "O quarto foi bem desinfetado?" Creio compreender que a resposta é negativa, que não deu tempo. Mais ou menos dois dias depois, Michel tem uma infecção pulmonar. Circula a hipótese de que ele pôde ter sido infectado no hospital. Ele é transferido para a Unidade de Terapia Intensiva.

Percebe-se o modo de funcionamento, uma supervisora que não consegue dizer que o quarto não foi desinfetado e que apenas seria preciso esperar, depois uma outra que soube, no intervalo, que era Foucault. Pode-se supor que o chefe de serviço foi avisado, tudo isso graças à polidez hierárquica. É todo um jogo de relações de poder num serviço hospitalar e todo um jogo de relações de verdade que comecei a descobrir.

*Depois é a morte. E outras mentiras.*
Depois do falecimento, pedem-me para ir ao posto de cartório do hospital da Salpêtrière. O atendente responsável está bastante aborrecido. "Veja, os jornalistas nos perseguem há dias para ter um diagnóstico e saber se é AIDS. É preciso fazer um comunicado." Eram 13 horas e 30 minutos. Pedi tempo, era preciso avisar sua mãe antes que ela soubesse pelo rádio, e sua irmã já tinha saído de carro, dos arredores de Poitiers. O funcionário responde: "No máximo até as 17 horas." Volto às 17 horas com Denys Foucault, seu irmão, e o médico que o acompanhava desde dezembro,

o primeiro a ter diagnosticado um Kaposi nessa epidemia na França, mas isso só soube muito mais tarde. Na escrivaninha, um papel em que reconheço minha letra. Não me sinto indiscreto em pegá-lo. Era o boletim de admissão. E vejo: "Causa do óbito: AIDS." Foi assim que eu soube. Pensei que as causas do óbito não figuravam nos papéis administrativos.

*Seu médico está ali, ao seu lado?*
Sim, e eu lhe pergunto: "Mas o que isso significa?" Ele me responde: "Fique tranquilo, isso vai desaparecer, não ficará rastro disso." "Mas, espere, não é esse o problema." E aí, violentamente, eu descubro a realidade AIDS: fingir no impensável social. Descubro essa espécie de medo social que tinha acobertado qualquer relação de verdade. Considero inadmissível que pessoas, ainda jovens, no auge de seu tempo de vida, não possam ter uma relação de verdade nem com seu diagnóstico nem com seu entorno.

Isso tornou-se para mim um desafio maior e imediato: o domínio sobre a própria vida. A questão já tinha sido colocada para Michel. Onde morrer? Um médico tinha evocado a volta para casa a fim de que ele ficasse livre em sua decisão. Fazia muito calor, seria suportável? Será que ele voltaria para casa a fim de pôr um fim a seus dias? Falamos disso. E por que fazê-lo em casa, se no hospital havia um entorno médico para assisti-lo?

*Ao ouvi-lo, parece evidente que Foucault ia morrer.*
Para o médico, sim. Para mim, não. E por uma razão muito simples, nunca antes tinha acompanhado um moribundo, eu não sabia. Mas tinha imediatamente ao meu redor o filósofo Robert Castel, que acabara de perder sua esposa. Durante longos meses, ambos haviam feito desse acompanhamento uma história passional que tinha me marcado profundamente. Françoise faleceu três dias antes da hospitalização de Michel. Robert Castel me apoiou muito. Ele me explicou que tinha feito uma espécie de divisão de tarefas: sua mulher era médica, ele deixava a ela os assuntos médicos, e ele se ocupava da relação psicológica.

*Foi o que aconteceu entre vocês?*
Michel conhecia perfeitamente a medicina. Portanto, a parte médica ficava com ele. Eu me ocupava do resto das relações. Não era simples. O hospital estava obcecado pelo medo de indiscrições jornalísticas, de fotos e de processos. E invocou razões médicas para impor uma frustração relacional inadmissível. Michel queria ver Deleuze, Canguilhem, Mathieu Lindon, foi impossível.

*Dá para improvisar um acompanhamento de alguém que vai morrer?*
Tem um *know-how* que eu não possuía. Não é a mesma coisa estar ao lado de alguém muito próximo ou fazer o acompanhamento. Mas, como eu disse, eu me proibia de

levantar questões médicas. Podem ter pensado que eu não queria ver nem saber. Um dia, um médico queria conversar comigo, e eu lhe disse "não", e respondi: "Veja com Michel." Em contrapartida, na Aides, fazemos absoluta questão de compreender e responder às questões médicas. Penso que isso fez uma grande diferença em relação aos comportamentos vigentes. Além disso, eu me proibi de pensar na morte, eu me dizia que se pensasse que ele iria morrer, eu pensaria sobretudo em mim. Considerei que, para estar o mais disponível, era preciso afastar a hipótese de sua morte iminente. Talvez eu tenha exercido uma censura, mas é toda uma gestão em que tive que emprestar, adivinhar, experimentar. Eu improvisava. E depois, tinha repetido para mim que não era AIDS, portanto pensava ser algo de gerenciável.

*No exterior, havia rumores de que Foucault estava hospitalizado porque tinha AIDS?*
Eu quase não saía do hospital. E sei que, até a hospitalização, Jean-Paul Escande (chefe de serviço em Tarnier) e o médico Odile Picard garantiram a máxima proteção. Em todo caso, há algo de insuportável: que uma doença seja um tal objeto de voracidade social e ao mesmo tempo nós sejamos despossuídos da informação. Dois dias depois do enterro, entro num café, cruzo com um jornalista que eu conhecia um pouco. Ele me olha, absolutamente estupefato. Como um objeto de terror. Eu compreendo seu olhar. Descubro, ali, brutalmente, que eu era, em Paris, a única pessoa de quem se pudesse pensar que tinha AIDS. Foucault morreu de AIDS, então eu tinha AIDS. Descubro a AIDS num cara a cara com alguém. E é então que compreendi que seria obrigado a fazer um teste, pois sem isso não conseguiria sustentar essa confrontação permanente.

*Quando surge a ideia de um movimento contra a AIDS?*
Não sei exatamente quando. Depois da morte de Michel, tive a ideia de fazer um movimento. E por múltiplas razões. Primeiro, razões muito pessoais, ligadas à nossa história comum. Com Michel, tínhamos um passado militante, tínhamos criado, entre outros, um movimento sobre as prisões. Um movimento em torno de um silêncio, o silêncio sobre a prisão, sobre o tabu social e moral. Os primeiros panfletos que estiveram na origem do GIP (Grupo de Informação sobre as Prisões) eram sobre o silêncio e sobre os detentos tomarem a palavra. De todo modo, um movimento que chamo de socioético e político. Portanto, como dizer? Quis viver esse luto da morte de Michel continuando uma história comum em torno de um desafio ético de se tomar a palavra.

*Você logo fala disso aos mais chegados?*
Fui à ilha de Elba falar com Hervé Guibert sobre esse projeto. Hervé tinha muita dificuldade em aguentar essa ideia. Ele era hostil, irritava-se, era fundamentalmente um escritor. Quando voltei a Paris, li uma carta na coluna de leitores do *Libération*

em que um rapaz dizia que tinha AIDS, que conhecia seu diagnóstico e que isso era insuportável. Isso colocava inteiramente em xeque meu modelo em torno do direito de saber. Esse rapaz não tinha assinado sua carta. Com certa dificuldade consegui entrar em contato com ele através do *Libération*. Ele não queria me encontrar. Finalmente, em setembro nos vimos. Era a primeira vez que eu encontrava alguém que sabia ter AIDS. Entendi ao lado dele quão insuportável era viver isso. E muitas conversas que tivemos se encontram nas primeiras brochuras da Aides, mesmo que tenham sido escritas coletivamente.

*Nessa época, outono de 1984, você sabia que era soronegativo?*
Não. Queria gerir um único drama por vez. Mas tinha discutido com médicos amigos. Jacques Lebas e Odile Picard tinham me convencido a fazer um teste. Ainda não havia literatura alguma sobre os testes, eles eram todos experimentais e artesanais.

*Como ocorreu esse teste?*
Na época, havia duas coletas por semana na Salpêtrière, o que reunia todos os candidatos. Ninguém se sentia muito à vontade. A enfermeira que fez minha coleta lança a plenos pulmões, na sala: "Qual é o código para o LAV (o nome do vírus, na época)?" Ainda assim, eu não entrei em pânico. Um mês depois, volto ao hospital: nenhum resultado. E o médico me diz para retornar em um mês. Retorno. Novamente, nenhum resultado. Era insuportável, imagino uma encenação. Em filigrana, a questão ali era a do direito de saber. Fiquei zangado. Na minha frente, ele logo telefonou ao laboratório que lhe respondeu que deu negativo.

*Nesse outono 1984, você tinha contato com outras associações, no exterior, por exemplo?*
Passei o mês de agosto de 1984, como todo ano, na British Library, em Londres, onde li tudo o que encontrei, a fim de obter um conhecimento médico da AIDS. Descobri assim o Terence Higgins Trust, que foi a primeira associação inglesa, criada em 1983. Uma mistura engraçada. Uma dezena de pessoas garantia um atendimento telefônico num local sórdido cedido pelo Great London Council (na era Thatcher). Eu tinha a impressão de que nos engajaríamos novamente nessas lutas que tínhamos conhecido nos anos 1970, lutas minoritárias, à margem. Foi nos Estados Unidos que descobri, um ano depois, a extensão social das associações, com seus escritórios, assim como aqui a Seguridade Social. Dito isso, o que eles faziam era apaixonante. Com eles aprendi a fazer o atendimento telefônico. Pouco a pouco surgia um universo que começava a se estruturar, ligado ao GMHC (Gay Men's Health Crisis) de Nova York. Um modelo de resposta. Não era o modelo jurídico que eu havia imaginado espontaneamente e pelo qual escrevera uma carta-manifesto endereçada a uma dezena de juristas e médicos militantes, durante o verão de 1984.

*Bem no início, entre esses primeiros militantes que iriam compor a Aides, a questão do estatuto serológico de cada um se colocava?*
Isso não se colocava. A maioria das pessoas, creio eu, devia pensar que não era portadora. E, retrospectivamente, é uma das coisas mais inverossímeis: a maioria das pessoas que estavam nas primeiras reuniões já era portadora. E não o sabia. É bastante trágico, pois pensávamos não estar atrasados em relação aos Estados Unidos, ao contrário. Conhecíamos pessoas atingidas. Imaginávamos realmente que só havia 294 casos conhecidos. Descobrimos muito mais tarde que a epidemia na França tinha se instalado provavelmente no final dos anos 1970. As pessoas estavam contaminadas, mas não o sabiam. Vinham se engajar na Aides na base de uma solidariedade, de uma responsabilidade da militância gay dos anos anteriores. Ou do escândalo que era essa nova discriminação social. E pela necessidade de aprender, pois não circulava nenhuma informação. Eu sentia a evidência de fazer alguma coisa, mas havia essa dimensão do luto, do meu luto, que me parecia importante. Eu me encontrava desnudado, tinha vivido protegido durante vinte anos. Um esposo, uma esposa, todo mundo sabe que comportamento adotar. Aqui, no melhor dos casos, hesitações, mas em regra geral, nenhuma palavra. Um detalhe: na universidade, quando um colega perde seu parceiro, a gente vai vê-lo, lhe escreve. Todo um conjunto de coisas me indicava que esse não era um luto como os outros. E tive vontade de que fosse um luto de combate.

*Ou seja?*
Quando o médico me disse que iam apagar o diagnóstico, eu não entendi. Para mim, não havia escândalo em ter AIDS. Michel poderia dizê-lo, mas não era seu estilo, e além disso as circunstâncias não se prestaram a isso. Desde que ele morreu sem o dizer, sem poder ou sem saber dizê-lo, tive a impressão de que eu não poderia dizê-lo em seu lugar, que era contrário à ética médica à qual aderi. E não dizer absolutamente nada era entrar no medo do escândalo. Havia a obrigação de criar alguma coisa que não fosse uma fala sobre sua morte, mas uma luta.

*Entrevista conduzida por Éric Favereau publicada no jornal* Libération *em 19 de junho de 2004.*

**Daniel Defert** é sociólogo, autor, entre outros, de *Uma vida política* (n-1 edições), traduzido por Ernani Chaves.

(...) 09/05

# Os morcegos e os pangolins se rebelam
Frédéric Keck

TRADUÇÃO Flávio Taam
REVISÃO Pedro Taam

Em sua obra mais recente, o antropólogo Frédéric Keck explora como a natureza se vinga dos humanos por meio dos vírus, que tornam obsoletas nossas técnicas de prevenção contra doenças e epidemias e provocam o caos na geopolítica mundial.

*No contexto das pandemias, você identifica três atitudes: prevenção, preparação e precaução. Qual é a diferença entre elas?*
**Frédéric Keck** — A prevenção lida com uma epidemia à maneira de uma guerra de trincheiras. Esperamos o inimigo do lado de cá da fronteira e, quando o avistamos, disparamos as armas. É como Pasteur contra os micróbios. A preparação considera que o inimigo é inteligente, que ele já está entre nós, invisível, e pode disparar a qualquer momento. A ideia é identificar os sinais o mais rápido possível, pois o efeito da explosão se mede menos com o número inicial de mortos que com o pânico provocado na opinião pública. É exatamente a situação na qual nos encontramos hoje.

Quanto ao princípio da precaução, ele é menos fundamentado epistemologicamente. Meus colegas americanos observam com ceticismo nossas discussões, na Europa, sobre esse princípio, surgido na Alemanha na década de 1970 no contexto da energia nuclear e transposto dez anos mais tarde, na França, para a segurança alimentar, principalmente no caso da doença da vaca louca. De acordo com esse princípio, seria necessário guiar as ações tomadas pela taxa de risco mais elevada. É o que fazem hoje as autoridades francesas ao impor o confinamento a todos, invocando modelos que preveem 500 000 mortes. Mas esse modo de pensar o risco está sempre sujeito a críticas, pois somos sempre acusados de agir ou muito pouco ou em demasia.

Na verdade, só há duas técnicas para prevenir riscos. A primeira é partir do parâmetro de determinado território e população, com períodos de quarentena e vacinas, possibilitando o gerenciamento de epidemias como a tuberculose, a raiva ou a varíola: esse procedimento é a prevenção. Ou então você parte de um nível global, e não de um território ou Estado, emitindo alertas que se aproximam ao máximo do sinal de emergência de uma pandemia. É o que se faz há trinta anos com o ebola, as pandemias de gripe ou os coronavírus do tipo SARS.

*Como e por que, no começo dos anos 1970, a estratégia da OMS gerou uma mudança de paradigma, passando da prevenção para a preparação?*
Porque a erradicação da varíola marcou o sucesso mundial das estratégias de prevenção: vacinamos a população, ensinamos os pequenos gestos necessários para se proteger e declaramos o fim da doença. Mas a varíola é uma das únicas doenças infecciosas que não são transmitidas dos animais aos humanos.

Quando surgiram os vírus da AIDS e o ebola – vírus transmitidos de macacos para humanos na África –, a gripe H5N5 ou o SARS – oriundo de pássaros ou morcegos na Ásia –, foi preciso recomeçar tudo outra vez. As técnicas de prevenção não funcionam para essas doenças emergentes. Nesses casos, os métodos de preparação são mais bem adequados: imaginamos a catástrofe, agimos como se ela já estivesse instaurada e enviamos sinais de alerta, projetamos cenários e estocamos máscaras, vacinas e antivirais.

Mas, no momento dessa passagem da prevenção à preparação, as coisas ficaram confusas na Europa por focarmos os debates sobre o princípio de precaução, quando seria necessário diferenciar duas técnicas de gestão de riscos que não têm nada em comum, que são heterogêneas, uma vez que concebem diferentemente os modos e os agentes de decisão, o local onde elas se aplicam, as relações entre os humanos e os não humanos.

*Quando Emmanuel Macron afirma em seu discurso transmitido pela televisão que "estamos em guerra", isso lhe parece uma maneira errada, ou pelo menos deficiente, de abordar o problema com o qual nos confrontamos hoje?*
Dizer que estamos em guerra contra um vírus é uma boa maneira de mobilizar uma população, de tornar a ameaça real. É um meio de comunicação enfático, mas razoável, uma vez que é necessário fazer com que as pessoas aceitem se isolar em suas casas, passando da angústia difusa em relação a algo que está acontecendo na China para o medo de algo concreto.

Emmanuel Macron não falou em "guerra contra o vírus", como fez o Ministério da Saúde (francês) em 2009, quando nos enviaram uma carta convocando-nos a nos vacinarmos contra o H1N1, com uma organização bastante militar, com todos enfileirados em ginásios utilizados pelas prefeituras. Não se trata propriamente de "guerra" contra o novo coronavírus, já que ele só é movido pela autorreplicação. Mas é preciso encontrar um equilíbrio entre a guerra e o pacifismo. Se deixarmos a imunidade de massa ou de rebanho se estabelecer, como era a estratégia inicial de Boris Johnson, no Reino Unido, certamente conseguiremos viver com o vírus, mas até lá haverá centenas de milhares de mortes.

Se compararmos o discurso de guerra de Macron e o de Xi Jinping, podemos chegar à hipótese de que um presidente francês sempre traz mensagens simples e moralizantes, ao passo que um presidente chinês traz sempre mensagens propositalmente ambíguas, que podem ser entendidas de diversas maneiras. Mesmo quando fala em sacrifício, Xi Jinping não o concebe no sentido do sacrifício judaico-cristão, que atualiza uma transcendência na imanência: é um sacrifício de uma parcela do povo chinês a fim de ganhar a guerra secular contra o Ocidente.

*Você escreve que "os vírus não são entidades que intencionalmente visam matar humanos, mas o signo de um desequilíbrio entre as espécies de um ecossistema". O coronavírus é o símbolo do desastre ecológico atual ou essa é uma maneira metafórica demais de enxergar as coisas?*
Toda a questão da antropologia nos últimos quarenta anos foi passar do regime simbólico ao semiótico. Os antropólogos foram responsáveis por muito tempo por formular as leis inconscientes que regem o mundo social. A tarefa da semiótica é compreender como os signos funcionam pragmaticamente, como os humanos negociam suas relações com os não humanos pela troca de signos. É o sentido da passagem da função simbólica analisada por Claude Lévi-Strauss às ontologias descritas por Philippe Descola ou a "antropologia além do humano" proposta por Eduardo Kohn.

O coronavírus é, assim, um signo do que se passa entre a China, os Estados Unidos e a Europa, e não o símbolo da catástrofe ecológica em curso. Passar do símbolo ao signo pressupõe levar em conta a vida dos signos, que são mais dinâmicos que os símbolos, sempre estáticos. Hoje, os signos se aceleram. Todos os cenários catastróficos que tínhamos imaginado para pensar o colapso estão se realizando sob nossos olhos, com a aviação parada, o sistema financeiro em colapso, o fim da poluição na China...

Que cheguemos ao ponto de confinar as populações humanas e de parar toda a economia para se proteger de um vírus respiratório diz muito do capitalismo tardio contemporâneo. Não estamos mais na mesma situação em que estávamos nos anos 1990, quando um capitalismo ainda bastante confiante pensava que as doenças dos animais podiam ser tratadas como defeitos de mercadorias das quais podíamos nos desfazer, como foi o caso dos abates em massa de gado e de aves durante as crises de vaca louca ou de gripe aviária.

Hoje, os morcegos e os pangolins se rebelam, e quem corre o risco de ir para o abate somos nós. Mas isso não quer dizer nada, simbolicamente, sobre uma conexão intangível entre a epidemia e a política. Na verdade, nos possibilita diagnosticar dinâmicas do capitalismo que são sinalizadas por doenças infecciosas que nunca são as mesmas.

No caso das zoonoses, ou seja, da transmissão de um patógeno entre espécies diferentes, podemos distinguir três tipos de reação: o abate em massa dos animais potencialmente infectados, o uso de vacinas para reforçar a imunidade e o acompanhamento das mutações dos patógenos por meio de coletas de amostras. Essas técnicas implicam concepções diferentes dos coletivos que ligam os humanos aos não humanos, que diferencio com os termos de prevenção, precaução e preparação: o que chamo em meu livro de os três "P".

*Você começa a introdução de seu livro com a seguinte frase: "A questão, segundo as autoridades globais de saúde, não é saber quando e onde a pandemia começará, mas se estamos prontos para enfrentar suas consequências catastróficas." No fim do livro, você tem a resposta?*
Não, mas delineei a maneira como a questão é colocada na China e nas fronteiras da China. Meus colegas americanos estudaram, nos Estados Unidos, as técnicas de preparação para catástrofes, desde o medo de um acidente nuclear nos anos 1950-1960 até o que chamamos, desde o fim da Guerra Fria, de ameaça genérica, marcada principalmente pelo terrorismo e as pandemias.

O que mais me interessou foi a maneira como essas técnicas de preparação, em cuja formulação e prescrição os Estados Unidos tiveram um papel pioneiro, principalmente na crise da SARS, acabaram sendo apropriadas pela China ao ponto de esta poder, desde então, voltar essas mesmas técnicas contra os próprios Estados Unidos, a grande potência cuja hegemonia é contestada por Beijing.

A preparação, seja para um acidente nuclear, seja para catástrofes naturais, implica três técnicas principais: sentinelas, simulações e armazenamento. Wuhan, por exemplo, é uma sentinela, porque está equipada com um laboratório P4, construído com uma parceria francesa desde 2003 e inaugurado em 2017, e que possibilita identificar precocemente novas pandemias com possibilidade de contágio de animais para humanos. Assim, Wuhan desempenha, para a SARS, o papel que teve Hong Kong para a gripe aviária. Desde a SARS a China faz simulações, preparando seu pessoal hospitalar para a gestão de doenças respiratórias agudas, como aquelas causadas pelos coronavírus. Singapura, que foi bastante afetada pelo medo da SARS, investiu muito nessas simulações. Quanto ao armazenamento de máscaras, vimos que os chineses as tinham em quantidade muito superior aos países ocidentais, a ponto de poder oferecê-las a outros países, inclusive aos Estados Unidos. Dessa maneira, a China tem meios mais eficientes de se preparar para as epidemias que os americanos ou os europeus. Taiwan é igualmente avançado no quesito de armazenamento de antivirais, e utiliza, neste momento, um protocolo sanitário semelhante ao de Beijing.

A ideia que estrutura meu livro é a de que todas e todos nós nos encontramos, na realidade, nas fronteiras da China, que é o novo centro da globalização, e onde as condições de vida produzem novas patologias. No entanto, há territórios, onde conduzi essa pesquisa, que já se encontram há mais tempo nas fronteiras da China: Hong Kong, Singapura, Taiwan. Esses territórios desenvolveram estratégias sanitárias entre a tradição chinesa e a tradição ocidental. Se eles nos interessam, hoje, é sobretudo porque são capazes de conter a epidemia, mas com medidas mais compatíveis com nossa tradição liberal que aquelas impostas pela China à sua população.

*O que as pandemias revelam sobre as novas configurações geopolíticas?*
Pode-se ter a impressão de que a preparação para as pandemias implica sobretudo as relações entre Estados Unidos, a Europa e a Ásia. No entanto, o caso da gripe aviária

se passou muito mais entre a Indonésia, que foi a porta de entrada, a China, que foi o epicentro, e a Austrália, que antecipou a epidemia, sem grande envolvimento por parte da Europa ou dos Estados Unidos.

Frente a essa epidemia de coronavírus, os africanos nos ensinam sobre a mobilização contra um vírus que ainda não chegou a seu território, cortando as ligações com a Europa e adotando contra ela medidas relativas à imigração que há trinta anos eram empregadas por países europeus com relação aos africanos. As relações Norte/Sul se recompõem sob o efeito das pandemias: não são mais apenas relações de dominação, estamos realmente num mundo de relações pós-coloniais. Enquanto as técnicas de prevenção foram sempre guiadas pelo Ocidente, que estabelecia o parâmetro para o resto do mundo, em nome da ciência e de sua habilidade em gerenciar as populações, as técnicas de preparação são muito mais plásticas: o dominado pode voltá-las contra o dominante.

*Você escreve também que é necessário "se preparar para as pandemias para limitar não somente o número de vítimas humanas, mas também seus efeitos econômicos, políticos e morais". Essas preparações são as mesmas no Ocidente e na Ásia?*
Nos preparamos para as pandemias em função de nossas tradições culturais ou, nas palavras do antropólogo Philippe Descola, de nossas ontologias, ou seja, de nossas relações estabelecidas entre humanos e não humanos. Os Estados Unidos, obcecados pelo inimigo soviético e pelo terrorismo, se concentraram no inimigo bacteriológico e no bioterrorismo. Os europeus, por sua vez, focaram na segurança alimentar, sobretudo com o princípio de precaução.

Os chineses não têm nem essas obsessões nem a cisão que há dois séculos se estabeleceu no Ocidente entre humanos e animais. Assim, eles podem pensar com muito mais facilidade que os animais enviam sinais de desequilíbrios ecológicos e que é necessário captar rapidamente esses sinais para antecipar as catástrofes. Fiquei surpreso ao ver meus interlocutores sobre esse assunto se apropriarem tão facilmente da expressão "vingança da natureza" para explicar as doenças emergentes, transmitidas dos animais para os humanos.

Nós nos preparamos de maneiras diferentes para uma pandemia de acordo com as relações que travamos historicamente com a natureza. Em meu livro, resumo essa ideia por meio da distinção entre uma relação pastoral com a natureza, como em Michel Foucault, quando há um pastor, superior a seu rebanho, pronto a sacrificar uma parte para salvar o todo, e uma relação de caça, na qual os caçadores-coletores negociam com os animais e as plantas que devem matar para comer. As técnicas de caça e as técnicas pastorais constituem duas maneiras diferentes de controlar as incertezas entre as relações entre animais e humanos.

*Em sua pesquisa, como você abordou simultaneamente sentinelas, simulações e armazenamento, bases das técnicas de preparação para pandemias?*

Estudei as técnicas sentinelas sobretudo em campo, em Hong Kong. Desde a reincorporação da colônia britânica à China em 1997, Hong Kong se definia como um território sentinela, alertando o resto do mundo sobre as doenças que surgem no sul da China. É lá que, nas fazendas ou nos mercados, encontramos "aves sentinelas" não vacinadas que permitem detectar tipos de gripe que poderiam ser transmitidas aos humanos. Em seguida, relacionei essas técnicas com os estudos imunológicos que mostram que certas células de nosso organismo desempenham o papel de sentinela, captando a informação viral em primeira linha. Esses estudos mostram que, enquanto as células são atraídas ou contornadas pelo vírus, o organismo não morre do vírus propriamente dito, mas de sua reação de pânico.

As simulações são cenários do pior caso. São mais uma origem ritual, porque são práticas codificadas e repetitivas, e por isso são menos interessantes e diversas para a antropologia que as sentinelas, que comparo, nesse sentido, aos mitos. Essas simulações de catástrofes, sobretudo de pandemias, consistem em cenários encenados com atores, e sua principal função é a de preparar as equipes hospitalares para não entrarem em pânico em uma situação como a de hoje, por exemplo.

No caso do armazenamento, tive acesso a menos dados e cenários etnográficos, pois estes envolvem segredos de Estado – armazenamento de vacinas, máscaras, antivirais. Colaborei em congressos de indústrias farmacêuticas, o que permite entender que o armazenamento de vacinas ou antivirais produz valor econômico – isso em um mundo onde valores de cooperação e de transparência são, ainda, essenciais.

O armazenamento envolve técnicas de gestão de populações que produzem cenários de ilegalidade, como podemos constatar pelas situações de urgência que vivemos hoje, com triagens de pacientes e a questão de saber se médicos ou políticos devem ter prioridade no acesso à vacina.

Em suma, minha pesquisa consiste em fazer a genealogia da preparação para as pandemias e mostrar as diferenças entre as técnicas utilizadas. Se, por um lado, a noção de sentinela pode apresentar a oportunidade de uma relação mais equitativa entre humanos e não humanos, uma vez que os animais nos enviam sinais em relações reversíveis (o predador pode ser morto por sua presa), por outro, o armazenamento cria desigualdades entre humanos e também entre humanos e não humanos, uma vez que o pastor é sempre superior a seu rebanho. Para mim, é assim que as questões de dominação e domesticação estão ligadas.

*Em quê?*
O interesse pelas sentinelas nos leva obrigatoriamente a nos questionarmos sobre a domesticação. Com isso, tento aprofundar a ideia do geógrafo Jared Diamond, que se interessou pelos efeitos da dominação/domesticação de certos animais pelos humanos. Os animais nos dão bens: alimento, couro, força de trabalho... Mas, se os maltratamos, eles também nos dão vírus e bactérias. As doenças infecciosas emergentes

revelam as desigualdades do contrato de domesticação e são o sinal de que a natureza se vinga. Minha ideia das sentinelas visa ao reestabelecimento de melhores condições de domesticação, uma vez que os humanos trocam sinais de alerta com os animais não humanos sobre doenças que nos infectam em comum.

*Para evitar a multiplicação de pandemias devastadoras no futuro, é preciso separar mais uma vez os humanos e os animais?*
Não, não é preciso separá-los novamente, mas forjar um novo pacto. Não penso que esse novo pacto possa se apoiar no reconhecimento dos direitos dos animais. Tenho críticas à corrente animalista iniciada por Peter Singer, que é apenas uma extensão aos animais de nossa concepção ocidental de direito. Acredito, sim, na ideia de refundar esse pacto sobre a troca de sinais de alerta entre humanos e não humanos.

*Que diferença você estabelece entre as "sentinelas" e os "denunciantes"?*
No que diz respeito à SARS, Hong Kong desempenhou o papel de sentinela e de denunciante. Agora, a diferença foi mais clara. Wuhan foi uma sentinela, ao detectar sinais de alerta precoces de formação do coronavírus e de sua transmissão para o homem. Mas os denunciadores foram bloqueados pelas autoridades locais, segundo afirma o presidente chinês Xi Jinping, que endossa a narrativa de que o Estado chinês agiu segundo deveria e que as falhas ocorridas foram locais.

A questão, entretanto, é saber se Li Wenliang, o oftalmologista que foi um dos primeiros a se dar conta da situação e a denunciá-la, antes de morrer ele mesmo de COVID-19, será canonizado como um novo herói maoista ou se será algum tipo de Edward Snowden chinês, ostracizado por ter tido razão antes de todos os outros. Hoje na China há uma tensão e uma reflexão sobre o fato de dar status aos denunciadores, o que é completamente novo.

*Para combater melhor a epidemia é preciso adotar o ponto de vista dos vírus? Isso é possível?*
Essa é precisamente toda a questão. Não posso dar uma resposta firme. Como antropólogo, isso não é possível, pois não manipulo vírus. Mas pude constatar que os virologistas sabem e, inclusive, se divertem em certos congressos ao explicar como eles fariam, na condição de vírus, para infectar uma cidade ou um território. Em minha pesquisa, vejo como as relações entre humanos e não humanos são transformadas pelos vírus. Para isso, me baseio nos discursos e nas práticas dos virologistas, mas também no que dizem os ornitólogos, que conversam muito mais com os antropólogos. Assim, mesmo que eu intelectualmente consiga entender o que pode significar "adotar a perspectiva de um vírus", tenho muito mais facilidade em adotar o ponto de vista de um pássaro.

*No fim de fevereiro, você escreveu um posfácio para sua obra sobre as "sentinelas das pandemias", levando em consideração o coronavírus, que se espalha hoje na França e no mundo.*

*Se você tivesse que escrever um posfácio para esse posfácio, três semanas mais tarde, o que você adicionaria?*
A questão essencial é, agora, saber como pensar em uma solidariedade internacional entre humanos e entre humanos e não humanos. Mas, na verdade, cada Estado está se escondendo atrás de suas fronteiras e afirmando que o vizinho não está fazendo o suficiente. Essa lógica de escalada nas medidas de confinamento é insuportável. O confinamento deve ser visto apenas como uma etapa inicial para que, então, se possa discutir como reorganizar profundamente os coletivos de humanos e não humanos.

**Frédéric Keck** é diretor de pesquisa no CNRS e responsável pelo Laboratório de Antropologia Social, também ligado ao Collège de France e à EHESS. Sua pesquisa desenvolve-se atualmente em Hong Kong, Singapura e Taiwan. Seu livro mais recente intitula-se *Les Sentinelles des pandémies* (Zones Sensibles).

(...) 11/05

# me curo y me armo, estudando: a dimensão terapêutica y bélica do saber prete e trans

abigail Campos Leal

> "Dei banho nas crianças e preparei pra sair. Fui catar papel, mas estava indisposta. Vim embora porque o frio era demais. Quando cheguei em casa era 22:30. Liguei o rádio. Tomei banho. Esquentei comida. Li um pouco. Não sei dormir sem ler. Gosto de manusear um livro. O livro é a melhor invenção do homem."
>
> Carolina Maria de Jesus, *Quarto de despejo*

> "Quando os padres partiram, depois de terem cumprido todos os seus ofícios, Ponciá logo percebeu que não podia ficar esperando por eles para aumentar o seu saber. Foi avançando sozinha e pertinaz pela folha da cartilha. E em poucos meses já sabia ler."
>
> Conceição Evaristo, *Ponciá Vivêncio*

recentemente, já em meio à pandemia, me peguei mastigando uma velha *lembrança* que vira e mexe teima em me assombrar. me lembro da minha mãe me contando que quando era criança, ela gostava de brincar de "datilógrafa", usando tijolos como máquina de escrever. e/u devia ter uns seis anos quando a ouvi contar essa história pela primeira vez e me lembro de ter achado engraçado: "quem gosta de brincar de escrever? que chato. que *nerd*. Mamãe é doida", pensei e/u. Nessa mesma época, também me lembro de achar um pouco curioso e encantador o fato de sempre ter espalhado pela minha casa vários livros espíritas que ela constantemente manuseava, e que às vezes pedia para que nós abríssemos uma página aleatória, em seguida ela lia e nos perguntava o que entendemos. Só depois de mais de vinte anos é que consegui acessar parte da densidade existencial y política inscrita nessas duas cenas. minha mãe *articulava* aí um uso terapêutico do saber. Para uma criança pobre, filha de um pai carteiro e racializado como mestiço e uma mãe preta-indígena dona de casa, escrever (no fabuloso universo infantil das "profissões") significava a possibilidade de entrar em um mundo de fantasias incríveis. escrever *só* era uma brincadeira possível, porque no seu contexto, a escrita figurava um mundo distante encantador. De outro modo, o acesso à escrita e à leitura, especificamente à leitura espírita, me parece ter sido uma ferramenta fundamental para ela atravessar as dificuldades e momentos difíceis que a vida lhe colocou. Nesse contexto, o acesso aos saberes é também a possibilidade de produção de *saúde existencial*: o saber devém brincadeira quando o tijolo devém máquina de escrever; y a leitura devém vida quando as passagens lidas de um livro possibilitam *luzes espirituais* que ajudam a iluminar o caminho turbulento da *travessia existencial*. criança-pobre y mãe-solteira-trabalhadora são vidas possíveis porque se entrelaçam nos fios terapêuticos dos saberes.

também m/e peguei atravessada em diversos momentos lembrando do meu pai contando a história da infância de seu pai, meu avô, uma pessoa de origem amazonense, racializado como "caboclo". Ele falava com muito orgulho e com um tom enigmático, meio triste, que meu avô caminhava em torno de dez quilômetros para ir à escola; que, fizesse chuva ou sol, ele ia para a escola, não podia faltar. ao trazer essa narrativa, meu pai parecia querer mostrar como a escolarização era ferramenta, chave, arma, fundamental para a continuação vital da nossa família; expressa no imperativo da *caminhada* (rumo à escola), do *corre*, que não pode parar. Aí, o saber não está mais confinado ao "luxo", como tentam fazer certas narrativas. Acessar saberes, nesse contexto, significa ter acessos a armas que possibilitam tanto que a vida brote em meio à pobreza, quanto que ela possa ser defendida da morte. Aí o saber é *força*, *poder*, possibilidade de seguir atravessando o tecido da *vi/da*. criança cabocla anda, anda, anda, caminha quilômetros pra estudar, porque o acesso ao palavrar do saber dá força para a vida cabocla *envivecer*.

para Carolina Maria de Jesus, ler não era um mero passatempo, mas a constituição de um lugar de alívio e aconchego existencial que possibilitava superar mais um dia na vida dura y *duída* de uma mulher preta retinta mãe solteira catadora de papel favelada. E desse *alívio* das mazelas impostas pelo capitalismo racial, figurado na leitura-escrita, ela fez seu ganha-pão, seu viver. escritas que atravessaram o tempo, fronteiras, idiomas, contribuindo para o (seu) **prosperar** preto... *saber curar, saber viver*. Conceição Evaristo nos mostra como o saber pode navalhar o tecido da *mis/éria* que cobre a vida de corpos **pretos**. Ponciá, uma jovem preta neta de pretos escravizados, aprende a ler através de padres missionários que se vão antes mesmo de terem completado sua "missão" alfabetizadora; Ponciá sabe, *sente*, *pressente*, a *força* que esse saber possibilita em termos de vida y corre atrás, por conta própria, da sua concretização. É através de bilhetes escritos, mais tarde, que ela terá acesso a oportunidades de trabalho y a reencontros familiares, refundando y defendendo sua **genea/logia**, marcada por violências raciais profundas. *saber (se) armar, saber viver*.

os saberes são plásticos, esticam suas formas até tocarem o campo da *cura* y da *guerra* da y pela vida. *Saberes Clássicos*, sem dúvida, que remontam à tradição ocidental y sua *metafísica branca*: a *Escrita fonético-alfabética*; a *Filosofia*, Sócrates, Platão, Plotino, Descartes, Leibniz, Kant, Hegel...; a *Ciência*; Hipócrates, Pitágoras, Bacon, Copérnico, Buffon, Darwin, Newton. essa merda toda, sim, mas *também* (e esse também não pode ser subestimado) a **poesia**, a *poesia marginal* que é a poesia da poesia, o palavrar solto y perdido, disruptivo, afetado, as diferentes vocalizações, os gestos de lábios y línguas, a voz, o som preto, de Maya Angelou a Luz Ribeiro, de Aimé Césaire a tatiana nascimento. a **literatura**, as narrações fantásticas de bocas pretas que relampejam o futuro na palavra empro(vi)sada, as viadagens pretas de James Baldwin, as gongações ácidas de Lima Barreto, a *exuzidade* afetiva de Cidinha da Silva, *azamizade sapapreta* de Audre Lorde, as escrevivências de Conceição Evaristo. a **música**, a revolta sônica do punk, a pulsação rebolativa do funk, a dança das ondas sonoras que saem de superfícies golpeadas para golpear os nossos labirintos, a beleza invisível do som, Dona Ivone Lara y Racionais MC's, Leadbelly e Tim Maia, Erykah Badu y Cólera, blocos de marchinha de carnaval de rua, os atabaques pulsando força espiritual nos terreiros, a caixa estourando ao som do funk 150bpm nos bailes de favela, a roda de samba no quintal aos sábados, a House Music que faz corpos fritarem numa pista de dança escura y abafada ou faz corpos *voguearem* numa BallRoom; a **espiritualidade**, as giras y as coreografias da cura dos terreiros, a macumba y o maculelê ressoando, os cantos, as gargalhadas, os passes, as águas e comidas y seus barulhos, o tom das histórias, os gritos y as mudanças de vozes, os cantos, a calma do silêncio, a escrita do silêncio. aí, em tudo *isso* aí, o tempo todo y em toda parte, são os *saberes* que estão circulando.

 não é somente entre pretes y não-brancos que o saber cruza o seu caminho com os caminhos da cura y da guerra. entre desertoras do binarismo de gênero y da heterossexualidade compulsória esse *babado* também acontece, diferentemente. quando passei a estudar em escola pública na então terceira série, durante o recreio, para fugir da socialização cis-hétero y do seu terrorismo, *e/u* me "escondia" na biblioteca. Inicialmente e/u só ficava esperando o tempo passar. mas descobri que a melhor forma de fazê-lo passar era me distrair. Comecei a folhear alguns gibis da Turma da Mônica, e acabei nutrindo um certo gosto pela leitura. Logo após algumas semanas, e/u consegui me adaptar mais às dinâmicas da escola e acabei largando a sala de leitura e o hábito de ler, mas essa experiência marcaria minha vida para sempre, e teve, mais tarde y de forma ainda mais intensa, uma forte relação com o meu desejo pela leitura y pelo mundo das escritas. estranha história de uma criança viada que se refugia da violência cis-hétero na biblioteca e pega gosto pela leitura de gibi. quando consegui acessar a densidade onto-epistêmica desse momento, pude *entender*, através de um *sentir*, como o meu gosto pelos *estudos* foi uma ferramenta vital que possibilitou, de uma só vez, me curar de feridas e me defender da violência, ambas causadas pelo terrorismo onto-lógico y pelas políticas de morte cis-heterossexuais. *acaso/destino* se cruzam nessa história de saberes transviados.

Pedra Costa, numa conversa, certa vez, me disse que o seu trabalho era invisível porque seu trabalho consistia em criar *comunidade*. Foi com Pedra que aprendi o trabalho invisível da construção comunal gênero y sexo desertora. Foi com ela y uns tantes outres que e/u descobri que a teoria feminista e a chamada teoria *queer* (as de fanzines xerocados compartilhados num show da Solange To Aberta, não as do cânone *queer* cis-branco) poderiam ser ferramentas concretas aplicáveis ao contexto da vida cotidiana para possibilitar a reconstrução do corpo, das performatividades, das existências, em outros termos — com Pedra também aprendi a dizer adeus à teoria *queer*. Foi numa conversa num bar com uma amiga trans que tive a minha primeira consulta de ginecologia travesti (beijos). Foi com Indianara Siqueira que aprendi a ambivalência do jogo político-afetivo das travestis, pendulando entre dar *ekê* no terrorismo cis-hétero y fortalecer a coletividade transvestigênere. Com Susy Shock aprendi que as transformações do corpo trans são inscrições poéticas, y que a partir daí é possível se palavrar a poesia travesti. aprendi com L.S. que é possível torcer os conceitos da chamada filosofia pós-estruturalista para aplicar aos nossos interesses cotidianos mais mundanos y baixos. aprendi com Neon Cunha que forjar nossas ancestralidades trans pretas é um duro y infinito exercício; mas dureza nenhuma anula a alegria de ver a **vida trans** (antes) apagada brotando novamente.

toda essa circulação pedagógica trans foi fundamental não para o meu aprimoramento intelectual, mas para a construção da uma espécie de *inteligência ontológica*, com a qual pude mover minha corpa trans, fazendo dela uma corpa *viva*, rumo a novos lugares! e eu aprendi também lendo livros, ouvindo músicas ou itãs de travestis, lendo um artigo de Hija de Perra, em performances artísticas, em Slam's. e/u aprendi lendo Foucault e Jack Halberstam, aprendi numa roda de improvisos na Batalha Dominação, numa fala de Jota Mombaça no MASP e em seguida akuendando uma taba numa roda de deboches, numa troca de ideias entre Castiel Vitorino y Michelle Mattiuzzi na Casa 1, nos bares da Cesário Mota com Adelaide Estorvo relembrando Cris Negão e Cláudia Wonder, numa oficina de ejaculação vaginal e massagem prostática, num desfile da Vicenta Perrota y Manauara Clandestina, vendo Susy Shock recitar no Desfazendo Gênero, bem loca no Baile em Ch3rnobyl, numa performance de Saraelton Panamby na Casa 24, ouvindo Kika Sena recitar, numa tirinha do Sapatoons Queerdrinhos, numa conversa de bichas pretas relembrando Madame Satã, entre as transviadas encapuzadas nos atos de junho de 2013 compartilhando isqueiros y leite de magnésio ou num ato no Arouche contra a violência transfóbica, grudando um macho agressor na base da garrafada com as travestis na rua... em toda a multiplicidade, o que está circulando nessas cenas disparatadas, são *saberes trans. a arte trans de se curar y se defender*.

um saber não deve ser avaliado *apenas* a partir de onde ele emana (academia, música, religião, artes de galeria, arte de rua...), mas a partir dos usos que ele apresenta para a vida, para o *envivecer*.

me parece muito pouco vantajoso, e até mesmo perigoso, um certo *pathos* anti-intelectual que vejo crescer nos últimos anos entre diversos setores da sociedade brasileira (mas também a nível global), de ultradireitistas a conservadores, de brancos a pretes engajades na luta antirracista, entre a supremacia cis e entre travestis. Como se a pura experiência e as narrativas de vida fossem água suficiente para regar a jornada da existência. Como se acessar (outras) instâncias do saber fosse algo essencialmente errado, reacionário, imoral. Como se uma pessoa trans e/ou preta acessando espaços institucionais (universidades, museus, galerias, meios de comunicação) historicamente reservados à cisgeneridade branca estivessem *apenas* reforçando a sua estrutura e não, *também*, contribuindo para abalar as mesmas. Robin Kelley nos mostra como a cisão entre "ativismo" e "trabalho intelectual" é perigosa, trazendo inúmeros exemplos da tradição preta radical que sempre entenderam e articularam as complexas relações entre a ação política y o trabalho do pensamento.[1] Mesmo espaços historicamente hegemonizados pela branquitude cis-hétero podem ser colocados para funcionar a partir de interesses trans e pretes. Stefano Harney e Fred Moten nos lembram que até mesmo a Universidade pode ser aquilombada: "Sob essas condições, pode-se apenas entrar sorrateiramente na universidade e roubar tudo que for possível [...] Ela (a universidade) desaparece no subsolo – a (in)discreta e fora do meio comunidade aquilombada da universidade –, nos subcomuns do iluminismo".[2] Entretanto, não podemos achar que esse aquilombamento da universidade é um processo simples ou puro. O fato da entrada preta na universidade, segundo Harney e Moten, precisar ser feita de forma sorrateira e do roubo ser a única forma de relação possível já nos mostra como o aquilombamento da universidade (y outras formas de assalto aos saberes hegemônicos) não se dá sem tensões, assimetrias, violências e contradições.

para encerrar e/u abro. toco a dádiva das *graças* na forma da palavra, que não é nem cis e nem branca. e/u soul grata hoje aos fios da vida que colocaram o saber-ler-e-escrever pra funcionar na vida da preta escravizada que conseguiu desertar falsificando a assinatura do seu senhor num passe de locomoção, da criança pobre que maquinava a escrita em tijolos, do caboclinho que andava e andava e andava pra aprender; grata ao acaso do destino que me fez achar uma biblioteca na fuga; grata à vida preta de dona Carolina Maria de Jesus que vingou y à de Conceição Evaristo que ainda vinga; grata pelo caminho de Carú de Paula Seabra ter se cruzado com a arte y a psicanálise e por seu caminho ter cruzado com o meu; sou grata ao destino por ter feito Pedra Costa se esbarrar em algum momento com a teoria *queer*; grata pela poesia falada, escrita, musicada y gestada no afeto de tatiana nascimento; agradeço a todas as travestis pretas que já cantaram – y sonharam em cantar – por terem possibilitado que Ventura

---

[1] Robin Kelley, *Freedom Dreams: The Black Radical Imagination*. Nova York: Penguin Random House, 2003, p. 8 (tradução minha do original em inglês).
[2] Stefano Harney; Fred Moten, *The Undercommons: Fugitive Planning and Black Study*. Nova York: Autonomedia, 2013, p. 26 (tradução minha do original em inglês).

Profana produzisse **vida** *trans preta* através das suas torções musicadas da liturgia neopentecostal; sou grata por algum dia Susy Shock ter palavrado a poesia monstra em Salvador; por ter colocado Castiel Vitorino nos caminhos da cura preta ancestral da macumba y da produção artística e intelectual; agradeço ao destino por ter permitido Jota Mombaça cruzar o Atl/ântico para parir suas artes descaravelantes, refundando a vida não-branca y sexo-gênero desertora em plena terra de colonizadores.

*aí*, então, era o saber, mas também o *estudo*, que estava circulando o tempo todo. estudo não só como acesso aos saberes legitimados pela y da tradição cis-hétero branca, mas "estudo como movimento [...] estudos através do corpo [...] estudo como prática especulativa", estudo como um "tipo de prática itinerante, móvel", estudo como quando "Marvin Gaye canta" e estudo como "música popular preta" e como "RAP".[3] estudamos ouvindo música, lendo, estudamos trocando links de editais entre nós, conversando num bar, lendo num metrô lotado de manhã; estudamos ouvindo histórias de tios e avós em churrascos nas lajes aos domingos; estudamos em museus renomados rindo da mediocridade da arte cis-hétero branca, e na universidade, trocando olhares debochados entre as nossas durante a aula de um professor *uó* com sobrenome de rua; estudamos tirando o *tarot* ou preparando uma guacamole, estudamos lendo os romances de Octávia Butler y ouvindo *A Tábua de Esmeralda* de Jorge Ben; estudamos fazendo carinho em nossos amigues animais y forjando alianças não-humanas; estudamos plantando manjericão y nos masturbando com dildos de plásticos ou enfiando um cristal de ametista no *edy*. e/u também estudava quando fugia para a biblioteca y ficava lendo gibis para me proteger do terrorismo cis-hétero. e/u devo minha *vida* a esses estudos.

*me curo y me armo, estudando*. a caneta que sublinha palavras de um livro estudado é a mesma que fura a perna de um agressor y o canivete que rasga a pele é o mesmo que talha o nome de duas pessoas trans dentro de um coração na porta de um banheiro sujo de bar. tudo *isso* é estudo y esses estudos fazem parte da mutação de uma época. isso se fareja. sigo **estudando** y encaro isso como um momento de cura y de guerra contra o apocalipse branco cis-hétero.

**abigail Campos Leal** movimenta as suas ações y seu palavrar entre as fronteiras da filosofia y poesia. É mestre em Ética Aplicada pela UFF, mestre em Filosofia pela UFRJ y doutoranda em Filosofia pela PUC-SP. é também uma das organizadoras do Slam Marginalia (competição de poesias faladas para pessoas trans que acontece em SP). publica textos autorais y traduzidos em formatos de fanzines em torno das questões feministas, anti-especistas, cuirs, anti-capitalistas, anti-coliais y anti-racistas. Seu primeiro livro *ex/orbitâncias: os caminhos do comunitarismo y da deserção de gênero no Brasil* sai pela GLAC Edições.

---

3 Stefano Harney; Fred Moten, *The Undercommons*, op. cit., pp. 118; 121; 137 (tradução minha do original em inglês).

(...) 12/05

# de pé na mão
## Nina DeLudemann

Este pequeno ensaio em contradições é também a tentativa de sair da linha reta *on-line* que, nos últimos dias, me mostrou tantas pessoas despedaçadas, que até agora nem as mesas haviam conseguido fazer de maneira tão eficaz:
  Enquanto o padrão de sentar-se com os pés embaixo da tábua sempre permitiu o relance de uma pessoa inteira, os encontros hoje me mostram cabeças e troncos flutuantes, aparentemente independentes da parte de baixo do corpo.
  Esses dias até sonhei estar andando na Avenida Independência e acordei quando senti as solas dos meus pés, me deixando com a enorme vontade de estendê-los em frente à câmera durante uma reunião – como prova que ainda quero andar, mesmo em espaços isolados, onde não há muita opção para onde ir –, mostrando as plantas dos meus pés.
  Que sincero encontro aqui o Português! Dizendo que é preciso plantar para poder ir a outro lugar.
  A necessidade concreta de fixar os (sonhos) viajantes.

Já faz uns dias que soube que meu voo para o Brasil, agendado para o dia 1º de abril, seria cancelado. Estou impedida de me encontrar com pessoas que amo e das quais sinto falta. Mas, enquanto não posso me encontrar com elas em espaços comuns, busco caminhos para voltar para lá.
  E acabo me encontrando em passados presentes.

Um ano atrás (quando fez 55 anos que os militares tomaram o poder do governo brasileiro, instituindo a ditadura que de certa forma perdura até hoje) criei uma pequena intervenção. Documentando:

Não é um dia que deveria ser festejado. Por isso decidi começar o dia à meia-noite (em Berlim às 5 horas GMT+2), trabalhando. Como o "chefão", limpando os corredores hospitalares em *O estranho no ninho*: "Enfiam um esfregão na minha mão e mostram o lugar que eles querem que eu limpe hoje, e eu vou." Ontem o sangue derramado, hoje varremos a poeira. "É um fato estranho que o horrível perde seu horror quando se repete", comentou Michael Ende. Mas a limpeza amnésica é feita

pelas mesmas ferramentas que podem ser usadas para subvertê-la, levantando a poeira. Em *Orfeu extático na metrópole*, leem-se as vozes de cronistas escrevendo sobre o carnaval de 1919 em São Paulo: "Os outros divertem-se ainda e elas já vêm à colheita do lixo […] Num instante uma outra coluna de invasores se precipita sobre a avenida e a cena se transfigura numa batalha a campo aberto […] Substituindo a comunhão anterior da festa, três grupos interdependentes, mas também antagonísticos, se projetam em circuitos contraditórios: os mascarados exultantes nos carros em disparada, as catadeiras com o rosto esquálido de aflição, as caras empoeiradas dos lixeiros apressados."
Imagino que são muito parecidos com o varredor na história de *Momo*: "Ele pensou por um tempo. Então ele continuou: 'Nunca se deve pensar em toda a estrada de uma só vez, você entende, você apenas tem que pensar no próximo passo, na próxima respiração, na próxima pincelada, e de novo e de novo na próxima'", diz Beppo. E esse é o problema: perder a noção da relação entre as coisas. As reportagens da época entre as duas guerras mundiais lembram que cada feriado, cada festa, eram seguidos pelas pessoas que não podiam participar. Porque o feriado dependia da exclusão delas, que estavam pavimentando o caminho – e dos já mortos, varridos ao esquecimento – feito de suas costas, sobre as quais acontecia a festa.

Contra o empreendimento de fazer dessa data um dia de festa, diante desse absurdo de elogiar violências, quero protestar, resgatar memórias que não são as minhas, mas que fazem parte da minha vida.
Fiz isso em um gesto simples, e solitário, porém necessário para nosso convívio, que é esse de limpar a rua.
O que mais me comoveu foram os encontros ao longo do caminho, as pessoas e as pequenas conversas que eu tive.

Com essa data se aproximando, já umas semanas atrás pensei em adaptar a performance para realçar a importância do nosso convívio. (Como era mesmo? Ninguém solta a mão de ninguém?)

Hoje não é o dia 31/3. Mas, com essa data recém-passada, se aproxima seu novo des-aniversário. E nos tempos em que vivemos, não sou eu que posso dizer que hoje não será o dia em que esse 31/3, com suas ressonâncias, se repita. Me refiro a essa data então como "hoje".

Pensei em passar o dia de hoje oferecendo-me para lavar as mãos de quem eu encontrasse na rua. Rapidamente se revelou que ninguém concordaria que eu lhe tocasse – mesmo com desinfetante.
O que eu não esperava era que fosse considerado até criminoso tocar-se na rua.

Dar-se a mão.

Já nem posso repetir a performance na forma do ano passado, já que a necrofilia governamental chega a se apropriar das pessoas que assassina de forma que abertamente pedem para continuarem morrendo.

Como escreve Vladimir Safatle: o fascismo "sempre soube transformar a festa da revolução em um ritual inexorável de autoimolação sacrificial".

Só que agora transforma a exclusão em objeto de desejo, e convida até as pessoas excluídas da festa para que participem desse baile infernal.

Varrer a rua se tornou um ato inadmissível.

Quando na Alemanha hoje se fala de pessoas na rua, é só para designar quem tenha "importância sistemática". E parece que é assim mesmo: trata-se das pessoas que estão indo para o trabalho, quem sai para fazer compras. As pessoas que não têm onde ir. Em todos sentidos estão fora.

São essas as funções relevantes do nosso sistema — que depende de uma grande parte que vive na rua para que outras possam ganhar dinheiro e fazer compras.

Há pouco tempo fez dois anos que Marielle Franco foi assassinada.

Por tudo o que aconteceu, no entanto, todas as notícias que circularam desde então, essa lembrança, entre outras, me parece já muito distante — essa notícia, essa memória parece já ter sido enterrada nos sedimentos logarítmicos.

Mas o apelo de um artigo em particular me chamou a atenção: "é preciso lembrar que a morte de Marielle Franco não foi em vão."

Diante de ruas vazias e olhares desconfiados, nos raros casos em que ainda se encontra alguém em menor proximidade que 1,5 metros, penso se talvez não foi *em* — com certeza a morte de Marielle possa ser — continua sendo *um* vão. Uma ruptura.

Lembrar agora, mais do que nunca, que a morte pode ser um vão; e que seu contrário, nem a superação de sua dor será preenchimento.

Uma amiga me falou em um telefonema que, quando os teatros reabrirem, não deveríamos nos esquecer de que são espaços de abundância, de divertimento e também de tédio. Uma interrupção. Espaços que guardam tanta memória que nos permitem até esquecer — permitem que não nos enganemos ao confundir lembrança com exigência de registrar, gravar, preservar.

Podemos passar esse tempo em casa, escrevendo, desenhando, aprendendo novas línguas, fazendo ligações pela internet e fisioterapia à distância — mas isso não tampará o enorme e crescente abismo social.

Nessa madrugada de hoje, com o raiar do sol anunciando o final do dia passado, levei uma planta para a floresta. Passei um momento com ela lá, paradas nós duas, para que ela conhecesse a floresta antes de ser levada para o jardim. Assim ela poderá contar para as outras plantas como é esse outro lugar.

Sujando minhas mãos que – admito – nunca foram estéreis, vou escavar um buraco que acolherá a planta que levarei para a floresta.

Pedi para os amigos me mandarem um desejo, uma palavra, um pensamento – que plantaria nesse mesmo buraco, mesclando-se ao adubo.

O que não consigo tapar é minha própria ansiedade em saber que esse texto está disseminado pela internet.

Algo que eu tinha criado para ser uma intimidade entre amigos; um texto escrito para ser virtual, no sentido de uma imaginação expandida além das conexões – mesmo nesses tempos que tudo parece ser abertamente compartilhado desde um mundo englobado.

Me consolo com o pensamento de que também a intimidade não seja algo coberto, mas que potencialmente possa ser vista, até iluminada na lucidez de uma tela, mas alcançável só para quem a quiser ver, embrenhada entre as linhas.

Compartilho aqui então, na mesma esperança de chamar a atenção à importância do(s) vazio(s).

Por mais que consigamos superar esses tempos de isolamento com substituições, o vazio é algo que não tem equivalente virtual. E é algo que precisa ser permitido, por mais doloroso que seja, porque é também o vazio que cria espaço.

Por isso, rego os desejos de meus amigos que se dissolvem na terra, contados em silêncio, em vão. Ninguém que não seja uma das outras plantas jamais escutará. Um momento à toa.

E estendo o conselho a quem tiver a oportunidade de plantar um sonho em um buraco, ou seja, cavar o espaço onde o sonho venha a caber.

Me apropriando de palavras, por sua serenidade, imortais: "o verdadeiro amor é vão" ("Drão", Gilberto Gil).

Amanhã terei andado ao longo de uma estrada e encontrado uma sacola cheia de conservas que alguém terá largado lá. Primeiro, pensando que era uma doação: aqui surgiu um movimento de deixar comida empacotada em sacolas para os moradores de rua pegarem. E, assim, poder ajudar as pessoas que precisam, sem necessidade de contato ou risco de contágio. Só que onde estou morando não tem morador de rua. Nem tem pedestres nessa rua bastante movimentada. Eu pararei então para olhar, curiosa com os objetos encontrados.

As latas estarão todas fechadas ainda, mas com data de validade vencida.

Abrindo espaço para os novos estoques, alguém resolveu se livrar das reservas que tinha guardado no último isolamento iminente.

E eu, achando-as boas demais para deixá-las abandonadas ao lado da rua, levarei as latas para casa. As etiquetas prometerão boa companhia: cabeças de aspargos, como se chamam em alemão, e corações de alcachofra.

Queridos amigos, parentes, almas próximas,
espero que estejam podendo enfrentar esses tempos com confiança e que possam cuidar não só de si, mas também dos sonhos.

Quero aqui mandar um recado de longe, mas com pensamentos sempre presentes.
Enquanto espero a primavera, o tempo novo chegar e o pior passar, me alimento dos medos conservados de uma crise passada e aguardo uma planta florescer.

**Nina DeLudemann** faz propostas artísticas. Nasceu e foi criada nos seus primeiros dez anos de vida em São Paulo, antes de se mudar para a Alemanha. Estudou economia e cenografia em Berlim, onde se formou na Universidade das Artes (UdK). Entre Brasil e Alemanha, realiza seus trabalhos circulando entre mundos multicronológicos.

(...) 13/05

# Pandemia, paranoia e política: Dos riscos paranoicos do coronavírus: o inimigo ansiosamente esperado

Roberto Calazans

Christiane Matozinho

**Pandemia e Terror**
A pandemia do novo Coronavírus, se pudermos fazer alguma análise sobre ela no momento em que ela ainda acontece, trouxe duas queixas constantes por conta das medidas de isolamento social, *lockdown* ou quarentena. De um lado, uma queixa bastante difundida entre os trabalhadores de classe média de que o trabalho flexibilizado em *home office*, em que a diferenciação entre espaço de trabalho e espaço de descanso ou lazer ficam abolidas, tem trazido uma carga de trabalho bem maior do que o trabalho presencial. A autorresponsabilização pela manutenção de seu posto de trabalho faz com que seja abolida pelo sujeito a lógica de uma estrutura temporal de organização do trabalho. Consequentemente, o que temos é uma sobrecarga laboral, traduzida em cansaço, sobreposição do trabalho sobre a vida privada, desimplicação do empregador em prover a salubridade das condições de trabalho, redução das garantias trabalhistas e diminuição salarial – resultado inversamente proporcional à demanda cada vez maior de produtividade. O *home office*, apesar de sua falsa ideia de liberdade, não conhece agenda e todo momento pode virar momento de trabalho. Como diz uma amiga "Não há como mensurar o que é *home office* dentro de uma pandemia". A ruptura da experiência do tempo implica em um cansaço indefinido uma vez que, como diz outra amiga, "parece que o dia de trabalho dura um dia inteiro".

De outro lado, em relação a uma parte da população precarizada que não tem qualificação necessária para o *home office*, temos uma diferente queixa recorrente destes tempos pandêmicos – queixa? Está mais para temor! Sobre essa parte da população abate-se um dilema, já que, de um lado, sofre por medo de perder seu emprego – isto quando já não perdeu – e, de outro, sofre por ter de retornar às atividades laborais sem a mínima segurança de que não será contaminado e não irá morrer ou levar a morte aos seus amigos e familiares. Basta vermos quem é que circula pelos que podem se manter em quarentena: os trabalhadores de aplicativos[1] – aqueles que não têm nenhuma garantia trabalhista por serem considerados empreendedores, inteiramente desassistidos diante da pandemia, colocando seus corpos em jogo para garantirem sua sobrevivência, na medida em que, sem bens e estabilidade, só possuem sua força de trabalho, sendo obrigados à escolha forçada: a bolsa ou a vida? Essas duas queixas, relativas aos efeitos da nova conformação do mundo do trabalho em tempos neoliberais, não foram inauguradas pela pandemia, mas foram agravadas pelos efeitos econômicos e políticos desencadeados pelo vírus.

A pandemia não é um fenômeno exclusivo de ordem biológica, ela é também política na medida em que seus efeitos se acirram diante do colapso do sistema de saúde mundial, enfraquecido durante décadas pelas políticas de retraimento do Estado e de privatizações. É inegável a marca neoliberal nas políticas de destruição dos serviços públicos através de medidas como a Emenda Constitucional do Teto dos Gastos Públicos que alterou a Constituição brasileira de 1988 para instituir o Novo Regime Fiscal que congela por 20 anos os investimentos em políticas públicas como saúde e educação. A inexistência de um sistema público de saúde como nos EUA ou a falta de leitos de UTI em hospitais – ou então de profissionais distribuídos em todo o território nacional para o atendimento da COVID-19 – são reflexos dessa política de retraimento estatal em prol da lógica neoliberal de livre mercado. Neste sentido, se o Estado é também produtor da crise, sua resposta a essas queixas – relativas ao campo do trabalho – não poderia ser diferente da posição que sustentou até aqui. A proteção do capital que vemos na campanha da classe média alta e grandes empresários contra o isolamento social, com o argumento de que não se pode parar a economia – e muito menos os seus lucros –, é também encampada em nível político pela Presidência da República do Brasil. Para salvar a economia, um movimento "negacionista", defendido por empresários, promove grandes carreatas, que minimizam o impacto da pandemia (ainda que de dentro de seus carros os empresários estejam de máscaras): eles conclamam a reabertura do comércio e a retomada dos postos de trabalhos pelos mais pobres, bloqueando inclusive passagens de ambulâncias e fazendo buzinaço em frente aos hospitais que abrigam pacientes contaminados com a COVID-19, num óbvio flerte com a seleção natural. Vemos, então, queixas a respeito de uma aceleração da sociedade do cansaço,[2] da extensão da precarização das relações trabalhistas para o conjunto da classe trabalhadora e o desejo de que essa extensão aconteça por parte da sociedade que detém os meios de produção.

O que se vê é que a pandemia, longe de apontar a decadência capitalista neoliberal, entranhou-se e, através da crise e do colapso, faz sobreviver sua ideologia. Assistimos à especulação de preços, sem nenhuma intervenção do Estado, ao recuo

---

[1] São aqueles trabalhadores que se cadastram em aplicativos como Uber ou Rappi para atender demandas de comunidade e que, geralmente, trabalham doze horas ou mais seguidas sem direito a pausas para almoço, fim de semana, etc. Desde a Reforma Trabalhista, o número de trabalhadores de aplicativos tem aumentado exponencialmente.

[2] Byung-Chul Han, *A sociedade do cansaço*. Trad. Enio Paulo Giachini. Petrópolis: Vozes, 2015.

dos direitos trabalhistas, à justificativa para medidas econômicas restritivas – tudo isso apontando menos a falência da lógica neoliberal que seu vigor. A mão visível do mercado faz coadunar-se com a invisibilidade do vírus, manipulando a falsa sensação de segurança e insegurança a favor do mercado.

Como aponta Naomi Klein, em seu livro *A doutrina do choque*, são situações de caos e desorientação que se tornam terrenos propícios para aprofundamento de projetos neoliberais, para a chamada doutrina do choque (ou o capitalismo de desastre, como chamam atualmente) desenvolvida por Milton Friedman na Escola de Chicago, cujo projeto experimental foi o Chile de Pinochet que, desde outubro de 2019, está em convulsão social por conta justamente de tais políticas neoliberais.[3]

Resumidamente, o que a escola de Chicago tomou como "doutrina do choque" é o *modus operandi* do sistema neoliberal que se utiliza de "crises", e aqui elas podem ser reais ou criadas, para implementar políticas impopulares e neoliberais que, em situações de "normalidade", seriam tomadas como impossíveis de serem aceitas, mas que, diante de uma situação de exceção provocada pela crise, se tornam "política inevitável". Como aponta Klein, a doutrina do choque é uma estratégia política que consiste em usar crises em larga escala para promover políticas que sistematicamente aprofundam a desigualdade, enriquecem as elites e minam os demais. Para Friedman, a crise instaura a dimensão da impotência provocada pelo horror do choque, facilitando a imposição de medidas impopulares. Não é isso que assistimos politicamente diante da epidemia no Brasil hoje?

O governo brasileiro, diante da crise da saúde e econômica, desenha a implantação e negociação de medidas neoliberais de austeridade. Vimos a negociação da PEC Emergencial – que, dentre outras atribuições, corta salário e jornada de trabalho de servidores durante momentos de crise fiscal – como condição de liberação do auxílio emergencial de seiscentos reais. Isso tudo sob a alegação de que não se trata necessariamente de corte de gastos, mas de injetar dinheiro na economia. Além desta, temos a Medida Provisória (MP) 936/2020, que institui o Programa Emergencial de Manutenção do Emprego e da Renda e autoriza redução de jornada de trabalho e de salários e a suspensão de contrato de trabalho mediante acordo individual entre empregado e empregador, admitindo que, durante a crise, o acordo trabalhista prescinda da participação do sindicato. Assim, percebe-se que a crise desencadeada pela pandemia torna-se o terreno propício para a aprovação destas medidas.

A pandemia parece atualizar o que Foucault diria sobre as utopias socialistas e as capitalistas: enquanto as socialistas têm a propriedade de nunca se realizarem, as capitalistas têm a má tendência de se realizarem frequentemente.[4] Longe de implicar

---

3 <https://www.otempo.com.br/mundo/revolta-no-chile-razoes-que-levaram-asmanifestacoes-no-pais-1.2253512>.
4 "De fato, há duas espécies de utopias: as utopias proletárias socialistas que têm a propriedade de nunca se realizarem, e as utopias capitalistas que têm a tendência de se realizarem frequentemente." (Foucault, 1997, p. 110).

o fim do neoliberalismo, como muitos têm apontado em vários textos, vemos que aquilo que pensávamos que poderia aparecer em um futuro distópico parece ter encontrado a ocasião para a radicalização da concentração de riquezas acompanhada do aumento do contingente de pessoas descartáveis para a grande massa da população mundial, não apenas baníveis como os trabalhadores de aplicativos ou em *home office*,[5] mas também matáveis[6] por estarem expostos aos riscos da contaminação do novo coronavírus em uma situação de precariedade social, econômica, sanitária e ambiental. Trata-se do que Klein chama de "zona de sacrifício", territórios eleitos para a ação predatória das elites onde a insalubridade marca a condição de existência das pessoas que ali vivem.

Mas essa ocasião de radicalização do projeto neoliberal diante de uma pandemia, nos parece, traz em seu bojo uma peculiaridade que permite também pensarmos em Freud e seu texto "O Estranho".[7] Freud vai dizer que uma das faces maiores de terror, em estética, não é aquilo que é claramente monstruoso ou deformado e sim aquilo que, ao contrário, traz um estranhamento diante do familiar. É o que é mais próximo, o mais cotidiano que, por uma pequena diferença, traz o estranho e, consequentemente, o sentimento de terror. Ora, a COVID-19 não é também um estranho no seio do familiar? A dimensão do estranho está posta cada vez que alguém se refere ao vírus como "o novo coronavírus" – o adjetivo "novo" nos remetendo ao seu outro. O estranho familiar que, apoiado nas minhas células, replica seu material genético. Pode apresentar sintomas de uma gripe comum, mas não sabemos direito como se dá o contágio e, assim, outra pessoa pode desenvolver sintomas mais graves que podem levar à morte; pode se tratar do mesmo modo que se trata outras gripes, mas pode gerar infecções renais ou cerebrais; pessoas podem estar contaminadas e serem assintomáticas, mas podem ainda assim transmitir a doença de maneira violenta para outras pessoas.

Vemos este terror acompanhar uma outra categoria de trabalhadores que, a princípio, seriam os que mais estariam aptos para lidar com ele: os trabalhadores da área de saúde, que estão diretamente no enfrentamento da COVID-19. Esses profissionais, para os quais a dimensão da vida privada se encontra abolida, já que vivem integralmente a função de profissionais de saúde, estão quarentenados de suas famílias, morando em apartamentos ou hotéis para não contaminar seus familiares,

---

5 "Os big data inauguraram uma nova sociedade de classes digital. Quem está na categoria 'lixo' pertencem à categoria mais baixa. Aos indivíduos com pontuação ruim são negados empréstimos. Logo, junto ao pan-óptico surge o 'ban-óptico. O pan-óptico monitora os internos incluídos no sistema. O banóptico é um dispositivo que identifica as pessoas estranhas ou hostis ao sistema e as exclui (em inglês: to ban) O pan-óptico clássico serve para disciplinar; os ban-ópticos garantem segurança e a eficiência do sistema." (Han, 2018, p. 91).

6 "[...] aquelas formas de soberania cujo projeto central não é a luta pela autonomia, mas 'a instrumentalização generalizada da existência humana e a destruição material de corpos humanos e populações.'" (Mbembe, 2018, p. 10).

7 Sigmund Freud, "O estranho" (1919). In: *Edição Standard Brasileira das Obras Psicológicas Completas de Sigmund Freud*, vol. 17. Rio de Janeiro: Imago, 1996, pp. 237-270.

solitariamente lidando com o horror de perder pacientes e colegas de trabalho que estão ou morrendo, ou sendo afastados de seus postos. Expostos ao risco cotidianamente, trabalhando várias horas ao dia, sem uma rotina, convocados a superar os limites possíveis diante da precariedade do sistema de saúde e carência de trabalhadores qualificados, cabe somente a eles cuidar para que não se contaminem. Diante da pergunta: "quem cuida dos que cuidam?", a resposta parece sempre apontar para a responsabilidade individual do sujeito. E é esta responsabilidade individual que faz com que esse profissional tema por sua vida e se isole por temer a contaminação de pessoas próximas. Poderíamos dizer que isso relaciona-se ao terror de que atitudes mais prosaicas possam gerar a contaminação e de que uma pessoa possa ser o vetor da morte de uma série de familiares e amigos.

Mas este terror não fica restrito aos trabalhadores da área de saúde. Como nos contou outra amiga:

> Estou com sintomas paranoides de que alguém infectou a maçaneta do carro de propósito! Fiquei assim depois de ver um vídeo em que um cara tirava a máscara, cuspia no dedo e passava no corrimão do metrô.

Temor nada injustificado se pensarmos que, no início dos casos nos Estados Unidos, o jogador de basquete Rudy Gobert, pivô francês do Utah Jazz, zombando da pandemia, passou a mão nos microfones dos jornalistas.[8] Tendo logo em seguida seu diagnóstico confirmado, ele foi o pivô agora da suspensão do campeonato americano de basquete, levando os jogadores de todos os times a uma testagem geral. Este terror se amplia com o isolamento social, fazendo com que a possibilidade de proximidade com o outro se torne um risco, convertendo o *estranho* em um trauma generalizado e não apenas o reflexo de um ou outro indivíduo.

Se utilizamos a palavra *terror* é porque, para Freud, ela anda junto com o *estranho*. Foram elaboradas no mesmo momento entre os anos 1918-1919, quando Freud estava às voltas com as consequências terríveis que a Primeira Guerra Mundial e a pandemia da Gripe Espanhola trouxeram para o mundo. A guerra e o vírus podem ser manifestações do estranho familiar. Basta ver o sentimento desencadeado por elas: o terror. O *terror*[9] não é um medo, capaz de encarnar o perigo em um objeto preciso, nem mesmo angústia, sinal que alerta a iminência de se repetir o perigo. Trata-se da invocação do desamparo e da estranheza, produzidas pela impotência do sujeito diante de uma situação para a qual ele não se encontra preparado. Essa situação não necessariamente trata do que não é familiar, mas antes de ser convocado a lidar

---

8 <https://veja.abril.com.br/esporte/jogador-infectado-que-causou-suspensao-danba-havia-zombado-do-coronavirus/>.

9 Sigmund Freud, "Além do Princípio do Prazer" (1920), In: *Obras Completas*, vol. 14. Rio de Janeiro: Companhia das Letras, 2010, pp. 121-178.

com uma mudança de estado diante da qual todas as respostas anteriores não são mais suficientes. O terror aparece como efeito diante do despreparo e desamparo do sujeito desencadeados por uma situação traumática. Uma das fontes das quais Freud extrai as noções de estranho e de terror são os sonhos traumáticos e das neuroses de guerra, ou seja, de uma situação tão traumática que os sujeitos sonham justamente com os horrores da guerra. Os discursos de nossas amigas indicam bastante isso: uma situação atual, pontual, mas que se torna onipresente em todas as dimensões da vida, como a pandemia.

Charlotte Beradt escreveu o famoso "Sonhos no Terceiro Reich" justamente sobre estes sonhos que não precisam de uma guerra para vislumbrar o terror, aqui de outra natureza: o terror do regime totalitário fascista. Com a ascensão de Hitler, antes da Segunda Guerra Mundial, muitos alemães já sonhavam com a mudança que essa vida havia trazido. Os restos diurnos não eram plenamente trabalhados pela lógica da transformação inconsciente, mas reproduziam e esclareciam justamente aquilo que era impossível de falar abertamente em um estado cada vez mais totalitário:[10] o emudecimento crescente do dissenso, da impossibilidade de se esconder em um mundo de delatores, o aumento da burocracia, a submissão voluntária ao terror do fascismo, a eugenia e a assimilação do ideário totalitário. Assim como na época do Reich, quando uma dimensão do terror levava a uma desconfiança generalizada em relação a todos, a COVID-19 atualiza essa precariedade do laço social. Como nos lembra uma quarta amiga:[11]

> Eu estou ficando meio paranoica com a proximidade das pessoas. Me lembro das animações que vazaram sobre a propagação do vírus no ar. Tento passar o mais distante possível de pessoas que estão sem máscara – quando possível, claro.

> Ontem cheguei de carro, fui à minha mãe entregar as compras dela. Estacionei e vi que tinha uns vizinhos batendo papo no caminho da escada e do elevador – sem máscaras, é claro, como se nada estivesse acontecendo. Fiquei no carro alguns minutos esperando que terminassem o papo e nada. Depois de alguns minutos – talvez uns 5 minutos –, eu decidi sair. Iria dar a volta por outro caminho, pela rampa dos carros. Nesse momento, eles se dispersaram e eu subi as escadas.

---

10 "Tudo isso é desvendado pelo sonho: ele não mostra a realidade exterior, como esta se apresenta no dia a dia, mas sim uma estrutura nela escondida. Os sonhos revelam forças propulsoras secretas e a obrigação de se adaptar a partir das quais as ondas de entusiasmo foram colocadas em movimento, carregando ou arrastando as pessoas na época. Eles apresentam ao mesmo tempo, sem piedade, uma conta fatal, que não pode ser paga. Nesse sentido, nossas testemunhas foram verdadeiramente realistas." (Koselleck, 2017, p. 177).

11 Sim, temos muitos amigos. Ainda bem! Mas os trechos selecionados das mensagens de amigas partiram de uma pergunta que fizemos em vários grupos de WhatsApp: Qual o impacto sobre sua força de trabalho a pandemia trouxe?

O terror embarga a possibilidade daquilo que Freud chamava de elaboração. Na situação do novo Coronavírus, o que poderia favorecer a elaboração e, talvez, diminuir a tensão do terror seria a testagem em massa. Mas parece que aqui a COVID-19 demonstra a realização da utopia neoliberal: afinal, a falta de testes, ventiladores mecânicos e máscaras é resultado da migração das maiores indústrias para a Ásia – China, Singapura, Índia –, onde legislação trabalhista e ambiental é praticamente inexistente ou amplamente desrespeitada, não somente pelos governos, mas pelas empresas que preferem estar lá, tornando precários hoje não apenas trabalhadores, mas países que não têm como produzir na mesma escala em que o vírus se propaga pelo mundo. Isto deu início a uma guerra de pirataria e de assaltos a compras desses países: os Estados Unidos conseguiram desviar carregamentos que iriam para o Brasil, para a Europa e Canadá fazendo o jogo de "quem tem mais dinheiro para oferecer aos asiáticos, leva". Alemanha fez o mesmo com ventiladores mecânicos comprados pelo Maranhão; o desgoverno brasileiro fez o mesmo com o Paraguai e com os demais estados de federação a ponto de abrir processo contra o governador do Maranhão, que conseguiu comprar da China por uma rota alternativa. Se o neoliberalismo é globalizado e o vírus não conhece fronteiras, a pandemia demonstrou que o real do neoliberalismo – propriedade privada e concorrência individualista – é característico hoje também dos Estados. Este terror não somente realiza utopias; ele desvela o que já havia sido realizado na sua face mais crua e cruel.

Se os sonhos no Terceiro Reich demonstravam a estrutura da ascensão do nazismo, hoje a fala coletada na clínica e em diversos grupos de amigos nos desvelam a estrutura que o terror em relação à COVID-19 traz para as massas: o medo paranoico do Outro. É nesta situação de terror e de trauma generalizado engendrado pelo vírus que o neoliberalismo encontra a ocasião perfeita para aprofundar suas utopias.

## A paranoia como sustentação de uma lógica neoliberal

← Tweetar

**Donald J. Trump**
@realDonaldTrump

In light of the attack from the Invisible Enemy, as well as the need to protect the jobs of our GREAT American Citizens, I will be signing an Executive Order to temporarily suspend immigration into the United States!

Traduzir Tweet

11:06 PM · 20 de abr de 2020 · Twitter for iPhone

**93 mil** Retweets   **408,8 mil** Curtidas

Falamos algumas vezes em utopia do neoliberalismo. Utilizamos também o termo paranoia. Como veremos a seguir este uso não é em vão. A todo momento escutamos que não devemos politizar a pandemia e que o vírus não tem ideologia.[12] O curioso é que escutamos isto de atores políticos. E esta expressão é utilizada tanto no sentido de defesa de posicionamentos técnicos em relação ao enfrentamento da pandemia quanto no sentido daqueles que acusam ao outro de se aproveitar do vírus ou para desestabilizar governos ou para impor uma ideologia que seria nociva.

O caso mais emblemático desse posicionamento, dentre os mais recentes, como não poderia deixar de ser, é o do chanceler brasileiro[13] que, ao tentar refutar o texto do filósofo esloveno Slavoj Žižek sobre a pandemia, o acusa de promover um vírus que seria ainda mais perigoso: o *comunavírus*. A pandemia seria a ocasião para a preparação do comunismo e uma nova ordem mundial sem nações ou liberdades, subvertendo a democracia liberal e a economia de mercado para escravização de corações e mentes. O chanceler disse, ainda, que as portas do inferno do comunismo haviam sido fechadas com a derrocada da União Soviética, mas que a pandemia acabou a reabrindo com os riscos de acabar a liberdade individual, seja de indivíduos, seja de Estados-Nações. E o inimigo do comunismo seria, em última instância, o espírito humano.

Žižek respondeu simplesmente que o chanceler não entendeu nada, que não quer impor nada e que apenas analisa as medidas emergenciais que estão sendo tomadas em diversos países e que vão na contramão do ideário da lógica concorrencial do mercado, o que seria inimaginável há seis meses atrás. Em seu mais recente livro, Žižek diz que não se trata de achar que todos estão acordando para um comunismo já presente, mas apenas que "meu argumento é que mesmo acontecimentos horríveis podem ter consequências positivas imprevistas".[14] O grande cinismo dessa posição do chanceler é esquecer que quem está à frente de governos tem hoje poder político e midiático para estar em mais lugares do que qualquer um que venha a defender o retorno do comunismo. Se, para Žižek, a pandemia pode ser uma oportunidade de um laço solidário, para o neoliberalismo, é a ocasião de aprofundar ainda mais o que já faz. Se Žižek fala em uma utopia em que a solidariedade seria a renovação da esquerda por vir, o chanceler apresenta uma contraposição entre o demônio da esquerda que faria o mal e o liberalismo que é a única realização possível da liberdade. A contraposição entre o mundo que pode acabar e a única opção possível demonstra um estilo paranoico não somente na argumentação, mas também no modo de fazer política e mobilizar as massas: encontra, na ocasião do terror real da pandemia, a ocasião do terror político para

---

12 O mais emblemático é a troca de amabilidades entre o governador de São Paulo, João Doria, tucano que levou seu partido para um neoliberalismo desenfreado, e o ex-presidente Lula, do Partido dos Trabalhadores.

13 <https://www.metapoliticabrasil.com/post/chegou-o-comunav%C3%ADrus>.

14 Slavoj Žižek, *Pandemia: Covid-19 e a reinvenção do comunismo* (Pandemia Capital). Boitempo Editorial. Edição Kindle, 2020.

as massas, como vemos nos discursos da extrema direita não somente no Brasil, mas também no mundo.

Estilo paranoico? Sim, e podemos estabelecer algumas características nos discursos da extrema direita no poder que nos leva a essa consideração: a necessidade de construção de um grande inimigo insidioso e invisível que pode ser tanto o vírus como o tal "comunavírus"; a necessidade de comprovar de que há uma conspiração em curso como justificativa para que sejam retiradas as liberdades individuais e fechadas as fronteiras nacionais; a necessária destruição de um mundo a favor de um único possível que é o da propriedade privada, da concorrência e do livre comércio como uma realidade que teria se imposto a partir da queda do muro de Berlim. Encontramos aqui a mesma estrutura de um delírio, tal como elaborada por Jean-Claude Maleval, a partir da indicação de Jacques Lacan:[15] parte-se de um momento de perplexidade que é trazida pelo terror da pandemia; tenta-se dar conta deste terror através da certeza de um complô supostamente localizado em um inimigo; posiciona o inimigo na política e nas ideologias; e termina com a missão de redenção do mundo em defesa do neoliberalismo em torno de líderes carismáticos, com a missão de destruir de qualquer ameaça que possa romper o laço do mundo novo.[16] Podemos aqui parafrasear François Jacob[17] ao dizer que, se o vírus não tem ideologia, a ideologia hegemônica o está utilizando para aumentar ainda mais seu impacto sobre a população por meio da gestão do medo.

É o que podemos depreender da ampla concorrência entre os países em busca de equipamentos e seu concomitante fechamento de fronteiras – se o neoliberalismo concretiza a utopia de negar qualquer garantia trabalhista ao trabalhador é porque ele traz uma outra face do terror: a concorrência perpetrada pelos países só se sustenta na lógica paranoica de desconfiança e da perseguição generalizada. Seja a lógica do terror desencadeada pelo novo coronavírus, seja a lógica da concorrência e fechamento das fronteiras e a política do inimigo-nação a ser derrotado.

Há uma relação entre política e a paranoia. Para a psicanálise, a paranoia é um modo de defesa – assim como a histeria, a neurose obsessiva – onde o propósito é

---

15 "Objeto de horror para o sujeito, inicialmente, depois aceita como um compromisso razoável e, desde então, decisão irreversível e motivo futuro de redenção concernente ao universo." (Lacan, 1958/1998, p. 570).

16 As etapas lógicas do delírio podem ser encontradas em Jean-Claude Maleval, *Lógica del delirio*. Barcelona: Serbal, 1998.

17 "Porque não é apenas o interesse que leva os homens a matarem-se mutuamente. É também o dogmatismo. Nada é tão perigoso como a certeza de ter razão. Nada causa tanta destruição como a obsessão de uma verdade absoluta. Todos os crimes da história são consequência de algum fanatismo. Todos os massacres foram cometidos por virtude em nome da verdadeira religião, do nacionalismo legítimo, da política idônea, da ideologia justa; em suma, em nome do combate conta a verdade do outro, combate contra Satanás. A frieza e a objetividade que se reprovam tantas vezes nos cientistas, talvez sejam mais úteis que a febre e a subjetividade para discutir certos assuntos humanos. Porque não são as ideias da ciência que provocam as paixões. São as paixões que utilizam a ciência para sustentar sua causa. A ciência não conduz ao racismo e ao ódio. É o ódio que faz apelo à ciência para justificar seu racismo. Podem criticar certos cientistas pelo ardor com que por vezes defendem as suas ideias. Mas nenhum genocídio foi ainda perpetrado para fazer triunfar uma teoria científica." François Jacob, *O jogo dos possíveis*. Lisboa: Gradiva, 1989, p. 10.

rechaçar uma ideia que é incompatível com o ego, projetando seu conteúdo no mundo externo. Na paranoia há uma violência, um desejo de morte, a marca de um gozo excessivo e obsceno que é externalizada, projetada no Outro. É a esse Outro que o paranoico endereça a sua hostilidade e seu investimento, construindo um inimigo em torno do qual ele concentrará a sua atenção. Freud afirma que, na paranoia, há um abuso do mecanismo psíquico de transposição ou projeção para fins de defesa: "O que é que as pessoas sabem a nosso respeito, de que nada sabemos, e que não podemos admitir?"[18]

Na paranoia, o conteúdo e o afeto da ideia incompatível são mantidos, porém são projetados no mundo externo. Assim, a ideia delirante construída em torno da projeção é sustentada com o mesmo investimento com que a outra ideia, aquela insuportável, foi rechaçada do ego. Freud, ao exemplificar a atuação de defesa da paranoia, além de nos apresentar exemplos clínicos, aponta para o deslizamento político desta modalidade defensiva: "A 'grande nation' não consegue enfrentar a ideia de ter sido derrotada na guerra. Logo, não foi derrotada; a vitória não conta. Constituiu um exemplo de paranoia de massa e cria o delírio de traição."[19]

Através desta apropriação, deste deslocamento conceitual, percebemos que o estilo paranoico, na política, evoca o estabelecimento de universos totalitários organizados em torno da construção de uma identidade comum: do ódio à alteridade até o racismo. Assim, a desconfiança em torno da construção de um inimigo é a base de toda a articulação paranoica, seja ela solitária, em seitas, religiões ou, como vemos ao longo da história, nas mais variadas formas de governo. O paranoico, com a certeza das convicções necessária à sua defesa, constrói um delírio capaz de se coletivizar, tomando a forma do que Freud chamará de paranoia em massa. Nessa modalidade, a liderança paranoica ocupa o lugar do ideal que a representa uma direção para as massas.[20]

A relação entre paranoia e política não é nova. Muito menos a especificidade paranoica do eu. Uma pandemia que coloca a vida humana em risco, uma vez aliada aos modos de (mal) viver que apontam para o fim do mundo, escancara o perigo de uma época: um mundo está acabando por conta da degeneração – que ser moral, no caso do discuso político da direita, ou pode ser real, por conta do próprio vírus.

Um interessante ensaio sobre os elementos de loucura na política[21] e na formação

---

18 Sigmund Freud, "Rascunho H: paranoia" (1985). In: *Edição Standard Brasileira das Obras Psicológicas Completas de Sigmund Freud*, vol. 1. Rio de Janeiro: Imago, 1996, pp. 253-257.
19 Ibid.
20 "[...] assim, o neurótico encontra nas formações de grupo lideradas por paranoicos o ideal no lugar da causa perdida, o que pode levá-lo ao pior. A partir disso, o paranoico coletiviza os neuróticos divididos (S), sempre à procura de alguma certeza, de alguém que lhes dê respostas e indique o caminho a seguir – nem que seja para contestar." (Quinet, 2006, p. 103).
21 Como demonstram Márcia Tiburi (2019), Enzo Traverso (2018), Eric Santner (1997), Richard Hofstadter (1965), Laure Murat (2012), Jorge Alémán (2017), Slavoj Žižek (2015), José Maria Álvarez (2008) e também Jacques Lacan (1968/2008), o discurso como laço social estrutura o poder, e o poder tem características de organização subjetiva.

de subjetividades é o de Richard Hofstadter, autor que trata do estilo paranoico na política americana, em especial na extrema direita. Um de seus aspectos interessantes é apontar para a função das teorias da conspiração e o de revelação da verdade oculta nesses movimentos. Outro é que o autor situa essa questão principalmente na extrema direita e em posições que podemos chamar de função paranoica na política, como formação de comunidades e subjetividades. Não restringindo esse estilo aos Estados Unidos, mas restringindo sua análise aos Estados Unidos, ele apresenta uma série de teorias de conspiração que perpassaram a formação política desse país e lá tiveram repercussão entre as massas: o movimento Anti-Maçônico e o movimento Anti-Catolicismo como conspirações internacionais para impedir a ascensão do Estados Unidos como nação protetora das liberdades individuais e autônoma;[22] depois, as conspirações sob a marca da invasão comunista e a alta traição globalista de membros do próprio país. Mais do que a dita ameaça comunista, o que está em jogo para essas políticas é a política da gestão do medo.

Uma marca desse empuxo à paranoia encontra-se no recurso constante a uma teoria da conspiração fundamentada em uma visão maniqueísta do mundo, que descreve como uma eterna luta entre as forças do bem e as forças do mal, liberdade *versus* comunismo. Assim se instaura a externalização de um inimigo necessário, sob o qual eu fortaleço minhas convicções. Trata-se da necessária construção do inimigo, da divisão entre "nós" e "eles".

O estilo paranoico na política aponta para a relação de suspeita que se estabelece com seu inimigo, sob permanente sentimento de ameaça, embasando e encorpando a fantasia conspiratória necessária para o ultrapassamento da ação política. Assim, o estilo paranoico promove a gestão do medo social, econômico e político com sérias implicações ideológicas; trata-se da necessária construção de um outro externalizado e encarnado, capaz de ameaçar destruir a segurança estabelecida de um modo de vida, ameaçar um modo estabelecido de gozo. É justamente a construção e encarnação deste Outro-inimigo-hostil que organiza e dá sentido às nossas ações e pensamentos. No caso atual, assistimos como o neoliberalismo, na sua retórica defensiva, emula o comunismo com um inimigo necessário para justificar os seus ultrapassamentos simbólicos.

Vemos isso ser manipulado de maneira cínica pelo presidente dos Estados Unidos e estúpida pelos celerados chanceler e filhos do presidente brasileiro quando insistem em dizer que o vírus é chinês, gerando uma onda de protestos contra as

---

22 "Moreover, we need not dismiss out of hand as wholly parochial or meanspirited the desire of Yankee Americans to maintain an ethnically and religiously homogeneous society, nor the particular Protestant commitments to individualism and freedom that were brought into play. But the movement had a large paranoid infusion, and the most influential anti-Catholic militants certainly had a strong affinity for the paranoid style." Richard Hofstadter, "The Paranoid Style in American Politics: An Essay". *The Paranoid Style in American Politics* (Kindle Single) (A Vintage Short). Knopf Doubleday Publishing Group. Kindle Edition.

embaixadas chinesas. Cínica pelos Estados Unidos porque, como já dito, acusa a China, mas compra seus equipamentos e vende soja para eles tomando conta de um mercado que era do Brasil; estúpida pelo Brasil porque, além de perder mercado, é envergonhado sistematicamente pelo embaixador chinês, deixando a população sem os equipamentos necessários para enfrentar a pandemia.

O estilo paranoico como marca neoliberal tem consequências políticas e ideológicas perigosas. E é justamente essa marca que faz com que sejamos céticos em relação aos filósofos e críticos que apontam para a queda da lógica neoliberal na lona da pandemia. Ao contrário, os efeitos paranoicos em torno do discurso do vírus podem ter efeitos políticos ainda mais catastróficos, na medida em que vírus pode ser justificativa para adoção de regimes políticos autoritários e recrudescimento de políticas econômicas de austeridade que só interessam ao mercado financeiro.

Esta lógica é algo que podemos encontrar em diversos locais governados pela extrema direita, que defende os princípios do neoliberalismo, tendo ocasião de concentração de poderes nas mãos de uma pessoas ou de um partido, mas com verniz de decisão democrática. Na Hungria, o presidente de ultradireita Viktor Orbán conseguiu autorização do parlamento – no qual tem a maioria – para governar por decreto e prender quem divulgar informação falsa sobre a pandemia.[23] A oposição acredita que esta é uma ocasião que o governo possa ter de prender adversários políticos. Neste tempo ilimitado de estado de emergência também não poderá haver eleições ou referendos na Hungria. Detalhe: as eleições parlamentares iriam acontecer somente em 2022. Ou é uma futurologia muito precisa ou ele realmente pretende sustentar um poder ilimitado por um tempo razoavelmente longo, sem a participação ou possibilidade de contraditório, em uma vertente matizada de "ou nós, ou o caos". Esta é uma prova de que o neoliberalismo não se apoia somente em regimes democráticos. Aliás, Friedrich Hayek, em relação ao Chile, declarou que preferia "uma ditadura liberal, em vez de um governo democrático desprovido de liberalismo".

Já nos Estados Unidos, encontramos o aumento do isolacionismo nacionalista. É notoriamente conhecido que a política de Donald Trump sempre foi de fechamento de fronteiras para os latinos e indesejados, como era sua proposta de campanha do muro entre Estados Unidos e México – que deveria ser pago, segundo ele, pelos mexicanos. Curiosamente, o presidente do Brasil concorda que os Estados Unidos devem fechar suas fronteiras aos imigrantes brasileiros e podem reportar de maneira desumana os cidadãos brasileiros que lá foram presos pela polícia de imigração. Trump declarou que suspenderia, para o enfrentamento da pandemia, a imigração para os Estados Unidos com a seguinte retórica:

---

23 <https://valor.globo.com/mundo/noticia/2020/03/30/hungria-parlamento-da-a-orban-poder-de-governar-por-decreto.ghtml>.

> À luz do ataque do Inimigo Invisível e também pela necessidade de proteger os empregos dos nossos GRANDES Cidadãos Americanos, eu vou assinar uma ordem executiva para suspender temporariamente a imigração aos Estados Unidos.[24] [25]

O curioso é a retórica de um Inimigo Invisível (com as iniciais em maiúscula, apontando sua importância), que está em todos os lugares e que deve ser combatido não para a proteção da vida — sem levar em consideração que o vírus é sem fronteira[26] —, mas para proteger o emprego! De quem? Dos GRANDES (*Great*) Cidadãos Americanos (agora com o adjetivo em maiúsculas, fazendo uma clara ligação entre os que podem ser considerados cidadãos e o slogan de sua campanha e governo — "*Make America Great Again*"). O discurso transfere sub-repticiamente o vírus para a lógica do inimigo e identifica o estrangeiro como aquele que não vai somente contaminar a outros com o vírus, mas como o imigrante que ameaça, com a perda de empregos e da grandeza, os Estados Unidos.

Aqui vemos outra utopia neoliberal ser realizada: se a financeirização é global, a contenção de seus efeitos — empregos precários — deve ser ser individualizada e a responsabilidade é ou dos países ou dos imigrantes que não fazem parte da aldeia global — a não ser como pessoas a serem exploradas em países periféricos ou como trabalhadores sazonais nos grandes centros, como demonstra a falta de trabalhadores nas colheitas em países da Europa,[27] a ponto da ministra da agricultura italiana tentar legalizar todos os imigrantes estrangeiros irregulares para ajudar nas colheitas. Nada como uma pandemia para mostrar, por outro lado, que a produção precisa de um elemento essencial: trabalhadores. Mas aqui também se revela claramente o discurso xenófobo, vemos que são os trabalhos braçais os que os grandes centros não querem realizar. E, como desgraça pouca é bobagem, o deputado Alessandro Morelli de extrema direita afirma que isso é uma proposta de esquerda para "explorar a emergência sanitária para levar a cabo uma anistia…".

Mas na esteira do vírus, do fechamento de fronteiras e da localização de inimigos vem junto, na realização do terror, o culto à Nação. Ele pode ser mais brando se visto apenas do lado dos fechamentos das fronteiras. Médio, se visto pela extorsão dos países mais vulneráveis pelos mais poderosos financeira e militarmente. Ou bem severo, quando se coloca que a pandemia atende ou a interesses de outros

---

24 <https://twitter.com/realDonaldTrump/status/1252418369170501639?s=20>.
25 <https://g1.globo.com/mundo/noticia/2020/04/20/trump-diz-que-vai-suspender-imigracao-aos-eua-temporariamente.ghtml>.
26 Sem fronteira, com certeza. Mas também não podemos esquecer que a pandemia, como diz David Harvey, é uma pandemia de "classe, gênero e raça" (2020, p. 21). E sabemos exatamente quem são as principais vítimas…
27 "A cada ano, a Europa necessita de 800 mil a um milhão de trabalhadores temporários no campo, muitos deles estrangeiros." Disponível em: <https://noticias.uol.com.br/colunas/jamil-chade/2020/04/20/imigrantes-colheitas--europa.html>.

países, ou à destruição de governos. Vemos aqui o terror proporcionar uma política claramente paranoica em que, diante da ameaça do fim do mundo, mobiliza-se as massas em defesa do interesse nacional, mesmo que isso leve à morte de milhares. Neste sentido é que o presidente do (des)governo brasileiro pode dizer que defende o fim do isolamento social, na medida em que esse isolamento atrapalha a economia nacional, prejudicando o que ele acredita ser o carro-chefe de sua gestão: a economia. "Alguns vão morrer, mas não se pode parar uma fábrica de automóveis porque tem mortes no trânsito",[28] diz ele, como se as mortes fossem inevitáveis e, logo, melhor não se importar com quem não tem importância, ampliando a gama de pessoas matáveis. Assim, defender o isolamento nesta pandemia, na lógica paranoica de Bolsonaro, é defender a sua queda. Argumento este que justificou a recente saída do ministro da Saúde.

Como consequência desses discursos, vemos carreatas acontecendo em todo o mundo, em que pessoas – sem cuidado, sem manter o distanciamento – repetem teorias conspiratórias: "estão escondendo a cura ou a vacina"; "o objetivo é a derrubada do governo"; "uma articulação entre comunistas e outros países para instalação de uma ditadura" – e só uma reedição do AI-5 poderia evitar isso.

O governo, em seu estilo paranoico, mobiliza diversos terrores, levando os sujeitos a atuarem contra si mesmos, em nome do resgate da nação. No Brasil, uma série de comerciantes e empresários, além de diversos de trabalhadores de suas empresas, saem em carreatas dos "contra o 'vírus chinês'" ou "contra o vírus do Partido Comunista Chinês". Nada muito diferente do que vimos sair da boca do presidente do Brasil ou dos Estados Unidos – uma parceria muito peculiar entre os presidentes.

A cena ganha cotidianamente contornos negacionistas cada vez mais dramáticos através dos efeitos desta sedução totalitária: uma série de evangélicos neopentecostais não somente jejuaram um dia em busca da cura, eles também foram às ruas de diversas cidades para se ajoelhar em oração, orientados por pastores que demandam a autorização para continuarem com os cultos – e a cobrança do dízimo, é claro. Estes defendem o fim do isolamento social com a afirmação de que há uma conspiração não somente contra o presidente, mas também contra o país e os valores tradicionais e cristãos. Esta gestão do medo explica que, a despeito de toda essa distopia e de resultados pífios da economia brasileira, o presidente continua ainda com 35% de aprovação.

Vemos que a solidariedade é deixada em segundo plano quando o cuidado do outro passa pela lógica individualista a ser responsabilidade somente dos indivíduos e não do Estado. Afirmações de que quem tem que cuidar de idosos é a família são cada vez mais recorrentes. Vemos como a lógica neoliberal quer deixar o sistema financeiro livre para a exploração, mas fechado para qualquer ajuda ao outro.

---

28 <https://catracalivre.com.br/cidadania/alguns-vao-morrer-lamento-e-a-vida-diz-bolsonaro-sobre-coronavirus/>.

A figura do presidente incita cotidianamente ao negacionismo e à lógica do inimigo através de comportamentos e declarações. Ampliando a gama de inimigos e localizando um futuro glorioso, o presidente da República participa de eventos a favor do fechamento de outros poderes constitucionais em nome do povo:

> Eu estou aqui porque acredito em vocês. Vocês estão aqui porque acreditam no Brasil. Nós não queremos negociar nada, nós queremos é ação pelo Brasil. O que tinha de velho ficou pra trás, nós temos um novo Brasil pela frente. Todos sem exceção no Brasil têm que ser patriotas e acreditar e fazer a sua parte pra que nós possamos colocar o Brasil no lugar de destaque que ele merece. Acabou a época da patifaria. É agora o povo no poder. Mais que o direito, vocês têm obrigação de lutar pelo país de vocês. Todos no Brasil têm que entender que estão submissos à vontade do povo brasileiro. Chega da velha política. Agora é Brasil acima de tudo e Deus acima de todos.[29]

No dia seguinte a esta declaração, em entrevista em frente ao Palácio do Planalto, ao defender que é um democrata e respeita a Constituição e os outros Poderes, comete um pequeno ato falho: "Eu sou a Constituição",[30] diz. Trata-se de um presidente que busca a permanência do conflito para justificar seu lugar de autoridade, já que o conflito lhe serve apenas para testar aliados e poder de influência. Trata-se de um presidente que diz abertamente não negociar nada, que anuncia a derrocada do velho mundo e anuncia o novo em nome do povo. Trata-se de um presidente que convoca a todos a lutarem – e, quem luta, luta por alguma coisa, mas, aqui, luta principalmente contra algumas pessoas e ideologias – em nome de uma unidade nacional em que tanto a nação – o Brasil acima de tudo – quanto o resgate de valores tradicionais – Deus acima de todos – têm primazia em relação à vida.

Aqui, o vírus deu ocasião para encarnar o inimigo não apenas nos estrangeiros – embora a lógica da origem do vírus se destaque nas falas do chanceler brasileiro, para quem a China quer destruir o "ocidente judaico-cristão" –, mas principalmente entre os próprios políticos – identificados como a velha política neste discurso. A antipolítica de Bolsonaro combate a diferença, tal como o próprio vírus, excluindo do poder e da nova ordem todos aqueles que não se curvarem ao bolsonarismo e que, por isso, não são patriotas.

As consequências desses comportamentos do presidente e de todo seu governo apontam para além de um arroubo autoritário de quem está no poder, elas não tardam a aparecer nas ideias de controle vindas do cidadão comum. Um exemplo é o

---

29 <https://www.cartacapital.com.br/politica/bolsonaro-participa-de-ato-em-brasilia-e-discursa-nao-vamos-negociar-nada/>.
30 <https://www1.folha.uol.com.br/poder/2020/04/democracia-e-liberdade-acima-de-tudo-diz-bolsonaro-apos-participar-de-ato-pro-golpe.shtml>.

caso da socialite e empresária Cristiane Deyse Oppitz[31] (cujo endereço do Instagram aponta claramente a posição política – @direitadeyseoppitz), que divulgou um vídeo nas redes sociais dizendo o seguinte:

> As pessoas que não querem sair do confinamento – as pessoas que não querem trabalhar, que não querem fazer a economia girar porque o mais importante é a vida – marquem ou com um laço vermelho na porta, ou quando forem sair coloquem uma fita, por qualquer motivo, um médico, uma coisa vermelha. Aí nós vamos identificar você como uma pessoa que não quer fazer parte desse grupo que quer trabalhar. Então você não vai ser assistido em momento algum. Você não vai ter médico, você não vai ter farmácia, supermercado, o porteiro também não vai poder te atender por conta da marca na sua porta. Você vai ficar em isolamento total. Até que passe esse grande vírus. Assim toda alimentação produzida vai para as pessoas que estão contribuindo, e não para as que não querem contribuir.

A lógica do inimigo aqui ganha contorno da humilhação pública. A todos que sempre acham que um vídeo de uma socialite é apenas uma caricatura, devemos responder que são essas caricaturas que não foram consideradas nos debates anteriores a 2016. O presidente, que era deputado na época, era caricatural; os membros do Movimento Brasil Livre eram caricaturais em suas manifestações conspiracionistas. Mas, hoje, são essas manifestações que estão à frente do governo anunciando que temos um inimigo, que estamos em guerra, que um mundo novo está se descortinando e que aqueles que a ele se opõem devem ser identificados e desprezados por não aderirem à ordem unida. Serem marcados com uma fita de identificação é da ordem do que Lacan chama de lei de ferro: uma oposição marcada entre eles e nós que leva não somente à segregação, mas ao extermínio do outro. É o que encontramos nos sonhos do Reich analisado por Charlotte Beradt: sonhos e falas de pessoas comuns podem revelar melhor a estrutura das relações de poder do que a análise direta dos projetos políticos. Ler um com o outro não é sem importância e deve nos servir de alerta. Pois o que encontramos é a estrutura paranoica que, dentro de um discurso de precarização dos laços, pode nos levar ao pior.

Vemos alertas de mudança no mundo também proveniente de diversos cientistas.[32] A historiadora Lilia Schwarcz[33] é mais comedida ao falar de um fim do século XX que

---

31 <https://revistaforum.com.br/coronavirus/nazismo-socialite-bolsonarista-quer-marcar-pessoas-em-isolamento-social-com-fita-vermelha-veja-video/>.

32 <https://brasil.elpais.com/opiniao/2020-04-13/como-o-coronavirus-vai-mudar-nossas-vidas-dez-tendencias-para-o-mundo-pos-pandemia.html>.

33 "O professor de história terá que lidar com o fato de que a pandemia poderá marcar o final de um século e começo de outro, como também conseguiu parar o mundo em tal atividade e com tal rotatividade, e com tanta velocidade. Nós aceleramos muito, e agora tivemos que parar." (Schwarcz, 2020). Disponível em: <https://www.uol.com.br/universa/reportagens-especiais/coronavirus-100-dias-que-mudaram-o-mundo/#tematico-3>.

seria marcado pela pandemia como um evento. Não chega a fazer projeções para o futuro, mas demarca o fim de um mundo e o surgimento de outro.

Mas o que mais nos chama a atenção é um exercício de futurologia, em que se afirma que o mundo anterior acabou e que o próximo já está em gestação. Tal predição muitas vezes não atenta para o fato de que este discurso pode levar à uma radicalização do que já está acontecendo como a realização de uma utopia neoliberal. É um cuidado que temos que tomar, uma vez que, diante do terror, há uma disputa em torno desse novo mundo. A narrativa biológica não deixa de fazer suas projeções, mesmo a despeito das grandes contribuições que vem dando na informação sobre o novo Coronavírus para a grande maioria da população:

> O mundo mudou, e aquele mundo (de antes do Coronavírus) não existe mais. A nossa vida vai mudar muito daqui para a frente, e alguém que tenta manter o status quo de 2019 é alguém que ainda não aceitou essa nova realidade (...). Mudanças que o mundo levaria décadas para passar, que a gente levaria muito tempo para implementar voluntariamente, a gente está tendo que implementar no susto, em questão de meses.[34]

Curiosamente, ele aponta para implementação de mudanças no susto. Susto, por sua vez, é uma das definições que Freud traz do terror. Este terror que pode levar ao pior. E que, se temos que aceitar essa nova realidade, temos que ver em torno de qual discurso ela vem se sustentando, principalmente quando estamos às voltas com o destino do laço social. E, na mesma reportagem em que encontramos essa fala, encontramos também uma listagem de dez aspectos que mudarão devido à pandemia e que passam a ser considerados como fato inquestionável. Mas, como veremos abaixo, ao afirmarem isso, afirmam o neoliberalismo como a saída para crise não apenas como preceito econômico, mas como modo de viver. E isto, diante do terror e do estilo paranóico de fazer política, traz riscos consideráveis para o laço social.

Pessoas que se identificam como futuristas — que, na verdade, são operadores de marketing e finanças — apontam para mudanças às quais devemos nos adaptar para não perdermos nossa capacidade de inovação. Ora, mas quais são essas mudanças que os futuristas apontam como uma alteração do *status quo*? Clayton Melo irá elencar dez que agrupamos em dois tópicos e que, ao nosso ver, demonstram que esta mudança de status quo não leva em consideração o capitalismo neoliberal:

O primeiro tópico é o das experiências virtuais: segundo os futurólogos, teremos uma mudança nos modos de experiência a partir da pandemia. Em vez de shows presenciais, sair para comer em restaurantes, cursos e formação em escolas e nos deslocarmos para trabalhar ou fazer compras, todos iremos fazer isso remotamente.

---

34 <https://brasil.elpais.com/opiniao/2020-04-13/como-o-coronavirus-vai-mudar-nossas-vidas-dez-tendencias-para-o-mundo-pos-pandemia.html>

A pandemia teria, assim, mudado para sempre as relações entre as pessoas, onde os encontros serão cada vez mais raros. Esta ideia, que é vendida como uma inovação, tem dois problemas e uma consequência. A ideia dos restaurantes, experiências culturais, ambientes de trabalho/escolas ou até mesmo ruas de lojas como ambiente de convivência e de possibilidades de encontros é deixada de lado, aumentando ainda mais a segregação. Isso não é novo no capitalismo, como demonstra Evgeny Morozov em *Big Tech* (2018): há um laço profundo entre neoliberalismo e digitalização da vida, de modo a todos se isolarem cada vez mais.[35] Isso traz um aumento da precarização do trabalho em que a exploração passa a não ter mais os sindicatos como espaço de luta para melhores condições de trabalho. A flexibilização leva ao sujeito a ter o seu tempo de lazer ou descanso invadido pelo tempo de trabalho, como demonstrou Sadi Dal Rosso em *O ardil da flexibilidade*, fazendo com que o sujeito acabe trabalhando 24 horas, 7 dias por semana,[36] como de certo modo já acontece nesta pandemia com os trabalhos em *home office* e, há mais tempo, com os trabalhadores de aplicativos. A educação à distância já tem empresas dedicadas a ela e que acabam gerando uma gama de cursos que podem ser acessados de todo e qualquer lugar, mas que retiram, por outro lado, a necessidade de contratação de professores, que se torna supérflua, fato que a médio prazo pode prejudicar a formação de educadores e pesquisadores. Lojas virtuais, sejam restaurantes ou de outra natureza, acabam gerando uma legião de desempregados e o consumo será somente para aqueles que tenham uma boa rede de wi-fi. É evitar que sejam possíveis os encontros e, principalmente, as associações de pessoas para encontrar alternativas para o terror e para o discurso que se pretende não apenas como hegemônico. É tornar razoável e desejável uma segregação defendida pelo discurso neoliberal, mas agora sob a máscara do risco da doença. Bater perna em ruas de compras é também encontrar o inesperado e o que será apagado do campo de visão: os vagabundos, mendigos, diletantes, prostitutas, pobres, andarilhos, proxenetas. Ou seja, a rua em seu esplendor. O vírus, por conta do pânico da contaminação, acaba por tornar o que já era projeto da digitalização neoliberal em uma natureza da não convivência. A resistência a esta retórica acabou. O anúncio das boas-novas é a morte de um mundo e a construção de outro.

---

35 "O modelo de capitalismo 'dadocêntrico' adotado pelo Vale do Silício busca converter todos os aspectos da existência cotidiana em algo rentável: tudo aquilo que costumava ser o nosso refúgio contra os caprichos do trabalho e as ansiedades do mercado. Isso não ocorre apenas pela atenuação da diferença entre trabalho e não trabalho, mas também quando nos faz aceitar tacitamente a ideia de que nossa reputação é uma obra em andamento - algo a que podemos e devemos nos dedicar 24 horas por dia, sete dias por semana. Dessa maneira, tudo vira um ativo rentável: nossos relacionamentos, nossa vida familiar, nossas férias e até nosso sono (agora você é convidado a rastrear o sono, a fim de aproveitá-lo o máximo possível." (Morozov, 2018, p. 34).

36 "O processo de flexibilização das horas assinala apenas a especificidade de a distribuição das horas laborais ser maleável, não implicado sua diminuição. O alvo das empresas, muito almejado e nem sempre atendido, é fazer com que o trabalhador e a trabalhadora sejam, em si, flexíveis. A flexibilidade transformaria os momentos da vida, sem necessariamente diminuir a jornada de trabalho." (Dal Rosso, 2017, p. 11).

O segundo tópico é o do consumo e do trabalho. O consumir por consumir sairá de moda porque o modelo de capitalismo pode ser questionado a partir de uma revisão de valores, tais como a ajuda a idosos no meio da pandemia e, além disso, haverá uma busca por novos conhecimentos para se inserir no novo mercado através de uma reconfiguração do espaço do comércio que diminua o medo de aglomerações, o que levará a pessoas a buscarem moradia perto de seus trabalhos para evitar grandes deslocamentos pela rua. Ora, essa boa nova em um mundo pós-pandemia aponta tão somente para uma crítica do capitalismo, mas não para uma alternativa ao capitalismo. A crise é o coração do capitalismo, como demonstram essas diretrizes de mudança.[37] O que há é um acirramento da concentração de renda em torno de algumas pessoas que, para não se deslocarem muito e procurarem morar perto dos trabalhadores, vão gentrificar regiões, levando os precarizados para mais longe de seus trabalhos cada vez mais intermitentes e, como vemos, a digitalização servirá apenas para a uberização das relações trabalhistas. Então, se há um mundo novo no sentido do consumo e do trabalho, é tão somente para aqueles que poderão consumir e ter o mínimo de trabalho. Uma das consequências do vírus é a consolidação do precariado como uma classe genuína orientada para o fascismo e não mais apenas em formação, como diria Guy Standing, levando a uma dificuldade da experiência do comum[38] em que a solidariedade, como a ajuda aos idosos, se torna individual e não a formação de políticas públicas. É apenas a radicalização de um processo de individualização das ações, que segue a lógica neoliberal de ampla concorrência em favor do livre mercado.

**Há tempo para outras utopias**

O processo de um pensamento paranoico que faz todas as conexões sem freio, que aponta para um mundo novo que se erguerá dos escombros deste causado pela degradação, pode nos colocar, tal como Eric Santner parafraseando Walter Benjamim, em alerta para o perigo. Afinal, a situação pandêmica, aliada à nossa situação política mundial, já nos leva a um exacerbamento do sentimento de nação que deve ser defendida. Fronteiras são fechadas e uma guerra econômica já começa a ser travada para a compra de equipamentos chineses de proteção individual. Se o capitalismo financeiro permitiu a migração de empresas para os países em que a proteção ao trabalhador é cada vez mais precária, hoje o país quem tem o maior capital financeiro e militar compra de seu principal adversário todos os equipamentos possíveis.

---

37 "Crises são essenciais para a reprodução do capitalismo." (Harvey, 2016, p. 9).

38 "Um dos temas era que os países deveriam aumentar a flexibilidade do mercado de trabalho, o que passou a significar uma agenda para a transferência de riscos e insegurança para os trabalhadores e suas famílias. O resultado tem sido a criação de um 'precariado' global, que consiste em muitos milhões de pessoas ao redor do mundo sem uma âncora de estabilidade. Eles estão se tornando uma nova classe perigosa. São propensos a ouvir vozes desagradáveis e a usar seus votos e seu dinheiro para dar a essas vozes uma plataforma política de crescente influência. O verdadeiro sucesso da agenda 'neoliberal', aceita em maior ou menor grau por todos os tipos de governos, criou um monstro político incipiente. É necessário agir antes que o monstro ganhe vida." (Standing, 2019, p. 15).

O alerta de Santner era para o vínculo que podemos encontrar não somente entre paranoia e neoliberalismo, mas entre a paranoia, o neoliberalismo e o fascismo como o detentor da guarda desse novo mundo que deve destruir o outro. Se o seu alerta se dá no momento em que não havia uma localização clara para um novo inimigo no pós-guerra fria, hoje ela se dá pela afirmação de que se o inimigo – o vírus e aqueles que o transmitem – está em todos os lugares. Aumenta-se o risco de que a utopia de um controle total, por meios de digitalização, leve a um processo maior de precarização dos laços e de anulação dos sujeitos.[39]

Neste mundo pós-pandemia, o que alguns autores trazem não é a mera preocupação com as alterações comportamentais, mas os riscos de se aprofundar o pior, não somente em termos de saúde, mas nas relações sociais e de processos de subjetivação. Por outro lado, mesmo diante de uma situação crítica, esse tempo de suspensão pode ser uma possibilidade de encontrarmos outras alternativas à lógica paranoica que está gerindo a política mundial. É desta suspensão temporal que Achille Mbembe vai falar ao criticar que, nesta pandemia, o risco é de que a conta recaia sempre sobre os mais vulneráveis. E que a digitalização não pode ser considerada uma possibilidade de futuro para as relações sociais, mas é justamente o aumento de possibilidade de novas segregações. Mbembe chama o uso atual excessivo de webconferências e *home office* – e, poderíamos acrescentar, as lives dos artistas – de uma trincheira na qual muitos se refugiaram em uma ilusão de segurança; sem o cuidado de todos e da biosfera, iremos acentuar as injustiças e a violência da concorrência, ambas amparadas nos princípios utópicos do neoliberalismo.[40]

Maurizio Lazzarato irá apontar também para a dimensão temporal ao falar da necessidade e possibilidade de recomeço que o fim da pandemia irá exigir para aqueles que já estão sufocados, tanto pela lógica neoliberal quanto pela violência que o estilo paranoico traz para a política.[41] Ele aponta para algo importante: pensar

---

39 "A nostalgia do mundo mais ordeiro das angústias da guerra fria parece ser a nostalgia de uma paranoia em que o perseguidor tinha um rosto mais ou menos reconhecível e uma clara localização geográfica. Embora eu não faça nenhum esforço por estabelecer vínculos explícitos entre a paranoia 'pré-fascista' de Schreber e nossa variedade 'pós-fascista', meu trabalho está imbuído da preocupação de que, quando existe uma cultura de paranoia, pode não estar muito longe de um fascismo deste ou daquele tipo." (Santner, 1997, p. 12).

40 "O horizonte, visivelmente, está cada vez mais sombrio. Preso em um cerco de injustiças e desigualdade, boa parte da humanidade está ameaçada pela grande asfixia, e a sensação de que nosso mundo está em suspenso não para de se espalhar. Se, nessas condições, ainda houver um dia seguinte, ele não poderá ocorrer às custas de alguns, sempre os mesmos, da Antiga Economia. Ele dependerá, necessariamente, de todos os habitantes da Terra, sem distinção de espécies, raça, gênero, cidadania, religião ou qualquer outro marcador de diferenciação. Em outras palavras, ele só poderá ocorrer ao custo de uma ruptura giagantesca, produto de uma imaginação." (Mbembe, 2020).

41 "Mas é preciso recomeçar, porque o fim da pandemia será um início, em termos de luta de classes, muito duro. Vamos partir daquilo que foi visto nos ciclos de luta de 2011 e 2019/20, que continuam a manter diferenças significativas entre o Norte e o Sul. Não há nenhuma possibilidade de retomada política se ficarmos fechados na Europa. Temos que entender por que os eclipses da revolução nos deixaram sem nenhuma perspectiva estratégica, e repensar o que significa uma ruptura política com o capitalismo hoje. Criticar os limites mais que evidentes de categorias que não dão conta minimamente da luta de classes em termos mundiais. Não abandonar essa categoria e organizar, ao

por que ficamos sem perspectiva estratégica após o eclipse das revoluções. Podemos dizer: novas utopias para confrontar a utopia neoliberal. Longe de considerarmos que o futuro já está definido e já prever as mudanças comportamentais desconsiderando os princípios utópicos que a sustentam, é preciso impedir a possibilidade de um outro mundo que prescinda da lógica concorrencial e individualista, esta que leva aos estilos paranoicos de fazer política. Lazzarato termina seu texto apontando para a direção de uma pluralização da luta de classes.

Por sua vez, Žižek não fala apenas em um vírus que possibilite uma sociedade alternativa baseada na solidariedade para dar, tal como nos aponta Enzo Traverso, uma nova utopia ao comunismo — ele fala em uma sociedade baseada na confiança nas pessoas e na ciência. No entanto, Žižek chama a atenção para o fato de que essa possibilidade de solidariedade só se tornou possível por conta de uma catástrofe: a pandemia do novo coronavírus que coloca a vida de todos em risco. Além de defender que organismos internacionais tenham poder executivo para além das nações, Žižek não vai esquecer, usando a metáfora do golpe dos cinco toques do filme *Kill Bill*, que entre o golpe — a catástrofe da pandemia — e a morte — a destituição do sistema capitalista — há um tempo.[42] Harvey privilegia a dimensão do tempo ao perguntar: quanto tempo a pandemia vai durar, uma vez que ela pode levar ao aumento do desemprego, mesmo daqueles mais precários?[43] Ele aponta que algumas consequências sobre o meio ambiente já se fazem sentir, como as consequências positivas da diminuição da emissão de gases sobre o efeito estufa por diminuição do transporte internacional para o consumo de turismo. E, de maneira próxima a Žižek, vê que a alternativa econômica passa pelas "únicas políticas que funcionarão, tanto econômica quanto politicamente", que "são muito mais socialistas do que qualquer coisa que Bernie Sanders possa propor". Esses "programas de resgate terão de ser iniciados sob a égide de Donald Trump, presumivelmente sob a máscara do 'Make America Great Again'" (Harvey, 2020, p.23).

---

contrário, a passagem teórica e prática da **luta** de classes, para **lutas** de classes, no plural. E sobre esta afirmação sibilina, me detenho." (Lazzarato, 2020).

42 "O que torna este ataque tão fascinante é o tempo que passa entre o momento do golpe e o momento da morte. Posso ter uma conversa normal desde que me sente em silêncio, mas estou sempre consciente de que no momento em que começo a andar, o meu coração explodirá e morrerei. Não é semelhante à ideia daqueles que especulam sobre como o Coronavírus pode provocar a queda do governo comunista chinês? Como se fosse uma espécie de 'técnica (social) de cinco pontos para explodir um coração' dirigida ao regime comunista do país; as autoridades podem sentar-se, observar e lidar com formalidades como quarentenas, mas qualquer mudança real na ordem social (como confiar nas pessoas) resultará na sua ruína. A minha modesta opinião é muito mais radical. A epidemia do Coronavírus é uma espécie de 'técnica de cinco pontos para explorar um coração' destinada ao sistema capitalista global. É um sinal de que não podemos continuar no caminho em que temos estado até agora, de que é necessária uma mudança radical." (Žižek, 2020 :44).

43 "Este modelo neoliberal assenta cada vez mais no capital fictício e numa vasta expansão na oferta de dinheiro e na criação de dívida. Já enfrenta o problema da insuficiente demanda efetiva para realizar os valores que o capital é capaz de produzir. Como poderia o modelo econômico dominante, com sua legitimidade reduzida e sua saúde delicada, absorver e sobreviver aos impactos inevitáveis do que poderia se tornar uma pandemia? A resposta dependia muito de quanto tempo a ruptura poderia durar e se espalhar, pois, como Marx apontou, a desvalorização não ocorre porque as mercadorias não podem ser vendidas, mas porque não podem ser vendidas a tempo." (Harvey, 2020, p. 14).

Ora, o que os quatro autores estão apontando é que o terror trazido pelo novo coronavírus pode ser uma oportunidade para uma outra utopia. Por isso a ênfase que eles colocam no tempo. No entanto, o que estamos trazendo aqui é que se, por um lado, o futuro é um indecidível que precisa de um ato nosso que o force a ir em uma direção mais interessante, por enquanto a utopia neoliberal tem conseguido a mobilização paranoica, até mesmo por meio da violência, para acelerar sua realização diante do terror da pandemia. Saber da articulação entre a pandemia, o estilo paranoico e a política é importante, entre outras coisas, para impedir que outro passo seja dado pela utopia neoliberal: a gestão fascista da sociedade.

São João del-Rei/Belo Horizonte, 27 de abril de 2020

## Referências Bibliográficas

AFP. "Infográfico - Revolta no Chile: razões que levaram às manifestações no país". *O Tempo*. Publicado em 24 de outubro de 2020. Disponível em: <https://www.otempo.com.br/mundo/revolta-no-chile-razoes-que-levaram-as-manifestacoes-no-pais-1.2253512>. Acesso em 24 de abril de 2020.

ALÉMAN, Jorge. *Horizontes neoliberales en la subjetividad*. Buenos Aires: Grama Ediciones, 2017.

"'Alguns vão morrer, lamento, é a vida', diz Bolsonaro sobre Coronavírus". In: *Catracalivre*. Publicado em 27 de março de 2020. <https://catracalivre.com.br/cidadania/alguns-vao-morrer-lamento-e-a-vida-diz-bolsonaro-sobre-coronavírus/>. Acesso em 20 de abril de 2020.

ALVAREZ, José María. *La invención de las enfermedades mentales*. Madri: Gredos, 2008.

ARAÚJO, Ernesto. "Chegou o comunavírus". In: *Metropolica 17: Contra o Globalismo*. Postado em 21 de abril 2020. Disponível em: <https://www.metapoliticabrasil.com/post/chegou-o-comunav%C3%ADrus>. Acesso em 22 de abril 2020.

BERADT, Charlotte. *Sonhos no Terceiro Reich*. São Paulo: Três Estrelas, 2017.

"Bolsonaro participa de ato em Brasília e discursa: 'não vamos negociar nada;". In: *Carta Capital*. Disponível em: <https://www.cartacapital.com.br/politica/bolsonaro-participa-de-ato-em-brasilia-e-discursa-nao-vamos-negociar-nada/>. Publicado em 19 de abril de 2020.

BRANDELISE, Camila; ROVANI, Andressa. "100 dias que mudaram o mundo: para historiadora Lilia Schwarcz, pandemia marca fim do século 20 e indica os limites da tecnologia". In: *Universa*, 09 abr. 2020. Disponível em: <https://www.uol.com.br/universa/reportagens-especiais/Coronavírus-100-dias-que-mudaram-o-mundo/#tematico-3>. Acessado em 24 de abril 2020.

CARVALHO, Daniel. 'Eu sou a Constituição', diz Bolsonaro ao defender a democracia e a liberdade um dia após ato pró-golpe militar. In: *Folha de S. Paulo*. Publicado em 20 de abril de 2020. Disponível em: <https://www1.folha.uol.com.br/poder/2020/04/democracia-e-liberdade-acima-de-tudo-diz-bolsonaro-apos-participar-de-ato-pro-golpe.shtml>. Acesso em 21 de abril de 2020.

CHADE, Jamil. "Fronteiras fechadas fazem Europa sentir falta de imigrantes nas colheitas". In: *UOL*. Postado em 20 de abril de 2020. Disponível em: <https://noticias.uol.com.br/colunas/

jamil-chade/2020/04/20/imigrantes-colheitas-europa.htm>. Acesso em 21 de abril de 2020.
HAN, Byung-Chul. *A sociedade do cansaço*. Trad. Enio Paulo Giachini. Petrópolis: Editora Vozes, 2015.
_____. *Psicopolítica*. Trad. Mauricio Liesen. Belo Horizonte: Âyné Editora, 2018.
DAL ROSSO, Sadi. *O ardil da flexibilidade: os trabalhadores e a teoria do valor*. São Paulo: Boitempo, 2017
FOUCAULT, Michel. *A verdade e as formas jurídicas*. Rio de Janeiro: Nau Editora, 1996.
FREUD, Sigmund. "Rascunho H: paranoia" (1895). In: *Edição Standard Brasileira das Obras Psicológicas Completas de Sigmund Freud*, vol. 1. Rio de Janeiro: Imago, 1996, pp. 253-257
_____. "O estranho" (1919). In: *Edição Standard Brasileira das Obras Psicológicas Completas de Sigmund Freud*. vol. 17. Rio de Janeiro: Imago, 1996, pp. 237-270.
_____. "Além do Princípio do Prazer" (1920). In: *Obras Completas*. vol. 14. São Paulo: Companhia das Letras, 2010, pp. 121-178.
HARVEY, David. "Política Anticapitalista em tempos de covid-19". In: Davis, Mike et al. *Coronavírus e a luta de classes*. São Paulo: Terra sem Amos, 2020, pp.13-23.
_____. *17 contradições e o fim do capitalismo*. São Paulo: Boitempo, 2016.
HOFSTADTER, Richard. "The Paranoid Style in American Politics: An Essay". In: *The Paranoid Style in American Politics*. Knopf Doubleday Publishing Group, 1965 (Kindle Edition).
JACOB, François. *O jogo dos possíveis*. Lisboa: Gradiva, 1989.
"Jogador infectado que causou suspensão da NBA havia zombado do Coronavírus". In: *Veja*. Publicado em 12 de março de 2020. https://veja.abril.com.br/esporte/jogador-infectado-que--causou-suspensao-da-nba-havia-zombado-do-Coronavírus/ Acesso em 23 de abril de 2020.
KLEIN, Naomi. *A doutrina do choque*. Rio de Janeiro: Nova Fronteira, 2008.
LACAN, Jacques. *Escritos*. Rio de Janeiro: Jorge Zahar, 1998, pp. 537-590.
_____. *O seminário, livro 16: De um outro ao Outro*. Rio de Janeiro: Jorge Zahar, 2008.
LAZZARATO, Maurizio. "É o capitalismo, estúpido". In: *Pandemia crítica, outono 2020*. São Paulo: n-1 edições, 2021.
MALEVAL, Jean-Claude. *Lógica del delirio*. Barcelona: Serbal, 1998
MBEMBE, Achille. *Necropolítica*. São Paulo: n-1 edições, 2018.
_____. O direito universal à respiração. In: *Pandemia crítica, outono 2020*. São Paulo: n-1 edições, 2021.
MELO, Clayton. "Como o Coronavírus vai mudar nossas vidas: dez tendências para o mundo pós-pandemia". In: *El País*. Publicado em 13 de abril de 2020. Disponível em: <https://brasil.elpais.com/opiniao/2020-04-13/como-o-Coronavírus-vai-mudar-nossas-vidas-dez-tendencias-para-o-mundo-pos-pandemia.html>. Acessado em 19 de abril de 2020.
MOROZOV, Evgeny. *Big Tech: A ascensão dos dados e a morte da política*. São Paulo: Ubu, 2018.
MURAT, Laure. *O homem que se achava napoleão: por uma história política da loucura*. São Paulo: Três Estrelas, 2012
QUINET, Antonio. *Psicose e laço social: esquizofrenia, paranoia e melancolia*. Rio de Janeiro: Zahar, 2009 (2ª. ed.).

KOSELLECK, Reinhart. "Posfácio". In: BERADT, Charlotte. *Sonhos no Terceiro Reich*. São Paulo: Três Estrelas, 2017.

SANTNER, Eric. *A Alemanha de Schreber*. Rio de Janeiro: Zahar, 1997.

STANDING, Guy. *O precariado: A nova classe perigosa*. Belo Horizonte: Autêntica, 2019.

TEODORO, Plínio. "Nazismo: socialite bolsonarista quer marcar pessoas em isolamento social com fita vermelha". In: *Fórum*. Publicado em 21 de abril de 2020. Disponível em: <https://revistaforum.com.br/Coronavírus/nazismo-socialite-bolsonarista-quer-marcar-pessoas-em-isolamento-social-com-fita-vermelha-veja-video/>. Acesso em 21 de abril de 2020.

TIBURI, Marcia. *Delírio do poder: Psicopoder e loucura coletiva na era da desinformação*. São Paulo: Record. (Edição Kindle).

TRAVERSO, Enzo. *Melancolia de Esquerda. Marxismo, História e Memória*. Belo Horizonte: Âyné Editora, 2018.

"Trump diz que vai suspender temporariamente imigração aos Estados Unidos diante do inimigo invisível". In: *G1*. Publicado em 20 de abril de 2020. Disponível em: <https://g1.globo.com/mundo/noticia/2020/04/20/trump-diz-que-vai-suspender-imigracao-aos-eua-temporariamente.ghtml>. Acesso: 20 de abril de 2020.

TRUMP, Donald. Post no Twitter postado em 20 de abril de 2020. Disponível em: <https://twitter.com/realDonaldTrump/status/1252418369170501639?s=20>. Acesso em 20 de abril de 2020.

VALOR. "Hungria: Parlamento dá a Orbán poder para governar por decreto". In: *Valor*. Publicado em 30 de março de 2020. https://valor.globo.com/mundo/noticia/2020/03/30/hungria-parlamento-da-a-orban-poder-de-governar-por-decreto.ghtml Acesso em 24 de abril de 2020.

ŽIŽEK, Slavoj. *Problemas no paraíso: do fim da história ao fim do capitalismo*. Rio de Janeiro: Jorge Zahar, 2015.

_____. "Um golpe como o de 'Kill Bill' no capitalismo". In: DAVIS, Mike et al. *Coronavírus e a luta de classes*. São Paulo: Terra sem Amos, 2020, pp. 43-47.

_____, Slavoj. *Pandemia: COVID-19 e a reinvenção do comunismo*. São Paulo: Boitempo Editorial, 2020. Edição Kindle.

**Roberto Calazans** é psicanalista, doutor em Teoria Psicanalítica pela UFRJ e professor do Programa de Pós-Graduação em Psicologia da Universidade Federal de São João del-Rei.

**Christiane Matozinho** é psicanalista, mestre em Fundamentos Teóricos e Filosóficos da Psicologia pela UFSJ, doutoranda em Estudos Psicanalíticos pela UFMG e professora da Faculdade de Nova Serrana/MG.

## 2020 e outros poemas

Alberto Martins

**2020**

um morador de Roma
vendendo azeitonas em 817 A.U.C.
não tinha como saber que séculos mais tarde
seria considerado um comerciário
do ano 64 depois de Cristo

uma garota maia
zanzando pelas florestas do iucatã
no ano 1 acatl não podia
imaginar que para os espanhóis
já havia amanhecido 1519

mas nós que chegamos vivos a 2020
não temos desculpa
para não tratar este ano
com o máximo cuidado

>>>>>>>>>>>>>>>>>>>>>>>>>>>>>>>>>>>>>>>>

anoto essas palavras
no verso de uma ordem de serviço
de reparos do meu carro
na qual estão incluídas
a troca das pastilhas
a troca do filtro de óleo
a troca do óleo do motor
a troca da coifa de câmbio
a troca das coifas da homocinética
totalizando 1120 reais

<<<<<<<<<<<<<<<<<<<<<<<<<<<<<<<<<<<<<<<<

agora estou parado no congestionamento
de uma rodovia em Santa Catarina
é 3 de janeiro
e o governo dos Estados Unidos
acaba de acelerar seus drones
para assassinar um general iraniano
colocando o resto do mundo
numa sinuca de bico

>>>>>>>>>>>>>>>>>>>>>>>>>>>>>>>>>>>>>>>

ai 2020
penso no teu irmão magricela 1010
fazendo coalhada com leite de cabra
tentando guardar sobras de gordura
para atravessar com alguma folga
o último inverno da idade das trevas
penso nos teus irmãos desconhecidos
3030 / 4040 / 5050
mas não sei não
do jeito que anda essa estrada
você e eu não chegaremos
nem a Itajaí


**a insônia do leitor de ficção**

na frase
*Liguei o som*
risquei a palavra
*L̶i̶g̶u̶e̶i̶*
e sugeri
*Aumentei*
porque imaginei que
àquela altura do conto
o som já estivesse ligado
TRUE LOUD MUSIC
que agora mentalmente
traduzo como

(...)

MÚSICA ALTA DE VERDADE
e me pego pensando
na diferença que há
em dizer que uma coisa
é VERDADEIRA
ou que uma coisa
é DE VERDADE

o parágrafo
mais importante do conto
para mim é o sexto
que tem apenas 8 linhas
(o conto inteiro
tem 22 parágrafos
e 130 linhas)
nele
o irmão e a irmã
estão sozinhos
na casa dos pais
na véspera da véspera
de Natal e começam a beber
na cozinha
primeiro colocam
a conversa em dia
(eles moram em cidades
diferentes e se viram
poucas vezes
ao longo do ano)
depois atacam as
velhas questões familiares
nunca resolvidas
e então
*começam outra conversa nova*
*dessa vez pra valer —*
*a partir desse momento*
*qualquer assunto chato*
*— sério ou fútil —*
*eles deixariam para trás*
(o texto é narrado
na primeira pessoa

(...)

mas aqui achei melhor
mudar para a terceira)
aí vem a frase
*estávamos finalmente bebendo*
*e rindo e chorando no presente —*

de madrugada
no meio da insônia
me peguei pensando
nessas frases
do parágrafo 6
em tudo o que elas dizem
em tudo o que elas deixam
de dizer

se Proust tivesse uma
IRMÃ VERDADEIRA
se Proust tivesse uma
IRMÃ DE VERDADE
com quem pudesse
tomar cerveja
conversando na cozinha
quem sabe nunca
teria escrito
*Em busca do tempo perdido*


**o poema interrompido**

era sobre o pôster
de um quadro de Franz Marc
que por muitos anos
ficou pendurado na parede
em cima da cama
no nosso quarto de casal
até que um dia reparei
que na borda superior
quase fora da tela
havia duas faixas escuras
que pareciam os óculos

de um aviador e soaram
como prenúncio de bombas
de morte e de guerra

na primeira estrofe
eu descrevia o quadro
na segunda tentava
explicar minha surpresa
ao encontrar aquelas
duas manchas pretas

depois contava
o que Evandro Carlos Jardim
me disse um dia numa
aula de gravura —
*que se Franz Marc*
*não tivesse morrido na guerra de 14*
*provavelmente Paul Klee*
*seria um homem menos amargo*

sempre achei que Franz Marc
tinha ido para a guerra
contra a vontade e fiquei
desapontado quando descobri
em sua biografia que ele foi
dos primeiros a se alistar

mais desapontado ainda
quando li suas primeiras
cartas do *front* —
numa delas por exemplo
(6.09.1914)
ele escreve
*há qualquer coisa de grandioso e de místico*
*nas batalhas de artilharia*

é claro que pensei
em usar um trecho como esse
no poema e logo me ocorreu
escrever um refrão —

(...)

*que declaração absurda*
*que lirismo idiota* —
para contrapor
a cada uma das citações
(a ideia era usar vários trechos
de cartas diferentes)

mas depois de um tempo
comecei a duvidar
da minha honestidade —

só porque Franz Marc
acreditou que a guerra
era um gesto necessário
para deixar para trás
definitivamente
todos os cacarecos do século XIX
que direito tenho eu
à distância de mais de 100 anos
e com quase o dobro
da idade que ele tinha na época
de chamar de *absurda*
sua frase de jovem soldado
de chamar de *idiota* o lirismo
de um artista tão mais devotado
a sua arte do que eu —

o poema parou nesse ponto

x x x x x x x x x x x x x x x x x x x x x x
x x x x x x x x x x x x x x x x x x x x x x
x x x x x x x x x x x x x x x x x x x x x x

parou nesse ponto e ficou semanas
meses
quase um ano sem ir para a frente
nem para trás

x x x x x x x x x x x x x x x x x x x x x
x x x x x x x x x x x x x x x x x x x x x

(...)

x x x x x x x x x x x x x x x x x x x x x x x

só consegui voltar a ele
quando li um trecho do romance
autobiográfico de Camus
*O primeiro homem*
em que o narrador visita sua mãe
num subúrbio de Argel
e sentado na mesa de jantar
numa sala praticamente deserta
tenta recompor o que foi
a vida de seu pai
enquanto a mãe olha
várias vezes pela janela
para a rua ensolarada
lá fora
          onde
                  por um lapso
vejo se cruzarem
dois homens
que não se conhecem —
um jovem pintor alemão
e um colono pobre francês
convocado às pressas
para as trincheiras do Marne —
como sombras na calçada
vão morrer na mesma guerra
um de cada lado
a cabeça atravessada


**no 47º dia da quarentena**

pelo estilhaço de um obus

meus últimos poemas
foram sobre artistas dos séculos XX e XIX
estou meio que andando para trás
como um caranguejo

esta noite sonhei que ficava no mar
com água pela cintura
conversando com dois amigos
e sua filha pequena

de repente vi o dorso
de uma sombra na água
em movimento —
*sem pânico sem pânico*
*todos voltando*

quando consegui sair da cama
deixei vários recados
no whatsapp de uma pessoa querida
que não vejo há tempos

gosto de sentir a areia
debaixo dos pés
mas acho que nem ela sabe
para onde estamos indo

**Alberto Martins** é escritor e artista plástico. Trabalha na Editora 34, em São Paulo.

(...) 18/05

# Cem anos de crise
Yuk Hui

tradução Maurício Pitta

> Se alguma vez ela [a filosofia] manifestou ser útil, salutar ou preventiva, foi para com os povos sãos; aos doentes, tornou-os sempre ainda mais doentes.
> Nietzsche, A filosofia na época trágica dos gregos[1]

### §1. O centenário de "A crise do espírito"
Logo após a Primeira Guerra Mundial, em 1919, o poeta francês Paul Valéry escreveu o seguinte em "A crise do espírito": "Nós, civilizações, sabemos que somos mortais."[2] É somente com uma catástrofe assim, e *après coup*, que chegamos à conclusão de que não somos mais que seres frágeis. Cem anos após essa catástrofe, um morcego da China – se é que o coronavírus venha mesmo de morcegos – conduziu o planeta todo a uma outra crise. Se Valéry estivesse vivo, não lhe permitiriam sair de sua casa na França.

A crise do espírito em 1919 foi precedida pelo niilismo, uma nadidade que rondou a Europa antes de 1914. Como escreveu Valéry à cena intelectual logo antes da guerra: "Eu vejo... nada! Nada... e, contudo, um nada infinitamente potencial." Em um poema seu de 1920, "Le Cimetière Marin" ("O cemitério marinho"), podemos ler um chamado afirmativo nietzscheano: "Ergue-se o vento!... Viver há que tentar!"[3] Este verso seria mais tarde adaptado por Hayao Miyazaki como título de sua animação sobre Jiro Horikoshi, o engenheiro que projetou aviões-caça para o Império Japonês, utilizados posteriormente na Segunda Guerra Mundial.[4] Esse niilismo recursivo retorna na forma de um teste nietzscheano: um demônio invade a mais solitária de suas solidões e pergunta se você quer viver no eterno retorno do mesmo – a mesma aranha, o

---

1 Trecho da versão portuguesa, publicada pela Edições 70, 2008. [N.T.]

2 Paul Valéry, "Crisis of the Spirit" (tradução original: "Crisis of the Mind"), trad. Denise Folliot e Jackson Matthews, 1911. "La Crise de l'Esprit" apareceu originalmente em inglês pela *The Athenaeum* (Londres), 11 de abril e 2 de maio de 1919. O texto francês foi publicado no mesmo ano na edição de agosto da *Nouvelle Revue Française*.

3 Tradução de José André López González, disponível em: <https://ditirambospoesia.wordpress.com/2018/01/10/o-cemiterio-marinho/>, acessado em 11 de abril de 2020. [N.T.]

4 Hui se refere a *Kaze Tachinu* (風立ちぬ), longa-metragem de 2013 que recebeu o título de *The Wind Rises*, nos Estados Unidos, e de *Vidas ao vento*, no Brasil. [N.T.]

mesmo luar entre as árvores e este mesmo demônio, que propõe novamente a mesma questão. Qualquer filosofia que não consiga conviver com este niilismo, nem confrontá-lo diretamente, não consegue fornecer resposta suficiente alguma, dado que uma tal filosofia apenas torna mais doente uma cultura já doente ou, em nossos tempos, se rende aos risíveis memes filosóficos que circulam pelas redes sociais.

O niilismo contestado por Valéry tem sido, desde o século XVIII, constantemente estimulado pela aceleração tecnológica e pela globalização. Como escreveu Valéry ao final de seu ensaio:

> Mas pode o Espírito europeu – ou, ao menos, seu conteúdo mais precioso – ser totalmente difundido? Fenômenos como a democracia, a exploração do globo e a difusão geral da tecnologia, todos fenômenos que preconizam uma *deminutio capitis*[5] para a Europa [...] devem ser tomados como decisões absolutas do destino?[6]

Essa ameaça de difusão – que talvez a Europa tenha tentado afirmar – não é mais algo que a Europa possa enfrentar sozinha, e provavelmente nunca será completamente superada pelo espírito "tragista" europeu.[7] Com o termo "tragista", me refiro, antes de tudo, à tragédia grega; o termo também se refere à lógica do espírito enquanto se empenha na resolução de contradições provenientes de seu próprio interior. Em "O que se inicia depois do fim do Esclarecimento?", bem como em outros ensaios, tentei esboçar como, desde o Esclarecimento e após o declínio do monoteísmo, este último se viu substituído por um monotecnologismo (ou tecnoteísmo), algo que culmina hoje no trans-humanismo.[8] Mesmo cem anos após o escrito de Valéry, Nós, os modernos, herdeiros culturais do Hamlet europeu (aquele que, em "A crise do espírito", volta o rosto para o legado intelectual europeu e conta os crânios de Leibniz, Kant, Hegel e Marx), acreditamos e continuamos acreditando que nos tornaremos imortais, que seremos capazes de aprimorar nosso sistema imune contra todos os vírus ou, simplesmente, que fugiremos para Marte quando os piores cenários nos atingirem. Em meio à pandemia de coronavírus, viagens de pesquisa a Marte parecem irrelevantes para a contenção do vírus e para salvar vidas. Pode ser que nós, mortais que ainda habitam este planeta chamado Terra, não tenhamos como esperar a imortalidade, como os trans-humanistas anunciam em seus *slogans* corporativos. Uma farmacologia do niilismo depois de Nietzsche ainda espera por ser escrita, mas sua toxina já invadiu o corpo global e causou uma crise em seu sistema imunológico.

---

5 Literalmente, "diminuição da capacidade". No Direito, é uma expressão para falar sobre a perda de autoridade, normalmente humilhante ou vexatória. [N.T.]
6 Valéry, "Crisis of the Spirit".
7 "Tragista" [*tragist*] é um termo novo que uso no livro que estou preparando, *Art and Cosmotechnics* (University of Minnesota Press, 2020).
8 Yuk Hui, "What Begins After the End of the Enlightenment?", *e-flux journal*, n. 96, jan. 2019.

Para Jacques Derrida (cuja viúva, Marguerite Derrida, recentemente faleceu de COVID-19), o ataque de 11 de setembro de 2001 ao World Trade Center marcou a manifestação de uma crise autoimune, dissolvendo a estrutura de poder tecnopolítico, estável há décadas: um Boeing 767 foi usado como arma contra o próprio país que o inventou, tal como uma célula mutante ou um vírus interno.[9] O termo "autoimune" só é uma metáfora biológica quando utilizado no contexto político: a globalização é a criação de um sistema mundial cuja estabilidade depende de uma hegemonia tecnocientífica e econômica. Consequentemente, o 11/9 foi visto como uma ruptura que terminou com a configuração política desejada pelo Ocidente cristão desde o Esclarecimento, estimulando uma resposta imunológica expressa como um estado permanente de exceção — guerras em cima de guerras. Hoje, o coronavírus colapsa esta metáfora: o biológico e o político se tornam um só. As tentativas de conter o vírus não somente envolvem desinfetantes e medicina, mas também mobilizações militares e o fechamento de países, fronteiras, voos internacionais e trens.

No fim de janeiro, a revista *Der Spiegel* publicou uma edição intitulada "Coronavirus, Made in China: Quando a globalização se torna fatalmente perigosa", ilustrada por uma imagem de uma pessoa chinesa trajada com um excesso de equipamentos de proteção, olhando para um iPhone com os olhos quase fechados, como se rezando para um deus.[10] O surto de coronavírus não é um ataque terrorista — até agora, não há nenhuma evidência clara da origem do vírus além de sua primeira aparição na China —, mas, antes, é um evento organológico no qual um vírus se vincula a redes avançadas de transporte, viajando a uma velocidade de até novecentos quilômetros por hora. Este também é um evento que parece nos levar de volta ao discurso do Estado-nação e a uma geopolítica definida por nações. Com isso, quero primeiramente dizer que o coronavírus deu novamente sentido às fronteiras que pareciam borradas pelo capitalismo global e pela crescente mobilidade promovida pela troca cultural e pelo comércio internacional. O surto global evidenciou que, até então, a globalização cultivou uma cultura monotecnológica que pode apenas nos levar a uma resposta autoimune e a um enorme retrocesso. Em segundo lugar, o surto, com o retorno aos Estados-nação, revela o limite histórico e real do próprio conceito de Estado-nação. Os Estados-nação modernos têm tentado encobrir esses limites através de *infowars* imanentes, construindo infoesferas que se estendem para além das fronteiras. Contudo, em vez de produzir uma imunologia global, essas infoesferas usam da aparente contingência do espaço global para promover campanhas de guerra biológica [*biological warfare*]. Uma imunologia global que possa confrontar esse estágio da globalização ainda não está disponível, e talvez nunca o esteja se essa cultura monotecnológica persistir.

---

[9] Sobre o caráter autoimune dos ataques de 11/9, cf. Giovanna Borradori, *Philosophy in a Time of Terror: Dialogues with Jürgen Habermas and Jacques Derrida*, University of Chicago Press, 2004.
[10] "Wenn die Globalisierung zur tödlichen Gefahr wird", *Der Spiegel*, 31 de janeiro de 2020.

## §2. Um Schmitt europeu vê milhões de fantasmas

Em 2016, durante a crise de refugiados na Europa, o filósofo alemão Peter Sloterdijk criticou a chanceler alemã Angela Merkel em uma entrevista à revista *Cicero*, dizendo que "nós ainda temos de aprender a glorificar fronteiras [...]. Os europeus terão de desenvolver, cedo ou tarde, uma política eficiente de fronteira comum. No fim das contas, o imperativo territorial prevalecerá. Afinal, não há uma obrigação moral à autodestruição".[11] Mesmo que Sloterdijk esteja errado em dizer que a Alemanha e a União Europeia deveriam fechar suas fronteiras aos refugiados, pode-se em retrospecto dizer que ele estava correto sobre a questão de não se pensar adequadamente sobre fronteiras. Roberto Esposito já havia afirmado claramente que uma lógica binária (polar) persiste, com relação à função das fronteiras: um dos lados insiste no controle estrito como uma defesa imunológica contra um inimigo externo – uma compreensão clássica e intuitiva de imunologia como uma oposição entre o eu e o outro —, enquanto o outro lado propõe a abolição das fronteiras para permitir a liberdade de movimento e possibilidades de associação para indivíduos e bens. Esposito sugere que nenhum dos dois extremos é ética e praticamente desejável – e de certa maneira isto hoje é óbvio.[12]

O surto de coronavírus na China – iniciado no meio de novembro, até que um comunicado oficial foi anunciado no fim de janeiro, seguido do fechamento de Wuhan no dia 23 de janeiro – imediatamente levou ao controle de fronteiras internacionais contra a China, ou mesmo contra todas as pessoas de aparência asiática, identificadas como vetores do vírus. A Itália foi um dos primeiros países a banir viagens da China; já no final de janeiro, o Conservatório de Santa Cecília, em Roma, suspendeu estudantes "orientais" de suas aulas, mesmo aqueles que nunca pisaram na China. Esses atos – que poderíamos chamar de imunológicos – são conduzidos não só por medo, mas, mais fundamentalmente, por ignorância.

Em Hong Kong – muito perto de Shenzhen, na província de Guangdong, uma das regiões com maior surto fora da província de Hubei —, houve vozes fortes que clamaram ao governo pelo fechamento de fronteiras com a China. O governo recusou, citando a Organização Mundial de Saúde, que aconselhou os países a evitar impor restrições de viagem e comércio com a China. Como uma das duas regiões administrativas especiais da China (SAR), não se supõe que a SAR de Hong Kong se oponha à China, nem que atrapalhe ainda mais o decepcionante crescimento econômico chinês. Apesar disso, alguns restaurantes de Hong Kong colocaram avisos em suas portas, anunciando que clientes falantes de mandarim não seriam bem-vindos. O mandarim é associado a portadores de vírus da China continental e, portanto, o

---

11 Peter Sloterdijk, "Es gibt keine moralische Pflicht zur Selbstzerstörung", *Cicero Magazin für politische Kultur*, 28 de janeiro de 2016.
12 Cf. Roberto Esposito, *Immunitas: The Protection and Negation of Life*. Trad. Zakiya Hanafi. Polity Press, 2011.

dialeto é considerado um sinal de perigo. Um restaurante que, sob condições normais, é aberto a qualquer um que possa pagar pelas refeições abre, agora, apenas para certas pessoas.

Todas as formas de racismo são fundamentalmente imunológicas. O racismo é um antígeno social, dado que claramente distingue o eu e o outro e reage contra qualquer instabilidade introduzida pelo outro. Contudo, nem todos os atos imunológicos podem ser considerados racismo. Se nós não nos confrontarmos com a ambiguidade entre ambos, corremos o risco de colapsar tudo em uma zona cinza de indiferença.[13] No caso de uma pandemia global, uma reação imunológica é especialmente inevitável, dado que a contaminação é facilitada por voos e trens intercontinentais. Logo antes do fechamento de Wuhan, cinco milhões de habitantes escaparam, transportando o vírus involuntariamente para fora da cidade. Na verdade, é irrelevante rotular alguém como sendo de Wuhan, já que qualquer um pode ser visto como suspeito, considerando que o vírus pode se manter latente por dias em um corpo assintomático, ao mesmo tempo que contamina seus arredores. Quando a xenofobia e os microfascismos se tornam frequentes pelas ruas e restaurantes, passam a existir momentos imunológicos dos quais não se pode facilmente escapar: quando se tosse, todos viram para olhar. Mais do que nunca, as pessoas demandam uma imunoesfera – o que Peter Sloterdijk sugeriu – como proteção e como organização social.

Aparentemente, atos imunológicos, que não podem simplesmente ser reduzidos a atos racistas, justificam um retorno às fronteiras – individuais, sociais e nacionais. Tanto na imunologia biológica quanto na política, após décadas de debates sobre o paradigma eu–outro e sobre o paradigma organísmico, os Estados modernos retomam controles de fronteira como a forma mais simples e intuitiva de defesa, mesmo quando o inimigo não é visível.[14] Na verdade, estamos apenas lutando contra a encarnação do inimigo. Aqui, estamos todos atados ao que Carl Schmitt denomina "político", definido pela distinção entre amigo e inimigo – uma definição não facilmente negável e provavelmente fortificada durante uma pandemia. Quando o inimigo é invisível, ele tem de ser encarnado e identificado: em primeiro lugar, o chinês, os asiáticos, e então os europeus, os norte-americanos; ou, dentro da China, os habitantes de Wuhan. A xenofobia alimenta o nacionalismo, seja enquanto o eu considera a xenofobia como um ato imunológico inevitável, seja com o outro mobilizando a xenofobia para fortalecer o seu próprio nacionalismo como imunologia.

---

13 A frase original é "we collapse everything into the night where all cows are grey" ("nós colapsamos tudo dentro da noite onde todas as vacas são cinzas"). Essa frase, também utilizada por Hegel em uma discussão com Schelling para afirmar que os seguidores deste confundiam os conceitos de Hegel, taxando-os todos como manifestações do Absoluto, é um provérbio iídiche que significa algo como "no escuro, todo parceiro sexual parece o mesmo", ou seja, um cenário onde não há distinções entre as coisas, nem critérios para distingui-las. No caso, afirmar que toda imunologia é racismo seria taxar todo e qualquer fenômeno de proteção imunitária (inclusive a imunidade biológica) como racismo. [N.T.]

14 Cf. Alfred I. Tauber, *Immunity: The Evolution of an Idea*. Oxford University Press, 2017.

A Liga das Nações foi fundada em 1919, após a Primeira Guerra Mundial, e mais tarde foi sucedida pela Organização das Nações Unidas, como estratégia para evitar a guerra através da reunião de todas as nações em uma organização comum. Talvez a crítica de Carl Schmitt a essa tentativa tenha sido precisa, ao afirmar que a Liga das Nações, cujo aniversário de cem anos se deu no ano passado, erroneamente identificava a humanidade como o solo comum da política mundial, ao passo que humanidade não é um conceito político. Em vez disso, humanidade é um conceito de despolitização, dado que identificar uma humanidade abstrata que não existe "pode servir para fazer um mau uso [misuse] da paz, da justiça, do progresso e da civilização a fim de reclamá-los como seu e negá-los ao inimigo".[15] Como sabemos, a Liga das Nações foi um grupo de representantes de diferentes países que não conseguiu prevenir uma das maiores catástrofes do século XX, a Segunda Guerra Mundial, sendo então substituída pelas Nações Unidas. Não seria este argumento aplicável à Organização Mundial da Saúde, uma organização global que pretende transcender as fronteiras nacionais e fornecer avisos, conselhos e governança relativos a questões globais de saúde? O que faz com que a OMS seja mesmo necessária, considerando como a OMS não teve virtualmente nenhum papel positivo na prevenção do espalhamento de coronavírus (isso se não teve um papel negativo: seu diretor-geral até mesmo recusou a denominá-lo uma pandemia até que estivesse evidente para todos)? Naturalmente, o trabalho de profissionais que operam na e com a organização merece o maior respeito, mas o caso do coronavírus expôs uma crise na função política da organização maior. O que é ainda pior é que nós só podemos criticar este corpo gigantesco de governança e desperdício de dinheiro global por sua falência através das redes sociais, como gritos ao vento, mas ninguém tem a capacidade de mudar nada, dado que processos democráticos estão reservados apenas às nações.

### §3. O mau infinito do monotecnologismo

Se seguirmos Schmitt, a OMS é primeiramente um instrumento de despolitização, já que a sua função de nos avisar sobre o coronavírus poderia ser mais bem executada por uma agência de notícias. De fato, muitos países agiram muito lentamente por seguirem o juízo inicial da OMS sobre a situação. Como escreve Schmitt, um corpo representativo internacional de governança forjado em nome da humanidade "não elimina a possibilidade de guerras, bem como não abole os Estados. Ele introduz novas possibilidades para guerras, permite que guerras ocorram, sanciona guerras de coalizão e, ao legitimar e sancionar certas guerras, varre muitos dos obstáculos à guerra".[16] A manipulação de corpos de governança global por poderes mundiais e pelo capital transnacional desde a Segunda Guerra Mundial não seria uma

---

15 Carl Schmitt, *The Concept of the Political*. Trad. George Schwab. University of Chicago Press, 2007, p. 54.
16 Ibid., p. 56.

continuação desta lógica? O vírus, controlável no começo, não afundou o mundo em um estado de guerra global? Na verdade, essas organizações contribuem ao adoecimento global, onde a competição econômica monotecnológica e a expansão militar são os únicos objetivos, desatando seres humanos de suas localidades, enraizadas na terra, e substituindo-as com identidades fictícias moldadas pelos Estados-nação e pelas guerras informacionais.

O conceito de estado de exceção ou de estado de emergência foi originalmente designado para permitir ao soberano imunizar a sociedade [commonwealth], mas, desde o 11/9, esse conceito tendeu à norma política. A normalização do estado de emergência não é apenas uma expressão do poder absoluto do soberano, mas também da luta e da falência do Estado-nação moderno no confronto à situação global através da expansão e do estabelecimento de suas fronteiras com todos os meios tecnológicos e econômicos disponíveis. O controle de fronteira é um ato imunológico efetivo apenas se se compreende a geopolítica em termos de soberania definida por fronteiras. Após a Guerra Fria, a crescente competição resultou em uma cultura monotecnológica que não mais equilibra os progressos econômico e tecnológico, mas que, em vez disso, assimila-os ao mesmo tempo que se move rumo ao fim apocalíptico. A monotecnologia baseada em competição está devastando os recursos da Terra pelo bem da competição e do lucro, mas também previne qualquer jogador de tomar diferentes caminhos e direções – a "tecnodiversidade" sobre a qual muito escrevi. A tecnodiversidade não significa tão somente que diferentes países produzem o mesmo tipo de tecnologia (monotecnologia) com diferente roupagem [branding] e com aspectos sutilmente diversos. Antes, a tecnodiversidade se refere à multiplicidade de cosmotécnicas que diferem umas das outras em termos de valores, epistemologias e formas de existência. Atribui-se frequentemente a atual forma de competição, que utiliza meios econômicos e tecnológicos para passar por cima da política, ao neoliberalismo, enquanto seu parente próximo, o trans-humanismo, considera a política apenas como uma epistemologia humanista fadada à superação através da aceleração tecnológica. Nós chegamos a um impasse da modernidade: não se pode facilmente retirar-se de tal competição pelo medo de ser ultrapassado por outros. É como a metáfora do homem moderno, descrita por Nietzsche: um grupo abandona permanentemente a sua vila para embarcar em uma jornada marítima em busca do infinito, mas chega ao meio do oceano apenas para se dar conta de que o infinito não é uma destinação.[17] E não há nada mais aterrorizante que o infinito quando não há jeito de voltar para trás.

O coronavírus, como todas as catástrofes, pode nos forçar a perguntar a nós mesmos para onde estamos indo. Apesar de sabermos que estamos apenas caminhando rumo ao vazio, nós ainda prosseguimos, guiados por um impulso tragista de "tentar viver".

---

17 Friedrich Nietzsche, *A Gaia Ciência*, §124. [Trad. bras. Paulo César de Souza. São Paulo: Companhia das Letras, 2012.]

Em meio à competição intensificada, o interesse dos Estados não mais se direciona a seus súditos, mas ao crescimento econômico — qualquer preocupação com a população se deve a suas contribuições para o crescimento econômico. Isso é autoevidente na maneira como a China tentou inicialmente silenciar notícias sobre o coronavírus e, então, após Xi Jinping avisar que medidas contra o vírus trariam dano à economia, o número de novos casos dramaticamente caiu a zero. Essa é a mesma "lógica" econômica cruel que fez com que outros países decidissem esperar para ver, pois medidas preventivas como restrições de viagem (às quais a OMS se mostrou contrária), testagem em aeroportos e o adiamento dos Jogos Olímpicos impactariam o turismo.

A mídia, bem como muitos filósofos, apresentou um argumento um tanto inocente sobre a "abordagem autoritária" asiática e a abordagem alegadamente liberal/libertária/democrática de países ocidentais. O estilo autoritário chinês (ou asiático) — muitas vezes confundido com o confucionismo, embora este nada tenha a ver com uma filosofia autoritária ou coercitiva — tem sido efetivo no manejo da população através do uso já disseminado de tecnologias de vigilância do consumidor (reconhecimento facial, análise de dados móveis etc.) a fim de identificar a disseminação do vírus. Quando os surtos se iniciaram na Europa, ainda se debatia sobre o uso ou não de dados pessoais. Se, contudo, nós realmente precisássemos escolher entre a "governança autoritária asiática" e a "governança liberal/libertária ocidental", a governança autoritária asiática parece mais aceitável no enfrentamento de futuras catástrofes, dado que o estilo libertário de lidar com tais pandemias é essencialmente eugenista, permitindo com que a autosseleção rapidamente elimine a população mais idosa. De todo modo, todas essas oposições culturais essencialistas são enganosas, já que ignoram as solidariedades e a espontaneidade entre as obrigações morais diversas perante os idosos e a família dentre as comunidades e as pessoas; mesmo assim, esse tipo de ignorância é necessário para manter as vãs expressões de uma superioridade própria.

Contudo, para onde mais nossa civilização pode ir? A escala dessa questão supera em muito a nossa imaginação, deixando-nos com a esperança, como um último recurso, de que poderemos retomar uma "vida normal", seja lá o que este termo signifique. No século XX, os intelectuais buscaram outras opções e configurações geopolíticas para superar o conceito schmittiano do político, como Derrida o fez em *Políticas da amizade*, onde ele respondeu a Schmitt através de uma desconstrução de seu conceito de amizade. A desconstrução abre uma diferença ontológica entre amizade e comunidade, a fim de sugerir outra política, a hospitalidade, para além da dicotomia amigo-inimigo, outra política fundamental para a teoria política do século XX. A hospitalidade "incondicional" e "incalculável", que poderíamos chamar de amizade, pode ser geopoliticamente concebida como uma soberania debilitada, como quando o filósofo desconstrucionista japonês Kōjin Karatani afirmou que a paz perpétua sonhada por Kant só seria possível quando a soberania pudesse ser dada como um dom [*gift*], no sentido maussiano de economia do dom, economia que sucederia o império capitalista global.[18] Tal possibilidade, contudo, é condicionada pela abolição da soberania ou, em outras palavras, pela abolição dos Estados-nação. Para que isso aconteça, de acordo como Karatani, precisaríamos provavelmente de uma Terceira Guerra Mundial, seguida de um corpo governamental internacional com mais poder que as Nações Unidas. A política de refugiados de Angela Merkel e o "um país, dois sistemas", concebido brilhantemente por Deng Xiaoping, caminham, de fato, rumo a esse fim sem uma guerra. O último tem o potencial de se tornar um modelo ainda mais sofisticado e interessante que o do sistema federal. Contudo, o primeiro tem sido alvo de ataques ferozes, e o último está em processo de destruição pelos nacionalistas de mente curta e os schmittianos dogmáticos. Uma Terceira Guerra Mundial seria a opção mais rápida, se nenhum país está disposto a ir em frente com isso.

Antes que esse dia chegue, e antes que alguma catástrofe ainda mais séria nos leve até mais perto da extinção (algo que já podemos sentir), talvez ainda precisemos nos perguntar de que modo pareceria um sistema imune "organísmico" global para além de simplesmente reivindicar a coexistência com o coronavírus.[19] Que tipo de coimunidade ou coimunismo (o neologismo que Sloterdijk propôs) é possível se nós queremos que a globalização continue, e que continue de uma forma menos contraditória? A estratégia de coimunidade de Sloterdijk é interessante, mas politicamente ambivalente — isso também se deve provavelmente ao fato de que ela não é elaborada o suficiente em seus trabalhos principais —, oscilando entre uma política de fronteira similar à do partido de extrema direita Alternative für Deutschland (AfD) e à imunidade contaminada de Roberto Esposito. No entanto, o problema é que, se continuarmos seguindo a lógica dos Estados-nação, nós nunca chegaremos na coimunidade. Não apenas porque um Estado não é uma célula ou um organismo (por mais que essa metáfora seja atrativa e prática aos teóricos), mas também porque, mais fundamentalmente, o próprio conceito só pode produzir uma imunidade baseada no amigo e no inimigo, independentemente de assumir a forma de organizações internacionais ou de conselhos. Embora compostos por todos os seus súditos, como o é o Leviatã, Estados modernos não têm nenhum interesse além de crescimento econômico e expansão militar, ao menos não antes da chegada de uma crise humanitária. Acossados por uma crise econômica iminente, os Estados-nação se tornam a fonte (antes que o alvo) de notícias falsas manipulativas.

---

18 Cf. Kōjin Karatani, *The Structure of World History: From Modes of Production to Modes of Exchange*, Trad.: Michael K. Bourdaghs. Duke University Press, 2014.

19 Nós também temos que nos perguntar cuidadosamente se uma metáfora biológica é de todo apropriada, a despeito de sua ampla aceitação. Eu contestei isso em *Recursivity and Contingengy*, (Rowman and Littlefield International, 2019) ao analisar a história do organicismo, sua posição na história da epistemologia e sua relação com a tecnologia moderna, questionando a sua validade como metáfora da política, sobretudo em relação à política ambiental.

## §4. Solidariedade abstrata e solidariedade concreta

Retornemos agora à questão das fronteiras e à questão da natureza dessa guerra na qual estamos lutando agora, guerra que o secretário-geral da ONU, António Guterres, considerou como o maior desafio que a ONU enfrentou desde a Segunda Guerra Mundial. A guerra contra o vírus é, antes de tudo, uma guerra de informação, uma *infowar*. O inimigo é invisível. Ele só pode ser localizado através de informações sobre comunidades e sobre a mobilidade de indivíduos. A eficácia dessa guerra depende da habilidade de colher e analisar informações e de mobilizar recursos disponíveis para atingir a mais alta eficiência. Para países que exercem censura *on-line* restrita, é possível conter o vírus da mesma forma com a qual se contém uma palavra-chave "sensível" que circule pelas mídias sociais. O uso do termo "informação" em contextos políticos foi frequentemente igualado ao de propaganda, embora devamos evitar ver a informação simplesmente como uma questão de mídias de massa e de jornalismo ou mesmo de liberdade de expressão. A *infowar* é a campanha de guerra do século XXI. Ela não é um tipo específico de guerra, mas a guerra em sua permanência.

Em suas aulas, coletadas no livro *Em defesa da sociedade*, Michel Foucault inverte o aforisma de Carl von Clausewitz de que "a guerra é a continuação da política por outros meios", para "a política é a continuação da guerra por outros meios".[20] Enquanto a inversão propõe que a guerra não mais assume a forma que Clausewitz tinha em mente, Foucault ainda não havia desenvolvido um discurso sobre a guerra de informação. Há mais de vinte anos, um livro intitulado *Guerras sem limite* (超限戰, traduzido oficialmente como "Guerra [*Warfare*] sem restrição" ou "Guerra além das fronteiras") foi publicado na China por dois ex-coronéis-sênior da força aérea. Esse livro logo foi traduzido para o francês, e dizem que influenciou o coletivo Tiqqun e, mais tarde, o Comitê Invisível. Os dois ex-coronéis – que conheciam bem Clausewitz, mas que não haviam lido Foucault – chegaram a afirmar que a campanha de guerra tradicional [*traditional warfare*] sumiria gradativamente, sendo substituída por guerras imanentes ao redor do mundo, amplamente introduzidas e possibilitadas pela tecnologia de informação. Esse livro pode ser lido como uma análise da estratégia de guerra global dos EUA, mas também e de forma mais importante, como uma análise penetrante de como as guerras de informação redefinem a política e a geopolítica.

A guerra contra o coronavírus é, ao mesmo tempo, uma guerra de má informação [*misinformation*] e de desinformação [*disinformation*], dois tópicos que caracterizam a política da pós-verdade. Pode até ser que o vírus seja um evento contingente que acionou a crise atual, mas a própria guerra não é mais contingente. A guerra de informação também abre duas outras possibilidades (até certo ponto, farmacológicas): primeiro, um estado de guerra que não mais toma o Estado como sua unidade

---

20 Michel Foucault, *Em defesa da sociedade: Curso no Collège de France (1975-1976)*. Trad. Maria Ermantina Galvão. São Paulo: Martins Fontes, 2005, p. 22.

de medida, mas desterritorializa constantemente o Estado com armas invisíveis e ausência de fronteiras claras; e, segundo, uma guerra civil sob a forma de infoesferas em competição. A guerra contra o coronavírus é uma guerra contra os portadores do vírus, e uma guerra conduzida por meio de notícias falsas, rumores, censura, estatísticas fraudadas, má informação etc. Em paralelo com o uso feito pelos EUA de tecnologia do Vale do Silício para expandir a sua infoesfera e penetrar na maior parte da população da Terra, a China também construiu uma das mais amplas e sofisticadas infoesferas do mundo, com *firewalls* bem equipados, constituídos tanto por humanos quanto por máquinas, e que permitiu conter o vírus dentro de uma população de 1,4 bilhões de habitantes. Essa infoesfera está se expandindo graças à infraestrutura da iniciativa chinesa "Um Cinturão, Uma Rota", bem como de sua já estabelecida rede na África, o que faz com que os EUA respondam, em nome da segurança e da propriedade intelectual, impedindo que a Huawei expanda a sua infoesfera. A guerra de informação obviamente não é empreendida apenas por soberanos. Dentro da China, diferentes facções competem entre si através de mídias oficiais, mídias tradicionais, como jornais, e canais de mídia independente. Por exemplo, tanto a mídia tradicional quanto a mídia independente checaram os números do Estado sobre o surto, forçando o governo a reparar os seus próprios erros e distribuir mais equipamento médico aos hospitais de Wuhan.

O coronavírus torna explícita a imanência da guerra de informação através da necessidade do Estado-nação de defender suas fronteiras físicas ao mesmo tempo que estende-se tecnológica e economicamente para além delas, a fim de estabelecer novas fronteiras. As infoesferas são construídas por humanos e, apesar de terem se expandido muito nas décadas recentes, mantêm-se indeterminadas em seu porvir. Na medida em que a imaginação de uma coimunidade – como um possível comunismo ou uma ajuda mútua entre nações – puder apenas ser uma solidariedade abstrata, ela é vulnerável ao cinismo, de forma similar ao caso da "humanidade". Têm-se visto, em décadas recentes, alguns discursos filosóficos conseguindo nutrir uma solidariedade abstrata que pode se transformar em comunidades baseadas em seitas [*sect-based communities*], cuja imunidade é determinada por acordos e discordâncias. A solidariedade abstrata é atraente porque é abstrata: oposta à concreta, a abstrata não é fundada e não tem localidade; ela pode ser transportada para qualquer parte e habitar em qualquer parte. Mas a solidariedade abstrata é um produto da globalização, uma meta-narrativa (ou mesmo uma metafísica) para algo que, há muito, foi confrontado com o seu próprio fim.

A verdadeira coimunidade não é uma solidariedade abstrata, mas, antes, parte de uma solidariedade concreta cuja coimunidade deve fundar a próxima onda de globalização (se é que haverá uma). Desde o início desta pandemia, houve inúmeros atos de solidariedade verdadeira, nos quais quem faz as compras para alguém, se esse alguém não pode ir a um supermercado, importa muito, ou quem pode dar a alguém uma máscara para quando esse alguém precisa ir a um hospital, ou quem oferecerá respiradores para salvar vidas e assim por diante. Também há solidariedades entre comunidades médicas, que partilham informações para o desenvolvimento de vacinas. Gilbert Simondon distinguiu entre o abstrato e o concreto através de objetos técnicos: objetos técnicos abstratos são móveis e destacáveis, como aqueles objetos abraçados pelos enciclopedistas do século XVIII, objetos que (até hoje) inspiram otimismo sobre a possibilidade de progresso; objetos técnicos concretos são aqueles que se fundam (talvez literalmente) tanto no mundo humano quanto no mundo natural, atuando como um mediador entre os dois. Uma máquina cibernética é mais concreta que um relógio mecânico, que é mais concreto que uma simples ferramenta. Podemos, pois, conceber uma solidariedade concreta que contorne o impasse de uma imunologia baseada em Estados-nação e em solidariedade abstrata? Podemos considerar a infoesfera como uma oportunidade que aponta para tal imunologia?

Devemos ampliar o conceito de infoesfera de duas maneiras. Primeiramente, a construção de infoesferas deve ser compreendida como uma tentativa de construir tecnodiversidade, de desmantelar a cultura monotecnológica por dentro e de escapar de seu "mau infinito". A diversificação de tecnologias também implica uma diversificações de modos de vida, de formas de coexistência, de economias e assim por diante, dado que a tecnologia, na medida em que é cosmotécnica, envolve diferentes relações com não humanos e com o cosmos.[21] Essa tecnodiversificação não implica um enquadre ético imposto sobre a tecnologia, pois isso sempre chega muito tarde e é frequentemente feito para ser violado. Se não mudarmos as nossas tecnologias e as nossas atitudes, apenas preservaremos a biodiversidade em casos excepcionais, sem garantir a sua sustentabilidade. Em outras palavras, sem a tecnodiversidade, não podemos manter a biodiversidade. O coronavírus não é a vingança da natureza, mas o resultado de uma cultura monotecnológica na qual a própria tecnologia simultaneamente perde sua própria fundação [*ground*] e deseja se tornar o fundamento [*ground*] de todo o resto. O monotecnologismo no qual vivemos agora ignora a necessidade de coexistência e continua a enxergar a Terra meramente como um fundo de reserva. Com a competição viciosa que o sustenta, apenas continuará produzindo mais catástrofes. De acordo com essa visão, após a exaustão e a devastação da nave Terra, nós talvez apenas embarquemos na nave Marte, causando a mesma exaustão e a mesma devastação.

Em segundo lugar, a infoesfera pode ser considerada uma solidariedade concreta que se estende para além de fronteiras, como uma imunologia que não mais toma o Estado-nação como ponto de partida, com suas organizações internacionais que são, na verdade, marionetes dos poderes globais. Para tal solidariedade concreta

---

21 Desenvolvo essa diversificação de tecnologias como "cosmotécnicas múltiplas" em *The Question Concerning Technology in China: An Essay in Cosmotechnics*. Urbanomic, 2016.

emergir, precisamos de uma tecnodiversidade que desenvolva tecnologias alternativas, tais como novas redes sociais, ferramentas colaborativas e infraestruturas de instituições digitais, que formarão a base da colaboração global. A mídia digital já tem uma longa história social, embora poucas formas para além do Vale do Silício (e do WeChat, na China) assumam uma escala global. Isso se deve em muito à tradição filosófica herdada – com suas oposições entre natureza e tecnologia, entre cultura e tecnologia —, que falha em ver a pluralidade de tecnologias como algo realizável. A tecnofilia e a tecnofobia se tornam sintomas de uma cultura monotecnológica. Ficamos familiarizados com o desenvolvimento da cultura *hacker*, do *software* livre e das comunidades *open-source* no decorrer das últimas poucas décadas, mas o foco tem sido o de desenvolver alternativas a tecnologias hegemônicas, em vez de construir modelos alternativos de acesso, colaboração e, mais importante, epistemologia.

O incidente com o coronavírus terá por consequência a aceleração de processos de digitalização e de subsunção pela economia de dados, pois esta tem sido a ferramenta mais efetiva para conter a disseminação, como já vimos na recente virada a favor do uso de dados móveis para rastreamento do surto em países que, no entanto, louvam a privacidade. Nós talvez queiramos parar e nos perguntar se esse processo de digitalização em aceleração pode ser tomado como uma oportunidade, um *kairós* que subscreve a atual crise global. As chamadas a uma resposta global colocaram a todos no mesmo barco, e o objetivo de retornar a uma "vida normal" não é uma resposta adequada. O surto de coronavírus marca a primeira vez em mais de vinte anos em que o ensino *on-line* passou a ser ofertado por departamentos de universidade. Houve muitas razões na resistência ao ensino digital, mas a maioria é menor e, às vezes, irracional (institutos dedicados à cultura digital ainda podem achar que a presença física seja importante para a administração de recursos humanos). O ensino *on-line* não substituirá completamente a presença física, mas abre radicalmente o acesso ao conhecimento e nos lança de volta a questão da educação, em uma época na qual muitas das universidades estão perdendo financiamento. A suspensão da vida normal pelo coronavírus nos permitirá mudar estes hábitos? Por exemplo, podemos tomar os próximos meses (e talvez anos), quando a maioria das universidades do mundo estará utilizando ensino *on-line*, como uma chance de criar instituições digitais sérias em uma escala sem precedentes? Uma imunologia global demanda reconfigurações radicais como estas.

A citação inicial deste ensaio vem da obra incompleta *Filosofia na época trágica dos gregos*, escrita por Nietzsche por volta de 1873. Em vez de aludir à sua própria exclusão da disciplina de filosofia, Nietzsche identificou, com os filósofos na Grécia Antiga que queriam reconciliar ciência e mito, racionalidade e paixão, uma reforma cultural. Nós não estamos mais na época trágica, mas estamos em um tempo de catástrofes no qual nem o tragista nem o daoísta podem, sozinhos, fornecer saídas. Em vista da doença da cultura global, nós temos uma necessidade urgente de reformas conduzidas por um novo pensamento e por novos enquadres que nos permitam desatarmo-nos daquilo que a filosofia impôs e ignorou. O coronavírus destruirá muitas das instituições já ameaçadas pelas tecnologias digitais. Também será necessário aumentar a vigilância e tomar outras medidas contra o vírus, bem como contra o terrorismo e contra ameaças à segurança nacional. Também é um momento no qual nós precisaremos de solidariedades concretas, digitais, mais fortes. A solidariedade digital não é um chamado a usar mais Facebook, Twitter ou WeChat, mas a sair da competição viciosa da cultura monotecnológica a fim de produzir uma tecnodiversidade através de tecnologias alternativas e suas correspondentes formas de vida e modos de habitação neste planeta e neste cosmos. Em nosso mundo pós-metafísico, nós talvez não precisemos de pandemias metafísicas. Nós talvez também não precisemos de uma ontologia orientada pelo viral [*virus-oriented ontology*]. O que nós realmente precisamos é de uma solidariedade concreta que nos permita diferenças e divergências antes que seja tarde demais.

*Publicado originalmente como "One Hundred Years of Crisis" pela e-flux em abril de 2020. Disponível em: <https://www.e-flux.com/journal/108/326411/one-hundred-years-of-crisis/>.*

**Yuk Hui** é filósofo e professor na Universidade de Bauhaus, em Weimar, Alemanha, e na School of Creative Media, Universidade da Cidade de Hong Kong, China. Publicou, entre outros, livros como *On the Existence of Digital Objects* (University of Minnesota Press, 2016), *The Question Concerning Technology in China: An Essay in Cosmotechnics* (Urbanomic, 2016) e *Recursivity and Contingency* (2019), além de *Tecnodiversidade* (Ubu).

(...) 19/05

# Pandemia de desigualdades
## Pâmela Carvalho

Pandemia: *substantivo feminino*
Enfermidade epidêmica amplamente disseminada.

Epidemia: *substantivo feminino*
Doença de caráter transitório que ataca simultaneamente grande número de indivíduos em uma determinada localidade.

De acordo com a língua portuguesa falada no Brasil, podemos entender uma pandemia como uma epidemia amplamente disseminada. Os veículos de comunicação versam sobre a pandemia de COVID-19, que assola o mundo todo, de forma não vista antes na contemporaneidade. O medo da morte, o assombro diante da incerteza da "comida na mesa" e a iminência da privação de deslocamentos têm sido sensações recorrentes no último mês e meio no Brasil.

Porém, a pandemia de COVID-19 escancara uma outra pandemia. A esta, chamo de *pandemia de desigualdades*.

Diferente da COVID-19, que no Brasil teve seu primeiro caso registrado em 26 de fevereiro de 2020, em São Paulo, a desigualdade adoece nossa sociedade há muito. A primeira pessoa diagnosticada com o novo coronavírus foi um homem de 61, atendido no Hospital Israelita Albert Einstein, que havia voltado de viagem na Lombardia, Itália.

No Rio de Janeiro, o primeiro caso diz respeito a uma mulher de 27 anos, residente no município de Barra Mansa, que também retornou da Itália. Já a primeira vítima fatal da doença no Rio de Janeiro foi uma mulher de 63 anos. Diabética e hipertensa. Empregada doméstica. Sua patroa viajou para a Itália e teve teste positivo para o novo coronavírus.

Agora eu faço uma pausa na escrita, me levanto, tomo uma água e penso em minha mãe e em minha avó. Respiro. Ambas foram empregadas domésticas e que, depois de dias intensos de trabalho nas regiões com as maiores concentrações de renda da cidade, subiam o Morro do Juramento. Trago este dado porque um dos alertas que esta pandemia nos traz — com relação a populações negras, indígenas, pobres e faveladas — é não somos apenas números. Somos indivíduos com nome, sobrenome, famílias e histórias. E a minha história também é essa. A intelectual que é filha da atual merendeira e ex-empregada doméstica, e que hoje vos escreve aqui.

Retorno à escrita e à pandemia. Mais especialmente ao que chamo de *pandemia de desigualdades*. O primeiro óbito no Rio nos ajuda a entender este termo. A enfermidade que inicialmente foi vista como "doença importada" tem em sua primeira vítima uma mulher das classes trabalhadoras. De uma categoria que só passa a ser reconhecida por lei em 2015, com a Lei 105 que assegura direitos como FGTS, adicional noturno, seguro-desemprego, salário-família, entre outros.

Esse caso não expõe uma questão pontual. Em periferias de São Paulo — estado onde foi registrado o primeiro caso —, a letalidade da COVID-19 é cinco vezes maior do que a média nacional. (Dados da Agência Mural/SP em 23/04/2020).

Segundo a Redes de Desenvolvimento da Maré, no dia 30/04/2020 havia 27 casos confirmados na Maré. Constando seis óbitos. Porém, a suspeita é que o número real de casos e óbitos seja o dobro disso. Isso nos alerta para a ínfima quantidade de testes, para a subnotificação de casos e para a dificuldade de atendimentos em favelas e periferias.

O vírus não é democrático. A pandemia não veio para "nos aproximar de nós mesmos". Não há romantismo no que vivemos. A pandemia talvez tenha vindo como forma de expor esta tão antiga *pandemia de desigualdades*. A *pandemia de desigualdades* mostra que em territórios de favelas e periferias muitas vezes não é possível cumprir com o isolamento por falta de espaço físico. A *pandemia de desigualdades* mostra que é impossível lavar as mãos com frequência se não "cai água" todos os dias. A *pandemia de desigualdades* nos faz ver que muitas vezes as recomendações ditas globais não dão conta da realidade de favelas e periferias. A *pandemia de desigualdades* nos força a ver que morte e vida têm valores diferentes de acordo com a origem e raça de quem vive e morre.

Um levantamento da CNN feito com dados compilados da prefeitura do Rio aponta que em cada quatro mortes no município, três ocorreram nas zonas norte e oeste. Em 1º de maio de 2020, os bairros que lideravam o *ranking* de óbitos eram Campo Grande e Copacabana (ambos com trinta casos, porém Copacabana com uma grande população idosa segundo dados do IBGE). Em seguida, Bangu e Realengo. Já a Barra da Tijuca concentra a maioria dos casos: 301 confirmados. Em contrapartida, há dezessete mortes. A resposta dessa equação é: desigualdade.

Não somos iguais. E essa desigualdade se manifesta inclusive na hora de morrer.

Encerro esta breve reflexão assumindo sua densidade. Historicamente as favelas sofrem com descaso do poder público, o que faz com que moradores e instituições da sociedade civil tenham de se colocar na luta pela garantia de direitos básicos e tenham também de disputar as narrativas sobre favelas. Hoje — e sempre — é das favelas que emergem as mais potentes práticas de solidariedade e impacto territorial. A escuta a estes territórios se apresenta para mim como alternativa de cura para a velha *pandemia de desigualdades*. Mas isto fica para uma próxima reflexão.

Maré, Rio de Janeiro, 04 de maio de 2020

**Pâmela Carvalho** é educadora, historiadora, gestora cultural, comunicadora, pesquisadora ativista das relações raciais e de gênero e dos direitos de populações de favelas. É mestra em Educação (UFRJ) e coordenadora na Redes de Desenvolvimento da Maré, a partir do eixo "Arte, Cultura, Memórias e Identidades". É moradora do Parque União, no Conjunto de Favelas da Maré. Mais em: @apamelacarvalho (Instagram).

(...) 20/05

# Quarentena Solidária

Manuela Samir Maciel Salman
Amirah Adnan Salman

> *"Porque se chamavam homens também se chamavam sonhos e sonhos não envelhecem."*
> Milton Nascimento e Lô Borges

"Dia comum da Quarentena Solidária no Hospital Premier. No café da manhã, ao som de uma peça de Mozart, um médico e uma fisioterapeuta atrás do balcão, de máscara, touca, luvas e roupa informal, servem os funcionários no térreo enquanto um diretor percorre as mesas da ampla lanchonete, com vista para uma pracinha de cidade do interior, conferindo o serviço. Um piano está ali. De repente o próprio médico se habilita a tocá-lo, antes de ir cuidar dos pacientes em seus quartos nos andares superiores. Mas ele prefere Bach. Aliás, de superior, no clima que se formou após a decisão tomada entre a direção e os funcionários, só os pacientes nos três andares. Saíram os jalecos de médicos, fisioterapeutas, psicólogos, terapeutas ocupacionais, os uniformes que distinguem os enfermeiros dos técnicos de enfermagem, os uniformes da hotelaria, do casal de mestres-cucas e dos agentes de limpeza. Entraram conjuntos de calça e camiseta, adquiridos em consonância com a inédita situação. Com isso, os sinais ostensivos de hierarquia se dissolveram. Adeus aos uniformes.

A mesma operação observada neste café da manhã vai se repetir durante o almoço com trilha de Gardel e o jantar regado a Chitãozinho e Xororó, com um revezamento natural entre os atos de servir e ser servido, além do ato de lavar a louça, liberando da faina os profissionais que precisam encarar suas tarefas nos três turnos de praxe. Por essa e outras tantas, acordei com espírito renovado esta manhã, apesar da tragédia que se abate sobre o planeta. Todo dia é dia de ver e participar deste salto vital. Vamos à luta sem pestanejar: hoje estou escalado para servir o café junto com os profissionais acima citados. Coisas assim nos dão a certeza de que não existe volta e podemos ficar acima do sistema rígido e desumano que nos foi imposto. Enfim, mudando a atitude dá pra mudar a realidade. E a palavra solidariedade ganha o mais perfeito sentido."

Depoimento de Samir Salman, superintendente do Hospital Premier, a Palmério Dória, jornalista e paciente.

O Hospital Premier é uma instituição hospitalar de nível secundário especializada no atendimento a portadores de múltiplas doenças crônicas, em sua maioria idosos com alta dependência, elegíveis para Cuidados Paliativos e notavelmente suscetíveis à letalidade pelo novo coronavírus (SARS-COV-2). Atualmente o Hospital Premier cuida de 45 internos, com média de idade de 74 anos. Inaugurado em 2004 já com a ciência do que não queríamos fazer: durante a visita a serviços geriátricos, deparamo-nos com a descontinuidade do cuidado, a negligência e a baixa qualidade do atendimento. O ensino de escolas médicas e da saúde voltado apenas para a cura e com modelos de tratamentos medicocêntricos pautados na tecnologia não se adequava às necessidades das pessoas atendidas. Assim, optamos pela prática contra-hegemônica, para uma mudança do paradigma da atenção à saúde e permanente autocrítica e reflexão.

Os Cuidados Paliativos são norteadores do nosso trabalho. Trata-se de abordagem multidisciplinar com objetivo de promoção da qualidade de vida a portadores de doenças ameaçadoras da vida (e seus familiares) por qualquer diagnóstico, com qualquer prognóstico, e a qualquer momento da doença em que tenham expectativas ou necessidades não atendidas. Centram-se no conhecimento da biografia e no respeito à autonomia da pessoa. Além da gestão da doença e dos aspectos físicos, psicológicos, sociais e espirituais da unidade paciente-família, a equipe multiprofissional atua no auxílio a questões práticas, nos cuidados ao fim da vida, na autodeterminação no manejo do processo de morrer e na lida com as perdas e o luto de familiares e de pessoas significativas para o paciente. Ainda, atenta-se ao adoecimento do cuidador, formal ou informal, em busca da prevenção e manejo de possível sobrecarga. "Ao cuidar de você no momento final da vida, quero que você sinta que me importo pelo fato de você ser você, que me importo até o último momento de sua vida, e faremos tudo que estiver ao nosso alcance não somente para ajudá-lo a morrer em paz, mas também para você viver até o dia de sua morte", disse Cicely Saunders (1918-2015), fundadora do movimento *hospice* moderno e do St. Christopher's Hospice, em Londres. Inaugurado em 1967, é considerado o berço dos Cuidados Paliativos no mundo.

Em 2008 definem-se missão, visão e valores do Hospital Premier. Incluída em sua missão está a valorização da atuação em equipe de profissionais comprometidos com a sociedade e o meio ambiente. Entre os valores incluem-se a ousadia de ser um contraponto ao modelo hegemônico de atenção à saúde e a corresponsabilidade com a elaboração de programas socioculturais e de políticas de interesse público. É preciso entender que esta empresa, apesar de inserida num contexto capitalista, tem um forte componente social e tem um ideal. Evidentemente, não se pode menosprezar a sustentabilidade financeira, mas não são os valores capitalistas que a dirigem. Considerando nossa inserção em uma sociedade na qual o ser humano está a serviço de uma lógica capitalista que o incentiva cada vez mais a uma cultura individualista e consumista, temperada com uma divulgação permanente do medo, era preciso agir diferente. É importante informar que se trata de uma empresa familiar, o que facilita a quebra de rigidez normativa, a ausência de hierarquia de saberes e a diretriz de uma medicina não baseada em protocolos, mas em valores. As tomadas de decisões levam em conta as opiniões dos funcionários e as circunstâncias políticas e psicossociais, contribuindo para um bom clima organizacional.

Através da prática do cuidar incondicional, não só o cuidar do paciente, mas o cuidar do companheiro do lado, o cuidar da faxineira, vivencia-se um exercício contínuo para desenvolvimento desse olhar atento. Estímulo para que as pessoas se olhem no olho e se reconheçam diante das dificuldades psicossociais estruturais que nossa sociedade impõe, através do resgate biográfico não só dos pacientes, mas também entre os colegas de trabalho. Com isso, sinaliza-se para a comunidade os valores que regem a nossa convivência.

O Hospital Premier, através do Instituto Premier de Educação e Cultura e em parceria com o St. Christopher's Hospice, ao reafirmar seu compromisso em oferecer educação e treinamento para que a morte seja gerenciada com habilidade e compaixão, tornou-se o primeiro satélite do Programa QELCA, Quality End Of Life Care for All (Qualidade no cuidado de fim da vida para todos), na América Latina. Trata-se de uma inovação educacional na área para empoderar equipes de saúde e assistência social em ambientes de cuidados agudos, comunitários ou domiciliares para liderar a prestação de cuidados de alta qualidade a pacientes e famílias no final de vida. Há evidências de que o QELCA também motiva os participantes a introduzir cuidados a si mesmos e a suas equipes e a promover mudanças na cultura institucional. Abordagens de aprendizagem ativa centradas no profissional são adotadas para facilitar o aprendizado compartilhado e estimular a reflexão sobre a morte e o morrer.

Como na natureza, as transformações não se fazem de maneira instantânea. Os processos obedecem inexoravelmente ao encadeamento de eventos cronológicos: não haverá frutos se não houver flores. Esta introdução fez-se necessária para contextualização e compreensão do terreno organizacional que entendemos que sustentou, até o momento, a estratégia adotada pela instituição diante da ameaça da doença causada pelo novo coronavírus (COVID-19).

A pandemia pelo SARS-COV-2 foi declarada pela Organização Mundial da Saúde (OMS) em 11 de março de 2020, indicando a circulação do vírus em todos os continentes. Registrou-se a alta transmissibilidade da COVID-19, inclusive por indivíduos sem ou com poucos sintomas, dificultando sua identificação e prevenção. Emergências de saúde pública de proporções internacionais como essa impõem novos desafios aos serviços de Cuidados Paliativos. Em 18 de março de 2020, diante do estado de atenção mundial à gravidade da pandemia e seus piores desfechos em indivíduos idosos com doenças crônicas, formaliza-se a criação do Comitê de Crise COVID-19 do Hospital Premier para formulação e implementação de planos de ação.

Medidas de isolamento social e o cancelamento de eventos e de atividades educativas com aglomerações foram tomadas de forma gradual conforme a evolução da doença. Visitas de familiares foram suspensas, assim como a dos voluntários religiosos que semanalmente acolhiam os pacientes daquela crença. Músicos não mais preenchiam os corredores do hospital com sua arte. Estudantes de graduação e pós-graduação de diversas instituições de ensino parceiras interromperam suas atividades com foco nas singularidades do indivíduo, na importância da multidisciplinaridade e do redirecionamento da atenção da doença para a pessoa. Eventos regulares para promoção da qualidade de vida a pacientes e acompanhantes deram lugar ao isolamento. Os idosos do bairro deixaram de realizar suas atividades de promoção da saúde e de estímulo ao envelhecimento saudável duas vezes na semana dentro das instalações do hospital. Em uma instituição cujo mote é a celebração da vida, aparentemente paradoxal diante de quem está próximo da morte, tratava-se da proibição de seus valores alicerces.

A experiência de países como China, Itália e Espanha alertava-nos o tamanho de nossa responsabilidade com as medidas de prevenção. Com a hospitalização de todos os casos (não apenas aqueles que necessitaram de cuidados hospitalares), a China iniciou uma forma efetiva de isolamento, reduzindo a transmissão comunitária subsequente. O distanciamento social em toda a população foi a estratégia de maior impacto para reduzir rapidamente a incidência da doença, com reforço para o isolamento social dos idosos.

Já na Itália e na Espanha, onde as medidas de isolamento social foram mais comedidas, as consequências foram mais dramáticas. Na ausência de armas e munições para combater a doença, ou seja, medicamentos, vacinas, ventiladores ou testes suficientes, o cenário provável de manter as portas abertas poderia corresponder ao de instituições de longa permanência para idosos (ILPI) em Portugal, onde as portas abertas levaram a ausência de profissionais – infectados – para cuidar dos pacientes.

Cientes de que no Brasil, diante das desigualdades sociais e de acesso aos serviços de saúde, o cenário poderia ser ainda mais grave, ao considerar a transmissão comunitária na cidade de São Paulo; o alto risco de complicações de pacientes em Cuidados Paliativos com múltiplas comorbidades em caso de infecção pelo SARS--COV-2; a falta de respiradores disponíveis em diversos fornecedores para assistência de casos graves; a falta de leitos de unidades de terapia intensiva (UTI) nos hospitais de referência das operadoras de saúde; o risco de contaminação no transporte de pacientes com suspeita de COVID-19; os locais de moradia dos funcionários com alta taxa de aglomerações; a redução da frota municipal de transporte público, gerando aglomerações com alto risco de contaminação dos funcionários no ir e vir ao trabalho; e o consequente risco de infecção de seus familiares e dos pacientes internados, o Hospital Premier optou pela estratégia de autoisolamento/Quarentena Solidária.

Ofereceu-se aos funcionários a possibilidade voluntária de permanência contínua dentro das instalações hospitalares de 25 de março até a data prevista de 10 de maio de 2020, possível período de pico de transmissibilidade à época da COVID-19 no Brasil. Tivemos a adesão de 40% de nossos profissionais. Todos os funcionários que aceitaram participar da quarentena assinaram o termo de adesão voluntária e estão cientes de que podem sair a qualquer momento.

Sem medir esforços, o Hospital Premier disponibilizou equipamentos de proteção individual (EPIs), camas, roupas de cama e banho, roupas de trabalho, lavagem das roupas, produtos de higiene pessoal e alimentação para todos os funcionários que aceitaram voluntariamente participar da quarentena. Salas administrativas foram transformadas em alojamento, com uso dos vestiários.

As escalas de trabalho foram readequadas, garantindo horários de descanso. Todas as horas trabalhadas são devidamente registradas e os funcionários estão cientes de que a constituição de regime especial de compensação de jornada, por meio de banco de horas, terá remuneração no prazo de até dezoito meses após o encerramento do estado de calamidade pública, de acordo com a Medida Provisória 927 de 23 de março de 2020.

Mais da metade dos funcionários não teve a possibilidade ou o interesse em aderir ao autoisolamento da instituição. Muitos possuem dois empregos ou faltam-lhes o suporte social necessário. Foram aconselhados a seguir as recomendações do Ministério da Saúde e permanecer em isolamento domiciliar e, se necessária a saída de casa, realizar as medidas de precaução preconizadas e orientadas em treinamento prévio à quarentena. Aos funcionários cujo trabalho permitia essa possibilidade foi oferecida a modalidade de teletrabalho.

Para os funcionários inseridos na Quarentena Solidária a tarefa não é fácil. O impedimento, mesmo que voluntário, do ir e vir, associado à distância da família e de seu ambiente e rotina próprios, une-se à mudança de comportamento necessária pela ameaça constante de infecção. Preocupações com a família, ansiedade e dificuldade em iniciar o sono foram queixas presentes. O cansaço ao passar dos dias foi aparente.

A partir das necessidades dos profissionais, organizou-se uma rotina de atividades físicas, lúdicas e de relaxamento, assim como uma estrutura para videoconferências familiares e acolhimentos psicológicos on-line. Além da psicóloga do Hospital Premier, os acolhimentos são realizados por psicanalistas voluntários que disponibilizaram horários especificamente para atender os funcionários da instituição.

Os próprios profissionais se dispuseram voluntariamente a oferecer atividades físicas em grupo e massoterapia. Uma agenda com alongamento, ioga, pilates e ginástica faz parte da rotina da quarentena. Sessões de cinema ocorrem diariamente às 22 horas no auditório: a escolha do filme é feita pelo público presente. Todos os domingos são transmitidas missas católicas às 8 horas e cultos evangélicos às 9h30.

Ocorrem com regularidade reuniões com dinâmicas e reflexões filosóficas para acolhimento, espaço para compartilhamento, fortalecimento de recursos internos e construção coletiva de sentido para o trabalho. O treinamento da equipe de saúde e apoio sobre a COVID-19 foi realizado por meio do ensino tradicional e de roda de conversa através do aprendizado ativo, mantendo-se a metodologia interna de educação participativa centrada no indivíduo.

Materiais e insumos hospitalares são devidamente higienizados antes de adentrarem o hospital. Todos os trabalhadores que entram na quarentena após o dia 25 de março permanecem em isolamento por pelo menos dez dias para observação de desenvolvimento de sintomas respiratórios e têm reforço de EPIs até o $14^º$ dia da entrada. Os profissionais de saúde e de apoio em quarentena passam por triagem médica para vigilância de infecções respiratórias e recebem orientações sobre autocuidado.

As famílias dos pacientes foram informadas previamente sobre a instalação do regime de quarentena. Destes, 80% formalizaram por escrito o apoio à estratégia institucional. Instituíram-se canais de comunicação com os familiares, com envio de informações sobre o plano de contingência do Hospital Premier frente a emergência da COVID-19, assim como orientações sobre estratégias de precaução e autocuidado. Videoconferências entre pacientes e suas famílias são promovidas pela equipe cotidianamente.

Todo o processo está sendo registrado e documentado diariamente da melhor forma possível. Prezando pela transparência de nossas ações, fornecemos informações sobre a quarentena a todos os veículos de imprensa que solicitaram. Após veiculação da Quarentena Solidária em programas de TV, ocorreram doações como chocolates, bolos, lanches e almoço para as mães. Datas comemorativas como o Dia das Mães intensificam a saudade e outros sentimentos. Nesse dia, o Premier fez uma homenagem com fotos das 51 mães na quarentena e seus filhos em forma de vídeo. À noite, outra homenagem foi transmitida em telão durante o jantar nos Jardins de Soraya, área externa para eventos, com vídeos das mães com seus filhos.

Inúmeras mensagens externas de apoio são transmitidas à equipe. A participação das famílias e da sociedade é um pilar central na motivação e construção de sentido para as ações.

Segue texto público divulgado em mídias sobre a Quarentena Solidária:

*"Em tempos de pandemia planetária pelo novo coronavírus existem poucas certezas. Mas algumas coisas continuam claras: cuidar das pessoas, não deixar a verdade ser uma vítima como em outras épocas e que não existem manuais de instruções para crises como esta.*
*O mundo discute caminhos, e existem muitas divergências e poucas convergências.*
*O Hospital Premier sabe que o tempo não pode ser desperdiçado, a vida é mais importante. Tomamos medidas iniciais transparentes, conversadas e documentadas entre todas as partes, buscando a segurança de nossos pacientes e de nossos colaboradores e seus familiares. Em nenhum momento criamos regras ou vaticinamos valores. Apresentamos apenas garantias mínimas, dentro da nossa realidade financeira, para dar tranquilidade a quem preferiu ficar em casa com a família.*

*Independente de qualquer discussão ou norma que venha a ser adotada, cumpriremos sempre o que nos cabe em termos humanos (vocação) e no aspecto empresarial. Vale salientar que nenhum direito trabalhista será desrespeitado."*

Ao mesmo tempo que reconhecemos que estratégias como a Quarentena Solidária são medidas drásticas e de difícil implementação para a maioria das instituições de saúde do País, testemunhamos com pesar o aumento no número de mortes de idosos em ILPIs no Brasil e no mundo. São alarmantes os crescentes relatos de que instituições responsáveis pelo cuidado prolongado de idosos enfrentam uma crise silenciosa em meio a pandemia. Há registros de falta de disponibilidade de EPIs e de profissionais habilitados para o manejo de pacientes com multicomorbidades e inadequação do ambiente físico para isolamento de pacientes suspeitos de estarem com o vírus. No contexto da pandemia, desnuda-se a vulnerabilidade dessa população e revela-se a necessidade de organizações estruturadas e sustentadas pelo Estado e iniciativas privadas com respeito a realidade local e fortalecendo o papel da comunidade nas soluções, para evitar um gerontocídio iminente.

A maior parte dos Sistemas de Saúde no mundo não estava preparada para enfrentar as demandas de uma crise dessa proporção, situação agravada em Sistemas de Saúde movidos pelo lucro, nos quais a saúde é considerada mercadoria ao invés de ser vista como um direito básico. O Brasil conta hoje com mais de 210 milhões de habitantes, dos quais 160 milhões dependem do Sistema Único de Saúde (SUS). Já o Sistema de Saúde Suplementar recebe mais da metade dos investimentos totais em saúde e atende aproximadamente 47 milhões de brasileiros, muitos dos quais acessam concomitantemente o SUS em circunstâncias em que o sistema privado apresenta limites de cobertura. O SUS constituiu a maior política de inclusão social da história de nosso país. Apesar da extensa abrangência, mantém-se subfinanciado. Evidências apontam para maior acesso e melhores resultados na saúde dos brasileiros com a Estratégia de Saúde da Família, com redução da mortalidade infantil, impacto na morbidade, aumento da satisfação das pessoas com a atenção recebida e influência positiva em outras políticas públicas como educação e trabalho. Apesar disso, o desmanche do Programa Mais Médicos e o congelamento do financiamento com a Emenda Constitucional 95 por vinte anos foram na contramão do fortalecimento do SUS. Os efeitos da pandemia pelo SARS-COV-2 no Brasil ainda não podem ser totalmente mensurados, mas a crise já revela a negligência de longa data para com os serviços públicos.

Como todas as pessoas, gostaríamos que a pandemia tivesse um fim rápido. Pautados em predições da OMS e outros órgãos e referências, ainda há uma tendência crescente da COVID-19 no Brasil, com previsão do pico de transmissão no mês de maio. Na melhor das previsões, o término das infecções pelo SARS-COV-2 no Brasil se dará no mês de agosto de 2020. Programamos a extensão da quarentena do

Hospital Premier até junho e início gradual de visitas – quarentena flexibilizada, mas não finalizada, com normas e condições graduais de abertura. No entanto, todas as nossas ações acompanharão a evolução da curva epidêmica da COVID-19 no Brasil.

O comportamento da pandemia no contexto brasileiro ainda é carregado de incertezas, e somam-se ao nosso desafio os efeitos sociais e psicológicos do isolamento. Continuaremos investindo no treinamento da equipe para que desenvolvam as habilidades técnicas necessárias para o manejo de casos de COVID-19, prevenção do contágio dentro e fora da instituição e para que possam prover o mesmo cuidado compassivo e humano que marcam a nossa trajetória até aqui. É nosso papel garantir que a morte ocorra com dignidade ao prevenir o sofrimento evitável. A pandemia traz a possibilidade de morte sem despedidas e de falta de acolhimento às famílias no pós-óbito, o que nos remete à quebra de direitos humanos e indignidade.

Até o momento, conseguimos evitar a COVID-19 nos pacientes internados e nenhum funcionário na quarentena evoluiu com quadro suspeito. Menos de 10% dos trabalhadores deixaram a quarentena. Espelhados nas experiências internacionais e seguindo as recomendações da OMS, mantemos nossa estratégia com a máxima humanização possível, convictos de que evitamos também a infecção dos profissionais de saúde e das famílias.

Com a esperança de que esses momentos difíceis nos farão pessoas melhores, compartilhamos com a comunidade nossa nova rotina, prezando pela saúde dos pacientes e profissionais e com o potencial de estimular um pensamento mais amplo sobre dinâmicas de serviços de saúde, solidariedade e resposta a crises.

"Não se cura além da conta. Gente curada demais é gente chata. Todo o mundo tem um pouco de loucura. Vou lhes fazer um pedido: vivam a imaginação, pois ela é a nossa realidade mais profunda. Felizmente, eu nunca convivi com pessoas muito ajuizadas."

Nise da Silveira

**Manuela Samir Maciel Salman** é médica membro do Conselho Executivo.

**Amirah Adnan Salman** é médica consultora educacional. Mestranda em Saúde Pública na Universidade da Cidade do Cabo.

(...) 21/05

# Partilhas sensíveis e essenciais em tempos pandêmicos
[Ou, quando poderemos novamente ir ao teatro sem medo?]
Marina Guzzo

> "— Ajudou a passar o tempo.
> — Teria passado igual.
> — É. Mas menos depressa."
> Samuel Beckett, *Esperando Godot*

Os rituais são essenciais para nossa existência e não cabem em dispositivos. A morte, o funeral, o parto, o adoecimento, a festa, o teatro, o jogo. Rituais que dependem de encontros e de presença. Partilhas sensíveis e essenciais da vida. Giorgio Agamben (2009, p. 48) já anunciava que "não haveria um só instante na vida dos indivíduos que não seja modelado, contaminado ou controlado por um dispositivo" (2009). Talvez não imaginássemos que isso aconteceria tão abruptamente e sem a nossa possibilidade de escolha. As artes da presença, ou *arts vivants*, embora também sempre tenham contado com dispositivos arquitetônicos, de iluminação, som e imagem, vinham sendo um resquício de uma experiência de liberdade da percepção. A presença como experiência cinestésica e sinestésica (movimento e percepção) vinha trazendo uma potência de aproximação que nenhuma tela ainda é capaz de exercer. Sinestesia, cinestesia, toque, suor, pele e movimento – tudo que eleva a chance de contágio. Tornou-se privilégio poder estarmos juntos sem a tela e sem medo. Se o avanço de governos autoritários já ameaçava os espaços comuns e sensíveis das artes, com a chegada do novo coronavírus amplifica-se o avanço da cultura imunitária e de falsa segurança a partir de regulações e contornos fascistas em nossa vida.

Apesar da grande desigualdade social que se apresenta, do genocídio em curso no Brasil e no mundo, estamos todos (os que podemos) solicitados a permanecer em casa. Sem o cinema, sem os teatros, sem as danças, sem os shows de música. Isolados para preservar os que a gente ama, a própria vida, mas principalmente a vida de quem venha a precisar do sistema de saúde funcionando. Também foram fechados escolas, universidades e comércio. Só os serviços considerados essenciais estão abertos. Ainda assim, muita gente circula nas ruas das cidades, alguns por necessidade, outros por ignorância ou negacionismo. Colocamo-nos em quarentena por orientação e políticas de governos e órgãos de regulamentação de profissões, que tentam proteger o sistema de saúde prestes a colapsar pela velocidade de propagação do vírus. Adiamos tudo que seja considerado "não essencial" — incluindo um dos nossos mais importantes rituais de partilha: o funeral. Mas e a arte? É um serviço essencial? O momento que vivemos agora, de estado de emergência perante a pandemia do novo coronavírus, pode ser também pensado como um grande laboratório social, de situações de novas configurações para políticas do corpo e para as artes da presença? Como serão as partilhas sensíveis em tempos pandêmicos?

As artes da presença podem ser pensadas como partilhas do sensível (Rancière, 2005) ao se apresentarem como promessa de espaço comum, de encontro, de ritual. Isso se dá em função da arte ser algo frágil e não produtivo, e pertencer a um tempo-espaço próprio; e porque define uma experiência sensível desconectada das condições normais da experiência e das hierarquias que a estruturam. Mas o que seriam as condições normais agora, numa pandemia?

Um elemento fundamental da reflexão dessa partilha proposta por Rancière (2005) consiste na caracterização da arte como manifestação coletiva, e não como categoria separada da vida. A não separação da arte e da vida é elemento potencializador para a elaboração conceitual do que a gente pode chamar de artes da presença — a que exige estarmos juntos e presentes. Jogando, criando, imaginando. Essa concepção entende que um sistema de evidências sensíveis revela, ao mesmo tempo, a existência de um comum e dos recortes que nele definem lugares e partes respectivas. Isto é, compartilhamos um comum e temos nisso partes exclusivas: essas divisões partem-se ainda em divisões de tempos, espaços e tipos de atividades sensíveis, como numa trama de um tecido (ou de muitas telas em dispositivos eletrônicos).

As práticas artísticas são maneiras de fazer que agem nas maneiras de ser e nas formas de visibilidade do ser/fazer. Nesse sentido político, a arte tem a capacidade de criar novas formas *cosmopolíticas* (Stengers, 2001) de contato entre os seres, por sua presença provisória, efêmera, mutante, como Rancière (2010) caracterizou o "regime estético" das artes. Esse regime opera para além das velhas questões do belo ou do sublime; nele a arte é responsável pela ativação de "partições do sensível, do dizível, do visível e do invisível", que, por seu lado, ativam "novos modos coletivos de enunciação" e de percepção que, por sua vez e consequentemente, criam insuspeitados vetores de subjetivação e de novos modos de vida. Novos modos pandêmicos.

Grande parte da arte que consumimos confinados vem das plataformas de difusão da internet e dos dispositivos que a transmitem. As denominadas *lives*, que colocam artistas em suas casas, cantando, dançando, pintando e às vezes apenas conversando sobre seus trabalhos e processos. *Lives* para adultos e crianças. Lives de artistas e professores (já que as aulas podem ser consideradas exercícios e arte de presença). Outras tantas ações acontecem nas janelas ou nas varandas dos prédios, em espaços vazios, e são difundidas pela internet, que apreciamos do lado de dentro do confinamento. É possível ver quantas pessoas estão juntas naquela "sala", na transmissão sabemos que não estamos sozinhos. O artista pode ver também o número dos que o assistem. Podemos comentar, aplaudir e interagir com *emojis*. Tudo limpo, seguro e livre de vírus. Ao encerrar seu tempo de transmissão, o artista se despede e voltamos para o interior da casa de onde nunca saímos. A experiência sensível se deu, mas não há quem abraçar, quem olhar, quem ouvir. Que mundo podemos imaginar separados, no meio de um apocalipse pandêmico? Ou quando poderemos novamente partilhar sensibilidades e imaginações juntos?

Circula a imagem de uma planta para uma nova possibilidade de teatro, desenhado pelo cenógrafo Boris Dambly. Nela, uma artista performa e se encontra no meio de um círculo de cadeiras separadas em duplas por paredes protetoras. Uma espécie de panóptico da cena. O palco italiano, como sempre conhecemos, deixará de existir?

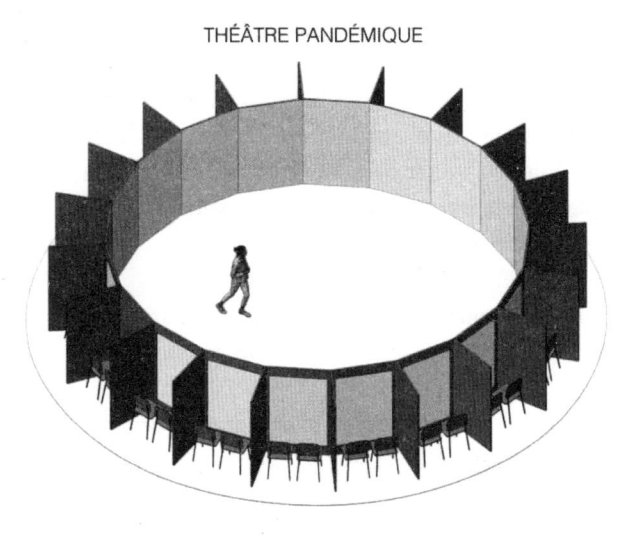

THÉÂTRE PANDÉMIQUE

BORIS DAMBLY SCÉNOGRAPHE©

É no palco, na arena, no picadeiro ou mesmo em espaços "alternativos" que os artistas das artes da presença nos colocam, a partir dos seus próprios corpos em cena, em uma partilha sensível, que é também cinestésica. O termo cinestesia é utilizado e situado em epistemologias distintas (Bergantini, 2019). Como afirmam Donati e Roble (2013), a referência à cinestesia é "recorrente em pesquisas neuromusculares, referindo-se fundamentalmente a uma percepção do corpo" pela própria pessoa que se move, sendo mais bem percebida e observável em estudos de lesões ou deficiências neuromusculares (Simner, 2013) e nos estudos sobre percepção na performance e na dança (Godard, 2002; Suquet, 2008; Foster, 2011).

Já o conceito de sinestesia (que é outro) também aparece no campo da Filosofia, mais especificamente nos estudos da estética, e é relacionado aos estudos de percepção (Bachelard, 2001; Deleuze & Guattari, 2010). Os artistas da cena, bailarinos, atores, cantores, acrobatas movem esses dois conceitos: desenvolvem uma atitude singular em relação ao corpo, ao peso e à gravidade mesmo no simples ato de erguer uma mão, direcionar um gesto, falar ou mover-se no espaço. Eles nos contam o que é ser humano, o que pode um corpo. Nos ajudam a perceber e a imaginar. Contam e cantam nossas dores, nossas belezas e nossas loucuras.

Hubert Godard (2002) chamou isso de pré-movimento, isto é, a capacidade que está instaurada na memória das musculaturas profundas, tônico-gravitacionais, e que intervêm na configuração da expressividade do gesto. A memória está inscrita "[...] não nos circuitos nervosos, mas na modelagem plástica dos tecidos que geram a organização tensional do corpo" (Godard, 1993 apud Suquet, 2008, p. 529). Na tentativa de analisar a relação do intérprete da cena com seu espectador, Godard (2002) formula a noção de "empatia cinestésica" ou de "contágio gravitacional" (o autor referiu-se especificamente à dança, mas podemos ampliar esse pensamento para o teatro, a música, a performance e o circo). Quando assistimos a uma "arte viva", somos, de certa forma, transportados àquela maneira de gerir os esforços aplicada pelos intérpretes, suas relações de organização do movimento em relação à ação da gravidade, em relação ao espaço. Alguns artistas apostam especificamente na evidência dessa manifestação, pretendendo:

> [...] rememorar como possibilidade de se tornar presente, interferindo na historicidade do próprio corpo. Reinventar-se na comunhão dos corpos, dialogando por meio do tato, ou, partilhando a gestão gravitacional nas danças de contato. Conceber a criação como ato relacional. Sublinhar a propriocepção manifesta no ato dançante convidando o espectador a sentir o próprio corpo. (Suquet, 2008, p. 514).

Será que conseguiremos ainda atingir essa historicidade do próprio corpo a partir de uma *live*? Conseguimos viver a empatia cinestésica (com c) no celular ou no tablet?

A cinestesia, pensada a partir do ato-perceptivo, é definida como a forma que percebemos e sentimos nossos corpos e, por consequência, como percebemos e sentimos o seu movimento e o que se move ao nosso redor. A empatia é uma possibilidade de decifrar essa percepção ou, como argumenta Susan Foster (2011), a empatia consiste no ato de proporcionar também para quem assiste as sensações cinestésicas dos artistas, as imagens que sintetizam suas experiências física e emocional. O termo "empatia cinestésica" busca explicar a conexão entre artista e público, que depende da história de quem faz e assiste e também das tecnologias presentes no momento de construir a experiência cênica. A experiência cinestésica vem da intenção, do desejo de compartilhar o sensível. Que sensível podemos partilhar no contexto pandêmico?

Para Deleuze e Guattari (2010), apenas um ato-perceptivo – um modo não habitual de olhar – poderia disparar a derrubada do prático-inerte através do reconhecimento de um grupo com as mesmas experiências materiais e subjetivas. A partir dessa experiência perceptiva, mas também e principalmente, cinestésica, far-se-ia a base da liquidação da serialidade e sua substituição pela comunidade. A realidade incluiria, então, projetos compartilhados, como o ato de assistir a um espetáculo ou obra de arte cênica. É crucial entender que a pele, o corpo e seus micromovimentos nos fazem perceber o mundo. Imaginar e conseguir lembrar é diferente da letalidade da acumulação, da financeirização e do desperdício; isso, pensado em termos cênicos, fica evidente.

As *lives*, ou a arte consumida sem a partilha e o ritual, podem nos enviar para esse formato de acúmulo, da ausência e da espetacularização e mercantilização da arte da presença, via dispositivo. Algo como uma nova sociedade do espetáculo da grande rede, em alusão às críticas de Guy Debord (1997), que enfatizava o vínculo entre as palavras comunicação e comunidade. Comunicação aqui é entendida não como a transmissão de mensagens, mas como *ethos* de compartilhamento (Crary, 2014, p. 129).

Sem o corpo, nos resta uma experiência perceptiva homogênea, segundo Bernard Stiegler (apud Crary, 2014). Stiegler trata especificamente dos objetos temporais produzidos em massa, como filmes, propagandas e videoclipes, e entende a internet como um ponto de virada decisivo (o marco para ele é 1992) no impacto da difusão e proliferação desses produtos. Com isso, houve uma padronização da experiência perceptiva em larga escala, implicando em perda da identidade e singularidade subjetivas, também conduzindo para um "desaparecimento desastroso da participação e criatividade individuais na construção dos símbolos que trocamos e compartilhamos entre nós" (apud Crary, 2014, p. 59). Essa noção tira o tom otimista em relação às revoluções de comunicação dos anos 1990. Os dispositivos tecnológicos que surgiram nos anos 1990, incluindo a internet, abriram caminho para uma era hiperindustrial, na qual a lógica da produção em massa se alinhou às técnicas e se aliou à distribuição e à subjetivação em escala planetária. Agora incluindo as notícias sobre cada morte, cada contaminado, cada dor. Acompanhamos, além das *lives* e da imensa oferta de produção artística na grande rede, a pandemia se alastrando e paralisando o mundo que conhecíamos.

Esse argumento nos leva a pensar também nas experiências estéticas individuais (o que inclui as cinestésicas) como produtos a serem consumidos em larga escala, a partir de situações de isolamento e segregação. O que faz o artista da presença sem seu público? Ou, como cultivar a arte da presença sem a presença? Dessa forma, cabe questionar: o teatro, ou as artes da cena, conteria a potência do encontro, do movimento, mesmo criando a ilusão do espetáculo em uma experiência mediada por um dispositivo? Ainda conseguiremos fazer as "artes vivas" em meio a tantas mortes? Ou quando poderemos, novamente, ir ao teatro sem medo?

**Referências bibliográficas**

AGAMBEM, Giorgio. "O que é um dispositivo?" In: *O que é o contemporâneo? e outros ensaios*. Trad. Vinícius Nicastro Honesko. Chapecó: Argos, 2009, pp. 48-56.

CRARY, Jonathan. *24/7: Capitalismo tardio e os fins do sono*. Trad. Joaquim Toledo Jr. São Paulo: Cosac Naify, 2014.

DELEUZE, Gilles; GUATTARI, Félix. *O anti-édipo: capitalismo e esquizofrenia 1*. Trad. Luiz B. Orlandi. São Paulo: Editora 34, 2010.

DONATI, Gabriela; ROBLE, Odilon. "O Kung Fu como experiência cinestésica para bailarinos contemporâneos". *ENGRUPEDança*, v. 4, 2013, pp. 338-343.

GODARD, Hubert. "Gesto e percepção". Trad. Silvia Soter. In: *Lições de Dança 3*. PEREIRA, Roberto; SOTER, Silvia (Orgs.). Rio de Janeiro: UniverCidade, 2002, pp. 11-35.

FOSTER, Susan. "Choreographing Empathy: Kinesthesia". In: *Performance*. Nova York: Routledge, 2011.

SIMNER, Julia; HUBARD, Edward (orgs.). *Oxford Handbook of Synesthesia*. Nova York: Oxford University Press, 2013, pp. 609-630.

SUQUET, Annie. "O corpo dançante: um laboratório da percepção". In: *História do corpo. 3. As mutações do olhar. O século XX*. vol. 3. Petrópolis: Vozes, 2008.

STENGERS, Isabelle. *Cosmopolitiques I*. Paris: La Découverte, 2001.

**Marina Guzzo** é professora adjunta da Unifesp no Campus Baixada Santista, pesquisadora do Laboratório Corpo e Arte e artista-coordenadora do Núcleo Indisciplinar de Dança – N(i)D.

(...) 22/05

# Protocolo de descarte do lixo, contracolonialidade(S) e o dia seguinte
Fátima Lima

Assisto indignada – porque incrédula não é possível... há muito crer ou não crer deixou de ser parâmetro – à reportagem que mostra famílias ricas de Belém, no Estado do Pará, escapando do colapso dos hospitais em jatinhos de luxo equipados com Unidades de Tratamento Intensivo. Destino: Hospital Alemão Oswaldo Cruz, Hospital Israelita Albert Einstein, Hospital Sírio-Libanês, todos em São Paulo. As cenas deixam visíveis protocolos de cuidado em saúde pouco ou quase nunca vistos nas notícias corriqueiras que transbordam por noticiários. Um dos ricos de Belém não perdeu a oportunidade de fazer uma filmagem, postar na rede WhatsApp e justificar: "OI GENTE! ESTAMOS EMBARCANDO AGORA DE BELÉM PARA SÃO PAULO. [...] ESTAMOS ENTRANDO NA UTI AEROMÉDICA."[1]

Há dias as notícias que me chegam da região Norte desconfortam o corpo. Ligo para uma grande amiga (psicóloga, negra, militante) que reside em Belém. Conversamos sobre como temos enfrentado o cotidiano pandêmico... Aprendemos, e foi com a militância das mulheres negras, que autocuidado é uma prática, antes de tudo, coletiva. No meio de nossas conversas, minha amiga relata, entre tantas coisas, sobre o protocolo para descartar o lixo em um condomínio na região metropolitana de Belém. Falo da tal reportagem dos ricos em fuga... Ela me diz: "Um deles é dono do supermercado aqui próximo."

Um condomínio na região metropolitana de Belém, o protocolo de descarte do lixo, o supermercado, o dono do supermercado e sua família deixando (às pressas) Belém em jatinho de luxo equipado com UTIs. Penso: o vírus realmente ultrapassou fronteiras, seu potencial é o de atingir a qualquer uma/um, sua velocidade vai dos grandes aglomerados às pequenas cercanias, dos complexos urbanos às comunidades indígenas, mas, como bem diz Achille Mbembe,[2] há uma redistribuição desigual da vulnerabilidade. A vulnerabilidade que se produz diante do vírus SARS-COV-2

---

1 Disponível em: < https://epoca.globo.com/sociedade/como-os-ricos-de-belem-estao-enfrentando-covid-19-24415881>.
2 Achille Mbembe, "O direito universal à respiração". In: Pandemia Crítica, vol. 1. Ver pág. 121.

não se dá de forma igual, e muito menos as respostas e possibilidades de reagir a ela. A precariedade da vida se tornou evidente em escala planetária, mas não podemos perder de vista, como tão pertinentemente colocou a filósofa estadunidense Judith Butler, que nem todas as vidas são dignas de serem lamentadas e, muito mais que isso, porque mesmo que a COVID-19 tenha tornado visível a precariedade da vida em escala planetária, "[...] apenas alguns terão esse acesso e outros serão abandonados a uma precariedade continuada e intensificada. A desigualdade social e econômica garantirá a discriminação do vírus. O vírus por si só não discrimina, mas nós, humanos, certamente o fazemos, moldados e movidos como somos pelos poderes casados do nacionalismo, do racismo, da xenofobia e do capitalismo".[3] A Bionecropolítica, o necropoder e uma necroeconomia que atravessam agudamente certos corpos-subjetividades têm muito a nos dizer, principalmente a nós que somos atravessados por uma colonialidade atualizada e reatualizada a todo instante. Com sabedoria ancestral, Ailton Krenak anuncia: "Nós costumamos debater a colonização numa perspectiva pós-colonial. A colonização é, é aqui e agora. Pensar que nós estamos discutindo práticas coloniais como alguma coisa pretérita, que já foi e agora nós só estamos limpando, é uma brincadeira."[4]

×

Belém, no estado do Pará, continua a me rondar. Dessa vez, infelizmente, não é pelos seus cheiros e gostos, pela força dos rios que a atravessam, da caudalosa Baía do Guajará numa tarde ensolarada no mercado municipal Ver-o-Peso. Belém estampa a raiva: o prefeito de Belém, Zenaldo Coutinho, anuncia em 06 de maio de 2020, numa transmissão ao vivo nas redes sociais, que as atividades das empregadas domésticas são essenciais na pandemia do coronavírus. Penso: "Poderia ter sido em qualquer lugar nesses brasis." Essencial: substantivo masculino, aquilo que é imprescindível, indispensável, necessário. Do que não se pode prescindir quando o trabalho das empregadas domésticas é colocado dentro do rol de serviços essenciais em meio ao enfrentamento de uma pandemia? Em sua maioria esmagadora, trabalhadores domésticos são mulheres, e mulheres pobres e negras, mulheres negras e pobres. Aprendi, e foi com o Movimento Negro e com a intelectualidade negra, a não ficar discutindo se é classe ou raça, se é raça ou classe, ou o que determina o quê. Muitas trabalhadoras domésticas são mães, chefiam famílias, zelam pelas suas casas. O protocolo "ficar em casa", aderir ao isolamento social, só sair realmente para fazer o essencial (principalmente adquirir alimentos), deixar os sapatos do lado de

---

[3] Judith Butler, "O capitalimo tem seus limites". Disponível em: <https://blogdaboitempo.com.br/2020/03/20/judith-butler-sobre-o-covid-19-o-capitalismo-tem-seus-limites/>.

[4] Ailton Krenak, "Do tempo". In: *Pandemia crítica*, vol. 1. São Paulo: n-1 edições, p. 240.

fora ao entrar ou separar logo na entrada de casa uma área demarcada denominada como suja, trocar a roupa assim que chegar da rua, lavar e/ou higienizar tudo que chega do supermercado, das verduras e frutas passando pelo *pack* de leite e pela embalagem de papel da farinha de trigo, descartar o lixo. O protocolo ensina sobre o novo lixo contaminante: as máscaras de proteção, que devem ser descartadas em sacos individuais com um papel grampeado escrito: MATERIAL CONTAMINANTE. Para quem é esse protocolo? O que dele, que parece ser a nossa responsabilidade perante um cuidado conosco e com os outros, é atributo das empregadas domésticas quando consideradas serviços essenciais? O vírus veio para mostrar que somos todas/os iguais perante a possibilidade da morte? É isso mesmo? Do que não se pode prescindir quando, de forma natural, alguém anuncia o trabalho das empregadas domésticas como essenciais?

Do que não se pode prescindir é da categorização e hierarquização coloniais que têm no racial o elemento modelador dos processos classificatórios instituintes de toda uma condição servil, alimentada por séculos pelas veias escravocratas. Há alguém que, inferiorizado e subalternizado, tem sempre que te servir. E, é claro, é impossível não lançar mão de uma lente epistemo-metodológica interseccional e tomar esse acontecimento também pela perspectiva das relações de gênero e, antes de tudo, das relações entre raça e gênero, um racismo genderizado – como nos diz Grada Kilomba em *Memórias da plantação: Episódios de racismo cotidiano*[5] – que coloca as mulheres negras e racializadas em um lugar, *a priori*, do servir. Temos aprendido de forma dura e dolorosa com as reflexões das intelectuais negras estadunidenses, passando por bell hooks, Angela Davis, Patricia Hill Collins, Kimberlé Crenshaw, Toni Morrison, entre tantas outras; temos aprendido com as chicanas Glória Anzaldúa, Chela Sandoval, Cherríe Moraga; temos aprendido com o pensamento de inúmeras militantes afro-latinas e indígenas, essas ameríndias, como nos ensinou Lélia Gonzalez; temos aprendido com Lélia Gonzalez, Beatriz Nascimento, Sueli Carneiro, com inúmeras intelectuais-militantes em contextos brasileiros sobre a violência da fantasia colonial, que insiste em colocar corpos-subjetividades de mulheres negras em lugares de subalternização, trazendo a atemporalidade dessas experiências em que passado-presente-futuro só pode ser entendido por uma flecha de violência que atravessa o tempo, reatualizada pelos indizíveis racismos estruturais, institucionais e cotidianos. Mas é justamente a tomada de consciência, a experimentação epidérmica racial da possibilidade de subalternização que tem colocado as mulheres negras, racializadas, dos campos, florestas, afro-latinas em respostas ativas através de ações que vão desde tomadas individuais a processos coletivos de acolhimento, de reorganização e de constituição de processos de reexistências viscerais, movimentos de contracolonialidade(s). Nesse momento, centenas delas se espalham pela América

---

5 Grada Kilomba, *Memórias da plantação: Episódios de racismo cotidiano*. Trad. Jess Oliveira. Rio de Janeiro: Cobogó, 2019.

Latina através de inúmeros coletivos e grupos que assumem de uma perspectiva racial e genderizada o enfrentamento à pandemia da COVID-19. Foi Audre Lorde[6] quem me ensinou que a raiva pode ser pedagógica.

×

18 de maio de 2020. Penso que deve ser mais ou menos o começo da décima semana em que me encontro em isolamento social na cidade do Rio de Janeiro. Acordamos com mais uma operação policial nas favelas e comunidades. Hoje foi no morro do Vidigal, Zona Sul. Sexta-feira foi no Complexo do Alemão, Zona Norte, e treze pessoas foram executadas.

Os relatos de moradores só reafirmam o que já sabemos: brutalidade, agressões e violações. Muitos tiros. Gritos. Mães bramem diante dos corpos de seus filhos mortos. A Polícia Militar se recusa a descer os corpos para a parte mais baixa da comunidade. Os moradores descem os corpos, carregando-os em pedaços de panos pelas ruas da comunidade. Não tem protocolo para esses corpos que figuram como o excedente e supranumerário. Se não fossem os poucos moradores que aparecem na imagem usando máscaras, nada ou quase nada ali lembraria que é tempo pandêmico do SARS-COV-2.

Não tardou muito, logo após as primeiras confirmações de contaminação e óbito decorrente da COVID-19, e o Ministério da Saúde lançou um guia de "Manejo de Corpos em Contexto do Novo Coronavírus COVID-19", que, entre tantas recomendações, inclui: manipular o corpo o mínimo possível, embalar no local do óbito, identificar os corpos ao máximo possível (RG, CPF, nome da mãe etc.), assinalar marcas corporais, colocar em saco impermeável próprio, desinfetar com álcool a 70% ou outro saneante regularizado pela agência nacional de vigilância em saúde (Anvisa) etc. e, "na chegada ao necrotério, alocar o corpo em compartimento refrigerado e sinalizado como COVID-19, agente biológico classe de risco 3".[7]

Não tardou também para aparecerem nos noticiários uma série de reclamações relativas ao protocolo do Ministério da Saúde, que teoricamente deveria ser para todos/as. Não tardou para que aparecessem corpos ao lado de pacientes em UTIs, corpos enterrados em covas coletivas uns sobre os outros ou até em covas fora dos cemitérios.[8] Entre os (im)protocoláveis que habitam as favelas, as comunidades e os espaços onde prevalece uma população pobre, negra e racializada e os protocolos

---

6 Audre Lorde, "Os usos da raiva: as mulheres reagem ao racismo". In: *Irmã Outsider*. Trad. Stephanie Borges. Belo Horizonte: Autêntica, 2019.

7 Disponível em: <http://antigo.saude.gov.br/images/pdf/2020/marco/25/manejo-corpos-coronavirus-versao1-25mar20-rev5.pdf>.

8 Ver: <https://g1.globo.com/pe/petrolina-regiao/noticia/2020/05/06/familia-de-jovem-morto-pela-covid-19-em-petrolina-reclama-das-condicoes-do-enterro-realizado-em-santa-maria-da-boa-vista.ghtml>.

fragilizados e negligenciados de manejo e enterro de corpos suspeitos de COVID-19 há muito a dizer: a bionecropolítica mais uma vez realoca esses corpos em necrotopografias.

Mas, ali, nos necrotopos eivados de colonialidade, as forças das resistências viscerais cotidianas persistem, enfrentando o tempo dos assassinos e as comunidades logo se organizaram, como sempre, para o enfrentamento à COVID-19. Vimos inúmeras ações surgirem rapidamente em diferentes favelas e periferias que, muito mais que ações informativas e distribuições de cestas básicas, fazem valer uma agência cotidiana que toma em conta as complexidades e singularidades de cada lugar.

Na favela de Paraisópolis, Zona Sul de São Paulo, a escola foi transformada em centro de acolhimento para as pessoas que testaram positivo para a COVID-19; cada rua passou a ter um gerente de saúde responsável por monitorar os moradores de sua área "adscrita"; capacitaram-se moradores em primeiros socorros e foram criadas sessenta bases de emergência. Isso é tecnologia que vem da base, do território, de uma consciência de comunidade. É tecnologia presente nos processos de lutas das comunidades negras, de campos e florestas, de lugares marcados pela pobreza e pela ausência dos privilégios de raça, de classe, de território. Não tive como não me lembrar do grande líder jamaicano pan-africanista Marcus Garvey (1887-1940), ao criar o movimento Cruz Negra, inspirado no movimento da Cruz Vermelha, formado por centenas de enfermeiras negras (*Black Cross Nurses*) e voltado para o cuidado às comunidades negras que sofriam com as práticas racistas quando tentavam acessar os dispositivos de cuidados em saúde. A Cruz Negra teve um papel fundamental nas duas grandes guerras mundiais. Isso é contracolonial, como tão bem nos ensina Antônio Bispo dos Santos, o Nêgo Bispo.

×

Como pensar o dia seguinte? Há um futuro por vir? E que futuro será esse? Há um novo normal? Para quem? Como será o mundo pós-COVID-19? Essas me parecem ser algumas das incertezas que atravessam inúmeras narrativas nesse tempo de agora, do instante, do fragmento de segundo que se esvai na leitura destas linhas. Tenho aprendido com a militância e a intelectualidade negra que o tempo é marcado, antes de tudo, pela atemporalidade da violência racial que, como uma flecha, atravessa a tudo e a todos. Pensar o dia seguinte, tomada por esse aprendizado, nos evoca a necessidade de encarar o passado como presente e de arrancar do futuro aquilo que já está nele depositado. Foi Silvia Cusicanqui quem me apresentou um aforismo do povo Aimara que diz o seguinte: "Quipnayra uñtasis sarnaqapxañani", olhando atrás e adiante podemos caminhar no presente futuro. Cusicanqui nos diz "que o passado está diante de nós. Isto é muito comum a muitas línguas indígenas. Há muitas línguas indígenas que concebem o passado como algo que tu vês pela frente; o futuro, no entanto, não o conheces e por isso está atrás, nas costas".[9] Ter o passado à nossa frente nos convoca, ética e politicamente, a perceber a colonialidade persistente marcada por assimetrias profundas que nos exigem pensar as complexidades do que significa atravessar a pandemia do SARS-COV-2. Se há um dia seguinte, ele só será possível se conseguirmos reinventar um outro sentido de comunidade. Precisamos, para isso, arrancar do futuro sobre as nossas costas tudo aquilo que nos condena. Isso só será possível com uma política de reparação e de justiça étnico-racial e de gênero.

**Fátima Lima** é antropóloga, professora associada da Universidade Federal do Rio de Janeiro/UFRJ/Macaé, professora do Programa Interdisciplinar de Pós-Graduação em Linguística Aplicada-PIPGLA e professora do Programa de Pós-Graduação em Relações Étnico-Raciais/PPRER/CEFET/RJ. É colaboradora da ONG Casa das Pretas.

---

9 Silvia Cusicanqui, "Tenemos que producir pensamiento a partir de lo cotidiano" (Entrevista). *Diario El Salto*, 2019. Disponível em: <https://alicenews.ces.uc.pt/?lang=1&id=23864>.

(...) 23/05

# I'm alive ou I'm a live?
Renan Marcondes

Em um breve vídeo do Instagram, vemos Caetano Veloso sendo convidado por sua esposa a fazer uma *live*. Tentando convencê-lo, ela cantarola sua conhecida música "Nine out of ten": *And I know that one day I must die/ I'm alive* (E eu sei que algum dia eu deverei morrer/ estou vivo). Nitidamente *preferindo não* participar, o músico apenas repete sem cantar a frase: *I'm alive*, dando a impressão de que afirma que "é uma *live*" (*I'm a live*). Sem querer, e devido ao amplo uso do termo em inglês mesmo aqui no Brasil, a afirmação de vida da música de 1972 é agora assombrada por seu oposto, revelando que há um espaço entre vidas e *lives*.

Se as *lives* fornecem novas possibilidades de comunicação, também assombram nossos entendimentos prévios do mundo. No filme *Ghost Dance*, no qual o filósofo Jacques Derrida faz sua única aparição como ator ao interpretar um professor de filosofia, há uma cena na qual ele diz a uma aluna que os desenvolvimentos modernos na tecnologia e na comunicação, ao invés de diminuírem o reino dos fantasmas, acabam por aumentar seu poder de assombração. Para o filósofo, há uma "estrutura fantasmática" inerente a técnicas de reprodução como o cinema e o telefone, que criam uma experiência na qual a presentificação de algo do corpo diante de nós (sua imagem, sua voz) se dá justamente a partir da ausência ou distância física.

Falecido no ano de surgimento do Facebook e anos antes do Instagram aparecer, o filósofo não pôde acompanhar a emergência das *lives*: transmissões ao vivo que têm sido ferramenta central nessa época de pandemia, dando continuidade ao funcionamento de determinado circuito artístico e colaborando para a manutenção de artistas que fizeram da construção e exibição pública da imagem de si próprios parte de seu capital simbólico. Palestras, debates, exposições virtuais, performances, visitas virtuais a ateliês ou danças na sala de casa estão mais presentes e acessíveis que nunca, saltando continuamente aos olhos de qualquer um que possa pagar por um celular e um plano de internet (recurso aparentemente indispensável para a cadeia de recepção e produção da arte contemporânea).

Neste momento em que lemos por todo lado sobre o peso da decisão "entre quem vive e quem morre", parece-me urgente que quem produz e pensa imagens reflita sobre como lidar com esse regime algorítmico de imagens no qual um mesmo *feed* sobrepõe a divulgação de um *talk live* e a foto das covas abertas em Manaus, chamadas de trincheiras pela administração local. O que podemos, portanto, pensar sobre essa emergência das *lives*, de uma suposta vida artística que se prova em continuidade e funcionamento, quando a iminência da morte ronda nossos pensamentos, dividindo espaço imagético com esse mesmo tipo de conteúdo? Assim, se já tem sido levantada a importante questão sobre a real necessidade de produção artística nesse período, pergunto-me também sobre que tipo de conteúdo está sendo (inevitavelmente) produzido.

A arte da performance, linguagem que me é especialmente cara e cuja dimensão do corpo ressurge nesse tempo de distanciamento social, sempre foi obcecada com a presença viva do corpo (seu "aqui e agora", como diz Thierry de Duve).[1] Essa que é solicitada ao mesmo tempo que é desafiada, ao passo que teatros do mundo todo divulgam suas peças on-line e performances são vistas por *streaming*. Philip Auslander, um dos mais instigantes teóricos da performance, escreveu em 2002 sobre como nosso conceito de *ao vivo* sempre foi diretamente moldável pelas tecnologias de reprodução que nos circundam.[2] Segundo ele, na língua inglesa o termo *live* (ao vivo) só aparece registrado pelo livro anual da BBC em 1934, para tentar diferenciar o que era conteúdo sonoro previamente gravado e o que estava sendo transmitido ao vivo nas rádios. O surgimento do rádio, por não revelar a origem da emissão sonora, tornou necessário um termo que diferenciasse o momento de produção daquilo que era reproduzido.

O argumento do autor, centrado nos atuais *chatbots* (programas de inteligência artificial que simulam conversas humanas), sustenta que, na simultaneidade temporal entre atividade e recepção pressuposta no "ao vivo", essas inteligências artificiais performariam de forma tão vivaz quanto nós, pois desempenham sempre no presente, alterando a realidade de forma tão direta quanto nós (basta pensarmos, por exemplo, no papel dos *bots* nas últimas eleições presidenciais). O que a nova dimensão de vivacidade do *bots* não consegue ainda fazer, mesmo simulando um humano, é morrer diante de nós.

Não que isso tenha de fato acontecido em alguma obra de performance. Mesmo que tematizada, a morte sempre pareceu uma fronteira intransponível, testada ou imaginada, mas apenas cruzada por falha ou erro. Porém, é justamente essa virtualidade da morte que as artes performativas sempre revelaram: ao assumir um compromisso mais radical com o momento presente, elas atestam que todo processo de documentação de nós mesmos é necessariamente um processo de objetificação de nossos corpos, da perda da única coisa que faz de um ser vivo um ser vivo: "seu tempo de vida único e irrepetível no tempo", como coloca Boris Groys em um texto no qual o autor arrisca ser essa a definição da vida: ela pode ser documentada, mas não mostrada.[3]

---

[1] Thierry de Duve, "Performance here and now: Minimal art, a plea for a new genre of theatre". *Open Letter*, v. 5, pp. 5-6, 1983.
[2] Philip Auslander, "Live from Cyberspace: Or, I Was Sitting at My Computer This Guy Appeared He Thought I Was a Bot". *PAJ: A Journal of Performance and Art*, v. 24, n. 1, pp. 16-21, 2002.
[3] Boris Groys, "Art in the Age of Biopolitics: From artwork to art documentation". *Art Power*, v. 2008, pp. 53-65, 2002.

Nesse sentido, penso que nosso hábito crescente com esse tipo de vida reproduzível precisa significar também se habituar à morte. Se Andy Warhol parecia profetizar a possibilidade atual dos nossos quinze minutos de fama autopromovidos era apenas porque, como Thierry de Duve coloca, ele equalizava essa fama às notícias jornalísticas que espetacularizavam desastres americanos diários. Sobre o artista, De Duve afirma que "não se torna uma câmera ou um gravador sem levar em conta a existência de todas as máquinas, sobretudo as que matam: a cadeira elétrica e os túmulos em volantes dos acidentes de carro".[4]

Warhol, ao afirmar que uma imagem horrenda vista muitas vezes acaba por produzir nenhum efeito, parecia saber que o grande perigo da espetacularização da morte era justamente a impressão de que ela não faz parte da vida, só nos comovendo diretamente quando morrem quem foi considerado passível de luto. Como Judith Butler coloca, a produção de imagens da morte produzida e mantida por "poderosas formas de mídia" determina "aqueles por quem sentimos um apego urgente e irracional e aqueles cuja vida e morte simplesmente não nos afetam, ou que não consideramos vida".[5] No segundo caso, ela se passa por algo distante, que podemos recusar ou ignorar como um produto indesejado.

Diante disso, o procedimento de Warhol era colocar em todas as imagens que pareciam vivas pela força do capital a violência "das máquinas que matam" e que era necessária para a produção das primeiras: o rosto de Jackie Kennedy, por exemplo, estava submetido ao mesmo processo serial que a lata de sopa. A vida humana em Warhol, com as ferramentas de produção que o artista tinha na época, era sempre enamorada da morte. Esta, por sua vez, estava sempre colocada como potencialmente virtual dentro da vida, assombrando-a sem ser feita espetáculo (como fica especialmente evidente em um vídeo como *Sleep*, no qual John Giorno dorme, praticamente imóvel, durante cinco horas, fazendo do registro tanto uma vigília quanto um velamento do corpo). Reproduzir a si mesmo, coisificando-se, não seria também um modo de trabalhar (com) a morte sem a espetacularização que ronda suas imagens recorrentes nas mídias em geral? Não é essa uma das tônicas principais de artistas como a estadunidense Francesca Woodman ao se amalgamar na arquitetura da casa, o japonês On Kawara ao mandar para curadores telegramas escritos "eu ainda estou vivo", a cubana Ana Mendieta ao fazer do solo suas covas, a brasileira Flavia Pinheiro colocando-se em meio aos detritos ou a tailandesa Araya Rasdjarmrearnsook a ministrar aulas para cadáveres?

É fato que ser visível e ter autonomia sobre sua própria visibilidade tornou-se imperativo para artistas e agentes do campo cultural. Mas há, além disso, nas *lives*,

---

[4] Thierry de Duve, "Andy Warhol, or The Machine Perfected". *Outubro*, v. 48 (Primavera 1989), pp. 3-14.
[5] Judith Butler, *Quadros de guerra*. Trad. Sérgio Tadeu de Niemeyer Lamarão; Arnaldo Marques da Cunha. Rio de Janeiro: Civilização Brasileira, 2015, pp. 80-81.

a possibilidade de ser lembrado mais um pouco, de superar a morte quando ela se avizinha sem pudores, provando para os outros não apenas que ainda estamos vivos, mas que seguimos criativos, produtores e pensantes porque fazemos da arte nosso "respiro", como sugeriu um recente edital.

Gostaria de imaginar, porém, como essas plataformas podem não apenas ser alimentadas por essa vida comprovada enquanto autônoma e dona de si (talvez enfim independente das galerias, dirão alguns!), mas podem também ser povoadas por algum tipo de assombro ou ruptura nesse mesmo circuito. Ao se transformarem do dia para a noite em ateliês e *home offices*, os espaços domésticos e privados não precisam se revestir da pura positividade do *mindfulness* e do trabalho eficaz, mas podem também se deixar habitar por fantasmas, por ausências e espaços vazios, fazendo de sua momentânea dimensão pública sintoma de que algo não vai bem e de que há um espaço contraditório entre *lives* que se acumulam e vidas que desaparecem. Pode estar aqui aberto um espaço para entender a morte como parte constituinte da vida e não como seu oposto, vendo na arte mais uma forma de se conciliar com a morte que uma forma de superá-la.

Nessa perspectiva, talvez uma oposição central a se debater, no campo das imagens, não seja entre vida e morte, mas entre vida e sua reprodução (mesmo que *live*). Intuo que essa oposição não é um antagonismo, e sim uma assombração na qual toda transmissão *live*, quando atenta a esse problema, atesta ao mesmo tempo o desejo e a impossibilidade de sobreviver à morte, tornando-se imagem. Nessa história, a *live* diz à vida: "veja como eu sou parecida contigo", ao passo que a segunda responde: "tudo o que me é próprio você esconde, principalmente a morte".

Lembro que De Duve afirmou, sobre a obra de Warhol, que "talvez, para que o trabalho perdurasse, o homem tivesse que morrer".[6] Se estivermos de fato reconsiderando o que significa viver nesses tempos, seria possível alterar os termos: talvez, para que o humano perdure, o trabalho precise morrer. Ou ao menos pensar o trabalho artístico não como prova de eficácia e progresso, e sim como um habituar-se aos possíveis fins do corpo ao som de Caetano: *And I know that one day I must die...*

**Renan Marcondes** é artista e pesquisador. Doutorando em Artes Cênicas pela ECA/USP, com pesquisa sobre procedimentos de desaparecimento nas artes performativas. + infos: <renanmarcondes.com>.

---

6 Thierry de Duve, "Andy Warhol, or The Machine Perfected", op. cit., p. 14.

(...) 24/05

# Exceção viral

Jean-Luc Nancy

TRADUÇÃO Davi Pessoa

Giorgio Agamben, um velho amigo, afirma que o coronavírus é pouco diferente de uma simples gripe. Ele esquece que para a gripe "normal" temos uma vacina com eficácia comprovada. Ainda assim é preciso todo ano reajustá-la às mutações virais. Apesar disso, a gripe "normal" ainda mata algumas pessoas, e o coronavírus, contra o qual não há vacina alguma, é obviamente capaz de uma mortalidade evidentemente maior. A diferença (de acordo com fontes do mesmo tipo que as de Agamben) é de cerca de 1 para 30: não me parece uma diferença pequena.

Giorgio alega que os governos se utilizam de pretextos para estabelecer estados contínuos de exceção. Mas ele não percebe que a exceção efetivamente se torna a regra em um mundo onde as interligações técnicas de todo tipo (deslocamentos, transferências de todo tipo, exposições ou difusões de substâncias etc.) alcançam uma intensidade até então desconhecida e que cresce junto com a população. A multiplicação desta última também inclui, nos países ricos, o prolongamento da vida e o crescimento no número de idosos e, em geral, o de pessoas em risco.

Não devemos confundir o alvo: uma civilização inteira está envolvida, não há dúvida. Há um tipo de exceção viral – biológica, informática, cultural – que nos pandemiza. Os governos nada mais são que tristes executores, e atacá-los parece mais uma manobra de distração que uma reflexão política.

Lembrei que Giorgio é um velho amigo. Lamento trazer à tona uma memória pessoal, mas não me afasto, no fundo, de um registro de reflexão geral. Quase trinta anos atrás os médicos julgaram que eu deveria fazer um transplante de coração. Giorgio foi uma das poucas pessoas que me aconselhou a não os escutar. Se tivesse seguido seu conselho, eu provavelmente teria morrido em pouco tempo. Podemos errar. Giorgio continua sendo um espírito de uma delicadeza e gentileza a que se pode chamar – e sem a menor ironia – excepcional.

*Publicado no blog Antinomie em 27 de fevereiro de 2020.*

**Jean-Luc Nancy** é filósofo.

(...) 25/05

# Curados até o fim
Roberto Esposito

TRADUÇÃO **Andrea Santurbano**

Lendo esse texto de Nancy ("Exceção viral"), encontro os traços que desde sempre o caracterizaram – em particular uma generosidade intelectual que eu mesmo pude experimentar no passado, tirando ampla inspiração de seu pensamento, sobretudo nos meus trabalhos sobre a comunidade. O que num certo momento interrompeu nosso diálogo foi a nítida aversão de Nancy ao paradigma da biopolítica, ao qual ele sempre opôs – como também nesse texto – a relevância dos dispositivos tecnológicos – como se as duas coisas fossem necessariamente contrastantes. Ao passo que, na verdade, até o termo "viral" indica uma contaminação biopolítica entre diferentes linguagens – políticas, sociais, médicas, tecnológicas –, unificadas pela mesma síndrome imunitária, entendida como polaridade semanticamente contrária ao léxico da *communitas*. Apesar de o próprio Derrida ter abundantemente feito uso da categoria de imunização, provavelmente a recusa de Nancy de se confrontar com o paradigma da biopolítica pode ter tido influência da distonia que herdou de Derrida em relação a Foucault. Estamos falando, de toda forma, de três dentre os maiores filósofos contemporâneos.

O fato é que, hoje, qualquer um que tenha olhos para enxergar não poder negar o pleno desdobramento da biopolítica. Das operações da biotecnologia a âmbitos considerados, em outros momentos, exclusivamente naturais, como o nascimento e a morte, ao terrorismo biológico, à gestão da imaginação e de epidemias mais ou menos graves, todos os conflitos políticos atuais têm em seu cerne a relação entre política e vida biológica. Mas é exatamente a referência a Foucault que deve nos induzir a não perder de vista o caráter historicamente diferenciado dos fenômenos biopolíticos. Uma coisa é sustentar, como faz justamente Foucault, que há dois séculos e meio política e biologia têm se estreitado num laço sempre mais apertado, com êxitos problemáticos e, às vezes, trágicos. Outra coisa é homologar entre elas situações e experiências incomparáveis. Pessoalmente evitarei colocar em qualquer relação as prisões especiais e uma quarentena de poucas semanas na parte baixa da *Pianura Padana*. Certamente, sob o perfil jurídico, a decretação de urgência, há tempos aplicada também em casos em que não haveria necessidade como este, impele a política a procedimentos de exceção, que em longo prazo podem minar o equilíbrio entre os poderes em favor do Executivo. Mas chegar a falar, nesse caso, de risco para a democracia me parece pelo menos algo exagerado. Acredito que seja necessário procurar separar os planos, distinguindo processos de longo período da recente crônica. Sob o primeiro perfil, há pelo menos três séculos, política e medicina se ligam em uma implicação recíproca que acabou por transformá-las. De um lado, determinou-se um processo de medicalização de uma política que, aparentemente desgravada de vínculos ideológicos, se mostra sempre mais dedicada ao "tratamento" dos próprios cidadãos diante de riscos que, normalmente, é ela própria que enfatiza. De outro, assistimos a uma politização da medicina, investida de tarefas de controle social que não lhe competem – o que explica avaliações tão heterogêneas dos virologistas sobre a relevância e a natureza do coronavírus. Dessas duas tendências, a política resulta deformada, em relação ao seu clássico perfil. Até porque seus objetivos concernem não mais a cada indivíduo ou classe social, mas a segmentos da população diferenciados pela saúde, idade, sexo e também etnia.

Porém, mais uma vez, no que diz respeito a preocupações certamente legítimas, é necessário não perder o sentido das proporções. Parece-me que o que está acontecendo hoje na Itália, com a sobreposição caótica e um pouco grotesca de prerrogativas do governo central e dos estados, tenha mais o caráter de uma decomposição dos poderes públicos que o de um dramático momento totalitário.

*Publicado no blog* Antinomie *em 28 de fevereiro de 2020 e retomado do blog* Literatura Italiana Traduzida no Brasil, *projeto de extensão da UFCS.*

**Roberto Esposito** é filósofo.

(...) 26/05

# Corpo-vetor e corpo-utópico
Daniela Lima

*Para A. e J.P.*

**Introdução: Cenas de vida, cenas de morte**

> "Uma coisa, entretanto, é certa: o corpo humano
> é o ator principal de todas as utopias."[1]

Existe uma forma de liberdade que só se experimenta diante da clareza do diagnóstico: o que é aquilo que atravessa, desorganiza e desorganiciza o corpo? Um organismo que não se consegue definir como vivo ou morto, um vírus, ameaça o corpo, que, ao contraí-lo, se torna um corpo-vetor. Em meio à pandemia de SARS-COV-2, todo corpo é um possível corpo-vetor. Atravessado ou não pelo vírus, o corpo se desorganiza: mesmo não contaminado, representa a possibilidade do adoecimento de si mesmo e do outro. A pandemia inscreve o corpo vivo em um lugar próximo da morte; ele se torna a representação viva da morte. Essa marca indelével da morte que todo corpo carrega se torna, ela mesma, o corpo. O cuidado de si, indissociável do cuidado com o outro, se dá no afastamento. Há, portanto, uma desapropriação do corpo como espaço de desejo e de afeto. Esse corpo, pós-humano, impossível, dividido em partes, intocado e intocável, desorganicizado, passa a existir como projeção da memória, mediado pelas telas, corpo-utópico, que está "sempre em outro lugar, ligado a todos os outros lugares do mundo e, na verdade, está em outro lugar que não o mundo".[2] Um corpo fragmentado, que se deixa apropriar pelo afeto e pelo desejo, em uma utopia descarnada na qual palavras, imagens e sons constroem um corpo-utópico. Em outro extremo, um corpo morto, que precisa ser envelopado, vedado, enterrado, que ainda carrega, nesse espaço entre a vida e a morte, o risco, o perigo, como se fosse ele mesmo o condutor de outros corpos, corpo-vetor, cujo luto não se concretiza em torno de uma cerimônia. Um corpo sólido, unido em suas partes e, ainda assim, impossível para o toque. Em *Le corps utopique*, Michel Foucault aponta que "a palavra grega para dizer corpo só aparece em Homero para

---

[1] Michel Foucault, *O corpo utópico, as heterotopias*. Trad. Salma Tannus Muchail. São Paulo: n-1 edições, 2013, p. 12.
[2] Ibid., p. 14.

designar cadáver".[3] Para Foucault, o cadáver estabelece outra forma de utopia, visto que, assim como não estaremos no espelho ou em qualquer imagem virtual de nós mesmos, também não estaremos onde está o cadáver.

## I. Corpo-vetor: "um relacionamento secreto com a própria morte"

> "O dia em que adoeço, [...] torno-me coisa, arquitetura fantástica arruinada."[4]

No necrológio de Philippe Ariès, Michel Foucault descreve a experiência de um relacionamento secreto com a própria morte.[5] Ao relatar os últimos dias de vida de Foucault na Salpêtrière, Daniel Defert se apropria dessa frase para descrever a forma como os médicos lidavam com o possível diagnóstico de AIDS, tangenciando hipóteses, evitando nomear a doença. Contudo, após a morte do companheiro, Defert recebe o formulário de admissão do hospital, no qual a causa da morte é dita com clareza: AIDS. A verdade só viria após a morte, quando já não se pode mais agir sobre si mesmo? O jogo de verdade que o poder médico exercia em torno do diagnóstico reduzia o controle do doente sobre seu corpo, dificultando, por exemplo, o questionamento dos protocolos terapêuticos, bem como a reflexão sobre a própria morte. Negar o diagnóstico era negar ao doente o direito de identificar os limites da vida e de estabelecer, nesse limite último, uma relação de verdade com a morte. Com efeito, o *direito de saber* se situa no campo do biopoder, uma vez que a falta do diagnóstico impedia o doente de experienciar o próprio corpo, de compreender a verdade daquilo que atravessa, desfigura e transfigura seu organismo. Este jogo de verdade está diretamente relacionado ao pânico social que uma epidemia de uma doença nova, desconhecida, como a AIDS, na década de 1980, causava: o controle do diagnóstico agia sobre o corpo do doente, mas também sobre o corpo social.

> E aí, violentamente, eu descubro a realidade da AIDS: fingir no impensável social. Descubro essa espécie de medo social que tinha acobertado qualquer relação de verdade. Considero inaceitável que as pessoas, ainda jovens, no auge de seu tempo de vida, não possam ter uma relação de verdade com o seu diagnóstico nem com seu entorno.[6]

3 Ibid., p. 15.
4 Ibid., p. 11.
5 Daniel Defert, "Foucault: Os últimos dias". *Pandemia crítica*, v.1, p. 288.
6 Ibid.

A AIDS era associada às sexualidades consideradas dissidentes, como, por exemplo, a homossexualidade. Consequentemente, o corpo que experienciava a homossexualidade era relegado à condição de vetor da doença. Não era um corpo vivo ou um corpo morto, um corpo saudável ou doente, mas um corpo-vetor. Por um lado, havia a incerteza do diagnóstico médico; por outro, a certeza de um diagnóstico moral. Segundo Foucault, "a prática médica tem por função manter todos os grandes tabus da moral [...] e, por conseguinte, quando a lei moral, os hábitos morais, os tabus morais de nossa sociedade são atacados, é papel fundamental da medicina [...] lançar a contraofensiva".[7] Ou seja, a identificação dos corpos-vetores era uma imbricação entre o discurso moral e o discurso médico a partir da ideia de *grupo de risco*.

> Dois dias depois do enterro, entro num café, cruzo com um jornalista que conhecia um pouco. Ele me olha, absolutamente estupefato. Como um objeto de terror. Eu compreendo seu olhar. Descubro, ali, brutalmente, que eu era, em Paris, a única pessoa de quem se pudesse pensar que tinha AIDS. Foucault morreu de AIDS, então eu tinha AIDS. Descubro a AIDS num cara a cara com alguém.[8]

Defert aponta que a dificuldade não era só fazer o teste de sorologia, mas também ter acesso ao resultado: voltou diversas vezes ao hospital e, em um jogo de encenação do qual involuntariamente fazia parte, ouvia que o resultado não estava pronto. Precisou exigir que o médico ligasse para o laboratório em sua presença para saber o resultado – negativo. No entanto, a condição de corpo-vetor não dependia do exame de sorologia: era um patologização da homossexualidade. Ao entrar em um café, em uma livraria ou ao caminhar pelas ruas de Paris, seu corpo representaria a possibilidade de contágio pela doença. O controle sobre os diagnósticos era também o controle sobre a dimensão da epidemia: sem dimensão definida, havia uma estranha relação entre o pânico social e a certeza de que apenas o *grupo de risco* seria atingido.

> É bastante trágico, pois pensávamos não estar atrasados em relação Estados Unidos, ao contrário. Conhecíamos poucas pessoas atingidas. Imaginávamos realmente que só havia 294 casos conhecidos. Descobrimos muito mais tarde que a epidemia na França tinha se instalado provavelmente no final dos anos 1970.[9]

"Percebi que ninguém tocava as minhas mãos há trinta dias, quando uma enfermeira foi me examinar no hospital." Narrativas como essa se tornaram recorrentes durante

---

7 Michel Foucault, *Ditos e escritos VII: Arte, epistemologia, filosofia e história da medicina*. Trad. Vera Lucia Avellar Ribeiro. Rio de Janeiro: Forense Universitária, 2016, p. 306.
8 Daniel Defert, "Foucault: Os últimos dias", op. cit.
9 Ibid.

a pandemia de SARS-COV-2. Pela facilidade do contágio, todo corpo, vivo ou morto, também se torna um corpo-vetor. Não há apertos de mão ou velórios. Trinta e cinco anos depois da morte de Foucault, a COVID-19 recoloca o biopoder no centro do debate. Contudo, não se trata de retomar as questões surgidas durante a epidemia de HIV na década de 1980, mas de perceber similaridades e diferenças de funcionamento dos mecanismos de regulação da vida. Talvez uma arqueologia do presente só seja possível a partir da análise das condições de possibilidade de discursos e enunciados biopolíticos, que atravessaram o passado recente, alcançando os arquivos – ambíguos, imprecisos, contraditórios – do SARS-COV-2.

Durante a epidemia de AIDS, grupos políticos, tais como Aides e ACT UP, se organizaram em torno do *direito de saber*, do acesso às terapêuticas, inclusive as experimentais, e da importância do financiamento de pesquisas científicas para encontrar a cura. Esses grupos eram formados por soropositivos, parentes e amigos que demandavam uma participação direta em decisões que afetariam diretamente seus corpos. Esse cenário se apresenta de forma diferente para a COVID-19: por ser uma doença de evolução rápida, de duas ou três semanas, os doentes não conseguem se organizar pelo *direito de saber*. Cumprem o protocolo de isolamento social sem saber o que lhes atravessa o corpo e, portanto, sem acesso às terapêuticas que estão sendo testadas.

Entre os países mais afetados pela pandemia, o Brasil é o que menos testa os doentes.[10] Não se age apenas contra um inimigo invisível, mas contra um inimigo invisibilizado pelo poder político; dessa forma, é possível reinserir outros inimigos e outras guerras no interior da guerra contra a COVID-19. Logo, o poder político exerce o direito de morte, a partir da omissão diante do avanço da doença em determinadas áreas, tais como terras indígenas e regiões periféricas. Quando se pensa a pandemia a partir de uma lógica de guerra, o pressuposto é que algumas mortes serão consideradas aceitáveis e até mesmo inevitáveis. Mas como esse mecanismo de regulação das vidas determina quais corpos devem ser protegidos e quais corpos devem se expor; quais devem ter acesso aos respiradores e quais devem sufocar nas portas dos hospitais; quais devem ser dignos de luto e quais devem ser enterrados em covas coletivas? Ou, mais precisamente, contra quem ou o que é essa guerra? De quem ou de que estamos nos defendendo?

> O poder tem a incumbência de defender a sociedade, deve-se ou não entender que a sociedade em sua estrutura política é organizada para que alguns possam se defender contra os outros, ou defender sua dominação contra a revolta dos outros, ou simplesmente ainda, defender sua vitória e perenizá-la contra sujeição?[11]

---

10 Informação disponível em: <https://oglobo.globo.com/sociedade/coronavirus/coronavirus-brasil-o-pais-que-menos-testa-entre-mais-atingidos-pela-covid-19-24363482>.
11 Michel Foucault, *Em defesa da sociedade*. Trad. Maria Ermantina Galvão. São Paulo: Martins Fontes, 2016, p. 18.

Para que algumas mortes se tornem aceitáveis, é necessário que se atribua diferentes valores aos diferentes corpos. Isto é, uma cisão biopolítica capaz de hierarquizar a vida, de modo que esta não seja mais entendida como um valor compartilhado, mas como um exercício de poder, no qual a morte de uns garante a vida de outros. Segundo Foucault, é o racismo que "assegura a função de morte na economia do biopoder".[12] Portanto, é o racismo que permite a naturalização da morte da população indígena, periférica, e que torna natural que trabalhadores precarizados se exponham ao vírus para servir àqueles que estão doentes ou em isolamento social. Médicos, enfermeiros, auxiliares de enfermagem, maqueiros, seguranças, motoboys, motoristas de táxi, de aplicativos, de ônibus, operadores de caixa, repositores, estoquistas, farmacêuticos, porteiros, faxineiros, coveiros seguem trabalhando sem equipamentos de proteção individual, adoecendo e morrendo, o que promove um efeito cascata, visto que essas mortes promovem outras mortes exponencialmente. Contudo, as desigualdades sociais continuam determinando que a morte de alguns assegure a vida de outros.

> O racismo [...] terá como papel permitir uma relação [...] do tipo: "quanto mais você matar, mais você fará morrer" ou "quanto mais você deixar morrer, mais, por isso, você viverá". Eu diria que essa relação ("se você quer viver, é preciso que você faça morrer, é preciso que você possa matar").[13]

Se o isolamento social é uma consideração médico-científica, sua organização é uma questão política. A ideia de que todo corpo é um corpo-vetor produz uma falsa impressão de igualdade entre os corpos. É preciso assinalar, portanto, que a pandemia não produz igualdade, ao contrário, reforça as cisões biopolíticas existentes.

## II. Corpo-utópico ou sobre a desorganicização do corpo

> "Elas [as utopias] nascem do corpo e, em seguida, talvez, retornem contra ele"[14]

O corpo, este que está ao alcance de seu próprio olhar, de seu próprio toque, é sempre um corpo fragmentado, que só encontra unidade no espelho — nariz, boca, olhos: rosto. Em *Le corps utopique*, Foucault diz que é o toque do outro que faz com que o corpo exista fora das utopias, como a do espelho: "Sob os dedos do outro que nos percorrem, todas as partes invisíveis de nosso corpo põem-se a existir, [...] diante

---

12 Ibid., p. 217.
13 Ibid., p. 215.
14 Michel Foucault, *O corpo utópico, as heterotopias*, op. cit., p. 11.

de seus olhos semicerrados, nosso rosto adquire uma certeza."[15] Ou seja, é diante do outro que o corpo se afirma no laço entre realidade e utopia.

"A comunidade da AIDS aprendeu que ser solidária não era se tocar, mas tomar precauções",[16] Gwen Fauchois, ativista da ACT UP, descreve uma reorganização das práticas afetivas a partir da experiência do HIV. De fato, os protocolos de segurança suscitam uma nova forma de experienciar a interação entre corpos. Não apertar as mãos, não abraçar, não tocar, não se aproximar: na pandemia de SARS-COV-2, assim como na epidemia de HIV, a recomendação é o afastamento. O que recoloca outra questão biopolítica: que corpo é esse que surge da impossibilidade do toque?

> Corpo incompreensível, corpo penetrável e opaco, corpo aberto e fechado: corpo utópico. [...] não há necessidade de uma alma nem de uma morte para que eu seja ao mesmo tempo opaco e transparente, visível e invisível, vida e coisa: para que eu seja utopia, basta que eu seja um corpo. Todas aquelas utopias pelas quais eu esquivava meu corpo encontravam muito simplesmente seu modelo e seu ponto primeiro de aplicação, encontravam seu lugar de origem no meu próprio corpo.[17]

Para Foucault, o corpo é o "ponto zero do mundo"[18] – é a partir dele que criamos o corpo-utópico, que, por sua vez, é capaz de devolver "ao velho corpo humano, tão primitivo em sua organicidade, tão obsoleto diante da nova matriz tecnocientífica"[19] o prazer de ver e de ser visto, de ouvir e de ser ouvido, de afetar e de ser afetado. Um corpo transfigurado, desorganicizado, que se projeta em utopias incorpóreas, nas quais vê e é visto, ouve e é ouvido, se deixa afetar e é afetado. Mediado pela tecnologia, o corpo passa a existir para além de si mesmo, em rastros, imagens e memórias: corpo-utópico que não existe senão no limite do toque.

> De fato, uma nova metáfora bioinformática tornou-se dominante e tomou de assalto nosso corpo, reconfigurando nossos ideais de saúde, nossa sociabilidade, nosso imaginário, nossa subjetividade. É a digitalização universal que redefine a vida, a morte, o corpo, a mente, a natureza, o espaço, o tempo, em suma, a condição humana.[20]

---

15 Ibid., p. 16.
16 Gwen Fauchois apud Mathieu Potte-Bonneville, "Covid-19: Ne nous attendons pas à un après ressemblant à une aube radieuse", 2020. Disponível em: <https://usbeketrica.com/fr/article/produire-des-transformations-a-la-hauteur-evenement>.
17 Michel Foucault, *O corpo utópico, as heterotopias*, op. cit., pp. 10-11.
18 Ibid., p. 14.
19 Peter Pál Pelbart, *Vida capital: ensaios de biopolítica*. São Paulo: Iluminuras, 2018, p. 239.
20 Ibid.

O corpo-utópico radicaliza o sentido de *estética da existência*, a possibilidade de autoprodução, de autocriação, de autoestetização em imagens, palavras, vozes, sons, gestos, movimento, contramovimento. Cria e experiencia outras práticas afetivas, outros modos de existência, outras experiências de revolta; recupera a potência dos encontros, mesmo aqueles impossíveis, impensáveis, impronunciáveis na realidade, mas possíveis, pensáveis e pronunciáveis diante de tantos outros corpos-utópicos. Contudo, a estetização radical do corpo pode se tornar, por fim, um projeto narcisista. Perfeito, controlável, inatingível: o supra-humano. Nesse ponto da criação, há o risco de, diante do supra-humano, abrir-se "imediatamente a categoria do sub-humano".[21] Desse modo, retomaríamos o lugar biopolítico da categorização, da hierarquização e da valoração do corpo, como uma distopia dentro da utopia.

### Considerações finais: nós, os sem diagnóstico

> "Se souber ser politicamente eficaz, a medicina não será medicamente indispensável. E em uma sociedade finalmente livre, em que as desigualdades são apaziguadas [...] o médico terá apenas papel transitório [...] para o equilíbrio do coração e do corpo."[22]

Do corpo-vetor ao corpo-utópico e, retornando, do corpo-utópico ao corpo-vetor: em ambos há uma interiorização de cisões que determinam tecnologias de valoração da vida. Portanto, há uma questão biopolítica que, apesar de anterior à pandemia de SARS-COV-2, cresce em seu interior. Nesse ponto, a biopolítica se torna um tema inescapável: todas as torções, distorções, citações mostram um Foucault vivo, necessário, longe dos pedestais e dos cânones. Sendo falado, sendo ouvido, atravessando espaços, para longe, ecoando onde antes não havia eco. Um Foucault que, ao perder-se de sua obra, reafirma sua filosofia como diagnóstico do presente. Não se faz mais guerra em silêncio, não se faz mais guerra contra um vírus. Nós, os sem diagnóstico, talvez sejamos capazes de diagnosticar que "a luta contra a doença deve começar por uma guerra contra os maus governos".[23]

**Daniela Lima** é bacharel em filosofia pela Universidade Federal do Rio de Janeiro, mestranda em filosofia pela Universidade Federal Fluminense e pesquisadora associada ao Núcleo de Filosofia Francesa Contemporânea (NuFFC/UFRJ). Atua na área de Filosofia Francesa Contemporânea, com ênfase no pensamento de Michel Foucault.

---

21 Ibid., p. 240.
22 Ibid.
23 Michel Foucault, *O nascimento da clínica*. Trad. Roberto Machado. Rio de Janeiro: Forense Universitária, 2018, p. 36.

(...) 29/05

# "O que está acontecendo no Brasil é um genocídio"

Eduardo Viveiros de Castro

TRADUÇÃO Francisco Freitas

Enquanto o Brasil está se tornando um dos principais focos da pandemia de COVID-19, o antropólogo Eduardo Viveiros de Castro dá o sinal de alerta sobre os efeitos devastadores da política do presidente Jair Bolsonaro. Ele também nos explica como a pandemia faz de nós todos "índios", expropriados de nossas terras e de nossos corpos.

*Você está confinado há dois meses no interior do Rio de Janeiro, onde costuma lecionar na Universidade Federal. Qual é a situação no Brasil?*

**Eduardo Viveiros de Castro** — A situação é catastrófica e piora a cada dia. Atingido mais tardiamente que os outros países, o Brasil está prestes a se tornar o epicentro da pandemia. Oficialmente, haveria até o momento 250 000 infectados e 17 000 mortos.[1] Mas, de acordo com vários estudos independentes, haveria de 2 a 3,5 milhões de infectados, uma das taxas de contágio mais elevadas do mundo, e o número de vítimas poderia se elevar a quase 200 000 daqui a alguns meses. E, apesar disso, o presidente da República persiste em sua atitude de negação, opondo-se às medidas de distanciamento físico e de confinamento adotadas por prefeitos e governadores e incitando seus partidários a questioná-las. Tudo isso enquanto os profissionais de saúde se esforçam de maneira heroica para lutar contra a epidemia. A situação é então realmente assustadora. O que está acontecendo no Brasil, e eu peso minhas palavras, é um genocídio: um genocídio por negligência ou incompetência no caso de alguns dirigentes, mas um genocídio absolutamente deliberado no caso de outros, entre os quais incluo o presidente, vários de seus ministros e certos setores do grande empresariado agroindustrial. O governo de Bolsonaro ficaria muito contente de poder se livrar não apenas dos povos indígenas — que resistem aos seus projetos de exploração da Amazônia —, mas também de uma parte da população pobre — aquela que não terá mais acesso aos cuidados quando o sistema de saúde saturar. A epidemia terá o mesmo efeito que uma limpeza étnica entre aqueles que dependem de

---

1 As cifras são de maio de 2020. [N.E.]

assistência pública. É terrível dizer, mas, no Brasil, o Estado é o principal aliado da pandemia. Sem contar a crise econômica, com nossa moeda, o Real, que vai afundando. Estamos numa "tempestade perfeita": uma pandemia, uma crise econômica mundial, dirigentes políticos monstruosos.

*Os ministros da Saúde foram demitidos ou renunciaram, e o presidente Jair Bolsonaro chegou até a falar de uma "conspiração internacional para usar a pandemia e instaurar o comunismo".*
Se ao menos pudéssemos rir disso, mas não temos nem essa possibilidade, de tão trágica que é a situação. Bolsonaro é um homem à beira da psicopatia, um perigo público. Veja seu mentor, o ideólogo Olavo de Carvalho, um personagem fétido, misto de astrólogo, "filósofo", guru terraplanista e pregador anticomunista alucinado, que vive nos Estados Unidos, em Virgínia, de onde faz comentários delirantes, cheios de obscenidades, para milhões de seguidores no YouTube. É uma espécie de sub-Rasputin brasileiro.

*Você mencionou a resistência de prefeitos e governadores. Como isso se manifesta?*
As escolas primárias municipais, as escolas secundárias e universidades estaduais foram fechadas. Até as universidades federais fecharam por decisão de seus reitores, em oposição à sua autoridade tutora. O Brasil tem um sistema político federativo. Mas é a primeira vez que surge um conflito dessa intensidade entre o governo central e os outros níveis de poder, em particular sobre o confinamento. Dado o desmonte do sistema público de saúde brasileiro (o SUS, uma gigantesca conquista popular) e a falta de testes e equipamentos, essa é a única maneira de retardar a expansão da epidemia. E o que vemos? Um governo central que se volta contra toda a população – inclusive contra a minoria de fanáticos que o apoiam (nominalmente, cerca de 25% dos cidadãos) – e que tenta forçar as pessoas a retornar ao trabalho mediante informações falsas sobre medicamentos milagrosos, ameaças, decretos (ainda em elaboração). E nas ruas do Rio, de São Paulo e de outras capitais, seguidores de Bolsonaro desfilam em carros de luxo para dissuadir as pessoas (sobretudo, é claro, aquelas que não possuem carros de luxo) e incentivá-las a voltar ao trabalho. Estamos em uma atmosfera de guerra civil em gestação, com discursos racistas cada vez mais assumidos. E tudo isso é feito com o apoio do grande capital, sem o qual nada é feito no Brasil.

*Qual é a posição das forças armadas?*
Esse é o terceiro elemento da equação. Elas gozam de um grande prestígio aqui e sustentam Bolsonaro. Esse ex-capitão medíocre e ressentido lhes deu um lugar de honra em seu governo, que conta com mais militares do que jamais contou nenhum governo, inclusive durante a ditadura. Os militares apoiam as instituições mais que o personagem imprevisível de Bolsonaro, mas elas apreciam quando ele celebra o período negro da ditadura militar e quando ele homenageia torturadores notórios. O Brasil não

acertou suas contas com o passado através de grandes processos "nuremberguianos" como, por exemplo, ocorreu na Argentina. Estamos sofrendo as consequências dessa profunda covardia política que nos impediu de acertar nossas contas com o passado.

*E os índios da Amazônia que você visitou várias vezes? Dizem que estão particularmente expostos à epidemia por causa de um sistema imunológico menos acostumado a epidemias.*
Historicamente, os índios são "especialistas" em epidemia, já que têm sido dizimados desde a chegada dos colonizadores europeus. Hoje, é preciso distinguir os grupos indígenas isolados daqueles que têm contato regular com a sociedade circundante. Estes últimos têm quase a mesma resistência imunológica que os não indígenas, ou seja, são tão vulneráveis quanto nós à COVID-19. Por outro lado, as populações isoladas são muito mais vulneráveis, por não terem resistência a várias doenças de origem "branca". Oficialmente, dos trezentos povos oficialmente reconhecidos como indígenas, 61, um pouco mais de 20%, já foram afetados. E haveria 987 casos de indivíduos indígenas já contaminados (isso para os indígenas residentes em áreas não urbanas), incluindo 125 mortos. Mas aqui também os números são certamente subestimados. O Amazonas é o terceiro estado mais afetado pela pandemia, ainda que possua apenas um décimo da população de São Paulo, o estado mais afetado — os outros mais afetados são Rio de Janeiro e Ceará, este último no Nordeste do País. O Amazonas está sendo devastado. E não apenas as cidades da Amazônia. A doença se espalha também na floresta. Com o confinamento, as ONGs que protegiam esses territórios foram impedidas. Regiões inteiras estão sendo invadidas por garimpeiros, madeireiros e pelos missionários evangélicos, a quem Bolsonaro deu carta branca para se infiltrarem nas terras indígenas. Esse presidente pavoroso está tentando aprovar decretos para legalizar a apropriação ilegal de terras. Um ditado brasileiro diz que o dono da terra na Amazônia é quem a desmata. Até agora, essa é uma prática corrente, mas ilegal — o que não significava muito em termos práticos, mas ainda assim… O governo está em vias de legalizar um processo de autodeclaração no qual bastaria aos invasores se declararem proprietários das terras. O Brasil está caindo na anomia, na desintegração social. Uma campanha de extermínio cultural contra os indígenas está em curso já há muito tempo. Tudo se passa como se a COVID-19 tivesse aberto agora a perspectiva de um extermínio físico definitivo.

*No mundo inteiro, esperamos que o Estado proteja as populações, mas ao mesmo tempo criticamos o controle que exerce sobre elas. Essa dificuldade parece redobrada no caso dos índios. Por seus costumes políticos, são sociedades "contra o Estado", para retomar a fórmula do antropólogo Pierre Clastres. Mas elas são forçadas hoje a apelar ao Estado para proteger suas terras e seus corpos contra a COVID.*
Eu diria que a contradição está no próprio Estado, e não nos índios. Façamos uma analogia. Imagine-se em uma situação em que você deve reclamar, junto à instância

que você paga para protegê-lo, dizendo que é ela mesma que o está atacando. Seria como enfrentar a máfia, não? Bem, é exatamente isso que está acontecendo hoje com o Estado brasileiro em relação não apenas aos povos indígenas, mas a todos nós. Como cidadãos, devemos nos proteger dessa máquina de poder cuja "política sanitária" é ela própria uma ameaça sanitária que coloca em perigo real nossa sobrevivência. E, para os povos indígenas, é ainda pior. O Estado se esforça há muito tempo para separá-los de suas terras e de seus corpos. E agora não faz nada para protegê-los da epidemia; ao contrário, incentiva aqueles que são uma ameaça direta para eles, como os garimpeiros. Então, a contradição pode ser superada? Talvez só por fora desse governo assassino. Hoje, no Brasil, perante a negligência do Estado, alguns coletivos se organizam para se encarregar das tarefas sanitárias, do cumprimento das regras de confinamento etc. Em vez de esperarem ser protegidos, protegem-se a si mesmos. Para responder à questão de fundo, acredito que é preciso fazer uma óbvia distinção entre o aparelho de Estado, que pode ser (que sempre é, sejamos honestos) captado por interesses e facções particulares, e a coisa pública, aquilo que alguns chamam de "o comum", da qual os indivíduos podem e devem se reapropriar.

*Você escreveu um ensaio com a filósofa Déborah Danowski, "Do universo fechado ao mundo infinito" (Éditions Dehors), sobre a transformação de nossas categorias de pensamento na época da crise ecológica e do Antropoceno. Você diria que a epidemia de COVID-19 é um evento do Antropoceno?*
Todos os eventos que ocorrem em nosso mundo pertencem doravante ao Antropoceno, já que ele é a era na qual vivemos. Mas você me pergunta se a epidemia está causalmente vinculada aos eventos que desencadearam o Antropoceno. E, de meu ponto de vista, a resposta é igualmente positiva. Porque o desmatamento, o aumento das trocas transcontinentais, a circulação de homens no globo, a disseminação de monoculturas (vegetais e animais), a intensificação das relações entre a espécie humana e as outras espécies, sobretudo selvagens, cujo habitat é invadido pelos humanos, tudo isso cria, com efeito, novas gerações de pandemia. Aos meus olhos, a crise da COVID-19 é uma amostra da grande catástrofe climática que nos espera, um breve resumo do risco do que pode acontecer nas próximas décadas. Ela nos deixa entrever os efeitos múltiplos do Antropoceno sobre a vida. O Antropoceno é um fato social e ecológico "total", como diria Marcel Mauss. Ele produz eventos "totais".

*Você propôs com o "perspectivismo" um exercício mental inédito que consiste em tentar adotar a perspectiva de outras culturas, especialmente a indígena, sobre a nossa. Qual seria uma abordagem perspectivista dessa pandemia?*
Não faz sentido perguntar se existe uma "abordagem perspectivista" da COVID-19. Mas o que é certo é que ela põe em questão as grandes divisões entre humano/não humano, natureza/cultura, vida/não vida, que são as nossas. O vírus está na interface

da vida e da não vida. E, ao seu contato, percebemos que nós mesmos somos atravessados por interações essenciais com outros seres que nos compõem e nos decompõem, que fazem e desfazem nossos corpos.

*No passado, os índios do Brasil quase desapareceram sob o impacto das pandemias que os colonizadores europeus lhes transmitiram. Existe uma lição a ser aprendida com essa experiência trágica do passado, para eles e para nós hoje?*
Em *Saudades do Brasil*, Claude Lévi-Strauss afirmava que estávamos nos tornando índios: "Expropriados de nossa cultura, despojados dos valores que prezávamos — pureza da água e do ar, graças da natureza, diversidade de espécies animais e vegetais —, todos nós índios agora, nós estamos fazendo conosco o que fizemos com eles." É mais verdade do que nunca. Estamos experimentando, sob os efeitos de nossa própria ação, o que os índios viveram. Não vamos perder, como eles, 90% de nossa população, mas os efeitos serão profundos e duradouros.

Entrevista publicada em Philosophie Magazine em 19 de maio de 2020.

**Eduardo Viveiros de Castro** é antropólogo, professor do Museu Nacional da Universidade Federal do Rio de Janeiro.

(...) 30/05

# Moquecar (n)a pandemia
Rafael Guimarães

Não houve aquele churrasco, mas poderia ter havido. Porque trata-se sempre de "assar uma carne", o banquete do corpo do morto, dos mortos. A ambivalência, dizia Freud,[1] entre a nostalgia e a culpabilidade, quando se trata de um humano, um ser de horda. Ninguém come gente – é primitivo, "coisa de índio" – mas se comem animais não humanos para celebrar algo. Só em Wuhan, de onde saiu o "vírus chinês", "lá se come de tudo, até morcego". Xenofobia, racismo e machismo andam juntos.

Sim, o churrasco aconteceu, porque domingo é dia de churrasco. Do jet ski, no lago Paranoá, sem máscara, o macho dono do churrasco encontra outros espécimes sobre uma lancha fazendo churrasco. Indignação de todos com essa "loucura" de vírus que acaba com a economia! Uma voz feminina diz que ele é "muito gente boa" ou algo assim, não tive estômago para rever o vídeo. Para esses humanos, eles ultrapassaram a primitividade de "viver como em zoológicos", como outrora o macho líder disse viverem os povos originários. Os humanos hegemônicos controlam a natureza, boiam sobre um lago, com máquinas.

Na sua já reconhecida obra, Carol Adams[2] faz um exame aprofundado, revisitando pesquisas anteriores, de como há uma relação presente entre especismo e machismo em muitas sociedades, e denota como a atitude carnívora é compreendida como viril e acaba por naturalizar-se, utilizando-se para isso de diversos argumentos, desde os nutricionais até os culturais. Em se tratando do momento atual, no Brasil de um macho onipotente no poder, nada mais adequado que convidar outros machos para "assar uma carne". O churrasqueiro, viril, servindo a outros homens viris; afinal, o que é melhor um macho reserva a outros machos. Está aí a História da Política, da Ciência, das Artes para confirmar.

Mas celebrar o quê? Estamos em meio a uma pandemia de um vírus novo, a COVID-19, cujos resultados em termos de fatalidade não se conhece muito bem, uma tragédia anunciada em todo o mundo. O macho precisa reafirmar sua onipotência perante uma ameaça e, ao celebrar seu privilégio, nega os perigos da doença que se avizinha. Nada tem de preocupação efetivamente coletiva com a pluralidade

---

1 Sigmund Freud, *Totem e Tabu, contribuição à história do movimento psicanalítico e outros textos* (1912-1924). Trad. Paulo César de Souza. São Paulo: Companhia das Letras, 2012.
2 Carol Adams, *A política sexual da carne: uma teoria crítica feminista vegetariana*. Trad. Cristina Cupertino. São Paulo: Alaúde, 2012.

do País, em seus diversos recortes de classe, raça, etnia, gênero, geração, orientação sexual, mas, ao contrário, a celebração é uma celebração do privilégio, o privilégio da hegemonia.

A onipotência da hegemonia do cis-macho-branco-heterossexual é um ideal, um espelho. Tenho observado, nas minhas poucas saídas à rua para fazer o que é absolutamente essencial, famílias reunidas nas ruas. Não fiz um estudo estatístico, mas é evidente como os homens das famílias cis-heteronormadas, em sua maioria, estão sem máscaras ou com elas colocadas inadequadamente, enquanto mulheres e crianças as estão usando. O macho onipresente no poder repete comportamentos de enfrentamento ao fato de estarmos passando por este momento, e isso se vê no uso inadequado ou no não uso da máscara por parte do presidente: para ele(s), há muito que celebrar; tudo está como deveria estar, a hegemonia vence o jogo.

O jogo é colonial, e a história de colonização das Américas vem demonstrando que a hegemonia pode tudo (e deve), porque é dotada de uma inteligência muito superior ao sujeito dos povos originários de Abya Yala. Tal qual observa Karina Ochoa Muñoz,[3] ao analisar os postulados do Frei Francisco de Vitória, no século XVI, os direitos humanos modernos baseiam-se numa proposição colonial sobre quem é mais humano: a saber, homens brancos, europeus, pois índios/as, mulheres e crianças estariam no mesmo patamar de inteligência. A racionalidade é branca e masculina; nela não cabem diferenças. O genocídio sempre esteve em curso, e os lugares democráticos do poder, ainda que nas antigas colônias, ocupando um lugar no sistema-mundo colonial moderno, nas palavras de Aníbal Quijano,[4] seguiram, desde o momento efetivo da existência hegemônica das colônias até o desdobramento da colonialidade do poder, na institucionalização de Estados independentes, com operações genocidas, em alguma medida.

O genocídio colonialista, como bem observa Ramón Grosfoguel,[5] teve os seus momentos de destruição de bibliotecas árabes na Andalucía, a queima das bruxas na Ásia, a escravização de pessoas negras africanas para trabalho forçado nas Américas e o genocídio indígena. Esse processo efetivamente elimina a vida das pessoas distintas do modelo hegemônico europeu branco, masculino (e, eu adicionaria, heterossexual, cisgênero, enquadrado em um corpo padrão e dentro de determinada faixa etária, produtiva para o trabalho) e também apaga seus saberes, tratando-se de epistemicídio. Isso envolve também especismo, já que o modo de criar animais e comê-los são transmitidos durante o processo colonizatório.

---

3 Karina Ochoa Muños, "(Re)pensar el Derecho y la noción del sujeto indio(a) desde una mirada descolonial". *Revista Internacional de Comunicación y Desarrollo* (RICD), 1(4).
4 Aníbal Quijano, "A colonialidade do saber: eurocentrismo e ciências sociais". In: *Perspectivas latino-americanas*. (Org.) Edgardo Lander. Buenos Aires: CLACSO, 2005.
5 Ramón Grosfoguel, "A estrutura do conhecimento nas universidades ocidentalizadas: racismo/sexismo epistêmico e os quatro genocídios/epistemicídios do longo século XVI". *Sociedade e Estado*, v. 1, n. 1, jan./abr. 2016.

Galinhas domésticas e bois foram trazidos às Américas pelos colonizadores europeus a partir de 1493, e foram introduzidas, assim como o cristianismo, a cis-heteronormatividade, os vírus e o patriarcado colonial (como chama Julieta Paredes,[6] ao diferenciá-lo do patriarcado ancestral de Abya Yala). Isso não quer dizer que povos originários não se alimentassem de carne ou que animais não humanos não fossem parte de rituais, mas a maneira de considerar a vida dos povos originários, o respeito à vida das plantas, dos animais não humanos, em suma, de toda a natureza é da mesma ordem que a vida de animais humanos, como observam Ailton Krenak[7] e Davi Kopenawa,[8] por exemplo. Lembro-me muito bem quando, numa das aulas da saudosa professora Sílvia Schmuziger de Carvalho, em 2004, em Araraquara, lideranças guaranis enfatizavam que não era possível, de acordo com seu modo de existência, aprisionar galinhas para depois comê-las, corroborando com os achados históricos de Felipe Ferreira Valder Velden[9] sobre a economia de trocas desde a introdução das galinhas domésticas na costa brasileira. ONGs, com "as melhores intenções", permaneciam anos insistindo em ensiná-los a construir galinheiros! Jogo colonial que segue em todos os aspectos de nossa vida.

Essa faceta do jogo colonial de onipotência perante uma doença se recoloca desde o modo de compreensão sobre a domesticação dos corpos de animais não humanos. O racismo, o sexismo e o especismo andam juntos nessa direção: ao atribuir à COVID-19 uma nacionalidade, se está racializando o vírus a partir de um lugar geográfico racializado (amarelo, não branco) e atribuindo às suas práticas culturais (o consumo de animais silvestres, comportamento primitivo, segundo a hierarquia colonial-moderna, que introduziu animais domesticados para que fossem comidos) a responsabilidade pela disseminação do mal. Já é conhecida a história colonial que provoca epistemicídios e cria subjetividades coloniais correspondentes a regimes de verdade iniciados no século XV, o que, ao se repetir/modificar geracionalmente, como observa Suely Rolnik,[10] constrói-se como uma versão "financeirizada, neoliberal e globalitária" nos dias atuais de um inconsciente colonial-capitalístico. Esse modo de produção atribui a práticas culturais não europeias a primitividade, e esta foi exatamente uma das armas do colonizador para conquistar as Américas, que adentrou com as hierarquizações de gênero, raça e sexualidades para a formação desta estrutura inconsciente.

A hierarquização colonial é tão terrivelmente forte que, ao organizar uma publicação crítica sobre a pandemia da COVID-19, Pablo Amadeo e a ASPO Editorial, na

---

6 Julieta Paredes, *Hilando fino desde el feminismo comunitário*. La Paz: Mujeres Creando, 2010.
7 Ailton Krenak, *Ideias para adiar o fim do mundo*. São Paulo: Companhia das Letras, 2019.
8 Davi Kopenawa; Bruce Albert, *A queda do céu: Palavras de um xamã yanomami*. Trad. Beatriz Perrone-Moisés. São Paulo: Companhia das Letras, 2015.
9 Felipe Ferreira Vander Velden, "As galinhas incontáveis. Tupis, europeus e aves domésticas na conquista no Brasil". *Journal de la Societé des Americanistes*, 98-2, 2012.
10 Suely Rolnik, *Esferas da insurreição: notas para uma vida não cafetinada*. São Paulo: n-1 edições, 2018, p. 29.

(...)

Espanha, a intitularam *Sopa de Wuhan*, o que levou, em 1º de abril, um grupo de instituições, grupos de pesquisa e coletivos a publicarem um manifesto crítico à perspectiva racista do título e da arte da capa da publicação, tendo inclusive as assinaturas de Paul Preciado e Maria Galindo, que possuem textos na coletânea. Eu adicionaria que, além de racista, a capa é também especista, já que foca em morcegos, que teriam transmitido o vírus a animais humanos. A sopa é, portanto, de morcegos, que pessoas amarelas, primitivas, insistem em comer. Em diferentes matizes, pelas nossas formações subjetivas coloniais, podemos fazer parte dessa captura, sem a lembrança do confinamento a que são expostos todos os animais que aprendemos a domesticar para nos alimentarmos, como galinhas, bois e porcos, cujas doenças, igualmente transmitidas a animais humanos, também são ameaças pandêmicas. Causamos sofrimento a animais sencientes e, num modelo cada vez mais financeirizado, comemos seus corpos mortos, reproduzimos a prática cultural imposta pela colonização da compreensão de que nós, animais humanos, somos superiores a animais não humanos e, seguindo a mesma lógica, animais humanos brancos são superiores a animais humanos não brancos.

Como enfrentar a onipresença do macho viril churrasqueiro que vive nos recônditos de nossos inconscientes coloniais? Como destacam as artistas Bruna Kury e Walla Capelobo,[11] os reiterados pedidos de volta ao normal, no contexto da pandemia da COVID-19, referem-se exatamente a um retorno às velhas estratégias coloniais que coisificaram corpos dissidentes da hegemonia: pessoas que não têm casas, pessoas gênero e sexodissidentes, pessoas não brancas, pessoas trabalhadoras precarizadas, pessoas sexosservidoras. Multidões de diferenças, como assevera Paul Preciado.[12] A volta ao normal é a normalização da figura do macho viril churrasqueiro no poder, que tem licença para apologias ao estupro, domesticação de pessoas indígenas, conexões com manipulação discursiva como a ideologia de gênero, diminuição dos impactos ambientais do desmatamento de florestas inteiras. É a normalidade do churrasco de domingo.

Num churrasco à brasileira, costumeiramente machos viris se reúnem para fazer piada do colega de trabalho efeminado, combinar traições de esposas, organizar idas a prostíbulos às escondidas, externar todo seu racismo, cissexismo e capacitismo. Enquanto comem carne, muita carne. A carne os torna fortes, onipotentes, cheios de poder. Um poder corporativista, típico dos machos. Nesse momento, nada mais terrível para esses espécimes que serem podados de seus direitos de hegemonia, por não poderem celebrar adequadamente, aos seus moldes, a sua hegemonia. Todas as opressões se reúnem num churrasco de machos: especismo, cissexismo, machismo, capacitismo, racismo. Em momento de pandemia, para que estar vivo se não se

---

11 Bruna Kury; Walla Capelobo, *Desejo que sobrevivamos pois já sobrevivemos*. São Paulo: GLAC, 2020. Disponível em: <https://www.glacedicoes.com/post/desejo-que-sobrevivamos-pois-ja-sobrevivemos-bruna-kury-e-walla-capelobo>.
12 Beatriz Preciado, "Multidões queer: notas para uma política dos anormais". *Estudos Feministas*, v. 19, n. 1, Florianópolis, jan./abr. 2011.

pode bradar a sua hegemonia, não é mesmo? Colombo, Hernandez, Cabral, Rondon, Geisel, tantos outros.

Mas por que então o título deste texto, se venho falando em churrasco por tanto tempo? A moqueca é a antítese do churrasco. Do quinbundu *mu'keka* (caldeirada de peixe) e do tupi *pokeka* (fazer embrulho), referenciando os estudos de Câmara Cascudo,[13] a moqueca tem, pelo menos, estas duas origens. Origens na África e na costa brasileira. Tradicionalmente feita com peixe, mas também desdobrada em muitos vegetais e frutos: banana, jaca, caju, mamão verde, chuchu, abóbora. Possibilidades muitas. Com ou sem dendê. Com ou sem leite de coco. Com ou sem coentro. Pimentão, salsinha, alho, cebola, tomates, vários tipos de combinações. Apimentadas ou não. Em dia de trabalho, em fim de semana, em qualquer hora do dia. Em todas as horas do dia. Com qualquer fogo, desde que aqueça. Em folhas de bananeira, direto na panela, em pratos. Uma celebração mutante, em si não hegemônica, desde suas origens até suas multiplicidades criativas. A moqueca permite borrar o patriarcado carnista ocidentalizado, que é branco, racista, cissexista. É uma espécie de pedagogia, como proponho,[14] já que aprende-ensina sobre encontros, sobre diferença, sobre a invisibilização, pela branquitude colonial, de tantas cores, sabores, desejos e modos de vida. Vidas de povos originários e das pessoas negras que foram escravizadas neste país.

Como metáfora para a pandemia, a moqueca, no encontro com o outro, pode conectar-se com a perspectiva dos grupelhos de Félix Guattari,[15] já que ele propõe que poderíamos ser muitos grupelhos diferentes entre si, aliando-se perante o poder hegemônico. Sindicatos, coletivos, grupos, comunidades, agremiações muitas. Aldeias, terreiros, quilombos, vales, redes. Muitas e muitas moquecas, algumas contemplariam algumas pautas, outras se dedicariam a outras. Nem mais nem menos. Só muitas moquecas, compartilhadas, perante o poder colonial vigente. Porque moqueca é, em si, anti-hegemônica. É ruído, gaguejo, mistura, cruzo. Gozo, pulsão de vida, potência, devir. Não tem idioma oficial. Não tem receita certa. Não precisa de corporativismo nem se presta a isso. É singularização porque muda, porque está em movimento dinâmico.

Moquecar a pandemia é (re)conhecer-se na diferença. Entrecruzar as nossas lutas. As companheiras e os companheiros zapatistas, por meio do comunicado assinado pelo Comandante Insurgente Moisés,[16] nos chamam para que não abandonemos o

---

13 Luis da Câmara Cascudo, *História da Alimentação no Brasil*. Rio de Janeiro: Global, 2011.
14 Rafael Siqueira de Guimarães, "Esta moqueca (me) descoloniza". In: *Relações interseccionais em rede: feminismos, veganismos, animalismos*. Org. Patrícia Lessa; Roberta Stubs; Marta Bellini. Salvador: Devires, 2019.
15 Félix Guattari, *Revolução molecular: pulsações políticas do desejo*. Trad. Suely Rolnik. São Paulo: Brasiliense, 1977.
16 Subcomandante Insurgente Moisés, "Por coronavírus el EZLN cierra caracoles y llama a no abandonar las luchas actuales". Disponível em: <http://enlacezapatista.ezln.org.mx/2020/03/16/por-coronavirus-el-ezln-cierra-caracoles-y-llama-a-no-abandonar-las-luchas-actuales/>.

que nos une: as lutas contra o sistema que nos assola. Esse chamado nos toca a enfrentar o projeto colonial em curso, que captura nossas subjetividades, processo pelo qual muitos movimentos revolucionários, em algumas de suas frentes, acabam por responderem mais ao CIStema que à motivação pela qual nasceram. Veganismos de mercado, políticas de visibilidade individual, feminismos que não se conectam com as demandas de classe ou de pessoas com deficiência, lutas sexodissidentes que invisibilizam pessoas transvestigêneres, intersexo, lésbicas, bissexuais e gordas, lutas de classe que desconsideram recortes de gênero, ambientalismos preocupados com árvores e não com pessoas e assim por diante. Em carta à sociedade e ao Movimento Teia dos Povos, da Bahia, Joelson Ferreira[17] lembra que há que se retomar a guerra que ainda não fomos capazes de enfrentar, a da propriedade privada da terra: conecta-se com povos originários, de terreiro, das periferias do campo e da cidade. Cada movimento, como grupelho, conectando-se contra o projeto que Joelson chama de imperialista e que podemos chamar também de projeto colonial, cada moqueca a seu modo, com seus modelos de interpretação, numa conexão fraterna, como propõe Ailton Krenak, já citado. Ailton, como se também moquecasse, não propõe um apartamento da luta entre indígenas e não indígenas, mas, ao contrário, chama à responsabilidade global pelo futuro do planeta. Um planeta que não é só árvore, mas também é povoado de animais humanos e não humanos.

Nessa guerra, como aponta Acácio Augusto,[18] muitas mortes serão necessárias para que se retorne à normalidade, a normalidade do poder do Estado. Como bem lembram Bruna Kury e Walla Capelobo, já citadas, a normalidade da guerra que só fortalece esse mesmo Estado, aquele que mata pessoas dissidentes, que vivem da/na rua, não é uma guerra para manter vidas. Diríamos que é uma guerra para manter churrascos. Churrascos viris, de corporativismo hegemônico, de racismos institucionalizados, de cissexismos, projeto colonial que se aproveita da pandemia para seguir atuando, em diversos matizes, desde a ação de aparelhamento securitário armado em comunidades urbanas, rurais, tradicionais, como as ações de genocídio que operam na "necessidade" de manter os mais saudáveis com vida, escolhendo pessoas mais jovens e sem doenças preexistentes para os leitos de UTI. A pandemia é uma oportunidade de limpeza racial, étnica, sexual, de gênero, de classe. Uma máquina capacitista de guerra contra quem insurge, e por isso moquecar neste momento é tão importante. Mais que reconhecer-se em alguma luta, que é também muito importante, reconhecer cada grupelho como foco de resistência.

Nessa guerra financeirizada e globalizada em que o neoliberalismo nos colocou a todos contra todos, moquecar é fortalecer a luta (des)organizada, promover

---

17 Joelson Ferreira Oliveira, "Cartas de Mestre Joelson em quarentena para a Teia dos Povos". Mensagem digital recebida pelo WhatsApp. Março de 2020.
18 Acácio Augusto. "Guerra pandêmica?". In: *Apocalypse Neoliberal: Quarentena Times*, abril-maio-junho, 2020.

juntamentos de potências múltiplas que fazem o esforço de desconectarem-se do projeto colonial, considerar que nesse processo também podemos, sim, fazer parte de capturas e que é importante a comunicação efetiva entre-grupelhos, entre-moquecagens. Conectar o Parlamento de Mujeres com a Kasa Invisível, a Resistência Curda com a Teia dos Povos, a Plataforma Kuceta com as Mães de Maio. E há tantos outros grupelhos que conhecemos, de perto e de longe, e também aqueles aos quais ainda não fomos apresentados. Descolonizar é tarefa árdua, porque integra nossos corpos, nossas mentalidades, nossos cotidianos e nossos inconscientes tão marcados pelo projeto colonial. Não acontece de uma hora para outra. Aliás, a descolonização está em curso desde o momento em que se iniciou a colonização. Esta, sim, é a verdadeira batalha. Nesses tempos de crise, muita, mas muita gente tem se conectado, se reconhecido e criado movimentos anticistêmicos, coletivos, múltiplos, de encontros para pensar os (im)possíveis. Moquecam, pois.

A moqueca começou há muito tempo e não pode parar.

**Rafael Guimarães** é artista, psicólogo, professor, produtor cultural e ativista. Docente dos Programas de Pós-Graduação em Ensino e Relações Étnico-Raciais/UFSB, Educação/UFBA e Psicologia/Unesp.

(...) 31/05

# Um país esgotado
Moacir dos Anjos

1. Em um de seus últimos textos, Gilles Deleuze produziu uma breve e densa análise das peças teatrais que, na década de 1960, Samuel Beckett escreveu para serem filmadas e exibidas na televisão. Para compreendê-las — e delas extrair novos conceitos —, o filósofo francês propunha, em seu ensaio, a distinção entre o cansado e o esgotado, entre o cansaço e o esgotamento. Desde logo haveria, entre os dois estados, uma diferença de intensidade: "O esgotado é muito mais que o cansado." Mas o esgotado não seria, contudo, apenas o extremamente cansado, havendo entre as duas condições uma diferença outra, irredutível a quantificações. O cansado seria aquele que, ancorado em suas preferências e objetivos, exerce, até o limite de suas possibilidades (subjetivas), o poder de fazer escolhas para realizar algo. Escolhas — banais ou complexas, de efeito passageiro ou duradouro — feitas dentro do que, a cada tempo e lugar, é considerado como o âmbito do possível. O cansado seria aquele, portanto, que estanca quando não mais consegue realizar algo que existe como parte daquele campo de possibilidades (objetivas), adiando suas realizações para quando sentir-se de novo capaz. O esgotado, por sua vez, seria aquele que, renunciando a preferências e objetivos precisos, experimenta e combina todas as possibilidades de escolhas e de suas consequências, ao ponto de exauri-las. O esgotado seria, nesse sentido, aquele que esgota o possível, embora nem por isso se torne inerte.

2. No exame próximo que faz de cada uma das peças televisivas de Beckett, Deleuze aponta quatro modos — não mutuamente excludentes — de promover o esgotamento do possível: Exaurir as coisas que podem ser nomeadas, estancar o fluxo de vozes que as falam, extenuar as potencialidades do espaço onde elas existem e dissipar a potência contida em suas imagens. Extrapolando o objeto original de seu texto e fazendo uso abertamente arbitrário dos conceitos nele tratados, essas condições de esgotamento parecem ser apropriadas para capturar, mesmo que de maneira imprecisa (e talvez por isso adequada), a situação vivida no Brasil de agora. Lugar e momento em que se entrelaçam uma crise sanitária, uma crise política e uma crise econômica com consequências ainda não de todo conhecidas em sua extensão, embora já sabidamente muito graves. Situação em que as palavras já não bastam para descrever os fatos e evocar os afetos que eles geram, em que o silenciamento de quem diverge do poder já é abertamente demandado, em que se desregulam e enfraquecem os

territórios institucionais consagrados ao desentendimento e à disputa e, por fim, em que se contestam as equivalências sensíveis que descrevem o que acontece nas ruas. Para aqueles que reconhecem e sentem em seus corpos a gravidade da crise vivida no País (em suas várias dimensões), é cada vez mais frequente sentir-se esgotado. Ou sentir que o Brasil está esgotado. Que as possibilidades de realização de uma outra vida comum se gastaram antes de serem exploradas, bloqueando um projeto de sociedade minimamente mais inclusiva e justa gestado, com lentidão e dificuldades, a partir do fim da ditadura militar no País. Que a morte (de cada vítima da pandemia e também do espaço público de embates) encolheu o que era ainda tido como possível, apressando um processo de esgotamento que, embora há muito já em curso, parecia ainda poder demorar mais a se manifestar no Brasil. Em particular, com a fúria regressiva com que se apresenta agora.

**3.** É certo que esse esgotamento foi gradual, alcançando primeiro as vidas mais vulneráveis, aquelas mais suscetíveis a terem o poder de optar por uma decisão ou outra acerca de sua existência bloqueado. Os corpos viventes, afinal, se distribuem desigualmente não somente no espaço físico, mas também em termos do reconhecimento de seus direitos e de suas capacidades. Ocupam lugares de lazer, de moradia, de trabalho e de representação política que são também marcadores do quão diversas são as possibilidades a que cada um tem acesso. Se a alguns corpos é facultada uma existência com conforto material e segurança afetiva, a outros se destina uma vida atravessada pelo medo e pela falta. Se uns possuem poder de movimento e de mando, outros são submetidos a um regime de circulação regrada e de obediência – ainda que também de resistência – às ordens dadas. Para alguns, como os povos indígenas nativos das terras que viriam a ser o Brasil, o possível foi diminuído abruptamente – quase encerrado, de fato – na chegada do colonizador europeu. A violência colonial esgotou esse possível, esgotando aqueles povos, suprimindo-lhes a humanidade. Retirou-lhes a possibilidade do cansaço, condição somente alcançada pelo exercício de uma vida autônoma. E continua a querer negar-lhes um lugar, ainda que subalterno, na desigual distribuição de corpos que define o País. Violência colonial que, ao escravizar mulheres e homens negros vindos de cantos diversos da África, bem como seus descendentes, os cansou e os esgotou ao mesmo tempo. Que submeteu seus corpos ao limite de sua capacidade e, em simultâneo, cerceou o que guardavam como potência para um tempo futuro. Violência que, transformada e atualizada em formas diversas de racismo, continua a ser exercida no Brasil contemporâneo. Para esses corpos, o esgotamento do País também já era sentido há tempo. Assim como o sentiam os corpos dissidentes de uma norma social que é não somente branca, mas também heterossexual e cisgênera. Bem como o sentiam os corpos pobres, que por vezes são também corpos indígenas. Que por vezes são também negros. Que por vezes são também gays, lésbicas, travestis. Vidas que vêm se sentindo gradualmente esgotadas, para quem o esgotamento do Brasil é fato previsível. Para quem o esgotamento chegou antes: há séculos, para alguns; há décadas, para outros tantos. Esgotamento que foi, aqui e ali, freado, à medida que porvires distintos pareciam ter ampliado o possível como resultado de longas disputas. Mas que foi de novo acelerado nos últimos anos, com uma sequência de fatos – emergência do fascismo e, mais recentemente, da doença – que, pelo poder destrutivo que embutem, parecem ter esgotado mesmo muitos daqueles corpos até aqui poupados. Corpos que tinham o privilégio de estar apenas cansados.

**4.** O cansaço exige descanso para que o cansado possa de novo escolher entre as alternativas que o possível acolhe, retomando projetos parados ou refazendo os desmanchados. Para que possa atuar como sujeito que afirma posições e disputa possibilidades. Possível que, no Brasil de 2020, parece ter se exaurido ou ter sido bloqueado. Ao esgotamento, por sua vez, o descanso não basta, pois o repouso não restaura o esgotado. O esgotamento exige imaginar outros possíveis para que o esgotado deixe de sê-lo. Para que aquilo que não era considerado uma possibilidade entre outras passe a ser assim contado. Para que novos sujeitos políticos emerjam e criem aquilo que não podia ser antes pensado. O fim do esgotamento exige a subversão da distribuição hegemônica das probabilidades, forçando a inclusão, nelas, de hipóteses inéditas de futuro. Para Deleuze, afinal, o esgotado continua ativo, ainda que não tenha, em sua atividade, objetivo certo. Dar direção e significado a essa potência guardada é a tarefa política dos esgotados.

**Moacir dos Anjos** é curador e pesquisador da Fundação Joaquim Nabuco.

(...) 01/06

# Questões acerca da pandemia atual sob o ponto de vista de Ivan Illich

David Cayley

TRADUÇÃO Davi De Conti

Na semana passada, comecei um ensaio acerca da atual epidemia em que tentei abordar aquela que considerava ser a questão central que ela levanta: o massivo e custoso esforço para conter e limitar os danos que o vírus irá causar é a única opção que nós temos? Não será um óbvio e inevitável exercício de prudência realizado para proteger os mais vulneráveis? Ou é um esforço desastroso para manter o controle do que está evidentemente fora de controle, um esforço que somará aos estragos que estão sendo feitos pela doença novos problemas que reverberarão futuro adentro? Não comecei a escrever antes de perceber que muitas das suposições que me ocorriam eram bastante distantes daquelas que estavam sendo explicitadas ao meu redor. Essas suposições, imaginei, vinham sobretudo de minha prolongada conversa com o trabalho de Ivan Illich. O que isso sugeria era que, antes de poder falar de modo inteligível acerca de nosso presente contexto, primeiro eu teria de esboçar a atitude que Illich desenvolveu em relação à saúde, à medicina e ao bem-estar ao longo de sua vida de reflexão sobre esses temas. Desse modo, no que se segue, começarei com um breve relato da evolução da crítica de Illich da biomedicina e depois tentarei responder, sob essa luz, às questões que acabo de propor.

No começo de seu livro de 1973 *Tools of Conviviality*, Illich, utilizando a medicina como exemplo, descreve o que ele pensava ser o típico percurso de desenvolvimento seguido pelas instituições contemporâneas. A medicina, ele disse, passou por dois "pontos decisivos". O primeiro foi ultrapassado no início do século XX quando o tratamento médico tornou-se demonstravelmente efetivo e os benefícios de modo geral começaram a exceder os danos. Para muitos historiadores da medicina, esse é o único marco relevante — a partir desse ponto o progresso avançará indefinidamente e, a despeito de poderem ocorrer retrocessos atenuantes, não há, em princípio, qualquer ponto em que o progresso se encerrará. Esse não era o caso para Illich. Ele supunha um segundo ponto decisivo, que segundo ele já estava sendo cruzado e mesmo ultrapassado na época em que escrevia. Para além desse segundo ponto decisivo, supunha ele, iria estabelecer-se o que ele chamava de contraprodutividade — a intervenção médica começaria a frustrar os seus próprios objetivos, gerando mais danos do que benesses. Isso, ele argumentava, era característico de qualquer instituição, bem ou serviço – pode-se identificar um ponto em que algo se torna suficiente e, após esse ponto, um excesso. *Tools for Conviviality* foi uma tentativa de identificar essas "escalas naturais" – a única busca geral e programática por uma filosofia da tecnologia que Illich empreendeu.

Dois anos depois, em *Medical Nemesis* – posteriormente renomeado, em sua última e mais abrangente edição, *Limits to Medicine* –, Illich buscou apresentar em detalhe as benesses e os prejuízos que a medicina traz. De maneira geral, era favorável às inovações em larga escala na saúde pública que nos deram boa comida, água potável, ar puro, tratamento de esgoto etc. Também louvava os esforços então em curso na China e no Chile da época para estabelecer um kit de ferramentas médicas básicas e uma farmacopeia à disposição e acessíveis a todos os cidadãos, em vez de permitir que a medicina desenvolvesse bens de luxo que restariam eternamente fora do alcance da maioria. Mas o objetivo principal de seu livro era identificar e descrever os efeitos contraprodutivos que se tornavam evidentes na travessia da medicina pelo segundo ponto decisivo. Ele se refere a esses desdobramentos do excesso de medicina como *iatrogênese*, e os aborda sob três denominações: clínica, social e cultural. O primeiro todo mundo já compreende – você recebe o diagnóstico errado, o medicamento errado, a cirurgia errada, você adoece no hospital etc. Esse dano colateral não é trivial. Rachel Giese, no artigo "The Errors of Their Ways", publicado na revista canadense *The Walrus* em abril de 2012, estima que 7,5% dos canadenses internados em hospitais todos os anos sofrem pelo menos um "evento adverso" e 24 000 morrem em razão de erro médico. Por volta da mesma época, Ralph Nader, escrevendo para a *Harper's Magazine*, sugeriu que anualmente morrem cerca de 400 000 pessoas devido a erros médicos evitáveis nos Estados Unidos. É um número expressivo, mesmo se exagerado – a estimativa de Nader per capita é duas vezes mais alta que aquela da *The Walrus* –, mas esse dano acidental não era de maneira alguma o foco de Illich. O que realmente o preocupava era o modo como tratamentos médicos excessivos enfraqueciam atitudes sociais e culturais básicas. Um exemplo do que ele chamava de iatrogênese social é a maneira como a *arte* da medicina, em que o médico atua como curador, testemunha e conselheiro, tende a dar lugar à *ciência* da medicina, em que o doutor, como cientista, deve, por definição, tratar seu ou sua paciente como o participante de um experimento e não como um caso único. E, finalmente, há o derradeiro dano que a medicina inflige: iatrogênese cultural. Isso ocorre, afirma Illich, quando habilidades culturais, constituídas e transmitidas por muitas gerações, são primeiro enfraquecidas e depois, gradualmente, substituídas por completo. Essas habilidades incluem, sobretudo, a aptidão para sofrer e suportar a própria realidade e a capacidade de morrer a própria morte. A arte de sofrer estava sendo ofuscada, ele dizia, pela esperança de que todo sofrimento pudesse e devesse ser imediatamente aliviado – uma atitude que, em verdade, não acaba com o sofrimento, mas antes o torna sem sentido, convertendo-o em uma mera anomalia ou erro técnico. E a morte, finalmente, estava se transformando de um ato íntimo e pessoal – algo que cada um pode experimentar – em uma derrota sem sentido – uma mera cessação do tratamento ou "desligar os aparelhos", como às vezes se diz impiedosamente. Por trás do argumento de Illich há uma atitude tradicionalmente cristã. Ele afirmava que o sofrimento e a morte são inerentes à condição humana – eles são parte do que define essa condição. Ele argumentava que a perda dessa condição envolve uma ruptura catastrófica tanto com o nosso passado quanto com a nossa condição de criatura. Abrandar e aprimorar a condição humana é bom, ele afirma. Perdê-la por completo é uma catástrofe, pois só podemos conhecer a Deus como criaturas – i.e., seres criados ou dádivas –, não como deuses que se encarregaram de seu próprio destino.

*Medical Nemesis* é um livro sobre poder profissional – um tema que vale a pena considerar diante dos poderes extraordinários que estão sendo reivindicados em nome da saúde pública. Conforme Illich, a medicina contemporânea a todo momento exerce poder *político*, ainda que essa característica possa ser ocultada pela alegação de que tudo que está sendo reivindicado é *cuidado*. Na província de Ontário, onde vivo, a "assistência médica" atualmente devora mais de 40% do orçamento do governo, o que deveria tornar bastante evidente esse ponto. Mas esse poder cotidiano, vultoso como o é, pode ampliar-se ainda mais pelo que Illich denomina "a ritualização da crise". Isso confere à medicina "uma licença que usualmente apenas os militares podem requerer".

> Sob o estresse da crise, o profissional que acredita estar no comando pode facilmente presumir imunidade em relação às regras ordinárias da justiça e da decência. Aquele a quem é atribuído controle sobre a vida deixa de ser um ser humano ordinário… Por formarem uma fronteira encantada quase de outro mundo, o intervalo temporal e o espaço comunitário reivindicados pela iniciativa médica são sagrados assim como suas contrapartes religiosa e militar.

Em uma nota de rodapé a essa passagem, Illich acrescenta que "aquele que com sucesso reivindica o poder em uma emergência suspende e pode destruir a avaliação racional. A insistência do médico em sua capacidade exclusiva de avaliar e resolver crises individuais transporta-o simbolicamente para a vizinhança da Casa Branca". Há um notável paralelo aqui com a afirmação do jurista alemão Carl Schmitt em *Political Theology* de que a marca da verdadeira soberania é o poder de "decidir acerca da exceção". O argumento de Schmitt é de que a soberania está acima da lei, porque em uma emergência o soberano pode suspender a lei – declarar uma exceção – e governar em seu lugar como a própria fonte da lei. Esse é precisamente o poder que Illich afirma que o médico "reivindica… em uma emergência". Circunstâncias excepcionais o tornam "imune" às "regras ordinárias" e capaz de elaborar novas regras em conformidade com o caso. Mas há uma interessante e para mim reveladora diferença entre Schmitt e Illich. Schmitt é trespassado pelo que ele denomina "o político". Illich nota que muito do que Schmitt denomina soberania escapou ou foi usurpado do domínio político e reinvestido em variadas hegemonias profissionais.

Dez anos após a publicação de *Medical Nemesis*, Illich revisitou e revisou seu argumento. De modo algum renunciou ao que havia escrito antes, mas o incrementou dramaticamente. Agora dizia que estivera "cego a um efeito iatrogênico simbólico e muito mais profundo: a iatrogenia do próprio corpo". Ele havia "ignorado o grau em que, em meados do século, a experiência de 'nossos corpos e de nós mesmos' havia se tornado o resultado de conceitos e cuidados médicos". Em outras palavras, em *Medical Nemesis*, é como se houvesse um corpo natural, fora da rede de técnicas por meio das quais sua autoconsciência é construída, o que não existe de fato. "Cada momento histórico", ele escreve, "é encarnado em um corpo epocal específico". A medicina não age apenas em um estado preexistente – em vez disso ela participa na criação desse estado.

Esse reconhecimento foi apenas o começo de uma nova posição adotada por Illich. *Medical Nemesis* havia tratado de um conjunto de cidadãos que se imaginava capaz de agir para limitar o escopo da intervenção médica. Agora ele falava de pessoas cuja própria autoimagem estava sendo gerada pela biomedicina. *Medical Nemesis* afirmava, em sua frase inicial, que "o *establishment* médico se tornara uma grande ameaça à saúde". Agora ele julgava que a principal ameaça à saúde era a busca da saúde ela mesma. Por trás dessa mudança de opinião, havia o sentimento de que o mundo, nesse ínterim, passara por uma mudança epocal. "Eu acredito", ele me disse em 1988, "que... houve uma mudança no espaço mental em que muitas pessoas vivem. Algum tipo de colapso catastrófico de uma maneira de ver as coisas levou ao surgimento de um modo diferente de percebê-las. O assunto da minha escrita tem sido a percepção de sentido na maneira como vivemos; e, a esse respeito, estamos, em minha opinião, passando por um ponto decisivo neste momento. Eu não esperava observar essa passagem durante a minha vida". Illich caracterizou "a nova maneira de ver as coisas" como o advento do que ele chamou de "era dos sistemas" ou "uma ontologia de sistemas". A era que ele via como chegando ao final fora dominada pela ideia de instrumentalidade – de usar meios instrumentais, como a medicina, para alcançar algum fim ou bem, como a saúde. Foi característico dessa era uma distinção clara entre sujeitos e objetos, meios e fins, ferramentas e seus usuários etc. Na era dos sistemas, ele disse, essas distinções colapsaram. Um sistema, concebido ciberneticamente, é absolutamente abrangente – ele não possui fora. O usuário de uma ferramenta utiliza a ferramenta para realizar algum fim. Usuários de sistemas estão dentro do sistema, constantemente ajustando seu estado ao sistema, bem como o sistema ajusta seu estado a eles. Um indivíduo circunscrito buscando bem-estar pessoal dá lugar a um sistema imunológico que constantemente reajusta sua fronteira porosa ao sistema circundante.

Dentro desse novo *"system analytic discourse"*, como Illich o nomeou, o estado característico das pessoas é a desencarnação. Isso é um paradoxo, obviamente, uma vez que o que Illich chamou de "a busca patogênica da saúde" pode envolver uma preocupação intensa, incessante e, na prática, narcísica com o estado corporal. A razão pela qual Illich a concebeu como desencarnante pode ser mais bem compreendida pelo exemplo da "consciência de risco", que ele chamou de "a mais importante e religiosamente celebrada ideologia de hoje". O risco é desencarnante, ele dizia, porque "é um conceito estritamente matemático". Não se refere a pessoas, mas a populações. Ninguém sabe o que acontecerá com essa ou aquela pessoa, mas o que acontecerá com o agregado de tais pessoas pode ser expresso como uma probabilidade. Identificar-se com essa ficção estatística é engajar-se, dizia Illich, em "intensiva autoalgoritmização". Seu encontro mais perturbador com essa "ideologia religiosamente celebrada" ocorreu no campo dos testes genéticos durante a gravidez. Ele foi apresentado a esse campo por sua amiga e colega Silja Samerski, que estudava o aconselhamento genético obrigatório para mulheres grávidas que considerem realizar testes genéticos na Alemanha, um assunto acerca do qual ela mais tarde escreveria um livro intitulado The Decision Trap (Imprint-Academic, 2015). O teste genético na gravidez não revela nada definitivo acerca da criança que a mulher espera. Tudo que detecta são marcadores cujo significado incerto pode ser expresso em probabilidades — uma probabilidade calculada através de toda a população à qual a pessoa sendo testada pertence, por idade, histórico familiar, etnia etc. Quando lhe dizem, por exemplo, que existe 30% de chance de que o seu bebê tenha essa ou aquela síndrome, nada lhe dizem acerca dela mesma ou do fruto de seu ventre — dizem-lhe apenas o que *pode* acontecer a alguém *como* ela. Ela não sabe sobre suas circunstâncias reais mais que aquilo que suas esperanças, sonhos e intuições revelam, mas o perfil de risco que foi atribuído ao seu *Doppelgänger* estatístico exige uma decisão. A escolha é existencial; a informação em que se baseia é a curva de probabilidade em que aquele que deve decidir foi inscrito. Illich acreditava que isso era um perfeito horror. Não que ele não pudesse reconhecer que toda ação humana é um tiro no escuro, um cálculo prudencial diante do desconhecido. Seu horror foi ver as pessoas conceberem-se à imagem de um constructo estatístico. Para ele, este era um eclipse de pessoas por populações, um esforço para impedir que o futuro revele algo imprevisto e uma substituição de modelos científicos pela experiência percebida. Illich notou que isso estava acontecendo não apenas no que diz respeito aos testes genéticos na gravidez, mas mais ou menos de modo geral no setor de saúde. Cada vez mais as pessoas estavam agindo de forma prospectiva, probabilística, de acordo com seu risco. Elas estavam se tornando, como brincou o pesquisador canadense de saúde Allan Cassels, "pré-doentes", vigilantes e ativos contra a doença. Os casos individuais eram cada vez mais gerenciados como casos gerais, como instâncias de uma categoria ou classe, e não como situações únicas, e os médicos eram cada vez mais os servomecanismos dessa nuvem de probabilidades, em vez de conselheiros íntimos, alertas para diferenças específicas e significados pessoais. É isso que Illich quis dizer com "autoalgoritmização" ou desencarnação.

Uma maneira de compreender o corpo iatrogênico que Illich viu como o principal efeito da biomedicina contemporânea é se voltando para um ensaio que foi amplamente lido e discutido em seu meio no início dos anos 1990. Denominado "The biopolitics of postmodern bodies: constitutions of self in imune system discourse", foi escrito pela historiadora e filósofa da ciência Donna Haraway e aparece em seu livro de 1991 *Simians, Cyborgs and Women: The Reinvention of Nature*. Esse ensaio é interessante não apenas porque, acho eu, influenciou a percepção de Illich de como o discurso biomédico estava mudando, mas também porque Haraway, percebendo — eu diria — quase exatamente as mesmas coisas que Illich, chega a conclusões que são, ponto a ponto, diametralmente opostas. Nesse artigo, por exemplo, ela diz, com referência ao que chama de "corpo pós-moderno", que "os seres humanos, como qualquer outro componente ou subsistema, devem estar localizados em uma arquitetura de sistema cujos modos básicos de operação são probabilísticos, estatísticos". "De certa forma", continua ela, "os organismos deixaram de existir como objetos de conhecimento, dando lugar a componentes bióticos". Isso leva a uma situação em que "nenhum objeto, espaço ou corpo é sagrado por si próprio, e componentes podem ser conectados com qualquer outro se o padrão adequado, o código adequado, puder ser construído para processar sinais em uma língua comum". Em um mundo de interfaces, em que as fronteiras regulam "taxas de fluxo" em vez de marcar diferenças reais, "a integridade dos objetos naturais" não é mais uma preocupação. "A 'integridade' ou 'sinceridade' do eu ocidental", escreve ela, "dá lugar a procedimentos de decisão, sistemas especializados e estratégias de investimento de recursos".

Em outras palavras, Haraway, como Illich, entende que as pessoas, como seres únicos, estáveis e consagrados, dissolveram-se em subsistemas autorreguladores provisórios, em constante intercâmbio com os sistemas maiores em que estão enredados. Nas palavras dela, "somos todos quimeras, híbridos teorizados e fabricados de máquina e organismo... o ciborgue é a nossa ontologia". A diferença entre eles reside em suas reações. Haraway, em outro lugar do volume de onde provém o ensaio que citei, publica o que ela chama de "Manifesto Ciborgue". Ele exorta as pessoas a reconhecerem e aceitarem essa nova situação, mas a "lerem-na" com vistas à libertação. Em uma sociedade patriarcal, não há condições aceitáveis para as quais alguém possa almejar retornar, então ela oferece "um argumento pelo *prazer* na confusão de fronteiras e pela responsabilidade em sua construção". Para Illich, por outro lado, a "ontologia ciborgue", como Haraway a denomina, não era uma opção. Para ele, o que estava em jogo era o próprio caráter de pessoas humanas como seres que possuem alma, uma origem divina e um destino divino. Quando os últimos vestígios de sentido[1] desapareceram da autopercepção corporal de seus contemporâneos, ele viu um mundo que se tornara "imune à sua própria salvação". "Cheguei à conclusão", ele me disse com tristeza, "que quando o anjo Gabriel disse àquela garota na cidade de Nazaré, na Galileia, que Deus queria estar em sua barriga, ele apontou para um corpo que abandonou o mundo em que vivo".

A "nova forma de ver as coisas", que se refletia na orientação da biomedicina, equivalia, conforme Illich, "a uma nova etapa da religiosidade". Ele utilizou a palavra *religiosidade* em um sentido amplo para se referir a algo mais profundo e difundido que a religião formal ou institucional. A religiosidade é a base sobre a qual estamos, nosso sentimento acerca de como e por que as coisas são como são, o próprio horizonte em que o significado toma forma. Para Illich, a dádiva[2] do mundo era o fundamento de toda a sua sensibilidade. O que ele via chegando era uma religiosidade de total imanência, na qual o mundo é sua própria causa e não há fonte de significado ou ordem fora dele — "um cosmos", como ele disse, "nas mãos do homem". O bem maior em tal mundo é a vida, e o dever primordial das pessoas é conservar e promover a vida. Mas não é essa a *vida* de que se fala na Bíblia, a vida que vem de Deus. É antes um recurso que as pessoas possuem e devem gerenciar com responsabilidade. Sua característica peculiar é ser ao mesmo tempo um objeto de reverência e manipulação. Essa vida naturalizada, divorciada de sua fonte, é o novo deus. Saúde e segurança são seus adjuvantes. Seu inimigo é a morte. A morte ainda impõe uma derrota final, mas não tem outro significado pessoal. Não há momento apropriado para morrer — a morte ocorre quando o tratamento falha ou é encerrado.

Illich recusou-se a "interiorizar sistemas no eu". Ele não desistiria nem da natureza humana nem da lei natural. "Simplesmente não posso abandonar a certeza", disse ele em uma entrevista concedida a seu amigo Douglas Lummis, "de que as normas com as quais devemos viver correspondem à nossa percepção do que somos". Isso o levou a rejeitar a "responsabilidade pela saúde", concebida como um gerenciamento de sistemas entrelaçados. Como alguém pode ser responsável, ele perguntou, pelo que não tem sentido, limite nem fundamento? Melhor desistir de tais ilusões reconfortantes e viver em um espírito de autolimitação que ele definiu como "renúncia corajosa, disciplinada e autocrítica, levada a cabo em comunidade".

Em resumo: Illich, em seus últimos anos, concluiu que a humanidade, pelo menos em sua vizinhança, abandonara o bom senso e mudara-se de mala e cuia para um sistema sem qualquer fundamento para a decisão ética. Os corpos em que as pessoas viviam e andavam se transformaram em construções sintéticas tecidas a partir

---

1 Cayley utiliza o termo "sense" em seu texto. Esse termo, que se refere tanto aos cinco sentidos da percepção quanto à ideia de razoabilidade, possui uma duplicidade que não se faz tão evidente na tradução para o português. [N.T.]

2 Cayley utiliza os termos "createdness" e "given-ness", ambos de difícil tradução para o português. O primeiro termo pode ser traduzido por algo como "condição de haver sido criado". Optamos por manter apenas o segundo termo em razão do caráter sintético das escolhas do autor. [N.T.]

de tomografias e curvas de risco. A vida tornara-se um ídolo quase religioso, presidindo uma "ontologia de sistemas". A morte tornara-se uma obscenidade sem sentido em vez de um companheiro inteligível. Tudo isso foi expresso energicamente e de maneira inequívoca. Ele não tentou suavizá-lo ou oferecer um reconfortante "por outro lado...". Ele se voltou para o que ele sentia estar acontecendo ao seu redor, e todo o seu interesse era tentar registrá-lo da maneira mais sensível que ele pudesse e abordá-lo com a maior sinceridade possível. O mundo, em sua opinião, não estava em suas mãos, mas nas mãos de Deus.

Quando morreu, em 2002, Illich encontrava-se muito distante da nova "maneira de ver as coisas" que havia se estabelecido durante a segunda metade de sua vida. Ele sentiu que nessa nova "era dos sistemas" a unidade primária da criação, a pessoa humana, começara a perder seus limites, sua distinção e sua dignidade. Ele pensava que a revelação em que estava enraizado havia sido corrompida – a "vida mais abundante" prometida no Novo Testamento tornara-se uma hegemonia humana tão completa e claustrofóbica que nenhuma insinuação de fora do sistema poderia inquietá-la. Ele acreditava que a medicina até aquele momento havia excedido o limiar em que poderia ter aliviado e complementado a condição humana e que agora ameaçava abolir completamente essa condição. E havia concluído que grande parte da humanidade não está mais disposta a "suportar... [sua] carne rebelde, dilacerada e desorientada" e, em vez disso, trocou sua arte de sofrer e sua arte de morrer por alguns anos de expectativa de vida e os confortos da vida em uma "criação artificial". É possível encontrar algum sentido da "crise" atual a partir desse ponto de vista? Eu diria que sim, mas apenas na medida em que pudermos recuar das urgências do momento e tomar tempo em considerar o que está sendo revelado acerca de nossas disposições subjacentes – nossas "certezas", como Illich as chamava.

Em primeiro lugar, a perspectiva de Illich indica que já há algum tempo praticamos as atitudes que caracterizaram a resposta à pandemia atual. É algo notável acerca de eventos que são percebidos como tendo mudado a história ou "mudado tudo", como se ouve às vezes: as pessoas geralmente parecem estar prontas para eles ou mesmo inconscientemente ou semiconscientemente esperando por eles. Relembrando o início da Primeira Guerra Mundial, o historiador da economia Karl Polanyi usou a imagem de sonâmbulos para caracterizar a maneira como os países da Europa se arrastaram para seu destino, autômatos que cegamente aceitam o destino que sem o saber eles mesmo projetaram. Os eventos de 11 de setembro de 2001 pareciam ser instantaneamente interpretados e compreendidos, como se todos estivessem esperando para declarar o significado evidente do que ocorreu – o fim da Era da Ironia, o início da Guerra ao Terror, seja ele o que for. Parte disso é certamente uma artimanha que em retrospectiva transforma instantaneamente a contingência em necessidade. Já que algo aconteceu, presumimos que estivesse destinado a acontecer desde o princípio. Mas não creio que essa possa ser a história toda.

No centro da resposta ao coronavírus está a afirmação de que devemos agir preventivamente para evitar o que ainda não ocorreu: um crescimento exponencial de infecções, uma sobrecarga nos recursos do sistema médico que colocará o corpo médico na ingrata posição de realizar uma triagem etc. Caso contrário, diz-se, quando descobrirmos com o que estamos lidando, será tarde demais. (Vale ressaltar, de passagem, que essa é uma ideia inverificável: se tivermos êxito, o que tememos não ocorrer, então poderemos dizer que nossas ações o evitaram, mas nunca saberemos se esse foi realmente o caso.) Essa ideia de que a ação preventiva é crucial foi prontamente aceita, e as pessoas até competiram entre si ao denunciarem os retardatários que demonstraram resistência a ela. Mas agir assim exige experiência em viver em um espaço hipotético onde a prevenção supera a cura, e é exatamente isso que Illich descreve quando fala do risco como "a mais importante e religiosamente celebrada ideologia de hoje". Uma expressão como "achatar a curva" pode se tornar senso comum da noite para o dia apenas em uma sociedade habituada a "manter-se à frente da curva" e a pensar em termos de dinâmica populacional em vez de em casos reais.

O risco tem uma história. Um dos primeiros a identificá-lo como a preocupação de uma nova forma de sociedade foi o sociólogo alemão Ulrich Beck em seu livro *Risk Society*, de 1986, publicado em inglês em 1992. Nesse livro, Beck retratou a modernidade tardia como um experimento científico não controlado. Por não controlado ele quis dizer que não temos um planeta livre no qual possamos conduzir uma guerra nuclear para ver como vai acontecer, nem uma segunda atmosfera que possamos aquecer e observar os resultados. Isso significa que a sociedade tecnocientífica é, por um lado, hipercientífica e, por outro, radicalmente não científica, na medida em que não possui um parâmetro em relação ao qual possa medir ou avaliar o que fez. Existem incontáveis exemplos desse tipo de experimento não controlado, desde bebês de proveta e ovelhas transgênicas até o turismo internacional em massa e a transformação de pessoas em vetores de comunicação. Tudo isso, na medida em que possui consequências imponderáveis e imprevisíveis, já constitui um tipo de viver no futuro. E apenas porque somos cidadãos da sociedade de risco e, portanto, participantes por definição de um experimento científico não controlado, nós ficamos — paradoxalmente ou não — preocupados em controlar o risco. Como indiquei acima, somos tratados e examinados em razão de doenças que ainda não temos, com base em nossa probabilidade de contraí-las. Casais grávidos tomam decisões de vida e morte com base em perfis de risco probabilístico. A segurança se torna um mantra: "adeus" se torna "se cuida" e a *saúde* se torna um deus.

Igualmente importante na atmosfera atual têm sido a idolatria da vida e a aversão a seu outro obsceno, a morte. Que devemos a todo custo "salvar vidas" não se questiona. Isso torna muito fácil iniciar uma debandada. Fazer um país inteiro "voltar para casa e ficar em casa", como disse nosso primeiro-ministro há pouco tempo, tem custos imensos e incalculáveis. Ninguém sabe quantas empresas fracassarão, quantos empregos serão perdidos, quantos sofrerão com a solidão, quantos retomarão vícios ou se agredirão em seu isolamento. Mas esses custos parecem suportáveis assim que o espectro de vidas perdidas é trazido à cena. Outra vez, praticamos a contagem de vidas por muito tempo. A obsessão com o "número de mortos" da última catástrofe é simplesmente o outro lado da moeda. A vida se torna uma abstração, um número sem uma história.

Illich afirmou em meados da década de 1980 que estava começando a conhecer pessoas cujo "próprio ser" era produto de "conceitos e cuidados médicos". Acho que isso ajuda a explicar por que o estado canadense e seus governos provinciais e municipais em grande medida falharam em reconhecer o que está realmente em jogo em nossa "guerra" contra o "vírus". Abrigar-se atrás das saias da ciência – mesmo onde não há ciência – e outorgar para os deuses da saúde e segurança pareceu-lhes uma necessidade política. Aqueles que foram aclamados por sua liderança, como o premier de Quebec François Legault, foram aqueles que se distinguiram por sua obstinada determinação em aplicar a sabedoria convencional. Poucos já se atreveram a questionar o custo – e quando esses poucos incluem Donald Trump a complacência predominante é apenas reforçada –, quem ousaria concordar com ele? A esse respeito, a repetição insistente da metáfora da guerra foi influente – em uma guerra ninguém calcula custos ou reconhece quem realmente os está pagando. Primeiro, devemos vencer a guerra. As guerras criam solidariedade social e desencorajam a discordância. Aqueles que não expuserem a bandeira se habilitam a ser expostos ao equivalente à pluma branca com a qual os não combatentes foram humilhados durante a Primeira Guerra Mundial.

Na data em que estou escrevendo – início de abril –, ninguém sabe realmente o que está acontecendo. Como ninguém sabe quantos têm a doença, não se sabe qual é a taxa de mortalidade. A da Itália está atualmente listada em mais de 10%, o que a coloca na faixa da gripe catastrófica ao final da Primeira Guerra Mundial, enquanto a da Alemanha está em 0,8%, o que está mais em consonância com o que acontece todos os anos sem ser notado – algumas pessoas muito idosas e, em menor número, outras mais jovens pegam a gripe e morrem. O que parece claro aqui no Canadá é que, com exceção de alguns locais de verdadeira emergência, o sentimento generalizado de pânico e crise é em grande parte resultado das medidas tomadas contra a pandemia e não da própria pandemia. Nesse caso, a palavra em si desempenhou um papel importante. A declaração da Organização Mundial da Saúde de que uma pandemia estava oficialmente em curso não mudou o estado de saúde de ninguém, mas mudou drasticamente a atmosfera pública. Era o sinal que a mídia estava esperando para introduzir um regime em que nada além do vírus poderia ser discutido. Até o momento, uma história no jornal que não diga respeito ao coronavírus é realmente chocante. Isso não pode deixar de dar a impressão de um mundo em chamas. Se não se falar sobre mais nada, em breve parecerá que não há mais nada. Um pássaro,

(...)

um girassol ou uma brisa da primavera podem começar a parecer quase irresponsáveis – "eles não sabem que é o fim do mundo?", como pergunta uma clássica música country de antigamente. O vírus adquire uma ação extraordinária – diz-se que deprimiu o mercado de ações, fechou negócios e gerou medo pavoroso, como se essas não fossem ações de pessoas responsabilizáveis, mas da própria doença. Aqui em Toronto, uma manchete no *The National Post* provou-se emblemática. Em uma fonte que ocupava grande parte da metade superior da primeira página, dizia simplesmente **PANIC**. Nada indicava se a palavra deveria ser lida como uma descrição ou uma instrução. Essa ambiguidade é constitutiva de todos os meios de comunicação, e desconsiderá-la é a característica *déformation profesionelle* do jornalista, mas se torna particularmente fácil de ignorar em uma crise atestada. Não foi o relato obsessivo ou o incentivo das autoridades a fazer mais que virou o mundo de cabeça para baixo – foi o vírus. Não culpe o mensageiro. Uma manchete na página STAT em 1º de abril, e eu não acho que foi uma piada, afirmou até que "a COVID-19 afundou o navio do Estado". É interessante, a esse respeito, realizar uma experiência de pensamento. Quanto nos sentiríamos em estado de emergência se isso nunca tivesse sido chamado de pandemia e não se tivessem adotado medidas tão rigorosas contra ela? Inúmeros problemas escapam ao conhecimento da mídia. Quanto sabemos ou nos preocupamos com a desintegração política catastrófica do Sudão do Sul nos últimos anos ou com os milhões que morreram na República Democrática do Congo após o início da guerra civil em 2004? É nossa atenção que constitui o que consideramos ser o mundo relevante em qualquer período. A mídia não age sozinha – as pessoas devem estar dispostas a estar presentes onde a mídia lhes direciona a atenção –, mas não creio que possa ser negado que a pandemia seja algo construído, que poderia ter sido construído de modo diferente.

O primeiro-ministro canadense, Justin Trudeau, observou em 25 de março que estamos enfrentando "a maior crise de assistência médica de nossa história". Se ele for compreendido como se referindo a uma crise de saúde, isso me parece um exagero grotesco. Pense no efeito desastroso da varíola nas comunidades indígenas ou em várias outras epidemias catastróficas, da cólera e febre amarela à difteria e poliomielite. Você pode realmente dizer que uma epidemia de gripe que parece matar sobretudo os idosos ou aqueles vulneráveis em razão de outras condições seja até mesmo comparável à devastação de povos inteiros ou ainda pior? E, no entanto, *sem precedentes*, como o "melhor de todos os tempos" do primeiro-ministro, parece ser a palavra na boca de todos. No entanto, se considerarmos as palavras do primeiro-ministro literalmente, referindo-se à assistência médica e não apenas à saúde, o caso é outro. Desde o princípio, as medidas de saúde pública adotadas no Canadá visavam explicitamente proteger o sistema de saúde de qualquer sobrecarga. Para mim, isso indica uma extraordinária dependência dos hospitais e uma extraordinária falta de confiança em nossa capacidade de cuidarmos uns dos outros.

Independentemente de os hospitais canadenses serem sobrecarregados ou não, uma estranha e assustadora mística parece estar envolvida – o hospital e seus quadros são considerados como indispensáveis, mesmo quando as coisas poderiam ser tratadas com mais facilidade e segurança em casa. Mais uma vez, Illich fora presciente em sua afirmação, feita no ensaio "Disabling Professions", de que as hegemonias profissionais sobre-excedidas esgotam as capacidades populares e fazem as pessoas duvidarem de seus próprios recursos.

As medidas impostas pela "maior crise de saúde de nossa história" envolveram uma extraordinária redução da liberdade civil. Dizem que isso foi feito para proteger a vida e, nessa mesma linha, para evitar a morte. A morte não dever ser apenas evitada, mas também mantida oculta e ignorada. Anos atrás soube de uma história de um ouvinte perplexo em uma das palestras de Illich acerca de *Medical Nemesis*, o qual mais tarde se voltou para seu companheiro e perguntou: "O que ele quer? Que deixem as pessoas morrerem?" Talvez alguns de meus leitores quisessem fazer a mesma pergunta. Bem, tenho certeza de que *há* muitas outras pessoas idosas que se juntariam a mim dizendo que não gostariam de ver vidas jovens serem arruinadas para que possam viver um ano ou dois a mais. Mas, além disso, "deixar as pessoas morrerem" é uma formulação muito engraçada, porque implica que o poder de determinar quem vive ou morre está nas mãos daquele a quem a pergunta é dirigida. O *nós* que é imaginado como tendo o poder de "deixar morrer" existe em um mundo ideal de informações perfeitas e perfeito domínio técnico. Nesse mundo nada acontece que não tenha sido escolhido. Se alguém morrer, será porque fora "deixado... morrer". O Estado deve a todo custo promover, regular e proteger a vida – essa é a essência do que Michel Foucault chamou de biopolítica, o regime que agora inquestionavelmente nos governa. A morte deve ser mantida fora da vista e da mente. Deve-se negar-lhe significado. Nunca chega a hora de ninguém – eles são liberados. O ceifador pode sobreviver como uma figura cômica nos desenhos animados da *New Yorker*, mas ele não tem lugar em discussões públicas. Isso dificulta até mesmo falar sobre a morte como algo que não seja negligência de alguém ou, ao menos, esgotamento final das opções de tratamento. Aceitar a morte é aceitar a derrota.

Os eventos das últimas semanas revelam quão completamente vivemos no interior dos sistemas, o quanto nos tornamos populações em vez de cidadãos associados, o quanto somos governados pela necessidade de superar continuamente o futuro que nós mesmos preparamos. Quando Illich escreveu livros como *Tools for Conviviality* e *Medical Nemesis*, ele ainda esperava que a vida dentro de limites fosse possível. Ele tentou identificar os limiares em que a tecnologia deve ser restringida para manter o mundo em uma escala local, sensível e dialogável, na qual os seres humanos possam permanecer os animais políticos que Aristóteles pensava que estávamos destinados a ser. Muitos outros tiveram a mesma visão, e muitos tentaram nos últimos cinquenta anos mantê-la viva. Mas não há dúvida de que o mundo sobre o qual Illich alertou aconteceu. É um mundo que vive primordialmente em estados desencarnados e espaços hipotéticos; um mundo de emergência permanente em que a próxima crise está sempre à espreita; um mundo em que o murmúrio incessante de comunicação estendeu a linguagem para além do seu ponto de ruptura; um mundo em que a ciência esgarçada se tornou indistinguível da superstição. Como, então, as ideias de Illich podem ganhar alguma aquiescência em um mundo que parece ter saído do alcance de seus conceitos de escala, equilíbrio e significado pessoal? Não se deve apenas aceitar que o grau de controle social recentemente exercido é proporcional e necessário no sistema imunológico global do qual somos, na expressão de Haraway, "componentes bióticos"?

Talvez, mas é um velho axioma político que pode ser encontrado em Platão, Thomas More e, mais recentemente, no filósofo canadense George Grant, que, se você não conseguir o melhor, pelo menos evite o pior. E as coisas certamente podem piorar como resultado dessa pandemia. Que o mundo não será o mesmo quando isso tudo acabar já se tornou, em certa medida, um ominoso lugar-comum. Alguns veem isso como um ensaio e admitem francamente que, embora essa praga em particular não justifique completamente as medidas que estão sendo tomadas contra ela, essas medidas ainda constituem uma preparação valiosa para pragas futuras e potencialmente piores. Outros veem isso como um "alerta" e esperam que, quando tudo isso acabar, uma humanidade castigada começará a se afastar da beira da catástrofe. Meu medo, que acredito ser compartilhado por muitos, é que isso nos deixe uma disposição de aceitar muito mais vigilância e controle social, mais telões e telepresenças e maior desconfiança. Neste momento, todo mundo está descrevendo de maneira otimista o distanciamento físico como uma forma de solidariedade, mas também é uma prática de percebermos uns aos outros, e até a nós mesmos – "não toque em seu rosto" –, como possíveis vetores de doenças.

Eu já disse que uma das certezas de que a pandemia está se aprofundando no pensamento popular é o risco. Mas isso é fácil de ignorar, uma vez que o risco é tão facilmente confundido com o perigo real. A diferença, eu diria, é que o perigo é identificado por um julgamento prático baseado na experiência, enquanto o risco é uma construção estatística pertencente a uma população. O risco não tem espaço na experiência individual ou no julgamento prático. Diz apenas o que acontecerá *em geral*. É um resumo de uma população, não uma imagem de qualquer pessoa ou um guia para o seu destino. Destino é um conceito que simplesmente se dissolve diante do risco, onde todos estão dispostos, de modo hesitante, na mesma curva. O que Illich chama de "a misteriosa historicidade" de cada existência – ou, mais simplesmente, seu significado – é anulado. Durante essa pandemia, a sociedade de risco atingiu a maioridade. Isso é evidente, por exemplo, na tremenda autoridade que foi concedida aos modelos – mesmo quando todos sabem que são informados por pouco mais que suposições instruídas. Outra ilustração é a familiaridade com a qual as pessoas falam em "achatar a curva" como se isso fosse algo rotineiro – recentemente escutei até músicas sobre isso. Quando se torna um objeto de política pública operar em um objeto matemático puramente imaginário como uma curva de risco, é certo que a sociedade de risco deu um grande salto para frente. Acho que é isto que Illich quis dizer com desencarnação: o impalpável se torna palpável, o hipotético se torna real e o campo da experiência cotidiana se torna indistinguível de sua representação nas salas de redação, laboratórios e modelos estatísticos. Os humanos sempre viveram em mundos imaginados, mas acredito que isso seja diferente. Na esfera da religião, por exemplo, mesmo os fiéis mais ingênuos têm a sensação de que os seres que evocam e a que se dirigem em suas reuniões não são objetos do dia a dia. No discurso da pandemia, todos se familiarizam com fantasmas científicos como se fossem tão reais quanto rochas e árvores.

Outra característica do cenário atual é o governo-pela-ciência e seu complemento necessário, a abdicação da liderança política baseada em qualquer outro fundamento. Este também é um campo há muito cultivado e preparado para o plantio. Illich escreveu há quase cinquenta anos, em *Tools for Conviviality*, que a sociedade contemporânea está "atordoada por uma ilusão acerca da ciência". Essa ilusão assume muitas formas, mas sua essência é construir, a partir das práticas desordenadas e contingentes de uma infinidade de ciências, um único bezerro de ouro diante do qual todos devem se curvar. É essa miragem gigante que geralmente é invocada quando somos instruídos a "ouvir a ciência" ou nos dizem "os estudos mostram" ou "a ciência diz". Mas não existe ciência, apenas *ciências*, cada uma com seus usos e limitações singulares. Quando a "ciência" é abstraída de todas as vicissitudes e sombras da produção do conhecimento e elevada a um oráculo onisciente cujos sacerdotes podem ser identificados por suas roupas, suas posturas solenes e suas impressionantes credenciais, o que sofre, na visão de Illich, é o julgamento político. Não fazemos o que parece bom ao nosso juízo grosseiro e imediato de como as coisas estão aqui embaixo no solo, mas apenas o que pode ser arranjado como a *ciência diz*. Em um livro chamado *Rationality and Ritual*, o sociólogo da ciência britânico Brian Wynne estudou um inquérito público realizado por um juiz da Suprema Corte britânica em 1977 sobre a questão de saber se uma nova usina deveria ser adicionada ao complexo de energia nuclear britânico em Sellafield, na costa da Cúmbria. Wynne mostra como o juiz abordou a questão como uma questão à qual a "ciência" responderia – é seguro? – sem qualquer necessidade de consultar princípios morais ou políticos. Esse é um caso clássico de transferência do julgamento político para os ombros da Ciência, concebida segundo as linhas míticas que esbocei acima. Esse deslocamento é agora evidente em muitos campos. Uma de suas marcas é que as pessoas, pensando que a "ciência" sabe mais do que sabe, imaginam que sabem mais do que sabem. Nenhum conhecimento real precisa apoiar essa confiança. Os epidemiologistas podem dizer francamente, como muitos dizem, que, no presente caso, há muito pouca evidência robusta para seguir, mas isso não impediu os políticos de agirem como se fossem meramente o braço executor da Ciência. Na minha opinião, a adoção de uma política de semiconfinamento para aqueles que não estão doentes – uma política propensa a ter consequências desastrosas no futuro em empregos perdidos, falência de negócios, pessoas angustiadas e governos sufocados por dívidas – é uma decisão política e deve ser discutida como tal. Mas, no momento, as longas saias da Ciência abrigam todos os políticos dos olhares. Ninguém fala ademais de decisões morais iminentes. A Ciência decidirá.

Em seus últimos escritos, Illich introduziu, mas nunca realmente desenvolveu, um conceito que ele chamou de "sentimentalismo epistêmico". Não é uma expressão cativante, é verdade, mas creio que lança luz sobre o que está acontecendo atualmente. Seu argumento, em resumo, era que vivemos em um mundo de "substâncias fictícias" e "fantasmas criados pela administração" – certa quantidade de bens nebulosos, desde a educação definida institucionalmente até a "busca patogênica da saúde", poderia servir de exemplo –, e que neste "deserto semântico cheio de ecos confusos" precisamos de "algum fetiche de prestígio" para servir como um "cobertor de Linus". No ensaio que tenho citado, "Vida" é o seu principal exemplo. O "sentimentalismo epistêmico" vincula-se à Vida, e a Vida se torna a bandeira sob a qual os projetos de controle social e superação tecnológica adquirem vivacidade e lustro. Illich chama isso de sentimentalismo *epistêmico*, porque envolve objetos de conhecimento construídos, os quais são posteriormente naturalizados sob a amável égide do "fetiche de prestígio". No presente caso, estamos salvando vidas freneticamente e protegendo nosso sistema de saúde. Esses nobres objetivos permitem uma efusão de sentimentos aos quais é muito difícil resistir. Para mim, isso se sintetiza no tom quase insuportavelmente untuoso em que agora nosso primeiro-ministro diariamente se dirige a nós. Mas quem não está em uma agonia de solicitude? Quem não disse que estamos evitando um ao outro por causa da intensidade de nosso cuidado um pelo outro? Isso é sentimentalismo epistêmico não apenas porque nos conforta e faz com que uma realidade fantasmagórica pareça humana, mas também porque oculta as outras coisas que estão acontecendo, como o massivo experimento em controle e adesão sociais, a legitimação da telepresença como um modo de sociabilidade e de ensino, o aumento da vigilância, a normalização da biopolítica e o reforço da consciência de risco como fundamento da vida social.

Outro conceito de Illich que acredito contribuir para a discussão atual é a ideia de "balanços dinâmicos" que ele desenvolve em *Tools for Conviviality*. Esse pensamento recentemente me ocorreu ao ler, na *Chronicle of Higher Education*, uma refutação da posição dissidente do filósofo italiano Giorgio Agamben acerca da pandemia. Agamben escrevera anteriormente contra a desumanidade de uma política que deixa que as pessoas morram sozinhas e depois proscreve os funerais, argumentando que uma sociedade que posiciona a "vida nua" acima da preservação de seu próprio modo de vida adotou o que equivale a um destino pior que a morte. A colega filósofa Anastasia Berg, em sua resposta, expressa respeito por Agamben, mas depois afirma que ele errou o alvo. As pessoas estão cancelando funerais, isolando os doentes e evitando uns aos outros não porque a mera sobrevivência se tornou o princípio e o fim da política pública, como afirma Agamben, mas em um espírito de sacrifício amoroso, diante do qual Agamben é obtuso e demasiado fascinado pela teoria para perceber. As duas posições parecem completamente opostas, e a escolha é entre uma ou outra. Ou se percebe o distanciamento social com Anastasia Berg como uma forma paradoxal e sacrificial de solidariedade, ou se percebe com Agamben como um passo fatal para um mundo em que os modos de vida herdados se dissolvem em um *éthos* de sobrevivência a qualquer custo. O que Illich tentou argumentar em *Tools for Conviviality* é que as políticas públicas devem sempre encontrar um ponto de equilíbrio entre domínios opostos, racionalidades opostas, virtudes opostas. O livro inteiro é uma tentativa de discernir o ponto em que as ferramentas operacionais – ferramentas *para* o convívio – transformam-se em ferramentas que se tornam fins em si mesmos e começam a se impor para seus usuários. Da mesma forma, ele tentou distinguir o julgamento político prático da opinião de especialistas, o discurso caseiro dos neologismos dos meios de comunicação social, práticas vernáculas de normas institucionais. Muitas dessas tentativas de distinção se afogaram na monocromia do "sistema", mas acredito que a ideia ainda possa ser útil. Isso nos encoraja a fazer a pergunta: o que é o suficiente? Onde está o ponto de equilíbrio? No momento, essa pergunta não é feita porque os bens que buscamos são em geral considerados ilimitados – não podemos, supostamente, ter muita educação, muita saúde, muita lei ou muito dos outros bens institucionais em que gastamos nossa esperança e nossa essência. Mas e se a pergunta fosse recuperada? Isso demandaria que perguntássemos de que maneira Agamben poderia estar certo, admitindo ainda o argumento de Berg. Talvez um ponto de equilíbrio possa ser encontrado. Mas isso exigiria alguma capacidade de manter uma mente dividida – a própria marca do pensamento, segundo Hannah Arendt –, bem como a ressuscitação do juízo político. Tal exercício de julgamento político envolveria uma discussão acerca do que se está perdendo na atual crise, bem como do que se está ganhando. Mas quem delibera em uma emergência? Mobilização total – preocupação total –, a sensação de que tudo mudou – a certeza de viver em um estado de exceção e não em um tempo comum –, todas essas coisas militam contra a deliberação política. Este é um círculo vicioso: não podemos deliberar porque estamos em uma emergência, e estamos em uma emergência porque não podemos deliberar. O único caminho de saída do círculo é pela via de entrada, via criada por suposições que se tornaram tão arraigadas que parecem óbvias.

Illich teve a sensação, durante os últimos vinte anos de sua vida, de um mundo aprisionado em uma "ontologia de sistemas", um mundo imune à graça, alienado da morte e totalmente convencido de seu dever de manejar todas as eventualidades – um mundo, como ele disse uma vez, em que "abstrações excitantes e que capturam almas se estenderam sobre a percepção do mundo e do eu como fronhas de plástico". Essa visão não se presta prontamente a prescrições políticas. A política é feita no momento, de acordo com as exigências do momento. Illich estava falando sobre modos de perceber, de pensar e de sentir que haviam penetrado nas pessoas em um nível muito mais profundo. Por conseguinte, espero que ninguém que tenha lido até aqui pense que apresentei propostas políticas fáceis em vez de tentar descrever um destino de que todos compartilham. Ainda assim, minha visão da situação provavelmente se torna clara o suficiente pelo que escrevi. Creio que desse túnel em que entramos – de distanciamento físico, achatamento da curva etc. – será muito difícil sair. Ou o encerramos em breve e enfrentamos a possibilidade de que tudo redundou em nada, ou o estendemos e criamos danos que podem ser piores que as causalidades que evitamos. Isso não quer dizer que não devamos fazer nada. É uma pandemia. Mas, na minha opinião, teria sido melhor tentar seguir e utilizar a quarentena direcionada para os comprovadamente doentes e seus contatos. Fechem os estádios de beisebol e grandes arenas de hóquei, mas mantenham as pequenas empresas abertas e tentem espaçar os clientes do mesmo modo que as lojas que permaneceram abertas estão fazendo. Mais morreriam, então? Talvez, mas isso está longe de ser evidente. E é exatamente este o meu ponto: ninguém sabe. O economista sueco Fredrik Erixon, diretor do Centro Europeu de Economia Política Internacional, adotou recentemente o mesmo argumento em defesa da atual política sueca de precaução sem fechamento. "A teoria do *lockdown*", ele afirma, "não foi testada" – o que é verdade – e, consequentemente, "não é a Suécia que está conduzindo um experimento massivo. É o restante do mundo".

Mas, repetindo, minha intenção aqui não é contestar políticas, mas trazer à luz as certezas praticadas que fazem nossa política atual parecer incontestável. Deixe-me dar um exemplo final. Recentemente um colunista de um jornal de Toronto sugeriu que a emergência atual pode ser interpretada como uma escolha entre "salvar a economia" ou "salvar a avó". Nessa comparação, duas convicções primordiais são lançadas uma contra a outra. Se considerarmos esses fantasmas como coisas reais e não como construções questionáveis, podemos acabar estabelecendo um preço pela cabeça da avó. É melhor, creio eu, tentar pensar e falar de uma maneira diferente. Talvez as escolhas impossíveis definidas pelo mundo da modelagem e manejo sejam um sinal de que as coisas estão sendo estruturadas da maneira errada. Há um modo de passar da avó como uma "demografia" para uma pessoa que possa ser assistida, confortada e acompanhada até o fim de seu caminho; da Economia como a abstração suprema para a loja da esquina em que alguém investiu tudo o que tem e que agora pode perder. Atualmente, "a crise" mantém a realidade refém, prisioneira em seu sistema fechado e sem ar. É muito difícil encontrar uma maneira de falar em que a *vida* seja algo além de um recurso que cada um de nós deve de modo responsável gerenciar, conservar e, finalmente, salvar. Mas acho que é importante observar cuidadosamente o que veio à tona nas últimas semanas: a capacidade da ciência médica de "decidir a exceção" e depois tomar o poder; o poder da mídia de refazer o que é sentido como realidade enquanto renega sua própria agência; a abdicação da política diante da Ciência, mesmo quando não há ciência; a incapacitação do julgamento prático; o poder aumentado da consciência de risco; e o surgimento da Vida como o novo soberano. As crises mudam a história, mas não necessariamente para melhor. Isso irá depender do que se entende acerca do que o evento significou. Se, no rescaldo, as certezas que esbocei aqui não forem questionadas, o único resultado possível que posso perceber é que elas se fixarão mais firmemente em nossas mentes e se tornarão óbvias, invisíveis e inquestionáveis.

**Leituras adicionais**
Aqui estão alguns links para artigos que citei acima ou que influenciaram meu pensamento:
<https://nationalpost.com/opinion/why-draconian-measures-may-not-work-two-experts--say-we-should-prioritize-those-at-risk-from-covid-19-than-to-try-to-contain>.
<https://www.statnews.com/2020/03/17/a-fiasco-in-the-making-as-the-coronavirus--pandemic-takes-hold-we-are-making-decisions-without-reliable-data/>.
<https://www.spectator.co.uk/article/The-evidence-on-covid-19-is-not-as-clear-as-we-think>.
<https://off-guardian.org/2020/03/17/listen-cbc-radio-cuts-off-expert-when-he-questions--covid19-narrative/>.
<https://off-guardian.org/2020/03/24/12-experts-questioning-the-coronavirus-panic/>.
<https://www.journal-psychoanalysis.eu/coronavirus-and-philosophers/>.
<https://www.chronicle.com/article/giorgio-agambens-coronavirus-cluelessness/>.
<https://www.spectator.co.uk/article/no-lockdown-please-w-re-swedish>.

**David Cayley** é um escritor de 74 anos, radialista aposentado, autor de importantes trabalhos acerca do pensamento de Ivan Illich, de quem se tornou grande amigo. Publicou pela Penn State Press um estudo completo sobre a vida e o pensamento de Illich intitulado *Ivan Illich: A Candle in the Dark*. A coletânea de textos de Ivan Illich intitulada *No espelho do passado* será publicado pela n-1 edições.

(...) 02/06

# Chez Baldwin, coronavírus e o DNA brasileiro

Jânderson Albino Coswosk

Quinze de março foi o último dia em que eu e meu companheiro cruzamos o portão do prédio e fomos à rua. Em Vitória, capital do Espírito Santo, sábados ensolarados são bastante usuais e preenchem nossas vidas com o sabor de fim de semana, regados a idas à feira, ao cheiro de frutas, verduras e flores frescas, pastéis fritos, aromas de queijos e carnes ao ar livre. Desse dia para cá, não só meus pés não tocam mais as calçadas, como também o sol não toca minha pele. A interminável insônia, as trocas dos dias pelas noites, o pavor da infecção e as necroimagens que circulam pelo celular e televisão me afastam da varanda aqui de casa e, por consequência, do sol e da vitamina D gratuita.

Até o momento (29/09/2020), o Brasil já soma mais de 140 000 mortes por COVID-19. Este substantivo, alinhado a tantos outros, como *lockdown*, *quarantine*, *social distancing*, *homeschooling*, surgiu há poucos meses nas imagens televisivas, nos textos acadêmicos da *Nature*, da *Science*, nas reflexões instagrâmicas e facebookistas, nas chamadas de vídeo diárias, na nossa articulação fonêmica. Tal como um vírus, cravaram suas raízes anglo-saxãs no corpo da língua portuguesa articulada no Brasil, língua que também violou nossos corpos, a *terra brasilis*, impôs sua sintaxe pelas infindas formas de vida que aqui existem e se perpetuou ao longo de nossos mais de quinhentos anos da tão propagada "descoberta" deste pedaço da América do Sul. COVID-19, cuja significação é *Coronavirus Disease*, tornou-se uma palavra, ou melhor, uma sigla de ordem que (des)organiza o circuito dos afetos e dos corpos, o trabalho, a produção do capital, a vida e a morte.

Além da mudança do léxico e do comportamento, do rearranjo do apartamento, da disposição dos objetos, do redimensionamento do espaço e da tentativa muitas vezes fracassada de manter uma certa rotina para conseguir manter a sanidade, tenho minimizado a agonia do confinamento nas leituras diárias e nos rascunhos feitos para a composição de meu texto da tese de doutorado. Todos os dias, ao me sentar na cadeira para ler ou escrever, me deparo com uma fotografia icônica do escritor e ativista afro-americano James Baldwin, estampada na capa de sua biografia escrita por David Leeming. Adotei Baldwin como companheiro de um quarto caótico, tal como Giovanni acolheu David dentro de seu quarto, um cubículo-casa, situado na parte pobre da Paris dos anos 1950 no romance *Giovanni's Room*. Acolhi Jimmy Baldwin como meu confidente para o desabafo da tristeza diária, como suporte de análise e criação teórica.

Nos últimos quatro anos, tenho vivenciado um doloroso processo de doutoramento numa universidade pública. Digo doloroso porque as universidades públicas brasileiras têm sofrido com a falta de apoio financeiro e incentivo à pesquisa. A Universidade do Estado do Rio de Janeiro, na qual curso meu doutorado, abriga inúmeras pessoas periféricas das favelas cariocas, por ter um de seus campi situado na frente da favela da Mangueira, da estação de trem que liga a zona Norte do Rio de Janeiro aos demais cantos da cidade e por se direcionar à promoção da educação superior, pública e de qualidade para a classe trabalhadora. Também tem sido um processo doloroso por estudar diretamente a literatura de James Baldwin e por perceber que tudo o que ele traz em sua ensaística e literatura, em se tratando do racismo enquanto ingrediente maior da desigualdade humana, se perpetua na Europa, onde viveu parte da sua vida; nos Estados Unidos, sua terra natal; no Brasil, lugar onde vivo; bem como no resto do mundo. Mais ainda: tudo que tenho refletido e escrito a partir de sua obra tem mostrado uma força ainda mais voraz no calor da hora.

Desde o início do meu isolamento, uma cena grotesca permanece em reprise na minha cabeça. Pinheiros gigantescos, arbustos e toda uma vegetação que estava ali há anos – tudo derrubado. Artefatos históricos, paredes, pedras simbólicas removidas em prol da construção de um luxuoso condomínio, cujas instalações das piscinas ficariam às costas da Chez Baldwin, nome-metáfora da residência onde James Baldwin passou seus últimos anos de vida, entre 1971 a 1987. Os golpes da escavadeira para alterar o nível da terra, os caminhões lotados de destroços, homens perambulando pelo perímetro onde se pretende erguer aquela construção causaram uma certa anomalia na paisagem. É óbvio que seu desenho já não era mais o mesmo, pois havia um enorme vácuo naquela vizinhança em Saint-Paul-de-Vence sem a presença daquele corpo que se fundiu nas paredes, nos cômodos, nos móveis e objetos da casa que, agora, pode perder para sempre seus mais preciosos contornos.

A cena só me permitia ver as costas da Chez Baldwin – suas manchas de infiltração, a precariedade de suas paredes, portas e janelas, as ausências de um telhado ou outro, sem rosto, sem a varanda onde dava para apreciar Saint-Paul-de-Vence de cima, o nascer e o pôr do sol, as infindáveis horas guardadas em infinitos cigarros consumidos naquele recinto, sem lareira, sem nada. Não havia os desenhos feitos por seu amado irmão, David Baldwin, com quem viveu na casa até o fim da vida, o pôster de Nelson Mandela na parede, sem pinturas, esculturas, sem o blues de Bessie Smith, a melodia de Ray Charles, sem o pintor Beauford Delaney, seu grande amigo e mentor. Sem o cheiro do café quente ou rastros das inúmeras visitas feitas por amigos famosos. A casa agora era como um corpo sem órgãos.

Minha condição de espectador não era favorável para propor qualquer intervenção que parasse aquela tragédia, pois minha viagem ao sul da França, àquelas ruelas de Saint-Paul-de-Vence, não foi por vias aéreas ou oceânicas, como Baldwin costumava fazer no princípio de sua vida enquanto "viajante transatlântico". Fui através de fibra ótica, de clique em clique, em deslocamentos virtuais. A experiência do confinamento tem me ensinado a fazer esse tipo de movimento, a viajar sem passaporte, sem balcões de imigração, sem a hostilidade dos olhares fronteiriços dos estados nacionais, visto que agora, mais do que nunca, o corpo com ou sem o coronavírus é a primeira fronteira. A viagem feita apenas com os olhos e satélites, mapas de 360 graus, paisagens fotofílmicas do vídeo divulgado pelo *La Maison Baldwin Cultural Center*,[1] bem como o encontro com pessoas por entre as pranchas imagéticas do *Google Earth*, são algo que têm me movido nos últimos dias e não causa tanto pânico, mas nostalgia, quando me deparo com esses desconhecidos pelas ruas e paisagens virtuais.

A presença da Chez Baldwin em meio à modernidade maciça que tomou conta de Saint-Paul-de-Vence na contemporaneidade, ainda que em situação de risco, evoca o espectro de James Baldwin e sua relação profunda com a casa, tendo em vista a influência do que "casa" veio a significar para ele ao longo de sua vida e o que essa palavra conseguiu imprimir em sua literatura e ensaística. A relação do escritor com o lar, a mobília, os livros, discos e diferentes suportes artísticos que adornavam sua residência nos movem a pensar na experiência da domesticidade vivenciada por Baldwin nos últimos anos de vida como uma experiência de intenso confinamento.

Ao longo dos anos de lançamento de suas últimas obras, como os romances *If Beale Street Could Talk* (1974), *Little Man, Little Man* (1976), *Just Above My Head* (1979), além de suas coletâneas de ensaios *The Devil Finds Work* (1976) e *The Evidence of Things Not Seen* (1985) e a peça não finalizada *The Welcome Table*, Baldwin viveu um período de enorme desprestígio tanto por parte da crítica quanto do leitor comum. Apesar de ter saído de uma década vivida em Istambul, na Turquia, moldada por uma domesticidade envolta na experimentação criativa,[2] ele passava seus dias cada vez mais recluso e deprimido. Muito de sua tristeza e melancolia entre os anos 1970 e 1980 se deve aos restos da intensa batalha pela formalização dos direitos civis, luta que durou de meados dos anos 1950 a meados dos 1960, culminando com o assassinato de seus grandes amigos Medgar Evers, Malcolm X e Martin Luther King. As viagens e a presença pública nos debates diminuíram junto de sua esperança em ver o nascimento de uma sociedade mais igualitária em seu país natal.

---

1 Com a iminência da destruição da Chez Baldwin, um grupo de pesquisadores, artistas e acadêmicos no mundo inteiro se mobilizou para levantar fundos que propiciassem a posse da casa para a manutenção da memória dos últimos dias do escritor, bem como a promoção de eventos artísticos e acadêmicos que celebrem a vida e obra de Baldwin. Ver mais detalhes em: <https://www.lamaisonbaldwin.fr/baldwin-in-st-paul-de-vence>.

2 Magdalena J. Zaborowska, *Me and My House: James Baldwin's Last Decade in France*. Durham: Duke University Press, 2018, p. 17.

Baldwin sempre se sentiu um "estranho no ninho" e teve de abandonar o lar várias vezes ao longo da vida para seguir em busca de seus propósitos enquanto ser humano e escritor. Seu primeiro desejo ao completar dezessete anos foi deixar a congregação religiosa de seu padrasto, o reverendo David Baldwin, que, além de ter-lhe dado o sobrenome e forte sentimento de rejeição, foi o responsável pelo desenvolvimento da retórica estilística do jovem Baldwin na igreja e fora dela. Em 1941, o púlpito da congregação de David Baldwin veria seu enteado Jimmy pela última vez. A escolha do trecho do livro de Isaías "Ponha em ordem a sua casa" (Is 38:1), o predileto do Reverendo, e a imposição da voz do adolescente negro do Harlem mostravam não somente um tom crítico de despedida da congregação, mas o abandono da casa de seu padrasto e da vida que conhecia.

No fundo, James Baldwin sabia que viver sob o teto de um homem que o desprezou a vida inteira como ente familiar e sob uma igreja que se mostrava cada vez mais corrompida nos valores que tanto desprezava tornara-se insustentável e converteu-se em lágrimas e fortes desabafos ao lado de seu amigo Emile Capouya, no banco de um parque, ao confessar que era filho "ilegítimo" do homem que o adotou e criou, para minimizar o peso da negação e do desprezo total que marcavam sua relação com o padrasto. Na tentativa de buscar refúgio contra o racismo e a homofobia e movido por um forte desejo de se encontrar enquanto artista, parte para a França aos 24 anos, em 1948, e vivencia uma longa estadia em Paris.

No autoexílio, Baldwin descobre uma Europa revestida de uma racialidade interna diferente daquela vivida nos Estados Unidos, que se direcionava a ele a partir de seu reconhecimento não enquanto negro, mas como estadunidense, e se impunha a outros imigrantes negros, principalmente aqueles oriundos de colônias africanas, como os argelinos, até compreender que os argelinos eram o *"nigger"* da França. O racismo à francesa também favoreceu o apoio de Baldwin ao Movimento da *Négritude*, que ainda pulsava pelas estruturas parisienses e tinha Jean-Paul Sartre como seu porta-voz europeu. Baldwin também contribuiu na luta pela libertação das colônias africanas. Ele descobriria tempos depois sua descontinuidade com o continente africano, pois a África imaginada e seus elos com os negros estadunidenses não possuíam traços que os faziam se sentir "em casa" quando se tratava de tais aspectos identitários, tão acolhidos durante o Renascimento do Harlem, principalmente quando percebeu aproximações entre Dakar e o Harlem e pôde averiguar as marcas da colonialidade na Serra Leoa, ao observar os falantes de inglês do Protetorado Britânico e os serra-leoneses falantes do crioulo.[3] O amargor de estar fora de casa encontraria sua contraparte de gênero ao sentir o desconforto dos amigos de seu mentor da época, o escritor Richard Wright, que não se sentiam à vontade para encontrá-lo nos bares que ele e seus amigos frequentavam.

---

3 David Leeming, *James Baldwin: A Biography*, Nova York: Henry Holt, 1994, pp. 208-210.

Dada a sua vida transeunte e transnacional, James Baldwin desenvolveu ao longo de vários extratos de sua obra noções mais acuradas do que ele entendia como "casa" (*house*) e "lar" (*home*). As acepções de ambos os vocábulos em sua obra literária e ensaística ganharam contornos distintos: "casa" carregaria um peso colonial, visto que tal palavra seria referida em sua obra como a nação estadunidense propriamente dita enquanto "casa da escravidão".[4] "Lar" assumiria o sentido de morada ou o conforto doméstico.

Suas primeiras manifestações acerca do entendimento dos vocábulos em questão aparecem no ensaio "Me and My House", publicado pela primeira vez na *Harper's Magazine* em 1955, vindo a aparecer posteriormente sob o título de *Notes of a Native Son* (1955), coletânea de ensaios homônima. O ensaio levou doze anos para ficar pronto, abordando eventos significativos para sua vida em 1943 – a morte de seu padrasto, o nascimento de seu irmão mais novo, seu aniversário de dezenove anos, ataques de cunho racial no Harlem, sua ida para Nova Jérsei e o sofrimento com a segregação racial. Entre 1948 e 1957, Baldwin viveu entre Paris e Nova York, até decidir residir na Turquia em 1961. As análises seguiram nos ensaios "Encounter on the Seine: Black Meets Brown", "Equal in Paris", "Stranger in the Village" e "Question of Identity", também publicados nesta coletânea, na qual Baldwin refletiu sobre a perda da confiança na estabilidade identitária e a necessidade de lidar com a racialidade dentro e fora dos Estados Unidos.

*Notes of a Native Son* marca a ruptura definitiva com a congregação do pai adotivo e sua ilegitimidade, bem como com Richard Wright, ao criticar, no ensaio "Everybody's Protest Novel", a ausência de trabalho da vida interior do personagem Bigger Thomas em *Native Son*, romance de Wright que serviu de inspiração para nomear a coletânea. Ao citar uma passagem do livro bíblico de Josué em *Notes*, tal como seu padrasto fazia nos cultos, Baldwin confere a "casa" o sentido de nação, o direito de exercer suas múltiplas identidades e de tomada de posse de seu lugar dentro da sociedade estadunidense: "Quanto a mim e a minha casa, nós serviremos ao Senhor."[5]

Se "talvez a casa da gente não seja um lugar", mas "simplesmente uma condição irrevogável"[6] e, na medida em que Baldwin redimensiona o lar enquanto arquivo, seus cômodos e sua relação com os objetos, tendo em vista sua experiência de isolamento como modo final de vida e como uma nova produção do espaço doméstico, a tentativa de derrubada da casa sugere o apagamento da memória ali instaurada. Com sua destruição, é como se Baldwin fosse "expulso" novamente de casa, preso

---

4 James Baldwin, "Notes on the House of Bondage", *The Nation*, 1º nov., 1980. Disponível em: <https://www.thenation.com/article/archive/notes-house-bondage/>. Acesso em: 01 mai. 2020.

5 No original: "But as for me and my house, we will serve the Lord". James Baldwin, "Notes of a Native Son", in *Notes of a Native Son*. Nova York: Bantam Books, 1968, p. 94.

6 James Baldwin, *O quarto de Giovanni*. Trad. Paulo Henriques Britto. São Paulo: Companhia das Letras, 2018, p. 126. Originalmente publicado sob o título *Giovanni's Room* (Nova York: The Dial Press, 1956).

num eterno modo transeunte de existência, assumindo o status de eterno estrangeiro do país que o acolheu, um corpo sem lugar.

    Minha visita virtual à casa de Baldwin, em sua dimensão crítico-literária, traz à tona a ambivalência de sua trajetória de vida – entre ser estrangeiro dentro e fora de casa. O encontro com a domesticidade e reclusão na fase final de sua produção e atuação pública mostram o escritor enquanto testemunha-chave de eventos que marcaram o mundo no século XX. Embora não tenha presenciado o que estamos vivendo hoje, ele pode nos ajudar a compreender a tragédia viral diária que passa pelo cotidiano brasileiro e mundial, à medida que experimentou o confinamento doméstico e o exílio e sofreu o fardo do confinamento identitário, o dilema entre ser negro, gay e estrangeiro na Europa e a dura relação entre si mesmo com o seu país de origem. Baldwin foi vítima de um vírus com o qual temos mais intimidade do que este que tem nos colocado à prova: o vírus do racismo.

    Além do aprendizado da autoconvivência, do autoentendimento e da solidão sem prazo para acabar, tal como Baldwin o fez, e na tentativa de manter o isolamento para nos proteger e preservar os demais, o quadro pandêmico que atravessamos traz, dentro da "cruel pedagogia do vírus",[7] o racismo enquanto um elemento pandêmico. Ao seguirmos na esteira de Julio Tavares, sugerimos a ideia da racialização do Outro enquanto uma contaminação viral, que tomou como hospedeiro o mundo ocidental a partir de sua inserção na modernidade atrelada ao colonialismo e ao capitalismo e se alojou no resto do globo. A propagação do coronavírus dada de forma tão fluida pelo ar sugere, de modo análogo, os modos operacionais do racismo pelas instituições e camadas sociais. Do mesmo modo que o vírus, que atua de forma sistêmica no corpo humano, comprometendo vários órgãos simultaneamente ao se reproduzir de forma incontrolável e desencadear sintomas cada vez mais desconhecidos por parte dos especialistas, o racismo procura espaços para habitar, onde a possibilidade de exclusão e de sobreposição do sujeito branco e ocidental aos demais é facilitada, fazendo do racismo um vírus tão mortal quanto a COVID-19.[8]

    Em diálogo com Helena Vieira, Ochy Curiel oferece uma outra forma de compreensão da pandemia. A propósito da disseminação do coronavírus, aliada a outras crises ecológicas e socioeconômicas, é possível enxergá-la a partir de duas racionalidades. A primeira delas é a racionalidade ocidental, cujo modelo de vida está atrelado ao capitalismo e ao neoliberalismo como formas hegemônicas de se conceber o sistema-mundo, à medida que o Ocidente sempre assumiu a natureza como um objeto de exploração ecológica e sua domesticação como forma de progresso. A

---

[7] Boaventura de Souza Santos, *A cruel pedagogia do vírus*. Coimbra: Edições Almeida, 2020.
[8] Julio Tavares, "O que a pandemia revela para as Ciências Sociais e a sociedade brasileira?", *História em Quarentena*, 25 de abril de 2020. Disponível em: <https://www.youtube.com/watch?v=Hgkm1Uz9soU>. Acesso em: 01 mai. 2020.

outra racionalidade está vinculada à vida humana como parte integrante da natureza, algo bastante prezado por saberes indígenas e afrodiaspóricos.[9]

De qualquer modo, a experimentação da vida cotidiana, da morte e dos fatos em 2020 tomaram proporções caóticas de aceleração do tempo enquanto aceleração de contágios. O contato com um vírus letal nos tem feito provar de forma dinâmica, mutante, como um vírus, e acelerada, como o contágio, as dores da desigualdade global, seus efeitos sobre as populações mais pobres e a acentuação das mazelas do corpo e da mente. Ao mesmo tempo que o coronavírus foi capaz de desacelerar a produção do capital selvagem, da emissão de gases na atmosfera e promoveu o retorno da fauna em lugares onde os animais não mais circulavam, ele escancarou as portas da violência contra negros, indígenas, o feminicídio, o desmatamento na Amazônia, os velhos contágios de doenças que acometem populações indígenas que vivem mais afastadas da ocidentalidade e inverteu a ordem dos papéis em relação aos modos de ver o Velho Mundo, a Europa, como modelo civilizatório a ser seguido. O vírus tem alterado o nosso modo de ver também a África, a Afro-Latino América e a Afro-América estadunidense, regiões contaminadas *a posteriori*. *The West and the Rest*, para lembrar Stuart Hall.[10]

Mais ainda, o vírus exibiu os contornos de novos racismos que já estavam em incubação. Agora, a epiderme amarela – o racismo amarelo, asiático – está em alta, visto que a todo momento notícias falsas circulam pelos nossos celulares e contaminam o nosso imaginário ao frisarem que a culpa de tudo isso é da China. Todo rosto, todo corpo que carrega signos da "anatomia asiática" está sujeito ao linchamento e aos gritos de culpa.

A forma de vida tal qual conhecíamos não existe mais e não voltará a existir. Tampouco os modos de produção do capital, o preconceito de cor, gênero, classe, religião. Prova disso é a incansável insistência nada inclusiva de iniciativas governamentais para o investimento do tempo e das poucas forças emocionais de que nós, alunos e professores, dispomos na educação à distância. Timidamente, ela chegou no ensino superior brasileiro como promessa de incluir as massas não oportunizadas pela educação superior presencial. Aos poucos, foi massificada e tomando forma mercadológica nas instituições privadas de ensino e agora promete se firmar no ensino básico de crianças, jovens e adultos. A ordem do dia é que ela se dissemine nas casas, contagie as famílias e os alunos, para que a vida siga na normalidade.

Num país como o Brasil, onde a grande massa populacional retornou à zona de miséria após o golpe de 2016 contra a presidenta Dilma Rousseff, é impossível não deixar ninguém para trás nesse processo. A insistência num modelo on-line

---

9 Helena Vieira; Ochy Curiel, "América Latina e Saúde Global - com Ochy Curiel e Helena Vieira", *Pausa para o fim do mundo*, 2020. Disponível em: <https://www.youtube.com/watch?v=HwrtOh0-aFU>. Acesso em: 09 mai. 2020.
10 Stuart Hall, "The West and the Rest". In: *Formations of modernity*. (Orgs.) Stuart Hall and Bram Gieben. Cambridge, Inglaterra: Polity Press; Open University; Nova York: Oxford University Press, 2009, pp. 275-332.

de educação básica no Brasil põe à prova a exclusão digital a que a maior parte dos alunos de escolas públicas está submetida; à impossibilidade de troca interpessoal dos estudantes no ambiente escolar; o convívio diário de gays, lésbicas e transgêneros com pais e mães homofóbicos ou de crianças e adolescentes que são vítimas de violência sexual; mães de família que são diariamente vítimas do feminicídio; pais e mães que perderam ou estão perdendo seus empregos; pais e mães de família que já não tinham emprego, mas que viviam na informalidade; crianças e adolescentes que não têm o que comer em casa, mas que se alimentavam na escola. Essa exclusão, como todas as outras já citadas, tem cor e endereço.

Acredite ou não, ficar em casa e respirar hoje são dádivas para poucos privilegiados no mundo inteiro, e, precisamente no Brasil, ficar em casa tem se manifestado como um gesto de privilégio e de protesto contra a falta de políticas públicas, de sensibilidade governamental e de ética e respeito à vida das pessoas. Sair de casa no Brasil hoje pode significar a ida de milhões de brasileiros desempregados em busca do pão de cada dia através de serviços não registrados, pode adquirir o sentido de cuidado com as vítimas do coronavírus em leitos de unidades de terapia intensiva, bem como de exposição à morte, ou, ainda, pode significar a propagação de um vírus letal de forma inconsciente e desonesta. Neste último caso, é assumir, antes de tudo, uma postura tão patológica, delirante e esquizofrênica quanto qualquer doença física ou qualquer defesa da não superada ditadura militar que sofremos há menos de quarenta anos e que mostra seus rastros na contemporaneidade, a defesa da xenofobia, da homofobia, do capital em detrimento à vida dos mais necessitados, da violência por se fazer, que exibe seu rosto branco e colonial.

Meu sentimento de impotência enquanto professor da escola pública brasileira, aliado muitas vezes ao de angústia no processo de confinamento, é potencializado pelos contínuos ataques que a universidade pública tem sofrido nos últimos quatro anos. É um processo que mina as forças dos docentes, que se dividem entre ensinar, modelar projetos de extensão e fazer pesquisa de ponta, e dos alunos, que muitas vezes iniciam o percurso universitário sem nenhuma garantia de término, por inúmeros fatores sociais. Ser professor, extensionista e pesquisador nessas condições requer um conjunto de forças e atitudes polivalentes. Este é um momento em que os institutos federais e a universidade se mostram como protagonistas na busca pelo tratamento efetivo de quadros pandêmicos, além desta última também compor a linha de frente nos atendimentos das vítimas que recorrem aos hospitais universitários. É o momento, também, de nossos alunos serem despertados para refletir sobre o que estamos enfrentando e de pensarmos em novas formas de produzir e assimilar o conhecimento, pois aquilo que ensinávamos, da forma que ensinávamos, tem se tornado cada vez mais obsoleto diante dos desafios que nos esperam quando retornarmos fisicamente às atividades escolares. Inclusive a forma como temos ensinado aos alunos sobre como viemos parar aqui.

A discussão de nossa identidade étnico-racial e nacional ainda sobrevive atrelada ao fator da suposta "descoberta" europeia de um lugar onde já havia sociedades nativas organizadas. Tal reflexão me direcionou a uma segunda empreitada virtual. A partir de um vídeo hospedado na plataforma Vimeo,[11] pude retornar a março de 2020 e atravessar o Atlântico rumo aos Estados Unidos. Trata-se da exposição *The Discovery of What It Means To Be Brazilian*, ocorrida em Chicago, na galeria Mariane Ibrahim. Em clara homenagem ao ensaio "The Discovery Of What It Means To Be An American", da coletânea baldwiniana *Nobody Knows My Name* (1961), a exposição reuniu dezoito trabalhos plásticos que desafiam o mito da descoberta, da pretensa democracia racial brasileira, bem como aspectos concernentes à identidade nacional e a experiência sobre ser negro no Brasil.

Sob a curadoria de Hélio Menezes, a exposição contou com trabalhos dos artistas Jaime Lauriano, No Martins, Aline Motta, Éder Oliveira e Tiago Sant'Ana, que dialogam com o passado colonial brasileiro e com as discussões contemporâneas acerca das tensões raciais, da resistência e resiliência negro-brasileira, incitando a audiência a se questionar o que significa ser brasileiro e afrodescendente hoje, perante o debate do passado eugênico e escravocrata do Brasil e a manutenção do racismo estrutural.

Ao eleger os artistas para a exposição, Hélio Menezes entrou em profundo contato com a obra de James Baldwin e percebeu o quanto ela dialogava, entre similaridades e particularidades, com a contemporaneidade brasileira e com as obras selecionadas. O curador enfatiza o paradoxo vivido por Baldwin entre ser reconhecido como "americano" na exterioridade e, em sua própria casa, ser visto simplesmente como um "escritor negro", pois o sentido de ser "americano" era mais encapsulado aos corpos brancos e à ascendência europeia.[12]

A volta no tempo e a ida à galeria sem o apelo comercial e institucionalizado gerou um enorme impacto na minha percepção sobre a exposição, sua organização e seleção das obras apresentadas, além de pensar como Baldwin pôde inspirar tantos artistas brasileiros a partir da escrita e contaminar seus trabalhos plásticos e fotográficos. Sob o título *(Other) Foundations* (2017-2019), as fotografias de Aline Motta fazem montagens com mãos negras segurando um espelho quadrado, em diferentes paisagens brasileiras. Os reflexos, ora com a projeção de paisagens simultâneas no espelho, ora com a aparição de um rosto negro feminino ou mãos masculinas, revelam faces de um Brasil diverso em geografia e que possui uma presença cultural

---

11 Mariane Ibrahim, "Virtual Walk Through: 'The discovery of what it means to be Brazilian'", *The Discovery of What It Means to Be Brazilian*, Março 2020. Disponível em: <https://vimeo.com/398561676>. Acesso em: 04 abr. 2020.

12 Pearl Fontaine, "Curator Hélio Menezes Shows the Meaning of Being Brazilian at Mariane Ibrahim Gallery", *WhiteWall*, Março 17, 2020. Disponível em: <https://www.whitewall.art/art/curator-helio-menezes-shows-the-meaning-of-being-brazilian-at-mariane-ibrahim-gallery>. Imagens disponíveis em: Mariane Ibrahim, "The discovery of what it means to be Brazilian, Curated by Hélio Menezes", *Mariane Ibrahim Gallery*, Fevereiro 1 – Março 21, 2020. Disponível em: <https://marianeibrahim.com/usr/documents/exhibitions/list_of_works_url/25/discovery_brazilians_exhibition.pdf>. Acesso em: 04 abr. 2020.

africana maciça, que ainda hoje permanece na subalternidade. As fotos revelam outras faces e paisagens brasileiras que destoam da narrativa oficial sobre a formação do território nacional.

Os triângulos que acompanham as três vertentes do suporte *Concrete Experience (Atlantic Triangle)* (2019), de Jaime Lauriano, fazem alusão às caravelas portuguesas que atracaram na costa brasileira, assim como os mapas da série *America: democracia racial, melting pot and pureza de razas* (2019), que desenham as cartografias coloniais e o passado brutal pelo qual se originou a mistura étnica de nosso povo.

Como modo de trazer à tona a persistente violência aos corpos negros, No Martins apresenta duas aquarelas sem título, de 2019, numa das quais crianças negras aparecem segurando um cartaz escrito "#Já Basta!". Na outra, uma menina negra carrega uma bandeira e olha fixamente para o espectador, na esperança de que ele seja tomado por sua indignação. Em contrapartida, Éder Oliveira traz em *Pixel series* (2019) o apagamento e a invisibilidade dos rostos de jovens negros como modo de aludir à violência física e simbólica diárias a que eles são acometidos e à maneira como tal violência é constantemente silenciada.

A obra de Tiago Sant'Ana abarca o passado colonial e o açúcar como o símbolo do enriquecimento das famílias escravocratas do Brasil. Numa série complexa de fotografias, que vai desde *Refining #2 (Refino #2)* (2017) e *Açúcar sobre capela* (2018) até a série *Sugar Shoes* (2018-2019), as plantações de cana-de-açúcar são retratadas a partir de seu produto final. As imagens que carregam um par de sapatos masculinos feito de açúcar variam de foto para foto – ora aparecem nas mãos de um homem negro, parcial ou completamente submerso na água, ora sozinhos, numa versão feminina, como peça de vitrine para exposição e compra.

No ensaio que deu vida à exposição, James Baldwin inicia suas reflexões a partir da complexidade do substantivo "América" e dos significados coloniais a ele atrelados. Mesmo que se refira aos Estados Unidos como "a" América, Baldwin nos dá pistas para pensarmos a formação da América de cá, o Sul global, bem como as imbricações da palavra "descoberta" com a violência colonizatória. Além disso, "descoberta" e "América" caminham juntas pelo fato de que o extermínio das populações nativas, tanto no Brasil quanto nos Estados Unidos, também se deu a partir do contato biológico que essas populações tiveram com doenças levadas por colonizadores europeus.

Ao refletir sobre sua identidade nacional no exílio, Baldwin constata que o racismo, ou o "problema da linha de cor", produziu tanto o negro quanto o branco. Ambos faziam parte de uma mesma herança do discurso ocidental, que produziu a racialidade para hierarquizar os corpos e as relações humanas em todas as instâncias. Era preciso, segundo ele, libertar-se do "mito americano" para que houvesse a libertação de seu próprio corpo do fardo da epiderme.

O relato de Baldwin pode ser visto como um retrato da tradução das identidades nas Américas em geral, que, diante de inúmeras interseções linguístico-culturais que atravessaram as vidas dos invasores colonos e daqueles que resistiram às suas ambições, tiveram de negociá-las e reescrevê-las – traduzi-las em outra coisa.[13] Do público ao particular, é possível averiguar o quanto a dificuldade do escritor em sobreviver num sistema que o via "meramente como um escritor negro"[14] aponta similitudes das vivências afrodiaspóricas e indígenas no Brasil, embora estejamos falando de locais e tempos muito distintos.

Muitos de nós, negros e indígenas periféricos, tivemos nossas vidas marcadas pela mobilidade de nossos ancestrais africanos, indígenas e europeus, mas há um vácuo entre esses três elementos que compõem a história étnica de nossas genealogias: dispomos somente da fração histórica europeia para contar. As partes negra e indígena, pelas forças brutais do colonialismo, se dispersaram pelo tempo através do extermínio de populações inteiras, pela escravidão, pela troca forçada de nomes ancestrais por ocidentais a quem neles não se reconhecia e por um deslocamento sem deixar qualquer rastro.

Olhar para esse lado de nossa história nos aproxima de Baldwin em diversos aspectos. Não só porque muitos de nós se encontram imersos nas congregações religiosas espalhadas pelas periferias brasileiras, mas porque a colonização aqui e lá deixou, a ferro e brasa, marcas profundas em nossa constituição familiar. Particularmente, é aí que me distancio de Baldwin: ele possui maiores convicções de suas origens, imersas na Grande Migração de negros ex-escravizados do Sul para o Norte estadunidense, e foi perturbado a vida inteira por sua história familiar, embora tenha passado a vida inteira sem saber quem era seu pai biológico. Eu, por outro lado, mal disponho da história de como meus laços africanos, indígenas e poloneses se cruzaram.

Enquanto nos Estados Unidos muitos escravizados escreveram sobre os traumas que vivenciaram e mantiveram esses registros reeditados, muitas vezes a duras penas, aqui pouco foi preservado em termos de narrativas ou até mesmo de espaços de memória. Apesar de agora reivindicarmos os legados literários e históricos afro-indígenas no seio da nossa fundação, ao enegrecermos Machado de Assis ou ao colocarmos Maria Firmina dos Reis nas prateleiras das livrarias e nos currículos acadêmicos, além de outros exemplos bastante expressivos, quando ficamos frente a frente com a cena literária indígena que se consolida dia a dia em nossa "casa", percebemos que ainda nos falta muito para levarmos a sério o peso da memória no combate à histeria coletiva que se alastra no Brasil contemporâneo diante de nosso passado-presente.

A tentativa de "expulsão" metafórica de Baldwin de sua casa em Saint-Paul-de-Vence atinge a todos nós à medida que se torna a tentativa de apagamento de uma memória

---

13 Edwin Gentzler, *Translation and Identity in the Americas – New Directions in Translation Theory*. Londres: Routledge, 2008. Ver também: Maria Aparecida Andrade Salgueiro, "Traduzir a Negritude: Desafio para os Estudos de Tradução na contemporaneidade". *Cadernos de Letras da UFF*, Niterói - RJ, n. 48, 2014, pp. 73-90.

14 No original: "merely a Negro writer". James Baldwin, "The Discovery of What It Means to Be an American". In *Nobody Knows My Name: More Notes of a Native Son*. Nova York: Dell, 1963, p. 17.

negra coletiva, dado o alcance transnacional do escritor e sua importância, mesmo que pouco valorizada no Brasil. Ela pode ser lida à luz da primeira vítima fatal do coronavírus no Rio de Janeiro — uma trabalhadora doméstica, infectada por sua patroa e retratada sem nome pela mídia hegemônica. Acolhe também as diaristas e aquelas que foram obrigadas a se manterem no trabalho e nos quartos de empregada, espalhados pelos prédios da aristocracia branco-brasileira.

A derrubada da casa de Baldwin acolhe a expulsão dos quilombolas de suas casas, dos sem-terra, sem-teto, dos indígenas sem a posse da demarcação territorial. Ela vem, ainda, iluminar o apagamento da história e dos inúmeros rostos de negros e indígenas vítimas da COVID-19, que, ao serem relatados, sofrem total invisibilidade e despossessão de seus nomes e suas histórias de vida. Ela ajuda a revelar as formas como o coronavírus mata mais pessoas negras e pardas hospitalizadas do que brancas. Ela se alinha ao trânsito livre de pessoas brancas pelas ruas e parques de Manhattan, em Nova York, enquanto negros são caçados como animais em plena pandemia por policiais e por membros da sociedade civil estadunidense.

Ela é capaz de descortinar as experiências de confinamento diário que homens e mulheres negros sempre viveram nas senzalas, nas lavouras, na segregação espacial e habitacional com as leis Jim Crow, nos linchamentos, no genocídio diário que assola as populações afro-brasileira e afro-estadunidense. Ela evidencia o que Baldwin definiu como algo presente na vida afrodiaspórica enquanto "terror claustrofóbico",[15] ou aquilo que Magdalena Zaborowska designou como a inabitação enquanto parte da experiência negra e *queer*.[16] A "expulsão" metafórica de James Baldwin nos auxilia a enxergar um quadro ainda mais grave da espacialidade urbana brasileira no que diz respeito à presença do vírus nas comunidades periféricas, onde o isolamento social não é uma estratégia suficiente para a sua contenção, ao mostrar a ausência de políticas públicas para a manutenção da vida dessas pessoas nesses espaços.

Por outro lado, como nos alerta Julio Tavares,[17] as comunidades têm criado redes potentes de solidariedade para a manutenção da vida dos moradores e resistência ao aumento da desigualdade com o uso da tecnologia. Uma vida comunitária em escala global regida pelo mercado tem dado espaço a laços de solidariedade que se dão na precariedade e que devem ser pensados como práticas de troca a serem consolidadas no mundo "pós"-pandemia.

Assim como auxilia no fortalecimento das comunidades frente a pandemia e me possibilitou visitar a Chez Baldwin e frequentar a exposição em Chicago virtualmente, a tecnologia tem promovido encontros de outras ordens em prol da união

---

[15] No original: "claustrophobic terror". James Baldwin, "Sweet Lorraine". In: *The Price of The Ticket: Collected Nonfiction 1948-1985*. Neova York: St. Martin's Press, 1985, p. 444.
[16] Magdalena J. Zaborowska, *Me and My House*, op. cit., p. 71.
[17] Julio Tavares, "O que a pandemia revela para as Ciências Sociais e a sociedade brasileira?", *História em Quarentena*, 25 de abril de 2020. Disponível em: <https://www.youtube.com/watch?v=Hgkm1Uz9soU>. Acesso em: 01 mai. 2020.

de cientistas no combate à pandemia. Mais de 9 000 pessoas marcaram presença no dia 7 de maio de 2020 na manifestação digital pela Ciência, organizada pela Sociedade Brasileira para o Progresso da Ciência (SBPC). Professores, estudantes e pesquisadores do Brasil inteiro estiveram virtualmente em Brasília a fim de reivindicarem medidas que valorizem a pesquisa no País como caminho mais viável para enfrentar o coronavírus e a desigualdade social.[18]

Talvez a permanência desses laços, como sugere Tavares, possa ser um caminho sistêmico de sobrevivência das populações mais vulneráveis, cujos ancestrais pagaram um preço alto para que elas seguissem resistindo até os dias de hoje. Estamos vivenciando uma nova *Middle Passage*, embarcando num novo navio negreiro, onde as trocas imprevisíveis e laços de afeto mútuos serão a chave para a garantia de vida quando o navio aportar em terra firme e tivermos de lutar para a manutenção de nossa casa, tal qual a de Baldwin, em pé e dentro de um novo quadro de normalidade que está por vir. Para tanto, é preciso que ela tenha uma base sustentável e cooperativa para construirmos uma ecologia global desvinculada da racionalidade do mercado, da exploração e do privilégio em detrimento das populações não brancas.

Diante do isolamento forçado, do contágio e de ameaças à democracia brasileira, a iminência da destruição da Chez Baldwin e a movimentação para a sua permanência vêm nos ensinar que a descoberta do que significa ser brasileiro reside menos na unidade propagada pela narrativa oficial e mais na diversidade étnico-racial e cultural, próprias da formação do povo brasileiro. Ser brasileiro, principalmente em meio à pandemia, é perceber a existência de inúmeras histórias paralelas negadas, que ficaram enterradas durante tanto tempo ao longo da nossa história nacional, mas que surgem na contemporaneidade para contestar a visão de um país uno e que precisa estar aberto à diferença que o compõe para resistir à pandemia e a outros colapsos sociais presentes em nosso DNA.

**Jânderson Albino Coswosk** é professor do Instituto Federal do Espírito Santo (Ifes – Campus de Alegre) e doutorando em Literaturas de Língua Inglesa (UERJ). Suas investigações têm se ocupado da obra do escritor James Baldwin e seus diálogos contemporâneos com a cultura visual.

---

18 Ver maiores detalhes em: Sociedade Brasileira para o progresso da Ciência, "Marcha Virtual pela Ciência", *Portal SBPC Net*, 2020. Disponível em: <http://portal.sbpcnet.org.br/marcha-virtual-pela-ciencia/>. Acesso em: 05 mai. 2020.

(...) 03/06

# "Nós nos tornamos um vírus para o planeta"
Philippe Descola

TRADUÇÃO Anderson Santos

*Em que medida essa pandemia mundial é um "fato social total", como dizia Marcel Mauss, um dos fundadores da Antropologia?*
Um fato social total é uma instituição ou um conjunto de eventos que coloca em movimento uma sociedade, que revela seus componentes e valores, que traz à luz sua natureza profunda. Nesse sentido, a pandemia é um reagente que condensa não as singularidades de uma sociedade específica, visto que é mundial, mas alguns traços do sistema que governa o mundo atual, o capitalismo pós-industrial.

Quais são eles? Primeiro, a degradação e o estreitamento sem precedentes dos meios pouco antropizados, devido à sua exploração pela pecuária em regime extensivo, a agricultura industrial, a colonização interna e a extração de minerais e combustíveis fósseis. Essa situação fez com que espécies selvagens, que são reservatórios de patógenos, entrassem em contato muito mais intenso com os humanos que vivem em habitats bem mais densos. Ora, as grandes pandemias são zoonoses, doenças que se propagam de espécie para espécie e cuja difusão, portanto, depende em grande parte das perturbações ecológicas.

Segunda característica: a persistência gritante das desigualdades revelada pela situação de crise no interior de cada país e entre os países, o que torna suas consequências muito diferentes conforme a situação social e econômica em que se encontram. A pandemia permite verificar a observação feita pelo antropólogo David Graeber de que, quanto mais um trabalho é útil à sociedade, menos é remunerado e considerado. Subitamente, descobrimos a importância crucial das pessoas de que dependemos para cuidar de nós, alimentar-nos, livrar-nos do nosso lixo e que são os primeiros expostos à doença.

Terceira característica: a velocidade de propagação da pandemia. Que as doenças infecciosas dão a volta ao mundo, não há nisso nada de novo. O que chama a atenção é que elas o façam tão rapidamente na forma atual da globalização, que parece inteiramente regida pela mão invisível do mercado, isto é, a regra do lucro o mais imediato possível. O que salta aos olhos, especialmente com a escassez das máscaras, testes ou recursos terapêuticos, é uma divisão internacional da produção fundada em duas omissões: a do custo ecológico do transporte de mercadorias e a da necessidade, para se fazer sociedade, de uma divisão local de trabalho na qual todo o *savoir-faire* está representado.

*Esta crise se deve à devastação do planeta ou, ao contrário, devemos considerar que as pandemias, desde a idade que precedeu o Antropoceno, fizeram parte da História e que o homem deve reconhecer sua humildade?*
Como americanista, estou dolorosamente consciente do preço que as populações ameríndias pagaram pelo seu encontro com as doenças infecciosas introduzidas pelos colonizadores europeus: entre os séculos XVI e XVIII, em algumas regiões, 90% da população desapareceu. As epidemias nos acompanham desde o início da hominização. Simplesmente, ao que parece, o desenvolvimento do estado de bem-estar social da Europa desde o final do século XIX contribuiu para que aqueles que dele se beneficiam esquecessem que o perigo e a incerteza continuam a ser componentes fundamentais de nossos destinos coletivos.

*Por que o capitalismo moderno se tornou uma espécie de "vírus do mundo"? Embora esta pandemia pareça ter relação com os mercados de animais vivos e a medicina tradicional chinesa, será que o capitalismo é o culpado de tudo?*
Um vírus é um parasita que se replica às custas de seu hospedeiro, às vezes matando-o. É isso que o capitalismo tem feito com a Terra desde o início da Revolução Industrial, durante muito tempo sem sabê-lo. Agora sabemos, mas parece que temos medo da cura, que também conhecemos, ou seja, uma reviravolta em nossos modos de vida.

Sem dúvida os mercados tradicionais chineses contribuem para o desaparecimento do pangolim ou do rinoceronte. Mas as redes de contrabando de espécies protegidas que os alimentam funcionam segundo uma lógica perfeitamente capitalista. Para não falar do capitalismo selvagem das empresas florestais chinesas ou malaias funcionando na Indonésia, de mãos dadas com as plantações de palmeiras-de-óleo e as indústrias agroalimentares.

Quem não funciona segundo esse modelo são as populações indígenas de Bornéu (e muitas outras regiões do mundo), que defendem seus territórios contra o desmatamento. O capitalismo nasceu na Europa, mas não é etnicamente definível. E continua a se propagar como uma epidemia. Embora não mate diretamente quem o pratica, destrói as condições de vida em longo prazo de todos os habitantes da Terra. Nós nos tornamos um vírus para o planeta.

*Esta crise não é uma oportunidade para conceber de outra forma as relações entre a cultura e a natureza, entre os humanos e os não humanos? Ou, ao contrário, deveríamos aumentar a distância entre "eles" e "nós", dadas as zoonoses?*

(...)

Na virada do século XVII começou a surgir na Europa uma visão das coisas que chamo de "naturalista", baseada na ideia de que os humanos vivem em um mundo separado dos não humanos. Sob o nome de natureza, esse mundo separado poderia se tornar um objeto de investigação científica, recursos ilimitados, reservatório de símbolos. Essa revolução mental é uma das fontes da exploração desenfreada da natureza pelo capitalismo industrial e o desenvolvimento sem precedentes dos conhecimentos científicos.

Mas ela nos fez esquecer que a linha da vida é formada por elos interdependentes, dos quais alguns não são vivos, e que não podemos nos abstrair do mundo como quisermos. O "nós", portanto, faz pouco sentido se pensarmos que a microbiota de cada um de "nós" é composta por milhares de milhões de "eles" ou que o $CO_2$ que emito hoje irá afetar o clima daqui a mil anos. Vírus, microrganismos, espécies de animais e vegetais que modificamos ao longo dos milênios são nossos parasitas no banquete às vezes trágico da vida. É um absurdo pensar que podemos livrar-nos deles e viver numa bolha.

*Os povos indígenas da Amazônia se fecham, se dispersam e recuam para enfrentar a epidemia. Nós também deveríamos nos refugiar atrás de nossas fronteiras e nações? É esse o fim não apenas da globalização, mas também de um certo cosmopolitismo?*
Quando se fala de uma cosmopolítica no sentido do sociólogo Ulrich Beck, ou seja, a consciência adquirida por uma grande parte da humanidade de que compartilha um destino comum porque está exposta aos mesmos riscos, então claro está que é ilusório fechar as fronteiras. Podemos reduzir a propagação da COVID-19, mas não impediremos o surgimento de outra zoonose em algum outro lugar.

Sobretudo, não conseguiremos parar a nuvem de Chernobyl ou a elevação do nível dos mares. E se alguns ameríndios da Amazônia conseguirem impedir que humanos entrem em seus territórios, já que são portadores da doença ou exploradores de ouro, são eles muito mais acolhedores em relação aos não humanos, com quem têm familiaridade. É nesse sentido que a palavra "cosmopolítica" pode ganhar todo seu significado. Não como uma extensão do projeto kantiano de formular as regras universais através das quais os seres humanos, onde quer que estejam, possam levar uma vida civilizada e pacífica. Mas, literalmente, como uma política do cosmos.

Uma política da Terra entendida como uma casa comum, cujo uso não é mais reservado apenas aos humanos. Isto implica uma revolução do pensamento político de amplitude equivalente àquela realizada pela filosofia do Iluminismo e depois pelos pensadores do socialismo. São visíveis seus sinais precursores.

Em diversos países foi dada uma personalidade jurídica aos ambientes de vida (montanhas, bacias hidrográficas, terras), capazes de fazer valer seus próprios interesses através de mandatários cujo bem-estar depende daqueles que eles defendem. Também em vários países, inclusive na França, pequenos coletivos se separaram do movimento contínuo de apropriação da natureza e dos bens comuns que caracteriza, desde o fim do século XVI, o desenvolvimento da Europa e do mundo. Eles enfatizam a solidariedade entre as espécies, a identificação com o meio ambiente, a preocupação com os outros e o equilíbrio entre os ritmos da vida em vez da competição, da apropriação privada e da máxima exploração das promessas da Terra. É um verdadeiro cosmopolitismo, de pleno exercício.

*Com o surgimento de uma geração formada por Bruno Latour e pelo senhor, assistimos a uma virada antropológica do pensamento francês, que já não separa radicalmente humanos e não humanos?*
Podemos chamar isso de uma virada antropológica, com a condição de acrescentar que, paradoxalmente, é uma antropologia que se tornou menos antropocêntrica, porque deixou de engolir os não humanos numa função de *entourage* e de reduzir suas propriedades às aspirações e códigos que os humanos projetam sobre eles. Um meio de fazer isso foi introduzir os não humanos como atores de pleno direito no cenário das análises sociológicas, fazendo-os sair do seu habitual papel de bonecos manipulados por um hábil ventríloquo.

É um exercício que vai contra séculos de excepcionalismo humanista, ao longo dos quais nossos modos de pensar tornaram incongruente que as máquinas, montanhas ou micróbios pudessem tornar-se autorreferenciais. Para isso foi necessário tratar o não humano como um "fato social total", ou seja, transformá-lo em uma espécie de planeta em torno do qual gravitam múltiplos satélites. Chamei-o de antropologia da natureza.

*Falamos muito do "mundo pós", com o risco de não pensar no presente. O que seria possível e importante mudar o mais rapidamente?*
Podemos sempre sonhar. Então, grosso modo: instauração de uma renda básica; desenvolvimento de convenções de cidadãos por sorteio; imposto ecológico e universal proporcional à emissão de carbono; tributação dos custos ecológicos de produção e de transportes de bens e serviços; atribuição de personalidade jurídica a ambientes de vida etc.

*Entrevista realizada por Nicolas Truong publicada na página* Médias Citoyens *em 22 de maio de 2020.*

**Phillipe Descola** é antropólogo, autor entre outros de *As Lanças do Crepúsculo* (Cosac & Naify). Descola é professor no Collège de France e titular da cadeira de Antropologia da Natureza.

(...) 04/06

# Entre a asfixia e o transe: a conspiração do vivo
Murilo Duarte Costa Corrêa

> *tudo que*
> *respira*
> *conspira*
> P. Leminski

**1. Asfixiar**

Em 25 de maio, George Floyd, um ex-segurança negro de 46 anos, foi assassinado por policiais de Minneapolis (Minnesota). As gravações, que percorreram o mundo, mostram um policial branco, Derek Chauvin, ajoelhado serenamente sobre o pescoço de Floyd enquanto um colega oficial lhe dá cobertura. Durante a ação, Floyd tenta gritar *"I can't breathe"* ("não consigo respirar") repetidas vezes. Quase nove minutos depois, a ação termina com o ex-segurança negro inconsciente e sem vida, na via pública e à luz do dia.

Floyd foi abordado em seu carro no centro de Minneapolis por quatro policiais que apuravam a denúncia de que um homem teria tentado usar uma nota falsa no comércio local. Dominado, os policiais jogaram Floyd de bruços contra o chão, e três deles o contiveram exercendo o peso de seus corpos sobre os membros, o tronco e o pescoço de Floyd.

No dia 29 de maio, moradores de Minneapolis tomaram o prédio da delegacia em que trabalhavam os envolvidos no caso de Floyd. As imagens dispararam protestos que se alastraram de Minneapolis para cidades em 26 estados americanos e a capital, Washington. Sob a bandeira do #BlackLivesMatter (#VidasNegrasImportam), os protestos se insurgiam contra a violência policial praticada majoritariamente contra negros americanos.

Mesmo em uma situação pandêmica, milhares de nova-iorquinos saíram às ruas em um imenso levante negro secundado por manifestações de apoio e solidariedade. Em Washington, o presidente Donald Trump teve de ser levado a um *bunker* no dia 29 de maio em função dos protestos que ocorriam em frente à Casa Branca. Dias depois, tuitava que o Estado americano trataria a Antifa como uma organização terrorista. Os protestos contra a brutalidade policial se alastraram dos Estados Unidos a mais de trinta países, e continuam a se alastrar. Estados como Minnesota e Nova York impuseram toque de recolher e prenderam centenas de manifestantes. O governador de Minnesota autorizou a intervenção da Guarda Nacional do Estado para conter a revolta.

## 2. Expirar

Mais que viral, o caso George Floyd se tornou pandêmico. Não apenas fez florescer protestos globais em solidariedade contra a brutalidade policial, mas serviu como catalisador para inflamar questões locais. *I can't breathe* é o lema de todos os corpos acumulados do peso de corpos parasitários. É também o lema de todos os corpos precários, tratados como excedentes biológicos pela necropolítica global do capitalismo financeiro e suas próteses governamentais na gestão da pandemia da COVID-19.

Quase inaudível, como a voz que Floyd emprestou ao mundo, esse lema tem sido entreouvido como um grito asfixiado por toda parte. Eis o que faz da voz sufocada de Floyd um signo real demais para ser tolerado: o signo de uma asfixia universal em que a questão negra aparece ao mesmo tempo na tangente entre a sua singularidade absoluta (#BlackLivesMatter) e em sua transversalidade perspectiva (devir-negro do mundo).

Os Estados e suas polícias agem como se a vida de algúem não valesse mais que a moeda falsa com que os Estados inundam os mercados com suas políticas de *quantitative easing* (injeção de liquidez) desde a crise de 2008. Se as sucessivas crises do capitalismo global deixaram uma lição, foi a de que, no fundo, todas as notas são falsas, como são falsas todas as moedas que circulam desprovidas de qualquer vínculo efetivo com a economia biopolítica dos corpos produtivos.

O real da moeda – a "nota verdadeira" e o referente forcluído – é o que o caso Floyd faz subir à superfície dos acontecimentos mundiais: a chance de impensáveis trajetos de circulação do vivo no choque produtivo entre a conspiração das lutas e a inspiração das revoltas, que viajam incendiárias de alma em alma como um sopro. Há doze anos, na crise de 2008, as pessoas perdiam suas casas, estrutura física de suas vidas domésticas, para que o financismo à americana pudesse prosseguir. Em 2020, as pessoas têm perdido suas vidas, gerenciadas como *disposable parts* (peças descartáveis) da maquinaria do capitaloceno avariada pelo vírus. Mas a revolta é a conspiração do vivo.

Por todos os lados, a asfixia parece se impor desigualmente entre os corpos na condição de uma aporia política; isto é, um *não caminho*. Seremos asfixiados pelos Estados, os mercados e suas próteses policiais ou pelo vírus? A única saída da asfixia é, no entanto, conspirar a assunção absurda de uma posição impossível: tornar o grito audível, agenciar os corpos contra os incorporais da morte que os poderes administram para não morrer. Uma demonstração de coragem de centenas de milhares de pessoas mundo afora que desafiam o terror e assumem o risco epidêmico em troca de "um pouco de possível, senão eu sufoco" (Deleuze-Kierkegaard).

Uma ação que deixa o receio de Giorgio Agamben sobre "como será a política na era do distanciamento social" vencido em uma prateleira: nossa época talvez não seja a da "nova normalidade", mas a do *pós-anormal*, o monstro anticolonial e antifascista que depõe a normalidade e seu novo codificado. Os corpos escalam o Leviatã. A infraestrutura biopolítica real confronta os controles nas ruas. Ela é a emergência viva de um estado de exceção efetivo. Ela é a contra-história dos oprimidos feita ação e carne. Mal podendo respirar, os pulmões do mundo expiram até o fundo – dois séculos em uma semana.

### 3. Inspirar
*A política é a assunção absurda de uma posição impossível.* A asfixia está ligada à "respiração universal" de Achille Mbembe. Não como um direito que de nada vale, mas como uma ação instintiva; um arco-reflexo inconsciente de corpos que insistem em viver *no matter what*. Respirar, como viver, é asfixiar por um instante para ceder ao instinto – *inspirar*, e não morrer sufocado.

A linha transversal da luta contra a asfixia universal encontra, no entanto, uma terra. Um solo de barro muito negro diasporicamente espalhado no mundo pelo colonialismo do capital mercantil há muitos séculos. Eis sua componente antirracista. Essa componente corre múltipla e transversal pelos continentes, especialmente porque um negro já não remete "unicamente à condição atribuída aos povos de origem africana"; antes, ele nomeia um devir mundial, "a sua institucionalização enquanto padrão de vida e [...] sua generalização pelo mundo inteiro", segundo Achille Mbembe.

O devir-negro do mundo dá-se no encontro entre o neoliberalismo (expressão do capital financeiro ilimitado e global), a militarização e a plataformização da vida. O negro em devir – especialmente no contexto americano –, porém, dá nome a muitos sujeitos: os desterrados da África e sua descendência (negros para os brancos), os latinos e hispânicos (negros para os supremacistas *alt-right*), os imigrantes (negros para os cidadãos), as mulheres (negras para os homens), xs lgbtqia+ (negrxs para os héteros), os indígenas (negros para as monoculturas invasivas), os pobres (negros para os ricos e as milícias), os trabalhadores (negros do capital), os desempregados e precários (negros para o assalariamento) etc.

A luta contra a asfixia universal é, em parte, um trabalho de deposição das forças em curso. Em 31 de maio, no mesmo dia em que Trump tuitava sobre classificar a Antifa como organização terrorista, ocorria uma das cenas mais reparadoras desse ciclo de protestos: policiais de Miami e Nova York se ajoelharam ao lado dos manifestantes e, uniformizados, marcharam com eles pelas vidas negras que suas corporações eliminam. Precisaríamos ver nisso algo além de um ato emocional ou hipócrita. Os policiais são os negros do Estado, os negros dos agentes de colarinho branco. Alguns deles também querem pôr o poder de joelhos e sabem que, para isso, terão de ajoelhar-se sobre a sua terra, não já sobre os corpos sem vida dos seus irmãos.

Esse retrato veloz e incompleto é apenas um índice da composição social múltipla de corpos que se agenciam na transversalidade da luta antirracista. São figuras enésimas de que ela é o princípio de disparo. E é precisamente a multiplicidade de identidades voláteis que não cessam de negociar com o eixo transversal ao qual se integram (em sua diferença) que constitui a sua força e seu potencial de abertura para novos agenciamentos de composição política capaz de arrastar o campo social inteiro a uma transformação. Ao lado do "devir-negro do mundo", um "devir-mundo dxs negrxs".

A questão negra e um evento de brutalidade policial catalisam uma forte reação e integram a presença dos antifascistas americanos nas demonstrações espalhadas por cidades de 26 Estados. O antifascismo é uma chave plural e cosmopolita de ação autônoma local. Sem coincidirem e sem se sobreporem, antirracismo e antifascismo convergem ao infinito nos antagonismos reais como blocos de lutas autônomas, antiautoritárias, radicalmente igualitárias e anticapitalistas em um agenciamento que atualiza a memória para o porvir legada pelas lutas em favor dos direitos civis. Ela agora desafia o *apartheid* balístico e o corte étnico da catástrofe sanitária e pandêmica em curso por toda parte nas Américas.

## 4. Conspirar

A gestão necropolítica da crise do coronavírus pelo governo Bolsonaro, que, em 02 de junho, alcançava 31 199 mortos, desencadeou uma queda acentuada de aprovação do governo e assolou as expectativas investidas em seu mandato.

Um levantamento realizado pela XP/Ipespe concluído em 19 de maio de 2020 revelou uma queda nos níveis da avaliação positiva do governo ("bom/ótimo") para 25%, e registrou um incremento da avaliação negativa do governo ("ruim/péssimo") para 50% dos entrevistados, bem como um aumento no pessimismo com relação à expectativa para o restante do mandato (48% negativa contra 27% positiva). A percepção da atuação do governo na área econômica também piorou sensivelmente: 57% avaliam que a economia, sob a gestão de Paulo Guedes, está no caminho errado, enquanto 28% afirmam o contrário.

A desestruturação do apoio da base social do governo Bolsonaro, apesar de oscilar na faixa dos 25-30% e de favorecer interpretações retrospectivas e obsoletas da conjuntura como o #somos57milhões (em referência ao número de votos obtidos por Bolsonaro nas eleições de 2018), começa a abrir espaço para uma recomposição política heterogênea em um campo antibolsonarista. A imagem de composição e negociação contínua entre identidades políticas em torno de um projeto compartilhado e emergencial – depor o governo Bolsonaro e pôr outra vez e para sempre de joelhos o bolsonarismo cultural – é uma linha de contágio político-social composta por linhas menores.

Ela começa em manifestos compostos por frentes políticas heterogêneas – como o #somos70porcento (lançado pelo economista Eduardo Moreira em uma *live* no

YouTube), o movimento #EstamosJuntos (que obteve assinaturas iniciais como as de Caetano Veloso, Felipe Neto, Luciano Huck, Fernando Henrique Cardoso, Flávio Dino, Luiza Erundina, Lobão, João Paulo Capobianco [da ONG SOS Mata Atlântica] e o ex-ministro da Saúde, Henrique Mandetta) ou o movimento Basta!, de uma rede de juristas – passa pela memerização viral do antifascismo brasileiro e vai terminar na composição entre torcidas rivais nas ruas, que são como o signo de que o Fla-Flu político acabara de virar mais de 70% do Maracanã lotado contra Bolsonaro.

Essa composição entre rivais que se tornam adversários & afins (como tribos incompossíveis em uma aliança tecnoprimitiva guerreira) foi bem formulada por Moysés Pinto Neto, que, inspirado em Isaac Asimov, enunciou o que parecem ser as duas leis escalonadas que definem sua lógica. Nas palavras de Moysés: "(1) colabore e deixe passar tudo que enfraquece Bolsonaro a fim de preservar a democracia e a república; e (2) construa seu campo político com autonomia e liberdade de enfrentar seus adversários, desde que não viole (1)." São as condições de possibilidade do próprio antagonismo adversarial que estão em jogo; as condições para o que Foucault chamou certa vez de *uma vida não fascista,* capaz de interromper a circulação desse vírus político – mesmo em nós e entre nós. Nessas condições, a política se torna função de uma meta-aliança entre adversários que permanecem adversários exceto quanto à condição transcendental de seu antagonismo. Essa meta-aliança política é a condição sensível do transe brasileiro.

## 5. Transe brasileiro

No dia 31 de maio, o Brasil transformava a paralisia da crise do coronavírus no movimento de ingresso em um novo transe político. Em antagonismo com as manifestações necropolíticas em favor do governo Bolsonaro que têm ocorrido semanalmente, os panelaços pró-*lockdown* abandonaram as janelas e sacadas e ingressaram no arriscado corpo a corpo das ruas.

Em São Paulo, as manifestações antigoverno foram lideradas por torcidas organizadas de times de futebol rivais dos quatro grandes clubes do estado (Corinthians, São Paulo, Palmeiras e Santos). A maioria ligada a torcidas organizadas do Corinthians, um dos clubes mais populares entre as camadas pobres, pretas e periféricas do Brasil, que conserva a memória da experiência da "democracia coritinhiana" liderada por Sócrates, Wladimir, Casagrande e Zenon em plena ditadura militar, durante a década de 1980.

No Rio de Janeiro, o Copacabana verdeamarelo também era disputado por demonstrações antigoverno, com as organizadas de Botafogo, Flamengo, Fluminense e Vasco – os quatro grandes clubes cariocas – entre os protagonistas. Em Belo Horizonte, as manifestações bolsonaristas da Praça da Bandeira foram confrontadas pelas torcidas organizadas antifascistas do Atlético Mineiro, Cruzeiro e América Mineiro, os três clubes mais populares das Minas Gerais.

Enquanto isso, em Brasília, Bolsonaro cavalgava ao lado da Polícia Militar em meio a um ato de apoio a seu governo. Em Curitiba, com a República desmoronada, manifestantes antifascistas confrontaram uma passeata bolsonarista no Centro Cívico, e em Manaus um protesto pró-democracia fechou a Avenida Djalma Batista.

Todas essas manifestações se produzem no encontro entre duas linhas transversais heterogêneas, capazes de extrair um potencial de negociação contínua entre as políticas baseadas em identidades de todos os tipos (raça, gênero, classe, partido, clube de futebol etc.) e eixos comuns de luta que objetivam depor a necropolítica em curso que se tornou a identidade oficial do governo brasileiro e dos 25% que ainda o apoiam.

Uma dessas linhas é o antirracismo como uma luta transversal, que comporta a abertura a um devir-negro mais geral (global, mesmo nas constrições de seu localismo). Sua configuração coincide dupla e paradoxalmente com a descartabilidade das vidas sem valor (assumida como política de Estado) e com a afirmação biopolítica do valor das vidas negras. Esta última é a condição ético-política sem a qual afirmar o valor de todas as vidas (#AllLivesMatter) não passa de um lema hipócrita. O valor biopolítico das vidas negras é o conteúdo que a meta-aliança adversarial deve exigir como a carne que habita a sua forma abstrata, sob o risco de seu agenciamento converter-se em uma tranversal vazia.

A outra linha é o antifascimo como campo tático de ação direta e ética de autodefesa coletiva capaz de encampar lutas afins. Duas linhas transversais que tomam o Brasil pelo meio, e que revelam o fundo da guerra civil-colonial que foi domesticada pelas fantasias pouco imaginosas das guerras culturais que marcaram o final dos anos 2010.

O que explica que a conspiração democrática e o transe brasileiro sejam a alternativa à asfixia brasileira e à asfixia racista do assassinato de George Loyd não poderia ser mais concreto. Recentemente, o Núcleo de Operações e Inteligência em Saúde (NOIS, vinculado à PUC-Rio) revelou em sua 11ª Nota Técnica que, entre 30 mil casos confirmados para a COVID-19 no Brasil, morreram mais pessoas pretas e pardas (54,78% dos casos analisados) que pessoas brancas (37,93%) [Fig. 1]. Essa disparidade se reproduz praticamente em linha em todas as faixas etárias pesquisadas [Fig. 2].

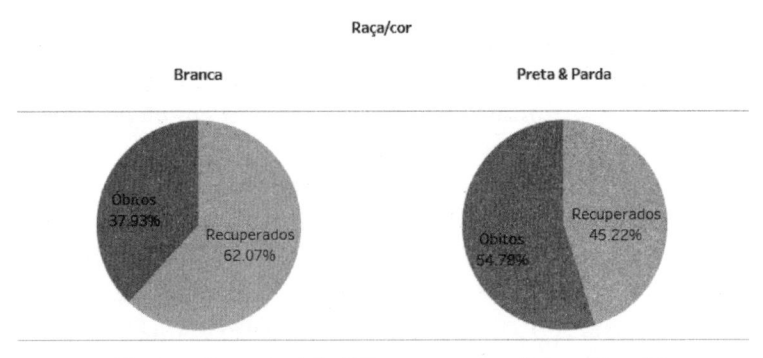

Figura 1. Percentual de óbitos ou recuperados por Raça/Cor

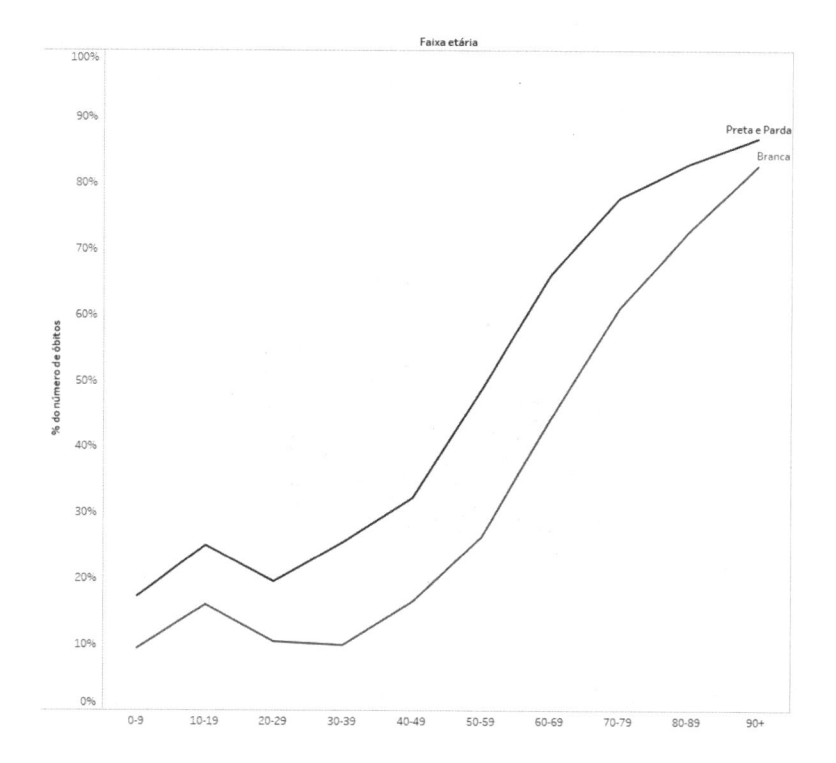

Figura 2. Proporção de óbitos por faixa de idade em cada grupo Raça/Cor[1]

No Brasil, a necropolítica é o traço de união entre a asfixia do vírus e a asfixia do racismo como estrutura sociocultural de biopoder que arma o bolsonarismo. Este, por sua vez, tornou a reprodução da estrutura mesma do racismo desigual, uma política oficial de Estado e de "segurança" sanitária e policial.

Basta recordar que entre os meses de março e abril, durante a quarentena, 290 pessoas foram mortas em operações policiais no estado do Rio de Janeiro. O caso mais lembrado nos protestos de 31 de maio na cidade do Rio de Janeiro foi o de João Pedro: adolescente negro de 14 anos de idade, morador do complexo do Salgueiro, em São Gonçalo. João Pedro foi alvejado pelas costas por um dos setenta disparos efetuados pela polícia, que invadiu a casa do garoto sob o pretexto de prender um traficante de drogas. É nas casas dos negros que a asfixia do vírus se cruza com a necropolítica do Estado e de suas forças de segurança.

---

1 Ambos os gráficos foram retirados da Nota Técnica n° 11 de NOIS, e estão acessíveis em: <http://drive.google.com/file/d/1tSU7mV4OPnLRFMMY47JIXZgzkklvkydO/view?usp=sharing>.

A percepção que atravessa as maiorias já nem tão silenciosas dos manifestos, dos memes e dos protestos democráticos das torcidas rivais (os +70%) parece ser a mesma de um cartaz exibido em Paris, no dia 02 de junho: *White supremacy is a pandemic* ("A supremacia branca é uma pandemia"). A opção agora é *entre a asfixia e o transe*. Correr ou não o risco de participar da conspiração do vivo.

Fonte da foto: *El País*.

**Murilo Duarte Costa Corrêa** é professor adjunto no Departamento de Direito de Estado, no Programa de Pós-Graduação em Ciências Sociais Aplicadas da UEPG.

(...) 05/06

# Fechar portas, abrir janelas (estratagemas políticos para sair de si)
Tania Rivera

O primeiro ato político de cada um de nós é o estabelecimento de um "fora" que se opõe ao "dentro" de si. Fora está o outro, no mundo; dentro, suponho que esteja eu, na interioridade demarcada por minha pele. Logo a fronteira se desdobra em outras paredes, físicas ou simbólicas: da casa, da família, da coletividade ou grupo no qual sou parte de "nós".

Essas paredes são atravessadas pelo SARS-COV-2, hoje, quando ele entra pelos buracos no corpo de muitos de nós, enquanto invade a vida de todos nós. É belo imaginar, como vêm fazendo alguns pensadores mundo afora, que essa partícula mínima que sequer é viva – salvo quando parasita nosso corpo –, que essa coisa minúscula e invisível seja uma potência de suspensão de fronteiras em prol da solidariedade e da construção de um novo comum, capaz de redesenhar as linhas rígidas do capitalismo predatório e genocida, obrigando nações a se desviarem dos imperativos neoliberais que as pautavam até tão pouco tempo.

Mas em um país como o Brasil, é impossível, hoje, abraçar essa visão utópica. O vírus aqui faz vibrar as fronteiras, sim, mas de modo a explicitá-las radicalmente e a mostrar, sem pudor, o funcionamento da necropolítica em todo seu horror. Um presidente sociopata irrita-se contra qualquer proposta em termos de saúde pública, não hesita em negar a fatalidade e periculosidade da doença, incita os cidadãos a romperem o isolamento social e se aglomerarem em manifestações de cunho golpista, naturaliza a morte de "alguns", de "idosos", sabendo muito bem que são sobretudo os mais vulneráveis socialmente – os que dependem de um sistema público de saúde sucateado, os moradores de comunidades, os pretos e indígenas – que serão mais sacrificados. Com toda virulência – para usar o termo que hoje assume mais fortemente sua semântica, mostrando a força de contágio do discurso do ódio – opõe falaciosamente economia e saúde e tenta aproveitar-se da crise sanitária para fazer passar medidas casuístas e agitar aqueles que não possuem barreiras contra a propaganda disparada por robôs nas redes sociais, na tentativa de fortalecer um mandato corroído por permanentes mostras de indignidade, incompetência, falta de decoro e de noção do que seja o "nós" no qual consiste um país e o que significa estar na posição de governá-lo.

Enquanto isso, muitos de nós nos confinamos no "dentro" de nossas casas, seguindo as recomendações científicas e visando proteger não apenas nós mesmos e "os nossos", mas também o sistema de saúde, que em cidades como o Rio de Janeiro já se encontrava em colapso mesmo antes da crise sanitária. Tentamos evitar a barbárie da recusa à assistência que condena hoje muitas pessoas ao sofrimento e à morte por falta de equipamentos e profissionais. Bem sabemos que tal atitude, que pode ser nomeada muito simplesmente como exercício de cidadania, é ela mesma um privilégio ao qual nem todos têm acesso, por motivos materiais ou de inacessibilidade à própria noção de cidadania. Longe de naturalizar a exclusão concluindo que o distanciamento social é impossível para boa parte da população, isso deve levar-nos, em minha opinião, a repensar o que chamarei de nossa "arquitetura política".

Seu elemento básico não é apenas a parede, o estabelecimento de fronteiras, mas também a abertura, o vão, o limiar entre interior e exterior: a porta. Ela é, por excelência, a peça que materializa e permite a passagem entre um e outro; sua abertura e fechamento estabelece que estejamos fora ou dentro – e hoje ela revela como nunca sua função delimitadora, tornando-se o portal para o espaço purificado ao qual só se pode aceder após cuidadosa higienização e do qual só se sai com a barreira móvel constituída pela máscara a cobrir boca e narinas.

O confinamento cerrou as portas e parece ter interrompido o fluxo que elas costumavam permitir, em graus variados que dependem das necessidades climáticas e, sobretudo, de hábitos culturais. Lembro rapidamente, como um exemplo, que em algumas regiões do Brasil não é raro que a porta de entrada da casa tenha batentes de vidro que se podem abrir quando a estrutura de fino metal trabalhado está fechada, de modo a permitir a circulação de ar e som mesmo quando impede a passagem de pessoas. Mas terei que deixar de lado uma análise mais fina, que levasse em conta a diversidade de arquiteturas que não parecem ter na porta um dispositivo básico, como ocas ameríndias, cabanas africanas etc., pois ela nos levaria muito mais longe do que pode pretender este pequeno ensaio. Assinalo apenas que, ainda que não possa ser tomada como única, a lógica da porta reforça sua hegemonia em tempos de pandemia, na medida em que a separação entre eu e o outro (aquele que está fora de "minha casa") precisa ser nítida para que se cumpra a "distância social" que nos obriga a retraçar os limites entre individual e social, íntimo e público, o próximo (familiares, vizinhos, amigos) e o estranho, "nós" e os "outros".

Fecham-se muitas portas, sobretudo aquelas que poderiam permitir alguma mobilidade (ou a ilusão de igualdade) socioeconômica, em muitos países. Em uma cidade **ícone** da desigualdade social como o Rio de Janeiro – na qual me encontro em quarentena –, fecha-se a porta da Unidade de Terapia Intensiva a muitos daqueles que não possuem plano de saúde. Centenas já morreram à espera de leitos que não existem ou que existem, mas são contingenciados sob a alegação de falta de condições adequadas e profissionais em número suficiente. Os hospitais de campanha não cumpriram os prazos de abertura previstos, houve superfaturamento e corrupção em processos de compra de respiradores. Não são divulgados quantos leitos da rede particular estão ociosos e poderiam ser requisitados pelas autoridades competentes. O governador sem dúvida encontrou um método ainda mais eficaz de genocídio que aquele que vem realizando desde o início de seu mandato, o assassinato cotidiano de moradores de comunidades – inclusive crianças e sobretudo pretos – em operações policiais.

É parte da mesma máquina genocida a frouxidão das medidas de distanciamento e da supervisão das mesmas. Do alto de meu *lockdown* voluntário, vejo pessoas passarem na rua sem máscara ao lado de policiais que sequer as abordam para conscientizá-las da gravidade do momento e da necessidade de pensar e agir comunitariamente. Amargo a paralisia e a impotência que me tornam cúmplice desses crimes, contra minha vontade. E reconheço que não é apenas o coronavírus o responsável pela falta de atos efetivos de nossa parte, ou seja, de todos aqueles que partilham essa indignação. Há algum tempo parecem cerradas as portas da arena pública na qual deveríamos discutir políticas públicas de saúde e segurança – e não encontramos as ferramentas ou palavras capazes de esburacar seus muros.

Resta uma aposta, que lanço aqui como uma garrafa de náufrago, ou talvez como jogo de búzios ou vodu: que o pensamento seja capaz de abrir janelas. Que as palavras – e as imagens que aqui as acompanharão – armem pequenas estratégias de reação. Que elas possam se desdobrar e fragmentar, suavemente, e quem sabe se remontar em outros olhos e vozes. Que sejam uma pequena e singela contribuição para a criação de estratagemas, de gestos de ruptura a agir por aí, imperceptíveis como o vírus, mas contagiosos. Que estes possam vir a rachar barreiras como faz o vírus na célula, nas mucosas, nos tecidos do pulmão, que se multipliquem a ponto de erodir as fronteiras que impedem a tantos a condição de cidadania plena. E então, diferente do que faz o vírus, que possam pôr em obra outra lógica de construção – para edificar, aos poucos, uma nova arquitetura política.

Uma arquitetura de janelas.

***

Uma vez a porta fechada, acresce a importância das janelas. O espaço de confinamento talvez se meça mais por elas que pelos metros quadrados do espaço interno, pois a amplitude e a perspectiva que elas dão a ver rebatem-se sobre o cômodo e podem mesmo deslocar a posição de seu ocupante – de modo que, ao olhar para a nesga de mar e ilhas que alcanço ao girar para a esquerda, sinto-me deslocar alguns metros entre céu e asfalto. O encerramento leva-me a uma fenomenologia da percepção que é o contrário daquela do ponto em que minha mão direita poderia tocar e perceber minha mão esquerda enquanto esta toca e percebe algo fora dela, segundo Merleau-Ponty.[1] Em vez desse acavalamento de percepções a garantir a presença de mim a mim mesma e a abrir, a partir desse ponto, minha participação no mundo, a limitação do espaço leva-me subitamente a uma distensão do corpo que cava um hiato entre o lugar exato no qual estou e aquilo que meu olhar, meus ouvidos e meu olfato alcançam, e assim desestabiliza em mim o mundo.

Às vezes pareço estender-me para além de mim e romper – pelo espaço de uma respiração, apenas – o aprisionamento. Talvez realize então, num átimo, aquilo que Freud rabisca, pouco antes de morrer no exílio londrino, em uma de suas mais enigmáticas notas. Apartado de sua terra e das irmãs que morrerão em campos de concentração, prisioneiro da dor de uma doença fatal, ele escreve: "psiquê é espaçosa, nada sabe a respeito (sic)."[2]

O sujeito é expansão. Distensão acéfala. Sua força de dilatação não é aquela do expansionismo do Ego que quer inflar-se narcisicamente e engolir, consumir tudo e todos, aumentando seu território. Ao contrário, a expansividade que tentamos aqui pensar visa suspender fronteiras e esparramar-se pelo mundo. Talvez seja Eros o motor dessa extensão multiplicadora de si por aí, entre a gente. O desafio seria regular ativamente essa força centrífuga para sair de meu lugar e experimentar lugares outros, para empregar o dispositivo da janela como modo de relação e colaborar na construção de um espaço social "da gente", em oposição à máquina da massa a seguir cegamente os impulsos mortíferos de um líder perverso – provavelmente porque a aparente imunidade às leis que este não cessa de exibir funciona, silenciosamente, como um espelho, uma espécie de promessa do colonizador de que o colonizado participará um dia do espólio ilimitado das pessoas e das riquezas do País. Essa outra modalidade de relação deveria ser capaz de romper a aliança secreta e secular entre o desejo do explorado e o do explorador, que tem como consequência – como hoje vemos muito claramente – uma paralisação fascinada do primeiro perante explicitação cada vez

---

[1] Maurice Merleau-Ponty, *Le Visible et l'Invisible*. Paris: Gallimard, 1964.
[2] Sigmund Freud, "Ergebnisse, Ideen, Probleme" (1938). In: *Gesammelte Werke*, XVII. Londres: Imago, 1941, p. 152. Eu traduzo este e os demais trechos em língua estrangeira.

mais crua do abuso do segundo. Tal como um vírus a corroer as paredes que juntam "Eu, minha família e amigos" e reafirmam privilégios acima de qualquer lei (na declinação do fascismo que o presidente do Brasil não cessa de repetir), o mecanismo de esburacamento que tento aqui conceber deveria arruinar as fronteiras da exclusão e abrir janelas, inúmeras janelas, nas quais possam se dar outras transações desejantes.

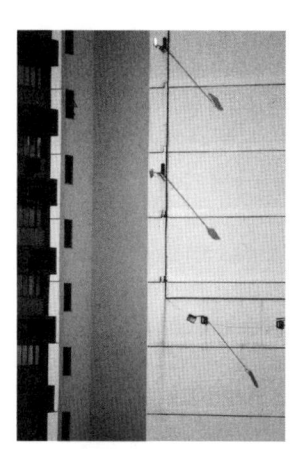

(Enquanto escrevo isso, levanto-me várias vezes para ir até a janela e lançar-me no espaço de alguns centímetros, como se fossem necessários intervalos, brancos no texto, parênteses.)

A valorização da transparência do vidro na arquitetura modernista talvez tenha relação com a utopia de sair de si, apesar de também poder ser tomada como busca de controle social e sintoma da espetacularização da vida. O vidro permite que se feche uma janela, deixando-a aberta. Que eu me proteja, se necessário, de alguma força adversa (vento ou frio), sem, contudo, perder contato com o que se passa "lá fora".

Justamente, o vidro delimita um "lá" que está ao alcance do olhar, um "fora" que não deixa de estar próximo e que pode até vir a ser quase íntimo, como o recorte de paisagem urbana que vejo todos os dias de minha janela. A janela delimita um "êxtimo", no neologismo de Jacques Lacan.³ A operação que ela põe em jogo é o contrário daquela do espelho, na qual fixo-me em uma superfície e me identifico com minha imagem. O dispositivo da janela incita ao movimento no espaço e ao descompasso em relação a si mesmo. Essa operação parece-me ser aquela mesma que uma análise visaria incitar, segundo Freud, na fórmula que surpreendentemente implica o espaço: "Onde estava Isso, Eu devo advir."⁴ Ela assinala um lugar no qual se deve chegar, ou melhor, no qual é-se incitado a *surgir*. Lá fora.

---

3 Jacques Lacan, *Le Séminaire* VII. L'Éthique de la Psychanalyse. Paris: Seuil, 1986.
4 Sigmund Freud, "Neue Folge der Vorlesunge zur Einführung in die Psychoanalyse". In: *Gesammelte Werke*, XV, op. cit., p. 86.

As instâncias psíquicas concebidas por Freud – Inconsciente, Pré-consciente e Percepção-Consciência ou, mais tarde, Eu ou Ego (*Ich*), Isso ou Id (*Es*) e Supereu ou Superego (*Über-Ich*) – são *lugares* psíquicos, de fato. Tanto que ele nomeia tais formulações como *Tópicas*. E chega a esquematizá-las em desenhos. Um deles, de 1923, situa o Isso na base interior de um traçado oblongo e o Pré-consciente na extremidade superior. Entre os dois marca-se a zona do Eu, indicada por um pontilhado. Uma interrupção transversal indica que o Recalcado situa-se como a parte do Isso que fica apartada do Eu. A coisa toda é bem delimitada por curvas suaves, não fosse o fato de as duas retas que marcam o recalcamento formarem uma espécie de canal pelo qual o dentro se comunica com o fora, curiosamente. Acima do abaulamento superior – fora –, encontra-se o sistema Percepção-Consciência. Ao seu lado, um pequeno retângulo pousado sobre outra curva leve assinala um dispositivo que nunca havia aparecido nos escritos do psicanalista e que só recebe rápido comentário no texto: uma "calota acústica". Se o próprio formato do aparelho psíquico lembra, curiosamente, um olho, a rápida evocação do receptor acústico destaca a incidência do sonoro – das palavras ouvidas, provavelmente, mas também, podemos supor, dos ruídos do mundo no qual estas se demarcam. Mostro aqui o desenho original presente no manuscrito de Freud.[5]

O esquema visa evidenciar que "o Eu (*das Ich*) é a parte do Isso modificada sob a influência direta do mundo externo por intermédio da Percepção-Consciência, de alguma maneira uma continuação da diferenciação de superfície".[6] Já o Isso (*das Es*) é a denominação que Freud toma emprestada de Georg Groddeck para nomear "o psíquico outro" que o Eu, aquilo que é alheio e se comporta de maneira inconsciente e, contudo, está em continuidade com o Eu.[7] Ainda que sejam aqui trazidas de forma

---

5   Lynn Gamwell (org.), *From Neurology to Psychoanalysis. Sigmund Freud's Neurological Drawings and Diagrams of the Mind*. Nova York: Binghamton University / State University of New York, 2006, p. 126.
6   Sigmund Freud. "Das Ich und das Es". In: *Gesammelte Werke*, XIII, op. cit., p. 252.
7   Ibid., p. 251.

sumária, fica eloquente nessas passagens a radicalidade da crítica freudiana da individualidade e da própria noção filosófica de sujeito. A consciência coincide com a percepção (W-Bw é a abreviação de *Wahrnehmung-Bewusstsein*, sistema Percepção-Consciência) em um ponto curiosamente "fora" do aparelho, correspondente à superfície curva de uma zona diferenciada como Pré-consciente (*Vorbewusste*). Dentro do sistema ovoide, trata-se de *algo – das Es*, o pronome neutro análogo ao *it* em inglês – e de sua diferenciação, produzida pelas forças ameaçadoras do mundo externo, em um Eu que se caracteriza como um "eu corporal", um "ser de superfície" e nada mais que "a projeção de uma superfície".[8] Ou seja, o Eu é a superfície de contato com o fora e a projeção desta superfície "dentro" do sistema. Em uma espécie de torção dessa ideia, alguns anos depois – na já mencionada nota de 1938 em que caracterizava a psiquê como espaçosa, extensa –, Freud afirma que "o espaço pode ser a projeção da extensão do aparelho psíquico".[9] Enquanto o Eu é projeção (dentro) do que faz fronteira com o fora, o espaço (fora) é projeção da extensão do aparelho, "dentro".

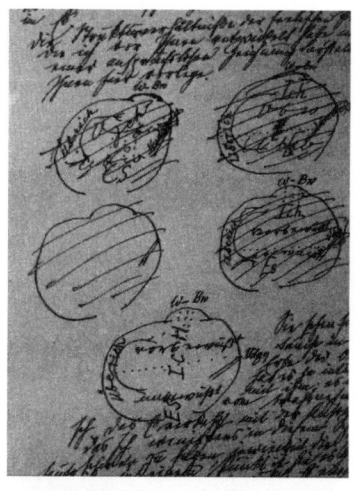

8 Ibid., p. 253.
9 Sigmund Freud, "Ergebnisse, Ideen, Probleme", op. cit., p. 152.

Mas o que quero assinalar ao lembrar formulações muito complexas e que não se trata aqui de destrinchar é o fato de que alguns anos depois, em 1932 — enquanto crescia a pressão antissemita e às vésperas de Hitler tornar-se chanceler da Alemanha —, Freud retoma esse esquema e abre nele uma ampla janela.

Ela rasga a própria "base" do aparelho, por assim dizer, e é exatamente em seu umbral que Freud inscreve o Isso (*Es*). Uma parte da letra E está fora dos extremos irregulares da abertura, enquanto a letra S encontra-se inteiramente dentro, justapondo-se ao Inconsciente. Não comentarei o fato de a "calota acústica" do esquema anterior ser aqui substituída pelo Supereu (*Über-Ich*) em uma das laterais internas; quero apenas realçar que o posicionamento do Isso parece ser a questão que leva o psicanalista a ensaiar versões que rabisca e borra até chegar à definitiva.[10] No texto impresso, que não mostrarei aqui, o termo Isso é grafado mais para cima, encontrando-se inteiramente dentro da zona interna e perdendo o interessante contato com o texto manuscrito, que parece fazer do "fora" um campo de palavras. Ignoro se Freud se deu conta dessa alteração e se ela se deve a dificuldades tipográficas ou a uma decisão de sua parte. Seja como for, é apenas dois parágrafos após a apresentação dessa imagem que o psicanalista enuncia a frase, já citada, que resume o intento de uma análise: "Onde estava Isso, Eu devo advir". Lá, no meio da passagem.

(Estes parênteses, aqui, vêm como uma janela no tempo para assinalar o momento preciso em que nasceu minha primeira filha e a dor e o medo do parto transformaram-se na imagem imperiosa de dois batentes de janela de madeira abrindo-se em par sobre um jardim ensolarado, e um *zoom out* veio revelar que a casa era até então escura e pequena.)

\*\*\*

Respiramos, apesar de tudo. Uma pergunta de Clarice Lispector me chega pela voz de uma amiga, Marcia Schuback, ao saber que eu estava às voltas com janelas: "Mas o que é uma janela senão o ar emoldurado por esquadrias?"[11] Sim, acreditamos na possibilidade de aerar as paredes, ainda que para isso precisemos de aparelhos comparáveis aos de respiração mecânica: artefatos poéticos, artimanhas teóricas, estratagemas políticos.

Mas talvez não devêssemos nos contentar com a possibilidade de construir buracos que tornem as paredes menos claustrofóbicas e sufocantes. Talvez fosse necessária a radicalidade de pensar uma casa feita não de paredes e portas, mas inteiramente de janelas. De conceber uma construção na qual a janela não é secundária, não é o espaço limitado no qual a estrutura se alarga para permitir, condescendente porém rígida,

---

10 O manuscrito aqui reproduzido encontra-se em Lynn Gamwell (org.), *From Neurology to Psychoanalysis*, op. cit., p. 46.
11 Clarice Lispector, *Água Viva*. Rio de Janeiro: Rocco, p. 40.

alguma abertura. Uma arquitetura cuja própria lógica seja a da passagem dentro/fora, da indefinição e reversibilidade entre os dois, em vez de consistir na construção que estabelece dois espaços distintos. Isso exige que o pensamento delire, sem dúvida.

Algumas vias desviantes já se traçaram nessa direção, especialmente aquela dos objetos topológicos, dentre os quais destaca-se a fita unilátera, conhecida como fita de Möbius, constituída por uma simples faixa de papel ou tecido que se torce 180 graus antes que se unam suas pontas. Tomando a forma do oito invertido que simboliza o infinito, esse objeto subverte a distinção básica entre superfície interna e externa, permitindo que, ao atravessar suas curvas com o dedo, passemos em continuidade do dentro ao fora. Jacques Lacan o utilizou em seus Seminários, mostrando como o corte longitudinal de ponta a ponta da superfície a transforma em uma fita bilátera e fazendo corresponder tal ato ao advento do Eu. A fita também despertou o interesse de alguns artistas do século passado e desempenhou importante papel em proposições de Lygia Clark e Hélio Oiticica, no Brasil, materializando a busca da arte como experiência de sair de si para dar lugar ao outro, em uma chave ética para a qual o pensamento do crítico e ativista político Mário Pedrosa foi uma importante influência. O *Caminhando* (1963) de Clark fez da experiência de arte um passeio entre dentro e fora ao nos convidar a cortar a fita longitudinalmente, como fazia Lacan, mas desviando a tesoura para que ela não reencontre o ponto de partida e assim tome o tempo de se estender em curvas que conservam a propriedade da unilateralidade.

Já Oiticica torce de modo möbiano camadas de tecido em seus *Parangolés*, estruturas para se vestir e com elas dançar, que estabeleceriam um circuito com o outro.[12]

Hoje gostaria, porém, de seguir outra trilha do desvio, aquela de Fernand Deligny, para acentuar não tanto a continuidade dentro/fora, mas a violência e o perigo implicados no ato de romper uma estrutura para nela abrir uma janela. O educador francês trabalhou com adolescentes ditos delinquentes antes de estabelecer, na década de 1960, áreas de convivência nas quais eram acolhidos crianças e jovens com diagnóstico de autismo, no sul da França. Ele dizia que era impossível adaptá-los à realidade e, portanto, a realidade é que devia ser a eles adaptada. Seu vigoroso pensamento, assim como sua prática, tenta contribuir para a construção dessa realidade outra, suspendendo as fronteiras entre aqueles que estariam dentro e aqueles que se situariam fora da "sociedade".

A aguda percepção de Deligny de que o sujeito não está "dentro" de si leva-o a propor a seus colaboradores, perante a angústia suscitada pela convivência com as crianças e adolescentes, a experiência de traçar mapas nos quais se marcam os deslocamentos e gestos destes e deles próprios, adultos, que não tinham formação psiquiátrica ou psicológica e eram singelamente denominados "presenças próximas". Sem códigos rígidos, essa curiosa cartografia traça desenhos variados durante cerca de dez anos, e serve como uma espécie de material de investigação ativa do sujeito como acontecimento que se dá no território, entre alguns, *fora*. Como percebe agudamente Marlon Miguel, trata-se, nos mapas da rede de Deligny, "de imagens furadas, onde a posição do sujeito que reconhece a si mesmo se desmorona, diferente, pois, de imagens-espelho, onde o sujeito se reconheceria e se confirmaria."[13]

É neste contexto que aparece um traçado particular, uma estrutura complexa denominada *Chevêtre*. Ela se marca em alguns poucos mapas, entre 1973 e 1976, no traçado da letra Y, que em francês é a preposição que indica um lugar preciso, como o "aí" em português, mas também é referida como o desenho esquemático de um adulto (o traço mais longo) no qual brotaria uma criança (o traço mais curto, a apoiar-se no primeiro como um galho no tronco de uma árvore).[14] Trata-se do ponto de entrecruzamento entre trajetos dos adultos e as linhas de errância, as derivas das crianças, ou do lugar no qual de seus gestos costumeiros surgem atividades sem intencionalidade que Deligny nomeia "agires", usando como substantivo o verbo no infinitivo. E trata-se também, com o *chevêtre*, de marcar um lugar que as crianças de repente reencontram, como se fossem atraídas por ele, como quem abre uma janela no tempo: antigas fogueiras, riachos que já não correm ali, fontes de água que secaram.

---

12 Cf. Tania Rivera, *O avesso do imaginário*. São Paulo: SESI, 2018.
13 Marlon Miguel, "Guerrilha e resistência em Cévennes. A cartografia de Fernand Deligny e a busca por novas semióticas deleuzo-guattarianas". *Revista Trágica: Estudos de Filosofia da Imanência*, vol. 8, n. 1, 2015, p. 61. Disponível em <http://tragica.org/artigos/v8n1/miguel.pdf>.
14 Cf. Cartes et Lignes d'Erre. Traces du Réseau de Fernand Deligny, 1969-1979. Paris: L'Arachnéen, 2013.

Proponho traduzir por *maranhado* o termo, que não possui correspondente em nossa língua, baseando-me no fato de *chevêtre* evocar o verbo *enchevêtrer* – emaranhar – e o adjetivo *enchevêtré* – emaranhado. *Maranhado* nos soa um tanto estranho, apesar de *maranha* e *maranhar* serem termos dicionarizados como sinônimos de emaranhado e emaranhar. Parece-me interessante manter tal estranheza para impedir que se tome a noção deligniana diretamente como o equivalente de emaranhado, quando na língua francesa ela comumente significa algo preciso: uma engenhosa peça de construção civil que reforça a estrutura para permitir que se introduza em uma superfície um vão livre, um buraco, sem que sua sustentação seja atingida.

 O exemplo mais corriqueiro de uso de um *chevêtre* é aquele de que se deve lançar mão para abrir uma janela no telhado. Nesse caso, fica evidente que abrir buracos em uma superfície comporta o risco de desmoronamento e destruição, e *chevêtre* é o dispositivo que permite a façanha de subverter a estrutura, alterando seu padrão quadriculado para que ela ceda à abertura, em geral através da montagem de um astucioso sistema de reforço das laterais da área a ser destruída. O maranhado se constitui, portanto, como um artefato que amarra linhas de modo mais denso que o habitual, em uma espécie de topologia do encontro, ou do esbarro, que permite a abertura de uma brecha. E essa armação – ou essa *amarração* – que se dá como um acontecimento fortuito serve como modelo do que seria para Deligny um "comum" que não se reduziria à união de semelhantes. Com seu estilo único, evocativo, gráfico, poético e teórico a um só tempo, ele escreve em 1975:

> nós passamos aí com frequência onde o traço cinza se escurece pela frequência das passagens •
> o rastro de tinta segue o trajeto de uma dessas crianças que vivem (n)a vacância da linguagem •
> ele segue, este rastro, um de nossos trajetos costumeiros, se alongando, e se inclina para este
> lugar MARANHADO, assim como acontece, a este rastro de trajeto, de se dirigir a um curso de

(...)

águas, para nada • dir-se-ia que está em jogo uma atração, o que se pode escrever: emerge este ATRAIR de antes de todos os verbos, estejam eles no infinitivo • nós não estamos aí, neste lugar MARANHADO, nem um nem outro • eis que aparece este que, neste nós que não pode ser mais comum, é prelúdio do um e do outro sem contudo aí se perder ou se ordenar • a água data de antes da sede, e o homem de antes do nome.[15]

O maranhado é um acontecimento, um desvio no traçado habitual, nos trajetos corriqueiros, uma brecha aberta graças ao reforço fortuito dos cruzamentos de caminhos, entre nós. Ele parece assim pôr em questão o que é a própria estrutura — a estrutura que propusemos chamar de arquitetura política — ao mesmo tempo que a altera, engenhosamente, multiplicando sua unidade básica que é o encontro entre dois elementos. Ele pode ser tomado como um modelo de janela que a caracteriza como lugar comum — nem de um nem de outro — do qual emergem um e outro. E lança a questão de como se poderia retomar tal lugar, voltar a habitá-lo, reativá-lo.

Além de nos obrigar a repensar a ideia de estrutura, do que organiza a superfície de uma parede ou porta, a janela-maranhado indica que sua abertura ameaça romper a estrutura e obriga a alterá-la para que não se arruíne toda a construção. A janela, nesse sentido, alteraria a estrutura onde cada um teria sua posição bem delimitada, "seu quadrado". A reflexão sobre a estrutura e os modos de subvertê-la ganha sua maior ressonância em outra noção poético-teórica concebida por Deligny na mesma época, como mostra seu uso em um mapa poucas semanas após aquele no qual surge o maranhado: a jangada. Ela é feita de um quadriculado de toras ou pranchas de madeira entrecruzadas, como o maranhado e a base que ele vem romper, mas nela há uma característica única e muito importante: o emaranhado deve ser frouxo o suficiente para deixar que as ondas o atravessem. Nessa embarcação muito simples, a adversidade, como a ressaca, é combatida graças à própria precariedade da estrutura, que permite a passagem da água entre seus elementos. Seu estratagema consiste em fazer operar o intervalo entre os elementos, mais que os próprios elementos (as peças de madeira). Além disso, seu leme é removível, para que ela possa flutuar à deriva, ao sabor das correntes, se isso for conveniente.

Apesar de ser rigorosamente quadriculada, como a do muro e da parede, talvez possamos dizer que a arquitetura da jangada é fenestral, na medida em que são as passagens, as frestas que determinam seu modo particular de funcionar, ou seja, navegar. Sua estrutura organiza intervalos. Ela pode ser tomada como uma estratégia, um modo de estar junto, de construir um comum baseado na diferença, no hiato, mais que na continuidade e na semelhança. Essa era a aposta de Deligny nas áreas de convivência, na "vida de jangada"[16] que ali se produzia. Como afirma Marlon Miguel,

---

15 Fernand Deligny, "Cahiers de l'Immuable 1". In: *Œuvres*. Paris: L'Arachnéen, 2007, p. 815.
16 Fernand Deligny, "Nous et l'Innocent" (1975). In: *Œuvres*, op. cit., p. 698.

"o *Nós*, ou a *jangada*, se constitui assim progressivamente sem sujeito, tomados no processo da instalação espacial – o *Nós* é a própria instalação."[17]

Seria necessário compartilharmos estratégias – ou melhor, estratagemas, astutos, singelos – para deflagrar o traçado invisível e incontrolável de uma arquitetura do intervalo a fazer-se entre nós. E seria necessário "viralizá-la".

\*\*\*

A tela dos dispositivos informáticos que nos conectam, através de janelas (*windows*, em sua matriz), com o povoado e confuso "fora" da internet pode parecer análoga à passagem, à janela que tento aqui abrir com o pensamento e a câmera, discutindo com alguns importantes pensadores. Seja como imagem na tela, como olho fora dela ou os dois ao mesmo tempo – como a realizar imageticamente a percepção da percepção, aquela espécie de metapercepção que garantiria minha consciência, segundo Merleau-Ponty –, pareço mover-me nas plataformas informáticas, e é inegável o papel destas, hoje, para paliar a presença impedida pela quarentena.

17 Marlon Miguel, *À la Marge et Hors-Champ. L'Humain dans la Pensée de Fernand Deligny*. Université Paris 8 Vincennes – Saint-Denis/Universidade Federal do Rio de Janeiro, 2016, p. 227 (Tese de Doutorado). Disponível em: <http://www.theses.fr/2016PA080020>.

A tela promete abrir, nesse sentido, alguma passagem para o fora, tornando menos claustrofóbica a vivência do confinamento e diminuindo a sensação de isolamento. Mas ela é planar, é pura superfície. Nela a percepção se achata, não há ponto de fuga. A estrutura das chamadas de vídeo, das *lives* e dos aplicativos de conversa *on-line* é a da rígida grade na qual cada um ocupa sua janela, frontalmente. Seu elemento básico é, de fato, o espelho — mesmo quando tento não olhar a janela que reflete constantemente minha imagem ao lado daquele ou daqueles com quem falo. E a fascinação dessa imagem não pode ser quebrada pela voz, pois esta tampouco logra espacializar-se e montar uma paisagem sonora em jogo com outras vozes, justapondo-se em uníssono ou dissonância, dirigindo-se a um ou outro, modulando-se em complexidade. Cada voz situa-se, como a imagem, em sua janela e só se faz ouvir de modo igualmente planar.

Nessa estrutura especular, toda mensagem tende a se replicar, veloz, circulando entre vias já tramadas pela informática como uma rígida rede, nas quais somos convidados a tomar lugar, cada um em seu quadrado (ou seja, em seu espelho). Seu modo de funcionamento elementar é o da identidade de cada um, a ser reafirmada narcisicamente em cada *post*, em cada mensagem, e a se compartilhar velozmente em busca do reconhecimento de si no olhar, na leitura do outro semelhante. Organizando "grupos" ou "comunidades" digitais, o modo de interação é o da réplica, nos dois sentidos do termo: o que se repete e o que surge como reação, como resposta. No espelho, a resposta é igual à pergunta, ainda que apareça invertida. A aderência é total; ela é aquela mesma do automatismo com o qual de repente, para escapar de alguém com quem ia me chocar na rua, dou um passo para esquerda exatamente no ritmo em que ele se move para a direita e, no momento seguinte, nosso movimento volta a se espelhar do lado oposto, podendo ainda se repetir comicamente até que um dos dois desvie o olhar e rompa a captura.

O lugar no qual se inscreve cada mensagem na tela é análogo ao *outdoor*. Ele é uma superfície que se demarca na paisagem urbana para transmitir as palavras de ordem, como materialização em palavras ou imagens de um imperativo muito simples e direto: consuma! Compre este objeto, seja este ideal, pense esta ideia. O enunciado tem que ser simples, conforme a lógica do marketing, da propaganda, e será tanto mais eficaz quanto mais grosseiro. Seu primarismo disfarça uma grande sofisticação semiótica: trata-se de uma forma de comunicação que nos interpela, seja para aderir a ela, seja para rechaçá-la energicamente. Sua lógica é totalitária, pois nos aprisiona, em espelho, em alternância, a uma mensagem fixa, diante da qual a única possibilidade é a de a replicarmos (com admiração ou indignação, rechaçando-a ou a reafirmando). Nisso consiste seu truque de mestre: mesmo sua refutação termina por ratificar a mensagem, simplesmente porque a faz circular.

Creio que este é o modo como nos enganchamos ao discurso fascista, justo ao tentarmos dele nos apartar e levar outros a recusá-lo. Aderimos afetivamente à mensagem ao nos indignarmos e ao nos sentirmos agredidos e desrespeitados por ela. Isso permite que sua tática, explícita e clara, funcione a todo vapor: mensagens abjetas, notícias absurdas se multiplicam todo tempo, em uma superfície de tal modo saturada que o automatismo da réplica atinge o máximo de seu funcionamento. Passo-as adiante, talvez tentando impulsivamente livrar-me delas, retirá-las de meu espelho, e não consigo inserir nesse circuito nenhuma palavra diferente, nenhum balbucio, nenhuma hesitação. Nenhuma janela.

Para escapar do automatismo, para fugir do enganchamento especular, seria necessário desligar a tela. Não há outra saída, a rigor. Mas creio que há maneiras de transformar a tela, de pôr em ação estratégias que a forcem a outro tipo de funcionamento, sem que isso implique a negação ingênua e anacrônica destes dispositivos. Seria necessário forçar nela uma abertura como aquela traçada por Freud no aparelho psíquico ou uma janela como o maranhado de Deligny. Forjar nela desvios, inserir outros pontos de vista, capazes de nos retirar da frontalidade do que curiosamente se chama "perfil", para mostrar nossos balbucios, nossas hesitações, a busca de palavras, as frases inconclusas, sem mensagem clara, de nosso dia a dia. Para nos apresentar de lado, pois, como diz Merleau-Ponty, "o outro nunca se apresenta de frente".

Um dos desafios desta época é esticar os vértices do retângulo luminoso dos celulares e computadores para introduzir neles pontos de fuga e, assim, transformá-los de *outdoors* em janelas. Como diziam Deleuze e Guattari, "devemos inventar nossas linhas de fuga se somos capazes disso, e só podemos inventá-las traçando-as efetivamente, na vida. As linhas de fuga – não será isso o mais difícil? Certos grupos, certas pessoas não as têm e não as terão jamais".[18]

Espero que esses incríveis autores estejam errados quando fazem da invenção de linhas de fuga uma impossibilidade insuperável para alguns. Espero que as linhas de fuga sejam justamente o que corta tal pretensa impossibilidade.

\*\*\*

Tentei acima analisar criticamente a lógica relacional do mundo digital na busca de compreender por que as mensagens abjetas têm tanta força e por que parecemos hoje não conseguir inventar outras mensagens – éticas e poéticas – que possam igualmente se viralizar. Não se trata, porém, de recusar a Tela, nem mesmo a imagem como simulacro, como reino da ilusão, e defender a presença corporal como autêntica ou garantia de emancipação. Trata-se, sim, de armar estratagemas para quebrar o espelho e nele pôr-se em movimento. Trata-se, neste sentido, de fazer da tela um palco, uma cena tridimensional ou uma janela – como aquela que os renascentistas

---

18 Gilles Deleuze; Félix Guattari, *Mil platôs: capitalismo e esquizofrenia* 2, vol. 3. Trad. Aurélio Guerra Neto; Ana Lúcia de Oliveira; Lúcia Cláudia Leão; Suely Rolnik. Rio de Janeiro: Ed. 34, 2012, p. 83.

abriram no quadro, ao inventar a perspectiva. A técnica talvez não apareça ali, no século XV, apenas a serviço da representação mimética, mas também e de forma mais sutil para alojar a gente e o mundo à sua volta. Talvez por isso o arquiteto e pintor Alberti caracterizasse o quadro, em seu célebre tratado de 1432, como "uma janela aberta pela qual se possa olhar a *história*".[19] O uso do termo em latim *historia* parece conjugar o sentido de narrativa geral (na qual se está inserido temporalmente) e de evocação de momentos anteriores da humanidade àquele da invenção de uma cena particular e singularmente composta pelo artista. Na arte, a História humana seria a declinação infinita de histórias, de narrativas sempre parciais e plurais, habitadas por aqueles que as contam e as ouvem. Em cada quadro se construiria, nesse sentido, uma espécie de arquitetura do sujeito.

A arte seria por essa via a janela por excelência, ou melhor, um campo de janelas (no sentido em que se fala de um campo de soja ou milho) no qual elas proliferam indefinidamente e nos convidam a nos expandirmos para fora de nós. Não me refiro apenas ao fato de a arte oferecer a moldura — ou as esquadrias — nas quais se escreva e reescreva a História como pequenas histórias (ou ainda como "estórias", no termo que curiosamente deixou de existir em nossa língua), mas também ao fato de com alguma frequência se tratar, na arte, de refletir ativamente sobre o dispositivo da janela, seja, por exemplo, rompendo sua caracterização como mero suporte da representação para fazer dela um campo tridimensional de vivências, seja propondo-se como dispositivo que me desloca para fora de mim para incitar a uma ação ética de questionamento de fronteiras entre eu e outro.

19 Alberti, *De la Peinture*. Paris: Macula, Dédale, 1992, p. 115 (grifos meus).

A reflexão ativa e material sobre a janela que quero convocar agora parece destoar dessas propostas. Ela é singular e desafiadora para o pensamento. Ela atinge em cheio o dispositivo em sua força política ao pôr em ato, e não sem violência, o defenestramento: ação de lançar pela janela algo ou alguém. Refiro-me ao *Balé Literal* de Laura Lima, realizado na galeria Gentil Carioca, no Rio de Janeiro, em julho de 2019.

A obra conecta duas janelas por um sistema de cabos de aço a circularem por uma estrutura de roldanas e pilares de metal pousados na rua, na encruzilhada entre os dois casarões da galeria, situados no centro antigo. O mecanismo é engenhoso mas um tanto precário, sendo impulsionado por duas pessoas a pedalarem bicicletas em cada um dos prédios. Mais de cinquenta obras, muito variadas, que estão em exposição nesse primeiro espaço vão sendo espaçadamente penduradas no cabo, seguindo uma cadência, de modo a descer da primeira janela, atravessar a rua a certa altura do chão e, em seguida, atravessar uma janela do outro prédio, no qual será instalado e mantido em exposição por algumas semanas. Diante do conjunto de pilares encontram-se algumas fileiras de cadeiras de plástico nas quais o público pode se sentar, se desejar. Em duas das esquinas da encruzilhada, músicos executam uma peça sonora concebida pela jovem compositora Ana Frango Elétrico a partir de desenho conceitual realizado em parceria com Laura Lima. Atrás das cadeiras há uma plataforma com um canhão de luz operado por duas mulheres.

A artista fala da obra como uma tentativa de "sair da domesticação", do "cerceamento de uma explosão do fenômeno e de certas experiências".[20] Ao montar uma espécie de palco (para um balé) ou tela (de cinema) no meio da rua, ela parece dissecar a estrutura do palco/tela em uma espécie de lição de anatomia. A sucessão de imagens que normalmente está domesticada pela moldura (da tela, do museu ou galeria, da sala de cinema ou do aparelho de TV, em suma, do *outdoor*) aqui se dá a ver e a viver, selvagemente. A máquina invisível e todo-poderosa que cotidianamente empurra frases, slogans, objetos e imagens, oferecendo-os a nosso olhar, aqui mostra suas entranhas e revela-se frágil, mambembe. Trata-se de "um balé superfrágil", diz Laura, fazendo-me pensar que o uso do termo balé, irônico, indica que há uma coreografia que se escancara, rompendo a ingenuidade do tradicional espetáculo de dança no qual tudo está adestrado no mais alto grau; aqui ele se mostra em sua *literalidade*, desarmando o simulacro. A cena é desmontada como uma metáfora que subitamente se destituísse em denotação simples e crua ou, ainda mais radicalmente, como mera palavra decompondo-se em letras que nada significam.

Laura Lima menciona ainda, comentando a obra, um "gesto que faz parte de um pensamento de um teatro antigo de sombras ou de um cinema de outra época". O trabalho é um gesto-pensamento, de fato, e creio que ele se condensa em um verbo, uma ação que a artista põe em primeiro plano: *defenestrar* – "como um espasmo",

---

20 Em comunicação pessoal em maio de 2020, como todas as demais citações da artista aqui presentes.

ela completa. O termo significa, literalmente, "atirar (alguém ou algo) janela afora, violentamente", segundo o dicionário *Aurélio*, e pode denotar "dar cabo de (alguém); demitir expressamente; marginalizar, alijar". O exemplo trazido ressoa curiosamente os acontecimentos políticos dos últimos anos no País, que repetem o golpismo como mecanismo de base da "democracia" brasileira: "no poder, um golpista pode defenestrar seus aliados de ocasião". Para ser mais exata, diria que o defenestramento declina-se em duas vertentes, ao longo da história do Brasil: aquele, estrutural e sempre repetido, em toda sua violência, de boa parte da população em relação às condições básicas de cidadania, de um lado, e a coreografia de golpes e traições a se refazerem no jogo de poder dos colonizadores e das elites do País, de outro.

Como a pôr em cena, ativa e satiricamente, esse duplo defenestramento, Laura Lima literalmente lança coisas pela janela, em vez de representar ou apresentar algo na janela de Alberti. Ela assim constrói linhas de fuga, vigorosamente. Atua linhas de fuga. Em suas palavras,

> desciam esses objetos ao som de um tempo contínuo, com sua fragilidade, revelados por uma luz à distância, e esses objetos se ofereciam. Estou dizendo objetos, mas eles eram das mais variadas formas de desenho, *plots* de ideias, imagens abstratas, peixes (referência à chuva de rãs, uma das pragas do Egito mencionada na Bíblia), estandartes, frases poéticas, frases políticas, coisas escritas em pedacinhos de tecido que desciam frágeis, farfalhantes, quase desmanchando e por vezes se rasgavam frente ao público; desceram também sugestões de bandeiras, uma maneira de ver uma bandeira lgbtq+ e citações políticas – acontecimentos e narrativas que aconteciam naquele momento e eu ouvia enquanto escrevia e compunha este balé, narrativas de coisas como casas sendo invadidas na favela da Maré etc.

(...)

Uma bandeira Lula Livre (sugerida por um dos membros da equipe "desejosa e agonizante" que trabalha com a artista), peixes frescos, peças de tapeçaria desfiada (como *maranhados*), móbiles de peças de madeira, um candelabro de coxinhas, uma *assemblage* de páginas de livro e varas de madeira, uma natureza-morta em tecido, uma jumenta em tamanho real (porém leve, graças ao uso de técnica usada no mundo do cinema) etc. – é impossível pôr em série e caracterizar de forma geral a sequência; ela não forma um conjunto. Tudo se equivale e se oferece nessa espécie de "banquete de possibilidades", na expressão de Laura.

Cada uma dessas coisas descia, um tanto cambaleante, e avançava horizontalmente, sempre pendurada no cabo de aço, até o ponto médio do caminho no qual, como em um "jogo de dança", se dava o "momento da iluminação" pelo canhão de luz, abrindo a possibilidade de algo se revelar ali, "no meio da encruzilhada", naquele ponto no qual, na expansão contínuas de ruas, concentra-se muita gente, como nota a artista. Talvez se possa dizer que a obra vem responder à questão de como revelar e denunciar uma época em que tudo está às claras e, estranhamente, isso faz com que pessoas e instituições fechem os olhos à ilegalidade e barbárie crescentes. Jogar pela janela talvez seja um modo de mostrar as coisas, literalmente.

Nesse ato de defenestramento o *Balé Literal* tenta implicar-nos ativamente, e não como meros espectadores. Havia uma espécie de "cinema imaginário, uma narrativa posta", mas, "à medida que você vagueia seu corpo, você pode editar este filme", diz Laura. Além de eventualmente se sentarem, as pessoas podiam também entrar nos prédios da galeria e ver de dentro as coisas serem defenestradas, de um lado da rua, ou serem recolhidas e pousadas na exposição que assim se montava do outro lado. Nós éramos "recebidos no meio deste balé" e o experienciávamos conforme nossa movimentação nessa espécie de *anticena*, eu diria. Laura compara tal modo de vivência da obra a uma espécie de costura – noção importante que se põe em prática em alguns de seus trabalhos. Assim como a linha atravessa um tecido, cumpre pequena distância e logo fura novamente a superfície na direção contrária, em uma repetição ritmada, nós víamos coisas e deixávamos de perceber outras, vislumbrando a cadência daquela complexa situação poética sem, contudo, apreendê-la inteiramente. Talvez a costura seja uma figura topológica: ela materializa a janela em movimento; seu ato é um "janelar" perpétuo; contudo, ao furar, ela junta superfícies diversas. A multiplicação de janelas nela constitui as fronteiras.

A artista liga o trajeto do fio de costura à noção de ritornelo, de Gilles Deleuze e Félix Guattari. Assim como um refrão se repete em uma peça musical, trata-se, no *Balé Literal*, de uma costura entre os dois prédios, em "uma sequência que ondeia, em uma sucessão de objetos e de sons", e na qual ondeamos também, em uma costura singular, em meio aos elementos da cena e, como eles, também nós "coreografados", como diz Laura. Se uma criança se tranquiliza cantarolando repetidamente algo, é na medida em que "saímos de casa no fio de uma cançãozinha", diz um trecho de *Mil platôs*.[21] Se o defenestramento provoca com violência a abertura de brechas nos muros que nos cercam, sua modulação ritmada talvez possa compor um balé ou uma canção.

Quando busquei, nas poucas fotografias que eu tinha tirado do *Balé Literal* com o celular, uma imagem para este ensaio, surpreendi-me com uma obra pendurada justo na janela, ou melhor, quase no umbral de um dos balcões da galeria. Não me lembrava dela. Só no dia seguinte percebi que o estandarte de tecido – que traz uma réplica de natureza-morta e duas ripas de madeira nas laterais a simular, jocosamente, as pernas da mesa retratada – tem em seu centro um rasgo em formato triangular. Precisei de mais um dia (como quem precisa de parênteses, como quem precisa refazer o gesto da linha na costura, mais uma vez) para me dar conta de que no centro desse recorte há um pequeno retângulo negro. Escrevi rapidamente uma mensagem para Laura. Que bom que ela me respondeu com a velocidade das redes e confirmou: é uma das janelas do prédio que fica do outro lado da encruzilhada.

Talvez romper os muros sirva para abrir janelas que já estavam lá. Do outro lado. Na cidade, na vida. Afinal, como está escrito em um estandarte do *Balé Literal*, "tudo tem uma falha e é por aí que a luz entra".

**Tania Rivera** é psicanalista e ensaísta. Professora do curso de Artes e da Pósgraduação em Estudos Contemporâneos das Artes da UFF e da Pós-Graduação e Teoria Psicanalítica da UFRJ. Autora, entre outros, de *Lugares do delírio*, que será publicado pela n-1 edições.

---

21 Gilles Deleuze; Félix Guattari. *Mil platôs: capitalismo e esquizofrenia 2*, vol. 4. Trad. Suely Rolnik. São Paulo: Ed. 34, 2012, p. 123.

(...) 07/06

# A revolução consiste no ato pelo qual a humanidade puxa o freio de urgência para parar o trem suicida da civilização capitalista industrial moderna
Michael Löwy

PERGUNTAS ELABORADAS POR Caio Souto E Fernando Gimbo

**CS e FG:** Para um pensamento político que acredita em uma mudança estrutural da ordem do mundo, a imaginação do porvir e a experiência do futuro enquanto um dos modos do tempo são absolutamente decisivas. Contudo, nos últimos trinta anos, tudo se passa como se nosso horizonte de expectativas fosse paulatinamente diminuindo, junto a uma perda da compreensão do futuro enquanto tempo próprio de um processo emancipatório. De certa forma, as imagens de futuro se tornaram cada vez mais distópicas e sombrias, como se o acúmulo da barbárie que se vê na marcha do progresso agora se revelasse como o fim último desse processo mesmo. A ponto de, hoje em dia, ser próprio dos novos movimentos totalitários da extrema direita mundial uma compreensão "revolucionária" e "aceleracionista" do tempo, sustentando uma promessa radical de futuro que realizaria por fim, sem qualquer tipo de consciência moral, uma história de injustiça humana e destruição da natureza. Perante tal quadro, parece impossível não lembrar a injunção política maior de Walter Benjamin de "puxar o freio de mão" como uma urgência maior de nosso tempo: se o futuro não é mais o que um dia acreditamos ser, será preciso parar a máquina que segue rumo ao abismo. Nesse caso, a questão que se impõe é: como compreender hoje a imbricada relação entre experiência do tempo histórico e a orientação das lutas políticas?

**ML:** A distopia, sob a forma de catástrofe ecológica sem precedentes na história humana, é uma possibilidade bastante real. Para isso não seria necessário haver grandes mudanças, golpes de Estado ou regimes neofascistas. Basta que se permita, por mais uma ou duas dezenas de anos, o *business as usual* do sistema capitalista, isto é, a continuação do processo habitual de expansão e acumulação do capital e dos lucros, seguindo a dinâmica incontrolável do produtivismo e do consumismo, da mercantilização geral do universo e da vida e da destruição irreversível da natureza.

A revolução consiste, portanto, como Walter Benjamin havia apontado, no ato pelo qual a humanidade puxa o freio de urgência para parar o trem suicida da civilização capitalista industrial moderna, que caminha, a uma velocidade crescente, em direção ao abismo da mudança climática. Somente graças a esse ato redentor é que poderá se abrir o caminho para uma alternativa utópica radical, que eu costumo designar com o termo *ecossocialismo*.

Tal revolução e tal utopia só serão possíveis a partir das lutas sociais e políticas que estão se dando aqui e agora, lutas socioecológicas das comunidades indígenas, das mulheres, da juventude. A palavra de ordem dessas lutas é: "mudemos o sistema, não o clima". Uma jovem de dezesseis anos, Greta Thunberg, aponta o caminho para esse combate antissistêmico contra poderosos adversários. Nada garante sua vitória, mas como dizia, com muita sabedoria, Bertolt Brecht: "Quem luta pode perder, quem não luta já perdeu."

**FG:** Em um de seus livros, *Revolta e melancolia*, você mostra como o romantismo carrega em seu núcleo uma potência revolucionária que se diz na crítica à civilização industrial-capitalista e no vislumbre estético de outra forma de vida subjetiva e social. Sobre isso, um dos traços maiores do romantismo é uma relação nova com a natureza, relação esta que recusa a compreensão instrumentalizada própria da modernidade. Contemporaneamente, o problema da natureza nos parece de grande interesse: com a crise climática e o iminente esgotamento dos recursos primários do planeta, aliados a um processo de extinção da biodiversidade nunca antes visto, há também um aprofundamento da consciência de quão inviável é o atual modelo de produção e consumo. Tal quadro faz recolocar a relação entre natureza, política e sociedade a partir de um novo arranjo. Como o senhor vê esse problema e qual a sua relação com um conjunto de problemas próprios do romantismo revolucionário?

**ML:** Encontramos na cultura romântica, desde Jean-Jacques Rousseau até hoje, uma crítica da destruição capitalista da natureza, assim como uma relação profunda, espiritual, estética e intelectual com o universo natural. Com meu amigo Robert Sayre, acabamos de publicar um livro que se chama *Romantic Anti-capitalism and Nature: The Enchanted Garden* (Londres, Routledge, 2019), que provavelmente será traduzido no Brasil pela editora da Unesp. Estudamos alguns exemplos dessa crítica romântica, desde escritores e artistas do século XIX até William Morris, Walter Benjamin e Naomi Klein.

A crise ecológica atual, advento da destruição e do vínculo indissolúvel entre capitalismo e energias fósseis (carvão e petróleo), iniciado pela Revolução Industrial e que dura até hoje, é sem dúvida muitíssimo mais grave que em qualquer outro momento. Com o processo de mudança climática, o sistema capitalista ameaça a própria existência da vida humana neste planeta. Necessitamos de alternativas radicais, antissistêmicas, anticapitalistas, como o *ecossocialismo*, se queremos salvar a Mãe Terra e a própria humanidade. O romantismo revolucionário é uma das fontes de inspiração do projeto ecossocialista.

**CS e FG:** O senhor foi responsável pela publicação de excertos de Walter Benjamin que denominou *O capitalismo como religião*. Mais recentemente, um filósofo bastante influente, Byung-Chul Han, defendeu a ideia de que o capitalismo não é uma religião, alegando que vivemos num tempo em que há o desaparecimento dos rituais e um culto ao ego, o que seria o fim da ideia de comunidade. No entanto, parece-nos que era justamente esse diagnóstico que Benjamin tinha em mente no conjunto de excertos referidos. Nesse sentido, e levando em conta o que ocorreu na Europa e nos EUA depois da crise de 2008, com a opção por um acirramento profundo da economia neoliberal com seus efeitos deletérios sobre grande parte do mundo, o que se comprova não é justamente o caráter místico e fetichista do capitalismo?

**ML:** Podemos estar de acordo com o filósofo Han de que o capitalismo não é uma religião como as outras e que se trata de um sistema que nega qualquer relação comunitária. Mas Benjamin sugere que o capitalismo é uma religião de tipo especial, baseado no culto fetichista ao ídolo dinheiro e na culpabilização dos pobres, levando a humanidade à "casa do desespero". A globalização neoliberal não é senão uma forma particularmente perversa desse culto fanático e intolerante.

**CS e FG:** Uma das pensadoras que estão em seu horizonte filosófico e político é Rosa Luxemburgo. Ela foi uma das primeiras marxistas a rejeitar o economicismo e a abordar a necessidade de superação do capitalismo e do expansionismo imperialista que lhe é intrínseco, de uma perspectiva da organização das lutas populares. Inclusive, um dos debates que sua obra suscita envolve a própria concepção de partido político e de dirigismo partidário. Pensando especificamente no Brasil, tivemos recentemente a experiência do Partido dos Trabalhadores por mais de uma década no poder. Essa experiência foi interrompida por uma ruptura institucional, a que se seguiu a eleição de um grupo político da extrema direita com forte adesão popular mesmo em setores subalternizados da população. Embora tal apoio venha diminuindo, ele ainda existe. Alguns críticos veem a forma como foi conduzida a experiência política do Partido dos Trabalhadores à frente do governo como um dos fatores que impulsionaram essa guinada. Como o senhor vê esse ponto?

**ML:** Como moro em Paris, não sou a pessoa mais indicada para responder a essa pergunta. Rosa Luxemburgo sempre combateu a burocratização tanto no Partido Social-Democrata Alemão, ao qual ela pertenceu até 1914, quanto nos sindicatos. Essa crítica vale para outras experiências de tipo social-democrata, como foi o caso dos governos do PT.

Em sua origem, o Partido dos Trabalhadores era um partido de luta de classes, com uma orientação anticapitalista. Se lermos o documento de 1990, "O socialismo petista", temos uma proposta bastante radical de transformação socialista da sociedade brasileira. Infelizmente, a partir da "Carta aos Brasileiros", do candidato Lula, o PT toma uma orientação de conciliação de classes e de adaptação aos interesses do capital. Nos doze anos seguintes, vai seguir uma orientação "social-liberal", que pode se resumir com a seguinte fórmula: fazer todo o possível pelos pobres, com a condição de não mexer nos privilégios dos ricos.

Essa orientação levou o PT a abandonar o trabalho de conscientização e politização das classes populares; se acrescentarmos a isso a decepção suscitada por seu envolvimento em casos de corrupção, temos algumas das condições que permitiram o surpreendente giro à extrema direita. Mas seria simplista atribuir aos erros políticos do PT a responsabilidade por esse fenômeno de teratologia política chamado bolsonarismo. Outros fatores entraram em jogo, que não posso aqui detalhar.

**CS e FG:** Ainda sobre o Brasil, as Jornadas de Junho de 2013 foram um dos acontecimentos políticos mais relevantes das últimas décadas. Muitas pautas difusas foram levantadas durante aquele movimento que se iniciou espontaneamente e que derivou na ascensão da chamada "Nova Direita". Na sua visão, faltou às forças políticas de esquerda uma estratégia que estivesse à altura daqueles acontecimentos?

**ML:** Volto a assinalar que em 2013 eu estava em Paris. Mas, sim, sem dúvida faltou ao PT uma compreensão do potencial de contestação que representavam as primeiras mobilizações, as Jornadas de Junho. Alguns dirigentes do PT achavam que tudo isso era uma conspiração imperialista contra o governo petista, devido a sua política externa. Entretanto, essa cegueira do PT não é suficiente para explicar como rapidamente a direita e a extrema-direita conseguiram hegemonizar o protesto e canalizá-lo na luta contra o governo Dilma, facilitando assim o golpe "parlamentar" do ano seguinte.

De qualquer forma, o que está na ordem do dia agora é a unidade de toda a esquerda contra o neofascismo bolsonarista. No contexto desta luta contra o inimigo comum, será importante reforçar o polo anticapitalista, na esperança de que ele possa se tornar hegemônico.

**Michael Löwy** é filósofo.

**Caio Souto** é professor de Filosofia na Universidade do Estado do Amapá, mestre e doutor em Filosofia pela Universidade Federal de São Carlos.

**Fernando Gimbo** é professor de Filosofia na Universidade Federal do Cariri, mestre e doutorando em Filosofia pela Universidade Federal de São Carlos.

# n-1

O livro como imagem do mundo é de toda maneira uma ideia insípida. Na verdade não basta dizer Viva o múltiplo, grito de resto difícil de emitir. Nenhuma habilidade tipográfica, lexical ou mesmo sintática será suficiente para fazê-lo ouvir. É preciso fazer o múltiplo, não acrescentando sempre uma dimensão superior, mas, ao contrário, da maneira mais simples, com força de sobriedade, no nível das dimensões de que se dispõe, sempre n-1 (é somente assim que o uno faz parte do múltiplo, estando sempre subtraído dele). Subtrair o único da multiplicidade a ser constituída; escrever a n-1.

Gilles Deleuze e Félix Guattari

(...)

| | |
|---|---|
| *Fontes* | Nassim Latin e IM FELL English |
| *Papel* | Pólen Bold 90g/m² |
| *Impressão* | Daiko Indústria Gráfica e Editora Ltda. |
| *Data* | Julho de 2021 |